中国
农村经济调研报告 2005

Research on Rural Economics of China

国家统计局农村社会经济调查司　编
Department of Rural Surveys
National Bureau of Statistics

（京）新登字 041 号

图书在版编目（CIP）数据

中国农村经济调研报告. 2005
/ 国家统计局农村社会经济调查司编.
- 北京：中国统计出版社，2005. 11
ISBN 7-5037-4748-X

Ⅰ. 中…
Ⅱ. 国…
Ⅲ. 农村经济 - 调查报告 - 中国 -2005
Ⅳ. F32

中国版本图书馆 CIP 数据核字（2005）第 117123 号

中国农村经济调研报告— 2005

作　　者 / 国家统计局农村社会经济调查司编
责任编辑 / 姚　立
装帧设计 / 艺编广告 • 张　冰
出版发行 / 中国统计出版社
通信地址 / 北京市西城区月坛南街 75 号
邮政编码 /100826
办公地址 / 北京市丰台区西三环南路甲 6 号
电　　话 /（010）63459084　63266600-22500（发行部）
印　　刷 / 科伦克三莱印务（北京）有限公司
经　　销 / 新华书店
开　　本 /880 × 1230 毫米　1/16
字　　数 /700 千字
印　　张 /25
印　　数 /1 — 2000 册
版　　别 /2005 年 12 月第 1 版
版　　次 /2005 年 12 月北京第 1 次印刷
书　　号 /ISBN 7-5037-4748-X/F • 2170
定　　价 /98.00 元

《中国农村经济调研报告—2005》

编辑委员会

农村经济的两大亮点：粮食增产、农民增收

张淑英

对于农业与农村经济来说，2004年是不寻常的一年。我国农业与农村经济发展虽然受到“禽流感”袭击，但是，在党的十六届三中、四中全会精神和“中央一号”文件指引下，各地认真贯彻落实发展粮食生产、增加农民收入的政策措施，深化和完善农村各项改革，积极推动农村经济战略性结构调整，农业与农村经济出现两大亮点，粮食增产，农民增收。

从宏观角度看，政策为解决“三农”问题提供了强有力的保障。我国农业已经进入一个新的发展阶段，在这个新的发展阶段中，如何解决“三农”问题成为我党加强执政能力建设的一个重大课题，农业、农村和农民问题成为全部工作的重中之重。在这一指导思想引领下，2004年，党和国家出台了一系列更直接、更有力的支农政策，为农业增产、农民增收奠定了坚强的后盾。“中央一号”文件提出了以9个方面22条为核心的农业政策体系，为农业和农村工作指明了工作方向，其后，诸多具体措施付诸实施，取消农业特产税、减免农业税；实施种粮农民直接补贴、良种补贴和农机购置补贴；坚决保护耕地、加大农业投入力度、严格控制农资价格、实行粮食最低收购价政策；大范围推广农村信用社改革；维护农民工的合法权益等等。

据财政部统计，2004年，财政对农业的投入超过了2000亿元，其中，仅“两减免、三补贴”就使数百亿元“真金白银”装进了农民钱袋。2004年一年，全国“两减免”使农民减负约302亿元，中央财政为此安排了转移支付219亿元补助地方财政减收缺口；“三补贴”共补给农民140亿元，其中种粮农民直补116亿元，13个粮食主产区的良种补贴资金28.5亿元，农机购置资金7000万元。国债用于农业的资金达到了376亿元，占国债项目资金比重达34.2%；中央安排了2.5亿元专项资金用于农

民培训。所有这些政策措施与具体的财政支持无疑对农业增产、农民增收起到最直接的作用。

从农业生产形势看，种植业结构继续调整，农、林、牧、渔业均有发展。2004年，第一产业增加值达到6.3%的增长速度；在主要农作物中，除粮食、棉花种植面积大幅增加外，其他作物种植面积均呈减少态势。2004年我国粮食种植面积为10161万公顷，比上年增加220万公顷；棉花种植面积比上年增加58万公顷；油料、糖料、蔬菜种植面积分别比上年减少47万公顷、9万公顷和29万公顷。畜牧、渔业生产稳步发展，肉蛋奶产量均有提高。

从粮食生产情况看，2004年粮食生产出现了重要转机，成为农业生产中最大的亮点之一。2004年我国粮食总产量46947万吨，比上年增产3877万吨，增长9.0%。

粮食增产的特点主要有三个，一是粮食单产创历史新高，二是当年粮食增量创历史新高，三是粮食增产主要增在主产区。2004年我国粮食单产为4620.5公斤/公顷（308.0公斤/亩），每公顷比上年提高288.0公斤，增长6.6%，粮食单产水平创历史最高，单产水平的提高对粮食增产的贡献率达75%。从粮食增量看，1990年粮食产量比上年增加了774亿斤，2004年比1990年的增量还多了1亿斤，再创历史新纪录。从粮食增产区域看，13个粮食主产区增产幅度较大，共增产3536万吨(707亿斤)， 增长11.6%，增产量占全国粮食增产量的91%。

从农民增收形势看，2004年的第一季度农民人均现金收入增幅高达9.2%，其后，高增长的农民现金收入有增无减，上半年的农民人均现金收入增长速度即已达到10.9%，成为1997年以来增幅最高的一年。随后的三季度，农民人均现金收入增长态势继续走高，增幅达到了11.4%，增速超过上年近8个百分点。在这种大好形势下，2004年农民人均纯收入达到了1997年以来的最高增速，成为2004年农村经济发展的另一亮点。据抽样调查，2004年农民人均纯收入为2936元，比上年增加314元，增长12%，扣除价格因素的影响，实际增长6.8%。

农民人均纯收入增长的主要特点有六个：一是农业纯收入创历史新高。2004年农业纯收入人均达到1056元，比上年增加176元，增长20%。收入增加的数量和收入水平均创历史新高，农业增收对当年农民增收的贡献率达到56%。二是外出务工收入仍是农民增收的重要来源。2004年农民外出务工收入人均增加52元，增长14.9%，对工资性收入增收的贡献率达到70%，对全年农民增收的贡献率为16.6%。三是政策性收入大量增加，税费负担显著下降。2004年，农民从粮食直补、良种补贴和购置更新大型农机具补贴三项得到的收入人均16元。2004年“两减免”使农民负担人均减少30元，负担下降44.3%。税费负担占当年农民纯收入的比重由上年的2.6%降为1.3%，下降1.3个百分点。四是粮食主产区农民收入增幅超过全国平均水平。2004年粮食主产区农民人均纯收入为3025元，比上年增加356元，增长13.3%，扣除价格因素影响，实际增长8.1%，增速比全国平均水平高1.3个百分点。五是低收入农户增幅超过高收入农户。2004年低收入农户人均收入1007元，名义增长16.3%，增幅比上年提高15.3个百分点，比当年高收入农户的增幅高7.1个百分点。六是收入分配差距扩大的速度有所减缓。2004年农村居民内部收入分配的差距略有扩大，但扩大的速度有所减缓。2004年农村居民内部收入分配的基尼系数为0.3692，比上年提高0.12个百分点，低于上年提高0.34个百分点的速度。城乡居民收入差距基本维持上年3.2：1的水平。

当然，我们既要看到好的形势，也要看到农业与农村发展中还存在许多矛盾和问题，农业基础仍然薄弱，制约农民增收的因素依然存在，保持粮食增产、农民增收难度加大。

粮食增产的难度主要来自三个方面。一是耕地资源的制约。虽然国家不断加大对耕地使用的治理力度，严格控制非农占地，但随着工业化、城镇化的推进，建设用地不断增加，耕地减少不可避免。虽然2004年土地资源管理取得成效，但当年净减少耕地仍然达到80万公顷。二是农田基本建设制约。2004年新增有效灌溉面积98万公顷，增长1.8%。不难看出，这一水平离确保粮食增产的要求尚有一定距离。三是农业生产资料价格制约。2004年，全国农业生产资料价格平均上涨10.6%，由于农业生产资料价格上涨，平均每亩生产投入增加17.1元。其中用量最多的化肥上涨12.8%，直接影响了种粮收益，继而影响农民的种粮积极性。

从农民收入方面看，制约农民增收的主要因素有三个：一是农业生产的影响。2004年农业生产经营收入成为农民增收的最大来源，如果2005年农业生产稍有徘徊，势必直接影响农民收入增长速度。二是农产品价格影响。2004年，农产品价格全线上涨，生产价格指数达到13.1%。据测算，农产品价格上涨对农民收入增长的贡献率影响很大，2005年农产品价格对农民收入增幅的作用将有所减弱。三是降低农业生产成本的可能性不大。2004年由于生产资料价格上涨，使农民种粮少增收54元，如果2005年农业生产资料价格继续上涨，农民的种粮成本还会升高，直接影响农民的纯收入。四是农村劳动力就业与转移的影响。一直以来农村劳动力的就业与转移能力十分有限，虽然国家不断拓宽就业渠道，增加对农民的职业培训，但农民外出务工人数已经呈现增势减缓的势头。

面对这些问题，我们既不能低估，也不能退缩，而是要树立科学发展观和正确的政绩观，认真贯彻党的十六大三中、四中全会精神，认真贯彻落实“中央一号”文件精神，真正把解决“三农”问题作为全部工作的重中之重，夯实农业基础，确保农业增产、农民增收，努力实现城乡统筹发展。

要在“多予、少取、放活”总的指导思想引领下，在国家财政许可的范围内、在WTO规则允许的范围内扩大支持范围，加大支持力度，建立制度化、法制化的农业支持保护体系。

要管住耕地、保护和稳定粮食主产区耕地面积是我国粮食安全的重中之重。要加强对耕地的执法检查，坚决制止违反政策将基本农田改为非农用地的行为。继续加大对粮食主产区的投入，加强农业基础设施建设；通过提高耕地质量，弥补耕地数量的下降；通过增加农业科研投入、加速农业科技成果的转化与推广，提高粮食及农业综合生产能力；通过发展节水农业，实现农业可持续发展。

要密切关注粮价和农业生产资料价格。继续实施最低收购价政策，必要时可扩大适用范围。充分发挥国有粮食企业主渠道作用，保证农民余粮的收购，确保种粮农民增产增收。控制农业生产资料价格继续上扬，尤其是化肥等主要农业生产资料价格，稳定或提高种粮收益。

要建立农民增收的长效机制，切实解决好农民增收难问题。农民增收难，难在主产区，难在中西部地区，因此，要加强宏观调控，在促进粮食生产发展的同时，进一步搞好产业结构调整，支持主产区进行粮食转化、加工和增值，加快农业产业化经营；落实好支持主产区发展粮食生产、增加农民收入的各项政策措施，以增收促增产；要加大对中西部地区的支持与扶持力度，强化财政转移支付以及扶贫手段，提高贫困地区的农民收入。

要统筹城乡就业政策，加快农村劳动力的流动和转移。将农村劳动力就业纳入国家整体就业规划，把稳健的财政政策与积极的就业政策结合起来。积极调整产业布局，重视劳动密集型制造业的发展，积极扶持乡镇企业，大力开展对农村劳动力的职业技术培训，增强农村劳动力自我就业能力。

目录

一、粮食综合生产能力

二、农村劳动力转移

三、农民收入

四、土地

五、农业投入

六、农业结构调整

七、退耕还林

八、专题

1

粮食综合生产能力

安徽粮食综合生产能力研究

安徽省农调队课题组*

"民以食为天",粮食是人类赖以生存的最基本的生活资料,对于中国这个人地矛盾十分突出的国家来讲,粮食问题更是一个关系国计民生的重大战略问题。

随着我国粮食生产近几年来的较大幅度的波动和反复,粮食问题再次凸现。特别是从 1997 年开始,全国粮食总产量的波动周期和波动幅度都有了明显的负向调整:增产的时间缩短、增产幅度减小,减产的时间拉长、减产幅度变大。从近年来我国粮食总产量的变化态势看,我国的粮食综合生产能力已经开始出现了一定程度的下降。

目前,我国粮食生产已经到了一个重要的关口,一方面我国粮食生产边际报酬递减,农业技术的增产效应减弱,而且这一趋势还极有可能持续下去;另一方面,加入 WTO 后我国粮食市场已经成为了国际粮食市场的重要组成部分,作为一个粮食贸易大国,国内的粮食供求变化很可能导致世界粮食市场的剧烈波动,这无疑增大了粮食供需的风险;这些因素决定了粮食安全问题仍然是当前我国面临的最为严峻的挑战之一。

据测算,2003 年河南、山东、安徽等九省粮食总产量之和就占当年全国粮食总产量的近 60%,我国粮食生产的这种较为集中的态势决定着稳定和提高粮食主产区粮食生产能力的重要意义。

一、粮食综合生产能力的概念及评价体系

(一)粮食生产能力的概念

所谓粮食综合生产能力,是指某一区域或地区一定时期内,在一定的经济技术和自然生态条件下,由各种生产要素投入水平和政策、市场等非投入因素共同作用所形成的,可以稳定达到的粮食产出水平。它既包括耕地保护能力、粮食生产技术水平、农业基础设施综合利用能力、科技支撑与服务能力和抵御自然灾害能力等生产要素投入能力;也包括政策保障能力、市场调控能力和政策性农业保险支持能力等非生产要素投入能力。

粮食综合生产能力由投入和产出两个方面的因素构成,由生产投入因素和非生产投入因素综合作用所决定,粮食综合生产能力不是一定时期该区域的粮食总产量,粮食实际产出只是粮食综合生产能力的外在表现。粮食综合生产能力是在政策、科技、投入、管理等因素的综合作用下形成的生产趋势,是影响粮食生产各种因素的最佳配置所形成的期望产出能力。粮食综合生产能力能否转变成实际的产量主要取决于各种因素的配置是否合理。粮食综合生产能力的提高不仅取决于各种要素投入水平的提高,还取决于各要素的合理配置。粮食

* 课题组成员:毛孟毓、徐守义、徐恺、张尚豪、刘国光、周朝晖、戴月萍、许善军。

综合生产能力是粮食生产的硬件和软件的有机统一，硬件是粮食生产的基础设施和各种投入，软件是政策等制度因素。

(二)粮食综合生产能力的评价体系

纵观20世纪90年代以来国内粮食生产能力和粮食安全研究，其对协调我国人口、资源和社会经济发展发挥了重要的战略性作用，但在新形势下，这项研究还存在着不可避免的局限性。传统意义上的粮食生产能力研究更多基于耕地—投入—产出而展开，它以耕地资源条件为基础，以各种投入因素为研究主体，以预测粮食产量为目标；这对特定历史阶段和特定区域内的粮食供需、粮食安全、政府决策、宏观调控，以及确保国民经济的协调发展有着十分重要的意义。但是以往的研究最终都要归结到"预计粮食产量"这样一个概念上来，不仅难以真正揭示粮食综合生产能力和各影响因素间复杂的关系，其预测的稳定性也相对较差。同时由于在评价指标的选取上的局限性，很多研究的系统性和层次性不强。为此，我们在研究中采用了分层次选取评价指标和组合分项指标的方法，经过处理的组合指标比单一指标的代表性更强，使反映的问题更深刻也更具有现实意义，也使评价的系统性和综合性得以提高。

二、安徽粮食综合生产能力实证研究

(一)安徽粮食生产发展情况概述

从1978年到2003年，安徽累计生产粮食58989.2万吨，年平均产量2268.8万吨。1978年至2003年粮食产量结果列于表1。

自1978年改革开放以来，安徽粮食生产呈现出了明显的增长态势，但是在不同的时间区间，安徽粮食生产又呈现出了不同的状况和态势，把安徽省粮食生产的发展历程分为四个阶段。见图1。

表1 1978～2002年安徽省粮食总产量情况

年份	粮食总产量（万吨）	比上年增长（%）	年份	粮食总产量（万吨）	比上年增长（%）
1978	1482.6		1991	1781.5	−27.5
1979	1609.6	8.6	1992	2325.1	30.5
1980	1453.9	−9.7	1993	2569.2	10.5
1981	1818.5	25.1	1994	2330.3	−9.3
1982	1933.0	6.3	1995	2580.7	10.7
1983	1973.7	2.1	1996	2674.1	3.6
1984	2180.9	10.5	1997	2802.7	4.8
1985	2224.2	2.0	1998	2591.0	−7.6
1986	2365.1	6.3	1999	2771.2	7.0
1987	2432.6	2.9	2000	2472.1	−10.8
1988	2296.4	−5.6	2001	2500.3	1.1
1989	2383.5	3.8	2002	2765.0	10.6
1990	2457.2	3.1	2003	2214.8	−19.9

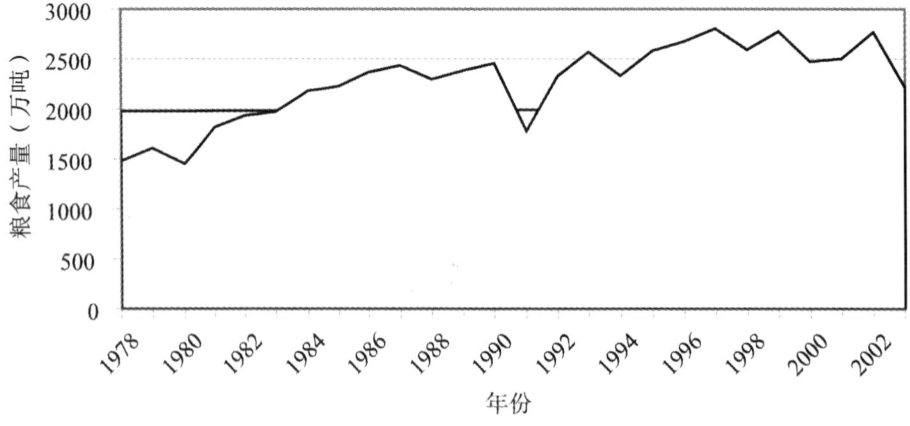

图1 安徽粮食总产量趋势图(1978～2003年)

第一阶段，改革初期，粮食生产超常规增长(1978 年至 1985 年)。安徽在全国率先对农业体制进行了重大改革，普遍推行了家庭联产承包责任制，国家又较大幅度提高了粮食收购价格，这些重大政策措施的实施，极大地调动了广大农民的生产积极性，一系列的体制创新使粮食生产潜能得到充分释放。这一时期农业生产的显著特征是以提高复种指数来大力提高粮食产量，实现粮食自给和解决温饱为目标。期间粮食总产量先后跨越了 1500 万吨、2000 万吨二个重要台阶。1985 年安徽省粮食总产量达到 2224.2 万吨，比 1978 年的 1482.6 万吨增长 50.0%，年平均递增 6.0%。

第二阶段，农业生产转向增加收入、提高效益，粮食生产仍保持较快速度增长(1986 年至 1990 年)。随着粮食生产水平的逐年提高，粮食生产的发展已基本能够满足人们生活的需求。1985 年以后的五年，在粮食总播面积稳定扩大的同时，一些效益差的粮食作物种植面积逐步得到调减，粮食增收的速度放缓。1990 年安徽省粮食总产量为 2457.2 万吨，比 1985 年增长 10.5%，年平均递增 2.0%。

第三阶段，市场经济初步建立，农业科技进步提速粮食生产创历史最好水平(1991 年至 1997 年)。1994 年至 1996 年国家又两次提高粮食收购价格，农民种粮积极性再次得到提升。1995 年，安徽省粮食总产量突破 2500 万吨；1997 年粮食产量创历史纪录，达到 2802.7 万吨。在出现阶段性、结构性的供给大于需求的情况下，市场粮食价格开始下跌，粮食比较效益下降，为保护农民利益，国家对粮食实行保护价敞开收购政策。

第四阶段，农业进入结构调整时期，农业技术的增产效应减弱，市场压力增大，粮食生产迟滞徘徊(1998 年至 2003 年)。1999 年开始，农业进入结构调整时期，受国内供求关系和国际市场的影响，粮价持续低迷，价格对粮食生产增长的促进作用已经消失。粮食种植面积由 9000 多万亩调减到 8000 万亩左右。1998 年至 2003 年共生产粮食 15314.4 万吨，年均产量 2552.4 万吨。由此，可以认为，安徽目前粮食产出基本稳定在 2500 万吨左右。

(二)安徽粮食综合生产能力比较研究

安徽粮食生产的资源潜力，如土地开发复垦、中低产田改造、提高复种指数等方面，还大有文章可做。科技推动粮食生产发展的潜力也很大。粮食单产与高产省相比仍有较大差距。随着农业科技的不断突破和发展，化肥的有效利用率、粮食病虫害防治率以及粮食单产和品质将不断得到提高，粮食生产能力也将进一步增强。

水资源和土地资源作为粮食生产两大基本生产要素，其组合情况在很大程度上决定着粮食生产的潜力。由图 2 和表 2 可以看出，和其他粮食主产省份相比，安徽粮食生产的水土配比程度较好，说明还有很大的潜力可挖。

表 2　主要粮食产区耕地和水资源对比

省份 \ 项目	本省水资源总量(亿立方米)	占九省水资源的比重	本省耕地规模(万亩)	占九省耕地的比重
黑龙江	632.62	0.1002	17659.50	0.1963
吉林	368.69	0.0584	8367.60	0.0930
河北	86.14	0.0136	10324.95	0.1148
江苏	268.02	0.0424	7592.55	0.0844
安徽	824.68	0.1306	8957.55	0.0996
山东	98.11	0.0155	11533.95	0.1282
河南	313.58	0.0497	12165.45	0.1352
湖北	1155.46	0.1830	7424.25	0.0825
湖南	2566.63	0.4065	5929.50	0.0659
总计	6313.93		89955.30	

数据来源:《中国统计年鉴 2003》。

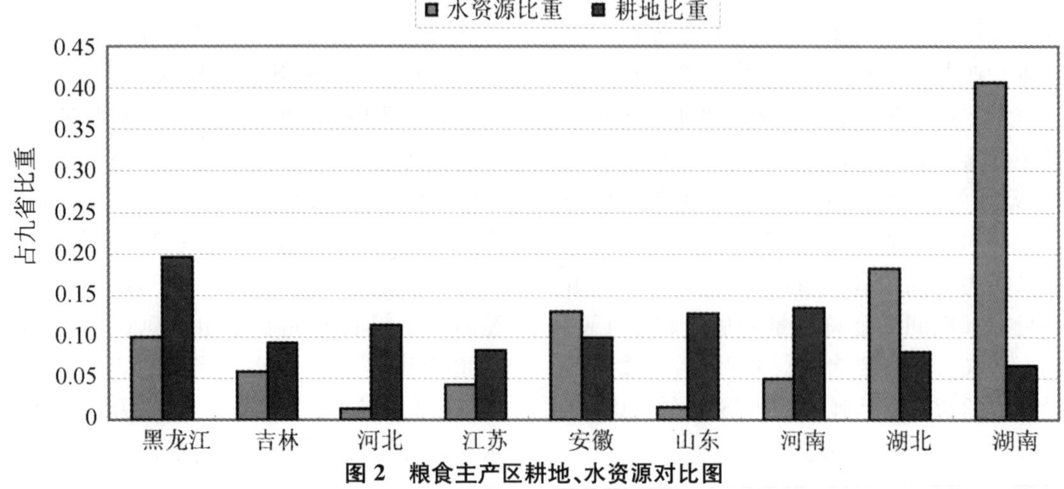

图 2 粮食主产区耕地、水资源对比图

注:图形是各粮食主产省水土协调度的直观表现。

(三)影响安徽省粮食综合生产能力因素分析

二十多年来,安徽粮食生产总体上呈现明显的增长态势,这是科技投入、人力资源投入等多方面因素决定的;但是近年来粮食生产的波动明显增强,粮食综合能力有下降的趋势。

1. 土地和水资源仍是稳定和提高粮食综合生产能力的基础因素

作为粮食生产的最根本的要素,土地生产力和水资源状况是粮食综合生产能力的最重要的组成部分。20 世纪 50 年代以来,特别是改革开放以来,随着我国的人口增长、资源短缺和经济的快速发展,土地的生态环境恶化,人地关系日趋紧张;耕地面积有快速减少的趋势,水资源状况也不容乐观,这种态势必然会对粮食综合生产能力产生很大影响。同时对水资源的合理利用也直接影响着粮食综合生产能力。资料显示,1990~2002 年,安徽省耕地面积从 6548.2 万亩下降到 6266.6 万亩,减少了 281.6 万亩,以每年 23.5 万亩的幅度递减。而且随着城镇化进程的加快,在相当长一段时间内,耕地仍然会呈逐年减少的趋势,加上土地"边际收益递减",特别是农业结构战略性调整的日益深入和生态建设,种植业生产将呈现园艺产业和其他高效优势产品生产规模持续扩大、粮食生产规模逐渐缩减的趋向。

结构调整确实给农村经济的发展带来了很多新的变化,也在一定程度上促进了粮食生产,但是不可否认结构调整使粮食作物的种植面积持续调减,对粮食综合生产能力产生了很大的影响。从单纯的收入目标考虑,种植粮食作物很难使主产区农民直接增收。而加快非粮食作物发展,扩大棉花、油料和蔬菜等经济作物的面积,是以减少粮食种植为代价的。资料表明,2002 年与 1998 年相比,安徽粮食播种面积调减了 800 万亩,其中小麦面积减 390 万亩,稻谷面积减 400 万亩,薯类面积减 190 万亩;只有玉米和大豆面积分别增加 63 万亩和 43 万亩。如果以 1998 年至 2002 年粮食作物平均单产测算,2002 年安徽粮食生产能力比 1998 年下降近 250 万吨左右。见表 3。

表 3 安徽 2002 年与 1998 年相比粮食因结构调整减少产量情况

指　　标	1998 年面积(万亩)	2002 年面积(万亩)	2002 年面积比 1998 年增减(万亩)	1998~2002 年平均单产(公斤)	因结构调整增减产量(万吨)
粮食作物总计	8987.1	8184.3	−802.8		−246.5
其中:(一)小麦	3143.7	2753.0	−390.7	237.0	−92.6
(二)稻谷	3257.3	2857.0	−400.3		−122.0
其中:早　稻	583.3	391.0	−192.3	308.6	−59.3
中单晚	1912.7	2042.0	129.3	454.7	58.8
双　晚	761.3	424.0	−337.3	360.1	−121.5
(三)薯　类	728.8	537.0	−191.8	289.7	−55.6
(四)玉　米	854.7	918.0	63.3	297.7	18.8
(五)大　豆	741.4	784.0	42.6	113.4	4.8

粮食种植面积一定程度上取决于耕地面积总量的维持，耕地面积是影响粮食生产的主要因素之一。由于工业化和城市化发展，特别是近年来明显加快的小城镇建设，对土地的需求不断增加，控制耕地减少面临的压力越来越大。加上目前为了保护生态环境，实施的退耕还林工程也将直接减少耕地面积。

1990 年到 2002 年，安徽耕地面积一直呈减少趋势，耕地面积的减少直接导致粮食播种面积的下降。根据对 1990 年以来安徽粮食播种面积和耕地面积统计数据分析测算表明，二者之间相关程度较高，相关系数为 0.71536。1990 年至 2002 年粮食作物播种面积占耕地面积的指数在 132～139%区间波动，平均为 136.1%。因此，减少 281.61 万亩耕地，从理论上就意味着可能减少 383 万亩粮食播种面积，按目前粮食单产水平计算，粮食生产能力下降在 115 万吨左右。

2. 农业科技进步对粮食综合生产能力的影响深远

粮食产量稳步提升的背后，是安徽为改善农业基础设施和生产条件，提高农业的综合生产力而逐年加大对农业投资的力度。2002 年，安徽财政支援农村生产和对农业综合开发支出达到 10.17 亿元，比 1990 年增长 2.2 倍。农业生产条件和生态环境极大的改善，促进了粮食生产能力的稳步提高。

据统计表明，安徽省 2002 年机耕面积 5425.1 万亩，比 1990 增长 89%；机播面积 3116.7 万亩，比 1990 年增长近 5 倍；农业机械总动力 3372 万千瓦，比 1990 年增长近 1.6 倍；农村用电量 51.8 亿千瓦时，比 1990 年增长 120%；化肥施用总量 270 万吨（折纯），比 1990 年增长 87%；有效灌溉面积达到近 4900 万亩，比 1990 年增长 24%。安徽近年农业现代化发展情况见表 4。

表 4　安徽近年农业现代化主要指标发展情况

年　份	1990 年	2002 年	2002 年比 1990 年增长%
机耕面积（万亩）	2918.7	5425.1	85.9
机播面积（万亩）	533.4	3116.7	484.4
农业机械总动力（万千瓦）	1307.0	3372.0	158.0
农村用电量（亿千瓦时）	23.6	51.8	120.0
农用化肥施用量（万吨）	144.5	270.3	87.0
有效灌溉面积（万亩）	3949.5	4895.7	24.0

长期以来，安徽把依靠科技进步作为提高粮食产量的关键措施，农业科技服务体系不断完善，粮食品种改良取得明显成效，精播半精播、间作套种、地膜覆盖、病虫害防治、节水灌溉、水稻旱育稀植等先进适用技术在安徽省推广普及，使稻谷、小麦、玉米、薯类、大豆等主要粮食品种的单产得到较大幅度提高。如表 5 所示，1978 年到 2002 年，稻谷、小麦、玉米、薯类、大豆单产分别提高了 70%、107%、234%、75%和 244%。

3. 人力资源支持系统在粮食生产中的潜力巨大

在课题研究中我们发现劳动力因素对粮食综合生产能力的贡献同样是非常大的。1978 年以来安徽粮食产量不断提高和大量的劳动投入和科技人员的贡献是密切相关的。由农村劳动力和农业科技人员为主要构成的人力资源支持系统在粮食综合生产能力中的作用正逐渐增强。为了更准确的考察人力资源对粮食综合生产能力的贡献，我们筛选了人力资源支持系统中劳动力投入总量，科技人员数量和劳动力文化素质共 3 个指标来建造安徽粮食综合生产能力函数模型，进行计量分析，描述粮食生产过程中人力资源因素与产出之间的数量依存关系。

表 5　安徽几种主要粮食作物单产变化

单位：公斤/亩

年份	稻谷	小麦	玉米	薯类	大豆
1978	254	107	109	179	36
1985	362	211	196	275	73
1990	388	192	236	271	72
1998	429	191	265	292	120
2002	433	222	365	314	124

为了从定量角度分析人力资源因素对粮食综合生产能力的影响，我们筛选了乡村劳动力人均耕地面积X1、每百个劳动力中初中以上文化程度人数X2、每千个劳动力中科技人员数量X3共3个指标来构建安徽粮食综合生产能力函数模型，进行计量分析，描述粮食生产过程中人力资源状况与产出之间数量依存关系。

利用原始数据，使用SAS软件进行回归，经检验只有X2和X3通过，并最终得到回归结果：

$$LnY=1.79+0.38LnX2+0.24LnX3$$

R^2值为0.923，F检验值为381.109。根据计量模型的分析可知，由于农业劳动力投入已经达到一定水平，所以劳动力投入边际效益递减，其对粮食综合生产能力的影响已经很小了。相反，农业生产中科技人员对粮食增产的作用很显著；种粮农民的科技文化水平和农业科技人员数量对粮食生产的影响巨大，也呈现出了高度的正相关，在农业劳动力向城市加快转移的现实情况下，提高农民的科学文化素质和加快培养农业科技人才将是提高粮食综合生产能力的关键措施。

4. 自然灾害对粮食综合生产能力的影响逐步加深

调查中我们还发现自然灾害对安徽粮食综合生产能力影响近年来愈加明显，其在粮食生产中的负效应也愈加明显。虽然数据分析结果表明受灾面积和粮食产量的相关性并不强，但是随着粮食生产投入的边际效益递减，自然灾害对粮食综合生产能力的影响会增强，减灾能力也是粮食综合生产能力的重要组成部分。

从图形可以明显看出：20世纪90年代以来，安徽省自然灾害发生的频率和强度都明显增强，而且仍有加剧的趋势，对粮食生产也产生了显著影响，而且随着农业科技和劳动力增产效应的减弱，在粮食生产中提高抵御自然能力就成了粮食综合生产能力建设中的关键一环。

5. 市场、政策和制度因素对粮食生产的影响凸现

价格是市场的供求晴雨表，其对生产的影响无疑是巨大的。按照这个道理，市场供求和粮食价格也应该在粮食的生产中起着决定性的作用，然而分析结果表明近年来粮食价格对安徽粮食综合生产能力和粮食产出并没有产生决定的影响。原因在于粮食价格难以反映生产和需求。在价格控制下，粮食的价格也一直在较低的水平徘徊，不能对农民种粮的积极性产生较强的刺激，在粮食生产的比较利益较小的情况下，粮食产出受价格波动的影响并不显著。但是随着粮食流通体制的改革，市场对粮食综合生产能力和粮食生产的影响就会越来越强，而且市场的影响也必然是两方面的，市场形成价格的机制会更真实的反映粮食的供需状况，这一机制不仅能在粮食价格上涨时促进农民的种粮积极性，也会在价格下跌时打击农民种粮积极性，由于市场价格机制的滞后性而带来的粮食综合生产能力和粮食产出的波动是值得密切关注的。

研究表明：和市场的影响相比，政策等制度因素对安徽省粮食综合生产能力的影响是十分显著

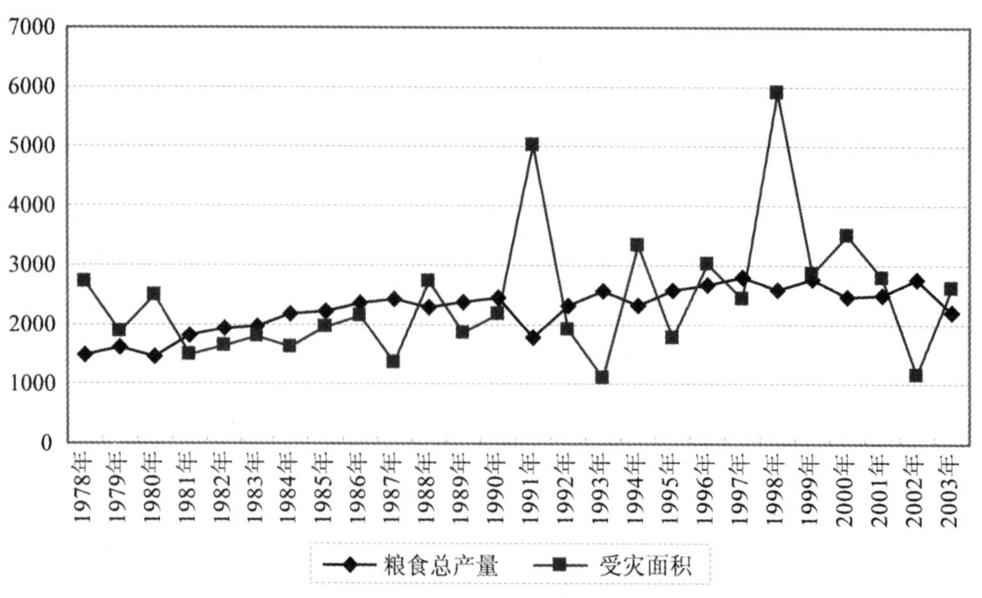

图3 安徽省各年受灾面积与粮食产量变化趋势

的。粮食生产的起伏变化与政策规定呈弱相关，而与政策的执行力度呈强相关。农业政策的执行力度对安徽粮食生产的发展产生了很明显的影响。

1978～1985年，安徽粮食超常规发展，粮食生产能力和产出水平迅速提高，这一时期的产出增长主要是家庭联产承包责任制改革等制度创新的功绩。

1986～1990年，安徽粮食生产四年徘徊，粮食价格特别是市场价格大幅上扬，但是80年代后几年，合同价和收购的平均价相对于市场价反复下降，其中合同价从市场价的2/3下降到1/3；这种提价措施自然难以对农民种粮积极性产生有效的激励，为了保证收购任务完成，各地政府在收购季节关闭市场，甚至阻断了跨行政边界的粮食流通；粮食交售合同成了实际上的强制订购；这一时期地方政府对国家和省制定的农业政策执行不力的情况时有发生；"挂钩"计划下，承诺给种粮农民的化肥、柴油等粮食生产的必要投入要素没有得到很好的兑现，这不仅阻碍了该期粮食的生产能力的快速提升还为此后几年的粮食生产产生了很多消极影响。

1991～1997年，安徽粮食生产取得了很大的进步，这仍然是政策影响的结果。这一时期粮食价格上涨很快，价格对粮食生产的影响加强，甚至在局部还发生了产不足需的情况。从本质上看这不是生产不足的问题，但当时这种短期现象对国家农业政策重新导向追求数量，起了决定性的作用，随之也对国家"九五"期间以增加产量为主的目标确定产生影响。这一时期的政策同样为此后几年的粮食生产徘徊埋下了伏笔。直到1996年发生了粮食的"卖难"。

1998～2003年，这一时期农业结构调整和退耕还林还草成了政策的导向，粮食生产几度徘徊；同时由于基本建设，大量的耕地被占用；农业基础设施建设滞后、水利设施老化和农业技术推广体系建设滞后等问题接踵而至，粮食综合生产能力出现了下降的趋势。

粮食丰收了，既定政策的实施力度就放松了，体制中一些不完善的东西就向着不利于粮食生产的方向偏移。粮食歉收了行政力量就会加强，同样的政策就要花费很大的气力去执行。政策执行力度的波动虽然也扭转了一时被动局面，但同时也在粮食生产能力的波动中产生了很多消极影响。如何保持政策的一贯性，从根本上解决粮食问题也是一个亟待解决的重大问题。

（四）安徽粮食综合生产能力计量模型

粮食总产量是由单位面积产量和种植面积两方面因素决定的，而小麦单位面积产量的提高将对未来小麦供给具有关键性的作用。因此在预测今后小麦总产量时，主要择取影响小麦单位面积产量数据作为主要预测因子。

1. 模型建立

考虑到农业生产属于宏观生产，本计量模型采用柯布—道格拉斯生产函数模型。结合安徽省实际情况，我们选取了1985年到2003年19年的数据，通过建立模型对安徽省粮食生产能力进行计量分析。

本文以安徽省的粮食总产量为被解释变量（Y），乡村劳动力（F）、粮食作物播种面积（L）、各年化肥施用量（H）、农用机械拥有量（M）和有效灌溉面积（G）为解释变量。

2. 原始数据（见表6）

表6

年份	Y（万吨）	F（万人）	L（千公顷）	G（千公顷）	H（万吨）	M（万千瓦）
1985	2224.2	1959.60	5898.59	2106.00	113.57	833.00
1986	2365.1	2018.00	6051.62	2092.30	115.02	917.20
1987	2432.6	2062.50	6150.99	2156.60	120.24	1036.40
1988	2296.4	2151.40	6155.15	2214.50	126.61	1148.20
1989	2383.5	2209.40	6203.77	2303.90	137.21	1224.50
1990	2457.2	2286.70	6246.03	2633.30	144.54	1307.30
1991	1781.5	2346.40	5954.49	2719.40	144.29	1380.20
1992	2325.1	2432.50	5872.97	2768.70	156.02	1452.10
1993	2569.2	2590.80	6002.20	2818.30	178.15	1552.00
1994	2330.3	2542.80	5879.54	2878.00	189.86	1684.00

续表

年份	Y (万吨)	F(万人)	L(千公顷)	G(千公顷)	H(万吨)	M (万千瓦)
1995	2580.7	2592.20	5852.48	2933.70	203.28	1836.00
1996	2674.1	2629.90	6014.57	2971.40	249.61	2017.00
1997	2802.7	2674.80	6030.61	3049.00	240.63	2239.60
1998	2591.0	2717.50	5991.40	3100.10	253.80	2546.60
1999	2771.2	2724.30	5934.90	3152.30	255.70	2766.20
2000	2472.1	2797.80	6183.80	3197.20	253.20	2975.90
2001	2500.3	2821.50	5841.70	3228.70	280.70	3165.00
2002	2765.0	2841.40	6091.90	3263.80	270.30	3372.10
2003	2214.8	2861.70	6157.20	2106.00	281.30	3544.10

3. 模型参数估计

(1)初步拟合

根据原始资料数据,采用最小二乘法,得到如下回归方程,方程中 Y1,F1,L1,G1,H1 和 M1 分别代表对数形式的经济变量,即:LOG (Y), LOG (F),LOG(L),LOG(G),LOG(H)和 LOG(M)。

$$Y1=-1.412039+0.431695\times F1+0.667914\times L1$$
$$(3.006170)\quad(0.207358)\quad(0.155862)$$
$$+0.121887\times G1+0.378642\times H1-0.102023\times M1$$
$$(0.048860)\quad(0.118081)\quad(0.076458)$$
$$R^2=0.980920\quad F=188.51\quad D.W=1.98$$

具体数据如下:

Dependent Variable: Y1				
Method: Least Squares				
Y1=C(1)+C(2) * F1+C(3) * L1+C(4) * G1 +C(5) * H1+C(6) * M1				
	Coefficient	Std. Error	t−Statistic	Prob.
C(1)	−1.412039	3.006170	−0.469714	0.6486
C(2)	0.431695	0.207358	2.081881	0.0640
C(3)	0.667914	0.155862	4.285285	0.0016
C(4)	0.121887	0.048860	2.494595	0.0317
C(5)	−0.102023	0.118081	−0.864004	0.4078
C(6)	0.378642	0.025205	3.407173	0.0059
R−squared	0.980920	Mean dependent var		10.70060
Adjusted R−squared	0.973288	S. D. dependent var		0.100432
S. E. of regression	0.016415	Akaike info criterion		−5.120093
Sum squared resid	0.002694	Schwarz criterion		−4.884077
Log likelihood	43.40070	Durbin−Watson stat		1.987145

可以看出,该模型总体拟合程度较高,复相关系数达 0.98。但我们发现变量 M1 的显著性低,而且经济参数明显不符合实际经济意义。分析原因有以下两点:

第一,我国目前农业机械拥有量虽然保持了稳定的发展,但由于普及率还较低,而且新技术难以推广,造成农业机械化生产的水平低。实际上农业机械除了农业生产外,还从事其它的运输方面的作业，因此这影响了其对农业生产产出的作用。

第二，考虑到 G1 经济变量，即：有效灌溉面积必然依赖农业机械总动力的投入，因此二者之间不可避免会出现共线性。

出于以上分析，我们将 M1 经济变量从模型中删除。

(2)改进后的拟合方程

删除 M1 经济变量后，我们得到如下拟合回归方程：

$$Y1=-1.796589+0.412331\times F1+0.646588\times L1$$
(2.938582)　(0.203754)　(0.152112)
$$+0.085877\times H1+0.219473\times G1$$
(0.025205)　(0.276592)

$R^2=0.979495$　F=175.15　D.W = 1.72

4. 经济计量检验

从回归拟合方程的具体数据来看，拟合方程的 F 值远大于临界值，而且复相关系数 R^2 为 0.979，可见总体拟合效果较好，总体显著性检验通过。在各个经济变量显著性检验上，只有 F1 的 t 检验值小于临界值，其余变量的 t 检验值均大于临界值，通过显著性检验。实际上经济变量 F1 的显著性不明显，恰恰说明了当前安徽省农业生产的现状，也符合安徽省农业实际情况。而且由于方程总体拟合度较好，因此尽管 F1 的显著性检验没有通过，我们继续保留了 F1 经济变量。关于 F1 经济变量，我们将在后面的经济检验中说明其存在的必要性。

我们又采用戈里瑟法来检验随机项与解释变量之间是否有关。建立如下的回归模型用于检验拟合回归方程的异方差性：

$$E1=C(5)+C(6)\times F1+C(7)\times L1+C(8)\times H1+C(9)\times G1$$

其中，E1 表示观察值(Y1)与估计值差(YF1)的绝对值，即：|Y1－YF1|。用 OLS 法得：

$$E1=0.28769-0.068016\times F1$$
(1.592048) (0.110389)
$$+0.032534\times L12+0.011178\times K1$$
(0.082410)　(0.013655)

$R^2=0.165$　F=0.72599

F 检验和 t 检验结果表明：方程不显著。所以，我们可以判断，E1 与各变量之间无线性关系。原模型不存在异方差性。

为了使模型更加准确，我们进行了序列相关检验。但由于经济变量的惯性作用随时间的延长而逐渐减弱，线性相关系数也逐渐减小。因此在本文的序列相关检验中，只对一阶序列相关作定量数量检验，对二阶以上只简单以图示法说明。为此我们进行了杜宾—瓦特森检验(Durbin－Watson)。由于原模型的 D.W 值为 1.72，根据 n=15，k=3，查表得：$d_L=0.82$，$d_u=1.75$。原模型的 D.W 值落入不确定区，无法确定原方程是否存在序列相关性。因此杜宾—瓦特森检验失效。我们还首先采用图示法。作 E－E2 图如下，图中横坐标 E 表示本期估计值，即：Y_t-YF_t；纵坐标 E2 表示滞后一期的估计量，即：$Y_{t-1}-YF_{t-1}$。

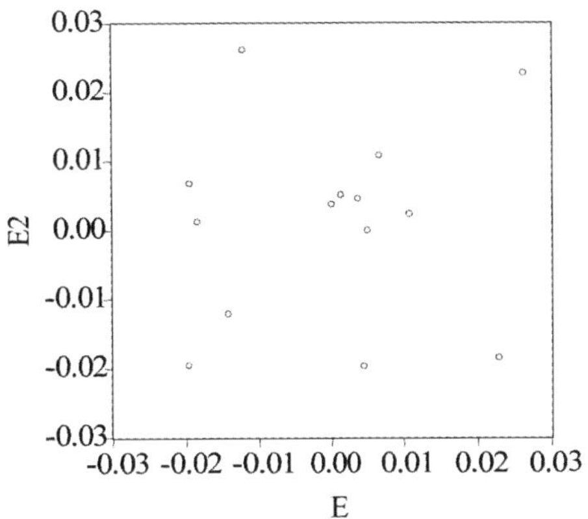

从图中，我们大致可以判断模型不存在序列相关。构建自回归方程并利用 OLS 法进行参数估计，计算的结果是：无论是从复相关系数还是 t 检验值我们都可以得出结论：该回归方程是不显著的。因此原模型不存在序列相关性。

为检验原模型的多重共线性，我们分别对原模型方程的四个经济变量进行方程回归并计算简单相关系数。通过与模型方程的复相关系数比较，而判断原模型方程的多重共线性。

结果显示：由于四个方程的简单相关系数均小于原模型方程的复相关系数，因此我们判断，原方程各解释变量间不存在多重共线性或多重共线不显著，不影响模型方程。所以模型方程通过多重共线性检验(见表 7)。

最终模型拟合方程按如下方式表示为：

$$LOG(Y)=-1.796589+0.412331\times LOG(F)$$
(2.938582)　(0.203754)
$$+0.646588\times LOG(L)$$
(0.152112)
$$+0.085877\times LOG(H)$$
(0.025205)
$$+0.219473\times LOG(G)$$
(0.276592)

表7 根据模型得出的预测值与实际值的比较

年份	实际值	预测值	残差
1985	2224.2	2292.874	−68.6740
1986	2365.1	2359.228	5.872383
1987	2432.6	2284.131	148.4691
1988	2296.4	2254.342	42.05823
1989	2383.5	2292.177	91.32341
1990	2457.2	2349.737	107.4628
1991	1781.5	2309.758	−528.2580
1992	2325.1	2325.975	−0.87523
1993	2569.2	2456.467	112.7328
1994	2330.3	2461.613	−131.3130
1995	2580.7	2501.805	78.89547
1996	2674.1	2772.170	−98.0702
1997	2802.7	2648.543	154.1571
1998	2591.0	2658.718	−67.7179
1999	2771.2	2684.329	86.87146
2000	2472.1	2529.975	−57.8746
2001	2500.3	2624.794	−124.4940
2002	2765.0	2552.486	212.5136
2003	2214.8	2297.879	−83.0791

$R^2 = 0.979495$　$F = 175.15$　$D.W = 1.72$

其中：

Y —粮食总产量(万吨)

F —农村劳动力数量(万人)

L —粮食作物播种面积(千公顷)

H —化肥施用量(万吨)

G —有效灌溉面积(千公顷)

该模型通过经济计量检验，并且从预测值表来看，方程拟和效果较好。可以用来预测安徽粮食综合生产能力。根据模型我们对今后的安徽粮食产量进行了预测，见表8：

表8 安徽省粮食生产能力预测

单位：万吨

年　　份	2004	2005	2006	2007
预测产量	2862.3	2890.2	2918.0	2845.9
年　　份	2008	2009	2010	
预测产量	2973.8	3001.7	3029.5	

通过定量和定性的分析，我们可以得出结论：至2010年安徽省粮食综合生产能力将稳定在3000万吨左右。

三、确保粮食综合生产能力稳定和提高的机制研究

安徽是农业大省，具有发展粮食生产的区位优势和有利条件，在国家粮食产业布局中占有重要地位，同时，粮食生产收入又是安徽农民收入的主要来源之一，因此切实保护提高粮食综合生产能力意义重大。

针对如何保护粮食综合生产能力，我们提出以下对策建议，希望这一研究能在中国农村改革的前行的道路上给政府宏观决策提供一些有益的借鉴。

(一)统筹城乡发展，构筑有利于农业可持续发

展的系统的农业政策体系和制度环境

粮食问题是和整个农业的问题紧密联系在一起的，建立一个统筹城乡发展、统筹经济社会发展、统筹人与自然和谐发展的全面、协调可持续的农业发展政策体系是稳定和提高粮食综合生产能力的根本保证。这一政策体系应包括如下几个方面：

1. 加快农业、农村发展的农业专门性法律的立法工作，打破农业生产管理中的各自为政、相互分割的被动局面。以法律的形式界定各级政府及粮食、国土资源管理、财政、农业、水利和科技教育等涉农部门的权利与义务，同时也从根本上解决农业问题和确保粮食综合生产能力不断提高。建立一套统一的、规范的法律制度，有力的促进国家农业政策的顺利实施。

2. 建立严格的耕地与水资源保护机制，强化耕地和水资源利用的法制化和规范化。当前采取的严厉的耕地保护措施以确保粮食播种面积只是权宜之计；最根本的是要在利用行政措施保耕地的同时，建立一整套提高土地和水资源利用的科学性和合理性的完备的法律体系是一个根本任务。要加快土地制度改革，确定合理的土地征用补偿标准，强化对征用耕地的经济制约，正确处理好农业结构调整、城市建设、社会发展与确保粮食播种面积的矛盾，严格限制建设用地的无序扩张。同时要严格控制水污染，合理选择水资源利用的制度，加强用经济杠杆调节水资源的流向，大力推进节水型社会建设特别是节水农业建设。

3. 完善粮食流通市场，加快粮食生产的产业化步伐，确保粮食流通的稳定和畅通。加快粮食流通体制改革，加强粮食主产区与销区的协作，确保全国粮食市场的统一与完整。

4. 建立有效的粮食安全预警系统和科学的宏观调控体系。建立符合中国国情的粮食安全预警体系，及时对粮食供需状况提出预警，并提供相应的危机处理对策。

5. 制定、完善并落实各项农业支持政策，提高农民种粮积极性，认真落实党在农村的各项政策，在大幅度减轻种粮农民负担的同时，切实提高对农业与农村的投入水平。加强对农业支持政策的研究，使农业支持政策能够发挥最大的效能。

（二）加快农业人力资源和农业科技支撑体系建设

当前粮食生产中存在的最大的问题是人才的问题，农业科技人员少，农业科技推广力度不够是制约粮食综合生产能力提高的关键因素。能不能为广大农村特别是粮食主产区农村培养一大批文化素质较高的农民不仅是粮食综合生产能力能否稳定提高的关键，也直接决定着农村的未来几十年的发展。粮食综合生产能力和整个农村经济和社会发展是一个不可分割的统一体。构筑人力资源和科技支撑体系应关注以下几个方面。

1. 增加农村教育投入，加快发展职业教育特别是农业职业技术教育，不仅要提高农民的科学文化素质还要为农村培养大量的农业专门人才和技术工人。这一措施不仅能够提高农业劳动力素质进而提高粮食综合生产能力，而且也必将为农村劳动力的转移打下坚实的基础，同时也有利于农业朝着产业化、现代化的方向加快发展。人才是解决粮食问题和“三农”的关键，而培养人才最关键的是先培养一大批现代农民。

2. 加大对农业科技开发和推广的投入力度，建立健全国家农业科技创新体系和覆盖全国的基层农业科技推广服务体系。国家农业科技创新体系由国家农业科技创新中心、区域性创新分中心以及三大粮食主产区的试验站（科技成果转化推广体系）三部分构成，分别承担起农业科技原始创新、应用技术研究与推广培训三个层面的工作，形成一支资源配置合理、区域分工明确、优势特色互补的高水平创新力量与推广力量，为提高粮食综合生产能力提供强有力的技术支撑。依托国家中心与区域中心，实施粮食安全科技保障工程，安排专项经费连续支持，培养和稳定一大批具有高水平的科技人才队伍，确定主攻方向，组织力量联合攻关，争取在3～5年内取得一批保障国家粮食安全的重大科技成果。近年来，政府对农业科研的公共投资占农业GDP的0.25%左右，比1980年的0.4%还低，与目前国际平均水平1%相比也有较大差距。建议在现有投入基础上，每年再增加30亿的投入。和农业科技前端开发相比，健全全国特别是粮食主产区的基层农业推广服务体系则更为关键，也正是我国农业科技应用链条上的一个最为薄弱的环节。政府应明确农业科技推广机构的责任，明确分工，先期可以在粮食主产区采取中央和地方共同负担的方式完善农村基层的农业科技推广体系，并逐步向国家财政负担转变，力争建设一支高效精干的农业科技推广队伍。

3. 加大对农业基础设施建设的投入力度，加强对建设资金的管理，提高建设资金的使用效率；并加快农田产出能力建设，建设资金应适当对粮食主产区倾斜。在加强基本农田过程中，要明确中央和地方各级政府各自的责任并加强对现有农业基础设施的管理和有效合理利用。

（三）鼓励在粮食综合生产能力和“三农”问题上进行的制度创新

1. 加快农村基层组织建设，农村基层组织关系着农村的稳定，也是农业生产特别是粮食生产发展的制度保障。要加快基层政府职能转变，加强村级组织建设。农村基层政权建设是整个农村发展的关键，也是国家农业政策的落脚之处。

2. 鼓励和支持农业合作经济组织的发展，为农村经济合作组织的发展提供一个良好的发展环境。发达国家的农业实践证明，农业合作经济组织能有效的降低农业生产的成本，也在很大程度上降低了农业生产的风险。合作经济组织的发展将有利于粮食生产资源的合理配置，有利于农村市场经济发展和市场化水平的提高，并在很大程度上促进社会分工和农业劳动力转移。从长期趋势来看，农村社会分工加速农业劳动力转移有利于粮食生产能力的提高。

3. 建立健全农业保险体系，开展农业政策性保险服务，降低粮食生产的风险。我国粮食生产的情况复杂且生产过于分散，这就决定着仅靠政策支持是很难从根本上提高粮食的综合生产能力。粮食生产的主力仍然是相当分散的农户，由于我国的农业基础相对薄弱，农民抵御自然灾害的能力很弱；致使我国的粮食生产面临着巨大的市场和自然风险，这种风险显然是单个农户所无力承担的，经验表明价格风险和自然风险也是影响农民种粮积极性的最重要的因素；提高粮食综合生产能力就必须合理的化解粮食生产的风险。农业政策性保险体系无疑是一个明智的选择，农业保险体系不仅能够最大可能的保护农民的种粮积极性，从宏观角度讲还能平抑粮食市场的剧烈波动，并能在粮食的供求之间起到较好的缓冲作用，从而防止了周期长、风险大的粮食生产出现大起大落。

我国粮食安全标准研究

浙江省农调队课题组*

近年来，随着我国经济的蓬勃发展，农业结构的大力调整，粮食播种面积的不断减少，粮食供给量大幅下降，粮食供需矛盾悄然凸现，粮食安全再度为人们关注。新形势下的粮食安全问题既有简单的数量上的平衡关系，又有食物质量、结构等方面的新特点。如贫困阶段、温饱阶段、小康及全面小康阶段等不同的历史时期，粮食安全的内涵是不同的，安全的标准也不一样，粮食安全标准是动态的，所以对粮食安全具体标准的研究的确是有难度的。对粮食安全标准研究的方法也很多，可以提出一个庞杂的指标体系，也可以是几个简单的关键性指标，事实上，有些指标之间本身就是相互关联的，譬如耕地面积与粮食播种面积这两个指标，直观看，似乎粮食播种面积与粮食安全的关联比耕地密切，但从深层次看，却与耕地面积更休戚相关，一是不可能所有的耕地都用来种粮食；二是只要有地可种且种粮有合理的收益，就不担心没有粮食生产量，粮食的安全也就有了保障。本文从对粮食安全的概念理解出发，对粮食安全标准以最简单关键的指标作了一些探索性的研究。

一、粮食安全的概念及安全指标

(一)粮食安全的概念

粮食安全概念最早的定义是“保证任何人在任何时候都能得到为生存和健康所需要的足够食品。”1983 年 4 月，粮农组织世界粮食安全委员会通过了总干事爱得华·萨乌马提出的粮食安全新概念，其内容为“粮食安全的最终目标应该是，确保所有的人在任何时候既能买得到又能买得起他们所需要的基本食品。”(注：由于粮食是基础性食品来源，好多食品均是粮食的转化品，所以以下牵涉到食品的名字均以粮食代替。)这一概念包含了三方面的含义：一是要有足够的粮食供应，否则，有钱也买不到粮食；二是合理的价格区间，否则，价格太低，农民不愿种粮；价格太高，有人会买不起粮食或买了粮食其他生活无着落；三是良好的市场运行环境，否则，即使有充裕的供应和足够的钱，有的时候有的地方也会买不到粮食。

(二)粮食安全标准的研究背景和前提条件

粮食安全是一个动态的过程，是与经济社会的发展密不可分的，所以，对粮食安全标准的研究也必须明确其研究的背景。本文以党的十六大报告中提出的到 2020 年我国全面实现小康社会的目标为研究背景。

本文的研究前提是我国的粮食安全立足于基本自给。主要理由：一是我国总人口占世界人口的比重达 22%，而且人口的峰值远未达到，谁来养活中国？只有中国自己；二是我国的国情决定粮食安全必须立足于国内，我国地域辽阔，交通运输条件欠发达，经济基础薄弱且发展不平衡，这就决定靠进口来满足国内需求是不现实的；三是国际粮食局势不容乐观，2000 年以后，世界粮食产量低于消费量的情况连年出现，这是以往不曾有过的事情；

* 课题组成员：洪玉、张兴华、纪希平、吴红卫、盛军、周桃霞、施建飞。

四是大量的发展中国家同样面临着农业结构调整等问题；五是粮食作为一种特殊商品，具有重要的政治、经济意义；六是我国有能力养活自己。历史证明，我国完全可以依靠自己来解决吃饭问题。

（三）粮食安全指标

根据上述粮食安全概念所包含的三方面含义，粮食安全指标应是：

1. 耕地面积：根据第一方面的含义，要有足够的粮食供应，这对粮食必须靠基本自给的我国来说，就必须有足够的生产量；要有足够的生产量，就必须有足够的种植面积；要有足够的种植面积，首先必须有足够的耕地，所谓有地可种。当然不是所有的耕地都来种粮食，经济要发展，人民生活水平要提高，等等，这一切也要占用耕地，但在科技贡献尚不显著的情况下，能种粮食的耕地面积必须有一个基本的保有量，否则，等到连饭都吃不饱的时候，发展经济也就失去了意义，发展经济的目的是为了使大家过得更好。

2. 粮食价格：在有地可种的情况下，还需要有人愿意种粮食；要让人愿意种粮食，就必须保证种粮食的人有利可图；要使种粮有利可图，就得给粮食一个好价格。价格越高，当然种的就越多；但价格太高，可能会有人买不起而饿肚子或是降低生活质量，这不是我们的目标。所以粮食价格合理与否很重要，它是粮食安全与否的一个信号。

3. 政府政策：有了足够的耕地和合理的价格，相信就会有足够的市场供应和人人应能买得起。但要做到所有的人在任何时候都能买得到粮食也非易事，这就需要有良好的市场供应环境，良好的市场运行环境靠政府的政策。由于地域的差异和经济发展的不平衡性，一些地方成为粮食的主销区，一些地方成为粮食的主产区，一些主销区的市场粮食供应很大程度上依靠主产区，如浙江市场粮食供应一半以上依靠外省主产区。如果一旦粮食供应紧张，出现地方保护主义，主产区搞地区封锁，减少或停止对主销区粮食的供应，这是很糟糕的。所以政府的政策是良好市场供应环境的关键。

二、对我国粮食安全形势的判断

近期以来，粮食安全问题再度引起全社会的普遍关注。如何正确判断我国粮食安全形势，对及时采取科学、有效的政策措施有着极为重要的意义。通过研究分析，我们对我国粮食安全形势的一个基本判断是：短期无虑，长期堪忧。

（一）短期无虑

1. 以存补缺，总体基本平衡。虽然我国粮食自从 1999 年以来连续多年减产，1999 年至 2003 年全国粮食总产量累计减少 8160 万吨，平均每年减少 3.4 ％，纯粹从生产量和需求量对比来看，似乎缺口加大，供需矛盾应该非常突出，但事实并没有想象中那么严重，供需总体还是平衡的。主要原因是：我国粮食流通企业和农户仍然具有相当数量的粮食储备，其中国有粮食企业库存减少，而非国有粮食企业（包括购销和加工企业）的存粮量是增加的，足以弥补一两年的粮食减产所造成的供给不足。从近几年农户存粮减少也可反映这一点，以存补缺，总体基本平衡。粮食供需平衡应是需求量与生产量与存粮变化之间的平衡，而不是简单地需求量与生产量之间的平衡。如对浙江 1995～2001 年粮食供需平衡研究表明，粮食市场缺口量与当年浙江粮食生产量没有直接关系，而与“生产量＋农户存粮减少”呈中度负相关，相关系数为－0.6979。从最近两年情况看，两者呈高度的负相关性（原因是这两年农户存粮减少相差不大）。与浙江粮食的需求量呈中度正相关关系，相关系数为 0.6412。

2.“非粮”食物的增加，缓和了粮食安全的短期风险。粮食安全问题严格地说是食物安全问题。粮食安全问题是一个动态的过程，与经济社会的发展，人民生活水平的提高等密不可分，粮食安全问题不是单纯的吃饱肚子的问题，必须与当时人民生活条件相适应，与当时所需的食物营养和能量平衡相适应，充分考虑食物的结构。事实上，近年来，粮食虽然减产，但是其它食物在较大增长，食物安全状况在总体上在不断改善。1999 年我国粮食产量为 5.08 亿吨，2000 年出现了较大幅度的下降，降为 4.62 亿吨，2001 年、2002 年和 2003 年粮食产量分别为 4.52 亿吨、4.57 亿吨和 4.31 亿吨。这样算来，1999～2003 年 5 年间粮食产量累计下降了 8160 万吨，但同期其他食物产量都有较大幅度的增长，其中：油料增加 497 万吨，蔬菜增加 16718 万吨，水果（包括果用瓜）增加 4084 万吨，肉类增加 1209 万吨，水产品增加 798 万吨，奶类增加 1104 万吨。从营养和能量平衡的角度看，“非粮”食物的增长在一定程度上弥补了粮食减产带来的不利影响，缓和了粮食安全的短期风险。

表 1 我国主要食物产量变化表

单位:万吨

	1998 年	1999 年	2000 年	2001 年	2002 年	2003 年	1999 年至 2003 年累计增、减绝对数
粮 食	51230	50839	46218	45264	45706	43070	−8160
油 料	2314	2601	2955	2865	2897	2811	497
蔬 菜	37314	45977	46251	48422	52861	54032	16718
水 果	10433	11701	12568	13502	14375	14517	4084
肉 类	5724	5821	6125	6334	6587	6933	1209
水产品	3907	4122	4278	4381	4565	4705	798
奶 类	745	807	919	1123	1400	1849	1104

(二)长期堪忧

虽然从目前看,粮食供需基本平衡,但是从长期发展趋势看,我国粮食安全形势非常严峻。事实上,2003 年的粮价上涨已经发出了这样的信号。主要原因:

1. 粮食总需求将持续增长。党的十六大报告中指出:"必须看到,我国正处于并将长期处于社会主义初级阶段,现在达到的小康还是低水平的、不全面的、发展很不平衡的小康,人民日益增长的物质文化需要同落后的社会生产之间的矛盾仍是我国社会的主要矛盾。"并提出全面建设小康社会的奋斗目标。目前我国人均粮食消费水平仍处于低水平,跟发达国家有着明显的差距,再加上人口的自然增加等因素,对粮食需求增长的趋势是明确的、持续性的、刚性的、不可逆转的。从需求品种结构看,会有一定的变化。如近年来,口粮消费的下降对稻谷的需求会有所下降,而肉、禽、蛋类消费的增加对玉米等饲料用粮增加。

2. 粮食生产能力受到削弱。粮食生产能力的削弱主要表现在:一是耕地平均质量下降。虽然国土部门对耕地的使用有占补平衡的要求,这里姑且不说数量上的平衡关系,但有一个现象至少在一些经济发达地区是普遍的,即占用的多是良田,而补充的多为贫瘠之地,耕地的平均质量下降。二是地力下降。由于化肥的过度使用,加速了土地的"衰老",应该说化肥的使用为粮食作物单产水平的提高做出了重大贡献,据测算,改革开放头 10 年,化肥使用量与稻谷、小麦、玉米、大豆单产水平呈高度正相关,相关系数均在 0.9 以上,而近 10 年化肥使用量与前四者的相关性明显下降,特别是近 5 年,有的出现了负相关,这不得不引起我们的重视。我们的土地真的"老了、累了"。三是粮食单产水平难以有跨越性的提高,前面已经提到我们的土地老了,而新的农业科技没有突破性的进展,所以粮食单产水平不可能有突破性的提高。四是实际耕地面积的减少,水资源的短缺及生态环境的恶化,等等,这些因素都严重威胁着粮食生产能力。

表 2 稻谷、小麦、玉米、大豆与化肥使用量相关系数表

	稻谷	小麦	玉米	大豆
1979～1988 年	0.9141	0.9130	0.9251	0.9433
1994～2003 年	0.5680	0.6856	0.0114	0.0560
1999～2003 年	−0.9280	0.1336	0.2155	0.0381

3. 农业结构调整方兴未艾。农业结构调整的目的是增加收入。近年来,由于种粮比较效益低的原因,各地进行农业种植结构的调整,调整的基本趋势是"减粮扩经",全国粮食种植面积从 1999 年开始至 2003 年连续 5 年减少,1999 年至 2003 年累计粮食播种面积比上一个 5 年减少 5%;占农作物总播种面积的比重也下降了 5 个百分点。同一时期分地区看:北京、上海、浙江、天津、广东等粮食主销区分别比上一个 5 年减少 41.9%、35.0%、28.5%、24.0%、11.5%;而江苏、山东、河北等主产区分别比上一个 5 年减少 12.8%、11.5% 和 5.6%;黑龙江、吉林等虽比上一个 5 年增 5.2%和

9.3%，但近两年也出现粮食播种面积减少的情况，两年累计减4.9%和4.5%。如果种粮比较效益仍然低下，国家也没有特别的鼓励政策，那么这种趋势仍会延续。

表3 粮食播种面积变化表

单位：千公顷

	1999年	2000年	2001年	2002年	2003年	1999～2003年(本期)	1994～1998年(上期)	本期比上期增、减%
全国合计	113161.0	108462.5	106080.0	103890.8	99410.4	531004.7	558851.6	-5.0
主销区：北京市	409.7	308.3	213.8	169.0	141.3	1242.1	2138.4	-41.9
上海市	335.0	258.8	211.2	187.7	148.3	1141.0	1769.2	-35.5
浙江省	2751.9	2300.3	1939.1	1659.1	1427.8	10078.1	14105.0	-28.5
天津市	431.0	345.9	328.5	311.3	258.1	1674.8	2204.6	-24.0
广东省	3371.0	3311.1	3125.6	2876.5	2771.9	15456.1	17467.2	-11.5
主产区：江苏省	5828.5	5304.3	4886.7	4882.6	4659.5	25561.6	29316.2	-12.8
山东省	8099.3	7363.2	7153.5	6912.6	6415.4	35944.0	40598.7	-11.5
河北省	7236.1	6918.7	6628.9	6484.4	5944.0	33212.1	35173.5	-5.6
黑龙江省	8098.5	7852.5	8534.0	8291.2	8114.7	40890.9	38858.0	5.2
吉林省	3513.4	3833.7	4201.6	4037.6	4013.8	19600.0	17927.4	9.3

4. 国际粮食形势不容乐观。一是2000年以后，粮食产量低于消费量的情况连年出现，这是以往不曾有过的事情。收获量低于消费量的部分，在2000年约为1600万吨，在2001年为2700万吨，到了2002年则高达9600万吨，2003年为9300万吨。二是世界粮食储备已降至30年来最低水平。三是气候变暖和地下水位降低，阻碍了农民为扩大生产而进行的努力。四是世界人口仍将继续增长。

三、我国粮食安全标准

(一)耕地面积安全线

据有关权威机构资料测算，我国近10年来，全国粮食消费量每年增长在0.63～1.26%之间，平均在1.0%左右，我们认为这一速度还是比较符合实际的。按此平均速度测算，到2020年，全国粮食消费量为58500万吨左右。考虑到科技进步等因素，在未来的十多年里，粮食单产水平有望进一步提高。据从2003年至1949年倒退上去每10年作为一个时间序列段的粮食合计及稻谷、小麦等主要品种平均单产变化情况分析，主要有以下特点：一是后一时间段平均单产均比上一时间段有较大幅度增长。二是最近10年时间段(1994～2003年)的增速明显有回缓的趋势，增速回缓。化肥等农资已对粮食单产的提高无多大作用外，粮食品种结构的调整也是一个原因，如1994～2003年这一时间段稻谷、小麦、玉米、大豆播种面积占粮食合计的比重分别为0.275、0.251、0.220、0.079，而上一时间段分别为0.290、0.268、0.180、0.071。三是从最近这一时间段看，稻谷增速慢于粮食合计增速；小麦、大豆增速快于粮食合计；玉米基本接近。未来近20年里，如果农业科技没有突破性进展的情况下，粮食单产按近4个时间段增速回缓平均速度预测，粮食单产将提高10%左右。据此预测，到2020年，粮食播种面积需12250万公顷左右，按粮食1982年至1995年(1996年以后国家公布耕地面积以第一次农普为基础)平均复种指数为1.158计算，需确保10580万公顷左右的耕地面积，需说明的是，此耕地面积数必须为实际有效数。实际有效耕地面积保证在10580万公顷以上，应该是比较安全的。

(二)粮食价格安全区域

在市场经济条件下，粮食价格始终是刺激粮食生产最敏感的因素，价格越高，种粮的人就越多，最终会导致粮食过剩，同时价格太高，主要是会影响低收入群体的生活质量，这不是我们的目标，因为我们的目标是全面小康。反之，粮食价格太低，种粮的人就越少，结果会导致粮食短缺，加大粮食的安全风险，人人都有风险。那么究竟什么样的价格才是合理呢？笔者对1996年至2000年粮食年度价格指数与粮食播种面积增长率之间的关系及粮食年度价格指数与10%最低收入农户恩格尔系数变化率之间的关系进行了研究（资料引用至2000年，主要考虑到2001年以后全国逐步放开粮食市场，粮食的价格指数跟以前有不可比之处）。经研究表明，粮食年度价格指数与粮食播种面积增长率之间存在以下的数学关系：

I=－134.182＋230.8023A

I:粮食价格年度指数

A:粮食播种面积增长率

显然，为了提高粮食的生产安全度，粮食播种面积要保持比上年增长，即A＞1，推得I＞96.62。

粮食年度价格指数与10%最低收入农户恩格尔系数变化率之间存在以下的数学关系：

I=23.7057＋74.1911E

I:粮食价格年度指数

E:10%最低收入农户恩格尔系数的变化率

显然，为了不降低低收入农户的生活质量，恩格尔系数不能比上年高，即E＜1，推得I＜97.90。

所以，我们认为粮食年度价格指数在[96.62，97.90]这一区间内波动对供需双方是比较安全的。当粮食年度价格指数高于97.90时，低收入群体的生活质量可能会下降，而当粮食年度价格指数低于96.62时，粮食的播种面积将会出现下降，粮食可能会出现短缺。粮食的价格指数是粮食安全与否的一盏信号灯。

(三)政策安全线

粮食安全从一定意义说是政府的目标，政策安全是粮食安全的大前提和重要保障。政策安全具体体现在以下几个方面：

1. 保持足够的粮食生产量。主要措施：一是加强耕地依法管理的力度，通过加强对基本农田的保护和耕地的合理利用等来保持足够的粮食生产能力；二是着力提高农业科技水平，通过增加农业科技投入、加强对农民科技指导等手段来提高粮食单产水平；三是增强为农服务思想，通过及时向农民提供市场价格、供需状况等服务来增强农民市场调节能力。

2. 保障良好的市场运行环境。主要措施：一是根据区域特点，合理布局建立一批粮食专业市场，发挥粮食市场供应的主渠道作用；二是加强对流通领域的管理，当好市场健康发展的保护神，严厉打击不法商贩的兴风作浪行为，如制造谣言、恶意哄抬粮价等行为。

3. 确保粮食专项储备，调节粮食丰歉年的市场供需，确保粮食市场供需基本平衡。由于粮食生产受气候等因素影响，年度间的生产是有波动的，所以为了较好的保持粮食供需市场的平衡，国家需进行必要的粮食专项储备。粮食专项储备的另一个意义在于战略需求。国家专项储备到底多少才合适？据有关权威机构测算，国家粮食专项储备在拥有有效调节能力情况下，正常年景下以保持3000～4000万吨为合适。歉产年可调减到2000万吨以下，增产年可暂时增加到4000万吨以上，但不宜超过6000万吨。我们认为这个测算数据是比较科学的。

四、确保我国粮食安全的几点建议

(一)全面正确理解粮食安全问题

对粮食安全问题，既不能掉以轻心，又不应人为夸大风险，更要用与时俱进的思想全面正确理解粮食安全问题。

1. 粮食安全意识不能丢。粮食作为人们最基本的食物资源，其重要性、特殊性完全不同于其它物资，世界各国对粮食的安全问题都极为重视，粮食也是一个国家重要的战略物资。人们对粮食的敏感度也远高于其它物资，一旦粮食供应紧张，人们就易产生恐慌心理，也极易引起社会问题。俗话说"家中有粮，心中不慌"。无论何时，粮食的安全意识不能丢。

2. 粮食安全风险不应人为夸大。随着2003年粮价"报复性"的上涨，粮食安全再度引起各方关注，可一些部门和商贩利用粮食上涨这一机会，片面夸大粮食安全风险，制造混乱，以达到其不可告人的目的。2003年，在某些地区曾一度出现抢购粮食，哄抬粮价等不和谐现象。事实上，虽然近几年全国粮食减产，但总体供需还是平衡的，短期内不会出现供应不足现象，粮价的合理回复是正常的市场反应，同时对农民增收也是好事。

3. 粮食安全是一个全球性的问题。粮食安全是全局性问题，而不是局部性问题，我国加入WTO后，我国的粮食安全问题也是世界的粮食安全问题，粮食供求的平衡也是全球性的。解决粮食安全问题，需要每个国家和地区都做出努力和贡献。就我国而言，粮食主产区将起着非常重要的作用，但是包括主销区在内的其他地区同样不能忽视，否则就会影响到全局。各地既要牢固树立粮食安全风险意识，又要结合自身的自然资源和经济条件，让农业增效，农民增收，这才是共同发展的意义所在。

4. 粮食安全问题主要是生产问题，而不是储备问题。在市场经济条件下，粮食储备的主要功能是粮食丰歉年的调节剂和一定意义上的战略需要，而不是粮食供需平衡的主宰体。国家粮食储备系统无论如何健全和庞大，都不可能解决长期性粮食安全问题，并且国内外的历史经验都表明，储备的成本代价极为高昂，过度的储备是对国家财政资源的严重浪费。至于周转储备，应由大市场来完成，只要充分遵循市场经济规律，市场环境不被人为扭曲，粮食的流通自然通畅，供需自然由市场平衡。所以，粮食安全主要是生产问题，而不是储备问题，但合理的专项储备又是必需的。

（二）确保耕地数字底线，提高耕地质量与利用率

"民以食为天，粮以土为本"，在农业科技没有突破性进展的情况下，确保粮食基本生产能力的基本条件是耕地资源数量及质量问题。为此，做好以下几点：

1. 摸清耕地家底。实话说，我国目前耕地家底实际有多少，恐怕谁也说不清楚。不同部门有不同的标准，掌握的数字差距也很大，给政府决策带来困难。为此，建议，由国务院牵头，相关部门联合，制定统一标准，把耕地的家底搞清楚，这比搞清目前有多少存粮更有意义。家底不清，心中无底。

2. 科学、合理利用耕地，确保实际耕地数量底线。近年来，随着经济的发展，土地供需矛盾突出，耕地的大量被占用已触及到粮食安全等问题，对土地特别是耕地的管理已是刻不容缓。诚然，经济的发展离不开对土地的占用，但是如何利用却有讲究，对土地的开发利用同样需要科学的规划。过去老是把地大物博作为我国值得自豪的国情之一，所以一些领导者、部门在审批土地时不假思索地大笔一挥"同意"。事实上我国的人均耕地水平远低于世界平均水平。好在国家已注意到这一问题，2004年出台了不少关于整顿治理土地市场的政策措施，这是好的，但要引起注意的是：一是千万不要走过场，土地的管理问题是一个长期的问题。二是对土地问题的治理也不能简单地一刀切，毕竟还要考虑经济、社会的发展，关键是要科学、合理地利用。三是各有关部门要加强对土地利用如何科学规划的研究。过去我们在这方面做得是很欠缺的，由于土地是分级管理的，所以各地想怎么用就怎么用，缺乏统一规划，造成开发区的低水平重复建设，一些标准农田今天刚建成，明天就被征用为开发区，等等，难道我们的有关领导及有关部门没有一点儿责任吗？脑子里除了"经济"或者说"金钱"就没有别的了吗？我们不得不思索我们缺少了什么？四是要确保耕地的底线，以保证包括粮食在内的各种农产品的生产供应。

3. 加强土地改造，提高土地质量。据统计，全国平地占国土面积的33.6%，丘陵占19.9%，山地占46.5%，山地和丘陵合计占国土面积的2/3，与世界上同等领土面积的国家相比，我国山地和丘陵比重最大。并且相当一部分是沙漠、戈壁等很难利用土地。现有耕地中，相当一部分质量低劣，有水源保证和灌溉设施的耕地不到2/5，受各种因素限制的占3/5，坡度在15°以上的占13.6%，606.07万公顷陡坡耕地需退耕还林牧，耕地总体质量欠佳。据国土部门资料反映，中国位于城镇周围的耕地减少2/5左右，有的地方甚至超过3/5，这些耕地多属优质高产田；与此相反，新增耕地大都分布在边远省份和丘陵山区，多为限制因素较多的劣质低产田，开发和复垦增加的新耕地质量较低，往往3亩以上才能弥补1亩耕地的损失，总体上优质高产田在减少，劣质低产田在增加。所以加强对土地改造，提高土地质量将是粮食生产增长的基础性工程。

4. 减少农药、化肥使用量，逐步使土壤恢复青春活力。前面已经论述化肥的过度使用已对粮食增产起不到什么作用，而且加速土壤"衰老"，据有关资料显示，我国耕地有机质含量平均已降到1%，明显低于欧美国家的2.5～4 %的水平。至于农药能不用最好不用，实在没办法也要尽量少用，千万不要不假思索地只要能防病治虫就不断增加使用！一方面我们要加强对安全有效的农药的研究开发，另一方面农技部门应该进一步发挥宣传指导作用，做好宣传，当好农民的指导老师，告诉农民农药、化肥多用不仅没好处，而且还多花钱呢？切实提高农民科学管理水平。

5. 提高耕地利用率。近年来，在一些经济发达省份，农作物复种指数连续下降，除一些土地需要正常轮休外，季节性抛荒严重，耕地利用率下降，这看起来很矛盾，一方面土地紧张，而另一方面土地却在闲置。如何防止这种现象，靠政府强制的行政手段恐怕是很难奏效的，靠简单的补贴所起的效果也是有限的。我们认为要提高土地利用率的关键是要提高土地的产出效益，否则是空的；要提高土地产出效益，重要的是发展土地规模经营，事实证明，土地的规模经营效益要高于每家每户的分散经营。所以加强对土地有偿流转的研究是一个重要课题。

（三）大力发展农业科技是长久之计

由于土地是不可再生资源，而经济的发展必然要占用土地，所以从长远看，提高农业科技的贡献率是粮食生产增长必由之路。据有关专家预测，未来20年要满足全世界人口对粮食的需求，有80%左右靠科技投入来实现。发展农业科技的一个重要目的是提高农作物的单产水平。事实上，我们的粮食单产水平从建国初期至今已上了几个台阶，如稻谷每公顷产量由1949年的1849公斤上升到2003年的6061公斤，2003年是1949年的3.3倍，这很大程度上是农业技术进步的成果。从我国目前粮食主要品种的单产水平看，水稻单产远高于世界平均水平，1997～2001年5年平均单产高63.9%，但比美国、韩国、日本分别低9.2%、6.2%、2.3%；小麦单产也远高于世界平均水平，1997～2001年5年平均单产高42.0%，但远低于法国、英国、德国等欧洲国家；玉米单产高于世界平均水平，1997～2001年5年平均单产高11.1%，但比主产国美国低43.1%；大豆单产低于世界平均水平，1997～2001年5年平均单产低15.8%，比主产国美国低26.8%。从我国粮食需求品种结构看，水稻、小麦等主食用粮的需求不会有很大的增长，而玉米、大豆将大幅增长，而这两品种的单产水平既是我国弱项，但同时也是潜力项，农业科技大有可为。增加农业科技的投入，提高农业技术的转化率、普及率将是粮食生产增长的真正潜力。

（四）节约食物

不知道是传统习惯原因，还是其他什么原因，大吃大喝的习惯很盛行，公务接待大吃大喝，婚丧礼仪大吃大喝，朋友聚会大吃大喝。一提起我国的大吃大喝风，风气之盛，浪费之严重，让人不寒而栗；有人还抹抹油嘴说“为餐饮业作贡献”，更让人忧心忡忡，人生的价值观在哪里？一方面宣传粮食安全要引起重视，一方面却是大肆浪费食物，难道这一问题不值得我们深思?！为此，我们建议：

1. 改革公务接待制度。对公务接待中大吃大喝风，老百姓意见很大，对食物的浪费也很严重，为什么就是改不了，关键是没有决心。其实很简单，公务接待一律不准用公款，违者处分，同时适当提高差旅补贴标准。我们的政策习惯用一刀切，这个最简单有效的一刀切为何不用在这一改革上，让人难以理解？

2. 改革我国餐饮制度。有人担心一旦改革公务接待制度，我国的餐饮业会大滑坡。其实不然，如果把公务接待的这笔费用用在提高职工收入水平上，用在提高下岗职工补贴标准上，应该是一个不小的数字。老百姓兜儿里的钱多了，自然会大胆消费，谁不想潇洒，谁不会潇洒。而餐饮方式只需像国外一样以自助为主的即可，餐饮业绝不会滑坡，甚至更旺，而此时老百姓的心态会更好。而计量（件）付费自助式的饮食习惯对节约食物资源有着极其重要的意义。

3. 抓好幼儿、青少年教育。勤俭节约是我们中华民族的传统美德，而这种理念，我们已经久违了。如果不从幼儿、青少年抓起，又会贻误一代人，甚至几代人。教育是根本也是基本，特别是幼儿、青少年的教育更是重中之重。

参考资料：

1.《中国粮食问题研究》，中国统计出版社出版，2003年2月。

2.《浙江粮食市场谁主沉浮?》，调研世界，2003年第2期。

3. 封志明、李香莲：《耕地与粮食安全战略：藏粮于土，提高中国土地资源的综合生产能力》，地理学与国土研究，2000年3月。

粮食生产必须时刻警钟长鸣

——提高四川粮食生产能力研究

四川省农调队

民以食为天，食以粮为先。粮食是人类生存和发展最重要的农产品，是一种具有战略意义的特殊商品，是国家安全战略的重要组成部分，也是国民经济发展的基础。粮食生产的稳定和发展，直接关系到人民生活和社会稳定，粮食问题不单是一个经济问题，同时也是一个影响社会稳定、关系国计民生的社会问题。粮食生产是关系人类生存与发展的一个永恒的主题。有粮则稳，无粮则乱，这是多次的历史教训。四川是全国十三个粮食主产省之一，也是西部地区唯一的粮食主产省，常年粮食产量居全国第三，人口8700万人，还是一个粮食消费大省。四川粮食生产是否稳定，对四川、西部地区乃至全国都有其重要影响。近几年来，四川粮食生产明显滑坡，粮食安全面临挑战，恢复和提高四川粮食生产能力面临诸多困难，重视粮食生产，保护和提高粮食生产能力刻不容缓。

一、四川粮食生产能力亟待提高

粮食生产能力指一定地区在一定时期和在一定的经济技术条件下，由各生产要素综合投入所形成的，可以稳定地达到一定产量的粮食产出能力。近五年来，四川粮食生产能力明显滑坡，形势不容乐观。

（一）粮食产量连续下降

改革开放以来，四川粮食生产得以迅速恢复和发展，进入上世纪90年代后，粮食连年丰收，从根本上扭转了粮食的短缺局面，实现了供需基本平衡、丰年有余。1999年粮食产量达3551.4万吨（抽样调查推算数，下同），创历史最高水平。但在以后年份产量持续下降或徘徊，与上年相比，2000年减179万吨，减幅5%；2001年产量跌破3000万吨，为2918.5万吨，减产453.9万吨，减幅高达13.5%，减产量和减产幅度之大属历史罕见，粮食产量一下跌至80年代水平；2002年粮食产量恢复性增长7.3%，但仍未达到2000年的水平；2003年又减产78.3万吨，减2.5%，总产为3057万吨。从2000年至2003年四年中有三年减产一年徘徊，共减产粮食497.3万吨，减14%；年均减产124.3万吨，年均减幅3.7%。其中，四川的三大粮食品种小麦、水稻和玉米同期年均减产29.2万吨、52.9万吨和30.7万吨，年均减幅分别为5.9%、3.3%和5.2%，占总减产量的比重分别为23.5%、42.6%和24.7%。粮食减产后，四川粮食安全问题正日益暴露。

（二）粮食播种面积不断缩减

由于退耕还林、耕地占用和结构调整加之部分地区耕地撂荒，四川粮食播种面积在1998年达到11007万亩的峰值后出现连年缩减，1999年比1998年略有减少，减少量为61.5万亩，减幅为0.6%，此后粮食面积缩减力度加大。2000～2003年环比减少663.4万亩、228.1万亩、84.7万亩和388.1万亩，减幅分别为6.1%、2.2%、0.8%和3.9%；四年年均减少粮食播种面积341万亩，年均减幅3.3%。到2003年,四川粮食播种面积已缩减到9580.8万亩,比1998年减少了1426.2万亩,仅相当于1998年的87%。四年中因粮食播种面积减少而减产的粮食产量为442.7万吨,占粮食总减少量的89%,说明近四年的粮食减产主要是由粮食播种面积缩减所至。

(三)粮食单产徘徊不前

由于四川大部分地区粮食生产条件较差,自然灾害对粮食生产的影响较大,加之近几年科技对粮食的增产作用未能有大的突破,以及种粮不赚钱,农民种粮积极性不高,粗放经营时有发生,致使粮食单产徘徊不前。四川粮食单产在1990年就跃上了300公斤/亩水平,达到314.5公斤/亩,但以后却一直徘徊在320公斤/亩左右。2000年粮食单产最高,为328公斤/亩;2001年因受灾严重,单产降到300公斤/亩以下,为290.3公斤/亩;2002年和2003年有所恢复,分别为314.2公斤/亩和319.1公斤/亩。近四年的粮食减产中,因粮食单产水平的下降而减少的粮食产量为54.6万吨,占粮食总减产量的11%。

(四)人均粮食占有量低于粮食安全警戒线

四川人均粮食占有量在1983年和1984年跨上400公斤台阶后回落,直到1990年才重新跃上400公斤。在上世纪90年代,四川人均粮食占有量除1993年、1994年和1995年略低于400公斤外,其余年份均高于400公斤,1999年人均占有量415公斤,达到历史最高,以后各年由于粮食减产,人口增加,人均占有量也随之下降或徘徊。2000～2003年,四川人均粮食占有量分别为392公斤、338公斤、361公斤和351公斤,与1999年相比,分别减5.5%、18.6%、13%和15.4%。在2000～2003年四年中,除2000年外,在新世纪前三年,四川人均粮食占有量都低于国际公认的人均370公斤的粮食安全警戒线,与粮食安全警戒线比,2001年低8.6%,2002年低2.4%,2003年低5.1%。

(五)粮食商品率长期偏低

四川粮食总产量规模大,在全国仅次于河南和山东,居第三位。但由于人多地少,粮食生产主要是为了满足自己生活的需要,提供的商品粮极少,粮食商品率长期偏低。抽样调查表明,1980年以来,四川农民人均出售的粮食一直维持在70公斤左右,粮食商品率仅14%左右。2003年农民人均生产粮食510公斤,出售粮食78公斤,商品率为15.3%。与全国比较,四川的粮食商品率一般要低20个百分点左右,粮食商品率在全国31个省市区中排第25位左右,在全国13个粮食主产省中排倒数第一位。

(六)粮食供求关系逆转,价格不断攀升

随着人口的增加,生活水平的提高,以及畜牧业用粮和工业加工用粮的增多,社会对粮食的需求逐年增加。据测算,四川省粮食需求量1990年为3100万吨左右,到2003年增加到3400万吨左右,每年增加20万吨左右。在90年代,由于粮食生产形势一路走好,四川省基本上处于供需平衡、丰年有余的状况。1999年四川粮食产量达到最高后出现持续下降,特别是2001年的粮食大幅减产,使粮食生产大伤元气。在粮食总产减少的同时,粮食消费量却呈刚性增长态势。这种此消彼长的情况使粮食供求关系逆转,年度粮食供需缺口不断加大,出现挖库存和靠外购来满足需求的情况。2001～2003年四川省粮食需求量分别为3375万吨、3390万吨和3404万吨,均大于当年粮食生产量,当年生产量分别低于需求量的13.5%、7.6%和10.2%,这三年四川省分别靠动用库存和外购457万吨、258万吨、和350万吨粮食来维持当年的供求平衡,致使粮食库存不断下降。抽样调查表明,四川农民人均存粮从1999年的578公斤减少到2003年的532公斤,人均减少46公斤。若以此推算,2003年末四川省农民存粮比1999年减少了310万吨,占当年生产量的10%。同时,农户存粮水平很不平衡,在一些地区还存在缺粮农户。

在粮食供应偏紧的情况下,从2003年10月起,粮食价格逐月攀升。籼稻、小麦和玉米的市场价格分别从1.03元/公斤、1.07元/公斤和1.13元/公斤,上涨到2004年4月的1.45元/公斤、1.44元/公斤和1.47元/公斤,分别上涨了40.8%、34.6%和30.1%。粮食是百价之基,粮食价格的上涨引起相关的菜油、肉、蛋、蔬菜等农产品价格上涨。

(七)粮食品种结构性矛盾突出

四川是人口大省,2003年底总人口数达8700万人,四川也是养殖大省,2003年出栏生猪6237万头,四川的粮食消费主要是口粮和饲料用粮。据测算,2003年消费口粮1800万吨左右、饲料1250万吨左右;分品种看,需要稻谷1500万吨左右、小麦480万吨左右、玉米670万吨左右。当年生产稻谷1472万吨、小麦426万吨、玉米517万吨。稻谷基本能满足需要,缺口主要是部分居民消费的优质米；四川的小麦由于品质较低，没有优势，加工用小麦需要外省购入；玉米是饲料的主要原料，消费量较大，缺口呈上升趋势，2003 年缺口达 150 多万吨。这些缺口的弥补，是今后四川粮食生产的重点和发展的方向。

二、提高四川粮食生产能力面临诸多难题

粮食是自然再生产和经济再生产的产物，粮食生产能力受耕地、资本、劳动力、科学技术、自然条件、农民的生产积极性等多种因素的影响。由于多方面的原因，提高四川粮食生产能力面临着诸多难题。

（一）耕地面积减少，提高粮食生产能力面临严重挑战

耕地是粮食生产必不可少的基本条件，近几年来四川耕地面积减少呈加速之势，是影响四川粮食生产能力的根本原因。

一是退耕还林进度加快。为重构长江上游绿色屏障，四川省于 1999 年底在全国率先启动退耕还林工程。1999 年至 2003 年四川省退耕还林面积分别为 180 万亩、120 万亩、183 万亩、330 万亩和 350 万亩，到 2003 年底，四川省已累计完成退耕还林 1163 万亩。若按国家每亩补贴 150 公斤的标准来估计，2000～2003 年因退耕而累计减少的粮食产量 410 多万吨，占同期粮食减产量的 83%。与此同时，国家还对退耕农民按每亩 150 公斤粮食给予补贴，1999～2003 年五年累计补助粮食达 440 万吨，其中 2003 年补助粮食 174 万吨，占当年粮食生产量的 5.7%，这部分农民由原来的粮食供应者变成粮食补贴者，这一去一来，就达 800 多万吨。2003 年底，四川省 25 度以上的坡耕地面积 600 多万亩，占耕地面积的 10%以上。退耕还林工作还将继续，对粮食生产能力的影响远未结束。按规划这部分坡地要逐年退耕还林，若除去这部分面积，四川耕地面积仅剩下 5260 万亩，即使不考虑其他因素的耕地减少，人均耕地也将下降到 0.6 亩以下，这对四川粮食生产自给将造成严重威胁。特别是一些地方，为扩大退耕还林规模，已将一部分 25 度以下耕地退了耕，其中还包括了一些基本粮田，据调查估计，这部分面积占到退耕还林面积的 4%左右。

二是建设用地急剧增加。随着经济的发展，各地搞开发园区的势头有增无减，圈地现象普遍，这里面既有工业园区，也有城镇扩张和房地产开发，再加上国家基本建设用地，耕地不断被占用。同时，一些地方不少土地圈而不用，造成宝贵的土地资源严重浪费。一些企业和个人未经审批，擅自与农村集体经济组织签订征地和占地协议，划定用地范围，非法圈占集体土地。这种现象已经给粮食安全埋下了隐患。2000 年至 2003 年四川基本建设占地 58 万亩，乡村集体占地 110 万亩，个人建房占地 14 万亩，这三项共占地 182 万亩，且大部分是沃土良田，因此而减少的粮食生产能力每年在 20 多万吨，占同期粮食减产量的近 20%。

四川省耕地已由 1999 年的 6742 万亩减少到 2003 年的 5856 万亩，四年共减少 886 万亩，每年减少 220 万亩，年均减幅 3.5%。人地矛盾越来越突出，人均占有耕地由 1999 年的 0.79 亩下降到 2003 年的 0.67 亩。人均耕地这么少，生产规模受到极大限制。皮之不存，毛将焉附？据近四年的资料测算，耕地面积每减少 1 万亩，粮食产量就减少 4520 吨。耕地减少是影响粮食增产潜力和粮食供给的最基本最重要的因素，如何面对耕地减少形成的压力，是今后粮食发展所面对的一个重大现实问题。不仅如此，目前很多失地农民的生产和生活都已受到严重影响。

在耕地面积减少的同时，还由于重用轻养、保护不力、水土流失等原因，耕地中缺氮、少磷、贫钾和微量元素不足的现象较为普遍。四川省耕地质量整体水平偏低，中低产田面积占 2/3 左右，对提高粮食生产能力构成严重威胁。

（二）投入严重不足，粮食生产可持续增长的基础脆弱

农业要发展，一靠政策，二靠科技，三靠投入；同样，要稳定和保持粮食生产的发展，也需要政策、资金的投入。进入 90 年代以来，国家相继出台了一系列支持和保护农业发展的政策措施，强化了农业作为国民经济基础产业的地位，在政策上给农业特别是粮食产业的发展提供了较为宽松的环境。但由于粮食生产受自然的影响大，相应的风险大，获得的收益远远低于社会平均利润，对社会资金缺乏吸引力。四川经济本身不发达，对农业的投入和支持十分有限。从 1994 年到 2003 年，四川财政支农支出一直在 9 亿元左右徘徊，支农支出没有随着财政收入的增长而增加，财政对农业的支出占财政总支出的比重徘徊在 8%左右。这几年由于农民收入增长缓慢，加上种粮不赚钱，对粮食生产预期收益不高，农民的投入也十分有限。2003 年农民人均农业支出 226.29 元，生产性固定资产支出

50.38元。由于投入严重不足，加上农村联产责任制后，实行一家一户分散经营，难以对农业生产条件进行较大规模的综合整治，农业生产条件经过多年的改善，虽有所好转，但仍然很脆弱，农业生产基础设施老化滞后、效益衰减。四川已建成水库6657座，其中大型5座，中型94座，仅占全国水库工程数的7.8%，总库容90.1亿立方米，仅占全国的3%。而病险水库就占了43%，现有水利工程有的缺乏配套设施，有的病害严重。据渠县调查，全县水利设施18458处，其中水库86座，而病险水利设施就有5298处，其中水库48座，分别占总数的28.7%、55.8%。要修复这些病险水利工程，经初步概算约需资金14936万元，但2003年财政仅对病险水库投入资金18万元。投资的严重不足导致农业基础设施的"瓶颈"制约日益严重。

（三）自然灾害日益频繁，提高粮食生产能力受到威胁

农业生产是自然再生产与经济再生产相结合的过程，农业生产既要受经济条件的影响，又要受自然环境的限制。四川海拔高，地势复杂，区位劣势明显，限制了农业生产的发展，特别是受干旱的威胁越来越大，在广大的丘陵和山区靠天吃饭的局面尚未有大的改变，自然灾害对粮食生产的影响程度日益突出。2003年末，四川省有效灌溉面积3755万亩，旱涝保收面积2594万亩，仅占耕地面积的64%和44%。各地每年灾种多、灾害发生频繁、受灾面广、损失也较重，特别是四川水利设施严重滞后，有水蓄不了，有水留不住，有水不能用的现象时有发生，即使在水量充沛年份仍有旱情发生，对粮食生产构成极大威胁。据调查，四川每年的农作物受灾面积都占30%左右，若遇大的自然灾害，有的年份受灾面积占到了45%以上，其中旱灾占50%左右，有的年份高达70%以上。2000～2003年四川省粮食受灾面积就达14527万亩，平均每年3600多万亩，占粮食播种面积的37%，每亩影响产量40多公斤，四川省因灾损失粮食每年在150万吨左右。据测算，受灾面积每提高1个百分点，就要减产粮食4.2万吨。

（四）种粮不赚钱，提高粮食生产能力受到阻碍

四川的粮食价格从1997年开始急转直下，连续五年一路走低。1997～2001年粮食价格环比指数分别为96%、94%、94.4%、88.7%和92.5%，五年共下降30.1%。2002年起有所回升，指数为101.6。2003年上半年粮食价格仍呈降低之势，只是从第三季度开始才攀升，全年小麦价格上涨3.1%，稻谷上涨5.9%，玉米上涨1%。2003年每公斤小麦的生产者价格为1.03元，玉米为1.08元，稻谷为1.06元，粮食价格连续两年回升仍未达到2000年的价格水平，粮食价格相对于其它经济作物和务工经商来说仍然偏低。2004年粮食价格虽然继续攀升，达到了较高水平，但粮价上涨的最大受益者不是农民，粮农从中获益并不多。

农资价格上涨，粮食生产成本居高不下。四川的粮食生产是典型的以家庭为经营单位，规模小，劳动密集，粮食种植成本一直居高不下。据四川省农调队对农产品中间消耗调查，2003年农民种植一亩小麦的物质费用为120元，比上年同期增加8元，增长7.1%；玉米为138元，比上年增加29元，增长26.6%；稻谷为180元，比上年增加28元，增长18.4%。如再加上人工费用，小麦、玉米和水稻的每亩成本分别为305元、368元和398元，分别比上年增长2.3%、8.6%和7.6%。

农民种粮效益偏低，有的甚至亏本。调查数据显示，2003年种植一亩小麦的总收入为220元，扣除物质费用120元、人工费用185元后，亏本85元；种植一亩玉米的总收入为313元，扣除物质费用138元、人工费用230元后，亏本55元；种植一亩水稻的总收入为512元，扣除物质费用180元、人工费用218元后，纯收入114元。若以此计算，四川省农民种植小麦亏本16.82亿元、玉米亏本9.97亿元，仅有水稻可盈利35.4亿元。四川省三大主要粮食作物盈亏相抵后可盈利8.61亿元，按农业人口计算人均仅12元，这就是四川农民一年种植主要粮食作物的纯收益。

谷贱伤农，种粮不赚钱，生产积极性受到挫伤，加上有文化、懂技术、年轻有为的劳动力大量外出务工，种地农民多为妇女、儿童和老人，耕地被闲置、抛荒和粗放经营的现象比较普遍，使有限的粮食生产能力难以充分发挥。

（五）科技进步缓慢，提高粮食生产能力的动力不足

科学技术是生产力，更是提高粮食生产能力的必由之路。要用极其有限的土地来生产粮食，满足越来越多的人们对粮食产品的需求，唯一的出路就在于科技进步。科技对粮食生产发展的作用是深远而富有潜力的。但长期以来在发展粮食生产上往往靠拼资源、地力和劳动力，走粗放经营的路子，科技含量低，目前四川科技对粮食生产的贡献仅在

40%左右，全国在50%左右，发达国家70%左右。四川科技兴粮任重道远。一是科技人员少，素质亟待提高。四川省农业科技人员不到5万人，占四川省人口总数的0.06%，这个比例与发达国家相差很大，远远不能满足农民对科技发展的需求。加上工资低、待遇差，工作环境艰苦，致使科技队伍很不稳定，人员流失较为普遍。特别是乡镇一级，农技人员往往被派去搞中心工作，实际上为农民科技服务的时间不多。二是科技经费捉襟见肘。2003年四川省科学研究与试验发展投入经费68.5亿元，仅占国内生产总值的1.25%。用于农业方面的投入无异于杯水车薪，解决不了多少问题。乡镇一级，用于农业科技方面的资金就更是少而又少，据了解，许多乡镇的农技站每年除了在大、小春开一次会外，基本上就没有开展其它活动，而用于科技活动的经费也基本上没有。由于经费短缺，一些新技术、新品种的引进、试验和示范难以进行，科技推广往往落不到实处，除杂交水稻、杂交玉米普遍为农民接受和应用外，其它农业科学技术的应用尚没有出现大的突破，很多实用增产新技术应用率较低。三是农民文化素质偏低，科技兴粮的效果大打折扣。随着“打工热”不断升温，一些有文化有知识的青壮劳动力大多外出务工，在家务农的大多是上了年纪的老人和妇女。据调查，在家务农的劳动力中，其文化程度是小学或以下的占55%，比外出者高出24个百分点，平均受教育年限不到7年，比外出者低近2年；外出的男劳动力占到近70%，妇女居家务农较多。他们对科学种田的知识知之甚少，对新品种、新技术的适应能力不强，不少新技术的应用往往走样，实施效果大打折扣。

（六）农业结构调整矛盾突出，提高粮食生产能力受到挤压

在粮食供给形势好转，农民增收困难的情况下，合理、有效的调整农业结构无疑是正确的选择。但一些地区在调整中出现了偏差，片面地理解农业结构调整就是压缩粮食面积，将压缩粮食作物种植面积作为农业结构调整的重点和衡量标准，致使粮食作物种植面积调减过快，难以支撑粮食生产的需要。四川从2000年起加大了农业结构调整力度，1999年四川粮食播种面积占农作物播种面积的比重仍然高达75.1%，仅比1980年的86.6%下降了11.5个百分点，年均只下降0.6个百分点；而在2000年这一比重一下就降到了71.3%，比上年下降了3.8个百分点。2001～2003年这一比重继续下降到69.8%、68.8%和67.2%。据测算，粮食面积每下降一个百分点，就会减少粮食68万吨。近五年，每年因结构调整而减少粮食约30万吨，占粮食减产量两成有余。而目前四川种植业结构还不合理，结构调整还将继续，在耕地减少的情况下，扩大粮食播种面积的矛盾更加突出，对粮食生产能力的影响将有增无减。

三、千方百计保持和提高粮食生产能力

随着经济的发展，人口的增加，生活水平的提高，社会对粮食的需求还将不断提高，粮食供给的压力始终存在。四川是一个人口大省、畜牧业大省，也是一个粮食自求平衡的大省，如果四川粮食供给出了问题，对全国粮食的供给将产生重大影响。保护和提高粮食生产能力，就成为今后农村工作的重点之一，其核心是要增强粮食安全意识，努力提高基本农田的粮食产出能力、农业基础设施的抗灾减灾能力、粮食生产的科技进步能力和粮食生产的可持续发展能力。

（一）牢固树立新形势下的粮食安全观，切实纠正忽视粮食生产的倾向

发展粮食生产，在指导思想上要牢固树立起粮食安全的意识，从战略高度上认识粮食生产的重要性。有粮则稳，无粮则乱，手中无粮，心里发慌。为政之要，首在足食。各级党委政府要保持清醒头脑，正确认识粮食生产形势，正确认识粮食生产对四川乃至全国的战略地位和作用，任何情况下都不能有丝毫的放松，在粮食丰收的情况下，更不要有麻痹思想，要看到粮食生产可持续发展的基础还十分脆弱，未来的粮食供给任务还相当艰巨，提高粮食生产能力是当务之急。

要正确认识农业结构的调整，调整农业结构，是繁荣农村经济、促进农民增收的重大战略措施，是一项长期的艰巨任务，也是一项系统工程，必须综合考虑，统筹协调。当前要把农业结构调整的重点转到改善品种结构、提高质量上来，不能单纯在种植面积上做文章，更不能简单化为削减粮食生产。在农业结构调整中，粮食生产只能加强，不能放松；只能发展，不能萎缩。各地党委政府要加强引导，加强宣传，只要精耕细作、增加科技含量、搞好加工转化，种粮同样也能增收。

（二）保护耕地，保持必要的粮食种植面积

获得粮食的前提条件，就是保证一定的粮食种

植面积，一旦失去这个前提条件，粮食生产能力也就没有保障，更谈不上粮食安全。从四川的省情出发，要确保粮食产需平衡，粮食总产量应保持在3400万吨以上，按目前的粮食单产水平计算，粮食播种面积应稳定在10000万亩左右，每年粮食面积的缩减幅度应略低于粮食单产的提高幅度，才能确保四川省的粮食安全。

要保障粮食面积的稳定，必须实行最严格的耕地保护制度。耕地是衣食之源、生存之本、财富之母。粮食生产是土地密集型产业，耕地是影响粮食生产能力和未来粮食供给的前提条件，保护和提高粮食生产能力说到底，必须以稳定一定数量的耕地为保障，在目前情况下，耕地面积每减少1万亩，就减少粮食4520吨。人口与耕地逆向变化，使四川省耕地承载力处于危机状况，如何面对耕地减少形成的压力，是今后粮食发展所面临的一个现实问题。为此要十分珍惜和合理利用每一寸土地，切实保护耕地。必须严格执行土地管理法和基本农田保护条例，严格控制各类建设用地对耕地尤其是粮田的侵占行为，减缓耕地资源的下降幅度。要在全社会深入持久地开展爱护耕地的宣传教育活动，切实加强全民保护耕地意识；要在四川省范围内继续深入有效地开展土地清理整顿工作，对圈而未用、占而未用的耕地，取消占用，限期复耕；尽快复耕撂荒耕地；提高耕地复种指数；建立土地流转机制，鼓励实施土地规模经营，提高土地利用效率。

同时，要将退耕还林与粮食生产统筹考虑。退耕还林利在千秋，但也必须从实际出发，处理好当前利益和长远利益的关系，确定科学合理的退耕规模和实施计划，坚持实事求是的原则，切实做好目前已退耕还林面积的管护工作，坚决禁止一些地方把退耕还林当成福利项目，不顾实际情况，不按政策要求，将25度以下的耕地甚至基本农田也退耕还林的现象，防止“毁田还林”的风险。

(三)加大投入力度，加快农业基础建设，增强抗灾增产能力

农业是一个自然再生产和经济再生产的过程，它一方面依靠自然条件，另一方面又受制于自然条件，农业生产条件差了，农民靠天吃饭的局面就不可扭转，粮食产量的稳定就不能得到保证。四川农业基础建设，经过多年的努力，虽有所提高和改善，但从总体上看还存在许多薄弱环节，多数地方还是靠天吃饭，抵御自然灾害的能力还不强，粮食因灾损失较大。如果农业生产基础条件得到较大改善，粮食因灾面积能降低1个百分点，就可增产粮食4.2万吨，四川省粮食受灾面积如能控制在15%左右，就可增加粮食100万吨左右。因此，加强农业基础设施建设，是稳定和提高粮食生产能力的根本。农业基础建设是一个不断积累的过程，要坚持不懈的长期努力才能逐步改变，任何时候都不能中断，否则就可能前功尽弃。当前应着重抓好以水利为重点的农业基础设施建设。要以提高防汛抗旱能力为中心，继续加快大江、大河治理，搞好大型灌区水利设施的更新改造和配套工程建设，广泛发动群众开展农田水利建设，同时加大低产田土的改造。加强农业和农村基础设施建设，需要大量的投入。为此，应着重做好以下几个方面的工作：一是逐步调整国民收入和社会资金的分配格局，在计划安排和资金投入上切实保证农业尤其是粮食生产发展的需要，为支持粮食生产发展创造良好的条件和环境。二是要逐步增加财政资金对农业的投入比重。中央政府基本建设计划安排的预算内农业投资比重应提高到20%以上，地方政府也要相应增加预算内农业基本建设投资。从中央到地方，各级政府都要建立健全农业发展基金以及林业、水利、扶贫等专业基金制度建设，国家对农业的补贴，应逐步转到农业基础设施建设上来。各级财政都要调整支出结构，保证每年对农业投入的增长幅度高于财政经常性收入的增长幅度。三是要逐步增加信贷资金用于农业的比重，保持农业贷款增长率高于各项贷款平均增长率，银行新增贷款规模中农业贷款的比重应达到10%以上。四是要通过深化粮食价格和购销体制改革、大力发展农业产业化经营，有效提高粮食的投入产出效益，调动农户和农村集体经济组织增加投入的积极性，吸引工商企业、社会资金和外资对农业的投入，实现农业投入的多元化。

(四)依靠科技进步，促进粮食生产能力持续提高

在有限的资源环境下，依靠扩大粮食作物种植面积来提高粮食生产能力的空间十分有限。科技是第一生产力，也是提高粮食生产能力的必由之路。杂交玉米、杂交水稻的引入，曾使粮食单产水平得到较大提高，多种综合栽培技术的大面积推广应用，对粮食增产也发挥了重要作用。以往每次大的农业科学技术的实施，对粮食增产的作用都十分明显，特别是良种的推广应用，对粮食增产的作用在10%以上。然而这些年来农业技术缺乏重大突破，科技对粮食生产的贡献还处在落后水平，贡献率仅40%，低于全国平均水平，更远远落后于发达国家。这既是差距，更是以后发展粮食生产的潜力所在，如果使用新技术，将现有粮食单产提高10个百分点，每年就可增加粮食产量300多万吨。依靠科技，提高粮食生产能力的前景广阔。为此，一是要提高认识，把科技兴粮放到农村工作的突出位置。各级党委、政府及有关部门，要认清形势，提高认识，增强责任感、紧迫感。加强科教兴粮的宣传和引导，增强广大农民科技兴粮意识，真正把科技兴粮抓紧抓好。二是要广辟资金来源，增加科技投入。多年来科技经费捉襟见肘，农业科技费更是少之又少，农业科技投入严重短缺。应多方筹措资金，不断增加投入。各级政府要为农业科研、推广和培训开辟稳定的资金来源，国家对农业科研与技术推广的经费投入要尽快提高到农业总产值的1～2%。各级政府每年都应在地方财政支农资金中安排10%和农业发展基金中安排15%以上的资金，作为农业技术推广专项资金，用于实施农业技术推广项目。三是加强培训，提高农民科技文化水平。农民是农业科技成果转化的实施主体，农民自身的素质高低是影响农业科技成果转化的直接因素。从总体来看，目前四川农民文化素质普遍较低，对农业科技成果转化构成障碍。应采取各种形式，加大对农民的技术培训，加强对农民的技术帮助和指导，切实提高科技兴粮力度。四是稳定和加强农业科技队伍建设，积极开展形式多样的科技下乡活动，帮助农民提高实用农业科技水平。

(五)强化政府对粮食生产的支持和保护，提高农民对粮食生产的积极性

粮食生产是自然再生产和经济再生产结合的产物，这一特性决定了粮食生产受自然风险与市场风险双重影响，其社会效益大而直接经济效益低，受比较利益驱使，在市场竞争中往往处于不利地位，会造成农业资源过度流失。这种情况，仅仅凭借生产者自身力量或市场力量是难以扭转的，而必须借助政府力量进行必要的支持和帮助。几乎所有发达国家和发展中国家政府都或多或少采取了对农业支持和保护措施。2004年以来，各级政府加大了对粮食生产的支持力度，国家在强化对粮食主产区的支持和保护上出台了一系列“高含金量”的政策，较大幅度地增加了粮食主产区的投入，现有农田基本建设投资、农业综合开发资金、土地复垦基金等将相对集中，主要用于粮食主产区，将集中一定比例的国有土地出让金，用于支持主产区农业土地开发和建设高产基本农田，用于直接补贴农民的100多亿元资金也主要用于主产区，并将粮食主产区农业税率降低3个百分点，为粮食生产创造了有利的条件。四川作为粮食主产区之一，受益匪浅，仅实施粮食生产的直接补贴和在粮食主产区降低3个百分点的农业税率，四川农民人均可从这两项政策中获益近30元。各地已按省政府的要求，克服困难，集中人员和力量，在4月30日前将粮食直补一次性兑付到农民手中，并严格坚持了“五到户”和“六不准原则”，保障了粮补资金的及时足额到位，深受广大农民的赞扬和拥护。同时，降低农业税率的各项准备工作已经展开，年内也无疑会落实到户。这些政策的落实，农民的粮食生产积极性得到恢复和提高，对大春粮食生产的促进作用收到成效，各地满栽满插，栽满栽尽，过去撂荒的耕地2004年又种上了粮食，对粮食的投入和管理也随之增加，粮食粗放经营的现象也有所改变，为粮食的增产奠定了基础。但值得注意的是从2003年10月以来粮价上涨的同时，农业生产资料价格也出现了同步大幅上涨，特别是种子、化肥的价格上涨最大，超过了粮价的涨幅。据调查，玉米、水稻种子2003年每公斤在五、六元，目前已涨到10元左右，尿素价格2003年每袋在五、六十元，目前已涨到七、八十元，零售价格更高。2004年以来因农资价格上涨已吞噬了粮农得到的一部分实惠，农民的牢骚已由过去对乡镇乱收费的抱怨转向了对生产资料乱涨价、生产成本急剧上升的不满。必须继续采取切实措施，抑制农资价格的上涨，建立有效的粮食生产保护体系，保护粮农的生产利益，让粮农真正有钱可赚，以巩固提高农民的粮食生产积极性。

(六)减轻粮农的税外负担

农村税费改革，特别是取消了农业特产税和2004年粮食主产区降低农业税率3个百分点以后，粮农的农业税负担大幅度减轻，其绝对数额也很低。但是粮农的税外负担却减轻不多，绝对数额也较大，除2003年10月以来在粮价上涨的同时，农业生产资料价格也出现了同步大幅上涨外，还由于某些政策、措施的不配套以及受部门、行业利益的驱使，一些地方还存在加重的可能和现实。目前比较突出的是水费、电费和涉农服务费用收费偏高和只收费不服务(或服务质量不高)等问题，如果不加以控制，有可能成为新的粮农负担，将国家给粮农的实惠吞噬，使粮农刚刚有所恢复的种粮积极性受到挫伤。

湖北粮食可持续发展能力的测算与研究

湖北省农调队课题组*

一、湖北粮食综合生产能力的评价

(一)湖北粮食现有生产能力

湖北粮食现有生产能力表现为:粮食生产连续6年大幅下降与综合生产能力的持续提高并存。

从1978年土地承包政策出台到1990年,湖北的粮食生产获得突飞猛进的发展,总产量由1978年的1725.6万吨一路直奔至1990年的2475万吨。此时,全国的粮食市场基本达到饱和,人民的吃饭问题基本得以解决,粮食悄然由紧缺物资变为低水平过剩,湖北的卖粮难问题也开始显现。粮食部门库存增加、资金周转困难、财政背上了沉重的包袱,粮食大省变成了财政穷省。针对这些情况,从1998年开始,为了改善人们的生态环境,提高农民的收入,湖北省相继出台了退耕还林和种植结构调整政策,农民迅速做出反映:积极开展结构调整和退耕还林,连续6年减少粮食面积,增加经济作物面积。6年里共退耕还林200多千公顷,调减粮食播种面积1387千公顷,减少28.1%(主要调减的是在市场最不受欢迎的小麦和早晚稻,其中小麦面积减少了673千公顷,早晚稻面积减少了726千公顷,两项之和为1399千公顷);期间总产量减少了27%(其中2001年到2003年为连续3年的大灾年)。由此可见,造成总产量减少的最根本原因是播种面积的减少,而造成面积减少的原因是粮食比较效益低和政策性退耕、种植结构调整。

湖北是国家的粮食生产基地,肩负着维护国家粮食安全的使命,多年来不论粮食生产的环境如何变化,各级地方政府都非常注意维护和提高粮食的综合生产能力,不断调整粮食生产内部结构,不断稳定和增加那些单产水平高或市场销售畅的作物面积,如中稻、玉米等。特别是经过6年的调整,湖北的小麦、早稻面积占粮食面积的比重分别由1997年的25.8%和13.8%下降为2003年的17%和8.4%;中稻、玉米面积占粮食面积的比重分别由20.3%和8.1%上升为31.8%和9.6%。高产的中稻总产量占粮食总产量的比重由34.1%上升到了目前的50%之多,结构的优化调整为稳定和提高湖北粮食的综合生产能力提供了保证。据统计,1978到2003的25年间,湖北的粮食播种面积减少了35.8%,而粮食的总产量不仅没有减少,相反还增加了11.3%;单产水平并没有因为结构调整和受灾而受到大的冲击,并且在2000年还创造了历史最高单产374公斤,这是湖北粮食综合生产能力得以维护和提高的最好说明。

(二)湖北省粮食综合生产能力的理论预测

由于影响粮食生产的因素众多,各因素间也相互影响着,仅用一种模型很难保证测算的准确性,因而我们采用了C—D生产函数模型和时间序列外推模型,同时对湖北粮食未来几年综合生产能力进行理论上的预测,然后取两者预测结果的平均值

* 课题组成员:范传强、陈小清、刘超、柯隽、程庆能、乔雯、国秀丽、周汉桥、宫奎统、朱利明、郭锋、汪劲松、童爱莲。

作为最终预测值。

1. 用 C—D 生产函数模型预测的湖北粮食综合生产能力

取粮食总产量(ZC)为因变量，粮食播种面积(BM)、复种指数(FZ)、农田受灾率(SZ)、劳均耕地(LG)、农田灌溉率(GG)、每公顷化肥使用量(HF)、每公顷农械投入量(NX)为解释变量，利用1980～2003年湖北省农业生产中的上述指标建立粮食生产模型：

$$ZC=e^{b1}BM^{b2}e^{b3FZ}HF^{b4}e^{b5SZ}LG^{b6}e^{b7GG}NX^{b8}e^{\mu} \quad (式1)$$

对式1两边取对数得：

$$\ln ZC=b_1+b_2\ln BM+b_3FZ+b_4\ln HF+b_5SZ+b_6\ln LG+b_7GG+b_8\ln NX+\mu \quad (式2)$$

式2中的 b_1～b_8 为待定系数，μ 表示除上述指标以外的其他因素对产量的影响。

我们运用 SAS8.1 软件进行逐步回归，得到以下 C—D 生产函数模型：

$$\ln ZC=-1.372+0.838\ln BM+0.145\ln HF-0.287SZ-0.811\ln LG \quad (式3)$$

(4.465)　(2.327)　(−1.871)　(−2.480)

$$即\ ZC=e^{-1.372}BM^{0.838}HF^{0.145}e^{-0.287SZ}LG^{-0.811} \quad (式4)$$

F 值为 31.035，DW 值为 0.998，调整的 R^2 等于 0.839。括号内为 T 检验值。

上述生产函数模型、参数都通过了统计检验，能够较好地反映湖北省粮食生产受其生产要素影响的变动情况。在模型中，播种面积的弹性值较大，达到 0.838，且与粮食的总产量正相关，因而扩大播种面积是提高总产的重要途径，同时增加化肥使用量、减少农田受灾率和劳均耕地也是提高粮食总产量的有效途径。所得模型的经济学含义是：在其他条件不变的情况下，播种面积每增加 1%，粮食总产量将会增加 0.838%；每公顷化肥使用量每增加 1%，粮食总产量会增加 0.145%；农田受灾率每减少 1%，粮食总产量会增加 0.287%；劳均耕地每减少 1%，粮食总产量会增加 0.811%。

表1　湖北省粮食产量的 C—D 生产函数模型样本数据

年份	粮食总产量(万吨)	粮食播种面积(千公顷)	复种指数(%)	农田受灾率(%)	劳均耕地(公顷/劳)	农田灌溉率(%)	化肥使用量(千克/公顷)	农业机械使用量(瓦/公顷)
1978	1725.65	5544.78	210.49	35.70	0.257	62.50	—	776.75
1979	1849.55	4589.21	207.15	27.16	0.253	62.68	56.63	922.10
1980	1536.45	5352.04	200.01	38.19	0.249	62.73	74.76	1033.16
1981	1706.76	5173.34	194.45	35.46	0.244	63.58	79.16	1099.30
1982	1995.92	5245.71	200.65	27.85	0.237	63.79	93.45	1090.00
1983	1987.89	5292.73	200.03	38.25	0.233	63.04	107.78	1121.26
1984	2263.01	5294.12	202.76	15.19	0.213	63.39	120.38	1163.20
1985	2216.13	5108.25	204.52	33.85	0.217	66.77	125.07	1242.53
1986	2304.51	5092.06	208.03	33.40	0.210	63.55	141.20	1358.04
1987	2320.16	5143.48	208.57	30.08	0.207	62.86	157.74	1451.33
1988	2252.65	5087.83	206.62	53.22	0.202	62.13	171.58	1596.03
1989	2370.40	5188.95	208.25	38.47	0.198	63.02	181.35	1540.86
1990	2475.03	5200.01	211.73	35.97	0.194	68.07	201.88	1493.78
1991	2244.10	5194.50	214.66	—	0.191	67.39	209.21	1509.86
1992	2426.60	4955.35	210.04	37.53	0.190	68.68	229.72	1559.69
1993	2325.70	4812.05	210.02	39.17	0.186	66.03	256.58	1556.40
1994	2422.10	4797.95	212.74	26.28	0.185	66.32	278.71	1582.06
1995	2463.84	4776.65	220.79	35.42	0.185	64.68	308.08	1583.95
1996	2484.40	4880.28	226.28	41.56	0.187	71.02	316.64	1612.69
1997	2634.40	4944.66	231.55	34.09	0.187	64.34	338.76	1648.77
1998	2475.79	4737.15	231.31	42.19	0.188	64.98	351.60	1722.84
1999	2451.88	4673.33	235.28	36.35	0.187	64.35	322.94	1750.88
2000	2218.49	4156.00	230.84	42.06	0.184	63.13	325.79	1864.61
2001	2138.49	4016.00	230.93	—	0.182	62.54	327.51	1961.81
2002	2047.00	3816.08	235.34	57.62	0.172	64.85	256.97	2079.58
2003	1921.02	3572.67	236.00	68.11	0.166	67.37	302.04	2218.85

资料来源：《湖北省统计年鉴》历年。

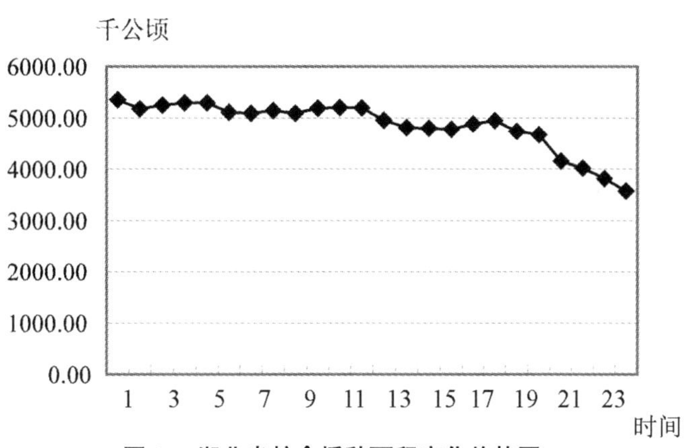

图 1　湖北省粮食播种面积变化趋势图

根据以上所得的 C—D 模型，我们对湖北省未来粮食产量进行预测。首先，我们对粮食播种面积、化肥使用量、农田受灾面积和劳均耕地进行预测，然后代入所得的模型，预测湖北省未来几年的粮食产量。

(1)对播种面积的预测。1980～2003 年湖北省播种面积的变化趋势见图 1。运用 eviews3.1 统计软件进行分析，我们得到如下时间序列预测模型：

BM＝5592.565 －59.035T

(－7.733)

T＝1，2……24，以 1980 年为 1

F＝59.805，R^2＝0.731

根据上述模型，我们得到的 2003 年、2004 年、2005 年、2010 年粮食播种面积的预测值分别为 4175.74、4116.7、4057.66 和 3762.49 千公顷。由于 2000 年开始我国全面启动了退耕地还林工程，加大了退耕地还林的力度，使得湖北实际的粮食播种面积与理论预测值出现较大偏差。因此，我们根据 2003 年湖北粮食实际播种面积与理论值相差 600 千公顷的差值将 2003、2004、2005、2010 年的理论预测值分别修正为 3575.74、3516.7、3457.66 和 3162.49 千公顷。

(2)对每公顷化肥使用量的预测。1980～2003 年湖北省每公顷化肥使用量的变化趋势见下图 2。可以发现，1980～1998 年间，每公顷化肥使用量呈逐年增加的趋势，并在 1998 年达到最大化肥使用量 351.60 千克；1999～2003 年间，该值总体呈现递减趋势。考虑到每公顷土地承受的化肥存在一个极大值，所以不能用时间序列模型进行预测，我们采取 1998～2003 年的平均化肥使用量 314.48 千克作为 2003 年、2004 年、2005 年与 2010 年的预测值。

(3)对农田受灾率的预测。由图 3 可以看出，农田受灾率年际间变化较大，1980 年为 38.19%，1984 年下降到 15.19%，2003 年达到最大值 68.11%。所以我们用 1980 年到 2003 年农田受灾率的平均值 38.62%作为 2003 年、2004 年、2005 年与 2010 年的预测值。

(4)对劳均耕地的预测。将劳均耕地面积引入该模型中来的含义，是由于劳均耕地面积始终反映了农业集约化程度，无论是因耕地减少还是劳力增加引发的劳均耕地面积减少，只要存在耕地减少的事实，在一定范围之内就能反映劳动集约化程度在提高，进而引发单产的提高和总产的变化。而且在模型分析中发现，劳均耕地面积与化肥、农机使用

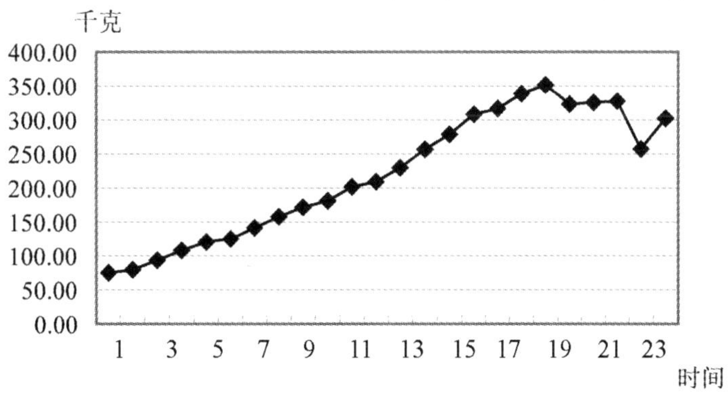

图 2　湖北省每公顷化肥使用量变化情况

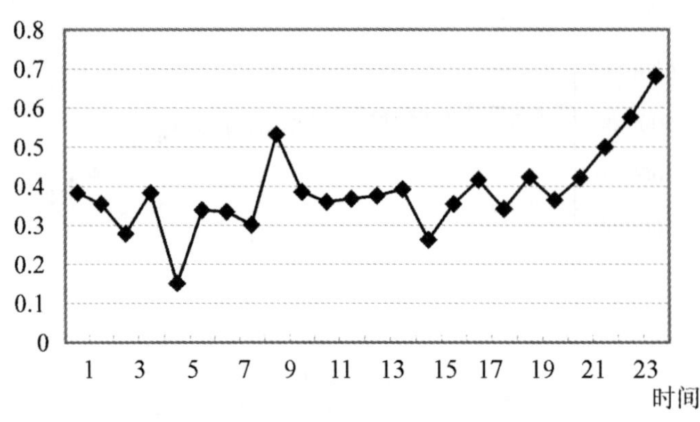

图3　湖北省农田受灾率的变化情况

量等集约要素存在着很强的相关性，三者共线性都达到了95%以上，证明劳均耕地指标涵盖了体现在模型中的技术投入要素的集约程度，因而在模型中将劳均耕地作为集约度的指标有事实依据。

湖北劳均耕地的变化趋势如图4所示。通过对数据的分析，我们发现劳均耕地面积的变化可以分为两个时期，从1978年到1992年，该值一直递减。从1993年开始到2001年这种递减趋势有所缓和，稳定在0.186～0.188公顷之间。2002～2003年劳均耕地下降较快，平均值为0.17公顷。我们假定未来6年劳均耕地每年减少的速度为0.001(1993～2000年下降的平均值)，则2003年、2004年、2005年和2010年的劳均耕地的预测值分别为：0.170、0.169、0.168与0.163公顷。

根据式4得出湖北省粮食生产能力的测算表(表2)如下。

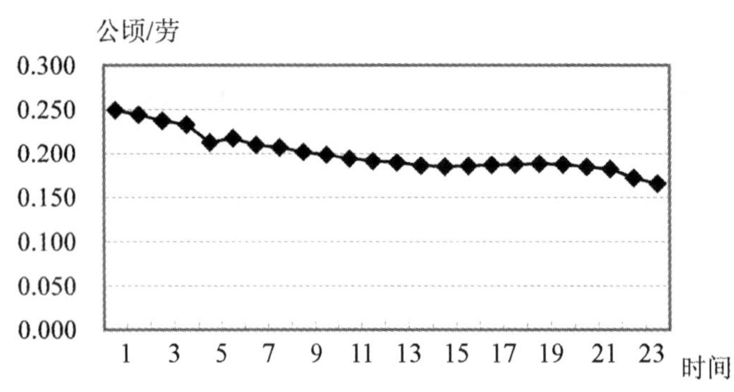

图4　湖北省劳均耕地变化情况

表2　湖北省粮食总供给能力预测

年　份	2003	2004	2005	2010
粮食播种面积(千公顷)	3575.740	3516.700	3457.660	3162.490
每公顷化肥使用量(千克)	314.480	314.480	314.480	314.480
农田受灾率(%)	0.386	0.386	0.386	0.386
劳均耕地(公顷/劳)	0.170	0.169	0.168	0.163
粮食总产量(万吨)	2087.860	2070.300	2050.980	1950.420

2. 用时间序列外推模型预测湖北粮食综合生产能力

湖北省粮食总产量的时间变化趋势如下图5。运用eviews3.1软件进行曲线模拟分析，得到如下的时间序列模型：

$$Y=724.166+88.758T-1.224T^2$$
$$(8.289)\ (9.252)\ (-5.524)$$

$F=142.56$，$R^2=0.882$，其中 $T=t-1962$，t为年份。

根据以上时间序列模型，我们得到湖北省2003、2004、2005与2010年的粮食总产量分别是：2306.51万吨、2293.71万吨、2278.47万吨与2165.56万吨。由于粮食播种面积的时间序列模型无法反映2000年以来退耕还林政策因素的效

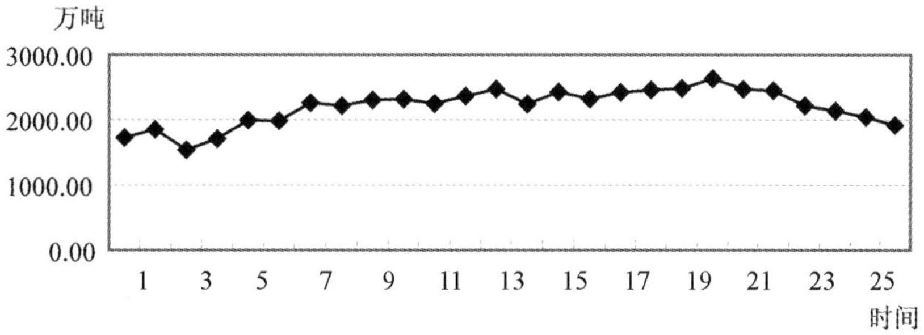

万吨
3000.00
2000.00
1000.00
0.00
1 3 5 7 9 11 13 15 17 19 21 23 25
时间

图 5 湖北省粮食总产量变化趋势图

应，而这项政策因素最终对湖北粮食产量的影响估计在 250 万吨左右。因此，我们将四个年份的理论预测值分别修正为：2056.51、2043.71、2028.47 和 1915.56 万吨。

3. 对湖北粮食生产综合生产能力的综合评价

上述两个模型的预测结果是相当接近的，我们把以上两个模型结果进行算术平均后得到如下预测值（见表 3）。

表 3 湖北省粮食生产总量最终预测值

年　　份	2003	2004	2005	2010
粮食生产量（万吨）	2072.19	2057.01	2039.73	1932.99

理论预测结果表明，湖北省未来几年内的粮食总产量将趋于下降，这一产出水平可基本保证湖北粮食的供需平衡（我们在 2003 年的《湖北粮食供需平衡问题研究》里有详细报告）。从影响粮食总产量的各因素来看，粮食播种面积将成为粮食减产的重要影响因素。虽然湖北是自然灾害频繁发生的地区，但是由于农业科技的发展、国家对农业基础设施投入的增加、以及湖北省抗灾减灾能力的提高，农田受灾率将不是未来粮食减产的重要因素。劳均耕地面积的变化将是未来湖北省粮食增产的重要因素，这意味着科技进步、物质投入的增加、农田水利基础设施的改善，使湖北省的粮食产出率提高。除此之外，政策因素将是影响粮食综合生产能力得以最好发挥的关键因素。新中国成立以来的粮食发展历史告诉我们，政策因素在粮食发展的各个历史阶段都起着决定性的引导作用，我们在利用模型作历年粮食综合生产能力的测算中，每个理论值偏离实际值的年份几乎都是政策因素影响的结果。因此政策将是我们研究中国的粮食问题时不可忽视的重要因素。

二、湖北省粮食可持续发展能力的测算

为了更加清楚地了解湖北省粮食的可持续发展能力，为以后湖北省粮食可持续发展战略的制定提供一个科学的依据，有必要采用较为科学的方法，对湖北省粮食的可持续发展能力进行定量的测算。目前，对粮食可持续发展的研究主要集中在两个层面：全国（彭珂珊等）和各个粮食主产省的可持续发展能力。研究内容主要集中在粮食可持续发展的提出背景、现状、相关战略与对策等，还没有系统地测算过粮食可持续发展水平究竟是多大。所以，对粮食可持续发展能力的测算具有重要的理论意义。

（一）粮食可持续发展能力的评价方法

测量可持续发展能力的方法一般有两种：层次分析法（AHP）与主成份分析法。从目前可持续发展指标体系的研究成果看，大多数学者运用层次分析法测算了可持续发展水平。但其主观性较大，权重的给定因人、因地而异，不便于不同地区、不同年份可持续发展水平的比较。主成份分析法的分析步骤比较规范，整个过程都可通过软件处理，各原始指标的权数不带人为的主观意识，比较客观科学，便于提高评估结果的可靠性与准确性。因此，我们选择了主成份分析法来测算湖北省的粮食可持续发展水平。

主成份分析法是研究用变量族的少数几个线性组合（新的变量族）来解释多位变量的协方差结构，挑选最佳变量子集，简化数据，解释变量间关系的一种多元统计分析方法。应用主成份分析方法评估粮食可持续发展水平的步骤如下：

1. 根据可持续发展理论与客观实际情况，按可持续发展指标体系整理原始数据。

记向量 $T=(T_1, T_2, \cdots, T_{P1})$、$U=(U_1, U_2,$

$\cdots, U_{P2})$、$V=(V_1, V_2, \cdots, V_{P3})$、$W=(W_1, W_2, \cdots, W_{P4})$分别表示生产管理子系统、资源环境子系统、科技教育子系统与政策子系统具体指标所组成的向量。P_1、P_2、P_3、P_4分别表示各子系统所选取的指标数。若对 n 样品(国家或地区、时间等)进行评判,则有如下 4 个数据矩阵:

$$(T_{ij})=\begin{bmatrix} T_{11} & T_{12} & \cdots & T_{1p1} \\ T_{21} & T_{22} & \cdots & T_{2p1} \\ T_{31} & T_{32} & \cdots & T_{3p1} \\ \vdots & \vdots & \vdots & \vdots \\ T_{n1} & T_{n2} & \cdots & T_{np1} \end{bmatrix}$$

$$(U_{ij})=\begin{bmatrix} U_{11} & U_{12} & \cdots & U_{1p2} \\ U_{21} & U_{22} & \cdots & U_{2p2} \\ U_{31} & U_{32} & \cdots & U_{3p2} \\ \vdots & \vdots & \vdots & \vdots \\ U_{n1} & U_{n2} & \cdots & U_{np2} \end{bmatrix}$$

$$(V_{ij})=\begin{bmatrix} V_{11} & V_{12} & \cdots & V_{1p3} \\ V_{21} & V_{22} & \cdots & V_{2p3} \\ V_{31} & V_{32} & \cdots & V_{3p3} \\ \vdots & \vdots & \vdots & \vdots \\ V_{n1} & V_{n2} & \cdots & V_{np3} \end{bmatrix}$$

$$(W_{ij})=\begin{bmatrix} W_{11} & W_{12} & \cdots & W_{1p4} \\ W_{21} & W_{22} & \cdots & W_{2p4} \\ W_{31} & W_{32} & \cdots & W_{3p4} \\ \vdots & \vdots & \vdots & \vdots \\ W_{n1} & W_{n2} & \cdots & W_{np4} \end{bmatrix}$$

2. 以 T、U、V、W 为基础,分别采用主成份分析法评价各系统的发展水平。

令 F^1、F^2、F^3、F^4 分别代表生产管理、资源环境、科技教育与政策四个系统的发展水平。以生产管理子系统为例来说明计算方法。

第一,对数据进行标准化处理。由于可持续发展指标通常都是有度量单位的,由这些指标的观测数据所计算的协方差矩阵或相关矩阵必然要受到量纲的影响,不同的量纲和数量级将得到不同的协方差矩阵或相关矩阵。所以,为了避免计算结果受指标量纲和数量级的影响,保证其客观性与科学性,在进行其他运算之前,必须对原始数据进行标准化处理。其标准化计算公式:

$$t_{ij}=\frac{T_{ij}-\overline{T}_j}{S_j}$$

式中,t_{ij}代表标准化后的数据,T_{ij}为原始数据,$\overline{T}_j$ 为第 j 个指标的平均数,S_j为标准差。

第二,计算标准化以后的 p1 个指标的两两相关矩阵。

$$(R_{ij})_{p1\times p1}=\begin{bmatrix} 1 & R_{12} & \cdots & R_{1p1} \\ R_{21} & 1 & \cdots & R_{2p2} \\ \vdots & \vdots & \ddots & \vdots \\ R_{p11} & R_{p12} & \cdots & 1 \end{bmatrix}$$

其中,$R_{ij}=R_{ji}$

第三,计算相关系数据矩阵 R 的特征根 λ_j 和特征向量 h_j。

第四,计算各主成份的方差贡献率 a_j及累积贡献率$\sum_{j=1}^{k}a_j$。

第五,选取主成份个数。$\sum a_j$ 表示前 K 个主成份从原 p 个变量中提取的信息量,若该信息量已达到全部信息量的绝大部分(通常大于 85%),可以认为,前 p 个主成份已基本反映了原变量的主要信息;取前 p 个变量足以说明问题。所得主成份为:

$$F_1^1=h_{11}T_1+h_{12}T_2+\cdots+h_{1p1}T_{p1}$$
$$F_2^1=h_{21}T_1+h_{22}T_2+\cdots+h_{2p1}T_{p1}$$
$$\cdots\cdots$$
$$F_k^1=h_{k1}T_1+h_{k2}T_2+\cdots+h_{kp1}T_{p1}$$

在这 k 个主成份中,F_1^1 是一切线形组合中方差最大者,即反映原有指标的信息最多,故称之为第一主成份。F_2^1 到 F_k^1 的作用依次递减,重要性依次减轻。

第六,计算主成份的得分并计算综合得分,以表明生产管理子系统的综合发展水平。

将标准化的数据 t_{i1}、t_{i2},$\cdots$,t_{ip1} $(i=1,2,\cdots,n)$分别代入以上方程组,可得各评价对象的各个主成份得分,然后在此基础上,根据下式计算综合得分:

$$F^1=\sum_{j=1}^{k}a_jF_j^1$$

由此可见,F^1是一个主成份的方差贡献率为权数 p_1个主成份得分的加权平均数。该综合得分越高,说明该样本的生产管理子系统的可持续发展水平越高,反之,则越低。值得注意的是各样本综合得分有负有正,综合得分值为正,说明高于平均水平;综合得分值为 0 时是平均水平;综合得分为负,说明低于平均水平。

3. 在生产管理子系统、资源环境子系统、科技教育子系统、政策子系统的可持续发展水平基础上,计算可持续发展水平。

其公式为:$F=\sum_{i=1}^{4}W_i\times F^i \quad (i=1,2,3,4)$

式中,F 为可持续发展水平;W_i为第 i 个子系统在可持续发展评估中的重要程度，且要求$\sum W_i=1$；F^i为第i个子系统的可持续发展水平。

(二)粮食可持续发展的指标体系构建

1. 粮食可持续发展能力指标体系构建的原则

(1)综合性原则。综合反映粮食可持续发展状况，要涉及到粮食生产管理、农业生态环境、政策、科技教育等诸多方面。各指标的设定要力求能够从不同层次、不同层面上比较全面地反映粮食可持续发展水平。

(2)系统性原则。必须应用系统论的观点，将总体目标层层分解再继续综合，并体现出系统的层次性和各个子系统的独立性和相关性。

(3)动态性原则。粮食的持续发展是处在动态变化之中，指标体系的设计，既要能反映过去和现实的状态，也要能反映其发展过程及未来发展趋势。

(4)科学性原则。指标体系要能够科学正确地反映粮食可持续发展的基本状况和运行规律，为更科学地制定粮食可持续发展规划提供依据。

(5)可比性原则。指标体系既要从当地实际情况出发，使指标的设置更加符合实际需要，又能够进行地区内的纵向比较。

(6)可操作性原则。评价指标体系的指标，要求观念明确、方法直观、计算简便、资料易于收集、指标数量适当。

2. 湖北省粮食可持续发展指标体系的设置

粮食生产过程是粮食生产系统内部及其与外部环境之间相互协调、同步演进的动态过程，需要资源环境、生产管理、科技教育以及相关政策的支持来实现与完成，因此，我们可以将湖北省粮食可持续发展系统划分为四个子系统：生产管理子系统、资源环境子系统、政策支持子系统与科技教育子系统。各系统所包含的具体指标见表4。

表4 湖北省粮食可持续发展指标体系

子系统	指标体系
生产管理子系统	粮食单产(千克)、耕地面积(千公顷)、粮食播种面积(千公顷)、复种指数(%)、每公顷农械投入量(瓦/公顷)、农业总产值(亿元)、粮食劳动生产率(千克/劳)
资源环境子系统	劳均耕地(公顷/劳)、农田受灾率(%)、水土流失治理面积(平方公里)、有效灌溉面积(千公顷)、农药化肥使用量(万吨)
政策支持子系统	农业税(万元)、财政支农占财政总支出的比重(%)、粮食播种面积占总播种面积的比重(%)、农副产品收购价格指数(1980=100)
科技教育子系统	农村普通中学初中与高中毕业生数(人)、农村职业中学初中与高中毕业生数(人)、农民成人初等教育在校学生数(万人)、高等院校农业研发人员数(人)、农牧系统研究人员数(人)、国有经济单位农业技术人员数(万人)

(三)湖北省粮食可持续发展能力的测算

为了计算湖北省年度粮食可持续发展水平，我们使用年份作为样本，样本数为13(1990～2002年)。各系统的指标值来源于历年《湖北统计年鉴》与《湖北农村统计年鉴》。

1. 生产管理子系统

运用SAS8.1软件对该系统中7个指标13年的样本值进行主成份分析。结果表明，生产管理子系统应该提取前三个主成分，方差贡献率分别为65.96%、15.61%和14.02%，累计方差贡献率达到95.59%。前三个主成分的表达式如下：

$$F_1^1=0.4145x1'-0.4319x2'-0.4086x3'+0.0165x4'+0.4277x5'+0.4248x6'+0.3333x7'$$

$$F_2^1=0.1458x1'+0.215x2'+0.3494x3'-0.6067x4'-0.2798x5'+0.3128x6'+0.5161x7'$$

$$F_3^1=0.2516x1'+0.2043x2'+0.2823x3'+0.7773x4'-0.2008x5'+0.0891x6'+0.4034x7'$$

其中，x1′到x7′表示标准化以后的7个指标。将各年的指标值代入主成分表达式，即可得到主成份的具体值。在此基础上，根据综合评价函数：$F^1=0.6596\times F_1^1+0.1561\times F_2^1+0.1402\times F_3^1$，可以求出生产管理系统的综合发展水平。

表5 生产管理子系统可持续发展得分值

年份	1990	1991	1992	1993	1994	1995	1996	1997	1998	1999	2000	2001	2002
F^1 值	−1.83	−2.52	−1.36	−1.43	−0.67	0.02	0.11	0.89	1.04	0.98	1.49	1.35	1.93

由表5可以发现，湖北省粮食生产管理可持续发展水平在1990～1994年间一直低于平均水平，但从1995年开始高于平均水平，且生产可持续发展能力总体呈增强趋势，2002年达到最大值1.93。

2. 资源环境子系统

对该系统的5个指标重复以上步骤进行主成份分析，结果表明，资源环境子系统应该提取前三个主成份，方差贡献率分别为：69.8%、13.35%与8.67%，累计方差贡献率为91.82%。综合评价函数为：

$$F^2=0.698\times F_1^1+0.1335\times F_2^1+0.0867\times F_3^1$$

表6 资源环境子系统可持续发展得分值

年份	1990	1991	1992	1993	1994	1995	1996	1997	1998	1999	2000	2001	2002
F^2 值	1.56	1.29	1.13	0.65	0.85	0.20	0.59	0.30	0.03	−0.67	−1.24	−1.82	−2.88

由表6可以发现，1990～2002年间，湖北省粮食生产的资源环境子系统的可持续发展水平呈逐步下降趋势，尤其在1998年以后低于平均水平。这种趋势说明在长期的粮食生产过程中，人们以牺牲环境为代价来换取粮食产量的提高，生态系统遭到了一定程度的破坏，所付出的代价是高昂的，而影响将是长远的。

3. 政策支持子系统

政策支持子系统中有四个指标，我们用农业税反映农业税收政策，财政支农占财政总支出的比重反映政府对农业的支持政策，粮食播种面积占总播种面积的比重反映农村产业结构调整政策，农副产品收购价格指数反映价格支持政策。

由主成份分析的结果可知，我们应该提取前两个主成份，方差贡献率为71.62%与23.56%，累计方差贡献率为95.18%。综合评价函数为：

$$F^3=0.7162\times F_1^1+0.2356\times F_2^1$$

表7 政策支持子系统可持续发展得分值

年份	1990	1991	1992	1993	1994	1995	1996	1997	1998	1999	2000	2001	2002
F^3 值	−1.86	−1.74	−1.69	−1.50	−0.30	0.45	0.86	0.93	0.91	0.87	0.86	1.10	1.12

表7表明，虽然在1995年以前该系统的可持续发展能力低于平均水平，但是从总体上看，政策系统的可持续发展能力呈增强趋势。这种趋势与实际情况相符，它反映了政府对农业（粮食）的支持逐渐增强，尤其是在最近几年，湖北省在国家政策的指导下，率先进行了农村税费改革，减轻农民负担；主动地进行种植结构调整，以适应市场的需要；通过实行保护价收购制度与直接补贴制度，极大地提高了农民种粮的积极性。以上这些措施都有利于实现粮食的可持续发展。

4. 科技教育子系统

我们提取前三个主成份，累计方差贡献率为93.68%，综合评价函数为：

$$F^4=0.5502\times F_1^1+0.2616\times F_2^1+0.125\times F_3^1$$

表8 科技教育子系统可持续发展得分值

年份	1990	1991	1992	1993	1994	1995	1996	1997	1998	1999	2000	2001	2002
F^4 值	1.66	0.79	0.36	−0.09	0.28	0.29	0.72	0.67	0.22	0.13	−1.26	−1.78	−2.00

由表8可以看出，1990～1999年间（除1993年）湖北省农业科技教育系统的可持续发展能力一直高于平均水平，但是在2000～2002年间，持续发展能力呈逐步减弱的趋势，前景不容乐观。

5. 湖北省粮食可持续发展的综合评价

为了计算出湖北省粮食可持续发展水平，我们以四个子系统为指标，以各系统1990～2002年的综合得分值为样本，进行主成份分析。结果表明，我们应该提取前两个主成份，累计方差贡献率为98.12%，综合评价函数为：

$$F^5 = 0.8401 \times F_1^1 + 0.1411 \times F_2^1$$

表9 湖北省粮食可持续发展得分值

年份	1990	1991	1992	1993	1994	1995	1996	1997	1998	1999	2000	2001	2002
F^5 值	−2.31	−2.16	−1.58	−1.25	−0.68	0.04	−0.01	0.39	0.64	0.85	1.58	1.95	2.54

表9表明，湖北省粮食的可持续发展水平在1990～2002年间经历了由负转正的变化。虽然1990～1994年得分值低于平均水平，但是负值逐渐减小；1996年以后，得分值开始高于平均水平，粮食可持续发展能力呈现逐步增强的趋势。其中，前五年得分为负的主要原因是生产管理子系统与政策支持子系统的得分值为负，从而影响了粮食可持续发展的总体得分情况。

(四)结果讨论

通过粮食可持续发展的综合评价，给我们有如下启示：

1. 1990～2002年间，湖北省粮食生产管理子系统与政策支持子系统的可持续发展水平都经历了由负转正的变化过程，充分说明湖北粮食的增长已愈来愈依靠投入的扩张和政策的支撑。很显然，外延性增长特征日趋明显。

2. 资源环境子系统与科技教育子系统的可持续发展得分都呈现出由正转负的变化，充分说明这两个系统的可持续发展能力在逐步减弱，这是多年粮食和农业外延增长所必然付出的经济代价，即生态环境状况的恶化。到1997年，湖北省湖泊由1066个减少到309个，水面由1250平方公里缩小到285平方公里；毁林开荒导致2/3的面积出现水土流失现象；每年落于湖泊的泥沙量高达2.57万吨。自然灾害频度增高，受灾率由15.1%上升到68.11%。

3. 从总体上看，湖北省粮食可持续发展能力在逐步增强，刚刚超过平均水平，分值不到3分。这种增长是在低水平上的增长而且也很不稳定，因为主要是依靠农业支持政策和大量的物质投入。这种可持续发展能力的现状是不尽人意的，必然引起各级政府和有关部门的高度重视，要尽快促进资源与环境的可持续发展，增加对农业科研、农村初等教育与职业教育的投入，完善技术推广体系，建立粮食风险防范制度，真正把粮食的可持续发展能力建立在依靠环境和科技教育的子系统上，走内涵式发展道路。

三、积极培育主产区粮食可持续发展能力的几点建议

(一)继续加大对粮食主产区基础设施建设的投入

国家应通过各种支持、补贴政策，形成粮食安全保证体系，在保护粮食生产能力、保证粮农收入的条件下保证国家的粮食安全。应以改善当地农民的生产、生活环境为主，加大财政投入力度，改善粮食主产区的交通、通讯、水利、教育、医疗卫生、环保和社会化服务等生产生活条件，尤其是农产品产供销信息和销售网络的建立、农业生产资料的质量和价格控制、农田水利基本建设、病虫害防治和畜牧防疫。

(二)积极采取强有力的措施保护农业生产资源

加强对农业生产资源的保护，当务之急是加强对耕地和水资源的保护，尤其是基本农田应得到重视和保护。要尽快建立基本农田制度，从法律上加大对非法圈地、乱占耕地、破坏粮田的处罚力度。要极力维护生态环境，保护现有的湖河林园等自然资源，坚决打击填湖挖河、滥砍乱伐、超标排污等破坏公共资源的行为；加强对非农业生产用地的清理和控制；对小城镇和农村居民点进行科学规划，既能节约耕地，又可改善居住环境，提高生活质量。同时对现代农业带来的森林减少，水土流失和土壤沙化、盐渍化，地下水位降低，生物多样性减少，环境污染，产品残毒和人畜健康受害等弊端予以高度重视，尽快完善对策。

(三)建立农情灾害预警机制

湖北省的自然灾害发生十分频繁，随着人口压力的增加和生态环境的恶化，受灾面积和成灾面积都有扩大的趋势，自改革开放以来基本上是年年有灾。所以应该建立一套完整的农情灾害预警机制，将气象部门、农业技术部门有机结合起来，建立一支农情灾害快速反应部队，更新陈旧的设备，培养

招揽专业技术人才，改革旧的体制，使之能够做到及时的预测、发现灾情，并且适时的为农民提供技术援助和指导，力争把灾害损失减到最小。

（四）完善粮食储备制度

应该打破国有粮食企业垄断经营储备粮而又无力平抑粮价的局面，鼓励各类企业经资格审定后开展储备粮经营业务，进行平等竞争。

1. 政府储备粮的储存、保管实行代理制。政府根据一定标准核定可以代理储备粮业务的企业，对符合条件者颁发许可证，以引入竞争机制，提高效率。

2. 政府根据实际产量偏离趋势产量的程度，同时兼顾市场粮价偏离目标价格的程度，确定吞吐调节的数量、地点和时间，并责成粮食储备代理商按规定执行。

3. 粮食储备代理商在得到政府定额补贴的同时，如果因执行吞吐计划而发生的亏损由政府另行补贴；如果因执行政府吞吐计划而得到的利润由政府与企业按规定分成。

4. 政府储备粮的吞吐调节和推陈储新应在批发市场上进行，取消过去层层下达指标的计划经济的管理办法。

5. 建立、完善粮食风险基金，为粮食储备提供强有力的资金支持。

6. 粮食储备实行从中央到地方的垂直管理。

（五）倡导土地流转，扶持农民组建行业协会或股份制农业企业，实行规模经营

要实现粮食安全和农民增收的双重目标，农民的生产必须达到一定规模，这就要求倡导土地流转，使土地适当集中。为此，首先，国家和各级地方政府必须采取强有力措施，提高城市农民工的待遇，维护他们的合法权益，改善他们的生产、生活环境，加强技术培训，促进农村劳动力转移和劳务输入地的经济稳定发展。与此同时，积极组织外出农民按照自愿、有偿原则协议转让承包耕地。其次，扶持农民组建行业协会或股份制农业企业。农民以资金、技术、土地入股，统一经营，分工协作，有利于提高劳动生产率。第三，粮农的闲暇时间相对较多，应对他们开展实用技术培训，引进项目，帮助他们发展家庭副业和二三产业，增加收入。

（六）实施科技创新战略

1. 积极挖掘科技进步潜力，努力提高粮食生产的科技含量。坚持科技创新，广泛应用生物工程技术，抓好种子、种苗工程建设，为优质粮食生产提供源头产品。大力发展工程设施农业，提高粮食生产的集约化水平：如地膜覆盖、机械化播种、节水灌溉、旱作农业等。大力推广节能节本、无公害栽培、病虫害综合防治以及农产品贮藏、保鲜、加工等实用新技术，运用高新技术对传统农业进行嫁接改造，不断提高农业生产水平。

2. 加大对科技推广的投入，加快农业科技成果向现实生产力转化。湖北省农业科技在农业增产中的贡献率约为48%，化肥利用率、灌溉水的利用率也没有达到发达国家的一半。据测算，我国农业增产的诸要素中，农业技术进步贡献偏低，其中最重要的原因是科技成果转化率低，科技人员流失严重。因此加大科技投入，建立一支过硬的农业技术队伍，保证农业技术的研究、开发和推广的需要。利用科技人员开展形式多样的科技下乡活动，逐步健全县、乡、村三级农业技术体系，推广扶持各类民办专业技术组织的发展。加强对农民的职业技术培训，利用现有农村中专学校、县级农业广播电视学校和基层农业技术推广机构，广泛开展农民职业技术培训，提高农民接受和应用农业新技术的能力。

2

农村劳动力转移

低工资是造成“民工荒”的根本原因

——东部地区农民工短缺问题的调查与分析*

盛来运　孙梅君　侯　锐　张明梅

2004年，东部地区民工短缺的问题屡见报道，有的媒体甚至宣称中国遭遇20年来首次“民工荒”。面对数量庞大的农村剩余劳动力尚待转移，这一问题似乎让人费解。为此，国家统计局农调总队在江苏、浙江、福建、山东和广东五省进行了农民工问题专项调查，对有关问题作了初步分析。

一、东部地区农民工就业及收入情况

（一）农民工数量

2004年前三季度，东部地区的农民工达6080万人，占全部农民工的71.5%，比上年同期增加416万人，增长7.3%。在东部地区务工的农民工有47%来自本地区，37%来自中部地区，16%来自西部地区。

（二）农民工素质

东部地区农民工的平均年龄为28岁，其中有47%的农民工的年龄在25岁以下。相对来讲，东部地区农民工素质较高，初中及以上文化程度的农民工占84%，但接受过技能培训的农民工仅有20%。

（三）农民工就业

东部地区农民工主要从事制造业，所占比重最大，为32%；其次是建筑业，占15%；农业、服务业、住宿餐饮业和批发零售业分别占10%、9%、6%和4%。

（四）农民工收入

从平均水平看，东部地区农民工名义收入高于中西部地区。2003年东部地区农民工月平均收入709元，比2002年增加40元，提高了5.9%；中部地区643元，比2002年增加20元，提高3.3%；西部地区644元，比2002年增加55元，提高9.4%。上海、江苏、浙江、福建的农民工月均收入高于东部地区平均水平，而山东、广东则低于平均水平。

分地区看，中西部地区农民工在东部地区获得的实际收入最低。如表1所示，扣除生活成本，中、西部地区农民工在东部地区的实际收入人均分别是343元和318元，都明显低于在本地区务工的农民工实际收入。中部地区农民工在中部、西部地区务工比在东部地区务工多获得58元和63元；西部地区农民工在中部、西部地区务工比在东部地区务工多获得95元和68元。

* 这里“东部地区农民工”是指在东部地区务工的农民工，包括来自中、西部地区的农民工，下同。

表1　2003年跨区域流动农民工收入和消费支出比较

单位:元/人/月

		在东部地区务工	在中部地区务工	在西部地区务工
东部地区外出劳动力	收入	829	1092	1219
	生活消费支出	299	389	451
	实际收入	530	703	768
中部地区外出劳动力	收入	600	611	648
	生活消费支出	257	210	242
	实际收入	343	401	406
西部地区外出劳动力	收入	620	695	619
	生活消费支出	302	282	233
	实际收入	318	413	386

(五)农民工消费

东部地区农民工生活消费支出高。东部地区的农民工六成以上是在地级以上大中城市务工,而近年来城市主要消费品价格的大幅上涨,加大了农民外出务工的迁徙成本。2003年东部地区的农民工月均生活消费支出为282元,比中部地区高58元,比西部地区高39元。其中,广东的农民工的月生活消费支出是292元。

分地区看,农民工跨区域务工的消费支出高于在本地区务工的消费支出。表1显示,中部地区农民工在本地务工的月消费支出是210元,而到东部和西部地区务工的月消费支出分别是257元和242元;西部地区农民工在本地务工的月消费支出是233元,而到东部和中部地区务工的月消费支出分别是302元和282元。中部和西部地区的农民工去东部地区务工不仅收入低,而且开销大。

由此可见,尽管东部地区的农民工的数量和名义收入在增加,但增长幅度相对较低,加上生活消费支出的快速上涨,中西部地区农民工在东部地区务工的实际收入是最低的,甚至低于在本地区务工的农民工的实际收入。

二、现阶段农业收入偏低决定了农民工工资偏低

农民工工资为什么偏低?经济学家们在研究发展中国家经济起飞的实践后得出了比较一致的结论,即:在二元结构比较突出的发展中国家,农民工的工资既不是由企业的行业工资决定,也不是由全社会的平均工资率决定,而是由劳动力从事农业的收入决定的。农业是利润率较低的弱质产业,按人平均的净收入较低,由此决定了农村劳动力转移的成本很低,也决定了农民工工资长期偏低的本性。

我国农村除了农业以外,还有家庭经营等非农产业,农民外出打工除了损失农业收入外,还损失在家的非农收入和在本地打工的收入。因此,农民外出打工的工资是由包括农业收入在内的本地农村居民纯收入扣除外出打工收入以后的纯收入决定的。如果农民外出打工收入高于在家挣得的纯收入,则决定外出;反之,则留在农村不外出或已外出再回流。因此,企业支付农民工的最低工资必须高于本地纯收入,这构成了农民工工资的基础。在此基础上,农民工工资还必须包括最低限度的迁移成本和在城市维持劳动能力再生产的最低生活费用。

2003年农村居民人均纯收入是2622元,扣除外出务工收入人均346元,剩下的纯收入是2276元,按8亿农村人口和4.8亿劳动力折算,劳动力年均3800元,月均316元,这部分收入是当年农村劳动力外出打工的机会成本。根据农村住户调查,2003年农村外出劳动力在东部地区务工的月均生活消费支出为282元,交通费支出是每月50元(包括回家的路费分摊)。加上这两部分,农村劳动力外出务工收入最低不能少于648元/月,否则,不如待在家里。但是,在前面我们看到,中西部地区劳

动力在东部务工的月工资分别只有600元和620元，这说明目前我国企业付给农民工的工资确实偏低，甚至不能弥补外出而损失的收入。要不是前几年，农产品价格大幅度下跌，农民工在城市的生活成本偏低和农民从农业得到的收入下降，600元左右的月工资是难以长期维系的。随着农业形势好转和城市生活成本上升，以及经过20年农村剩余劳动力转移，农村劳动力供给潜力开始下降，要求提高农民工工资的呼声必然越来越高。

三、收入偏低是造成“民工荒”的根本原因

近年来，东南沿海部分地区出现了“民工荒”。为什么在农村还存在剩余劳动力的情况下出现了民工短缺现象？是劳动力需求增加太快？还是劳动力供给在下降？主流观点的解释是局部地区出现了劳动力供求结构的失衡。这无疑是对的，但情况远非如此。劳动力供求是在一定工资率的条件下达成均衡的，结构失衡意味着现在的工资水平没有及时反映供求关系的变化，甚至加剧了供求矛盾。

(一)农村劳动力无限供给趋于下降

1. 从流量看，劳动力转移速度下降

改革开放以来，农村劳动力转移经历过两个高潮：1984～1988年，农村劳动力每年转移1100万人，年均增长23%；1992～1996年每年转移超过800万人，增速在8%左右。1997年以来，农村劳动力转移速度放慢，呈逐年下降趋势，1997～2003年每年转移500万人左右，增长速度下降到4%；2003年仅增加420万人，增长3%。近年来农民外出打工的增量也在下降，2003年农民外出务工人数比2002年增加了920万人，2004年前3季度，外出务工人数只增加了358万人。

2. 从存量看，农业劳动力无限供给开始下降

2000年我国农村有4.8亿劳动力，其中，1.5亿劳动力在非农就业，农业劳动力3.3亿。按照平均劳动生产率推算，我国农业有1.8亿左右劳动力就够了，1.5亿劳动力是无限供给状态下的剩余劳动力，这些劳动力是农民工的后备军。2000～2003年，随着农村非农产业发展和农民外出打工人数增加，又有近2000万劳动力转向非农产业。与此同时，农业劳动力开始出现绝对下降，2000年减少200万人，2001年减少300万人，2002年减少500万人，2003年减少700万人，农业劳动力4年共减少了1700万人，下降到3.1亿人，农业剩余劳动力下降到1.3亿左右。多年来已转移出的劳动力大多是青壮年劳动力，滞留在农业内部的主要是40岁以上的劳动力。因此，考虑年龄结构因素的影响，目前农村剩余劳动力无限供给的潜力出现了明显的下降。

3. 从结构看，年轻农民工已经供不应求

北京大学光华管理学院章铮教授通过2000年人口普查资料推算，2003年非农产业对25岁以下乡村劳动力的需求量为7886.7万人，农林牧渔业需求为3426.5万人，因此，对25岁以下乡村劳动力的总需求量为11313万人，而同期25岁以下乡村劳动力的总供给量仅为10626万人，劳动力供需缺口为687万人。2003年25岁以下女性乡村劳动力的需求量为6393万人，而同期25岁以下女性乡村劳动力的供给量为5391万人，劳动力供需缺口为1002万人。目前部分地区出现的“民工荒”主要是年轻农民工供给短缺，特别是年轻的女性农民工短缺，问题不言自明。

(二)东部地区民工实际收入偏低加剧了劳动供求矛盾

一是中西部地区劳动力在东部地区打工的生活消费支出大、迁移成本高，实际收入下降，导致农民工宁愿选择在本地寻找就业机会。据调查，四川省2003年向东部地区转移劳动力265.6万人，比最多的一年减少了40多万人；向西部地区转移劳动力110.6万人，增加了94.5万人。

二是2004年农业生产形势看好，农民务农收入增加，农民外出务工的转移机会成本加大，其收入难以补偿机会成本，造成部分在城市从事低薪工作的农民工重新返乡。

三是东部地区内部不同地区农民工工资差异，使东部地区务工的劳动力出现移动。据调查上海、江苏、浙江省的农民工工资超过了700元，而广东省农民工工资只有600元左右，这些地方生活水平相差不大，因此部分民工开始由珠三角向长三角流动。这不难理解为什么广东省的“民工荒”表现得更明显。

(三)年轻农民工预期收入偏高，现有收入不能刺激年轻农民工的供给

年轻农民工是农民工的主体。据调查，2003年农村外出劳动力中，40岁以下的青壮年劳动力占85.9%。其中，25岁以下的劳动力占47.3%，25～30岁的劳动力占15.6%，30～40岁的劳动力

占23%。也就是说，大多数农民工在30岁以下，多数出生在上个世纪80～90年代，生活背景、文化背景与第一代农民工有较大差异，这部分农民工对工资的预期收入偏高，他们通常会在外出务工成本与收入之间做出理性选择。

可见，我国农村剩余劳动力无限供给的潜力确实已经在下降，在此背景下，东部地区较低的实际工资水平不仅难以平衡劳动力结构供求矛盾，反而加剧了部分地区劳动力供求紧张，在务农收入增加的新形势下，出现"民工荒"现象是不可避免的。

四、"民工荒"的影响

（一）积极影响

1. 让人们重新思考中国"源源不断廉价劳动力"的真正含义和经济增长方式的适应性。在中国农村劳动力总体供过于求的局面没有改变的情况下出现"民工荒"，本身就是一个值得关注的重大问题。它向我们敲响了劳动力供需结构失衡的警钟，也加深了我们对劳动力无限供给的认识。刘易斯关于发展中国家"源源不断廉价劳动力供给"是有条件的，是相对于收入水平、年龄结构、性别结构、文化结构、地域结构、行业结构而言的。随着"二元结构"向"一元结构"的演变，劳动力"无限供给"的状态会不断改变。经济发展模式要适应这种变化适时调整。中国东部地区制造业长期依靠劳动力价格低廉的竞争优势获得了经济优势，创造了东部地区的繁荣，今后何去何从？需要认真思考。

2. 有利于推动沿海经济发达地区产业结构升级。"民工荒"现象已经迫使沿海发达地区相当一部分企业重新思考经营模式和投资方向。有的开始向中西部地区转移生产基地；有的加快技术改造，增加设备投入；有的加强新产品开发，提高对人工成本上升的承受能力。一些地方政府也以此为契机，积极推动产业结构调整和升级换代，吸引高新技术投资，引导企业调整产品结构。

3. 有利于让社会更加关注民工权益。由于民工短缺，有的企业开始主动降低招工门槛，放宽对民工年龄、性别等方面的要求；有的提高民工工资，增加福利待遇；有的加强在职培训，提高技术水平；一些地方政府进一步加大维护民工合法权益工作的力度，改善民工的就业环境。浙江省自2004年10月份起，将全省各地企业最低工资标准分别上调15～20%；广东珠江三角洲地区也在酝酿上调农民工工资10%左右。

4. 有利于促进劳务市场建设。民工短缺一定程度上推动了东、中、西部地区加强以劳动力输入输出为纽带的劳务合作和经济协作，建立更加畅通的农村劳动力转移渠道和就业培训机制，劳务输出进一步向规模化、产业化、组织化方向转变。

（二）不利影响

1. 民工短缺已经对部分地区经济社会发展产生负面影响。主要表现在有些企业开工不足，订单不能按时完成；有的新厂房、生产线不能及时投入使用，无法按计划扩大生产规模；有的难以承受民工工资及相关成本增加，打算关闭企业。

2. 沿海地区过度的劳动密集性制造业面临竞争力下降的挑战。在东部沿海发达地区，大多是同质的劳动密集型企业，盈利空间本来并不大，在"民工荒"的压力下，迫使企业提高工资和福利，结果成本增加，竞争力下降。根据广东农调队近期的调查，招工不足对企业造成影响，企业主增加民工工资有困难。60%的企业主认为，招工不足，"不仅影响企业按时交货和企业利润，同时也影响企业信誉"，也影响企业的后续发展，因为"企业主不敢放手接大单"。但多数企业主认为没有能力提高工资。70%的企业认为目前"企业竞争激烈，利润很低"，30%的企业认为"原材料价格上升多，产品出厂价上升少"。浙江宁波为全国出口重镇，2003年共向100多个国家和地区出口价值120.6亿美元的上百类商品，尽管总量大，但出口产品多为代加工等处于产业链条底部的业务，产品附加值不高，由于经历了国内同业惨烈的杀价，大部分出口商品的利润率均低于10%，有的甚至不到5%。由于原材料涨价、水、电紧缺，利润率有进一步下降的趋势，即使工资只是轻微上调，也会使企业难以为继。

3. 如果不能妥善解决"民工荒"问题，势必影响到农民就业和增收。我国2004年年景特殊，农民增收主要靠农业，但从今后长期看，农民增收还是要靠非农产业和农村劳动力流动转移。今后农村劳动力就业的压力仍会非常突出。东部地区"民工荒"有迫使沿海地区加快产业升级的趋势，如果不同时做好劳动密集型产业的转移和培育中西部地区劳动密集型企业，那么对劳动力的总需求就可能下降，既加剧就业矛盾，又会影响农民外出务工收入。

五、政策建议

(一)完善最低工资标准,提高东部地区农民工工资

提高东部地区农民工工资不仅有利于解决“民工荒”问题,而且有利于推动产业结构调整和技术升级。关键是制定和完善农民工最低工资制度。从前面的分析我们看到,现阶段中西部地区农民工在东部地区务工的最低工资不能低于650元/月,这意味着东部地区农民工月平均工资水平至少要上浮10%以上。目前部分省区已开始着手上调农民工工资和制定最低工资标准,但步子和幅度不统一,缺乏制度约束。有关部门要尽快制定和出台分省或分地区的农民工最低工资标准和实施办法,并建立监督检查制度。

(二)制定税收、信贷等优惠政策,推动东部沿海地区产业结构升级

“民工荒”虽然是局部地区劳动力供求结构上的失衡,但它传导了一个非常明显的信号,即东部地区廉价劳动力无限供给的时代即将结束,以此为基础的竞争优势在缩小,是应该考虑优化产业结构和技术升级的时候了。经过20余年劳动密集型产业模式的原始积累,东部地区已经基本具备了发展资金密集和技术密集企业的条件和资本,应当加快调整步伐,否则,将有可能失掉竞争优势,错过进一步融入经济全球化求得发展的历史机遇。为此,首先要在产业政策和发展规划上进行调整布局,预留发展空间;其次要尽快制定优惠政策,如财政、银行等部门应在企业的技术改造和引进上给予支持,税务部门要通过实行差别税率给予转型企业税收优惠;地方政府要积极主动地对待和处理劳动力就业和产业升级的关系。

(三)改善投资环境,加快劳动密集型产业向中西部地区转移

从总量供给上,我国仍是劳动力资源丰富的国家,发展劳动密集型产业的优势不能丢,而应顺应经济发展的梯度理论和劳动力成本的比较优势,将东部地区劳动密集型产业向中西部地区转移。中西部地区劳动力的迁移成本和生活成本比东部沿海地区至少具有200元的月工资优势,像玩具鞋帽等低附加值企业有动力向中西部迁移,就像当年这些工厂从美国、日本和新兴工业体迁入到中国一样。因此,国家的产业政策也必须适时做出调整和相应的制度安排。当前要加大国债资金向中西部地区的倾斜力度,进一步加强中西部地区的交通、通讯、教育等基础设施建设,适当降低税率,大力提高政府依法行政的效率,改善投资环境,提高对东部地区企业的吸引力。要加强东、西部地区对口支援和合作,出台优惠政策,鼓励东部地区以劳动密集型企业转让的方式,支援中西部地区发展。

(四)加大对农民工的培训力度和减免中西部地区农村学龄儿童学杂费,用10年的时间培养出一代有文化有技术的新型农民

“民工荒”中有技术的工人更“荒”,随着东部地区产业升级的推进,和中西部地区劳动密集型企业的成长,对民工的知识和技术的要求更高,因此有关方面必须早做安排。人力资本理论认为,教育和培训的投资效益是最高的,政府有责任为经济的起飞加大教育投资的力度。建议国家用10年的时间培养出一代有文化有技术的新型农民。为此需要做两方面工作:一是加大对目前40岁以下(重点是25岁以下)农村劳动力的技术培训。培训资金由政府、企业和农民共同负担。国家在农民工培训方面已经做了很好的安排,现在的关键是抓好落实;要出台一些鼓励性的优惠政策,调动企业培训农民工的积极性,增加对农民工培训的投入。二是强制实行农村学龄儿童九年制义务教育,争取高中教育。建议调整扶贫资金的使用方向,将扶贫资金重点用于减免中西部地区农村学龄儿童的学杂费支出,保障所有儿童都能享受义务教育。目前中西部地区农村有1亿学龄儿童,扣除40%中高收入家庭的孩子,有6000万左右中低收入家庭的孩子需要助学,按小学生平均学费支出每人每年200元、中学生400元标准计算,这部分学生每年的学费支出总额是180亿。2003年国家用于农村的扶贫资金是277亿左右,据贫困监测资料测算,这笔钱农民直接受益不多,大部分被地方政府截留或由于扶贫项目选择不当而损失。如果把扶贫资金的70%用于中西部地区中低收入家庭学龄儿童的学费支出,不仅能直接减轻这些家庭的致贫负担,而且能提高扶贫资金的使用效益,真正实现新世纪扶贫规划纲要提出的“直接面向穷人”的扶贫目标。如果不从根子上解决中西部地区孩子失学辍学问题,10年或20年以后,一批新的文盲或半文盲将成长起来,成为新的贫困人口。

(五)改善用工条件,切实保护农民工的合法利益

农民工长期供过于求,使不少企业不知珍惜,只是一味地掠夺性、消耗性使用。低工资与超过10小时的每日工作时间,严重损害了农民工的利益。“民工荒”也反映了民工用脚投票的一种理性选择。因此,要依据《劳动法》,规范劳动合同,改善用工条件,加强劳动监察的力度,及时查处违反《劳动法》和侵犯民工权益的行为。从长远看,国家应该加快实行城乡一体化的发展战略,在条件成熟时尽快给予农民工完全的国民待遇,从而建立起全社会保障体制。同时,要鼓励东部沿海地区和中西部城市调整户籍、教育、医疗等政策,逐步把进城的农民工作为市民来对待,以真正体现城乡统筹和协调发展的要求。

农村劳动力转移要在增强理性中推进
——对江苏近年农村劳动力转移情况的观察与思考

王　飞

“农村富余劳动力向非农产业和城镇转移，是工业化和现代化的必然趋势”，是解决“三农”问题的根本出路，也是全面建设小康社会的一个战略举措。为此，全国各地、从上到下都加大了工作力度，千方百计扩大劳务输出、加快农村劳动力转移，对农村经济和社会发展特别是农民增收产生了巨大推动作用，但与此同时也引发了一些矛盾，有些矛盾对实现社会经济全面、协调、可持续发展已构成越来越明显的影响。在这样的情况下，如何促进农村劳动力转移向既快又好的方向发展，是迫切需要进一步研究解决的问题。

江苏是全国经济比较发达的省份，但社会经济发展的地区差异较大。全国有个“东西”问题，江苏有个“南北”问题。长期以来，苏南地区经济和社会发展较快，农村劳动力以就地转移为主，同时也吸纳了大量的外地农村劳动力；而苏北则由于历史和自然多方面的原因，经济和社会发展速度较慢，农村劳动力就地转移相对较少，而向外输出比较多。目前从江苏省来看仍有大量农村剩余劳动力需要加快实现转移，既存在老矛盾也面临新问题，在全国具有一定代表性。

本文利用抽样调查、全面统计、专题调查等多方面掌握的数据资料，在对江苏近年农村劳动力转移及相关情况进行描述和分析的基础上，对农村劳动力转移过程中较突出的社会性问题、成因及其缓解对策进行探讨。

一、近年来江苏农村劳动力转移主要特点

跨入21世纪特别是党的十六大以来，江苏省委、省政府高度重视农村劳动力转移工作，把促进劳动力转移作为农民增收、实现“两个率先”（在全国率先建设全面小康社会、率先基本实现现代化）的重要措施来抓，江苏省农村劳动力转移呈现进一步发展的新局面。主要表现为以下几个特点：

（一）转移速度加快、人数增多，渐成新高潮

抽样调查资料（来自于江苏省农调队，以下除注明外同出处）表明，江苏农村当年新增转移劳动力占农村劳动力的比重由上个世纪90年代末的4%左右，上升到本世纪初头两年的5%左右，2003年这个比重已达到6.1%。2000年农村劳动力中转移到本乡镇以外的人数占16.6%，2003年这个比重已达23.7%，增加7.1个百分点。2003年江苏省农村劳动力中在本乡镇以外从业的总人数已达629万人，比2000年增加160多万人。

（二）省内转移是主体，但向省外转移的比重稳中有升

2003年，江苏农村劳动力在本省内转移的（包括地域转移和产业转移）的占86.4%，在受“非典”因素影响外出返回人员增多情况下转向省外和国外的仍占13.6%，比2000年的13.0%增加0.6个百分点。近年来，在国家西部大开发的实施、北京申奥成功、上海申博成功、西电东输、西气东输、南

水北调、青藏铁路等重大项目相继开工的新形势下，江苏各地抓住机遇，向省外拓展了劳动力输出空间，到省外打工的农村劳动力继续增加。其中尤其是到东部地区省市打工的人数增加较多、比重较高。近年向省外转移的劳动力中属东部地区占90.0%左右，其中以转移到上海的居多，其次是北京、浙江等地。

(三)外出劳动力转移到大中城市的多、到小城镇的少

近年由于加强城乡统筹发展，各地逐步取消了一些对进城务工农民的限制性政策、歧视性规定和不合理收费，降低了农民进城务工的“门槛”，加上大中城市在二、三产业快速发展中打工机会相对较多，因而成为众多农民工的选择。2003年，江苏省农村外出打工人员中转移到直辖市的占17.5%、到省会城市的占16.4%、到地级城市的占35.5%，转移到地级市以上大中城市的累计占69.4%，比2002年增加2.7个百分点；而到县(市)级以下小城镇的仅占30.6%，其中外出农村劳动力转移到建制镇的只占8.9%，比上年下降2.7个百分点。这说明在城市化加快推进过程中，作为城市化初级阶段的农村小城镇目前对江苏农村劳动力的吸引力和接纳能力在缩小。

(四)转移行业继续倾向于工业、建筑业和社会服务业

本世纪以来在经济持续较快发展过程中，我国制造业和大中型建设工程规模扩大，工业化和城市化进程的加速，使得工业、建筑业和社会服务业等行业容纳劳动力的能力增强，对农村劳动力也呈现着较强的吸纳能力。2003年江苏农村外出从业的劳动力中，从事工业的最多、占37.4%，其次是批零贸易、餐饮及居民服务业占17.4%，再次是建筑业占16.8%，比重与2000年相比分别提高3.9、0.8和2.5个百分点。

(五)转移劳动力进一步年轻化、知识化和技能化

从年龄结构看：转移劳动力中青壮年占绝大多数，并且比重仍呈扩大之势。2003年在从事二、三产业的农村劳动力中，45岁以下的所占比重达75.7%，较2002年提高了0.9个百分点；在外出从业的农村劳动力中，45岁以下的所占比重更是高达86.4%。

从文化层次看：2003年在转移劳动力中，初中以上文化程度的占81.1%，比重较2000年提高了2.1个百分点，其中高中及以上文化程度的占19.4%，比重提高0.9个百分点。按照小学6年、初中9年、高中12年、中专15年、大专及以上16年计算，2003年农村转移劳动力平均受教育年限为9.2年，高出当年江苏省农村劳动力1年。

从技术、技能看：转移劳动力中接受过专业技能培训的比重提高。2003年转移劳动力中接受过专业技能培训的占25.4%，比重较2002年增加3.8个百分点，比当年全部农村劳动力受培训的比重高10.2个百分点。其中劳务输出人员中受过专业技能培训的占27.1%，比重较上年增加6.1个百分点。

(六)江苏省特别是经济发达地区吸纳省外的农村劳动力越来越多

据2003年江苏人口抽样调查资料，目前在江苏城镇就业的农民中来自于省外的约占49.0%，其中地处“长三角”腹地经济发达的苏南地区是省外民工的主要输入地。随着外来资本的加速积聚，新一轮经济大发展对各类人才、劳动力的需求迅速上升，该地区外来务工人员数量迅猛增加。据统计，2003年，苏南外来务工农民总数达到222万人，其中来自省外的有112万人，占50.5%。无锡市2004年一季度，外来人口达135万左右，其中来自外省的占63.7%。据常州武进区统计局对外来人员的专题调查，2003年末当地22.5万外来从业人员中仅来自于安徽、四川、河南等九个省区的达15万人、占66.3%。

(七)劳动力转移的地区差异十分显著

由于苏南、苏中、苏北的经济发展水平的很不平衡，特别是苏南工业化的程度明显高于苏中和苏北，在农村劳动力的转移上也存在相当大的差异。首先在转移数量上，苏南明显大于苏中和苏北。2003年，苏南虽然劳动力总量小于苏中和苏北，但转移的农村劳动力达490万人，比苏中和苏北分别多88万人和2万人。其次在转移方式上，苏南以就地转移为主，而苏中则是以就地转移和异地转移相结合，苏北则以异地转移为主。2003年，苏南异地转移为116万人，占本地区转移劳动力的比重为23.7%，苏中异地转移占转移总数的51.5%，苏北异地转移则高达62.7%。目前，这种差异在苏北农村劳动力异地转移力度加大的情况下更加明显。

(八)农村劳动力转移对农民增收的作用继续加强

本世纪以来江苏农民收入呈现恢复性增长的

良好态势，增幅由2000年的2.9%逐步上升到2003年的6.1%。从农民收入的构成看，属于劳动力转移性质的收入(农民外出打工和就地从事二、三产业的收入，下同)比重大、增幅高，是增收的主要来源。2003年，江苏省农民人均收入4239元中劳动力转移收入2807元，占66.2%，比重较2000年提高5.3个百分点，其中农民外出打工收入737元，占农民收入的17.4%，比重提高4.2个百分点。近三年农村劳动力转移直接给农民带来的收入平均增长8.6%，高于同期农民收入增幅3个百分点，其中农民外出打工收入年平均增幅达16.2%，高于同期农民收入增幅9.6个百分点。可见，农村劳动转移成为江苏农民增收越来越大的依靠。

(九)农村劳动力转移的工作力度进一步加大

近年来大力转移农村劳动力已被江苏各级政府和部门摆到了社会经济发展和农村工作更为突出的位置。比较典型的是将增加农村劳务输出作为现阶段最大的农民致富工程来抓，从2003年起，准备用8年时间，每年新增劳务输出50万人，力争达到70万人，实现500万农民由“农到工”的大转移。为了保证这一目标的实现，江苏省委、省政府已推出一系列措施。一是专门成立了农村劳务输出工作协调小组，加强组织协调，要求各地特别是经济薄弱的苏北高度重视劳务输出，并将其作为一项主要考核指标。二是开展南北挂钩协作，组织苏南、苏北有关市县签订目标责任状，推动苏北劳动力向苏南有序转移。三是建设城乡一体的劳动力市场，江苏省启动了劳动力市场信息网“镇镇通”工程。四是加大资金扶持力度。省财政拨出专款2000万元，2004年增加到4000万元，用于资助百万农民工技能培训计划。五是大力改善劳务输出人员就业环境。

二、农村劳动力转移力度加大背景下凸显的社会问题

在转移力度加大、农村劳动力更大规模流动的情况下，越来越多年轻力壮、综合素质较高的劳动力离开农业、离开乡村，随之带来的诸如农业生产、城镇就业和社会治安、子女教育、农民工权益保护、农村社会可持续发展等新老矛盾也日益凸现，并逐步成为一些令人忧虑的社会性问题。根据近期江苏各级统计部门调查反映的情况，归纳起来主要表现在以下方面：

(一)农村、农业生产领域素质较高的劳动力过多流出

随着农村转移出去的劳动力进一步年轻化、知识化和技能化，农村、农业发展所需素质较高的劳动力生产要素也越来越稀缺，多方面的不良影响趋于扩大。

1. 农业劳动力素质较低的矛盾进一步显现。

由于农村越来越多的青壮年男女纷纷外出打工，留在家乡的“老弱病残”成了务农主角，农业生产老年化、女性化和“半劳力”化更加突出。抽样调查资料显示：从年龄看，2003年江苏农村30岁以下的劳动力中从事第一产业的不到三成，而45岁以上的占55.0%，50岁以上的占37.6%；从性别看，第一产业中女性劳动力占62%，比重较1988年上升8个百分点；从整半劳动力的情况看，第一产业中“半劳力”约占50%，比重较1988年上升20个百分点。在农业经济比重较大、经济薄弱的苏北地区这种“三化”问题尤其突出。在农业生产仍主要靠人力的今天，素质较高劳动力流出过多，有碍于科学知识的普及、良种的推广、土壤的改造、新技术的采用，也不利于农村产业结构的调整和向农业的深度、广度开发。

2. 农村二、三产业和其它社会事业的发展受到了影响。

除了农业生产所需素质较高劳动力大量流出外，农村二、三产业和其它社会事业的发展同样存在素质较高的劳动力短缺问题。近年各地在劳务输出不断扩大的情况下，由于“能人”基本外出打工，一些地区农村家庭经营二、三产业发展后劲不足，小城镇二、三产业加快发展困难；有些乡村难以找到合适的基层干部，党支部书记和村民委员会主任(村长)的人选更难确定，从而导致农村中的计划生育、公益劳动、法纪教育、义务教育、治安管理等项工作无法较好落实，影响了农村社会的正常发展。

3. 大量素质较高农村劳动力的输出，使经济欠发达地区社会经济加快发展的难度加大。

由于大量素质较高农村劳动力外出打工，一些经济欠发达地区出现了招工难的现象，使本地经济加快发展受到了劳动力生产要素的制约。

苏北地区是江苏经济欠发达、农村劳动力最富余地区，但近年却出现了苏北企业本地招工难的现象。据地处该区域的徐州、淮安、宿迁等市统计局

于2004年初进行的调查：近年来随着招商引资的不断深入，民营经济迅速发展，当地企业用工需求增长较快，特别是新增企业，亟需大批工人。然而，在农村劳务输出不断扩大的情况下大量剩余劳动力特别是综合素质较高的青壮劳力纷纷外出，留在本地并且符合企业用工需求的劳动力缺乏，导致企业在本地招工困难。有的企业在当地招不到所需用工的1/4；有个县四所职业中学每年毕业600多人，大都去了经济发达的苏南企业。这使得不少到苏北利用劳动力投资的私营企业大失所望。大规模劳务输出引发当地具备一定素质与技能劳动力的不足，已成为苏北地区接受产业转移、迅速实现工业化、加快社会经济发展、缩小与发达地区差距的制约因素。

（二）民工的权益保障和在外生活状况堪忧

从总体看，近年在各级党委和政府的重视关怀下民工的处境有所改善。但由于种种主客观原因，不同地区、不同行业、不同所有制企业间还存在着较大差异，民工的权益保障现状仍不容乐观。据对苏南外来劳动力的抽样调查，被调查的外来务工人员月平均工资830元左右，基本从事苦、脏、累工作，劳动强度大，而且工作时间较长，平均每周工作6.4天，每天工作9.3小时，其中52％的人没有休息天，42％的人日工作10小时以上，超过了《劳动法》规定的时间，且得不到相应的劳动报酬。58％的外来民工没有与用工单位签订用工合同，79％的人反映用工单位没有为其办理过劳动保险。

不仅工资较低、待遇较差、劳动权益得不到保证，民工在外生活中也有着许多无奈与辛酸。调查中有60％以上的民工反映居住条件较差，有些被调查民工是十几个人合住二三十个平方米，有的民工租的是破旧平房，居住环境较差，住房简陋，无卫生设施。不少民工辛辛苦苦工作一年，结果到年头连基本的工资都拿不足或拿不到，回家过年的钱都没有。有时弄不好还要遇到各种处罚、克扣、歧视等严重侵犯人身权利的事。他们远离家乡和亲人、从事高强度劳动、缺少社交活动，得不到充分理解和尊重，不能被输入地真正接纳，产生生理或心理问题的民工明显增多。

（三）民工子女的教育和成长问题令人忧虑

首先，农村“留守”子女的教育问题越来越突出。近年来农村劳务输出扩大，民工们留在农村的孩子短期或长期失去了直接监护人，形成了诸多事实上的“单亲”家庭或“隔代教育”现象。

其次，外出民工子女就学难。由于对外来打工人员的歧视，农民子女到外地入托、上学难。许多民工为子女上学不得不花费巨额的赞助费、借读费和学杂费，远远超出了他们的经济承受能力，有的地方虽有民工子弟学校，但教育设施和条件难与当地一般学校相比。由于外出民工更大程度上忙于生计，子女教育和成长中的问题也比较突出。

（四）民工输入地承受着外来人口涌入带来多方面的较大压力

农村劳动力转移中形成的大规模劳务输出，虽为输入地经济建设提供了丰富的廉价的劳动力资源、创造了大量的财富，但也带来了多方面的问题。较为突出的表现是：大量民工的涌入，对输入地的劳动就业、交通和社会治安、基础设施和环境卫生等各个方面带来了一定的压力。

武进是苏南地区外来民工较多的地区，2003年武进区各类企业（包括个体工商户，下同）中外来劳动力的总量达224602人，占企业全部从业人员的29.5％。由于武进区劳动力资源从总量上来说比较富裕，加上外来劳动力在结构上的不合理，因此在武进区的外来劳动力有相当一部分不能够马上就业，这些急于寻找工作的外来劳动力就在街头巷尾组成非法劳务市场，这不仅严重影响了当地的交通，也影响了武进区的城市环境卫生。另外，一些外来劳动力由于一时找不到工作，为了生存采取偷盗、抢劫等手段，滋生了地区性打架斗殴等破坏社会秩序、危害公共安全的违法犯罪行为，严重影响了武进区的社会治安和稳定。据当地公安部门统计，2003年武进区查获的各类刑事案件中，外来涉案人员高达69.7％，比2002年提高5.0个百分点，呈上升趋势。如果按照外来人口与本地人口比例计算，2003年外来人员刑事涉案的比例是本地人的6倍以上。苏州、无锡等外来民工较多的地区也存在类似情况。

此外，农村劳动力转移过程中产生的一些社会性问题还表现在：由于亲人成年累月外出打工，缺少亲情、情感缺失和观念冲突正在冲击着一些农村家庭结构。因为单独外出打工使夫妻产生矛盾导致家庭解体的现象增多。由于子女常年外出打工，老年人体弱多病无人照料，农村人口的老年化问题日益突出。

三、农村劳动力转移负效应成因的再分析

经济快速发展、农民收入稳步提高，农村劳动力转移功不可没。但不可否认，农村劳动力加快向二、三产业和城镇转移对社会经济发展和农民增收等多方面产生了巨大积极作用的同时，确实给农业、农村、城市协调发展带来了一些消极影响（或称负效应），这种情况在江苏存在，在全国范围也具有普遍性。作为社会经济发展的必然趋势，江苏和全国农村劳动力转移必将不断向前推进。对此，正确的态度应该是高度重视，深入分析产生负效应的原因，从而有助于采取措施将负面影响降低到较低程度。

（一）市场机制作用和客观事物的两面性

这是农村劳动力转移负效应产生的基本原因。在市场经济条件下，生产要素的流动和组合必然带有一定程度的盲目性。只要是市场化就业，部分民工选择就业机会的某种盲目性就是无法避免的。目前我国经济特别是劳动力要素流动的市场机制虽未完全形成，但一定程度已经开始发挥作用。

用辩证的观点看问题，任何客观事物都具有两面性，因而农村劳动力转移存在负面影响是不可避免的。纵观世界各国，无论发达国家还是发展中国家，在由农业、乡村社会向工业化社会转型，农村劳动力向非农产业和城市转移过程中，都不同程度地产生了一些矛盾和问题。比较典型的是不少发达国家出现过的"城市病"。

劳动力供求关系失衡、总量过剩是全国和江苏的一项基本国情、省情。这是由人口众多、经济不发达、发展不平衡、就业容量有限等特点决定的。当前农村劳动力转移与流动已触及到社会、经济生活多个方面，是个复杂的系统工程，因而产生一些矛盾和问题从根本上来说都是发展中的问题，是可以缓解但却是不可能完全避免的。

（二）管理工作跟不上、服务不到位

这是农村劳动力转移负效应产生和放大的一个重要因素。农村劳动力就业转移是个系统工程。从掌握劳动力资源、提供就业信息和就业培训，到维护劳动者的合法权益，都需要政府部门提供完善的管理和服务。但是目前政府的这种职能尚待完善。政府还不能比较完全掌握农村劳动力资源及转移的基本情况。在公共培训和技能培训上，政府部门还没有特别行之有效的措施，同时再加上经费短缺、部门分割，培训的效率不高，接受培训的农民工比较少。在就业制度中，政府还没有完全把农民工纳入劳动就业体系，导致农民工有组织外出的比例较低。在维护农民工合法权益上，对用人单位没有形成一套完整的约束机制，导致农民工合法权益受到侵害的现象屡见不鲜。

目前各地统一开放、城乡一体的劳动力市场尚未形成，供需脱节、信息不灵的问题仍然突出。就业歧视在一些地方仍然存在，虽然改革了户籍制度，但依附在户籍上的劳动用工、教育、社会福利等制度的相应改革还跟不上。

（三）转移工作中存在一些偏向

这是劳动力转移负效应产生和扩大的另一个重要因素。当前各地在促进农村劳动力加快转移工作方面主流是好的，但明显存在一些偏向，主要表现在：

一是只看到农业、农村劳动力数量的剩余，看不到农业、农村发展所需素质较高劳动力的欠缺。似乎认为农村和农业的发展不需要素质较高劳动力。最明显的是，各方面在分析测算农村剩余劳动力时基本上是从数量方面进行的，而没有能从质量方面充分研究。对农村和农业生产的发展需要多少素质较高的劳动力少有深入分析，因而难以引起领导和决策部门的高度重视。

二是将农村劳动力就业、转移简单化、片面化。农村劳动力转移，可以分为农村内部转移和农村外部转移（外出打工和外出创业）两种情况。内部转移在产业分布上，是第一产业向二、三产业的转移，在地域分布上是由村组向本集镇的转移，基本特征是"离土不离乡、进厂不进城"。外部转移，有两种形式：一是农村劳动力离开农业和农村直接迁居城镇，即人口的城市化；二是农村劳动力外出务工和外出创业，即"离土又离乡"进行劳务输出。广义而言，向农业生产的深度和广度进军也是农村劳动力就业、转移的重要途径。由于情况不同，大到省（市）、地区，小到县（市）、乡（镇）村，农村劳动力就业、转移的渠道和途径也应该不拘一格。但目前在实际工作中，一些地方讲到农民就业问题就是转移农村劳动力的问题，讲到劳动力转移问题首推的办法就是劳务输出，形成转移渠道和途径过于单一的局面，不仅影响了农村劳动力转移的实际效果，还加剧了各方面的矛盾。

三是存在"急功近利"、"拔苗助长"现象。出于加快经济发展、增加农民收入等良好愿望，有一些

地区和部门不切实际地对农村劳动力转移特别是劳务输出人数层层下指标、定任务，结果事与愿违，由于劳动力综合素质较低、技术技能培训效果不好等原因，外出打工所需基本条件不具备，一些外出人员不得不回流。少数地方为了完成指标甚至产生了弄虚作假行为，虚报农村劳动力转移（劳务输出）人数，以此赢得政绩。这些不按客观规律办事的现象，不仅没有给“三农”带来多少实惠，还给农村劳动力转移相关管理和服务工作带来了更大压力和被动。

四是重输出轻管理和服务。表现为对做好农民进城务工就业服务和帮助他们解决实际困难重视不够。

（四）现行制度建设进展缓慢，存在缺陷

这是劳动力转移种种负面影响产生和放大的深层原因。突出表现如：现行土地政策，一定程度上制约着农民流动。现行的农村土地承包政策，30年不变，加上当前土地流转机制不活，外出打工者一心挂两头，只好根据农业生产季节特点，农忙时在家种田，农闲时在外干的“季节型”和春节后离家，春节前回家的“候鸟型”，造成了农村外出打工者断断续续，给户籍的管理和对社会劳动力的宏观调控和管理加大了难度。

城乡二元结构，使农村劳力流动渠道不畅。虽然城乡管理制度的改革使得农村人口有机会进城务工经商、居住生活，这与改革前相比有很大的进步，但目前农村劳动力的自由流动在改革城乡分割制度方面仍存在诸多障碍。就内部环境而言，在各级组织中劳动力转移的中介机构不仅少，而且有的信誉度较低，缺乏对劳动力转移的协调、服务、培训等项工作；就外部环境而言，农民外出打工，在户籍管理、婚姻、子女入学等方面受到限制，他们即使工作生活在城市，却无法融入城市社会，不能跟城市居民享受同等的国民待遇。

造成农村劳动力转移特别是农民工问题的不是单项制度，而是一整套的制度设计和安排，包括户籍制度、土地制度、社会保障和福利制度、劳动就业制度、人事制度、组织制度、人口迁移制度、教育制度、财政制度、住房制度乃至政治制度等，这些具体制度中的不合理因素仍在起作用。

可见，农村劳动力转移中产生消极影响的原因是复杂的、多方面的，既有客观事物两面性和市场经济规律的不可避免，也有转移工作中“急功近利”、管理、引导工作跟不上、配套措施不到位等多方面因素，更有制度建设方面的问题。

四、农村劳动力转移要在增强理性中推进

农村劳动力转移有其内在的运行规律和运行原则，其进展的快慢受到多方面因素的制约，是个较长的过程。在全社会总劳动力中，如果以从事农林牧渔业的劳动力的比重由75％降到10％左右作为初步完成农业劳动力转移的标志，那么完成这个过程英国大致用了300年，法国用了120年，加拿大、美国、日本用了100年左右。我国是个人口众多、农村人口比重大的发展中国家，真正完成农村劳动力的转移也要经过相当长的时间，不可能一蹴而就。目前在江苏和全国其它地区农村劳动力转移中凸显的一些负效应及其成因再次表明，促进农村劳动力转移同样要坚持实事求是、按客观规律办事。根据科学发展观的要求，就是要在推进农村劳动力转移过程中增强转移的科学性与合理性，将负面影响降到较低程度，从而促进社会经济全面、协调、可持续发展。

（一）因地制宜、多渠道开辟农村劳动力转移和就业之路

农村劳务输出是解决农民就业问题的重要途径，但不是唯一途径。推进农村劳动力转移，要坚持异地输出与就地转移结合，就业与创业并重，职业转移与身份转移结合。对于某一个地区、某个市（县）、某个乡（镇）、村组、甚至家庭而言，农村劳动力转移要因地制宜，选择最合适的途径。近年来江苏苏南地区为此进行了积极探索，主要有：工业领域安置，第三产业吸纳，各企事业单位使用，自主创业带动，劳务输出转移，农业产业化和结构调整内部消化，农村劳动力转移和就业工作取得了较好效果。由于坚持多渠道转移农村劳动力比较充分地实现了就业，近三年该地区农民人均纯收入年平均增长7.5％，增幅比江苏省同期水平高约2个百分点。这方面的经验值得借鉴。

（二）将支持农民创业作为促进农村劳动力转移的重要举措

就业是民生之本，创业是就业之源。浙江致富农民的最大经验就是“百万农民创业，带动千万农民就业”，使得农民普遍得实惠，长期得利益。这也可以成为江苏及其它地区加快农村劳动力转移、解决农民就业问题的重要选择。从扩大就业来说，中小企业包括中小服务业，是扩大就业的主渠道。目

前最有活力的中小企业是民营企业和“个私”经济，而农民创业就是其中的一支重要生力军。他们的创业带动了更多农民的就业，他们的致富，带动了更多的农民走上富裕之路。对此，要在大力发展民营、“个私”经济中给农民以热情关心和支持。

近几年来，随着农村劳动力转移呈现加快的势头，江苏和全国各地有一大批农村人才脱颖而出，他们带着多年积累的资金、技术、经验和信息回到了家乡，创办企业，实现了由打工仔、打工妹到创业者、企业家的跳跃，也带动了更多的劳动力从农业中转移出来。当前对经济不发达地区、欠发达地区而言要像抓项目一样，一方面抓农民输出，另一方面抓打工农民回乡创业，培育当地经济发展的新的增长点。

（三）从现代化的战略高度，充分重视提高农村发展和农业生产领域劳动力的素质

素质较高劳动力的不足是农村、农业现代化中必须解决的一个问题。农村和农业要发展，就必须有更多的青年农民立足本土，或者从城里回乡创业，带动一方。就江苏而言，尽管农村发展、农业生产领域劳动力素质偏低的问题由来已久，但至今并没有得到较好解决。近年来有关促进劳务输出的政策、措施、办法不少，而有关如何在转移农村富余劳动力过程中吸引、留住部分素质较高劳动力的不多。为此，各级政府部门应从实现社会经济全面、协调、可持续发展的高度出发，出台政策和措施，进一步加大对农村和农业的扶持力度，使高素质劳动力在农村也不难找到致富途径，从而留住人才、吸引人才，实现农业和农村发展的良性循环。当前在对农民进行技术、技能培训中，要第一产业与第二产业相结合。不仅进行二、三产业方面的就业培训，还要进行“种养”等“一产”方面的培训。不仅要为农村劳动力转移服务，还要为农业发展服务；不仅要培训转移技能，还要培训发展种养的先进技术。就经济欠发达和不发达地区而言，今后相当数量的农民仍要靠种养业增加收入，因此，加强种养业技术的培训对他们更现实、更实用。

（四）法治与德治并举，提高解决农民工权益保护问题的实效

一是建立一整套完善保护农民工的政策法规，做到有法可依；二是要有一个强大的执法机构，主要是劳动执法机构；三是引导农民工自身要有强烈的依法自我保护意识；四是要在全社会形成理解、尊重、关爱社会弱势群体的良好风气。

解决好农民工权益保障问题，牵涉到方方面面，而政府在其中则起着决定性的作用。一是保护和解决社会弱势群体的生存及发展问题，正是政府的基本行政责任之一。二是作为一个法制社会的政府，在制定相关的法律法规时，必须充分考虑到保护社会弱势人群的权益。因为在法制社会，只有法律是这一群体保护自己生存与发展的武器。三是政府应作为社会弱势群体的“保护伞”，加大对侵犯他们利益的行为的惩治力度，同时在社会上大力倡导“平等互助”、“扶弱济贫”的精神。只有通过法治与德治结合，逐步解决城乡、强弱、贫富差距这些问题，农民工的权益才能得到合理而有效的保障。

农村劳动力转移：坦途也需要新突破

——新阶段安徽农村剩余劳动力转移问题的分析和对策

安徽省农调队

改革开放以来，农村劳动力的输出与转移引发了农村社会生活、经济生活的重大变革。以劳动力转移为标志的劳务经济为农村经济乃至整个国民经济的发展做出了巨大的贡献，受到各级党政领导部门及全社会的关注。2000年以来，我国进入全面建设小康社会的新时期，农村经济及整个国民经济步入稳定、快速发展的新阶段。安徽省是一个农业大省，工业化程度低，经济发展水平不高，人口众多，耕地人均占有量低，存在着大量的农村剩余劳动力。

农村剩余劳动力转移的规模和速度，对农村经济的快速发展和农民收入的增加产生着重要的影响。农村剩余劳动力的增加和累积，一方面，加剧了本来就十分紧张的人地矛盾；另一方面，土地的条块分割，过度分散经营，使得农业生产效率低下，阻碍了农业的规模经营与集约经营，导致农村劳动力的边际效益低，农民增收困难，严重制约了农村经济快速发展。据安徽省农调队测算，安徽省人均农业耕地面积最优规模在2.20～2.40亩，而现实中远达不到这个标准。从近几年安徽城乡居民收入对比看，与农民增收困难相伴随的是城乡差距的进一步拉大，农村人均纯收入与城镇居民可支配收入的比例从2000年的1∶2.74增至2003年的1∶3.19，且继续呈不断扩大的态势。受城乡比较效益的驱动，大量农村剩余劳动力流向其他产业、其他地区，形成了规模宏大的民工潮，并且势头越来越猛。根据2003年安徽省人口抽样调查，调查时外出人员占劳动力总数的31.1%，也就是说，平均每三个农村劳动力有近一人外出，安徽已经成为劳动力输出大省。

随着农村经济结构继续优化和调整，农村产业结构将继续发生深刻的变化。农村经济的发展，技术的进步，劳动生产率的提高，农村劳动力的剩余仍然会继续增加，并呈现出许多新的特点和发展趋势。新阶段农村剩余劳动力的转移成为增加农民收入，解决三农问题的关键所在，农村剩余劳动力转移问题仍将是一个长期研究的战略问题。

一、新阶段安徽省农村劳动力转移的现状与特征

近几年来，安徽省已经初步形成农业与非农产业，农民与市民，农村与城市的良性转换与互动。随着改革的深入，经济的发展，安徽省农村剩余劳动力转移呈现出许多新的特征。通过对2003年3100户农村住户抽样调查资料分析，我们得出以下结论：

（一）从劳动力转移的行业方向看，非农产业就业人数大幅增加

农村住户调查中劳动力就业人数2000年为8560人，2003年为8670人，只增加了110人，增长1.3%，变动不大。而到非农产业就业人数2000年为2224人，到2003年激增到3160人，三年共增加了936人，年均增加312人，年递增14%。二、三

产业成为安徽省农村剩余劳动力的就业首选，而且开始由被动转移向主动转移转换。

(二)从劳动力转移的地区方向看，乡内就地转移的劳动力数量逐年减少，大范围的跨区域转移人数快速增加

调查资料表明，就业地点在乡内的农村劳动力2000年为7140人，占总就业人数的84.3%，之后逐年下降，到2003年降至6399人，平均每年减少241人，占总就业人数的比例也下降到73.8%，比2000年下降了近10个百分点。从业地点在县内乡外的人数也是逐年下降，由2000年的248人降到2003年的120人，降幅达51.6%。从业地点在省内县外的人数则是小幅增长，2000年到2003年共增加了45人，年均增加15人，增长率为8.5%。而到省外的就业人数变化较大，2000年为998人，2001年1243人，2002年1542人，到2003年增到1930人，较上年增加406人，增幅达26.6%。与2000年相比增加932人，增长93.4%，将近一倍。可见，大范围、跨区域转移已经成为安徽省农村剩余劳动力转移的趋势。大多数农民尤其是年轻农民生存基础发生了变化，他们已经摆脱了“恋土”情结，不满足于现状，敢于抛开传统农业生产方式，摆脱土地的束缚，寻求新的发展空间。这种思维方式的改变对农民来说，可谓是一次翻天覆地的大革命，标志着安徽省的农村发展将步入一个新的阶段。

(三)转移劳动力以青壮年为主，劳动力素质有所提高，但是大部分缺少职业技能培训

表1　2000年与2003年转移劳动力的文化构成对比

单位：%

年份 \ 文化素质	文盲半文盲	小学	初中	高中	中专	大专及以上
2000年	2.0	18.2	67.3	9.0	2.4	1.3
2003年	3.0	14.3	72.0	8.0	2.1	0.5

表2　2003年安徽省农村外出就业劳动力年龄构成变动情况

单位：人

外出就业劳动力的年龄	2003年	2002年	比上年变动情况	增幅(%)
16～18岁	281	229	+52	22.7
19～22岁	607	570	+37	6.5
23～25岁	373	315	+58	18.4
26～30岁	429	349	+80	22.9
31～40岁	681	594	+87	14.7
41～50岁	238	170	+68	40.0
50岁以上	95	76	+19	25.0
合　计	2704	2303	+401	17.4

2003年外出就业人数以31～40岁年龄段的居多，为681人，占当年外出就业总人数的25.2%；其次为19～22岁年龄段，为607人，占当年外出就业总人数的22.5%；16～18岁的为281人，占当年外出就业总人数的10.4%。19～40岁这一年龄段总计为2090人，占当年外出就业总人数的77.3%，是转移大军的绝对主力。外出就业劳动力文化素质大部分为初中文化，占72%以上，高中文化的仅占总数的8.0%，大专以上的仅占总数的0.5%。与2000年相比拥有初中文化的外出就业劳动力所占比重上升了近5个百分点，但是拥有高中及大中专文化的劳动力所占比重却有所下降，并且2003年受过职业技能培训的劳动力仅占劳动力总数的12.8%。随着经济的发展，科技的进步，就业岗位对劳动力的素质要求将会越来越高，文化素质低缺乏职业技能的劳动力将面临巨大的就业挑战。

(四)农民收入来源由传统的以农业收入为主逐渐向多层次、多渠道转化

特别是农民的工资性收入增长较快，并且在纯收入中占据了相当大的比重，逐渐成为农民纯收入的主体。

表3 2000～2003年安徽省农村人均工资性收入、农业收入所占比重变动表

指　　标	2000年	2001年	2002年	2003年
纯收入(元)	1934.6	2020.0	2117.6	2127.0
工资性收入(元)	547.8	610.7	707.7	819.0
工资性收入占纯收入的比重(%)	28.3	30.2	33.4	38.5
农业收入(元)	802.8	814.5	843.7	705.0
农业收入占纯收入的比重(%)	41.5	40.3	39.8	33.2

由表可见：近几年农民工资性收入逐年上升，农业收入逐年下降。农民工资性收入2003年达到819元，占纯收入的比重上升到38.5%，比2000年增加了10.2个百分点，增长十分迅速。与之相对应的是2000年人均农业收入为802.8元，占纯收入的比重为41.5%，到2002年仅增长了41元，达到843.7为元，占纯收入比重下降到39.8%，2003年则因受自然灾害的影响下降到705元，占纯收入的比重更是下降到33.2%，比2000年下降了近8.4个百分点。而且2003年则是工资性收入第一次超过农业收入，所占比重高于农业收入5.3个百分点，成为农民纯收入的主体。这其中有自然灾害导致的农业减产的因素，更主要的是近几年农业收入所占比重一路下滑、工资性收入比重逐年上升的结果。安徽省农民的收入来源已经呈现出多渠道、多层次的巨大变化，工资性收入将持续增加，转移劳动力收入增加的示范效应决定了农村剩余劳动力的转移在短时间内不仅不会减速，反而会加快。

（五）劳动力转移多为农民自发组织，以群体外出居多

农村剩余劳动力以“散兵游勇”的方式出去的有所减少，大多数民工以血缘、地缘、人缘等交错关系，组成群体外出，也有是全家或家族转移。据典型调查，农民以5～10人群体外出的占52.4%，10人以上群体的占28.6%，其他形式的占19%；从组织状况看，农民自发组织的占63.8%，政府机关组织介绍的仅占6.5%(其中劳务中介组织介绍的占58.3%，乡村介绍、外来企业招工的占41.7%)，自行闯荡的占25.4%，其他占4.3%。劳动力转移的组织性、目的性有所增强。

（六）就业模式呈多样化发展

当前农村剩余劳动力的就业模式主要有三种：一是，兼业性就业，2003年这种模式转出的劳动力占外出就业劳动力的36%。这种转移的特点是多为就地转移，劳动力的就业地点一般都在乡内，农闲时劳动力可以全身心地在其他产业务工，农忙时可及时地回到农业生产中，不会耽误农时。这种灵活的转移方式既增加了农民的工资性收入又在一定程度上保证了农业生产，是对目前的农业剩余劳动力转移的有益的缓冲，是农村剩余劳动力转移过程中不可或缺的过渡形式；二是，分业性就业，劳动力在保留土地承包经营权的前提下，完全放弃土地经营而从事其他行业。2003年这种就业形式占外出就业劳动力的63%。在这种经营模式下，如果土地流转机制不健全，考虑到农业与其他产业的比较收益差，成功转移的农户可能会选择弃耕，导致抛荒、弃荒现象出现，这对农业生产极为不利；三是，完全性转出就业，这种形式一般通过上学、参军转业、举家迁移等方式实现，劳动力完全脱离农业，而从事其他产业。这是完全意义上的劳动力转移，这类转移形式所占比重较少。但是这种形式对于农村剩余劳动力个人来说是最希望、最成功的转移方式，但对于农业产业本身来说却是影响最大的转移方式，这将与农业的人力资本储备产生不可调和的矛盾。当前农村教育的资金来源于农业自身的积累，国家与其他产业投入很少，甚至是几乎没有投入。这种完全的劳动力转移模式是农村自发的人力资本输出与第二、三产业资本的低收益转换，这将影响到农业的可持续发展。

二、农村剩余劳动力转移对安徽省经济的影响

农村剩余劳动力转移是劳动力在整个社会经济中的流动。虽然在劳动力转移过程中可能会出现一些问题。但是总的来说农村剩余劳动力从农业转移到比较效益较高的非农产业是市场条件下劳动力资源的合理配置，有利于提高劳动力的边际效益，提高劳动力、土地等资源的配置效率，促进农村经济的发展，并通过增加农民收入，促进消费，增加供给，带动二、三产业的发展，对农业及非农产业都会产生积极的效果。

（一）在农业内部，提高劳动力、土地要素的资

源配置效率,增加农民收入,推动农村经济发展

据安徽省农调队对3100户调查资料测算,安徽省人均农业耕地面积最优规模在2.20～2.40亩,2002年安徽省人均耕地面积1.49亩,是全国平均水平的74.5%,与最优规模相差较大。同其他省市相比,与湖北相当,比河南少0.03亩,是黑龙江的16.3%,是内蒙古的20.6%。综合来看,处于中等水平。加上近年来城市化工业化、进程加大,造成农业用地大幅减少,使土地资源更为稀缺,人均持有量持续下降,加剧了本来就紧张的人地矛盾。并且,由此造成的分散化经营严重阻碍了农业的机械化、规模化及产业化,造成农业劳动力效率低下,农民增收困难,农村经济发展停滞。农村剩余劳动力转移之后,土地和其他农业剩余资源得以重新配置,农业劳动力的人均资源占有量增加,农业劳动力边际生产率上升。可以说,农村剩余劳动力的转移和增加农民收入是一种相互促进、相互影响的关系,二者相辅相承。

(二)在非农产业,农村剩余劳动力的转移可以有效地促进二、三产业乃至整个国民经济的全面发展

与城市劳动力相比,农村劳动力收入期望值低,具有低成本的优势,可在一定程度上适合劳动力密集型的生产部门,可以提升非农产业的成本竞争优势。另一方面,农村剩余劳动力转移之后,随着劳动力收入的增长,整体的消费需求将会增加,通过需求带动供给,促进二、三产业的发展,对整个国民经济的发展产生巨大的拉动作用。从而形成农业与非农产业之间的良性循环与互动,促进非农产业乃至整个国民经济的发展。

抽样调查显示,在农民外出务工收入中,劳动力在省外国内从业得到的收入占82.2%,在乡外县内从业得到的收入和在县外省内从业得到的收入均占8.9%。2003年安徽省农民外出务工得到的收入人均529元,增长23%,增幅比上年提高3.2个百分点,对农民工资性收入的增长贡献率达89.2%;收入的增长必然带动消费需求的增加。这表现在支出的增加上:2001年人均总支出2188.78元,比2000年增长7%;2002年2322.32元,较上年增长6%;2003年2378.84元,增长2.4%。2000年生活消费支出1321.5元,占总收入的51.1%,其中食品消费支出占生活消费支出的52.5%。到2003年农民生活消费支出增长到1596.27元,比2000年增长20.8%,其中的食品消费支出所占比重下降到49.5%。即恩格尔系数下降到50%以下,这表明安徽省农村已经基本解决温饱正逐步进入到小康阶段,农民的生活水平提高,农民的消费需求增加以及消费层次的提升将会拉动对非食品消费品的消费需求,进而增加非食品消费品的供给,促进二、三产业的发展,形成农业与其他产业的良性互动,推动国民经济的全面快速发展。

(三)农村剩余劳动力的超量转移有可能对粮食播种面积即粮食安全产生较大影响

据《安徽省统计年鉴》显示,近几年安徽省年末实有耕地面积呈逐年下降的趋势,2000年安徽省年末实有耕地面积为4229.55千公顷,到2003年降至4084.73千公顷,共减少了144.82千公顷。虽然农作物的总播种面积,总的来说除2001年降幅较大外,总体上稳定不变,而粮食播种面积则是不断下降,尤其以2001年下降最大,一年就比上年减少了266.79千公顷。水稻、小麦的种植面积更是锐减,2003年水稻种植面积减少了485.57千公顷,降幅达21%。稻谷的产量除2002年获得大丰收外,2000年到2003年一路下滑,2003年比2000年减产145.22万吨,降幅12.2%。小麦的种植面

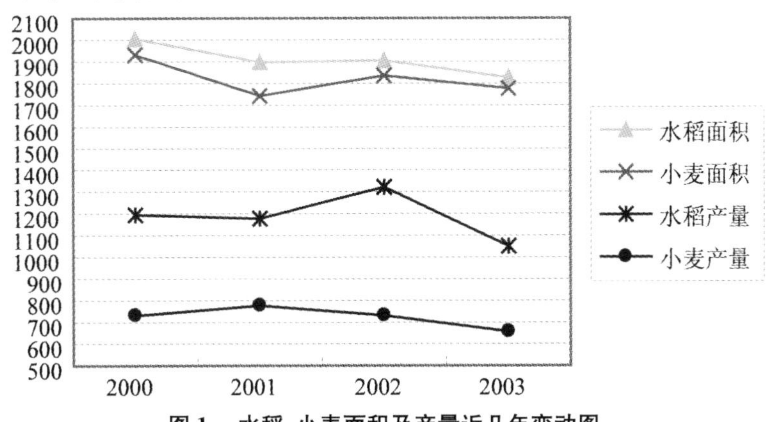

图1 水稻、小麦面积及产量近几年变动图

积也是2001年降幅较大，其余年份呈总体下降趋势，2003年为1776.82千公顷，比2000年下降154.35千公顷，降幅14.34%。2000年之后小麦一路减产，2003年比2000年减产近73.2万吨，降幅10.0%。

从历史上看，粮食总产量除了受气候、市场、价格等因素的制约以外，种植面积也会对粮食产量产生一定影响。第一，由于农村剩余劳动力转移会推进城市化、工业化进程，如果控制不好的话将会占用大量耕地，导致粮食种植面积减少；第二，面农村缺乏健全的土地流转市场和社会保障制度，大量的农村剩余劳动力在转移到其他产业后，土地抛荒、撂荒，导致粮食种植面积的减少，影响粮食产量；第三，劳动力的兼业经营，无疑会影响到农民对土地的经营效率，影响到土地的生产率，进而影响到粮食的产量。安徽省是国家的商品粮基地，20世纪80年代以来安徽省共向省外调销出粮食3000万吨以上。安徽的粮食生产将直接关系到国家的粮食储备及粮食安全，必须引起各级领导的重视。

(四)农村的劳动力大量转移将引起农业人力资本储备的危机

据3100户抽样调查表明：2003年安徽省农村劳动力中，小学文化以下的有11.3%，小学文化的占27%，初中文化的占52.4%，只有6.9%的为高中文化，中专文化程度的为1.9%，大专及以上文化的更是少得可怜，仅有0.5%。受过专业培训的人仅占12.8%，同年42.9%的具有初中文化的劳动力选择外出就业，这一指标，高中文化的为35.6%，中专文化的为36%，大专及以上的为35%。从年龄构成上看外出劳动力在19～40年龄段的为2090人，占这一年龄段劳动力的42.4%。这就出现了一个问题：劳动力文化素质本来就偏低的农业，却还有大量的相对较高素质青壮年劳动力外出就业，这就更加降低了农业产业内劳动力的整体文化素质，形成了农业劳动力文化素质在偏低的基础上继续下降与现代农业发展急切需求高素质劳动力的矛盾。在以家庭为生产单位的农村经济体制下，农户将家庭的利益和发展置于产业的利益与发展之上。由于目前农业与其他产业的比较利益差别较大，农村劳动条件恶劣，缺乏对人才的吸引培养机制，加之千百年来形成的对农业的文化偏见，导致农户在大力投资于人力资本的同时也在不遗余力的将培养出的高素质人才转移到其他产业。其中以升学就业、参军转业、迁徙等完全、永久转移为甚。这对于个人、家庭而言是劳动力的自由流动，是资源的市场配置，是一种升华、一种进步。而在城乡二元经济体制下，对于农业产业来说，以农业积累培育出的高素质人力资本却流向了第二、三产业，为城市工业、服务业的发展做出了巨大的贡献，而没有成为农业的高素质后续力量。这种自发的人力资本输出与工业资本的低收益转换，是安徽省也是我国城乡差距拉大，农业发展后劲乏力，农业产业化难以实现的深刻原因之一。

三、当前安徽省农村剩余劳动力转移的制约因素

安徽省剩余劳动力转移始于20世纪80年代初，到90年代中后期形成了流向大中城市的高潮。但是近几年来，农村剩余劳动力的转移出现了许多

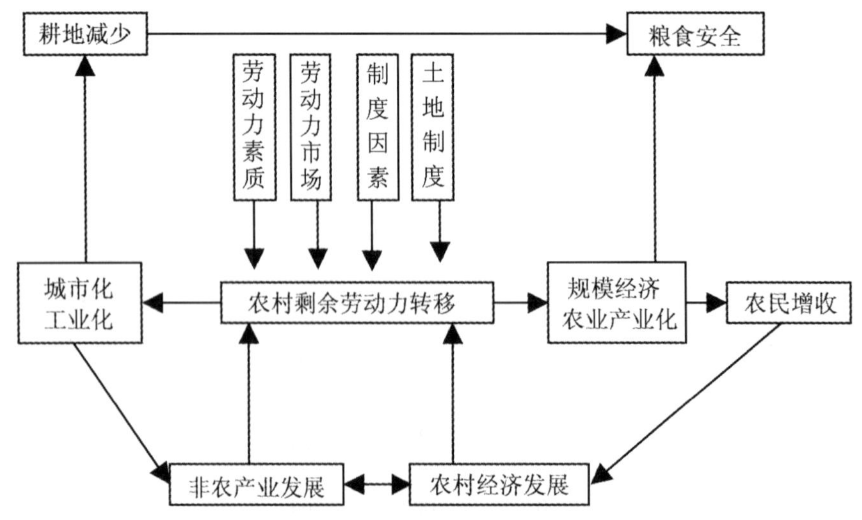

图2 农村剩余劳动力转移关系示意图

新问题，一些地区甚至产生了劳动力回流现象，农村剩余劳动力转移困难的问题一直困扰着决策部门。从总体上看制约农村经济发展和农村剩余劳动力转移的因素既有历史的长期因素，又有现实的短期因素，既有宏观层面的政策因素，又有微观层面的个人因素。

(一)整体经济发展水平低

农村剩余劳动力转移与一国的经济水平密切相关，库兹涅茨指出：随着社会经济发展水平的提高，一国劳动力在一、二、三产业中的分布将呈现出由正三角形向桶形再向倒三角形的变化。即随经济发展水平的提高劳动力将由第一产业向第二产业及第三产业转移。据《2004 年安徽省统计年鉴》显示，安徽省 2003 年国内生产总值 3972.4 亿元，居全国第 14 位；人均 6197.2 元，占全国国内生产总值的 3.4%，居全国第 14 位。与其他省市比较，是广东的 29.4%，是河南的 56.5%，是江苏的 31.9%，是湖北的 73.6%。

安徽省工业化起步较晚，目前经济处于高速发展阶段，整体经济水平不高，运行质量偏低，二、三产业对农村剩余劳动力的吸纳有限，在一定程度上制约了农村剩余劳动力的就地转移。

(二)农村劳动力整体素质偏低

抽样调查数据显示：2003 年安徽省农村劳动力中，小学文化以下的有 11.3%，拥有小学文化的占 27.1%，拥有初中文化的占 52.4%，6.9%的拥有高中文化，中专文化的为 1.9%，大专及以上文化的仅有 0.5%。受过专业培训的人仅占 12.8%。安徽省农村劳动力文化技术素质偏低的现状与现代农业部门对劳动力的高素质要求相矛盾，许多的新品种、新技术、新机械由于劳动力素质的原因不能迅速的推广利用，制约了农业的发展，造成了农业的低效益。大量的农业劳动力努力脱离农业，涌入城市，而这些众多的劳动力中仅有为数很少的能适应二、三产业的高素质、高技术要求，大部分只能依靠简单的传统经验就业，还有许多人找不到工作。素质低、缺乏技能使得农民工可选择的就业面太窄，给劳动力转移造成了一定困难，成为制约农村剩余劳动力转移的重要原因。

(三)不合理的制度政策体系约束

安徽省许多政策制度还明显带有浓厚的计划经济色彩，明显缺乏公正或不合时宜，在一定程度上制约了农村剩余劳动力的转移。首先，表现在户籍管理制度方面。城乡分割的二元户籍制度人为地将城乡经济割裂开来，形成了城乡二元经济体制，限制了城乡经济交流，阻碍了劳动力的城乡间自由流动。虽然近年来户籍制度有所松动，但是由户籍制度衍生出的许多不平等制度及歧视农民就业的政策依然根深蒂固。如在住房、劳动、人事、教育等方面给与农民的不平等的待遇，限制了农村剩余劳动力的自由合理有序的流动。其次，表现在是土地制度与社会保障制度方面。20 世纪 80 年代以来，以家庭承包责任制为基础的土地制度确实创造了中国农业史上的辉煌，但是随着社会经济的发展进步，其历史局限性逐步暴露出来，其分散经营、规模偏小的弱点限制了农业机械化经营，使得农业规模经济难以实现，也将大量的农村剩余劳动力束缚在了土地上，使大量的农村剩余劳动力转移不出来。农村社会保障制度不健全，普及面窄，使得土地在承担经济功能的同时，还必须承担农民的社会保障职能。造成了许多农民即使在城市中获得稳定的工作，有了固定的经济收入，无暇经营土地，也不愿放弃土地，导致农村发生对土地资源利用不完善的兼业经营，甚至出现抛荒、撂荒现象，同时也制约了农村剩余劳动力的完全转移。

(四)劳动力市场不完善，信息化程度低

目前安徽省农村剩余劳动力转移处于无序状态，大多数为自发的跨地区流动，缺乏诚信的中介组织。由于安徽省劳动力市场不完善，信息化程度低使得农民工很难了解各地的就业信息，加之缺乏组织，造成了农民工的盲目流动，增加了农民工就业成本。同时，由于安徽省交通运输、信息网络方面等公共基础设施的配置水平较低，更使得劳动力有效转移变得相当困难。

(五)有效资本投入低，制约了县域经济的发展，对剩余劳动力吸纳作用有限

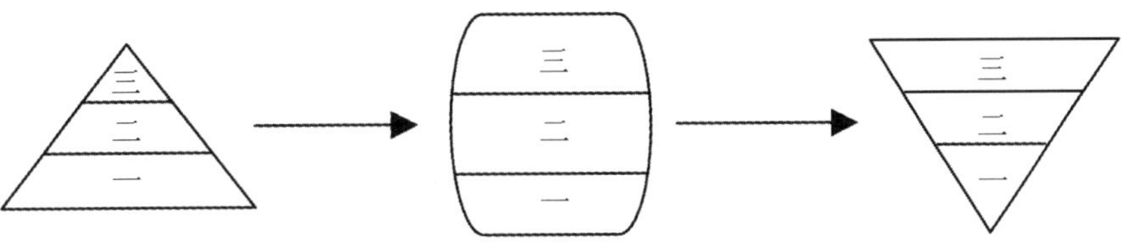

图 3　随经济的发展劳动力在一、二、三产业中的分布变化图

县域经济特别是乡镇企业的发展对农村剩余劳动力的吸纳作用潜力巨大。投资不足是制约县域经济发展的瓶颈。应当说,近几年安徽省在水利建设、农网改造和移民、建镇等方面对县域的投资力度明显加大,但投向基本是在基础设施上,对县域企业尤其是制造业的投入相对不足,广大的中小企业普遍感到资金紧张。20 世纪 80 年代以前,安徽省县域贷款余额占安徽省的 40%左右,目前这一比重已降至 35%左右。"九五"期间,安徽省金融系统贷款余额平均每年增长 15.7%,其中乡镇企业贷款平均每年仅增长 8.2%,其占贷款总额的比重由 6.2%降为 4.4%。2001 年与 1995 年相比,县域更新改造投资占安徽省的比重也由 27.1%降到了 25.1%。同时,由于多数县域所处的区位没有优势,招商引资难。目前安徽省县域实际利用外资仅占安徽省的 13.3%,平均每个县市不到 100 万美元,不足江苏的 1/50。这种情况,导致县域企业发展缓慢,也在一定程度上制约了农村剩余劳动力转移。

四、加快农村剩余劳动力转移的思路与对策

农业是整个国民经济的重要组成部分,农村经济与国民经济中的二、三产业都有着密切的联系,农民问题的核心问题是农民收入问题。农村剩余劳动力的转移是增加农民收入、发展农村经济的根本出路。要摆脱当前农村剩余劳动力转移的困境,各级政府应充分认识到:未来的劳动力供给主要靠农村劳动力的转移而不是城市新增劳动力,要发挥政府的宏观调控职能,从农业产业化、工业化、城市化着手,协调城乡经济,以实现农村剩余劳动力的顺利转移,促进农村繁荣,推动国民经济的稳定、快速、健康发展。

(一)加快农业现代化进程,促进农村剩余劳动力转移

农业自身的发展对保证农村剩余劳动力的顺利转移起着至关重要的作用。农业的发展有利于为农村剩余劳动力的转移提供更多的剩余产品,间接地创造非农就业机会。首先,推进农业产业化经营,深化农业产业结构调整。产业化经营是农业发展的根本出路。农业产业化经营将农户与市场结合起来,实现农业的生产、加工、销售一体化,通过产业化将原本分离的农业产前、产中、产后环节紧密结合起来,形成科研、生产、加工、销售一体化的产业链,创造大量的就业机会,吸纳劳动力就业。其次,深化农产品加工、增加农产品附加值为农村剩余劳动力创造就业岗位。安徽省在农产品加工领域极具发展潜力。1985~2001 年农产品加工业的平均增长速度为 13.0%,比工业的发展速度 17.0%低了 4 个多百分点。2001 年安徽省农产品加工产值与农业产值之比为 0.76,而上海为 4.6,广东、江苏、浙江、天津分别为 1.45、1.56、1.4 和 2.61,与发达国家 4~9 的水平相比差距就更大了。发达国家农产品加工程度都在 90%以上,安徽省还只有 20~30%;发达国家工业生产和加工食品占食物消费总量的比重大约为 80%,安徽省还不到 30%;这表明农产品加工业有很大的发展空间,而且农产品加工行业为劳动密集型行业,对农村剩余劳动力的吸纳作用巨大。再次,充分利用国际市场。劳动密集型的产业在国际市场上有很大的竞争优势。安徽省劳动力丰富,我们应充分利用国际竞争优势,发展劳动密集型农业,扩大出口,为农村剩余劳动力的转移开辟新的空间。

(二)加强农村基础教育,大力发展职业教育

增加人力资本投资,提高劳动力素质是促进农村剩余劳动力转移的根本途径。2003 年安徽省有 31.1%的农民转移到其他产业,但是由于缺乏技术和专业特长,工资低、适应能力差,急需职业技术培训。一方面,加大农村基础教育投资力度,大幅降低农民教育成本。把农村义务教育的责任从政府与农民共同负担转移到主要由县级以上政府承担,实行义务教育免费制,从根本上降低农民的教育成本,从而彻底解决农民受教育问题,提高农民素质,提升农民工就业竞争力。另一方面,发展职业教育,提高劳动者职业技能。要改变当前农村劳动力整体素质偏低的现状,不是一朝一夕可以实现的。由于农村劳动力数量众多,且年龄层次差别大,我们不可能仅靠义务教育和高等教育解决劳动力素质问题。应该有针对性的发展职业教育,提高劳动者的职业技能。实行国家办教育、社会办教育以及合资办教育相结合的方针,在政府的监管之下实行灵活多样的开放的办学模式,调动一切社会力量全方位办学,切实培养服务于城乡建设的人才,提高农村教育水平。

(三)建立完善相关法律和制度,推进农村剩余劳动力合理有序流动

在农村剩余劳动力转移过程中各级政府应完善立法,充分发挥政策导向功能,逐步改革,给予农

民工国民待遇，排除城乡体制二元结构的体制障碍，构建城乡和谐发展，有序推进农村剩余劳动力的合理转移创造条件。

1. 改革城乡二元户籍制度，为劳动力的转移清除障碍。全面推进小城镇户籍管理体制改革，建立城乡统一的户口登记制度，打破城乡分割的二元户口管理结构，逐步放开户口迁移限制，及时解决进城就业农民的工资、劳动条件与子女入学等问题，引导农村劳动力的合理有序流动。

2. 深化社会保障制度改革。建立健全农业保险体系，规避农业风险。基于农业经营风险大的缺点，政府应对农业保险给予多种形式的财政补贴及政策扶持，并以政府、个人、集体三结合的方式建立农民的养老保险、医疗保险。第二，逐步建立进城务工农民的社会保障体系，从而削弱土地的保障功能，促进农民工逐步放弃土地，实现劳动力的完全转移。第三，将农村社会保障体系与土地使用权流转结合起来，以社会保障置换土地的保障功能，从而推进农户承包地使用权流转，促进农村剩余劳动力的转移。

3. 建立公平、公正、统一、有序的城乡劳动力市场。建立和完善劳动力中介组织，使之成为沟通和联结劳动力与就业岗位的媒介。逐步通过信息化建设，建立起劳动力市场信息网络，实行各级联网，提供全国劳动力供求信息，打破劳动力流动的各种障碍，消除各种歧视农民工进城就业的政策和不合理收费，简化农民工跨地区就业和进城务工的手续，改善农村劳动力就业环境，实现劳动力的自由流动，提高劳动力资源的配置效率。

4. 改革土地制度，进一步明晰土地产权，在稳定家庭承包责任制的前提下，进行制度创新，推进农户承包地使用权流转。继续稳定家庭联产承包责任制，赋予农民物权性质的土地承包权，以稳定土地的产权关系。较好的办法就是农户承包地使用权流转。农户承包地使用权流转是在保护耕地和保障农民合法权益的前提下，建立在家庭承包责任制基础上的制度创新，它将土地的权益进一步细分为所有权、承包权、使用权，农户在承包期内可以将使用权出让给第三方，也可将使用权股份化，作为投资，利于土地集中，促进规模经营。

(四)大力发展非农产业，特别是第三产业，实现城乡协调发展

农业是国民经济的基础，农业的发展水平影响着第二、三产业的发展，同时，第二、三产业的发展也能带动农业的发展，互相协调形成良性互动。因此城乡协调发展是国民经济的基础，非农产业的发展可以在很大程度上扩大就业规模。特别是第三产业资本有机构成低，与第二产业相比在同等数额的投资下可安排更多的劳动力，第三产业终将是吸收劳动力最多的部门。当前西方发达国家就业人口中第一产业比重不到10%，第二产业比重30%，第三产业60%，第三产业的增加值占GDP的60%，相比之下安徽省第三产业的就业人口仅占全部就业人口的25.6%，第三产业的增加值仅占GDP的31.6%。因此安徽省第三产业尚有很大发展空间。大力发展第三产业，提高第三产业比重，并形成合理的规模结构，将给剩余劳动力的转移创造极大的空间。

(五)正确处理农村剩余劳动力转移与粮食安全的矛盾

初步预测，到2005年安徽省的粮食总需求量比现在增加3%左右，到2010年增加11%左右。按照目前安徽省农村劳动力转移速度、规模和粮食生产水平，如果不出现非正常因素的大规模农村劳动力流动和转移，对粮食生产及粮食安全不会产生大的影响。但是粮食问题是关系经济安全和国计民生的重大战略问题，任何时候都不能有丝毫松懈。近年来，随着城市化工业化的发展，安徽省耕地面积迅速减少。2001～2003年，安徽省共减少耕地144.82千公顷(合217.23万亩)。同时安徽省粮食种植面积连年下降，成为2003年安徽省粮食减产的主要因素之一。为此，各级政府应着力解决城市化、工业化用地与保护耕地的矛盾问题，科学编制土地利用规划，深入做好城乡建设用地规划，优化农业布局，提高土地利用效率，确保粮食产量。同时加快农村金融和财税体制改革，解决农业资金供需矛盾突出的问题，促进金融分化，拓宽投资渠道，建立多元的投资机制，逐步减免农业税以及加大政府补贴力度，鼓励农民发展粮食生产，提高生产积极性，提高单产水平，达到增产、增收和保证粮食安全的目的。

(六)充分利用WTO规则，利用“绿箱政策”加大农业补贴

适应加入WTO与世界经济接轨的要求，调整对农业的支持结构，削减“黄箱政策”对农产品的间接补贴，采用国际通行的办法，利用“绿箱政策”对农民收入直接补贴，尤其是需建立农民收入稳定和保险制度，加大政府一般性服务，包括：农业科研，病虫害控制，培训，推广咨询服务，检验服务，农产品市场促销服务，农业基础设施建设，其他一般性服务等，弥补“绿箱”空白，堵住“绿箱”漏洞。

参考书目：

1. 周立群，《完善农村经济组织体系和推进制度创新》，南开学报，2004年第一期。
2. 吴玉祥，《中国农村剩余劳动力转移对策分析》，国家科技部中国农村技术开发中心，九亿农网。
3. 李力，王小海，《农村工作基本思路发生三大转变》，经济日报，2004.02.10。
4. 栾瑾崇，《农村剩余劳动力转移的国际比较及启示》，理论探讨，2004第三期。
5. 文贯中，《我国农村剩余劳动力转移的策略研究》，农业经济，2003年第十期。
6. 孟令国，《发达国家农村剩余劳动力转移的经验对我国的启示》，农业经济，2004年第一期。
7. 王永发等，《农民素质与农业教育》，农业经济，2004年第二期。
8. 王开良，《增加人力资本投资是促进农村剩余劳动力转移的根本途径》，农业经济，2004年第一期。
9. 瞿长福，《保护耕地从何着手》，经济日报，2001.04.15。

农村劳动力转移是增加农民收入的重要途径

谢 静 马米珍 王杰敏

农村劳动力转移已成为农民就业的重要渠道，也是实现农民收入稳定增长的重要措施。为此河北省农调队利用农村住户抽样调查资料对农村劳动力转移现状及对农民收入的影响进行了研究。

一、农村劳动力转移特点

农村劳动力向非农产业转移，是农民增收的必然要求，也是农村经济发展的客观必然。据农村住户抽样调查，1993～2003 年 10 年间，河北农村劳动力转移经历了由快到慢变化趋势。1993～1996 年，由于宏观经济较快发展，乡镇企业再次崛起，转移速度和数量明显增加，农村劳动力向非农产业年均转移 80 万人，年均转移速度达 12.6%。1997 年后，受亚洲金融危机影响，乡镇企业发展受阻，同时体制改革带来的城市下岗职工增多影响了农民外出就业，农村劳动力转移开始减慢，1997～2003 年，河北农村劳动力年均转移 19 万人，比前期减少 61 万人，年均转移速度 2.2%，减缓了 10.4 个百分点。

(一)转移劳动力以男性为主

在农村转移劳动力中，1993 年，男性劳动力所占比重为 85.9%，女性仅占 14.1%；1997 年二者所占比重分别为 75.0%和 25.0%；2003 年二者所占比重分别为 82.5%和 17.5%。10 年来，农村劳动力转移男性占绝对优势的格局并未打破，女性比例提高速度较慢。

(二)转移行业以第三产业为主

1993 年，在农村转移劳动力中，68.4%的劳动力转向了第二产业，31.6%的劳动力转向了以交通运输、餐饮等为主的第三产业；1997 年，转向二产业的劳动力比重为 62.2%，下降了 6.2 个百分点；转向三产业的劳动力比重上升至 37.8%；到 2003 年，转移行业结构进一步优化，二、三产业所占比重分别为 40.4%和 59.6%，劳动力转移主要流向已转为以服务业为主的第三产业。

(三)转移劳动力文化程度以初中为主

1993 年，在转移的劳动力中，小学及以下文化程度的占 20.4%，初中文化程度的占 53.8%，高中及以上文化程度的占 26.5%；1997 年，三者比重分别为 21.1%、63.8%和 15.1%；2003 年，三者比重分别为 14.9%、60.2%和 14.9%。可见，农村转移劳动力以初中文化程度为主，且明显优于河北省劳动力文化构成，2003 年转移劳动力中小学以下文化程度的比河北省低 17.7 个百分点，初中文化程度的比河北省高 13.8 个百分点，高中及以上文化程度的比河北省高 3.9 个百分点。

(四)转移以自发方式为主

农村劳动力转移带有较强的自发性，通过政府或其他中介组织转移的数量较少。据抽样调查，2003 年，农村转移劳动力中通过亲友介绍和自发转移的比重为 93.7%，而有组织转移的仅占 6.6%。

(五)转移劳动力以省内就业为主

在农村劳动力转移过程中，河北以省内转移为主的转移模式延续至今。1993 年，在本省内部转移就业的占 85.3%，14.7%的转移到省外就业；1997 年这种状况基本未变，两者比重分别为

85.0%和15.0%；2003年，省内转移就业的比重降至72.5%，比1997年下降12.5个百分点；转移到省外就业的劳动力比重升至27.5%。从发展趋势看，河北农村劳动力向省外转移数量增多，比重增加，但以省内转移为主的模式仍未发生本质的变化。

二、农村劳动力转移对增加农民收入的作用

非农收入是农村劳动力转向非农产业从事生产经营活动所取得的收入，包括工资性收入和家庭经营非农产业收入，是农村劳动力转移增加农民收入成效的直接体现。因此，主要分析农村劳动力转移对农民增收的作用。

(一)农村劳动力转移直接影响农民收入增长

1. 农村劳动力转移对农民收入影响的变化效应。纵观农村劳动力转移与农民收入增长关系，不同时期因受政策和宏观环境影响，农村劳动力转移速度不同，对农民收入的影响程度也不同。

1993～1996年，农村劳动力快速转移，年均转移速度达12.6%。同期，农民非农收入出现了明显增长，由人均311.17元增加到832.52元，年均增长38.8%，其中，工资性收入年均增长37.6%，来自农民家庭经营非农收入年均增长41.7%。

1997～2003年，农村劳动力转移明显减缓，年均转移速度为2.2%。这一时期，非农收入增速也随之放慢，由人均832.52元增加到1640.16元，年均增长10.2%，比前期减慢28.6个百分点。其中，工资性收入年均增长9.3%，减缓25.4个百分点，来自农民家庭经营非农收入年均增长11.9%，减缓29.8个百分点。

2. 农村劳动力转移对农民收入影响效果显著。为了量化分析农村劳动力转移对农民收入的影响，利用1993～2003年农村住户调查资料，对非农劳动力就业比重与农民收入进行相关和回归分析。

经测算，农村非农劳动力比重与农民纯收入及农民非农收入呈高度正相关，其相关系数分别为0.9814和0.9193，农民纯收入和非农收入随非农劳动力比重的提高而增加。

在相关程度密切的情况下，进行回归分析，模型如下：

$$SR=-3474.6+154.7\times FNB$$

$R^2=0.9590$　　$F=235$

$$FNSR=-2729.6+105.56\times FNB$$

$R^2=0.8279$　　$F=49.11$

式中：SR代表农民人均纯收入，FNSR代表非农收入，FNB代表非农劳动力比重。

回归分析表明，非农劳动力比重每增加1个百分点，农民人均纯收入约增加155元，非农收入约增加106元，农民收入对农村劳动力转移具有较强的敏感性，加快非农经济发展，加快农村劳动力转移，就成为实现农民增收目标的重要途径。

(二)农村劳动力转移是造成不同农户和区域农民收入水平差异的主要原因

1. 农村劳动力转移对不同农户收入水平的影响。利用2003年农村住户抽样调查资料，按收入高低进行五等份分组，分析不同收入水平农户非农收入对农民收入的影响。如表1：

表1　2003年不同收入水平农户的收入情况

单位：元/人、%

	平均	低收入	中低收入	中等收入	中高收入	高收入
农民人均纯收入	2853.29	1024.50	1847.40	2516.73	3358.87	6047.16
#非农收入	1640.17	421.51	937.01	1413.96	1962.36	3826.12
1. 工资性收入	1071.83	355.12	714.21	1029.81	1392.70	2038.96
在本地所得收入	618.12	206.79	395.02	565.15	853.39	1171.70
外出从业所得收入	267.75	114.67	241.28	343.81	293.53	362.53
2. 家庭经营非农收入	568.34	66.39	222.80	384.15	569.66	1787.16
非农收入比重	57.5	41.1	50.7	56.2	58.4	63.3
非农劳动力比重	31.5	14.9	25.0	33.0	38.1	48.0

上表看出，从低收入组到高收入组，非农人数占全部劳动力人数的比重和农民人均非农收入均依次递增。收入水平越高的农户，劳动力中非农人数比重越高，非农收入也越多；收入水平越低的农户，劳动力中非农人数比重越低，非农收入也越少。高收入组比低收入组的非农人数比重高33.1个百分点，非农收入高3404.61元，非农收入比重高22.2个百分点。上述结果说明：非农劳动力就业人数比重差异，是引致不同农户非农收入水平差异的主要原因，而非农收入是支撑农民收入水平提高的重要因素。因此，要提高农民收入，就要增加农民非农收入，要增加农民非农收入，就必须加大农村劳动力向非农产业转移力度。

进一步分析非农收入各项来源，家庭经营非农收入各收入组之间差异最大，从最低收入组到最高收入组比值为1∶3.36∶5.79∶8.58∶26.92，最低收入组与最高收入组的差值达1720.77元；本地所得工资性收入各收入组之间差异缩小，从最低收入组到最高收入组的比值为1∶1.91∶2.73∶4.13∶5.67，最低收入组与最高收入组差值为964.91；外出务工收入各收入组之间差异更小，从最低收入组到最高收入组的比值为1∶2.10∶3.00∶2.56∶3.16，最低收入组与最高收入组相差247.86元。这表明，导致不同收入组非农收入水平差异的主要原因是家庭经营非农收入，其次是本地所得收入，而各收入组之间外出务工收入差别不大。因此，要增加低收入户农民的收入水平，就要大力发展个体私营经济，增加农民就业机会。

2. 农村劳动力转移对不同区域农民收入的影响。受自然条件、经济环境和政策走向等各方面因素影响，改革开放后，河北地域之间经济发展不平衡加剧，农民收入也存在很大差异。从河北经济区域划分看，石家庄、唐山、廊坊划分为一类地区，这三个市交通发达，具有省会中心地位优势、环京津、环渤海的地理优势，开放较早，转轨较快，经济发展较好，农民收入也居河北省前列。承德、张家口，因交通条件差、基础设施薄弱、地处偏远、经济不发达，农民收入水平较低，属三类地区。邯郸、邢台、保定、沧州、衡水及秦皇岛，经济发展水平居河北中等位置，农民收入水平也处于河北省中等水平，属二类地区。

根据以上区域划分，利用2003年住户调查资料进行分类分组。

表2　2003年不同地区分组收入情况

单位：元/人、%

	一类地区	二类地区	三类地区
农民人均纯收入	3673	2823	1703
#非农收入	2336	1700	853
1. 工资性收入	1521	1076	691
从本地所得收入	984	629	287
外出从业所得收入	248	291	294
2. 家庭经营非农收入	815	624	162
非农收入比重	63.6	60.2	50.1
非农劳动力比重	40.0	29.6	20.8

从表中看出，一类地区非农劳动力比重最高，为40.0%，比二类地区高10.4个百分点、比三类地区高19.2个百分点；非农收入最高，为2336元，是二类地区的1.4倍、三类地区的2.7倍；农民收入水平最高，为3673元，是二类地区的1.3倍、三类地区的2.2倍。越是收入高的地区，非农劳动力就业比重越高，农民得到的非农收入也就越多，对农民增收的支撑作用越大。可见，较高的非农收入是一类地区农民收入水平较高的重要原因之一，而较高的非农收入又是劳动力转移较快的结果，因此，要加快非农经济发展，加快劳动力转移是农民增收的重要举措。

分析不同地区非农收入高低的原因，一是家庭经营非农收入差异，其次是农民在本地所得工资性收入差异，这是当地乡镇企业发展快慢影响的结果。河北一类地区具有较其他地区明显的优势，乡镇企业起步早，发展快，带动了当地个体私营经济的发展，为当地农村劳动力创造了更多的就业机会，使当地农民得到了较多的非农收入，2003 年人均从本地得到的工资性收入 984 元，人均家庭经营非农收入 815 元。而三类地区承德、张家口，经济基础较差，当地乡镇企业发展缓慢，农民从本地获得的非农收入很少，2003 年人均从本地得到的工资性收入只有 287 元，从家庭经营得到的非农收入 162 元，分别是一类地区的 29.2%和 19.9%。二类地区乡镇企业发展居中，非农收入也居中，2003 年人均从本地得到工资性收入 629 元，只是一类地区的 63.9%；家庭经营非农收入 624 元，是一类地区的 76.6%。而不同类地区农民从外地打工得到的工资性收入差异较小，一、二、三类地区分别为 248 元、291 元、294 元，相对而言，三类地区外出务工收入较高，是当地农民收入的重要来源之一。

（三）农村劳动力转移为农民增收做出了突出贡献

1. 非农收入强力支撑了农民收入增长。随着农村经济的发展，在尊重农民自主择业的同时，国家顺时应势，适时制定了一系列鼓励农村劳动力转移的政策，使农村产业结构不断优化，以个体私营经济为主的乡镇企业迅速发展，城乡隔绝体制逐步打破，农村小城镇建设步伐加快，这些变革促使劳动力自由流动的范围和空间得到有效拓展，加快了农村劳动力的流动和转移，从而促进了农村非农经济的发展，农民非农收入显著增加，成为农民收入增长的主推力。1990～2003 年，河北省农民人均纯收入由 621.67 元增加到 2853.29 元，增长 3.6 倍，年均增长 13.1%。其中，农民非农收入由 218.48 元增加到 1640.17 元，增长 6.5 倍，年均增长 16.8%，高于同期农民收入增速 3.7 个百分点。因非农收入增长迅速，对农民收入增长做出了突出贡献。同期，农民人均纯收入年均增加 172 元，农民非农收入年均增加 109 元，对农民收入增长的贡献率高达 63.4%，成为农民收入增长的主要动力。

2. 非农收入在农民收入中的主导地位增强。非农产业的发展，促进了农民收入来源的多元化，收入结构趋向优化，非农收入在农民收入中的地位逐步增强。1990 年，农民非农收入在农民纯收入中所占比重为 35.1%，1997 年升为 49.4%，首次超过第一产业收入，1999 年超过 50%，2003 年达到 57.5%，河北农民收入已由农业主导型转向非农收入主导型。1990～2003 年，非农收入占农民收入的比重增加了 22.4 个百分点，年均提高 1.7 个百分点。其中，工资性收入所占比重由 1990 年的 27.6%提高到 2003 年的 37.6%，增加 10 个百分点；家庭经营非农收入所占比重由 7.6%上升到 19.9%，增加 12.3 个百分点。

3. 农村劳务输出拓宽了农民增收领域。随着人口与土地间矛盾日益突出，农村富余劳动力不断增多，区域间经济发展不平衡加剧，城乡差别渐趋扩大，造成了不同地区、城乡之间就业机会不均等和收入差异，这些因素促使农村劳动力异地转移，农民外出就业人数增多。据农村住户调查，1991 年，河北外出就业劳动力占农村劳动力的比重仅为 1.9%，之后缓慢上升，到 1996 年上升为 6.9%。1996 年以后，由于农产品价格普遍下跌，乡镇企业发展受阻，农民收入增长速度明显减缓，激发了农民外出就业愿望；同时，国家采取了以基本建设为重点的积极的财政政策，增大了用工需求量，这些因素促使农民外出务工数量不断增加，外出区域不断扩展，从事行业更为宽泛，并逐步发展成为农村一个新兴产业。2003 年，外出就业劳动力占农村劳动力的比重达到 12.3%，成为历史上最高的一年，农民因外出务工所得收入人均 267.75 元，在农民收入中所占比重达 9.4%。

4. 乡镇企业发展加快了农民增收步伐。乡镇企业已成为农村剩余劳动力转移的主要途径，对农民就业与增收发挥了重大作用。1993～2003 年，河北省乡镇企业从业人数由 743 万人增加到 904 万人，吸纳劳动力 161 万人，年均吸纳 16.1 万人。据农村住户调查，同期，农民从乡镇企业所得工资性收入由 141.10 元增加到 629.79，年均增长 16.1%，对农民收入增长的贡献率达 23.8%。实践证明，越是乡镇企业发展快的地区，农民从乡企得到的收入越多，农民收入也越高。

5. 个体私营经济发展推动了农民收入增长。随着经济体制改革的实施和经济结构重大调整，农村个体私营经济凭借天生的发展活力和灵活自主的经营机制不断发展壮大，经营非农产业的农户越来越多，不仅推动了农村剩余劳动力转移，而且加快了农民家庭经营非农产业收入的增长。据农村住户调查，2003 年，从事个体经营的调查户有 403 户，占调查户的比重为 9.6%，比 2001 年增加 30 户，比重提高 0.7 个百分点。1990～2003 年，农民人均家庭经营非农产业纯收入由 47.04 元增加到 568.34 元，年均增长 21.1%，超过农民人均纯收入增速 8.7 个百分点，占农民人均纯收入的比重由 7.6%上升到 19.9%，对农民收入增长的贡献率达

23.4%。经验证明,个体私营经济发展越快,收入水平就越高。

三、农村劳动力转移的制约因素

(一)城乡分割的二元社会经济结构严重影响农村劳动力转移

城乡二元经济结构,在制度和政策上的缺陷造成了农民就业的不平等。从政策扶持上,由于实行优先发展工业,农业为工业发展和城市建设做出了巨大贡献,农业自身积累和财政投入不足。农民的身份和农业的弱势,使农民在市场经济大潮中显得形单影只。城市居民享有的医疗保险、齐全的公共设施、最低生活保障制度、下岗再就业培训及相关优惠政策等等,农民都无权享受。尽管河北省出台了一些户籍、用工、维护农民工权益的重要政策,但由于长期的城乡二元经济结构所带来的弊端和社会、心理影响,一些部门、单位和个人对农民歧视心理仍在一定程度上存在,使进城务工农民面临着子女入学难、工资兑现难、社会保障缺失、城乡劳动力同工不同酬等一系列歧视性问题,阻碍了河北农村劳动力向城镇的转移。

(二)城镇化进程较慢

城镇化为发展非农产业,特别是以服务业为主的三产业提供了有利条件,为农村劳动力转移就业提供了有效载体。目前,河北城市化率只有33.5%,比全国平均水平低7个百分点。河北农村从事三产业的农村劳动力比重低,增长速度慢,与城镇化水平低很大关系。有关资料显示,1990~2003年间,河北农村三产业从业人数年均增加11.1万人,年均增长率只有3.5%;三产业从业人员占农村从业劳动力的比重由10.9%升至14.6%,提高了3.7个百分点;而同期全国农村三产业从业人数占农村从业劳动力的比重由1990年的9.3%增至2002年的18.7%,提高了9.4个百分点,比河北三产业发展速度明显要快。从河北农村劳动力转移行业的变动状况看,转移行业明显向三产业倾斜,且转移劳动力大量在省内就业,城市化进程的滞后给农村劳动力转移增加了阻力。

(三)乡镇企业发展支撑力不足

从近10年河北农村劳动力转移现状看,农村劳动力转移就业主要聚集于省内。因此,乡镇企业对农村劳动力转移的作用日益突出。但由于受宏观经济环境和自身发展能力的影响,河北乡镇企业吸纳劳动力人数和效益从1996年达到高峰后开始出现下降。1998~2003年,乡镇企业产值年均增长15.7%,比1993~1997年下降23.2个百分点;营业收入年均增长15.6%,下降24.2个百分点。乡镇企业从业劳动力1998~2003年年均增长3.8%,比1993~1996年下降3.2个百分点。乡镇企业发展速度、效益均出现了不同程度的下降,减弱了对农村劳动力的吸纳能力,进一步增大了农村劳动力转移的难度。

(四)劳动力素质较低

市场资源配置对劳动力素质的要求越来越高,较高的素质对实现农村劳动力转移的作用日益明显。河北农村劳动力中,初中以下文化程度的人数高居85%,高中以上的只占15%。据农村住户调查,2003年河北省农村劳动力中受过专业技能培训的只占9.7%。而相对年轻、能力较强的转移劳动力中,初中以下文化程度的占75.1%,比河北省平均水平低9.9个百分点;高中以上的占24.9%,比河北省高9.9个百分点。可以看出,转移劳动力文化程度高于河北省平均水平,但从就业角度看,由于素质、技能不足,从业层次仍较低,就业空间狭窄,形成主要以体力型、低收入为主的从业结构。2003年外出务工6个月以上的劳动力中,从事建筑业的占35%,制造业的占14%,居民服务业的占8%,批零贸易的占8%。即便如此,仍有不少难以找到工作,因找不到工作而返回的劳动力占返回农业劳动力的14%。与此同时,转移劳动力受过专业技术培训的比例10年间不增反降,使许多转移劳动力因缺少相关技术、技能而缺少竞争力,难以找到适合的工作,不得不重新返回农业,进一步加大了转移进程中的困难。较低的素质使劳动力实现有效转移的前景将更为艰难,只能大量累积于农业,使农业劳动力大量过剩,降低了农业效益。

(五)劳动力转移的组织化程度低

从河北农村劳动力转移的组织化程度看,有组织转移劳动力方面存在明显缺陷。据农村住户抽样调查,2003年河北外出务工劳动力中,只有6.6%是通过政府或单位组织外出务工,36.9%是由亲属朋友介绍外出务工,56.5%是自发外出务工。这种无序、盲目的转移,自身权益难以得到有效保障,难以实现长期稳定就业,也不可能实现合理、有序的流动,给河北劳动力有效转移带来了很大的障碍。

(六)观念落后,"闯"、"创"意识不强

从河北农村劳动力转移的现实状况分析,农村劳动力转移更多集中在省内和京津一带,而到其他区就业的非常少,这不利于农村劳动力向更大范围转移,获得更多的就业机会。面对东部地区的快速发展和西部大开发所带来的巨大机会,陈旧的观念已成为河北农村劳动力转移的重要制约因素之一。据对农民外出就业意向调查,70%的农户没有外出就业意识,25%有意向外出就业的农户中,95%的农户外出就业选择在省内和周边省(市)。

四、农村劳动力转移方向分析

(一)农村劳动力转移方向

实践证明,加快农村劳动力转移是拓宽农民就业渠道、提高农民收入的主要途径。

1. 宏观经济发展有利于农村劳动力转移。农村劳动力转移随着国民经济发展的快慢而同向变动。1993～1996 年,GDP 年均增速高达 26.9%,农村劳动力年均转移速度 12.6%;1997～2003 年,GDP 年均增速降为 9.1%,比前期减慢 17.8 个百分点,农村劳动力年均转移度 2.2%,减缓 10.4 个百分点。

根据 1985～2003 年资料,对 GDP 与农村非农从业人数之间的关系作定量分析,建立模型如下:

$$\ln Y = 4.1612 + 0.32 \times \ln GDP$$

$R^2 = 0.9747$　$F = 694.5$　$r = 0.9853$

式中,Y 代表非农从业人数,GDP 代表国内生产总值。

分析结果显示,农村非农从业人数与国民经济发展高度相关,国内生产总值增长 1%,农村非农从业人数增长 0.32%。表明国民经济发展是农村劳动力转移的基础,只有国民经济发展了,农村劳动力转移才能加快。

根据经济增长规律,经过一段时间的低谷运行后,经济增长走出低谷是必然趋势。从目前经济运行看,河北和全国一样,经过近几年的调整积累,经济增长的内在动力由弱变强,由低谷开始向上盘升,并在 2003 年出现拐点,河北 GDP 突破 7000 亿元大关,增长 11.6%,成为 1998 年以来的最高增幅,预计河北经济发展将进入新一轮的快速增长期。宏观经济形势的利好,对未来农民就业打下了坚实基础,预测农村劳动力转移也将进入一个新的快速增长时期。

2. 提高城镇化水平有利于农村劳动力转移。城镇化发展一方面吸纳农村人口,另一方面可增加农民就业机会。因此,提高城镇化水平是现阶段乃至今后一个时期吸纳农村劳动力的必由之路。

从河北情况看,城市化率由 1990 年的 19.21%提高到 2000 年的 26.09%,年均增加 0.69 个百分点。近两年河北省城市化水平明显加快,2003 年河北省城市化率达 33.51%,每年约增加 2.5 个百分点。目前,城镇化发展又面临着新的发展机遇,一是政策支持力度增强,中央和省出台了一系列有关发展城镇化建设的政策,制定了发展规划;二是建立了政府、集体、个人、外资共同投入的多元投资体制;三是非农产业发展促进了城镇化建设。按城市化发展阶段性规律,初级阶段发展速度比较慢;中期阶段发展速度较高,发展速度约是初期的 1.5～2.5 倍;在后期阶段,速度有所回落,进入平稳发展时期。历史资料研究表明,城镇化水平达到 30%,就进入了快速发展时期。从河北情况看,城市化发展已进入中期阶段,推进城市化发展的时机趋于成熟,城市化水平将快速提高。

选取 1996～2003 年农村非农劳动力与城镇化水平进行相关分析,结果显示,非农劳动力与城镇化率呈显著相关,相关系数达 0.9681。建立回归模型:

$$\ln Y = 5.93 + 0.31 \times \ln CSL$$

$R^2 = 0.9260$　$F = 89.62$

式中,Y 代表非农劳动力,CSL 代表城镇化率。

回归结果显示,非农从业人员对城市化率的弹性系数为 0.31,即城市化率增长 1%,农村非农从业人员增长 0.31%,农村非农劳动力的变化依附于城镇化水平的变动。

3. 乡镇企业仍将成为吸纳劳动力的蓄水池。改革开放后,乡镇企业异军突起,不仅推动了农村经济的发展,而且为农村劳动力创造了大量就业机会,成为农村剩余劳动力转移的主要途径。1990～2003 年,河北省乡镇企业从业人数由 641 万人增加到 904 万人,13 年间吸纳劳动力 263 万人,年均吸纳 20 万人。2003 年河北省乡镇企业从业人员达 904 万人,占农村劳动力的 32.9%。

分析乡镇企业发展前景,一是目前我国宏观经济处于上升期,市场需求趋于扩大,为河北乡镇企业发展提供了广阔空间。二是十六大把个体私营经济放在了重要地位,为个体私营经济发展指明了方向；同时，河北加大对农村个体私营经济的政策扶持，大力发展劳动密集型产业和农产品加工企业，为个体私营经济迅速发展提供了前所未有的良好环境。三是农业产业化经营，将会进一步促进乡镇企业发展。因此，在新形势下以个体私营经济为主的乡镇企业将进入一个以技术进步和结构调整升级为主要内容的新阶段，保持较快发展速度，继续发挥农村劳动力转移主力军作用。

4. 加强劳务输出将拓宽农民就业领域。农村劳动力外出务工已成为现阶段农民就业和增收的一个新途径，1991 年外出就业劳动力占农村劳动力的比重仅为 1.9%，1996 年上升为 6.9%，2003 年外出务工劳动力比重达 12.3%，成为历史上最高年份。这种最直接、最有效就业和增收模式，日益受到政府的高度关注，为加快这一进程，政府相继出台了有关政策，制定了有效措施。2003 年以来，河北加大了劳务输出组织力度，各地成立了政府组织的劳动服务机构，长期为农民工输出服务，为农民外出务工创造了良好环境。2004 年，河北安排 1500 万元用于农民技能培训，计划培训农民 100 万人次，通过培训提高农民素质，增强外出就业的竞争力据农村住户调查，1990～2003 年，农村劳动力外出就业率年均增加 0.7 个百分点，其中，1999～2003 年，年均增加 0.8 个百分点。根据农民外出就业变化规律及就业潜力形势分析，预计今后农民外出就业率年均提高 1 个百分点，“十一五”期间外出劳动力比重提高 5 个百分点。

（二）劳动力转移潜力

根据模型预测结果，结合劳动力转移前景分析，综合判断劳动力转移未来趋势。“十一五”期间，河北农村剩余劳动力每年转移 50 万人，2010 年非农就业人数达 1458 万人，占 51%。并由此推断，“十一五”期间农民非农收入年均增长 8.3%，2010 年农民人均非农纯收入将达到 2910 元，非农收入比重达到 63%。

五、加快农村劳动力转移的对策措施

（一）实现城乡统筹发展

1. 构筑城乡平等和协调发展的制度和政策体系。逐步消除城乡发展中轻视农业、歧视农村、剥夺农民的不平等制度和政策，构建城乡融合发展的制度和政策体系。如消除农民工进城就业的歧视性政策，构建城乡统一的劳动力市场；建立城乡一体化的社会保障制度。取消农民工子女进城就学的歧视性政策和不合理收费，让城乡居民子女共享接受义务教育的权利；并把农村义务教育的责任从主要由农民承担转到主要由政府承担，从主要由乡镇政府承担转到主要由县政府承担，以便降低农民的发展成本。

2. 加速城乡资源整合和市场融合。城市和农村无论在产业发展还是在空间发展上都是连续的、不可分割的整体。首先在规划理念上，应把市区、郊区、村镇纳入统一的总体规划序列，综合考虑自然、经济、社会、人口、土地、交通、行政等因素，进行城乡整体的全面规划和建设。其次，要打破城乡分割、地区封锁格局，构建城乡统一的商品市场、劳动力市场、生产资料市场，建立和完善城乡市场网络体系。第三，既要将城市功能和要素融入乡村发展之中，又要将乡村功能和要素融入城市发展之中，既要将一定的工商业资本投入农业的深度开发，又要将农产品生产与城市超市和宾馆的需求紧密联系起来，推动城乡互动融合发展。

3. 调整城乡利益分配机制。通过放权让利、降本益农等举措，重构以工补农、以商促农、以城助乡的利益分配机制。同时，通过工商业资本反哺农业，拓宽农业开发的广度和深度，提升农业开发的质量和效益；或通过以城带乡、以乡促城等方式，建立风险共担、利益共享的城乡经济联合体，逐步推进城乡协调融合发展。

（二）加快农村城镇化建设

1. 积极培育小城镇经济基础。经济发展是小城镇建设的基础，也是推进农村城镇化进程的内在动力。要坚持把发展小城镇与乡镇企业和产业化经营紧密结合的“三位一体”战略，通过制定和落实各种优惠措施，真正把乡镇企业和农业产业化的龙头企业吸引到小城镇上来，使小城镇成为本地的经济中心。在发展过程中，坚持以市场为导向，以产业为依托，从本地实际出发，充分发挥比较优势，积极培育“一镇一业，一镇一品”具有地方特色的产业，壮大小城镇赖以发展的经济基础。

2. 科学规划合理布局。科学规划是保证小城镇建设健康发展的关键，规划水平低是小城镇建设中的薄弱环节。因此，我们要认真研究借鉴国内外先进地区的成功经验，结合本地实际，制定发展规划，统筹安排小城镇布局和工业、商业、居住、文化等各项设施，合理确定人口和用地规模。对小城镇科学定位，综合考虑资源、人口、生产力水平等客观条件，因地制宜，合理布局，综合开发，配套建设。

3. 建立投融资新体制。加强基础设施建设，提高城镇质量和水平，关键在于筹措资金。在市场经济条件下，要建设城镇、发展城镇，仅靠政府提供的资金远远不能满足需要。要树立“经营城镇”的理念，以城镇作为资产，以市场作为条件，通过出让、租赁、有偿使用、置换等经营活动，为城镇建设筹集资金，达到发展城镇的目的。

4. 坚持可持续发展。生态环境是人类生存和发展的基本条件，是经济、社会发展的基础。保护和建设好生态环境，实现可持续发展，是我们必须坚持的基本原则。在城镇化建设中，以小城镇为中心，对经济社会发展趋势、农村劳动力向小城镇转移水平进行综合分析，合理确定小城镇的规模，确定道路、电力、通讯、给排水等基础设施的布局，确定绿化的规划，确定一二三产业的发展格局，确定基础设施与公共设施的合理配套，促进小城镇生态环境步入良性循环轨道。

5. 完善农村社会保障体系。农民社会保障除民政部门的救济外，主要靠自己解决。推进城镇化进程，就要建立全社会统一的社会保障制度，农民进城找到稳定的工作后，应同市民一样，在子女上学、医疗、养老、失业等方面，得到社会保障，使农民转移进城后，进得来，留得住。其资金筹措应采取多种途径：一方面，进城农民在农村承包的土地，可以通过出租、转让等方式，所获收益作为社会保障资金；另一方面，对现有在城镇企业就业的职工，按收入比例缴纳保障金；其三，在小城镇大力发展各种形式的商业保险，积极提倡居民自我保障，减轻国家社会负担，为农村劳动力向城镇转移提供宽松的环境。

6. 深化小城镇行政管理体制改革。小城镇行政管理体制改革，要走“小政府、大社会”的路子，按照“精简、统一、效能”的原则，逐步建立运转协调、灵活高效、责权利相统一的小城镇政府行政和经济管理体制。镇政府要集中精力管理公共行政和公益性事业，创造良好的投资环境和社会环境。进一步理顺小城镇财政管理体制，努力做到自我积累、自我发展，按照《预算法》的要求，在小城镇逐步建立稳定、规范、有利于小城镇长远发展的分税制财政管理体制。

7. 创新土地使用制度。在严格落实保护耕地基本国策的前提下，以小城镇土地利用总体规划为指导，积极推进小城镇建设用地有偿使用制度。小城镇新增建设用地的有偿使用收益，除按规定上缴外，要优先用于小城镇补充耕地，实现耕地占补平衡。要积极完善集体土地使用权流转制度，坚持“强化所有权、稳定承包权、明确发包权、放活使用权”的原则，允许土地使用权依法有偿转让、出租、抵压、入股等。在实施过程中，尊重农民意愿，按经济规律办事，使土地向种田能手集中，实现规模经营。

（三）建立农村劳动力转移就业的有效机制

1. 建立农村劳动力外出务工管理和服务体系。为从体制上解决农村劳动力无序流动的状况，应设置管理农村劳动力转移就业工作的专门机构，以适应农村劳动力转移就业工作在新形势下的迫切要求，其职能是监测农村劳动力资源及转移就业状况，指导农村劳动力的就业培训，提供比较准确的劳务信息，维护农民工的合法权益。

2. 建立农村劳动力流动监测体系。在省、市、县、乡镇四级建立农村劳动力资源及流动监测网络，全面了解劳动力资源和劳务输出情况，对农村劳动力资源的分布、年龄结构、技能状况、求职愿望等情况进行全面摸底，对农村劳动力转移就业的流向、职业、工资等情况进行跟踪监测。为有计划、有针对性地开展农村劳动力职业技能培训、就业安置和制定中长期劳务输出规划奠定基础。

3. 建立健全农村劳动力就业培训体系。建立比较完善的农村劳动力就业培训体系，以提高培训的效率，鼓励各种职业技术学校、农业广播电视学校、劳务输出公司开展多种形式的针对农民工的职业技能培训，并在政策上予以扶持，从而促使农民素质不断提高。同时，对农民工的法律法规培训纳入培训内容，通过电视、广播、网络、报刊媒体等无偿向农民工提供法律知识。

4. 建立农村劳动力转移输出的就业信息体系。要制定加强农村劳动力就业信息系统建设的政策性文件，规范针对农村劳动力转移就业的职业介绍机构，建立农村劳动力转移就业信息服务网络，逐步把农村劳动力转移就业纳入全国统一的就业服务体系，建立城乡统筹的就业信息体系。

5. 建立维护农村劳动力合法权益的法律服务体系。把维护农村劳动力的合法权益作为政府公共职能来履行，为农民工提供无偿的法律法规服务。因此，政府应及时制定和出台有关农民工权益保护方面的法律法规，逐步建立为农民工提供法律援助的部门，按照十六大提出的统筹城乡经济社会发展的方针，逐步消除农民工进城就业带来的障碍，给予农民工与城市居民同样的待遇，特别是在子女人学、劳动福利、市场准人等方面，对农民工与城市居民一视同仁。

（四）大力发展农村个体私营经济

农村个体私营经济已成为吸纳农村劳动力的蓄水池。因此，要大力发展农村个体私营经济。

1. 优化发展环境，为个体私营经济的发展创造有利保障。行政管理和执法部门要自觉做到保护国有经济与保护民营经济一视同仁，公正对待。政府要对个体私营经济规范管理，建立法制化的税收体系，完善《缴费项目手册》制度，依法保护个体私营企业的合法权益。运用市场机制促进和引导民间投资，进一步放宽个体私营经济投资进入领域，实现个体私营经济在发展空间上的新突破。加大对个体私营经济的金融支持。金融部门要着重解决个体私营企业的融资难问题，在金融政策法规上积极支持个体私营企业的发展，建立和完善对个体私营企业的金融支持体系。

2. 实施结构调整，提升个体私营经济竞争力。首先做好定位调整，可实现从盲目跟随市场向自觉定位转变。要以培育特色产业为目标，因地制宜，准确定位适合本地发展的产品、产业，大力发展配套性产品、农业产业化、外贸出口产品等劳动密集型产业。同时，既要重视产业结构的提升，更注重产业结构的扩充。鼓励和引导个体私营企业以专业市场、龙头企业和区域品牌为依托，积极开拓市场。

3. 加强引导扶持，促进个体私营经济发展。政府管理部门要转变职能，为个体私营经济发展做好服务。有关部门要加强市场调研和市场营销、信息中介工作，引导好个体私营经济的投资经营方向，防止个体私营经济重复投资和盲目扩大生产规模。并注意培育和完善市场体系，围绕产业基础，加快建设各类市场，大力培育农民经纪人队伍、行业协会等经济组织，加快构筑带动力强的“产业链”。鼓励和扶持个体私营企业在生产发展上做到专而精，积极扶持一批“小而专、小而精、小而优”的企业，提高市场竞争力，使他们成为经济增长的新亮点。

粮食主产区农村劳动力就业增收能力研究

河南省农调队课题组*

一、粮食主产区农村劳动力就业、转移及特征

2002 年,我国粮食主产区耕地面积占全国耕地面积的 64.98%,与 2001 年持平;农村从业劳动力占全国乡村从业人员的 61.56%,比 2001 年下降了 0.72 个百分点。粮食主产区农村劳动力就业情况以河南省为例,河南省作为我国农业大省和粮食生产大省,2003 年每户平均人口为 4.109 人,平均每户有 2.72 个劳动力。有 10.56%的农村劳动力受过专业培训。调查户中农村劳动力的 71.59%为整劳动力。男劳动力比重为 51.47%,女劳动力比重为 48.53%。

(一)粮食主产区农村劳动力就业的行业结构情况

2002 年,我国粮食主产区农村从业劳动力仍主要集中在农林牧渔业,占 66.24%,比 2001 年下降了 1.67 个百分点,比全国平均水平高 0.32%,而二三产业的就业比重 2002 年较 2001 年均有不同程度的增加,具体情况如图表 1 所示。

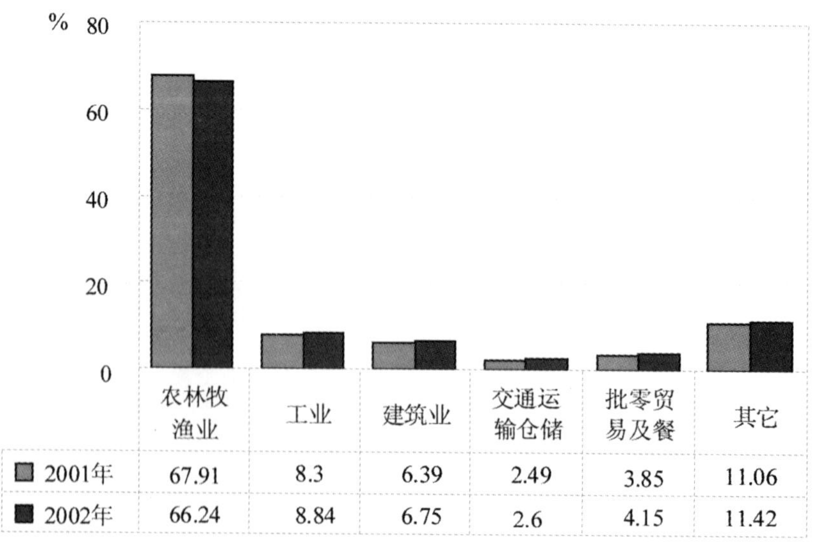

	农林牧渔业	工业	建筑业	交通运输仓储	批零贸易及餐	其它
2001年	67.91	8.3	6.39	2.49	3.85	11.06
2002年	66.24	8.84	6.75	2.6	4.15	11.42

图表 1　粮食主产区农村就业劳动力各业就业比重

资料来源:2002、2003《中国农村统计年鉴》整理得到。

* 课题组成员:刘召勇、张冬平、王政、熊修平、张新、李劼、袁媛、王祖力。

下面,再来分析一下河南省农村劳动力就业行业结构情况,自2000年以来,河南农村就业劳动力中的农业劳动力比重呈不断下降的趋势。2000年至2002年,农业劳动力就业比重下降了3.19个百分点,非农产业就业劳动力比例均有不同程度的增加:工业、建筑业、商业、饮食业、服务业上升较快,如图表2所示。

图表2　河南农村劳动力就业的行业结构

单位:%

行业＼年份	2000	2001	2002
农林牧渔	75.52	74.07	72.33
工业	7.52	7.97	8.49
建筑业	5.94	6.30	6.77
交通运输仓储及邮电通讯业	2.28	2.43	2.57
商业、饮食业、服务业	3.62	3.96	4.31
其它	5.12	5.27	5.53
合计	100	100	100

资料来源:2001、2002、2003年《中国农村统计年鉴》。

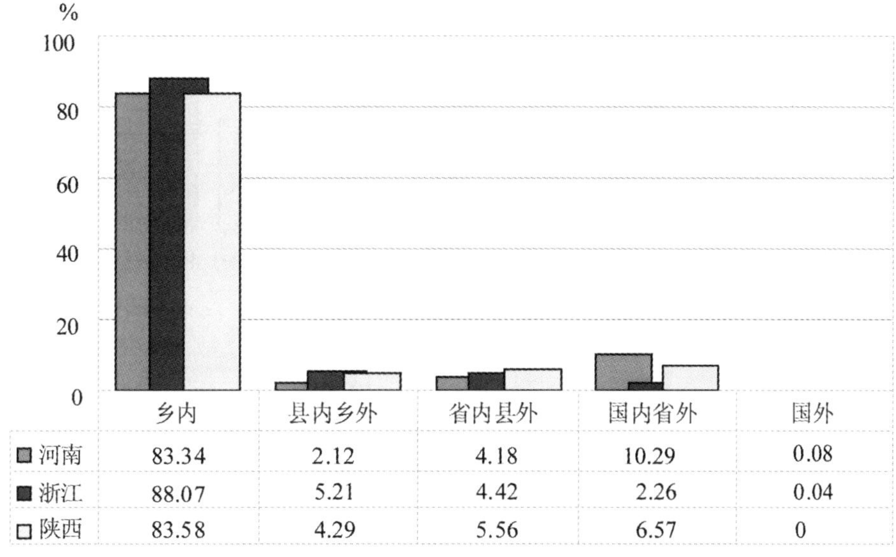

	乡内	县内乡外	省内县外	国内省外	国外
河南	83.34	2.12	4.18	10.29	0.08
浙江	88.07	5.21	4.42	2.26	0.04
陕西	83.58	4.29	5.56	6.57	0

图表3　河南、浙江、陕西三省农村劳动力就业地域情况比较

资料来源:河南、陕西、浙江2003年农调队住户调查资料整理得到。

(二)粮食主产区农村劳动力就业的地域结构特征

2003年,粮食主产区(以河南为例)以及浙江、陕西等主销区农村劳动力主要均在乡内就业,国内省外就业的农村劳动力以河南居多,陕西次之,浙江最少。见图表3。

(三)粮食主产区农村就业劳动力的年龄结构

1.农村就业劳动力的年龄结构。以河南为例,农村就业劳动力40岁以下的占41.54%,50岁以上的占19.04%,见图表4。

2.三次产业农村劳动力年龄比较。以河南省和陕西省为例,由图表5、6可以看出,无论是河南省还是陕西省,在第一产业中,50岁以上劳动力所占比重最大。在第二产业中,25岁以下劳动力所占比重较高。在第三产业中,也均有近50%的劳动力为30岁以下的劳动力。可见,50岁以上农村就业劳动力主要集中在第一产业,而30岁以下的农村就业劳动力主要从事二、三产业。

在各个年龄阶段,河南省与陕西省的情况大致相同,半数以上的农村劳动力仍主要从事农业劳

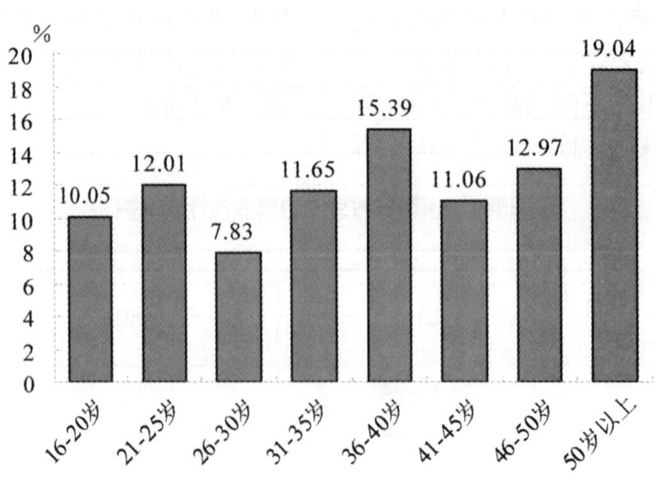

图表 4　河南农村就业劳动力的年龄结构

资料来源：2003 年河南省农调队住户调查资料整理得到。

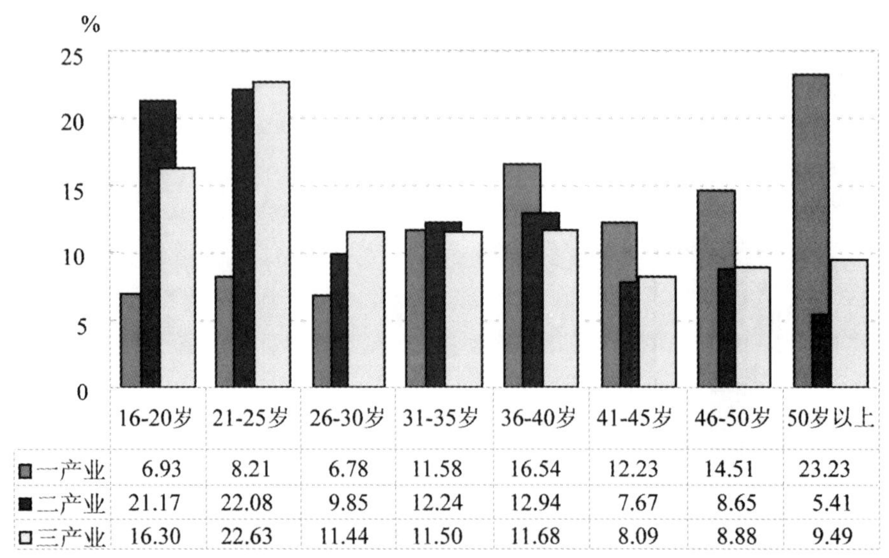

	16-20岁	21-25岁	26-30岁	31-35岁	36-40岁	41-45岁	46-50岁	50岁以上
一产业	6.93	8.21	6.78	11.58	16.54	12.23	14.51	23.23
二产业	21.17	22.08	9.85	12.24	12.94	7.67	8.65	5.41
三产业	16.30	22.63	11.44	11.50	11.68	8.09	8.88	9.49

图表 5　河南农村劳动力各产业中的年龄比较

资料来源：2003 年河南省农调队住户调查资料整理得到。

动，年龄越大，从事农业的比重越高。从事二、三产业的劳动力年龄构成与第一产业相反，年龄越小，从事二、三产业的比重越高。

（四）粮食主产区农村劳动力的文化素质状况

1. 粮食主产区农村就业劳动力的文化素质结构。我国粮食主产区农村劳动力的受教育程度在初中以下的比重低于全国平均水平，初中和高中文化程度的劳动力比重高于全国平均水平，中专及以上的比重略低于全国平均水平。详见图表 7。

2. 三次产业农村劳动力文化素质初中以下农村劳动力主要从事第一产业，初中以上农村劳动力主要从事第三产业。如图表 8 所示。

二、粮食主产区农村劳动力转移特征

河南省是全国第一人口大省，也是全国粮食生产大省。2003 年河南省总人口 9667 万人，其中，农村人口 7936 万人，占河南省总人口的 82.1%，无论是农村人口还是农民外出务工人数都是全国最多的省份之一。河南省农村劳动力 4695 万人，农村转移劳动力总规模达到 1310 万人，占农村劳动力总数的 27.9%。河南省农村劳动力转移表现出以下特点：

（一）劳动力文化程度越高，转移比例越大

农村劳动力的文化程度对其转移有着显著的影响。例如，2002 年在转移的河南省的农村劳动

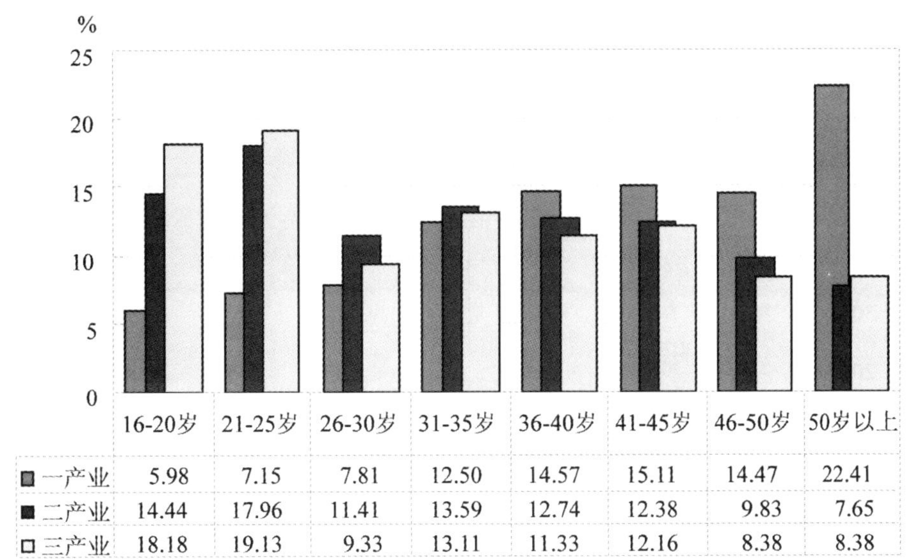

	16-20岁	21-25岁	26-30岁	31-35岁	36-40岁	41-45岁	46-50岁	50岁以上
一产业	5.98	7.15	7.81	12.50	14.57	15.11	14.47	22.41
二产业	14.44	17.96	11.41	13.59	12.74	12.38	9.83	7.65
三产业	18.18	19.13	9.33	13.11	11.33	12.16	8.38	8.38

图表 6　陕西农村劳动力各产业中的年龄比较

资料来源：2003 年陕西省农调队住户调查资料整理得到。

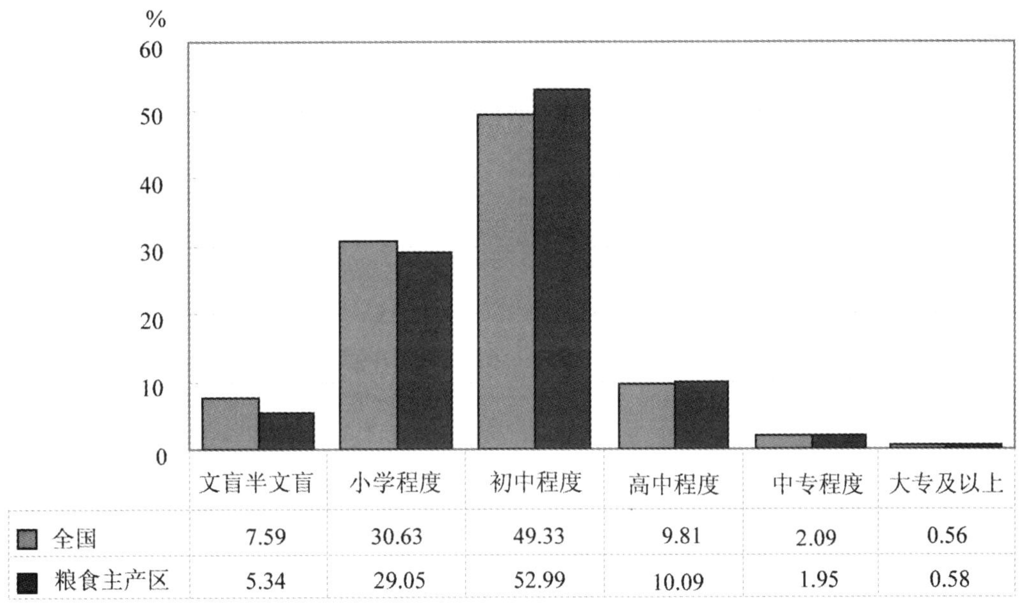

	文盲半文盲	小学程度	初中程度	高中程度	中专程度	大专及以上
全国	7.59	30.63	49.33	9.81	2.09	0.56
粮食主产区	5.34	29.05	52.99	10.09	1.95	0.58

图表 7　粮食主产区与全国平均水平农村就业劳动力的文化素质结构比较

资料来源：2003 年《中国农村统计年鉴》整理得到。

力中 16～35 周岁的青年人就占 62.6%；大专以上学历的转移率为 79.6%，中专为 57.3%，高中为 29.2%，初中为 26.2%，小学以下学历的为 15.7%，转移率与学历程度呈高度正相关关系。①

2003 年农村转移劳动力的文化教育程度有所提高，但变化不大，主要表现在初中文化程度的农村转移劳动力的比例继续上升。河南、浙江、陕西农村转移劳动力的文化教育程度比较见图表 9。

由图表 9 可以看出，目前，作为我国劳动力主要输出地的河南省农村劳动力整体文化素质不高。初中及以下文化程度的农村劳动力占农村劳动力总数的 87.38%，其中：小学及以下的农村劳动力占农村劳动力总数的 34.39%。在农村中，受过专业技术培训的劳动力很少，仅占农村就业劳动力总数的 10.56%，占农村人口的 7%。2003 年农村转移劳动力中，受过专业技术培训的也仅占 23.77%。

① 《农村全面实现小康社会的一项战略措施——河南省农村劳动力转移情况调研报告》，万宝瑞，中国农村经济，2004.1。

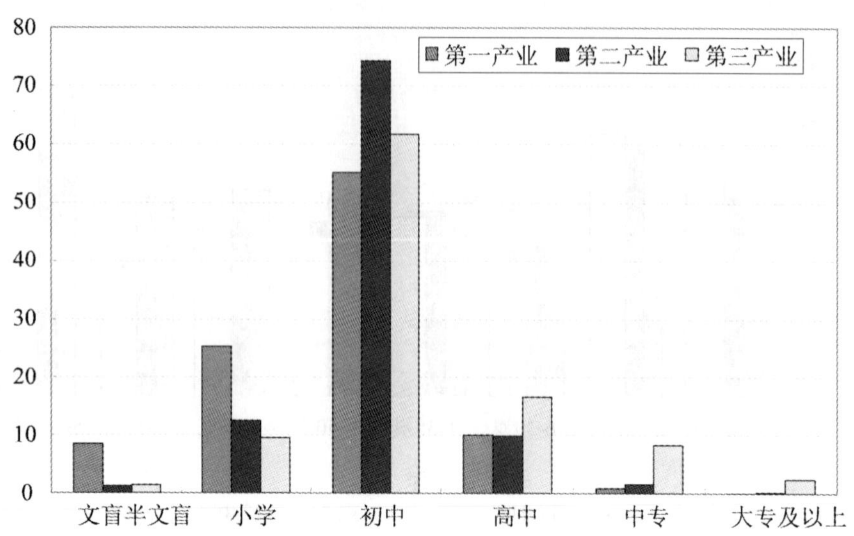

图表 8 三产业农村劳动力文化素质比较

资料来源：2003 年河南省农调队住户调查资料整理得到。

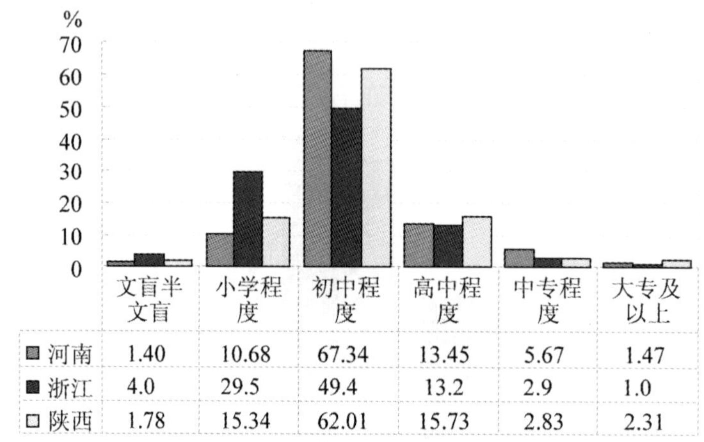

图表 9 农村转移劳动力的文化教育程度的分布状况

资料来源：河南、陕西、浙江 2003 年农调队住户调查资料整理得到。

随着产业、技术的升级和结构调整，对体力劳动者的需求会越来越少，农村劳动力的就业压力会越来越大。农村劳动力素质低是制约农村劳动力转移的一个重要因素，随着我国经济的发展，经济结构升级，这一制约将更为明显。因此，无论是从农村劳动力转移的规模、速度考虑，还是从就业的稳定性来考虑，加强对农村劳动力的教育和培训，提高农村劳动力素质和就业能力都是当务之急。

（二）农村转移劳动力在第三产业就业比较多

农村转移劳动力的就业行业均集中在非农产业，在制造业、建筑业、批发零售贸易餐饮业和社会服务业就业的居多，以河南和陕西为例，农村转移劳动力就业行业状况如图表 10 所示。

图表 10 河南、陕西农村转移劳动力就业行业状况比较

单位：%

就业结构	河　南	陕　西
第一产业	1.43	0.79
农业	0.50	0.59
林业	0.07	0.07
牧业	0.82	0.07

续表

就业结构	河　南	陕　西
渔业	0.04	0.06
非农产业	98.57	99.21
第二产业	44.93	48.32
采矿业	3.48	6.06
制造业	24.31	23.17
电力煤气及水的生产供应业	1.22	1.32
建筑业	15.92	17.77
第三产业	53.64	50.89
交通运输仓储及邮电通讯业	4.63	9.68
批发和零售贸易	6.24	9.61
住宿和餐饮业	6.20	7.37
居民服务和其他服务业	8.39	7.77
教育	6.92	3.95
卫生、社会保障和社会福利业	2.12	1.58
文化、体育和娱乐业	0.47	1.12
其他	18.67	9.81
合计	100	100

资料来源：河南、陕西 2003 年农调队住户调查资料整理得到。

近期要根据劳动力市场需求，有针对性地传授一些专业技能，培训一批符合市场需求的具备专业技能的农村劳动力。从长远来看，发展农村教育，造就一代新型农民才是治本之策。

（三）农村劳动力转移以自发转移为主

根据河南省农调队对 4200 户农户的调查，2003 年在转移的农村劳动力中，靠政府有组织转移的劳动力仅占转移人数的 2.29%，亲属介绍外出的劳动力占转移人数的 48.94%，自发外出的劳动力占转移人数的 48.77%。政府要发挥其重要角色，以市场机制为基础，给农民提供信息、搞好培训、维护权益、协调政策。引导农村劳动力高效、有序转移。

（四）农村转移劳动力以男性为主

农村转移劳动力以男性占绝对多数，河南、陕西农村转移劳动力男女的比例约为 7∶3。如图表 11 所示。

（五）农村转移劳动力以省外转移居多

农村劳动力转移已不再局限本乡本土和周边地区，他们主要是到省外甚至国外去务工。例如，信阳市固始县 2002 年农村劳动力务工人数达 37 万人，其中，省外务工人员占 90%以上；新县自 20 世纪 90 年代以来，累计向国外输出劳务人员 6000 多人，仅 2002 年一年就输出 1000 多人。目前，信

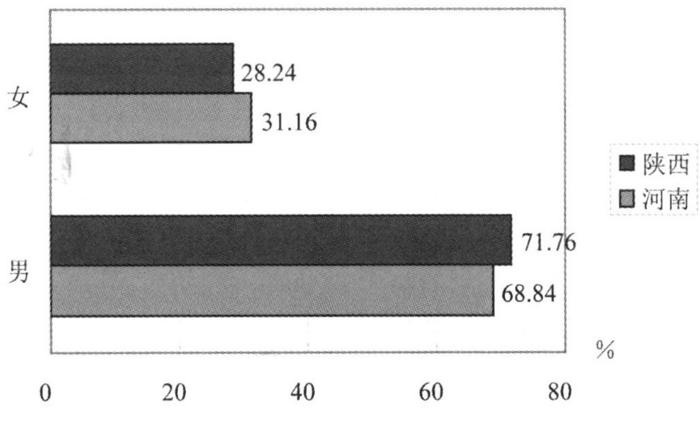

图表 11　农村转移劳动力的性别比例

资料来源：河南、陕西 2003 年农调队住户调查资料整理得到。

阳市每年有4000多人在国外务工，年劳务收入达2亿多元人民币。2003年，河南省转移劳动力跨省转移人数占转移劳动力总数的67.45%，省内转移的占32.55%。①

由于东部沿海地区，经济较为发达，农业劳动力从事非农生产的机会多，剩余劳动力转移较为顺利。粮食主产区河南省以及粮食主销区浙江和陕西农村劳动力均主要向东部转移，其次才是本地转移，如图表12所示。

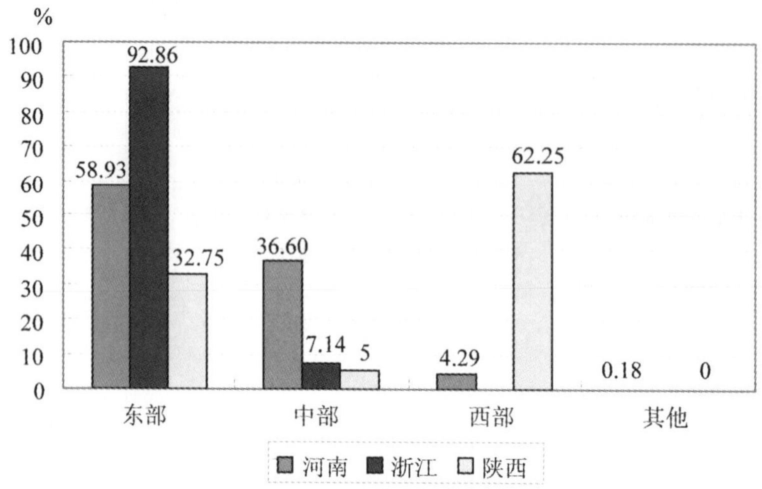

图表12　农村转移劳动力的就业地域分布比例

资料来源：河南、陕西、浙江2003年农调队住户调查资料整理。

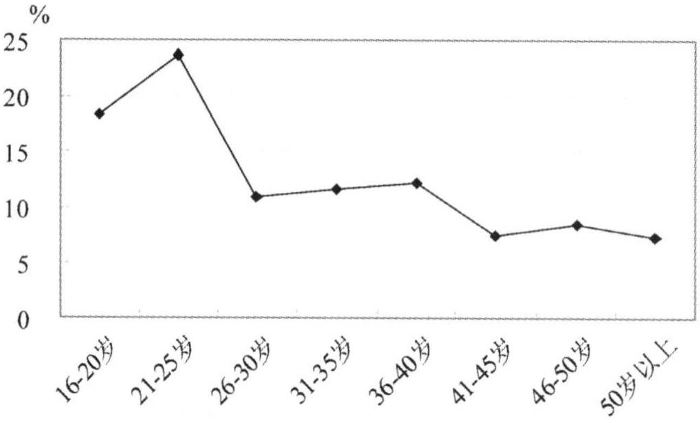

图表13　河南省农村转移劳动力年龄分布状况

河南省近60%的农村劳动力转移到东部地区，大大促进了东部地区的迅速发展。转移农村劳动力并不是说农业内部已经没有调整余地了。恰恰相反，大规模转移农村劳动力需要整个国民经济结构的大调整，涉及的问题更多、更复杂，见效较慢，也需要更高层次的政治决断；而农业内部的调整虽然从长远来看效果较小，但是涉及的问题较少、较简单，见效较快，而且各地都可以立即动手做，因而不可忽略。所以，作为粮食主产区的河南省在保证粮食安全生产的基础上，应重视阶段性的内部转移。

（六）农村转移劳动力年龄逐步趋于年轻化

2003年，农村转移劳动力的年龄分布更趋于年轻化。明显的特征是农村转移劳动力中35岁以下的比例上升，35岁以上的比例下降。以河南为例，35岁以下的农村转移劳动力占农村转移劳动力的64.43%，其中25岁以下年龄的农村转移劳动力占41.88%。有关资料见图表13所示。

农村大量的青壮年劳动力外出后，留下的多是"老弱病残幼"劳力，他们很难很好地耕种土地，所以最近几年，河南省广种薄收甚至土地搁荒现象时

① 由河南农调队4200户固定观测点农户资料整理得到。

有发生。这样，不利于农业耕作技术的提高。农业生产本身劳动力的弱质化，制约了农村经济的全面发展，使粮食主产区农业的现代化面临严峻的挑战。

(七)农村转移劳动力向地区级城市转移比例高，返回比例低

根据4200个村的调查，2003年河南省农村举家迁移的户数为2500户，举家返回的户数423户，占外出的16.2%。外出的主要去向是东部地区，约占外出的49.8%，中西部各占30.8%和19.4%。从返回的比例来看，迁移至中部的农户返回率(20.1%)高于东、西部(15.5%)。见图表14所示。

图表14　河南举家外出及返回地区统计表

项　　目	合计	东部地区	中部地区	西部地区
当年举家外出户数(户)	2500	1245	770	485
当年各地区举家外出户数所占%	100.0	49.8	30.8	19.4
当年举家返回户数(户)	423	193	155	75
当年各地区举家返回户数所占%	100.0	45.6	36.6	17.7
举家返回户数占外出户数的%	16.9	15.5	20.1	15.5

资料来源：2003年河南省农调队住户调查资料整理得到。

	直辖市	省会城市	地区级城市	县级市	建制镇	其它地区
河南省当年举家外出地区类型所占%	16.3	26	29	14.9	6	7.8
河南省当年举家返回地区类型所占%	24.6	23.9	16.3	16.3	9.2	9.7

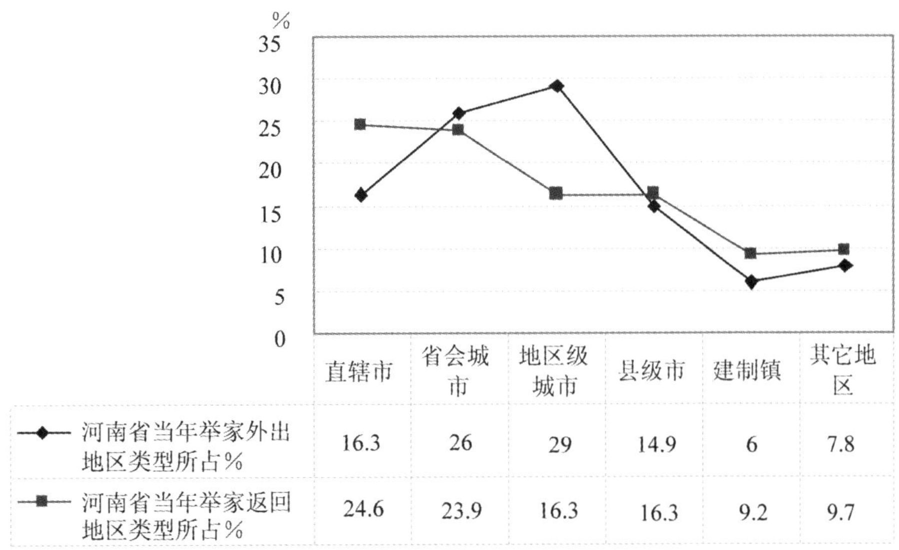

图表15　河南省举家外出及返回地区类型

河南省举家外出的主要去向是地区级以上城市，占71.3%，尤其是以地区级城市为主，而向县级以下的城镇迁移较少。从返回的比例看，建制镇的返回比例最低(见图表15)，说明迁移到建制镇的农户人数很少，但在建制镇的收入水平较高且较为稳定。因此，农户举家返回率最低，返回率仅是直辖市和建制镇的1/3。

三、粮食主产区农村劳动力就业增收能力要素分析

(一)农村劳动力增收能力及要素概述

1. 农村劳动力增收能力。农村劳动力就业增收能力与许多因素相关联，文化程度、开放意识、自然条件、个人素质都影响着农村劳动力就业增收能力，但从表现形式看，主要有以下五个方面：

(1)现代农业生产能力：农民要从事农业，他们必须具备一定的现代农业生产能力。传统的农业生产方式不能适应科学技术发展的需要，农民增收仅仅依靠传统的农业生产方式是远远不够的。随着科学技术的不断进步，优质高效新品种和新型的农业动力机械等等不断涌现，这就要求农村劳动力必须具备一定的掌握这些科技含量较高的现代农业生产技术的能力。

(2)农产品交易能力：如果农村劳动者生产出来的农产品不能以一个很好的交易方式卖出一个很好的价钱的话，那么即使采用了较高的现代农业生产技术也是没有多大意义的，农民照样无法实现

增收。这就要求农村劳动力必须具备获取市场信息和在市场上讨价还价的能力。

(3)就业选择能力:从目前的状况来看,农村劳动力要想实现增收,仅仅依靠从事农业也是一件非常困难的事情。所以,大量的农村富余劳动力就要从农业转向非农产业。在转移的过程中,如果农村劳动力没有很强的就业选择能力,不能够在众多的务工行业中选择一个收入较高的行业,要增收也是一件难事。也就是说,从事非农产业虽然是农民增收的一个有效途径,但要想使这个途径发挥更大的作用,还要求农村劳动力必须具备较强的就业选择能力。

(4)创业开拓能力:在外出务工的农村劳动力当中,也有很多是凭借很强的创业开拓能力,自己在某一个领域开创了一片属于自己的事业并干的很成功。这样的话,增收自然不是一件难事。但是,大部分的农村劳动力由于文化水平不高,对市场规律和各种职业技术了解甚少,要让其自己创业,基本上是不太可能的事情。所以说,要不断提高农村劳动力的创业开拓能力,使其能够通过独立创业,最终实现增收的目的。

(5)应对风险能力:对于农村劳动力来讲,其应对风险的能力属于其增收能力里面一个比较重要的精神层面的能力。农业属于弱质产业,在面对自然风险和社会风险双重风险的考验下,农村劳动力应对风险的能力就显得尤为重要;当然,从事非农产业甚至自己创业,风险也是难以避免的。所以,要想增收,农村劳动力必须同时具备很强的应对风险的能力。

2. 农村劳动力增收能力要素。决定农村劳动力增收能力的要素概括起来有五个方面:一是性别。男性和女性在增收能力方面表现出明显的差距,往往男性增收能力较强;二是年龄。一般而言,年龄越长,经验越丰富,越能形成增收能力。但是,同时年龄越长,接受新事物越困难,往往容易失去增收机会;三是受教育水平。受教育年限越长,劳动力掌握的知识越丰富,越能够把握机会,所以增收能力越强;四是有无外出打工的经历。有外出打工经历的农村劳动力,往往思想开放,容易接受新事物,能够较好地把握机遇,获得较高收入;五是有就业自信。有就业自信可以表现为劳动者的一技之长,或者有长期的就业经验,以及有就业的信心,这种能力是长期形成的结果,成为农村劳动力增加收入的主要要素。

5 个增收能力和 5 个增收能力要素之间的关系可以用图表 16 表示:

(二)农村劳动力增收能力及增收要素实证分析

为反映粮食主产区农村劳动力就业增收能力状况,我们对河南省 3271 个农村劳动力进行了问

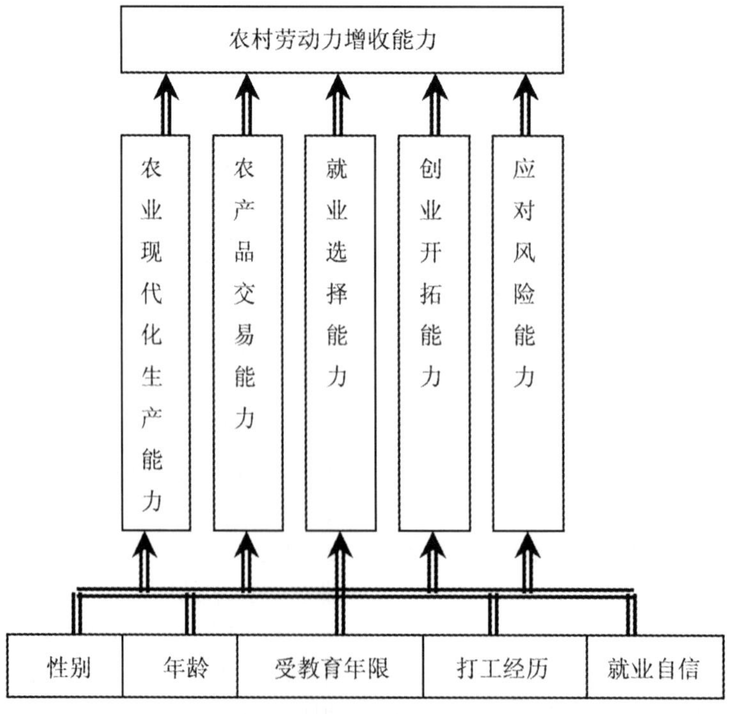

图表 16　农村劳动力增收能力与要素

卷调查。下面对粮食主产区农村劳动力的增收能力及要素进行分析。

1. 农村劳动力现代农业生产能力

(1)现代农业生产能力基本状况。现代农业生产能力主要指农业劳动力在农业生产中具有掌握先进的农业技术、使用先进的农业设备、不断更新自己的生产方式和采用新品种的能力。调查中发现,河南农村劳动力中仅有 59.5%的劳动力使用过农业机械,而靠农业机械进行农业生产的占 68.5%;有 97%的劳动力认为优良品种对产量的作用十分重要,但是对于采用优良品种却表现得十分谨慎,仅有 39%的农村劳动力会立即试种,有 56%的人认为,应该看看别人试种的结果,成功之后他们才会接受这种新品种。这种谨慎的态度一方面表明生产者对新品种持怀疑态度,另一方面表明农民们收入水平较低,承受试种新品种可能带来风险的能力较弱。但这种从众行为虽在一定程度上降低了生产风险,却容易丧失得利机会。

在农业生产中使用过的现代农业生产技术方面,41%的农户使用过地膜覆盖这种技术,其次是 19%的农户使用过配方施肥,采用温室大棚的农户仅占 3.4%,而有 33%的农户根本没有使用过任何的现代农业生产技术。这就说明,现代农业生产技术在广大农村的使用情况还不是很乐观。

(2)现代农业生产能力与收入水平。我们把农村劳动力收入水平按年均收入分为三个等级:低于 1000 元的为低收入水平;介于 1000～3000 元的为中等收入水平;高于 3000 元的为高收入水平(以下均按此标准划分)。根据调查问卷整理归类分析可见,农业劳动力农业现代化的能力对收入的增加并没有显著效果,也就是说,无论低收入群体,还是高收入群体都比较重视农业科技采用、农业机械装备和优良品种的使用。但是,农业现代化进程的加快,并没有有效地促进农民收入的提高,其主要原因是多年来,农产品一直处于供大于求的状况,农产品价格低迷,农业生产效益不高,靠农业很难提高收入水平(见图表 17)。

图表 17　农业现代化生产能力与收入之间关系

选　项	低收入(<1000 元)		中等收入(1000～3000 元)		高收入(>3000 元)	
	人数	%	人数	%	人数	%
劳动力人数(总数 3271 人)	431	13.2	2238	68.4	602	18.4
1. 农业生产中使用过农业机械	248	57.5	1309	58.5	389	64.6
2. 现在从事农业生产主要靠	427	100.0	2225	100.0	594	100.0
人力	138	32.3	526	23.6	174	29.3
畜力	16	3.7	124	5.6	26	4.4
机械	273	63.9	1575	70.8	394	66.3
3. 优良种子对产量非常重要吗	427	100.0	2225	100.0	594	100.0
重要	414	97.0	2183	98.1	575	96.8
不重要	8	1.9	24	1.1	11	1.9
无所谓	5	1.2	18	0.8	8	1.3
4. 推广部门推广优质新品种	427	100.0	2225	100.0	594	100.0
立即试种	154	36.1	847	38.1	264	44.4
先让别人试种	246	57.6	1274	57.3	310	52.2
很难接受	24	5.6	96	4.3	18	3.0
根本不会接受	3	0.7	8	0.4	2	0.3
5. 对新型的农业机械	427	100.0	2225	100.0	594	100.0
能够很快掌握	163	38.2	812	36.5	235	39.6
能很慢掌握	115	26.9	713	32.0	178	30.0
很难掌握	72	16.9	336	15.1	82	13.8
根本学不会	77	18.0	364	16.4	99	16.7
6. 农业生产中使用过那种技术	427	100.0	2225	100.0	594	100.0
地膜覆盖	207	48.5	834	37.5	297	50.0
温室大棚	13	3.0	89	4.0	10	1.7
规模小区饲养	17	4.0	53	2.4	15	2.5
配方施肥	72	16.9	474	21.3	84	14.1
没有使用	118	27.6	775	34.8	188	31.6

(3)现代农业生产能力要素分析。农村劳动力状况不同,其所具备的现代农业生产能力也存在着很大的差别。如图表18所示,5种要素对农业现代化生产能力的作用表现出很大的差异,例如,男劳动力使用过农业机械的比例(77.92%),远远高出女劳动力(40.34%);使用过机械的平均年龄(38岁),小于没有使用过机械的年龄(40岁);受教育年限越长,使用机械的机会越大;外出打过工的劳动者与没有外出的相比,更有可能选择使用农业机械(68%:57%);有自信心的劳动力又比无自信心的劳动力采用机械的比例高。其他现代农业生产能力的各个方面都是可以反映这一规律的。

图表18 现代农业生产能力要素分析

单位:人、年、%

选项	人数	比重	其中:男%	女%	平均年龄	平均受教育年限	外出打过工	没有打过工	有能力就业者	就业困难者
1.农业生产中使用过农业机械										
是	1946	59.95	77.92	40.34	38.00	8.79	68.02	57.25	62.76	59.62
否	1300	40.05	22.08	59.66	40.00	7.87	31.98	42.75	37.24	40.38
2.现在从事农业生产主要靠										
人力	838	25.82	40.45	59.55	39.66	8.08	20.79	27.50	21.41	26.33
畜力	166	5.11	51.20	48.80	40.49	7.70	6.27	4.73	10.85	4.44
机械	2242	69.07	56.65	43.35	38.46	8.60	72.94	67.78	67.74	69.23
3.优良种子对产量非常重要吗										
重要	3172	97.72	98.29	97.10	38.79	8.42	98.65	97.41	97.95	97.69
不重要	43	1.32	1.06	1.61	42.19	8.72	0.62	1.56	0.88	1.38
无所谓	31	0.96	0.65	1.29	43.03	7.94	0.74	1.03	1.17	0.93
4.推广部门推广优质新品种										
立即试种	1265	38.97	60.24	39.76	37.9	8.88	39.85	38.68	36.07	39.31
先让别人试种	1830	56.38	48.58	51.42	39.00	8.20	57.93	55.86	61.58	55.77
很难接受	138	4.25	28.99	71.01	45.59	7.27	1.85	5.06	2.35	4.48
根本不会接受	13	0.40	23.08	76.92	43.54	6.23	0.37	0.41		0.45
5.对新型的农业机械										
能够很快掌握	1210	37.28	79.50	20.50	34.8	9.2	57.20	30.62	57.48	34.91
能很慢掌握	1006	30.99	51.49	48.51	39.6	8.5	27.68	32.10	23.46	31.88
很难掌握	490	15.10	31.22	68.78	41.7	7.8	9.47	16.97	12.32	15.42
根本学不会	540	16.64	11.30	88.70	44.0	7.1	5.66	23	6.74	17.80

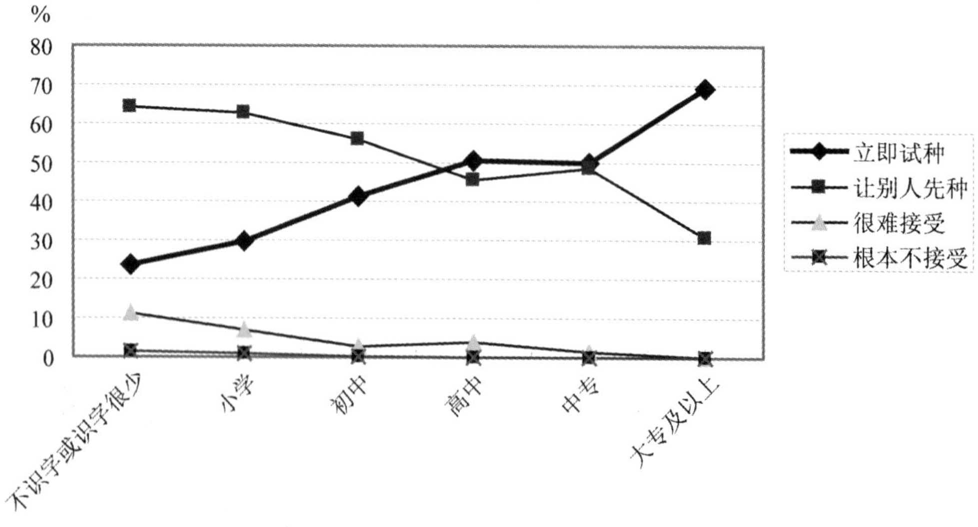

图表19 不同受教育水平采用新品种的态度

①劳动者文化程度对现代农业生产能力的影响。图表19反映的是不同受教育水平的农业劳动力对农业推广部门推广新品种的态度。由此可以看出，受教育程度越高，越容易接受新科技和新品种，相反，受教育程度越低的生产者往往持观望的态度。

对于一些技术水平比较高的新型农业机械，能够很快掌握其使用技术的农村劳动力中，文化水平比较高的人群所占比例则要明显高于文化水平比较低的农村劳动力；而认为这种新型农业机械使用技术很难或者觉得自己根本学不会的人群中，文化水平比较低的农村劳动力所占比例则明显比文化水平高的农村劳动力比例高（见图表20）。

图表20　不同受教育水平劳动力掌握新技术的能力比较

单位：%

选项	不识字或识字很少	小学	初中	高中	中专	大专及以上
能很快掌握	10.60	18.20	43.60	52.90	58.60	30.80
能很慢掌握	21.70	34.00	31.30	29.70	28.60	30.80
感觉很难	25.30	20.90	12.90	10.00	8.60	23.10
根本学不会	42.40	26.80	12.20	7.40	4.30	15.40

②年龄与性别对现代农业生产能力的影响。如图表21所示，不同年龄段和性别差异对农业生产的影响，针对农业推广部门推广的新品种，30岁以下及30～50岁之间的农村劳动力选择立即试种的比例较高，而50岁以上的农村劳动力选择立即试种的比例则较低。感觉很难接受和根本不会接受的人群中，50岁以上的农村劳动力比例都要高于总体；其他两个年龄阶段的农村劳动力做此选择的比例则相对较低。

从性别上看，男性劳动力相对于女性劳动力来说其文化素质较高，思想也相对开放，所以其对现代农业生产技术的接受能力较强；女性劳动力由于文化素质相对低下，思想较为保守，所以其现代农业生产能力较低。

图表21　年龄与性别对农业生产的影响

单位：%

年龄阶段划分	性别	立即试种	先让别人试种	很难接受	根本不会接受	合计
总体情况	男	44.98	52.48	2.36	0.18	100
	女	32.41	60.63	6.31	0.64	100
	合计	38.97	56.38	4.25	0.40	100
<30岁	男	50.23	49.31	0.23	0.23	100
	女	33.93	63.52	2.30	0.26	100
	合计	42.49	56.05	1.21	0.24	100
30～50岁	男	45.55	51.92	2.52	0.00	100
	女	33.95	58.82	6.50	0.74	100
	合计	39.81	55.34	4.49	0.36	100
>50岁	男	38.55	56.78	4.21	0.47	100
	女	27.03	61.63	10.47	0.87	100
	合计	33.42	58.94	6.99	0.65	100

2. 农村劳动力农产品交易能力

（1）农产品交易能力基本状况。我们在调查此方面的能力时重点考虑了农产品的销售方式、销售地点、市场信息获取、产品定价方式和价格的决定者还是被决定者，从而反映农村劳动力在农产品交易方面的能力。

从销售方式看，大多数生产者销售产品采用的方式是坐等收购，占被调查的57%，这是比较被动的销售方式，采用这种销售方式的主要原因是生产规模小，传统寻找市场的成本较高，网上交易还没有成为主流的销售方式情况下，这也是最简便的销售方式，但是这种销售方式很难实现农产品的优质优价，不利于现代农业的发展。当然也有40%的农村劳动力采用了自己到集市或者批发市场出售自己的农产品，这种方式比起坐等收购这种方式来讲是一个进步，属于一种比较主动的交易方式。但是，现代商品交易方式，比如互联网、期货等等，在广大农村的采用率却很低。调查显示，有0.1%的农民通过互联网这种交易方式出售自己的农产品；有0.9%的农民通过中介组织来销售农产品；仅仅有0.06%的农民通过期货这种方式来进行交易。

从销售地点看，由于大多数农民采用了坐等销售的方式，所以产品基本是在生产地完成交易的，占59.7%，部分产品是在当地的集贸市场或收购点完成交易，占39.3%，而销售到县以外的仅占0.2%，也就是说99%的农民是在当地完成农产品交易的。

以上这些情况是和广大农民获取农产品市场价格等信息的能力紧密相关的。调查显示，有69%的农民只能获取本地市场的交易信息；有15%的农民对市场信息是糊里糊涂的，不是很明确；仅仅有16%的农民可以获取本地和外地的市场交易信息。所以说，获取的外地信息少，也就无法将自己的农产品运到外地以一个高于本地的价格进行销售，从而从交易上实现增收。

在定价策略上，有69%的农民都是随行就市；讨价还价的占据24%；仅有4.6%的农民能够坚持优质优价；也有1.7%的农民出售自己产品的时候是由买主来定价的。在这样的定价策略上，很少有农民对自己的产品销售价格感觉非常满意。调查表明，仅有9.7%的农民认为非常满意；有74.2%的农民认为基本上满意；也有16.1%的农民觉得对自己的农产品的销售价格感觉非常不满意，总感觉卖的太便宜。

(2)农产品交易能力与收入水平。农产品交易能力强弱会影响农民的收入，尤其是影响农业经营收入，同时高收入的农民表现出较强的农产品交易能力。高收入水平的农村劳动力其农产品交易能力要高于低收入水平的农村劳动力。在交易方式的选择上，高收入水平的农村劳动力会选择一些比较主动、比较先进的交易手段，比如互联网、期货等等。而低收入水平的农村劳动力大多会选择坐等收购这种被动型的交易方式。

从图表22可以看出，低收入水平的农村劳动力认为所售价格不太满意和总是后悔卖的便宜的人数比例明显高于高收入水平的农村劳动力。

图表22 农产品交易能力与收入之间关系

单位:%

选　　项	低收入（<1000元）	中等收入（1000～3000元）	高收入（>3000元）
1.出售农产品采用方式			
自己到集市或批发市场出售	31.62	42.34	38.72
坐等收购	65.11	55.51	59.09
利用互联网	0.00	0.13	0.17
通过中介	2.81	0.72	0.34
期货	0.00	0.09	0.00
其他	0.47	1.21	1.68
2.出售农产品的主要地点			
生产地(家中)	70.02	57.66	62.46
当地集市或收购点	29.98	42.20	37.04
运到外地(县以外)	0.00	0.13	0.51
3.获取农产品的价格等市场信息			
能够及时获取本地和外地的	16.63	16.49	13.80
只能获取本地的	61.59	68.54	75.42

续表

选　　项	低收入（<1000元）	中等收入（1000～3000元）	高收入（>3000元）
本地和外地都很难获取	1.64	2.52	2.19
糊里糊涂，知道一点	20.14	12.45	8.59
4.农产品定价方式			
随行就市	66.28	71.24	65.66
讨价还价	30.91	21.62	28.79
坚持优质优价	2.34	4.90	5.05
由买主定价	0.47	2.25	0.51
5.对自己农产品销售价格满意状况			
都能够满意	7.03	9.84	11.11
基本满意	72.13	73.93	76.77
不太满意	10.30	9.80	8.59
总是后悔卖的便宜	10.54	6.43	3.54

注：高收入水平的劳动力中其收入可能来自于非农业，故与中等收入水平相比较可能会有矛盾，我们主要将低收入水平与中高收入水平进行比较。

（3）农产品交易能力要素分析。分析结果表明（图表23），男性农村劳动力其获取市场信息的能力较强，他们多把农产品运到集市或在批发市场销售，对最终交易结果的满意度也较好一些。而女性农村劳动力由于其获取市场信息的能力较弱，在农产品的销售方式上多选择坐等收购，在生产地就把自己的农产品销售出去。但是由于女性农村劳动力其性别特征，大多会讨价还价，所以其讨价还价的能力要高于男性劳动力。即使如此，女性劳动力对自己农产品的销售结果的满意度还是要低于男性农村劳动力。

图表23　农产品交易能力与劳动力要素之间关系

单位：人、年、%

选　　项	人数	比重	男%	女%	平均年龄	平均受教育年限	打过工%	未打过工%	有能力就业者%	就业困难者%
1.出售农产品采用方式										
自己到集市或批发市场出售	1307	40.26	42.03	38.34	38.7	8.4	35.92	41.72	40.76	40.21
坐等收购	1864	57.42	55.61	59.41	38.9	8.4	62.36	55.77	58.36	57.31
利用互联网	4	0.12	0.12	0.13	34.8	9.3	0.12	0.12	0.29	0.10
通过中介	30	0.92	1.00	0.84	40.2	9.2	1.23	0.82	0.29	1.00
期货	2	0.06	0.06	0.06	49.0	11.0	0.00	0.08	0.00	0.07
其他	39	1.20	1.18	1.22	41.3	8.4	0.37	1.48	0.29	1.31
2.出售农产品的主要地点										
生产地（家中）	269	51.73	50.92	53.09	38.3	8.8	63.59	59.02	61.29	60.03
当地集市或收购点	250	48.08	48.77	46.91	37.7	9.1	36.29	40.77	38.42	39.79
运到外地（县以外）	1	0.19	0.31		20.0	13.0	0.12	0.21	0.29	0.17
3.获取农产品的价格等市场信息										
能够及时获取本地和外地的	520	16.02	19.24	12.50	37.96	8.94	16.36	15.91	19.65	15.59
只能获取本地的	2236	68.88	70.07	67.59	38.77	8.35	68.39	69.05	67.74	69.02
本地和外地都很难获取	76	2.34	1.59	3.16	37.92	8.17	2.58	2.26	2.35	2.34

续表

选　　项	人数	比重	男%	女%	平均年龄	平均受教育年限	打过工%	未打过工%	有能力就业者%	就业困难者%
糊里糊涂，知道一点	414	12.75	9.09	16.75	40.79	8.21	12.67	12.78	10.26	13.05
4. 农产品定价方式										
随行就市	2258	69.5625	74.03	64.69	38.7	8.4	70.36	69.30	66.86	69.88
讨价还价	784	24.1528	19.54	29.19	39.8	8.3	22.88	24.58	26.69	23.86
坚持优质优价	149	4.59026	4.78	4.38	36.0	9.0	4.80	4.52	4.99	4.54
由买主定价	55	1.69439	1.65	1.74	40.0	9.0	1.97	1.60	1.47	1.72
5. 对自己农产品销售价格满意状况										
都能够满意	315	9.70	10.98	8.31	37.90	8.52	12.30	8.84	9.97	9.67
基本满意	2409	74.21	76.39	71.84	38.64	8.45	73.31	74.52	75.95	74.01
不太满意	313	9.64	8.74	10.63	39.16	8.27	8.86	9.91	6.45	10.02
总是后悔卖的便宜	209	6.44	3.90	9.21	42.64	8.09	5.54	6.74	7.62	6.30

有外出务工经历的农村劳动力由于其外出务工收入要高于其农业收入，所以他们对自己的农产品的交易持不在乎的态度。农村劳动力所具备的农产品交易能力与其文化程度之间也存在着紧密的联系。文化程度高，其对市场价格等信息的获取能力和预测能力相对来说比较强一些，则所具备的农产品交易能力就比较强；而文化程度低则相反，其交易能力就弱。

3. 农村劳动力就业选择能力

(1)就业选择能力基本状况。调查显示，认为在外就业容易的人数仅仅占到 14.1%，大部分农民认为外出就业非常困难，所以外出的农民只占到 33.1%。农民没有外出的原因除了因为家中农活比较多，没有时间(46.4%)这个因素之外，自己无一技之长、对外出就业没有信心是最大的一个阻碍因素，占 17.5%；还有一些是因为需要照顾家人生活，占 15%；满足于现状，觉得家中生活富裕而不需要外出打工的仅仅占 1.6%(显然这个数据反映出来绝大多数农民都是有外出打工的需求的，但是很多人都是由于种种因素的限制而不能外出)，因为没有熟人介绍和政府组织而没有外出的农村劳动力占 4.1%；其他因素占 15.4%。在外出方式的选择上，很多农民都是通过亲朋好友的介绍，这种方式占到外出方式的 67.6%；其次就是自发外出，占 28.2%；除此之外，中介组织介绍占 2.1%，政府组织占 0.9%，其他方式占 1.2%。从这组数据表明，农民外出务工的途径主要靠亲朋好友的介绍，中介部门或者政府统一组织的比例很低，农民对政府组织的期望也很低(因为没有政府组织而无法外出的农民仅占 4.1%)。中介组织和政府如何在农民外出务工中发挥作用值得商榷。

河南农民在外出务工中，对就业地区的选择首选东部地区，占到 51.1%；其次就是选择在省内就业，占 28.7%；选择中部地区(不含本省)的占 12.2%；西部地区占 7.6%；在国外就业的仅仅占到 0.5%。对于务工地点的选择上，大部分农民还是选择在地市级城市，占 42.1%；选择省会城市的占 32.96%；选择县级城市的占 16.1%；而选择乡镇和外地农村以及其他地点的仅仅占 8.9%。可见，由于外出务工的成本日益增加，农民外出务工由过去主要面向东部沿海发达的城市逐步转向省内的中等城市。在农民外出务工行业的选择上，工业、建筑业、服务业是农民务工的主要行业，分别占 34.8%、26.6%和 16.4%，这三个行业就业的农民占到农民外出务工行业总数的 77.7%；其他的行业如农业、采矿业、交通运输业和批零贸易业等均不超过 5%。在务工收入方面，调查结果表明，月收入水平绝大多数都是在 500～1000 元之间，占到 66.9%；其次就是 300～500 元之间，占 20.2%；月收入水平在 1000 元以上的仅占 10.3%；还有 2.68%的农民月收入水平不到 300 元。这个收入水平与农民外出务工的期望收入水平差距较大，因为 70.6%农民期望月收入水平都是在 1000 元以上；满足现有收入水平的农民仅占 28%，还有部分农民的期望值低于 500 元，表明他们的实际收入更低。

在务工时间方面，有 75.2%的外出务工农村劳动力每年有 6 个月以上的在外时间，18.5%的农民外出时间在3～6个月之间，外出务工劳动力当中，务工时间在3个月以下的非常少，仅仅占6.39%。

(2)就业选择能力与收入水平。农村劳动力的就业能力决定着农民的收入水平，不同就业地区、不同地点、不同行业、不同的技能对收入水平都有较大的影响。在外出打工的人群中，对择业充满信心的农村劳动力，就业后的收入也较高，说明这些劳动力的自信心是建立在自己就业的能力上，没有外出打工的农村劳动力主要受家里劳动力少、农活多的制约，无论在低收入家庭还是高收入家庭，这一原因的比例都很高，尤其是高收入家庭，其比例高达54.3%，在这些家庭中，来自农业收入可能与外出打工基本相当，如果外出打工，机会成本较高，所以选择务农。

(3)就业选择能力要素分析。农村劳动力在农业以外的就业能力主要体现在劳动力者的受教育水平，工作经历和经验以及劳动者所掌握的技能。如图表24所示，男性劳动力由于独立性较强，选择自发外出的比例要高于女性劳动力；务工地区的选择上，选择中西部地区和本省的比例都高于女性劳动力，女性劳动力外出务工大多会选择东部地区；因为男性劳动力文化素质要高于女性劳动力，所以他们从业靠较高的技能和自己的从业经验的比例要高于女性，而且其务工收入也高于后者。但是在务工时间方面，由于男性劳动力是家中的主要劳动力，大多数农业劳动还要靠男性，所以他们实际外出务工的时间和可以外出务工的时间都要少于女性劳动力。

图表24　农村劳动力要素与择业能力

单位：人、年、%

选　　项	人数	比重	其中：男%	女%	平均年龄	平均受教育年限	有能力就业者	就业困难者
1.没有外出原因是								
家中农活多无时间	1139	46.4	53.9	39.8	43.1	8.3	49.6	46.2
自己无一技之长	430	17.5	16.6	18.3	39.5	7.8	14.0	17.7
没有熟人介绍或政府组织	101	4.1	4.4	3.9	35.3	8.6	3.3	4.2
家中富裕无需外出打工	40	1.6	1.8	1.5	40.9	10.0	4.1	1.5
照顾家中人员生活	369	15.0	4.3	24.5	43.7	7.6	10.7	15.2
其他	377	15.4	19.1	12.1	43.0	8.9	18.2	15.2
2.如外出，通过什么方式								
自发外出	230	28.3	31.5	21.2	31.6	8.9	33.2	26.4
亲朋好友介绍	552	67.9	64.9	74.5	28.2	9.0	61.9	70.2
中介组织介绍	17	2.1	2.2	2.0	21.1	9.9	2.7	1.9
政府组织	7	0.9	0.7	1.2	34.0	11.6	1.8	0.5
其他	7	0.9	0.7	1.2	28.3	10.0	0.4	1.0
3.外出打工就业的地区								
东部	415	51.0	46.1	62.0	26.7	8.9	56.6	48.9
中部(不含本省)	99	12.2	13.3	9.8	29.7	8.6	15.0	11.1
西部	62	7.6	8.4	5.9	30.7	9.0	5.8	8.3
本省	233	28.7	31.7	22.0	32.5	9.3	22.1	31.2
国外	4	0.5	0.5	0.4	28.0	10.8	0.4	0.5
4.外出打工的地点								
省会城市	268	33.0	34.1	30.6	28.4	9.0	38.9	30.7
地市级城市	342	42.1	39.4	47.8	28.4	9.1	43.4	41.6
县级城市	131	16.1	15.9	16.5	29.5	9.1	11.5	17.9
乡镇	36	4.4	5.7	1.6	34.9	8.7	2.7	5.1
外地农村	21	2.6	2.7	2.4	31.9	7.9	2.2	2.7
其他	15	1.8	2.2	1.2	33.5	9.4	1.3	2.0

续表

选　　项	人数	比重	其中：男%	女%	平均年龄	平均受教育年限	有能力就业者	就业困难者
5.外出打工的行业								
农 业	11	1.4	1.1	2.0	29.4	7.9	0.9	1.5
工 业	283	34.8	26.3	53.3	24.8	9.0	28.3	37.3
采矿业	12	1.5	1.8	0.8	37.2	7.5	2.7	1.0
建筑业	216	26.6	36.2	5.5	35.0	9.1	23.9	27.6
交通运输业	25	3.1	3.8	1.6	31.1	8.5	5.3	2.2
批零贸易	40	4.9	3.9	7.1	29.0	9.6	4.4	5.1
服务业	133	16.4	15.8	17.6	27.6	8.9	20.4	14.8
其 他	93	11.4	11.1	12.2	28.5	9.1	14.2	10.4
6.能在此行业中就业，靠的是								
有以往从业的经验	200	24.6	25.3	23.1	30.6	9.2	27.0	23.7
有较高技能	193	23.7	27.2	16.1	30.4	9.3	29.6	21.5
靠体力	296	36.4	36.4	36.5	27.8	8.9	32.3	38.0
其 他	124	15.3	11.1	24.3	27.3	8.5	11.1	16.9
7.外出打工月收入								
300 元以下	21	2.6	1.8	4.3	30.6	9.0	1.8	2.9
300～500 元	164	20.2	17.7	25.5	28.0	9.0	15.9	21.8
500～1000 元	544	66.9	68.1	64.3	29.0	9.0	69.5	65.9
1000 元以上	84	10.3	12.4	5.9	30.8	9.4	12.8	9.4
8.外出打工期望收入(每月)								
300 元以下	1	0.1	0.2	0	37.0		0	0.2
300～500 元	10	1.2	0.9	2.0	32.2		0.9	1.4
500～1000 元	228	28.0	27.8	28.6	30.6	8.8	25.2	29.1
1000 元以上	574	70.6	71.1	69.4	28.4	9.1	73.9	69.3
9.一年外出打工的实际时间								
1 个月以下	11	1.4	1.3	1.6	36.2	8.7	0	1.9
1～3 个月	41	5.0	6.1	2.7	35.4	9.0	0	7.0
3～6 个月	150	18.5	21.3	12.2	33.5	8.5	11.1	21.3
6 个月以上	611	75.2	71.3	83.5	27.4	9.1	88.9	69.8
10.一年可以外出打工多长时间								
1 个月以下	8	1.0	1.1	0.8	37.0	9.8	0	1.4
1～3 个月	13	1.6	2.0	0.8	42.1	8.8	0.4	2.0
3～6 个月	97	11.9	13.8	7.8	34.7	8.9	7.1	13.8
6 个月以上	695	85.5	83.2	90.6	27.9	9.0	92.5	82.8

很显然，文化程度高，其掌握和使用现代科学技术的能力就强，就业选择能力相对就会比较强；文化程度低则相反。从图表 25 可以看出，在靠自己较高的技能务工的农村劳动力当中，文化水平高的劳动力所占比例会依次比文化水平低的农村劳动力所占比例高。大专及大专以上文化水平的劳动力当中，有 80%都是靠自己较高的劳动技能来务工。而靠自己体力来务工的劳动力当中，情况恰恰相反。随着文化程度的提高，靠体力来务工的农村劳动力比例则呈明显的下降走势。

4.农村劳动力创业开拓能力

(1)创业开拓能力基本状况。当然，自己开创事业，首先需要一定量的资本。但在调查中发现，当农民自己有了一定的积蓄之后，首先想到的并不

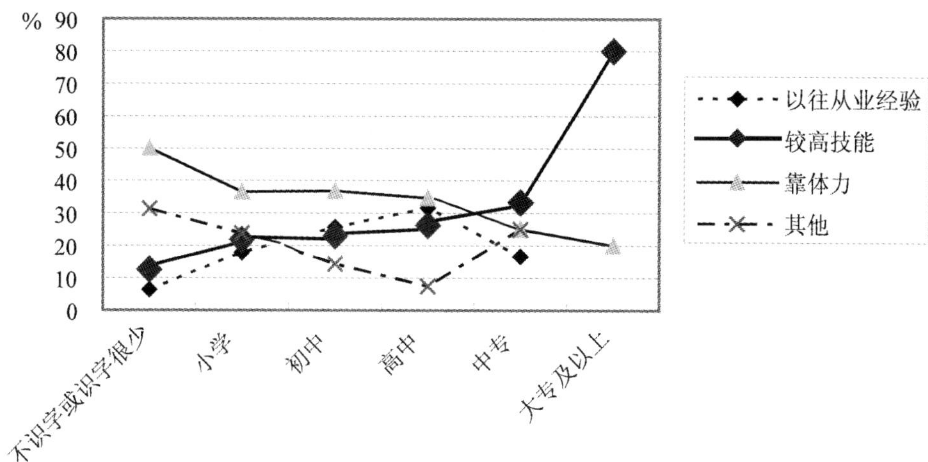

图表 25 劳动力文化程度与就业技能

是开创事业，有近一半(49.01%)的农民选择改善自己的生活条件，在生活条件艰苦的广大农村，做这样的选择实属无奈；有 26.41%的农民选择改善自己的生产条件，以希望通过这样的投资而增加收入；仅仅有 16.26%的农民会利用自己的积蓄来投资办实业；也有 4.43%的农民会进行人力资本投资，利用积蓄来参加学习培训，提高自己的人力资本。可以说，目前仅有 16.26%的农民希望开创自己的事业，这个数字显示出农村劳动力在创业开拓能力方面的欠缺。

即使是自己创业，很大一部分农民也会把自己创业的领域选择在自己比较熟悉的农业方面，这个比例占到 28.55%；其次是批零贸易业和工业，分别占 17.76%和 17.70%；服务业占 9.45%；其他的如建筑业(4.25%)、采矿业(1.16%)等等所占比例就更低了。

在创业资金的筹集方式上，31.70%的农民认为使用自有资金进行投资创业最好；希望国家扶持的占 28.52%，银行贷款的占 23.63%，借贷的占 15.22%。这里反映出农民仍然存在着小农意识，仅在自己的资金能力范围内考虑创业，缺乏市场经济条件下资本运作知识，或者说，在农村借贷资金相对困难。

农民在创业过程中如果遇到困难，所有的人都会去主动寻求帮助。但是，在寻求帮助的对象上存在着显著的特性，他们中一半以上的人(54.5%)首先想到的是求助自己的亲戚朋友，其次才是寻求政府(30.8%)，求助法律的仅占 8.4%。这说明在农村亲戚朋友是开创事业的主要依靠力量。

(2)创业开拓能力与收入水平。从图表 26 可以明显看出，有了积蓄之后首先要改善生活条件的人群中，低收入水平的农村劳动力比例要高于高收入水平的比例；而在改善生产条件、学习培训和投资办实业这几个选项中，中等收入水平的农村劳动力比例却又高于低收入水平的比例(见图表 26)。

图表 26 创业能力与收入之间关系

选 项	低收入(<1000 元)		中等收入(1000～3000 元)		高收入(>3000 元)	
	人数	占%	人数	占%	人数	占%
1. 当有了一定的积蓄会如何选择	431	100	2238	100	602	100
改善生活条件	231	53.6	1068	47.7	304	50.5
改善生产条件	99	23.0	600	26.8	165	27.4
学习培训	17	3.9	106	4.7	22	3.7
投资办实业	67	15.5	380	17.0	85	14.1
其他	17	3.9	84	3.8	26	4.3
2. 如给你 100 万元让你创业 你会选择什么行业	431	100	2238	100	602	100
农业	144	33.4	605	27.0	185	30.7

续表

选　　项	低收入 (<1000 元)		中等收入 (1000～3000 元)		高收入 (>3000 元)	
	人数	占%	人数	占%	人数	占%
工业	70	16.2	407	18.2	102	16.9
采矿业	14	3.2	22	1.0	2	0.3
建筑业	13	3.0	99	4.4	27	4.5
交通运输业	31	7.2	188	8.4	43	7.1
批零贸易	62	14.4	423	18.9	96	15.9
服务业	42	9.7	212	9.5	55	9.1
其他	55	12.8	282	12.6	92	15.3
3. 在创业中遇到困难会主动寻求帮助的人数	404	100	2122	100	573	100
4. 你会主动寻求谁的帮助	404	100	2122	100	573	100
亲戚朋友	194	48.0	1214	57.2	282	49.2
政府	138	34.2	618	29.1	197	34.4
同行	21	5.2	102	4.8	37	6.5
法律	47	11.6	175	8.2	52	9.1
其他	4	1.0	13	0.6	5	0.9
5. 你认为选择以下哪一种创业资金筹集方式最好	431	100	2238	100	602	100
向个人借贷	59	13.7	341	15.2	98	16.3
向银行贷款	105	24.4	529	23.6	139	23.1
自有资金	140	32.5	690	30.8	207	34.4
国家扶持	118	27.4	664	29.7	151	25.1
其他	9	2.1	14	0.6	7	1.2
6. 如果目前从事的行业较为稳定会转行的人数	292	67.7	1408	62.9	389	64.6

(3)创业开拓能力要素分析。劳动力性别、年龄、文化程度、外出务工经历和自身素质的差异对其创业开拓能力具有显著的影响。从图表 27 中可以看出，相对于男性劳动力而言，女性劳动力在有了一定的积蓄之后大多会选择改善生活条件，选择学习培训和投资的比例较小；在投资行业的选择上，她们中很多都会选择批零贸易业和服务业等这些工作强度相对较小的行业；同样的情况，年龄较大的农村劳动力其创业开拓能力较弱，而年龄较轻的农村劳动力敢于冒风险，具有显著的创业开拓能力。

图表 27　农村劳动力创业能力要素比较

单位：人、年、%

选　　项	人数	比重	男占%	女占%	年龄平均	平均受教育年限	打过工%	未打过工%	有能力就业者	就业困难者
1. 有了一定的积蓄会如何选择										
改善生活条件	1603	49.0	37.8	61.2	40.7	8.2	36.2	53.3	40.6	50.0
改善生产条件	864	26.4	32.7	19.6	40.4	8.4	22.6	27.7	22.2	26.9
学习培训	145	4.4	4.6	4.2	26.9	9.5	9.1	2.9	7.5	4.1
投资办实业	532	16.3	21.2	10.9	34.5	9.0	26.1	13.0	26.8	15.0
其他	127	3.9	3.6	4.2	37.3	9.0	6.0	3.2	2.9	4.0

续表

选　　项	人数	比重	男占%	女占%	年龄平均	平均受教育年限	打过工%	未打过工%	有能力就业者	就业困难者
2.若有100万元创业资金,你会选择什么行业										
农业	934	28.6	29.4	27.6	43.4	8.2	15.6	32.8	19.9	29.6
工业	579	17.7	22.3	12.7	34.8	8.9	25.0	15.3	26.2	16.7
采矿业	38	1.2	1.4	0.9	37.3	9.2	0.6	1.3	0.6	1.2
建筑业	139	4.2	6.2	2.2	36.2	8.6	8.7	2.8	6.3	4.0
交通运输业	262	8.0	10.7	5.1	36.7	8.5	10.3	7.2	10.7	7.7
批零贸易	581	17.8	13.4	22.6	37.3	8.2	20.0	17.0	21.3	17.3
服务业	309	9.4	6.5	12.7	35.8	8.5	12.3	8.5	10.7	9.3
其他	429	13.1	10.1	16.4	41.4	8.4	7.4	15.0	4.3	14.2
3.有困难求助谁										
亲戚朋友	1690	54.5	52.1	57.3	40.0	8.2	47.7	56.9	46.0	55.6
政府	953	30.8	32.4	28.8	40.0	8.6	25.8	32.5	28.0	31.1
同行	160	5.2	5.3	5.0	32.0	8.6	9.1	3.8	9.1	4.7
法律	274	8.8	9.5	8.1	31.0	9.1	16.4	6.3	15.9	8.0
其他	22	0.7	0.6	0.8	30.5	9.0	1.1	0.6	0.9	0.7
4.创业资金筹集最好方式										
向个人借贷	498	15.2	14.7	15.8	42.3	7.9	14.0	15.6	15.3	15.2
向银行贷款	773	23.6	26.9	20.1	37.0	8.7	28.4	22.1	25.6	23.4
自有资金	1037	31.7	29.6	34.0	38.7	8.6	32.1	31.6	30.5	31.8
国家扶持	933	28.5	28.1	29.0	38.7	8.4	24.7	29.8	28.0	28.6
其他	30	0.9	0.7	1.2	42.3	8.3	0.7	1.0	0.6	1.0
5.目前收入稳定,当有机会从事更好、更高收入新行业时,选择转行	2089	63.9	70.4	56.8	37.1	8.6	79.2	58.8	80.1	62.0

图表27表明,文化程度较高的农村劳动力具有较强的创业开拓的能力。文化程度较高的农村劳动力,在有了一定的积蓄之后,选择学习培训以提高投资人力资本和投资办实业的比例要明显高于文化程度较低的农村劳动力。在创业中,如果遇到困难,文化程度较高的农村劳动力向政府和法律求助的比例比文化程度低的农村劳动力高。这就说明,文化程度高的农村劳动力了解的国家政策和法律法规知识比低文化程度的农村劳动力多;在创业资金的筹集方式方面,高文化程度的劳动者向银行借贷的比例较高,而向个人借贷的农村劳动力当中,文化程度低的劳动力比例较高,文化程度较高的农村劳动力对自己创业信心要大于文化程度低的农村劳动力,自信有能力偿还银行贷款。

5. 农村劳动力应对风险能力

(1)应对风险能力基本状况。就目前状况来看,河南农村劳动力应对风险的能力还是比较弱的。调查显示,只有24.8%的农民敢于选择收入高,但风险大的工作,其他的农民都会尽可能地规避高风险的工作。在承受风险方面,如果某年农作物出现大量减产或农产品价格出现大幅度下跌,仅有一小部分(18.7%)的农民认为可以接受不会影响生活,其余都认为这样会给自己的日常生活带来不小的影响。这也说明,一旦风险发生,很多农民缺乏应对能力。

在生产中,36.1%的生产者认为专业性的经济合作组织可以在一定程度上规避风险,但是,目前仅有2.7%的农民参加过各类专业合作组织。这不仅反映当前农村专业性经合组织发展滞后,农村缺乏有效的组织者且不能满足农民需要,而且表明农业缺乏有效的规避风险机制，一旦出现自然灾害或产品价格波动便会对农民收入有较大的影响。

(2)应对风险能力与收入水平。收入的高低与应对风险能力一般表现为正相关关系，即收入越高应对风险能力越强。但是，从调查表分析结构看(图表28)，这种关系似乎并不显著，在反映应对风险能力的多方面，生产者无论收入多少，其态度几乎一致，没有显著差异，仅在农产品价格下跌或产量下降对生活的影响程度上，表现稍有差异，即收入较高的农户认为对其没有影响的比例较高。这就说明，高收入水平农村劳动力其应对风险的能力要比低收入水平农村劳动力应对能力强。

图表 28　应对风险能力与收入之间关系

选　　项	低收入		中等收入		高收入	
	(<1000 元)		(1000～3000 元)		(>3000 元)	
	人数	占%	人数	占%	人数	占%
1. 会选择收入高风险大工作的人数	111	25.8	576	25.7	125	20.8
2. 认为专业性经合组织可以规避风险人数	149	34.6	818	36.6	215	35.7
3. 参加过专业性经合组织人数	11	2.6	64	2.9	13	2.2
4. 假如你所经营的企业破产 你会	431	100	2238	100	602	100
想办法从头再来	238	55.2	1309	58.5	349	58.0
很受打击但不会一蹶不振	84	19.5	573	25.6	158	26.2
很受打击从此不再经营企业	109	25.3	356	15.9	95	15.8
5. 能承受农业生产资料价格上涨人数	208	48.3	1138	50.8	279	46.3
6. 粮食生产大量减产或价格大幅度下跌	427	100	2225	100	594	100
能够接受不会影响生活	61	14.3	421	18.9	128	21.5
虽可以接受，但会影响生活	182	42.6	1097	49.3	270	45.5
会给生活带来许多困难但可以克服	130	30.4	559	25.1	139	23.4
无法接受	54	12.6	148	6.7	57	9.6

(3)应对风险能力要素分析。同前面的分析一样，在应对风险的能力方面，具有不同特征的农村劳动力也是存在巨大的差异的。风险出现后其承受能力主要由两个因素决定，一是农户承担风险程度的收入水平；二是承受风险的心理素质。这里主要探讨承受风险的心理素质。

不同的年龄阶段，应对风险态度完全不同，37岁之前，选择收入高而风险大工作的人较多；37岁以后大多数选择了收入低风险小的工作。也就是说，农村劳动力在选择工作中敢于冒风险的精神随着年龄的增加，逐渐减小，承受风险能力越来越弱。如果面对企业破产，不同年龄者的抉择也不相同，20岁左右的年轻人和40岁左右的中年人选择“重新开始”的比例较大，20岁左右的年轻人没有任何牵挂，顾虑较少，所以有跌倒了再爬起来的勇气，这种勇气也往往带有盲目性；40岁左右的中年人已经积累了很丰富的经验，可以从失败中吸取教训，同时也有旺盛的精力。30岁左右的劳动者，大都数处于生儿育女时期，家庭负担较重，所以选择“重新开始”的人数较少，但仍高于其他两种选择；当劳动者超过50岁时，便缺乏“重新开始”的勇气了，多数选择了“不再经营”的道路。

图表29还显示，有外出务工经历和认为自己有能力外出务工的农村劳动力其应对风险的能力要强于没有外出务工经历和对外出就业没有信心的农村劳动力。不同文化程度农村劳动力应对风险的能力存在着显著差异。文化程度越高的劳动力，选择收入高但风险大的比例越大，反之亦然。这些说明，劳动者文化程度越高，自信心越足，应对风险能力越强，他们有能力从失败中总结教训重新创业。

图表 29　应对风险能力与劳动力要素之间关系

单位:人、年、%

选 项	人数	比重	男占%	女占%	年龄平均	平均受教育年限	打过工%	未打过工%	有能力就业者	就业困难者
1. 希望从事的行业										
收入高,风险大	812	24.8	32.1	16.9	33.4	8.9	42.2	19.1	40.1	23.0
收入低,风险小	2459	75.2	67.9	83.1	40.7	8.3	57.8	80.9	59.9	77.0
2. 假如你所经营的企业破产										
想办法从头再来	1896	58.0	66.0	49.2	36.9	8.8	69.6	54.1	64.3	57.2
很受打击但不会一蹶不振	815	24.9	21.9	28.3	39.0	8.1	23.4	25.4	29.7	24.4
很受打击从此不再经营企业	560	17.1	12.2	22.5	45.6	7.7	7.0	20.5	6.1	18.4
3. 农业生产资料价格上涨										
能承受	1625	50.1	53.2	46.6	37.6	8.5	58.1	47.4	50.4	50.0
不能承受	1621	49.9	46.8	53.4	40.2	8.3	41.9	52.6	49.6	50.0
4. 粮食大量减产或农产品价格大幅下跌										
能够接受不会影响生活	610	18.8	20.7	16.8	37.8	8.8	22.8	17.5	27.0	17.8
虽可以接受,但会影响生活	1549	47.7	47.5	48.0	38.3	8.3	45.9	48.3	49.0	47.6
虽有许多困难,但可以克服	828	25.5	25.1	26.0	40.0	8.3	26.1	25.3	21.7	26.0
无法接受	259	8.0	6.8	9.3	41.4	8.5	5.3	8.9	2.3	8.6

四、提高农村劳动力就业增收能力的建议

农业劳动力转移与区域经济发展水平有关,与国家相关政策有关,与劳动力自身能力有关,加速区域经济发展、制定鼓励政策和有意识地、有效地对农村劳动力进行培训,提高其就业能力,是促使农村剩余劳动力稳定、有序、顺利流动的关键。

(一)重视基础教育,加大农村基础教育投入,提高农村基础教育的普及度,大力提高农村劳动力的科学文化素质

基础教育是提高农村劳动力素质的主要渠道。当前我国农村基础教育仍然还很薄弱,在相当一些地区的农村九年制义务教育还没有普及,青壮年文盲仍然存在,青少年失学现象仍很严重,这种情况与提高我国农村劳动力素质和加快农村劳动力开发的要求相差甚远。因此,必须继续加强农村基础教育,建立健全多元化的基础教育办学模式,不断改善基础教育的办学条件和提高农村教师待遇,更新教育思想,转变教育观念,加快应试教育向素质教育的转变,促进农村劳动力素质的提高。

(二)进一步加强和发展农村职业技术教育和成人教育,提高农村劳动力的生产技能

目前,我国受过职业教育和培训的农业劳动力占全部农业劳动力的比重不足20%(代武楠,2004)。因此,我们在抓好农村基础教育的同时还应紧密结合生产实际,采用多种形式、多种途径积极发展农村职业技术教育。农村职业技术教育要根据我国农村经济发展的需要,结合本地特点和情况,设置专业和课程,确定具体办学模式和途径,做到理论联系实际,达到提高知识、技能和创造力的目的。同时,围绕当地农业支柱产业来开展技术培训,将免费培训和有偿培训结合起来,培养出农村经济发展用得着,留得住的专门人才,以加快农村劳动力的开发和农村劳动力素质的全面提高。

(三)合理组织好农村劳动力的对外劳务输出

2003年,中国农村劳动力到乡以外地方流动就业的人数已超过9800万人,是1990年1500万人的6倍以上。规模如此庞大的农村劳动力转移队伍,如果没有有效的组织保证,农村劳动力向城市转移的道路必然要受到很多因素的阻碍。所以,应该采取有效措施促进农村富余劳动力的对外输出。

首先,要改革户籍制度,转变社会上那些歧视

农民的观念，减少或取消各种对劳动力使用方面的限制性措施，给农民以平等的“公民”待遇，扩大农民就业，吸引农民进城。要按照“政策引导、有序流动、加强管理、改善服务”的方针，切实做好农民进城务工的引导和管理，维护农民工的合法权益。

其次，要加强农村劳动力外出务工岗前培训，对农村劳动力开展引导性培训和职业技能培训，提高外出农民整体素质和就业能力，以促进农村劳动力顺利有效地向城市转移。

重庆农村劳动力就业与转移研究

重庆市农调队

一、农村劳动力的数量与结构及其区域分布

农村劳动力数量庞大，占全社会劳动力的比重高。重庆是一个大城市带大农村的特殊直辖市，乡村人口及农村劳动力数量大。据户籍统计资料，2003年末重庆市总人口3130.10万人，其中：乡村人口占77.8%。农村从业人员1340.24万人，占乡村人口的比重达到了55.0%，占重庆市全部就业人员的比重达到了77.6%；农村从业人员的人口负担系数为1.82人。

据重庆市农调队对1800个农村住户的抽样调查，2003年重庆市农村劳动力结构表现出四个方面的特征：

农村劳动力中男性多于女性。在农村劳动力中，男性占53.2%，女性占46.8%；男女性别比为113.7∶100.0。

农村劳动力大龄化。在农村劳动力中，16～22岁的劳动力占10.9%，23～30岁的劳动力占15.4%，31～40岁的劳动力占26.3%，41～50岁的劳动力占20.7%，51岁以上的劳动力占26.7%。23～40岁年龄段的壮劳动力占41.7%，41岁以上的劳动力占47.4%，劳动力呈现大龄化的特点。

农村劳动力文化素质低。在农村劳动力中，不识字的劳动力占6.9%，小学文化的劳动力占40.1%，初中文化的劳动力占46.4%，高中文化的劳动力占6.3%，大专及以上文化的劳动力占0.3%。

农村劳动力缺少专业培训，缺乏非农业的劳动技能。在农村劳动力中，仅有6.5%的劳动力接受过专业培训，多达93.5%的劳动力未接受过专业培训。

农村劳动力的区域分布呈现出显著的经济地理特征：经济发展水平越低的地区，农村劳动力数量越大；经济发展水平越高的地区，农村劳动力数量越少。2003年重庆市都市经济圈、渝西经济走廊、三峡库区生态经济区的人均GDP(按常住人口计算)依次减少，分别为14397元、8127元、5106元；而农村从业人员数量渐次增加，分别为79.20万人、265.89万人、468.10万人。

二、农村劳动力就业与转移的现状

(一)农村劳动力就业与转移的三个基本特征

农村劳动力就业的区域主要集中在当地农村，向城镇的转移率低。2003年重庆市农村劳动力中，在本乡镇内就业的人数为1012.85万人，当地就业率为75.6%；在本乡镇外就业的人数为327.39万人，异地转移率为24.4%。农村劳动力异地转移的实质是在城市或城镇的非农行业就业。

农村劳动力就业的主要产业是一产业，向非农产业的转移率较低。2003年重庆市农村劳动力，在一产业就业的劳动力为813.19万人，农业内部就业率为60.7%；向二产业转移的劳动力180.82万人，向三产业转移的劳动力346.23万人，总共向

非农产业转移的劳动力 527.05 万人，非农化转移率为 39.3%。

农村劳动力当地就业的主要产业是一产业，而从事非农产业以三产业为主；异地转移的农村劳动力绝大多数从事非农产业，其中从事二产业的人数较多。在当地就业的农村劳动力中，从事一产业的劳动力 808.28 万人，占 79.8%；从事二产业的劳动力 14.83 万人，占 1.5%；从事三产业的劳动力 189.74 万人，占 18.7%。在异地就业的农村劳动力中，从事一产业的劳动力 4.91 万人，占 1.5%；从事二产业的劳动力 165.99 万人，占 50.7%；从事三产业的劳动力 156.49 万人，占 47.8%。

（二）农村劳动力异地转移的概况

1. 农村劳动力异地转移的主要方式是自发转移和亲属朋友介绍。该市异地转移的农村劳动力中，53.8%的劳动力通过自发转移方式实现了转移；43.9%的劳动力通过亲属朋友介绍方式实现了转移；1.3%的劳动力通过政府组织方式实现了转移。三种方式实现转移的结构表明，该市农村劳动力异地转移的组织化程度不高，主要依靠农村劳动力自发转移和依托传统的血缘地缘人缘关系转移，仍然存在相当程度的盲目性和随意性。

2. 农村劳动力异地转移的主要区域在市外。2003 年重庆市农村转移出乡外的劳动力中，转移到市外的劳动力 232.33 万人，占 80.0%；转移到市内的劳动力 95.06 万人，占 20.0%。农村劳动力向市外的异地转移率为 17.3%，向市内乡外的异地转移率为 7.1%。

东部地区是农村劳动力异地转移人数最多的区域。改革开放以来，东部地区得到国家政策和资金的重点扶持，投资大幅度增加，基础设施建设大力推进；由于劳动力需求旺盛，东部地区成为吸纳农村劳动力最多的地区。2003 年重庆市异地转移的农村劳动力中，转移到东部地区就业的人数占 50.5%，转移到中部地区就业的人数占 1.8%，转移到西部地区就业的人数占 47.7%。

西部地区吸纳农村劳动力转移的能力后来居上。随着国家经济结构的调整，西部大开发的大力推进，以及“东企西移”、“外资西进”，东部地区提供的新增就业机会正在逐步减少，而西部地区的劳动力需求迅速增大，重庆市农村劳动力向西部地区转移的速度明显加快。2003 年当年转移的农村劳动力中，转移到东部地区的人数占 46.8%，转移到中部地区的人数占 2.9%，转移到西部地区的人数占 50.3%。当年转移到西部地区的人数所占的比重超过东部地区高 3.5 个百分点。西部地区已成为重庆市农村劳动力转移的新的热点地区，在 2003 年西部地区（含本市）吸纳农村劳动力的比重仅低于东部地区 2.8 个百分点。

3. 大中型城市是农村劳动力异地转移的主要依托，小城镇吸纳劳动力转移的能力有待加强。由于大中型城市与小城市（镇）产业聚集能力的差距较大，大中型城市吸纳农村劳动力的能力远远大于小城市（镇）产业，数量上数倍于大中型城市的小城市（镇）吸纳农村劳动力的数量仍然少于大中型城市。2003 年重庆市外出农村劳动力中，转移到直辖市和省会城市的人数占 36.6%，转移到地级市的人数占 21.8%，转移到县级市的人数占 26.2%，转移到建制镇的人数占 12.0%，转移到其他地区的人数占 3.3%。

私营及外商投资等非国有中小企业是农村劳动力异地转移的主要经济载体。据重庆市农调队街头拦截调查，2003 年末在重庆市区为法人或自然人打工的农民工中，在企业规模不到 20 人的企业打工的人数占 31.7%，在企业规模在 100～499 人的企业打工的人数占 13.3%，在企业规模达到 500 人以上的企业打工的人数占 20.0%。

4. 农村劳动力异地转移从事的主要行业是建筑业和工业，以及方便居民生活的服务业。2003 年异地转移的农村劳动力中，从事农业的劳动力占 1.5%，从事工业的劳动力占 27.7%，从事建筑业的劳动力占 23.0%，从事交通运输业的劳动力占 3.0%，从事商业的劳动力占 4.5%，从事住宿、饮食业的劳动力占 5.8%，从事居民服务的劳动力占 6.1%，从事其他服务业的劳动力占 28.4%。

农村劳动力异地转移的职业特点是体力劳动者，绝大多数从事劳动密集型产业。农村劳动力异地转移有两种情形：为他人打工和自营劳动。但无论是哪种情形，由于自身文化素质低，缺乏能够依赖的技术和资金，其从事的行业绝大多数属于劳动密集型产业，从事的职业与体力劳动紧密相联。

5. 农村劳动力异地转移由季节性转移向常年性就业转变。过去，农忙务农、农闲外出务工是农村劳动力异地转移的主要形式。2003 年重庆市外出农村劳动力人均工作时间达到了 8.4 个月。在外出农村劳动力中，工作时间不足 3 个月的劳动力占 5.7%，工作时间在 3～6 个月的劳动力占 13.1%，工作时间在 6 个月以上的劳动力占

81.2%。那些临时性、季节性的务工人员主要是在县内乡外的一些短期性或规模较小的工程项目中务工,离家较近,往往是干完一个工程后再去寻找另外的务工机会。

(三)农村劳动力就业与转移与其素质高度相关

重庆市农调队对1800个农村住户的抽样调查表明:素质较高的农村劳动力异地转移率较高,而素质较低的农村劳动力当地就业率较高;农村劳动力的转移,带来了农村当地劳动力结构的重大变化。主要表现在三个方面:

1. 男性劳动力异地转移的数量多于女性劳动力,当地就业的数量少于女性劳动力。在农村劳动力中,男性的异地转移率为39.9%,女性的异地转移率为20.8%;男性的异地转移率较女性高19.1个百分点。

在异地转移的劳动力中,男性占68.4%,女性占31.6%;男性数量多于女性数量1.17倍。

滞留在当地的劳动力中,男性占46.3%,女性占53.7%,男性与女性性别比为86.2∶100.2;而重庆市农村劳动力的性别比113.7∶100.0。由于农村劳动力的转移,当地农村从业人员发生了由男多女少向女多男少的逆转。

2. 青壮年劳动力异地转移的数量多于高龄劳动力,当地就业的数量少于高年龄劳动力。在农村劳动力中,16～22岁劳动力的异地转移率为60.2%,23～30岁劳动力的异地转移率为62.9%,31～40岁劳动力的异地转移率为38.5%,41～50岁劳动力的异地转移率为15.8%,51岁以上劳动力的异地转移率为5.0%。随着劳动力年龄的降低,劳动力异地转移率升高。

在异地转移的劳动力中,16～22岁的劳动力占21.2%,23～30岁的劳动力占31.2%,31～40岁的劳动力占32.7%,41～50岁的劳动力占10.6%,51岁以上的劳动力占4.3%。在异地转移的劳动力中,有52.4%的劳动力的年龄在30岁以下,有85.1%的劳动力的年龄在40岁以下,异地转移的劳动力大部分是青壮年劳动力。

在滞留在当地的劳动力中,16～22岁的劳动力占6.3%,23～30岁的劳动力占8.2%,31～40岁的劳动力占23.4%,41～50岁的劳动力占25.3%,51岁以上的劳动力占36.8%。随着劳动力年龄的增大,滞留在当地的高年龄劳动力数量越多,年龄在41岁以上的劳动力达到了62.1%。

3. 较高文化的劳动力异地转移的数量多于较低文化的劳动力,当地就业的数量少于较低文化的劳动力。在农村劳动力中,不识字劳动力的异地转移率为6.3%,小学文化劳动力的异地转移率为17.3%,初中文化劳动力的异地转移率为45.1%,高中和中专文化劳动力的异地转移率为40.0%,大专以上文化劳动力的异地转移率为30.8%;较高文化的劳动力异地转移率较高。

在异地转移的劳动力中,不识字的劳动力占1.4%,小学文化的劳动力占22.5%,初中文化的劳动力占67.7%,高中和中专文化的劳动力占8.2%,大专以上文化的劳动力占0.3%。异地转移的劳动力文化程度相对较高,初中文化以上的劳动力达到了76.2%。

滞留在当地的劳动力中,不识字的劳动力占9.3%,小学文化的劳动力占48.0%,初中文化的劳动力占36.9%,高中和中专文化的劳动力占5.5%,大专以上文化的劳动力占0.3%。滞留在当地的劳动力文化程度很低,不识字和小学文化的劳动力达到了57.3%。

(四)农村劳动力的就业与转移与当地的经济发展水平高度关联

2003年重庆市都市经济圈、渝西经济走廊和三峡库区生态经济区的农村劳动力在第一产业就业的人数分别79.20万人、265.89万人和468.10万人,在第一产业的就业率分别为58.06%、57.87%和62.88%;农村劳动力向非农产业转移的人数分别为57.20万人、193.55万人和276.30万人,向非农产业的转移率分别为41.94%、42.13%和37.12%。

2003年重庆市都市经济圈、渝西经济走廊和三峡库区生态经济区的农村劳动力在本乡镇就业的人数分别为115.43万人、354.40万人和543.02万人,在本乡镇的就业率分别为84.6%、77.10%和72.90%;农村劳动力向乡外转移的人数分别为20.97万人、105.04万人和201.38万人,向乡外的转移率分别为15.40%、22.90%和27.10%。

三、农村劳动力就业与转移存在的问题与不利影响

(一)农村劳动力就业与转移存在的问题

1. 农村劳动力,特别是落后地区农村劳动力在农业内部就业的富余人数多,隐性失业率高。重庆市大量的农村劳动力滞留于农业,而基本的生产资

料——耕地严重不足，并呈现逐年减少的趋势。2003年末重庆市耕地面积135.32万公顷，第一产业从业人员人均耕地2.50亩。在现有的生产力水平下，一个劳动力能够耕种4亩耕地，需要劳动力507.45万人。在重庆市现有的813.19万第一产业从业人员中，有305.74万人处于就业不充分状态，隐性失业率达到了37.6%。经济落后地区农业内部富余的农村劳动力较多，向非农产业的转移更为困难。2003年重庆市都市经济圈、渝西经济走廊、三峡库区生态经济区农业内部富余的农村劳动力分别为30.01万人、83.90万人、187.82万人，富余劳动力数量渐次增加；农业内部隐性失业率分别为37.9%、31.6%、40.1%，经济落后地区的隐性失业率较高。

2. 农村劳动力非农化转移的速度较为缓慢。2003年重庆市农村从业人员非农化转移率达到39.3%，较上年提高了2.8个百分点；1996～2003年非农化转移率提高了13.8个百分点，年均提高2.0个百分点；1990～1996年非农化转移率提高了10.8个百分点，年均提高1.8个百分点。但是，相对于实现农村劳动力充分就业的目标来看，农村劳动力转移速度仍然缓慢。即使不考虑将来的耕地减少、新增劳动力和科技进步减少单位耕地面积需要的劳动力数量等因素，要将现有的305.74万农村剩余劳动力从一产业中转移出来，达到较为充分的就业状态，非农化转移率应达到62.1%的水平。按照非农化转移率每年提高2.0个百分点计算，需要11.4年的时间；按照非农化转移率每年提高2.8个百分点计算，也需要8.1年的时间。

3. 农村劳动力在非农产业的就业不充分。2003年重庆市在本乡镇从事非农产业的劳动力有204.57万人，由于农村经济发展水平低，对产品和劳务的有效需求不足，较多的从业人员竞争较少的就业机会，其一年中的从业时间不足，达不到充分就业的时间要求。异地转移的劳动力有327.39万人，因为劳动力市场严重供过于求，必然有部分农村劳动力处于动态失业状态；因项目完工或劳资关系紧张等原因从解除劳动协议到重新找到工作存在的时间差，这部分农村劳动力处于时段性的失业状态；2003年异地转移的农村劳动力人均工作时间为8.4个月，其中有5.7%的劳动力工作时间不足3个月，有13.1%的劳动力工作时间在3～6个月。

4. 农村劳动力在非农产业的工作不稳定、权益缺保障。在劳动力严重供过于求的市场环境下，农村劳动力始终处于弱势地位。据重庆市农调队街头拦截调查，2003年末在重庆市区为他人务工的农民工中，73.3%的农民工与用工单位之间没有签订用工合同和享受劳动保险的待遇。这些用工单位普遍采取低工资、延长劳动时间不增加工资等手段侵占农民工权益，拖欠农民工工资、歧视甚至虐待农民工的现象也时有发生。

5. 农村劳动力就业与转移的效益低下。在农业内部就业方面，2003年重庆市一产业劳动力人均创造的纯收入为1445元，相当于重庆市城镇经济单位职工平均工资12440元的11.6%；城镇职工的收入是农业内部就业人员收入的8.6倍。在异地转移方面，2003年重庆市农村劳动力外出务工人均收入5916元，相当于重庆市城镇经济单位职工平均工资12440元的47.6%；城镇职工的收入是农村劳动力务工和自营劳动收入的2.07倍。即使在同一城市，农村劳动力外出务工的收入也低于城市劳动力。据重庆市农调队调查，2003年在重庆市区打工的农民工人均工资收入7740元，较重庆城镇经济单位职工平均工资12440元低37.8%。

6. 农村劳动力转移导致农业内部劳动力质量降低，人口结构的劣化。如前文所述，异地转移出去的农村劳动力以男性、青壮年、较高文化的劳动力为主，滞留在农村的劳动力以女性、大年龄、较低文化的劳动力为主，农业内部劳动力质量大大降低。相应的，农村人口结构发生了变化，主要由女性、老人和未成年、较低文化的人口构成，产生了缺少男性、青壮年、较高文化人口的断层。

(二)农村劳动力就业与转移问题的不利影响

1. 社会人力资源的浪费严重，农业劳动生产率降低。劳动力作为重要的人力资源；重庆市农业内部达到305.74万人，相当于资产闲置率达到了37.6%，这表明存在人力资源的重大浪费现象。由于农业内部富余劳动力的大量存在，农业劳动生产率因此降低了37.6%。2003年重庆市一产业从业人员人均创造的增加值为3766元，相当于二产业从业人员人均创造的增加值32749元的11.5%，相当于三产业从业人员人均创造的增加值17489元的21.5%。农业与非农业劳动生产率水平之间的巨大差距，严重影响了重庆市社会劳动生产率的提高。如果农业内部劳动力充分就业，则农业从业人员人均创造的增加值将增加1416元，增加到

5182 元的水平。

2. 人口城镇化进程缓慢。农村劳动力的就业状况，特别是农村劳动力向城镇转移数量少、速度缓慢，且在非农产业就业不充分，决定了我国城镇化水平不高。按总人口是农业人口或非农业人口测算，2003 年重庆市人口的非农化率仅 24.1%；按总人口的居住地是城镇或农村测算，2003 年重庆市人口的城镇化率约为 35.4%。

3. 农民收入增长缓慢，城乡居民和东西部地区农民收入差距继续扩大。农村劳动力就业状况导致农民收入增长缓慢，1996～2003 年重庆农民人均纯收入年均递增 5.9%，而同期城市居民可支配收入年均递增 7.1%；农民人均纯收入的年均递增速度较城市居民低 1.2 个百分点。2003 年重庆市农民人均纯收入 2215 元，其中来自一产业的收入 1063 元，来自工资性收入和家庭经营二三产业 981 元，效益低下的一产业仍然是农民收入的最主要的来源；农民收入低，人均纯收入相当于城市居民人均可支配收入 8094 元的 27.4%。由于农民收入增长缓慢，城乡居民人均收入的差距由 1996 年的 3544 元扩大到 2003 年的 5879 元；城乡居民的收入比由 1996 年的 3.40∶1 上升到 2003 年的 3.65∶1。与东部地区相比，由于重庆市农民收入增长速度略快，与东部农民的收入比由 1995 年的 1.67∶1 略微下降到 2002 年的 1.62∶1，但与东部地区农民收入的绝对差距额由 1995 年的 857 元扩大到 2002 年的 1307 元。

4. 农村劳动力转移削弱了农业生产能力，引发了人口结构问题，对农村经济社会发展产生负面影响。主要表现在三个方面：一是农村劳动力异地转移后，滞留在农村的劳动力以女性、大年龄、较低文化的人口为主，农业内部劳动力质量大大降低，削弱了农业生产能力。而当前重庆市农业生产的机械化和科技化水平还比较低，加之山地面积广，劳动强度大，因此精壮劳动力大量外出明显地影响了农业生产。近年来，重庆市粮食生产连年减产，2003 年重庆市粮食供需缺口达到了 158 万多吨，占常年粮食产量的 15%左右。粮食缺口的主要原因除了结构调整压缩了部分粮食种植面积以外，很大程度上是由于农村精壮劳动力大量外出导致土地大量撂荒和农业生产能力低下所造成的。二是滞留在农村的劳动力文化素质较低，思想保守落后，接受新观念和新知识的能力减弱，一定程度上影响了农业结构调整和产业化经营的推进。三是农村人口结构产生了缺少男性、青壮年、较高文化人口的断层，老人的赡养和子女的教育问题趋于突出。

四、农村劳动力非农化就业与转移面临的困难

（一）今后几年内农村劳动力非农化就业与转移面临非常严峻的就业形势

城镇现有失业人口数量庞大。假定 1990 年中国城镇人口的从业率 56.44%为充分从业率，那么 2003 年我国 51782 万城镇人口充分就业的劳动力应当为 29225 万人。扣减城镇人口的从业人数后，2003 年我国城镇失业劳动力约有 4500 万人，失业率约为 15.4%。今后几年城乡新增劳动力数量远远大于新增就业岗位。2004 年 4 月，国家劳动和社会保障部副部长张小建在光彩事业与就业再就业论坛上指出，今后几年城乡新增劳动力将达到峰值，约为每年 2400 万人。如果中国经济能保持 7%的增长速度，每年大约能新增 1000 万个就业岗位，但仍存在 1400 万的缺口。因此，今后几年内农村劳动力非农化就业与转移将面临城镇失业劳动力就业的严峻竞争压力。

（二）农村劳动力非农化就业与转移存在制度性障碍与非制度性壁垒

建国以来我国推进工业化战略制定的户籍制度导致了城乡分割的二元经济格局，成为农村劳动力向城镇和非农产业转移的重大障碍。现在户籍制度虽然有所松动，以缓解鼓励农村劳动力进城务工的政策矛盾，但户籍制度尚未真正打破，进入城市农民工仍然未被城市接纳。农民工权益缺保障，说明了农村劳动力非农化就业与转移存在严重的非制度性壁垒。

（三）农村小城镇建设缺乏产业支撑，人口聚集效能不足

近年来，国家提出了大力发展农村小城镇建设、推动农村劳动力转移和农村经济发展的战略。重庆市实施了“百个经济强镇战略”，经过两年的建设，重点建设的小城镇初具规模。但是，由于国家投资和扶持的力度不足，小城镇在资金、技术、人才等资源要素方面存在先天不足，有能力发展的支撑产业受到市场需求和竞争的约束，培植支撑产业和完善城镇功能需要一个较为漫长的过程。在可以预期的一段时期内，小城镇能够提供的新增就业岗位少，人口聚集效能不足。

(四)农村劳动力素质低下,就业局限大、竞争能力弱

今后几年内我国就业形势严峻,农村劳动力非农化就业与转移面临城镇失业劳动力就业的竞争,对素质低下、缺乏非农产业劳动技能的农村劳动力构成重大的压力。

五、农村劳动力就业与转移的思路和对策思考

农村劳动力就业与转移的基本出路有四条:一是大力提高农业劳动生产率与经济效益,提高农业内部就业质量。二是大力扶持农村小城镇建设,加快城镇化步伐,培植和扩大接纳农村劳动力当地就业与转移的载体。三是大力发展有利于扩大就业的城市经济,加快经济结构调整,进一步推进经济体制改革,畅通农村劳动力异地就业与转移的渠道。四是积极拓展境外劳务输出渠道,增加劳动力就业机会。

主要有六个方面的对策:

(一)以完善农业产业化经营为突破口,提高农业内部就业质量

农村劳动力的转移受到城镇严峻的就业环境和自身素质与劳动技能不足的双重制约。重庆市农村富余劳动力数量庞大,要在短期内实现全部富余的转移是不可想象的。因此,盘活农村劳动力资源,从深度和广度两个方面拓展农业发展空间,提高农业劳动生产率与经济效益,是促进农村劳动力就业的现实选择。

(二)以农村小城镇建设为载体,促进农村劳动力当地就业与转移

在今后相当长的时期内,我国大中型城市吸纳数量庞大的农村富余劳动力是不现实的。虽然农村小城镇目前人口聚集效能不足,但从经济社会发展的要求和趋势看,小城镇建设将是我国最终解决农村劳动力就业与转移的根本出路。积极推动乡镇企业进行经营体制和管理体制的改造,鼓励和扶持乡镇企业二次创业。结合当地的物产优势和农业产业化,大力扶持农副产品加工企业和劳动密集型产业。发展个体经济,鼓励外出务工积累了一定资金和技术的劳动力回流办企业,促进农村二、三产业的发展。

(三)扩大城市就业需求,畅通农村劳动力异地就业与转移的渠道

我国三产业发展滞后,2003 年重庆市第三产业从业人员占全部从业人员的比重为 31.0%,而发达国家的这一比重达到了 70%,三产业是扩大就业的主要出路。从扩大就业的要求出发,加快城市经济结构调整,大力发展三产业,重点发展劳动密集型产业,扶持中小企业,鼓励发展非公有制经济。

(四)积极拓展境外劳务输出渠道,增加劳动力就业机会

从国际劳动力市场来看,一些国家劳动力资源不足,而我国是人口大国,富余劳动力资源多,劳动力价格低廉,劳动力境外输出具有一定的条件。对可利用加入 WTO 的条件,加强与缺乏劳动力的国家和地区协商沟通,签订双赢的劳务输出协定。

(五)加强农村基础教育和职业教育,提高农村劳动力素质

应加大农村基础教育投入,改善农村教育设施,充实师资力量,提高农村教育水平。以就业为导向,大力开展农村劳动力职业教育,着力提高农村劳动力的工作技能。结合劳动力市场需求与就业订单,有针对性地举办劳动技能培训班,增强劳动力的专业技术和适应能力。

(六)建立全国劳动力供需信息网络,加强就业信息服务

促进劳动力就业,国家应尽快建立全国劳动力供需信息网络,建立就业供需信息的发布中心。劳动力供需信息网络的终端应延伸到农村乡镇,及时为求职的劳动力查询信息。为了提高用工信息的成功率,基层政府应切实关心农民的利益,主动与用工单位联系,进一步了解用工单位的要求,并与之达成可行的用工协议,组织更多的劳动力外出务工。

江西农村劳动力转移的特征与策略思考

江西省农调队*

一、农村劳动力转移的含义

农村劳动力转移，是指在现有农业生产技术条件下，由于农村人均耕地不足，从事农业生产的劳动人数超过了农业生产实际需要人数的那部分劳动力，由农业转向非农产业、由农村转向城市就业的过程。长期存在的"二元"城乡结构，拉大了城乡差距，广大农民渴望脱贫致富，提高生活水平，则成为农村劳动力转移的内在动力。根据人口学中的"人口流动高位移规律"，劳动力流动遵守就高原则，总是由低层次向高层次转移，由生存条件差的地方向生存条件好的地方转移，由劳动效益低向劳动效益高的区位转移，由简单劳动向复杂劳动转移，由农村向城市转移。

西方发达国家的实践表明，完成农村劳动力彻底转移，需要经历一个漫长的过程。据有关资料，英国把农业人口占全国人口比例从 70%降至 30%，用了 200 年的时间，美国也用了 100 年的时间(参见《中国经济快讯周刊》2003 年第 44 期：《WTO 后的"中国蛋糕"》)。目前，我国乡村人口还占总人口的 59.47%，江西的比重高达 65.98%，要完成农村劳动力的彻底转移，需要的时间也不会是很短。据有关方面统计，全国每年向城镇转移的劳动力达到 8000 多万人，但在城镇长期居住下来的比率只有 20～25%。据江西省农调队的抽样调查，2003 年离乡外出从业 1 个月以上的农村劳动力为 443.84 万人，外出从业 6 个月以上的为 375.25 万人，保留户口而举家外出从业在城镇长期居住的为 109.6 万人，三者共计 928.69 万人，在城镇长期居住的只占外出务工人员的比率为 11.8%。透过这组数字，可以看出农村劳动力转移具有的特点：流通性强，稳定性差；短期性多，长期性少；重职业转移，轻地域转移。

二、当前江西农村劳动力转移的特征

近两年来，在各级党委和政府的共同努力下，江西农村剩余劳动力的转移步伐正在加快。2001～2003 年江西农村劳动力就业情况见下表。

从表中看，江西从事农业的劳动力人数逐年减少，2002 年比 2001 年减少 6.13 万人，2003 年又比 2002 年减少 12.27 万人；务农人数占江西省农村劳动力总数的比重逐年下降，由 2001 年所占比重 63%下降到 2002 年的 62.4%再下降到 61.2%。农村剩余劳动力向非农产业转移速度加快，2003 年，江西省农村劳动力从事工业生产的达 132.62 万人，比 2002 年增加了 24.34 万人，增长 22.5%；从事建筑业的达 86.12 万人，比 2002 年增加了 15.1 万人，增长 21.3%；从事交通运输业的 30.45

* 课题组成员：钟小娟、李愈茂、张月水。

2001～2003年江西农村劳动力就业情况

单位:万人

年份	农村劳动力总数	其中						农村劳动力离乡跨省从业人数
		从事农业劳动的人数	从事工业劳动的人数	从事建筑业的人数	从事交通运输、仓储及邮政业的人数	从事批发零售业、住宿和餐饮业的人数	从事其他行业的人数	
2001	1552.2	977.4	86.2	60.9	23.1	33.6	371.0	422.7
	占农村总劳力的%	63.0	5.6	3.9	1.5	2.1	23.9	27.2
2002	1577.4	983.5	108.3	71.0	26.7	44.0	343.8	453.8
	占农村总劳力的%	62.3	6.9	4.5	1.7	2.8	21.8	28.8
2003	1588.4	971.3	132.6	86.1	30.5	46.5	321.4	484.9
	占农村总劳力的%	61.2	8.4	5.4	1.9	2.9	20.2	30.5

万人，比2002年增加了3.72万人，增长了13.9%；从事批发、零售业的46.54万人，比2002年增加了2.54万人，增长了5.8%。劳务输出2001年422.71万、2002年453.82万、2003年484.85万，每年新增30多万人。

根据江西省农调队的抽样调查资料分析，目前江西农村劳动力转移具有以下主要特征：

(一)转移的行业集中在劳动密集型行业、生产建设第一线和低层次的服务业

2003年，江西省农村转移到第二产业的劳动力占59.78%，多从事采掘工业、食品、饮料、纺织、服装、皮革、木竹、家具制造及建筑生产；转移到第三产业的占39.28%，多从事餐饮、旅馆、商品零售等传统服务业；到异地仍然从事第一产业的劳动力所占比重为0.9%。从行业分布看，比重前四位的是，制造业49.23%，建筑业7.72%，居民服务及其他服务业6.33%，住宿和餐饮业4.95%，其中制造业比重比2002年上升了3.5个百分点。

(二)在外出务工的农民中，以“候鸟式”转移的为主

“候鸟式”即劳动力离开农村外出就业，家庭仍在农村，并保留承包地。2003年以这种转移方式就业的农民，占农村劳动力总量的52.6%。“举家外出”，即劳动力连同整个家庭一起离开原信住地到外地就业、定居，一般不保留承包地，但户口仍保留在原住地的转移方式，近年来有增多趋势，2003年，以这种转移方式就业的农户，占江西省总农户数的6.76%，劳动力占江西省农村总劳动力的6.95%。

(三)农民外出就业以自发性为主

2003年，外出从业农民61.3%是自发外出，37.4%由亲友介绍，只有1.3%由政府或组织介绍外出。与2002年比，自发外出下降6个百分点，亲友介绍上升6个百分点，政府或组织介绍持平。

(四)转移地域以东部和地县两级城市为主

东部是江西农村劳动力转移的主渠道，2003年，在出省务工的农村劳动力中，在东部地区从业的占82.27%，其中广东、浙江、福建列前三位，分别占总人数的46.6%、18.9%和12.8%。在中部地区从业的占17.23%，在西部地区从业的占0.5%，在省内从业的占11.2%。按地区类型分，在直辖市就业的占4.46%，省会城市占18.27%，地级市占36.05%，县级市占25.7%，建制镇占12.24%，其他占3.28%。农民外出从业主要集中在地县两级城市，小城镇为农民创造的从业岗位并不多。

(五)农村转移的劳动力以青壮年为主，文化程度以初中文化为主

2003年，江西农村转移劳动力中，16～30岁的占77.09%，31～40岁的占16.74%。从文化程度看，转移劳动力平均受教育年限为8.73年，初中文化占68.6 %，小学文化占18.5 %，高中和中专文化占10.76 %。从性别构成看，男性多于女性，外出男女性别之比为1∶0.65。

(六)工资收入因产业、地区及文化程度的不同而存在明显差异

2003年平均每个外出从业农民的外出从业时间为8.56个月，平均月收入为562元，人均外出从业收入4811元。按产业分，2003年第三产业人均外出从业收入5073元，比第二产业高398元。按地域分，上海最高，2003年，人均外出从业收入5136元，浙江、广东、福建、江西分别为4950元、

4716元、4418元和3983元。按文化程度分，文盲3313元，小学4002元，初中4873元，高中5250元，中专5093元，大专以上5576元。

劳动力转移已成为江西农民增收致富的重要途径。2003年江西跨省转移农村劳动力484.85万人，实现劳务输出收入280亿元，占全省农民总收入的近1/3（资料来源：央视国际2004年2月3日：《劳务输出创数百亿财富，"流动就业"加速农民增收——弘扬求真务实精神，大兴求真务实之风系列报道》）。据江西省统计局资料，1998～2003年，江西农民人均纯收入增加410元，其中外出从业的收入增加了380元，外出从业对农民增收的贡献率达到92.7%。在一些县市，"打工经济"已成为农民增收、拉动县域经济发展的一大支柱。下表提供的数据可供参考。

2003年江西省部分市县劳务收入情况表

市　县	外出劳务人数	劳务总收入	资料来源
赣州市	100万人	49亿元	央视国际2004.3.1
宜春市	60.4万人	30亿元	江西日报2004.3.23
鄱阳县	32万人	15亿元	江西日报2004.2.2
修水县	15万多人	5亿元	江西日报2004.3.17
玉山县	10.8万人	7亿多元	江西日报2004.3.22
信丰县	10万人	3亿元	江西日报2004.2.8
永新县	8万余人	4.8亿元	中国劳动力市场网2003.9.23
永丰县	8万多人	5.6亿元	江西日报2004.2.8
赣　县	8万人	7亿元	江西日报2004.3.2
遂川县	7.5万人	4亿多元	江西日报2004.2.24
余江县	6万多人	3亿多元	新华网江西频道2004.3.1
金溪县	5万多人	从邮局寄回的款达2亿多元	中国广播网2004.6.23
吉安县	4.8万人	3亿元	中国江西网2004.5.14
浮梁县	3.27万人	1.14亿元	中国农村劳动力转移培训网2004.6.3
吉州区	2万多人	1.5亿元	中国农村劳动力转移培训网2004.6.23

三、对江西转移农村劳动力的战略思考

江西是个农业省，2/3的人口在农村，2/3的国土面积是山区。2003年，江西省耕地面积210.62万公顷（合3159.3万亩），江西省乡村人口2806.94万人，农业劳动力1588.36万人，按人口计算，人平1.13亩；按劳动力计算，劳均1.99亩。根据我国农业专家和经济专家测算，按我国目前生产力状况和农资、农产品等价格水平，每个农业劳动者经营20亩土地才可保本，经营30亩土地才有钱可赚。若按此"保本"的标准测算，江西仅需要158万个农村劳动力，就有1430.36多万个劳动力要转移；按"有钱可赚"的标准测算，只需要105.31万个劳动力，就有1483.05万个劳动力要转移。就按江西农村过去常用的低标准，一个劳动力平均5亩地测算，江西省也只需631.86万个劳动力，要转移出去的劳动力也有956.5万个。况且江西省农村每年还要净增劳动力30万人。足见江西农村劳动力转移的紧迫性和艰巨性。

农村劳动力的非农化转移是一项复杂的系统工程，不可能一步到位，转眼之间就使农民变成现代城市的市民。目前，全国跨地区流动的农民工有近亿人，其中江西占了4.55%，他们作为城市发展劳动力不足的有效补充，已经成为城市产业大军的重要组成部分和城市不可或缺的就业主体。但是，过量的农民工进城，也给城市管理和建设带来了一定的压力。因此，我们必须面对现实，立足全方位、多元化、多途径、逐步地转移。

（一）推进农业产业化，促进农民分工分业，扩大农村劳动力就业总量

我国的农业产业化就是以工业的理念发展农业的伟大实践。在农业产业化经营链条中，有四个重要组成部分：生产基地、龙头企业、市场和服务体

系。龙头企业是核心，联市场、带基地，而服务贯穿于农业产业化全过程。在龙头企业的牵动下，农业产业化在其运行过程中，农民不再是千家万户都种粮食，而是有专门种粮、种菜、种果、种花、种麻、种茶叶的，也有专门养鸡、养鸭、养牛、养羊、养鱼、养虾的，还有专门从事运输、加工、包装、销售的等等，使农民的职业得到分化，大量劳动力就在农业、农村内部被吸收。主要表现在：

第一，龙头企业首先需要生产供应基地，通过大规模开发生产基地，带动了千家万户从事专业化生产，大量吸收农村劳动力。如江西煌上煌集团有限公司，是一家加工烤卤食品的省级龙头企业，现有连锁卤菜店180多家。为解决原料的供应，公司在省内滨湖地区的余干、鄱阳、新建、南昌等30多个县市建立了养殖基地，养殖规模达千万羽，带动了5.6万农户从事养殖业，户均增收2500元。

第二，通过兴办农产品加工企业，容纳大量的剩余劳动力。如新余市的龙企业星海夏布纺织品有限责任公司，年加工夏布60万匹，产值1.5亿元，出口创汇1000多万美元，带动了10万农民从事种麻、绩纱、刷布、织布等初精加工及运销服务，每年有一大批农民从夏布产业经营中步入小康生活。

第三，通过对加工的农产品进行销售，转移剩余劳动力。宜春市是个农业大市，粮、棉、油、猪、牛总产居江西省前列。农副产品卖难问题，一直制约着宜春市农民增收。为解决这个难题，市政府鼓励农村有实力的农户，以资金、技术、市场、信息为纽带，组建风险共担、利益同享的民间流通合作组织。目前宜春市已有民间流通组织3500多个，加入流通组织的农户30万户，其中，从事农产品推销运输的农户达6万多户。2003年，宜春市共有245万多吨粮食、油脂、蔬菜、水产、水果和3000多万头生猪、肉牛、山羊及3400多万羽家禽，通过农村流通组织销售到全国各地，为缓解农副产品卖难立下汗马功劳。

第四，通过开发农业中的多条产业链，以及产业链的拉长和深化，大量吸收剩余劳动力。如被誉为“中国藠头之乡”的新建县生米镇，是全国最大的藠头生产基地。生产的藠头销往全国20多个省市，并远销日本、韩国等国。现在仅生米镇就有8000多户农户种植藠头，从事与藠头行业有关的人员达4万人，面积达4.5万亩，成了当地农家的“致富宝”。近年来，新建县的流湖、西山、石埠等乡镇也不断扩大种植面积，使全县的藠头种植面积达到10万亩，产量达到1.7亿公斤，从事与藠头有关行业的人数达10万人。藠头业的发展，推动了当地藠头加工业的发展，目前，仅生米镇的藠头精加工企业就有42家，加工能力在100万公斤以上的有5家。加工后的藠头产品身价大增。据统计，原料价格只有粗加工后价格的30%、成品价的10%。藠头产业成了生米镇、新建县经济快速增长的“助推器”。

第五，通过农科教及社会化服务体系，消化剩余劳动力。如赣州市通过供销社引导农民组建白莲、草席、灰鹅、脐橙、蔬菜等专业合作社，形成了“专业合作社＋农户”扩大农产品开发的产业链，每年为农民推销农产品4亿多元，联系和带动了65万多农户，收到了农民、政府、供销社“三满意”的效果。

农业产业化的过程就是农民分工分业的过程。产业化将农业的链条拉长了，一部分农民就可以在这个过程中转变成为加工车间的工人、农业流通领域的经纪人、为农民服务的技术人员等，而真正在田间劳动的农民就大大减少了，土地的规模也就大了，其务农收益也就高了，整个产业也就发展起来了。实践证明，农业产业化的发展，可以最大限度地促进农民分工分业，实现农村劳动力的就地转移；是建设现代农业，繁荣农村经济，提高农民收入的有效途径；是解决“三农”难题的“金钥匙”。

目前，江西有初具规模的龙头企业829家（其中，国家级9家，省级100家），销售收入过亿元的有31家。这些龙头企业连接基地1120万亩，带动农户256万户。在实行家庭联产承包经营的背景下，龙头企业通过把农产品的生产、加工和销售有机结合起来，与农民形成利益共享、风险共担的机制，对提高农民收入有着重要作用。龙头企业的发展壮大，可以大大拓宽农民的就业门路，在生产、加工、运输、仓储、销售等各个环节吸纳大量的农村富余劳动力，促进农村富余劳动力的分流和就地转化。因此，要加大对龙头企业的资金扶持；加强对龙头企业的金融服务；鼓励重点龙头企业多渠道筹集资金；支持龙头企业建设生产经营用地，鼓励龙头企业扩大生产营销和进行科研开发，扶持龙头企业开拓国际市场，参与国际竞争；改善龙头企业发展外部环境。可以说，扶持产业化就是扶持农业，扶持龙头企业就是扶持农民。

（二）加速推进城镇化，发展二三产业，拓宽农

村劳动力就业领域

推行农业产业化可以解决很大一部分农村剩余劳动力就地转移,但受地方资源和各地经济发展水平的限制,必然还会有一部分剩余劳动力要向二、三产业和城镇转移。因此,大力发展二、三产业,推进城镇化,就成为转移农村劳动力的根本途径。

城镇化,也称非农化,是指工业化进程中人口和社会生产力由农村向城镇转移和集中的过程。人口和生产力向城市集中,是为了获得聚集经济效应,节省分工、协作和交易的成本,城镇则是聚集经济效应的载体。不同学科从不同角度对城镇化赋予不同的含义,概括起来,城镇化的内涵有四个方面:

一是从人口学的角度讲,城镇化是人口的城镇化。它体现的就是人口,现在全世界衡量城市化水平的高低就是以人口城市化来表现的。所以,城镇化就是一个农村人口逐步减少,城镇人口逐步增加——农民变市民的过程;是城镇人口占总人口比重不断提高的过程。

二是从产业经济学的角度讲,城镇化是非农产业的城镇化。这是城镇化的核心。因为城镇是非农产业——第二、第三产业的集中地,如果没有非农产业的发展,城镇化就成为无本之木、无源之水,也就无法带动农村剩余劳动力务工就业和集聚。城镇化是从第一产业逐步转化为第二、第三产业的过程。产业结构决定就业结构,对于农民来说,他转化为市民的第一步就是转为非农业人口,从事非农产业,然后才转化为城镇人口。可见,非农业人口是转化的第一步,然后才能是城镇人口。

三是从地理学的角度讲,城镇化是居住地域的城镇化。城镇是地域上各种活动的中枢,是农村地域向城镇地域转化的过程;是农民由农村居住地域向城镇居民居住地域转移的全过程;是非城市化景观转化为城镇化景观的地域推进过程。如果农民不从农村进入到城镇,没有完成空间转换的过程,那还不属于城镇化的过程。例如在江苏、浙江两省,有很多农村由于经济水平提高很快,住房条件甚至都远远超过大学教授,很多人已经不搞农业了,但他们分散居住在农村。像这样的情况,还不能称为城镇化。如果是按照非农业人口来计算的话,我国很早就已经达到标准。搞手工业的许多人早就非农业了,但还是农村人,还不是城镇人口。所以城镇化的过程必然是一个城市地域扩大过程、城镇数量增加过程和城镇人口增加过程,它们是相辅相成的。

四是从社会学的角度讲,城镇化是生活方式的城镇化。即由农村生活方式向城镇生活方式转变的过程。

生产要素集聚的最佳方式就是城镇,没有积聚效应就不能体现城市的先进性。劳动力也是生产要素,因此生产要素的集聚也表现为人口的集聚。城镇的积聚首先是非农产业的积聚,没有非农产业的积聚就没有人口的积聚。兴业是兴城强镇的前提,产业的发展才更有利于城镇的扩张,可以接纳更多农村劳动力的转移。没有产业支撑的城镇,建得再漂亮也只能是一座"有城无市"的空城、废城。而非农产业的积聚,重点是工业的积聚,工业的发展必然会带动相关非农产业如建筑和第三产业的房产、交通运输、水电、通讯、金融、商业、包装、服务、教育、卫生、文化、体育、旅游、娱乐等产业的发展。可以说,工业是城镇化的根本动力,第三产业是城镇化的后续动力。

近几年来,江西城镇化呈加快之势,城镇人口比重在逐年上升,农村人口比重在逐年下降。2001年江西省城镇化率为30.4%,2002年比上年提高了1.8个百分点。2003年城镇化率34.02%,又比2002年提高了1.82个百分点(见下表)。据有关统计资料,2003年江西省有68.8万农民转移到城镇。

2000～2003年江西省农民转移情况

年份	江西省年末总人口(万人)	按城乡分(万人)		占江西省总人口比重(%)	
		城　镇	乡　村	城镇(城镇化率)	乡　村
2000	4148.54	1148.73	2999.81	27.69	72.31
2001	4185.77	1272.89	2912.88	30.40	69.60
2002	4222.43	1359.62	2862.81	32.20	67.80
2003	4254.23	1447.29	2806.94	34.02	65.98

江西的非农产业也得到很大发展，在三次产业在国内生产总值中所占比重中，二、三产业占的比重均大大超过第一产业，特别是2003年，江西国民经济三大产业的比例，由上年的21.9∶38.8∶39.3调整到19.8∶43.4∶36.8，以工业为主体的第二产业比重比2002年提高了4.6个百分点，成为三次产业中比重最大的产业。见下表：

1999～2003年江西省三次产业在国内生产总值中所占比重

单位：%

年份	第一产业		第二产业		第三产业	
	所占比重	比上年增减	所占比重	比上年增减	所占比重	比上年增减
1999	25.1	—	35.0	—	39.9	—
2000	24.2	－0.9	35.0	持平	40.8	0.9
2001	23.3	－0.9	36.2	1.2	40.5	－0.3
2002	21.9	－1.4	38.8	2.6	39.3	－1.2
2003	19.8	－2.3	43.4	4.6	36.8	－2.5

但是，江西与全国比，还存在很大差距。2003年，全国城镇化率40.53%，江西比全国平均水平低6.5个百分点；与浙江53%、江苏46.8%、山东41.8%相比，江西分别低18.98、12.78、7.38个百分点；2003年，江西三次产业的比例关系为19.8∶43.4∶36.8，而全国一、二、三产业的比例关系为14.8∶52.9∶32.3，江西第一产业所占比重高出全国5个百点，第二产业所占比重低于全国9.5个百分点，第三产业所占比重高出全国4.5个百分点。

由于江西第一产业的比重还较高，城镇化进程和非农产业的发展还慢于全国，所以，近几年江西农村劳动力在本地企业和乡外县内非农产业务工人数下降，流向本省大中城市的速度大幅上升，而流向省外特别是粤、浙、闽等发达地区的人数，更成了江西农村劳动力外出务工的主体。目前，江西在省外务工人员达500余万人，占外出务工总人数的90.0%，在省内务工人数才60万人左右，比重约为10%。为了加快江西农村劳动力的转移，必须加速推进城镇化，进一步发展二三产业。

1. 实施多元化的城市化发展战略

首先，要做大做强龙头城市。据有关部门统计，城市规模与第三产业就业成正比，100万以上的特大城市，第三产业就业率为41.25%，50～100万人口的大城市为31.9%，20～50万的城市为26.2%，北京是54.6%，日本东京是69.3%，美国纽约是81.1%。从江西的情况看，占65.98%的农业人口负担和日益紧缺的资源，将在今后很长一段时间成为经济和社会发展的重大制约因素，更需要采取人口集中居住的办法来促使第三产业的发展解决人口就业问题。省会城市南昌最具江西龙头城市的地位。在江西省现有21个城市中，只有南昌市列入特大城市(2003年市区人口196.37万，市区非农业人口149.53万)，与全国其他特大城市相比，南昌这座特大城市还不特、不大、不强。全国200万人以上的超大城市多数是跨省的区域经济中心和科技、信息中心。但是，南昌目前在江西省范围内，其人口占江西省1/4，财政收入占江西的1/4，国民生产总值占江西的1/4，城市经济质量排名第一，辐射距离205.86公里，辐射带动能力较强，具有龙头城市的作用，南昌的工业发展对江西省工业水平上新台阶至关重要，必须集中资源把它做大做强，使之成为京九经济带和长江经济带交汇地区、东西部过渡地带的中心城市，成为江西吸纳全国和海外人才的主要高地。

其次，做大做优区域型经济中心城市群。除南昌外，江西省还有10个设区市和10个县级市，但其中没有一个是大城市，江西省还缺大城市这一级。在这20个城市中，2003年市区非农业人口达到中等城市要求20万至50万的，只有九江(45.49万)、萍乡(38.59万)、景德镇(33.96万)、赣州(33.59万)、新余(29.85万)、抚州(28.73万)、宜春(23.71万)、吉安(22.32万)等8个城市，其余12个城市还是小城市。这与江苏、浙两省比起来，无论是城市的数量还规模都不能相比。

建设好南昌为中心的若干个“区域城市经济圈”，是做大做优区域型经济中心城市群的主骨，江西必然借助于有利的区域优势，如江西地处珠江三角、长江三角、闽东南三角地带，浙赣铁路横跨东西，京九铁路纵贯南北，形成了“大十字”的生产力布局；105、206、320国道穿行江西，随着赣定高速公路南康至龙南段与泰赣高速公路的同时建成通车，由昌九景高速公路、沪瑞高速公路、赣粤高速公路、京福高速公路构成的江西“天”字型高速公路框架已基本形成，六条高速出省通道相继打通，江西与所有周边省份都将有高速公路相连。在水路、铁路、高速公路、国道的交织中，江西构筑了以南昌为核心、“牵手”10 大地级市的四大城市经济圈，以便更好地与珠江三角、长江三角、闽东南三角对接，实现产业分工和互补，带动江西省经济的快速发展，这为 20 个城市的发展壮大提供了极好机遇。要搞好这几个“经济圈”的分工和协作，加快城市的扩张，完善基础设施建设，培植支柱产业，突出城市特色，将其做大、做优，提高辐射能力，尽快把经济圈内的中等城市发展为大城市，其他小城市培育成中等城市。

再次，做特、做精小城镇。小城镇是指县城镇和建制镇。小城镇是连接农村和中心城市的纽带，是工与农、城与乡的交汇点，加速小城镇建设有利于促进乡镇企业集中布局，带动农村经济和社会发展，繁荣城乡生活，增加就业。发展小城镇，经济是基础，必须以发展经济为核心，以经济大发展促进小城镇的大发展。做到以特色兴产业、赢市场、增活力；努力实现兴一座城镇，繁荣一方经济，转移一批农村剩余劳动力，致富一片群众。

对小城镇的建设可分成两个层次，第一个层次是县城镇。县城镇是县域内经济、政治、文化、科技中心，要把县城镇逐步建成 20～30 万人口以上的中等城市，带动县域经济和当地社会发展。第二个层次是建制镇。这些镇一般都远离县城。对这部分镇要坚持有序发展、合理布局的原则。要选择区位优势明显、交通便利、城镇基础较好并具有一定发展潜力的建制镇，与区域发展和其他城市发展相协调，培育成有特色的中心镇，发挥引导中小企业和人口集聚的作用。

2. 促进工业企业发展，引导企业向城镇工业园区集中

工业化是城市化的引擎，人口集聚则是城市化的基础。工业的发展需要大批劳动力，而劳动力主要来自农村，农业劳动力不断地转移到非农产业，才导致了城市化，这是各个工业发达国家的共同规律。

江西工业基础薄弱，2000 年，第二产业增加值 700.76 亿元，(占江西省 GDP 的 35％)，而浙江为 3200 亿元(占 53.07％)、江苏为 4439.0 亿元(占 51.7％)，江西只及浙江的 22％、江苏的 16％。2001 年 12 月江西省第十一次党代会明确了“工业强省”的战略思路，有力地推动了江西工业的发展。2003 年，江西省第二产业增加值达到 1227 亿元，比 2000 年增加 526.24 亿元，增长 75％，占江西省 GDP 的 43.4％，比 2000 年增加 8.4 个百分点，首次成为江西省国民经济三大产业中比重最大的产业，这对江西来说是个了不起的成绩。但与江浙两省相比，江西的差距还很大。2003 年，浙江第二产业增加值为 4830 亿元，占江西省 GDP 的 52.5％，江苏为 6872.3 亿元，占江西省 GDP 的 54.5％。在总量上，江西只及浙江的 25％、江苏的 18％。由于江浙两省的工业发展较快，因而其城镇化进程也比江西快。详情见下表：

江西与浙江、江苏工业发展和城镇化进程比较表

年　份	项　目	江　西	浙　江	江　苏
2000	第二产业增加值(亿元)	700.8	3200.0	4439.0
	占全省 GDP 比重	35.0	53.0	51.7
	城镇化率(％)	27.7	39.5	41.5
2001	第二产业增加值(亿元)	788.1	3440.0	4913.7
	占全省 GDP 比重	36.2	51.3	51.6
	城镇化率(％)	30.4	42.0	42.6
2002	第二产业增加值(亿元)	951.8	3925.0	5546.6
	占全省 GDP 比重	38.8	51.2	52.1
	城镇化率(％)	32.2	43.5	44.7
2003	第二产业增加值(亿元)	1227.4	4830.0	6782.3
	占全省 GDP 比重	43.4	52.5	54.5
	城镇化率(％)	34.0	53.0	46.8

通过与江浙两省的比较，可以看出，江西要加速城镇化进程，首先要加快工业企业的发展，并使工业化与城镇化互动起来。

无论在一个国家还是一个地区，大型企业主要承担基础工业和新兴工业体系的建设、高新和综合技术的研究和开发，提升国际竞争力等任务，而中小型企业尽管从资源配置和技术构成方面不如大企业进步和有效率，但在提供更多就业岗位，实现劳动力充分就业方面应该发挥更大的作用。江西99%以上的企业是中小企业，对江西而言，工业化进程实质上就是中小企业加速发展的过程。据江西省中小企业局的资料，2003 年，江西中小工业企业持续快速发展，企业户数达 26 万户，占全、江西省工业数的 99.99%，其中规模以上中小工业企业完成工业总产值 630 亿元、工业增加值 200 亿元，实现利税总额 48 亿元，分别比上年增长 28.2%、23.4%、34.5%；吸纳从业人员 350 万人，占江西省工业从业人数的 91.5%。这充分说明，中小工业企业既是江西国民经济的重要支柱，也是农村劳动力转移的主渠道。

农村非农产业的主体是乡镇企业，乡镇企业是以中小企业为主的经济群体，在促进农民转移就业、增加农民收入中有着得天独厚的地位。2003 年，江西农民人均年纯收入来自乡镇企业工资性收入为 69.57 元，占农民人均年纯收入的 2.2%；江西省乡镇企业吸纳了农村富余劳动力 160 万人，占农村劳动力总数的 10.1%。如果江西乡镇企业发展水平能达到全国平均水平，则江西省农民人均可再增收 100 元，可增加转移农村劳动力 175 万人。从乡镇企业就业的产业分布看，第二产业（尤其是工业）是吸纳农村劳动力就业的主体。要使农村中小企业成为增加农民收入的重要渠道，必须大力发展农村中小工业企业。要坚持多种成份共同发展和“多轮驱动、多轨运行”的方针，鼓励打工返乡农民创办、联办工业企业，通过招商引资兴办工业企业，引进各类专业技术和管理人才领办、创办、承包工业企业，有条件的地方积极发展股份合作企业和中外合资（合作）企业等等，并积极扶持中小企业向“专、精、特、新”的方向发展。

为发挥中小工业企业这支主力军在江西工业化、城镇化的推动作用，就要引导中小工业企业向城镇工业园集中，通过生产要素聚集，形成产业区位，扩大就业空间。

目前江西农村中小工业企业竞争力弱，一个突出问题是布局分散，村村点火，处处冒烟，企业组织结构集中度低、关联度小、缺少专业化协作和规模效益。这在发展乡镇企业之初是难以避免的。在乡镇企业已经发展到一定阶段，就必须“相对集中，连片发展”。据有关研究表明，乡镇企业由于过于分散，用地规模增加了 1/3，能源利用率降低 40%，基础设施投资增加 20～30%，行政管理费增加 40%，人力增加 1～2%，最终表现为资金利润率比相对集中降低 20%左右。因此，引导乡镇企业（农村中小工业企业）向城镇工业园集中，有利于改变布局散乱和重复建设问题，形成城镇工业园区的集中连片发展，节约土地和资源，共享各种基础设施，降低投资成本；有利于发挥商品流通的集散作用优势，促进生产力要素的合理流动和科学配置；有利于发挥工业生产的聚集效益优势，提高投资效益和产业档次，增强企业整体竞争力；有利于加快第三产业的发展，有效转移农村剩余劳动力；有利于集中治理污染，解决环境保护问题；有利于加强对乡镇企业（农村中小工业企业）的管理和社会服务体系的建立健全；农村中小企业向工业园区集，还便于增强对外招商引资，吸引人才。城镇工业园区是城镇化的推进器，把工业园区建设纳人城镇建设统一规划，可以提升城镇档次和功能，加速农村城镇化的进程。向城镇工业园区区集中，是今后农村中小工业企业发展的方向。

近几年江西工业园区的发展已取得骄人战绩，2003 年，江西省共有 109 个工业园区，各类人园企业达 7693 家，全球 500 强企业已有 18 家落户江西。在园区内已投产的工业企业达 4492 家，实现工业总产值 694.21 亿元，增长 78.1%，比江西省规模以上工业企业快 54 个百分点；实现出口交货值 52.77 亿元，增长 198%，比江西省规模以上工业企业快 166 个百分点。园区工业企业共安置从业人员 62.3 万人，比上年新增从业人员 29.5 万人，增长 90.1%。城镇工业园区已成为江西推进工业化、城镇化的最佳载体。

3. 大力发展第三产业，提升城镇现代化水平，扩大农村劳动力转移的容量

要实现城镇化，必须改变一、二、三产业的比例关系，即第一产业就业比例大幅度降低，第三产业就业比例相对提高，第三产业的就业人数应超过一二产业就业人数之和。美、日、德等发达国家，第三产业的就业比重，一般都达到 60～70%；不少发展中国家，三产就业比重也在 40%甚至一半以上。

第三产业是城镇新迁入人口的最佳流向，农村剩余劳动力的就业出路就在于从事第三产业。因此，产业结构的调整要放在大产业格局中进行，即不断地降低第一产业的比重，提升第二产业的比重，千方百计地发展第三产业，使一、二、三产业的结构趋于合理。如果说工业的发展是推动城镇化的核心动力的话，第三产业就是推动城镇化的后续动力。

从加快江西农村劳动力转移的思路来考虑，笔者认为，应重点发展下列劳动密集型产业：

一是大力发展农副产品加工业。农产品加工业，是指以人工生产的农业物料和野生动植资源为原料进行工业生产活动的总称。按照国民经济行业分类代码(GB/T4754－94)，农产品加工业包括食品加工业、食品制造业、饮料制造业、烟草加工业、纺织业、服装及其它纤维制品制造业、皮革毛皮羽绒及其制品业、木材加工及竹藤棕草制品业、家具制造业、造纸及纸制品业、印刷业和橡胶制品业等 12 大类。

二是大力发展物流业。物流业是新兴的第三产业，现已开始形成一股新的“投资流”。现代物流的概念是：从材料运输开始到供应产品给用户的整个制造及销售流程中，管理好所有有关的运输、仓储以及配送活动，将材料及产品经济地、无损地、适量地、适时地送达指定目的地，节省直接、间接开支，并在每个环节中记录及传达给客户有用的数据资料。因此，物流管理公司的作用有四个方面，一是节省多种直接与间接开支，二是为公司提供增值服务，三是记录、传达有关的数据资料，四是量身定做各种解决方案，根据用户需要制定解决办法。

三是大力发展教育服务业。在澳大利亚，教育服务业已成为国内第三大出口产业，如在 2000～2001 年度中，就创收 40.83 亿美元。但在我国，目前还在对教育是不是“产业”的问题还争论不休。其实，WTO 服务贸易总协定第 13 条中就做出了明确规定：除了由各国政府彻底资助的教学活动之外(核定例外领域)，凡收取学费、带有商业性质的教学活动均属于教育贸易服务范畴。中国对 WTO 教育方面也做出了承诺，这为大力发展教育服务业敞开了大门。按照 WTO 对教育服务业的规定，成人教育、职业教育、培训教育、远程教育、幼儿教育等，以及政府拨款的事业性教育中的产业化部分(如教学用具供给、学生公寓和教师住房的建设和供给、学生食堂与餐饮服务业等)，都属于教育服务业的范畴。

四是大力发展旅游业。旅游业在吸纳劳动力就业方面具有多项优势。一是旅游是劳动密集型行业，就业容量大。二是就业门槛低、包容性强，对不同层次的劳动力都有需求，能够提供多样化的就业机会。三是关联带动性强，据世界旅游组织统计，旅游业每增加 1 个直接就业机会，社会就能增加 5 至 7 个间接就业机会。四是就业方式灵活，大多数地区旅游业都有明显的淡旺季，其对劳动力的需求也有较强的季节性，就业弹性大，阶段性和流动性特征明显。旅游业是一个关联性极大的产业，它不仅可以为工业、农业、建筑业等提供巨大的市场，而且还可以带动和促进金融保险业、交通运输业、邮电通信业、商业、饮食服务、金融、保险、卫生、文化娱乐业以及对外贸易等行业的发展，甚至可以衍生出一些新的产业，进而在优化产业结构方面起着重要的带动作用。青岛市曾经对与旅游相关行业进行统计，旅游直接影响行业为 14 个，旅游间接影响行业为 58 个，旅游引至影响的行业为 20 个。广西自治区为了统计旅游业的经济影响，引进了旅游卫星帐户，该帐户显示与旅游业相关的行业有 124 个。可以说旅游业发展可以带动国民经济其他行业的共同发展。旅游业作为一个“朝阳产业”、“无烟产业”，其发展对解决劳动就业问题有十分积极的作用。江西旅游资源丰富，发展旅游业有着广阔前景。2003 年江西省旅游总收入 197.47 亿元，相当于江西省 GDP 的 7%、第一产业增加值的 35.3%、第三产业增加值的 18.9%，均高于全国的平均比。但在中部地区和华东地区，江西与旅游发达和旅游发展较快的省市相比，还有很大差距(见下表)。

五是大力发展房地产业。房地产业也是新兴第三产业，根据联合国制定的服务贸易分类标准，房地产、市镇规划与建筑业被划分为服务业。据此，国内属建设部归口管理的设计、施工、房地产和市镇规划四个方面都属于服务贸易的范畴，其真正内涵是房地产的生产、建设、流通、消费、售后管理的良性循环。

房地产业的发展对小城镇建设，对区域经济的增长和扩大就业，有着重要的作用。一是可以直接拉动建筑业、建材业、钢铁业、能源、建筑机械、电气制造等基础性的第二产业的发展。二是可以间接拉动交通，通讯、商业、餐饮等第三产业的发展。三是房地产业是劳动密集型产业，可以充分拉动地方就业，促进农村劳动力的转移。2003 年，江西省房地产开发投资达177.47亿元，比上年增长72.1%。由于房地产业的发展，促进了农村劳动力转移，2003年江西省农村劳动力从事房产建筑业的达86.12万人。

2003年江西省旅游业与中部和华东各省市比较表

单位：亿元

地 区	GDP	一产增加值	二产增加值	三产增加值	旅游业				
					总收入	总人次（万人次）	相当CPD%	相当一产%	相当三产%
全 国	116694.0	17247.0	61778.0	37669.0	3442.0	96166.0	3.0	20.0	9.0
江 西	2830.5	560.0	1227.0	1043.1	197.47	3407.2	7.0	35.3	18.9
安 徽	3993.2	749.1	1780.6	1443.5	196.5	3365.9	4.9	26.2	13.6
湖 南	4633.7	885.9	1193.7	1954.2	294.1	5970.4	6.3	33.2	15.0
湖 北	5393.9	793.6	2580.6	2022.8	342.8	5724.7	6.4	43.2	16.9
河 南	7025.9	1237.0	3350.5	2238.5	347.0	5071.3	4.9	28.1	15.5
山 西	2245.6	213.3	1400.1	832.2	101.5	3501.8	4.5	47.6	12.2
福 建	5241.7	705.5	2495.6	2040.6	387.3	3860.9	7.4	55.0	19.0
浙 江	9200.0	722.0	4830.0	3648.0	767.6	9609.8	8.3	106.0	21.0
江 苏	12451.8	1106.8	6782.3	4562.7	1068.5	112232.0	8.6	96.5	23.4
山 东	12430.0	1505.0	6650.0	4275.0	573.4	8995.7	4.6	38.1	13.4
上 海	6250.8	93.0	3130.7	3027.1	1249.6	8923.5	20.0	134.4	41.3

资料来源：根据全国和各省市发布的2003年统计公报的数字整理。

（三）提高组织化程度，扩大劳务输出规模，拓展农村劳动力就业的外部空间

劳务输出是有序合理地组织农村剩余劳动力，向大中城市、沿海经济发达地区和国外就业，缓解城乡就业压力，增加农民收入，促进农村产业结构调整和经济发展的重要方式。如果说，家庭联产承包责任制解决了农民种田的积极性问题，是第一次农村劳动力大解放，乡镇企业的兴起，开辟了农民增收的门路，是第二次生产力大解放，那么，劳务输出使农民跨越地域务工经商，敲开了工农等行业间的壁垒，打破了区域间的分割，淡化了城乡界限，打破了城乡"二元"的体制和格局，闯出了一条实现非农化的道路，这是进行第三次农村劳动力大解放。

江西是个内陆农业省份，经济基础比较薄弱，城镇化和二三产业发展滞后，对劳动力吸纳和消化的能力较低，因此，加大劳务输出力度，扩大劳务输出规模，显得更为重要。近几年，江西跨省劳务输出发展很快，2001年为350万人，近几年都超过了400万。据省就业管理局统计，2004年1～6月份，江西省跨省务工人数达到440.1万人，其中赴广东人数居首位，达180.9万人。在国际劳务输出方面，江西开拓国际劳动力市场的能力低，成效不佳。长期以来，江西主要通过国有企业获得国外援建项目，带动小规模劳动力的跨国输出，几乎不包括农村劳动力。要进一步扩大劳务输出规模，江西应在劳务输出工作中加大力度。

1. 加大宣传工作力度，不断转变群众的择业观念。依托各种媒体，采取各种形式，深入农村，向农民广泛宣传城乡统筹就业的政策，深入宣传发展劳务经济的意义和作用，大张旗鼓地宣传劳务输出的先进典型和先进经验，对侵害农民工权益的典型事件进行曝光和批评，引导群众转变传统观念，树立"打工光荣、劳动致富"的新思想，鼓励农民走出家门、跳出农门，让更多的农村劳动力，从传统的土地、劳动方式、生活习惯、思想观念中走出来，外出务工挣钱，最终实现富起来，为农民外出务工营造良好的社会氛围。

2. 加大组织工作力度，提高劳务输出的组织化程度。据省劳动部门提供的资料，2003年江西省劳务输出484.85万人，其中，有组织的输出为6.3万人，占劳务输出总人数的1.3%。而占劳务输出总人数的98.7%的478.55万人，绝大多数是自发外出，少数由亲友介绍。这表明江西劳务输出的组织化程度不高，需要各级政府加大组织工作力度，扩大有组织劳务输出的比重。从省市县到劳动力资源较丰富的乡镇，逐级建立完善的劳务输出服务机构，定向开发一批劳务输出基地，分层次抓好劳动力技能培训，有针对性地开展对接输出。

(1)充分发挥各级政府和劳动部门驻外机构的作用，构建各类信息服务网络，及时传递、沟通信息，准确掌握用工信息，以便输出地政府能有的放矢地实施有效的劳务组织。

(2)建立区域性的劳务市场和劳务中介机构，供求双方见面，寻求劳动力资源的最佳配置，大力推进劳务市场一体化进程。

(3)加强与沿海经济发达省份有关部门、劳务中介组织和大的用工单位建立起长期稳定的劳务合作关系。

(4)各级政府要按照城乡统筹的原则，整合各级各类劳动力市场，积极培育各类劳务中介组织、劳务协会和劳务经纪人，规范劳务派遣行为，完善劳务派遣操作办法，充分发挥他们在劳务输出方面的作用。

(5)认真研究制定加快发展劳务经济的相关政策措施，及时协调解决发展劳务经济过程中的重大问题，把劳务输出工作经费列入各级财政预算，千方百计解决信息传递、组织输出、跟踪服务和网络建设等方面的经费问题，为劳务输出工作提供资金保障。

3. 加大开发国际劳动力市场的力度，开辟向海外输出劳动力的新渠道。从国际劳务市场的现状来看，每年需求为2000万至3000万人，而劳动力资源丰富的中国仅占了40万人左右，这与正在处于上升期的中国经济是不相适应的。当前在我国，国际劳务中介机构是国际劳务输出的主渠道，浙江、福建、广东等地，每年数以万计的劳动力通过中介机构输出国外，成为开拓国际劳动力市场的主力军，其中大部分是农民。而江西国际劳务输出中介机构发展不足，长期以来主要通过国有企业获得国外援建项目，带动小规模劳动力的跨国输出，几乎不包括农村劳动力。2002年，江西省对外劳务合作和承包工程在国外人数为6359人，只及江苏的8.6%、广东的32.5%、浙江的22.5%。劳动力资源在全球范围内配置，这是经济全球化的一个标志，江西应加快开发国际劳动力市场的步伐，鼓励向国际劳务市场进军，尤其是开拓国际工程劳务输出市场。要放宽政策，积极引进和培育国际劳务输出中介机构，支持中介机构发展，广开国际劳务输出渠道。

4. 加大培训工作力度，提高务工人员的素质和技能。农村剩余劳动力能否走出去、稳得住、有发展，关键在于素质和劳动技能。在劳动力市场中，人的素质、技能水平是劳动力比较优势的内在因素，较高的劳动力技能水平是发挥劳动力比较优势的基础。在2003年江西485.85万跨省务工的大军中，由于文化技术水平不高，大部分人到外省从事的是苦、脏、累、险和简单劳动，劳务输出质量不高。加强对农民的培训，让农民掌握1～2门实用技术，有助于增加就业机会，变劳务输出靠体力赚钱为靠技术增收。事实证明，文化层次越高、劳动技能越强，发展潜力越大，工资报酬也越高。根据调查，“技能型”民工的收入普遍比简单“体能型”民工的收入高出两倍以上。

农村劳动力就业与转移问题研究

山东省农调队课题组*

劳动力就业是一个事关国计民生的重大社会经济问题,因此,当今世界各国都把解决就业问题作为社会经济发展的重大战略问题来对待。我国的农业经济是比较典型的劳动力过剩经济,突出表现为以隐蔽性失业方式存在的大量农业剩余劳动力。农村剩余劳动力向非农产业和城镇转移,是实现充分就业的根本途径,是工业化和现代化的必然趋势,是解决"三农"问题的重大举措,是全面建设小康社会的重大任务。农民问题的根本出路在于减少农民的数量,农业剩余劳动力的转移关系着我国国民经济发展的全局。农村剩余劳动力能否顺利地向非农产业转移,将直接影响到我国工业化、现代化、城市化的进程,同时影响着我国农民收入的增加。新阶段促进农民增收既要向农业的广度和深度进军,提高效益,又要继续推进农村劳动力外出就业,加快农业劳动力转移,在农村外部寻求增收途径,全方位开辟农民就业和增收的渠道和途径。

一、国内外有关农村劳动力就业与转移的理论研究

(一)国外农村剩余劳动力转移的理论研究

国外对劳动力转移的研究主要针对劳动力转移的原因、转移模式、转移过程中出现的问题及对策,这方面的研究从亚当·斯密揭示工业化过程能够促进国民财富增加的性质时就开始了。

在古典经济学中,威廉·配弟的"配弟法则",即各产业劳动生产率的提高以及经济重心和劳动力从低生产率产业向高生产率产业的转移,能够促进经济发展。

亚当·斯密的国民财富的增大依赖于现代都市社会的形成以及随之而来的工业化以及克拉克的经济发展过程三阶段论,提供了一条通过产业结构及产业劳动生产率的变化来研究农业劳动力转移以及经济发展的新途径。

库兹涅茨关于现代经济的增长会带来产业结构的变化从而引起产业间、工种间、地域间的劳动力转移,特别是劳动力由农业部门向工业部门、由农村向城市转移的趋势加剧的理论对后来发展经济学中农业劳动力转移理论有很深远的影响。

在发展经济学中,关于城乡人口流动(rural—urban migration)或劳动力转移(labor transfer)的讨论越来越多,主要有刘易斯模型、拉尼斯·费景汉模型、乔根森模型和托达罗模型。

刘易斯的农村剩余劳动力转移理论源于他的"二元经济结构理论"。他提出,劳动者从农村迁入城市的唯一原因是城乡收入差距,只要城市的工资水平高于农业部门,农民就愿意迁移到城市谋求新的职业。在全部剩余劳动力转移到工业部门之前,工资率由农业人均收入水平决定,是固定不变的。农村剩余劳动力由农业部门转移到工业部门,会提

* 课题组成员:宋文理、王象永、王培志、谢申祥、刘新英、李方平、杨志东、金立娟、柳青。

高整个经济的生产率，从而促进经济发展。因此，要加速城市工业部门的发展，加快城乡人口流动，尽快把二元经济变为一元经济，实现工业化。

拉尼斯—费景汉理论把农村剩余劳动力转移划分为三个阶段。在三阶段论中，不仅把农业看作为工业提供所需的廉价劳动力，而且同时看作为工业提供农业剩余，因此，工农业两个部门必须平衡发展。该理论还强调资本积累和技术进步的重大作用，提出了人口增长对农村剩余劳动力转移的阻碍，确立了临界努力准则。

乔根森理论是用新古典主义分析方法和依据农业剩余为基础创立的理论。认为工资率是随着资本积累上升和技术进步而不断提高的。农村剩余劳动力转移到工业部门，是人们消费结构变化的必然结果，人口增长是由经济增长决定。

托达罗理论则是如何控制农村人口向城市流动的速度和规模，以解决日益严重的城市失业问题。认为，依靠工业扩张不能解决当今发展中国家城市严重失业问题；一切人为地扩大城乡实际收入差异的行为必须消除；大力发展农村经济是解决城市失业和实现农村剩余劳动力转移的根本出路。

上述这些关于劳动力转移的理论是分别根据不同国家的经济发展过程总结出来的，由于各自所处的时代背景不同，研究的着眼点不同，不可避免地带有某些局限性与偏差。在经济发展过程中，劳动力总是从生产率低的部门向生产率高的部门转移，从收入低的岗位向收入高的岗位转移。通过劳动力转移，不仅会提高劳动者个人的收入，也会提高社会的经济效率。因此，劳动力转移既符合劳动者个人的意愿，也符合社会的需要。一个国家经济的发展过程，也是一个经济结构演进的过程，而劳动力结构的演进又是经济结构演进的一个重要组成部分。农业部门剩余劳动力的转移与充分利用，是经济发展的动因。劳动力转移与产业结构变革相互促进，推动经济不断发展。

（二）国内农村剩余劳动力转移的理论研究

总结我国农村剩余劳动力转移的理论，有以下方面：

1. 亦工亦农论。该理论认为，解决我国农村剩余劳动力的主要途径是引导广大农村剩余劳动力走亦工亦农的道路，即合理调整农村剩余劳动力的流向，广泛推行“亦工亦农形式”，开拓亦工亦农经济结构，增加亦工亦农人口比重，促进农村剩余劳动力的转移。

2. 内外部转移论。该理论认为，农村剩余劳动力转移，有两种途径，一是调整农业结构，实行农业内部转移。这是我国农村剩余劳动力转移的主要方式；二是大力发展与农业有关的乡镇工业，促使农业剩余劳动力向非农业转移。

3. 劳务输出论。该理论认为，劳务输出以“立足本地，面向全国，走向世界”为总目标，对解决农村剩余劳动力大有可为。

4. 农田集中经营论。该理论认为，把土地逐步集中到农田经营者手中，既有助于加快农业现代化步伐，大幅度提高农业边际生产力，又会形成外推机制，促使农村剩余劳动力彻底脱离土地，向非农产业转移。

5. 就地转移论。该理论认为我国应采取扶植小城镇的发展，扶植乡镇企业的发展等方针，实行“离土不离乡，进厂不进城”的方针，就地发展小城镇，就地消化农村剩余劳动力。

6. 城市化论。该理论认为在大力发展乡镇企业的基础上，应积极发展小城镇、小城市，促进城市化，以吸收农村剩余劳动力。

7. 深分工论。该理论认为，从我国的实际出发，遵循社会主义市场经济规律，建立健全深分工的市场机制，围绕深分工的需要及时搞好配套体系的建设，使每个农村剩余劳动者充分地发挥经济与技术上的个性，以实现农村剩余劳动力的转移。

8. 定向转移论。该理论认为，农村剩余劳动力应实行定向转移，通过区域定向和行业定向，使农业剩余劳动力转移。

9. 复合转移论。该理论认为绝对强调某一转移模式都是片面的，必须启动农业内部转移、发展多种经营、大办乡镇企业、组织劳务输出、向大中城市及小城镇转移等综合因素，全方位推动农村剩余劳动力的转移。

10. 私营经济论。该理论认为农村剩余劳动力的出现，为私营经济的发展创造了条件；而私营经济的日益发展，反过来为积极吸收农村剩余劳动力增加了更多的机会。因此，可通过大力发展私营经济促进农村剩余劳动力的转移。

11. 区域经济持续发展论。该理论认为与经济全球化伴随的经济区域化不断加强的大趋势相适应，发展区域经济特别是区域经济的持续发展，既是推动中国经济振兴发展的根本对策，也是解决农村剩余劳动力的根本途径。

（三）国内外农村劳动力就业与转移模式研究

1. 国外农村剩余劳动力就业与转移模式比较

由于各国的社会环境和经济发展水平的差异，农业劳动力的转移呈现出以下四种典型模式。

美国、加拿大模式。美国、加拿大是典型的人少地多、人均资源丰富的国家，因而从理论上讲，农业中剩余劳动力的压力不大。但是，农业劳动力的大量转移同样出现在这两个国家，它的直接动因是非农产业部门的发展对劳动力的大量需求。

欧洲模式。英国是世界上第一个进行工业革命和启动工业化的国家，也是第一个完成农业劳动力大规模转移的国家。工业革命完成后，现代工厂制度的确立和完善，加快了英国农业劳动力的转移进程，使整个19世纪成为英国农业劳动力转移速度最快的时期。19世纪初，英国的农业劳动力在社会总劳力中所占的比重为35%，进入20世纪70年代末，英国的农业劳动力比重降到2.5%以下，城市人口比重已超过90%。这一时期，英国农业劳动力转移的主要方向是以服务业为核心的第三产业和农村非农产业。

日本模式。19世纪80年代，日本才启动了工业化进程。日本农业劳动力转移特点：一是速度较快。日本工业化启动时，正逢第二次科技革命兴起，日本可以利用两次工业革命成果发展经济，因而其工业化进程和农业劳动力转移速度都很快。二是第三产业在吸纳农业劳动力方面发挥了重要作用。在日本经济发展史上，第三产业的劳动力份额一直高于第二产业，日本第二产业在吸纳劳动力方面不如其他国家。三是兼业化。日本劳动力由农业向非农业部门转移，主要是通过兼业方式实现的。日本农业劳动力转移的兼业化模式，主要是由其资源状况决定的。这在人多地少的国家具有一定的普遍意义。

发展中国家模式。由于在资源、技术、资金、人口以及国际环境等方面面临着诸多不利因素，多数发展中国家的工业化推进及其农业劳动力转移进程并不顺利。

拉美国家从二战后开始，随着工业化的发展，农业剩余劳动力的转移速度非常快。这些移民通常是几经周折之后最终落脚于大城市的，特别是各国首都。1950～1980年墨西哥城人口由不足300万增加到1500万；里约热内卢人口由290万增至1070万。这种超常速度的城市化进程给城市就业造成了巨大压力。同时，因城市基础设施、生活服务条件等不能及时地满足和适应大量聚集人口的需要，引发了一系列社会、经济问题。诸如城市人口膨胀、住宅紧张、交通拥挤、犯罪率上升、环境恶化等等。这些城市中相当多的一部分居民住在贫民窟。

与此相反，印度从20世纪50年代初启动工业化以来，农业劳动力份额下降十分缓慢。1951～1981年的30年间，农业劳动力的份额从72.1%下降到70.6%，平均每15年下降幅度还不到1个百分点。与此同时，农业劳动力的绝对人数却增加了1.13倍，平均每15年增长幅度超过了50%。印度农业劳动力转移步履艰难的原因除了人口总量增长过快外，工业化的产业结构选择不当，片面发展资本密集型工业是一个重要原因。

2. 国内农村剩余劳动力就业与转移模式比较

我国农业剩余劳动转移，大体有四种基本模式：

第一种是封闭型模式。即在农业内部，动员剩余劳动力和物力，形成农业内部资本积累，以提高农业本身的产出率和收益率，从而推进农业的现代化。我国在十一届三中全会以前，基本属于这一模式。这种模式具有致命的弱点是既缺乏农业外部的“拉力”，又缺乏农业内部的“推力”，工农、城乡分割，政策限制，剩余劳力推不出去。

第二种是开放型模式。即主要通过市场机制引导农业剩余劳力转到非农产业，以此推进农业的现代化和国家工业化。这一模式需要三个基本条件：

（1）劳动力的人身自由和市场放开；

（2）非农部门工资、利润率高于农业，并能造就大量新就业机会；

（3）农业的技术进步可以保证农业劳动生产率相应地提高。这一模式在工业化超前推行的国家和地区容易产生“盲流”现象。

第三种是外延型模式。即扩大农业的外延，不仅把农业看作仅仅是“资源供应部门”，而且同时也是“资源加工部门”，将工业技术向广义农业扩散，促进广义农业与农村工业的高速发展，造就农业内部的就业机会，从而促进农业剩余劳动力与物力向农业的广度和农村非农业的转移，以实现农业与农村的现代化。这一模式可以部分截住“盲流”但难以根本解决问题，原因在于农村与城市的反差效益太大。

第四种是复合型模式。即政府将工农业经济

发展与城乡就业结合起来纳入宏观间接计划，特别是省及省以下的政府，通过经济社会发展规划、产业与就业政策以及各种经济杠杆来调控劳务市场，由市场来引导农业剩余劳力有秩序地分层次转移，但这还只是一种设想的模式。

我国农村剩余劳动力转移模式很多，其特点和性质也各不相同，这说明我国农村剩余劳动力转移具有区域非均衡性，而这种非均衡性是区域自然、社会、经济、科技等等多种要素综合作用的结果。因此，区域农村剩余劳动力走什么样的转移模式道路，并非是固定的，只有从区域的实际情况出发，选择或创造适合区域客观实际的农村剩余劳动力转移模式，才能有效地解决农村剩余劳动力转移问题，才能促进区域经济的发展。

二、农村劳动力就业与转移的历史演进与特征分析

我国农村剩余劳动力的产生是生产商品化、农村工业化和社会现代化进程的必然结果，并非我们中国所独有，世界上许多国家在工业化过程中都曾遇到过这种情况。改革开放以来，由于我国农业人口众多、二元经济结构的制约和农民比较利益的下降等多方面的原因，我国农村出现了数以千万计的剩余劳动力。山东是个人口大省，农村人口众多，抽样调查推算，2003 年山东农村实际劳动力总数在 3900～4200 万人，农村劳动力接近全国的 1/10。而且今后平均每年还将新增几十万人。依据人口增长趋势预测，农村劳动力的总供给规模到 2010 年左右才会停止扩大。据有关测算，在农村现有的生产力水平和生产规模条件下，农林牧渔业只能为 1200～1400 万劳动力提供就业机会，或者更少。也就是说，在 4000 万农村劳动力中，有近 3000 万属于剩余劳动力。除了已经进入乡镇企业、非农产业和大中城市打工的 1450 多万人外，还有 1550 万劳动力处于隐性失业状态。若扣除农村中的 800 万的半劳力，农村剩余劳动力实际在 700～800 万人，目前仍滞留在农村。随着科学技术的进步和农业机械化程度的提高，农业劳动生产率和农业生产的规模、集约化水平将不断提高，每个劳动力负担耕地系数在逐步加大，农村剩余劳动力将越来越多。如果把现有的和今后新增的农村剩余劳动力都包括在内，并以实现农村劳动力的充分就业为目标的话，到 2010 年前山东需安置的农村剩余劳动力约在 900 万人，平均每年 100 多万人。可见，农村劳动力的就业形势是十分严峻的，而且伴随着改革的逐步深化和农业生产力的不断提高，特别是加入 WTO 以后，国际市场对我国农业生产造成巨大冲击，农村剩余劳动力的数量必然越积越多，形势越来越严峻。

(一)从劳动力转移的轨迹分析，改革开放以来山东农村劳动力转移呈明显的阶段性、周期性特征

改革开放以前，山东农村劳动力转移受制于人民公社体制和城乡隔离体制因素的约束，转移波动较大，但总量小，转移渠道较窄。改革开放以后，随着农村经济体制的改革，社会经济得到较快发展，农村劳动力转移以较大规模、较快速度进行，结构变动较大，阶段性特征明显。改革开放以来山东农村劳动力转移呈现明显的阶段性特征。这个时期大致上可分为以下几个阶段：

1979～1988 年间，农村经济体制改革，实行家庭联产承包责任制和以市场为取向的改革，调动了农民的生产积极性，促进了农业生产的发展和农业劳动生产率的提高。农业剩余劳动力大量涌现出来，开始向非农产业、城市转移。这一时期，山东农村劳动力由 1978 年的 2555.3 万人增加到 1988 年的 3227.05 万人，年均增加 67 万人，年均增长 2.4%。其中，非农产业劳动力由 245.5 万人增加到 1988 年的 830.1 万人，年均增加 58.5 万人，年均增长 30.4%。非农产业劳动力占农村劳动力的比重由 1978 年 9.61%上升到 1988 年的 25.72%。其中，1985～1988 年，农村劳动力年均转移规模达 61.8 万人，年均递增 8.8%。这是继 1958 年“大跃进”以后的又一次农业剩余劳动力大规模向非农产业转移。所不同的是，这次转移是在农业劳动生产率提高和剩余农产品供给增长基础上的转移，是农村乡镇企业大发展，对农业剩余劳动力形成巨大拉力的作用下发生的，有力地促进了农村经济以至整个国民经济的发展。

1989～1991 年继我国经济上一阶段的大发展之后，进入治理整顿的新阶段，受经济周期波动的影响，部分已转移的农业剩余劳动力向农业回流。这一时期，国家进行了为期三年的治理整顿，一部分乡镇企业关、停、并、转，城镇也对进城务工农民进行了一定的清理，一些转移到非农产业、城市的农村劳动力又返回农业。1989、1990、1991 年，非农产业劳动力分别为 829.2 万人、840.36 万人、849.92 万人。1991 年比 1988 年只增加 21 万人，

年均增长0.76%。而农业劳动力却增加了204万人,年均增长10.41%。3年间,农业劳动力占农村劳动力比例不仅没有降低,反而有所回升,比1988年又提高了1.42个百分点。

1992～1996年,农业剩余劳动力进入了一个全方位大规模转移的新阶段。1992年以后,市场经济目标确立,改革进程加快,我国经济开始进入又一个高速增长期,农村劳动力转移重新进入快速转移阶段。表现为跨地区、跨行业、跨产业大规模而又持续的转移和流动,并呈现多元化的就业结构。这一时期,农业劳动力由1991年的2647万人降低到1995年的2502.18万人,所占份额下降到70.04%。非农产业劳动力由1991年的831.92万人上升到1995年的1070.35万人,所占份额达到29.96%,年均转移速度为6.5%。

1996～2000年,由于部分工业和农业产品相对过剩,加上亚洲金融风暴的冲击,我国实行了战略性的结构调整,重点是解决工业产业和产品两个"同构"的问题,所以城市出现了下岗工人,乡镇企业压缩和调整,劳动力的转移出现了大面积滑坡。在一部分乡镇企业走向大规模、高科技、外向型的同时,企业间"两极分化"步伐加快,也有很多乡镇企业开始跌入低潮,劳动力转移进入调整重组阶段。这一时期,农业劳动力由1996年的2475.1万人降低到2000年的2462.62万人,所占份额下降到67.7%。非农产业劳动力由1996年的1089.91万人上升到2000年的1177.01万人,所占份额达到32.3%。年均转移速度为1.9%,比上一阶段下降4.6个百分点,农村劳动力转移速度明显降低。

进入21世纪以来,我国经济进入经济周期的上升阶段,山东经济总量迅速扩张,农村劳动力转移速度又进一步加快。这一时期,国家实行积极的财政政策、激活内需,大力发展农田水利、交通、通信、农村电网、流通市场等基础设施建设,综合治理生态环境,积极扶持发展有中国特色的多元城镇化(大中小城镇多层次发展)建设,这些政策和措施,为农村劳动力的转移就业开辟了新的空间,促使劳动力得到了第三次解放,由农民变市民,加速转移进入黄金时期。这一时期,农业劳动力由2001年的2434.28万人降低到2003年的2264.37万人,所占份额下降到60.9%。非农产业劳动力由2001年的1219.42万人上升到2003年的1453.56万人,所占份额达到39.1%。年均转移117.1万人,年均递增9.2%,为改革开放以来的最好时期。

从以上分析还可以看出,农村劳动力的转移受国家宏观调控政策的显著影响。改革开放以来我国宏观经济已经经历四次周期波动,即1977～1981年由快速增长引起经济收缩波动,1982～1986年期间由1984、1985年高速增长引起"软着陆"的波动,1987～1991年间由1987、1988年高速增长引起3年"治理整顿"的波动,1993年以来我国经济可以说进入了第四个周期,经过连续3年10%以上的高增长和连续两年的二位数的高通货膨胀以后,至1997年出现了"软着陆"波动。进入21世纪,全国经济进入经济周期的上升阶段,农村劳动力转移速度又进一步加快。劳动力转移变化基本上是和经济的波动周期相吻合的。

(二)农村劳动力转移趋势及当前出现的新特点

通过对农业剩余劳动力转移历史进程的分析,可以看出,寻求较高的收入水平仍是农村剩余劳动力转移的主要动机。山东是农业大省,农村人口多,地区内部自然和区位条件、经济结构等都有很大差异,从而导致了收入水平的差异。目前,农村剩余劳动力在省内的流动以大中城市为主,远距离流动则主要流向东部沿海地区,其原因就在于这些地区的收入水平都较高。这与刘易斯、托达罗模型中的城乡收入差距是农村劳动力迁移的主要动机的分析是一致的。

1.收入差异是农村劳动力转移的主要动机

从城乡收入差距分析:改革开放以来,山东农民的生活状况得到了很大改善。但是,自20世纪80年代中后期以来却出现了农民收入增长缓慢的局面,改革初期曾一度扭转的城乡收入差距再度扩大。20世纪80年代初,农民人均纯收入年增长20%,90年代初下降到9%。尤其是从1997年起,农民收入持续低速增长,中西部一些地区,尤其是粮食主产区的农民收入甚至出现负增长。1978年,城镇居民可支配收入为391.45元,农村居民纯收入为114.56元,城乡收入比为3.4∶1。经过改革开放20多年的发展后,2003年,城镇居民人均可支配收入为8399.91元,农村为3150.49元,城乡收入比为2.67∶1,城乡收入比虽然缩小,但收入差距绝对值却由277元扩大到6249元,而且农村居民的恩格尔系数也仍比城镇高8%。正是由于城乡收入的差异,使其成为了劳动力从农村流向城市的持续动力。2003年,山东非农产业收入占农民收入人均纯收入的比重达55.6%,比5年前提高了11.9个百分点，对农民收入的贡献率为51.4%。其中，工资性收入对农民收入的贡献率为31.9%。工资性收入总量已接近或超过种植业收入水平，成为农民收入的第二个重要来源。农民进城打工的人数也比上年增长13.7%。而且越贫穷落后的农村地区，其农民外出打工的愿望也就越强烈。

从劳动力流向的地区差异分析：在跨地区的流动中，劳动力主要流向经济发展水平较高的东部地区。中西部地区由于农村经济发展相对比较落后，当地就业机会少，大批农业剩余劳动力异地转移。据调查，在经济发达城市打工人员人均年收入为5000元左右，而山东省打工人员人均年收入为3000元。

由于农业比较利益低，城乡差别较大，促使大量的农村劳动力流向城市。据2003年山东农业生产效益调查，每亩小麦获得的纯收入仅235元（不含劳动力成本），若扣除用工作价，每亩纯收益只有96元。养猪的纯收入也不高，平均每头只有133元。此外，农村基础设施建设落后，生活条件相对较差，文化生活贫乏；城市较高的工资和生活水准、娱乐和文化设施的完善及较好的发展前景吸引着农民。尤其是新一代的农民，其外出务工愿望更加强烈。

2. 乡镇企业、农村非农产业就业是吸纳农业剩余劳动力主渠道

改革开放初期，由于进行了市场取向的改革，通过发展乡镇企业，实行“离土不离乡”的就地向非农产业转移，避免了地区之间、城乡之间劳动力的大流动，取得了明显的经济效益和社会效益，这是世界上没有先例的大规模地有序转移的创举。“离土不离乡”就地转移，转移劳动力并没有切断与土地的联系，具有“兼业性”。抽样调查推算，2003年山东省乡内从事非农产业的农村劳动力占从事非农产业农村总劳动力的比重为62.1%，虽然比重一直呈下降趋势，仍是吸纳农业剩余劳动力主体。在农村调查户中，以非农为主的兼业户和以农业为主的兼业户分别占33.3%、44.9%。农业兼业户占的比重过大，说明了大部分从事非农产业的农村劳动力并没有完全脱离农业。转移劳动力，就近转移，兼业方便，机会成本低而弃农代价风险太大。“兼业性”的转移，会发生对土地的劳动投入减少，影响土地的生产率，兼业者经营土地主要是满足自身需要，使农产品商品率下降。但是，当地乡镇企业的发展，可以“以工补农”、“反哺农业”。但这里有条经验是十分重要的：农业剩余劳动力的转移，不能削弱农业作为国民经济的基础地位。在农业剩余劳动力转移的同时，要加大对农业的资金和物资投入，加快农业用地使用权流转制度的创新，以加速农业规模经营的形成。

3. 小城镇是转移农业剩余劳动力的又一主要渠道

20世纪80年代后期，尤其是1992年以来，随着市场化改革的深入，城乡之间和地区之间的收入水平差距拉大，促进了农村剩余劳动力跨地区流动，向城市转移。为了缓解“民工潮”对大、中城市的压力，各地加强了小城镇的建设步伐。鼓励乡镇企业集中连片开发，建立乡镇工业小区，引导技术要求较高的乡镇企业向小城镇集聚，鼓励农民自带资金进城办企业，发挥农民建设小城镇的积极性。同时引导农业经营向农业产业化经营轨道上发展，即将农业产前、产中、产后诸环节联结为完整的产业系统，实现一体化经营，提高农业的增殖能力和比较效益。山东是农业产业化经营起步较早的省份，目前已有1/3强的农户参加了产业化经营，从事种、养、加，产、供、销，贸、工、农一体化经营。为农业产前产后服务的企业在布局上相对集中于小城镇，从而加速农村城镇化进程。2003年山东农村小城镇人口城镇化水平已达20.6%，转移到小城镇的农村剩余劳动力比重已达12%以上。成为吸纳农村劳动力的重要渠道。

4. 经济产业结构变化对农业剩余劳动力的转移和城市化发展速度影响极大

除了以上所说工业化进程对吸纳农业剩余劳动力的巨大作用之外，城市第三产业的发展对吸纳农业剩余劳动力的作用十分明显，小城镇第三产业发展潜力更大。2003年，山东转移到非农产业的农村劳动力中，转移到第三产业的劳动力占58.3%，超出第二产业劳动力比重。因此，在乡镇企业发展中如何与小城镇建设相结合，以促进第三产业的发展，这是关系农业剩余劳动力转移和城市化进程的一个十分重要的问题。将农业剩余劳动力向非农产业转移与农村人口城市化进程协调起来，应当成为农业剩余劳动力转移战略的核心内容。

5. 从转移方向上看农业剩余劳动力具有明显的市场调节性

从流出地区看，主要是人多地少、经济不发达、就业机会少的地区；从流入地区看，主要是收入较丰厚、就业空间广阔的沿海城市和东部经济发达地区。

大中城市吸纳劳动力的比重提高，向小城镇转移的热度开始降温。2003 年，山东农村乡外转移劳动力中，转向省会城市的占 12.4%，比上年提高 2.7 个百分点；转向地级市的占 30.8%，提高 6.3 个百分点；转移到县城的占 31.1%，提高 0.7 个百分点。转移到建制镇的占 12.0 %，下降 6.9 个百分点。

在省内转移就业的劳动力比重下降，跨省转移的劳动力开始增多。2003 年农村劳动力在本省内转移就业的比重虽比上年下降了 1.9 个百分点，但仍高达 92.1%。省内就业仍是农村劳动力转移的主渠道。

6. 农村剩余劳动力转移流向集中，地区分布不平衡

从农业劳动力的转移流向来看，2003 年省外转移劳动力占 7.9%，比上年提高 1.9 个百分点。省外转移劳动力主要集中流向东部地区，比例为 77.7%，流向中部地区的为 15.4%，流向西部地区的仅 6.1%。一般来讲，农村剩余劳动力数量的多少跟经济发展水平呈反比。经济水平越高，农村剩余劳动力越少；经济水平越低，农村剩余劳动力就越多。中西部地区经济发展水平较低，农业经济占整个国民经济中的比重较高，农业从业人员的比重也就较高，农业劳动力从事非农产业的机会就比较少，农业劳动力得不到充分的利用。因此农村的剩余劳动力就较多。

三、农村劳动力就业与转移面临的问题

（一）作为后起的工业化国家，我国农村劳动力转移所面临的起始条件与先行工业化国家相比，存在明显的差异

一是人口增长率和人口总量的差异。发达国家在工业化初期阶段，人口增长率处于比较低的水平，总的人口基数也不大，适应了工业化初期对劳动力的正常需求；随着工业化的演进，人口增长率逐步提高，与工业化迅速发展时期对劳动力的大量需求相适应。如 1880～1900 年期间，发达国家对农村剩余劳动力的吸引率约为 80%。而我国工业化在起步阶段及最初发展中所面临的人口条件是，1952 年总人口为 5.7 亿人，山东 4827 万人。加之工业化战略的选择和错误的人口政策，导致一方面工业对农村剩余劳动力的吸收有限，另一方面总的人口又增加迅速，使中国在工业化初期就面临着极大的农村剩余劳动力转移的压力。

二是农村人口、城市人口和工业人口的差异。在 19 世纪西欧主要国家在进行工业化时，工业人口要比城市人口的比例大，从而有利于对农村剩余劳动力的吸收和城市化水平的提高。如 1856 年法国只有 10%的人口生活在两万人以上的城市中，而有 20%的劳动力在制造业中工作；1870 年德国这两个比率为 12%和 30%。而这种条件对于后起工业化国家已不复存在，城市中本身已面临着比较大的就业压力，这也是托达罗模型提出的背景。相比较中国在 1953 年开始的工业化初期，城乡人口的比率分别为 13.3%和 86.7%，山东为 6.2%和 93.8%。虽然工业人口比率比较低，由于严格的控制，中国的城市化过程一直发展平稳，加之计划经济条件下的重化工业战略，制造业并没有形成对农村剩余劳动力的强大吸引力。同时，由于中国人口的过快增长，劳动力增长的速度限制了剩余劳动力的转移。

（二）二元社会结构阻碍农村剩余劳动力向非农产业的转移

我国城乡分割的二元社会结构，不仅把城市居民和农村居民分割在不同性质的经济体系中，而且也基本堵死了农村劳动力自由流入城市的通道，使农村人口城市化受阻。城乡二元结构实际上把城市和农村分割为两个“社会”，一个“社会”由城市居民组成，一个“社会”由农民组成。因为农村的劳动供给量大于城市的劳动供给量，而且农村的劳动与资本的比例明显高于城市的劳动与资本的比例，所以农民必定是劳动的净输出者。长期以来实行的城乡封闭的二元经济社会制度，严重阻碍城镇化发展水平，也严重阻碍着农村剩余劳动力的转移。

改革开放以来，山东的城市化水平到 2003 年已达 41.9%，但与工业化水平相比，仍然落后了 5 个多百分点。随着社会主义市场经济体制的逐步确立，对农民就业和流动的不少束缚在逐步解除，城乡二元结构对农村人口流动的制约有所弱化。但是，在改革城乡分割制度方面实际操作起来难度很大，农村劳动力的自由流动仍存在诸多障碍和歧视。若不彻底改变二元的社会经济结构状况，那么，农村剩余劳动力的转移将依然步履维艰。

（三）乡镇企业对农村剩余劳动力的吸纳能力

下降

改革开放以来，我国乡镇企业异军突起，已成为吸收农村剩余劳动力的主渠道，但近些年，乡镇企业的发展明显滞缓。一是随着国有企业改革的推进，乡镇企业原有的灵活机动的市场优势逐步丧失，一些乡镇企业缺乏现代企业应具备的基本素质，乡企本身所固有的矛盾逐渐凸现，对农村剩余劳动力的吸纳数量不断下降。二是随着改革的深入，乡镇企业的生产管理粗放，产品技术档次低，分散化布局而没有聚合效应等问题充分地暴露，乡镇企业发展的竞争力大大下降。而且，乡镇企业的这些问题在短期内也很难解决。乡镇企业不能继续扩张，势必给农村富余劳动力的转移带来影响。三是随着科学技术的发展以及知识经济时代的来临，乡镇企业的资本有机构成发生了较大变化，劳动生产率不断提高，同城市非农产业部门一样，对劳动力的素质也提出了更高的要求。而我国农村大量剩余劳动力显然不具备这方面的条件。就业弹性下降，必然会大大减少乡镇企业对农村劳动力的需求量。四是受国家产业政策的影响。

(四)劳动力市场发育滞缓，中介组织发育程度低

近年来，农村劳动力流动问题在不同程度上引起了各地各级政府的重视，并采取了一定的措施来期望解决这一问题。但目前我国的农村剩余劳动力的转移仍然是一种以“民工潮”的形式存在的、自发的盲目流动，政府缺乏必要的引导和服务。大量劳动力流动的同时，必然形成初级劳动力市场，对于劳动力市场，政府同样需要宏观调控，但目前还缺少这一环节，即缺乏对农村劳动力的总需求、总供给的调节，缺乏对农村劳动力就业的组织与指导。抽样调查显示，2003 年山东农村劳动力外出就业择业过程中，由亲友、熟人介绍外出的占 41.7%，靠自己碰运气外出的占 50.0%，由政府(单位)组织外出的占 8.3%。从中可以看出，劳动力无序流动的比例还比较高，需要政府和中介组织为农村劳动力外出就业提供更多的相关服务。劳动力流动的服务体系及中介组织建设也严重滞后，因缺乏有关信息，或信息不准，导致农村劳动力盲目流动，使大批劳动力徒劳往返，蒙受损失。当前外出务工农民的法制意识淡薄、自我保护能力弱，一些农民外出后遭“工头”殴打、敲诈现象时有发生。自身利益能否得到保障成了农民外出后最为担心的问题，甚至有的农民宁愿呆在家中种田也不愿出去冒风险。

从国际劳务市场所占的份额看，我国人口 12 亿，在外劳务总数 40 万，2003 年山东在国外务工农民仅占外出务工人员的 0.2%，大大低于巴基斯坦、泰国、菲律宾等国劳务输出占人口总数的比例。造成这种状况的原因当然是多方面的，没有从地方保护主义和户籍管理制度等制度安排上跳出来，站在国际分工分业的背景下研究劳动力配置问题。

(五)农村劳动力素质低，制约了农村劳动力转移

根据抽样调查，2003 年山东农村劳动力外出就业在劳动力中，小学文化程度的占 8.2%，初中文化程度的占 63.4%，高中文化程度的占 17.4%，中专以上文化程度的占 9.7%。可以看出，初中文化程度的劳动力是外出就业劳动力的主体。然而这一文化程度毕竟是低层次的，这样素质的人员只能从事较为低级的劳动，因而难以进入较高层次的产业。今后，随着城镇产业结构的升级，市场竞争的加剧，对高素质劳动力的需求将不断增加，农村劳动力文化素质的偏低必然会使其有效利用的难度越来越大。有研究表明，在广东，有近一半电子通讯产品的加工贸易企业已经基本上停止招收初中及高中毕业生，以适应企业在市场竞争过程对高技术的要求。农民文化素质不高，也限制了劳动力的转移范围半径，进而制约了劳动力转移层次的提高。

(六)城镇化滞后，限制了农村富余劳动力的转移

农村城镇化是人类生产和生活方式由乡村型向城市型转化的历史过程，在其发展过程必然会显现出从量变逐步走向质变的发育进程的阶段。据美国城市地理学家纳赛姆(RayM · Noutham)描绘的城镇化发展阶段，城镇化水平在 30%以下为初期平缓发展阶段；30～65%或 70%为中期高速增长阶段；70%以上则为后期平稳发展阶段。我国由于受有关制度等制约，城市化进程缓慢。2003 年我国城市化水平为 40.5%，山东为 41.9%。大大低于欧美发达国家 20 世纪 50 年代的水平，也低于 1995 年世界城市化的平均水平(45%)。至今山东仍有占 60%的人口在农村，有占近 60%的劳动力从事农业，而创造的生产总值只占 12.1%。据预测，2010 年山东城市化水平将达到 50 %以上，与欧美等发达国家的城镇化水平(早在新中国成立时，欧美等发达国家的城镇化水平就已经超过

60%，目前已经达到70～80%）相比，差距仍较大。而且我国由于体制等原因，农村富余劳动力的转移和城市化滞后于工业化进展，二、三产业层次不高、比重仍然偏低。城镇化水平滞后发展造成了大量的农业富余劳动力滞留在有限的土地上，城镇化对劳动力转移的拉动作用也没有得到有效发挥。

（七）社会保障制度不健全，给农村剩余劳动力转移造成障碍

目前，中国农民工的社会保险问题严重滞后于农民工人数的大幅度增长和城镇社会保险制度的改革。据了解，在发达国家，社会保险的对象主要是穷人和老人，在职人员的社会保险主要是依靠商业保险；而中国的社会保障事业一直把重点放在了城镇，而在很长时间里都将占全国总人口数80%以上的农民拒之于社会保障大门之外，农民工游离于城市和农村的边缘，得不到基本的社会保险的惠顾。近年来，建立和完善社会保障体系的呼声日益高涨，从理论界到实际工作部门，都在这方面做了大量的工作，成效是显著的，比如扩大受益范围、建立最低生活保障制度等等，但这些基本上都是针对城市居民的。近期，一些经济较为发达、走在改革前列的地方开始着手进行农村社会保障体系的建设，但从总体看，像城市居民一样享有各种保障对大多数地区的农村居民来说，依然是一个遥远的梦想。这些农民赖以生存的土地就是他们最后的保障，但人多地少的矛盾使得一部分剩余劳动力渴望外出谋生，然而当他们来到了城市，就会发现自己在医疗、就业、住房、子女上学以及养老等诸多方面与城市居民的待遇和保障有着天壤之别，一旦找不到工作，连最基本的生活都无法维持，这一切都给农村剩余劳动力的转移造成了障碍。抽样调查推算，目前山东外出农民工参加劳动保险的仅占12%。实际上，我国每年往返于城乡之间的"民工潮"就反映了农村劳动力没有彻底与土地割断联系。所有这些都与我国社会保障制度不健全有关。

（八）第二产业的结构调整和第三产业的欠发达严重制约农村剩余劳动力的转移

近年来，国家为促进产业升级，对第二产业进行了大规模的结构调整，伴随结构调整而来的是大批城镇职工下岗，城市劳动力市场供过于求，供求矛盾日益突出，这无疑给意欲进城淘金的农民兄弟增加了在城市就业的难度。劳动力转移的一般规律是：随着生产力的不断进步，劳动力首先由第一产业向第二产业转移，进而向第三产业转移。当前西方发达国家就业人口中，第一产业的比重不到10%，第二产业的比重约为30%，第三产业的比重约占60%，第三产业的增加值占GDP的比重约为60%。相比之下，目前山东第三产业的就业人口仅占全部就业人口的36%，第三产业的增加值仅占GDP的34%。我国农村产业化程度更低，农村第三产业发展缓慢，无法消化更多的农村富余劳动力。纵观西方发达国家，农村产业化促进了第三产业的发展，也促进了农村富余劳动力的转移。如美国农业产业化以后，农场需要的农业机器和农用汽车的制造和修理，种子、饲料、化肥、农药和油料的供应，农产品加工、运输、贮藏及销售，以及农场建筑、兽医服务、农业信贷、保险业务等，全部成为社会化服务，因此当美国农场劳动力由1947年的1000万减少至400多万时，社会支农就业人数却从500万增加到600～800万，从事农产品加工销售业务的人数增加到800～1000万。而山东农业产业化虽然在全国来说起步早，与发达国家比，农业契约化和社会化程度还比较低，农村第三产业发展滞后，因而很难大量吸纳农村富余劳动力。

（九）一些其他因素制约农村剩余劳动力的转移

农村剩余劳动力分散转移道路产生偏差。主要表现在两个方面：目标偏差。政府对劳动力转移的目的主要在于扩大就业容量，忽视了挖掘企业潜力、提高经济效益，出现了综合效益指标同社会总产值相背离的现象。地域偏差。农村剩余劳动力大量地涌向沿海几个大型城市，导致了沿海城市劳动力严重过剩、劳动力市场混乱等问题。

流动成本制约。流动成本包括心理成本和经济成本。心理成本，即人们对于更换工作和生活环境以及远离家人、文化冲突、生活不适应等。流动的经济成本即就业成本、生存成本、交通成本和风险成本等。目前偏高的流动成本，妨碍了农业剩余劳动力的转移。

农村待转移劳动力面临的偏见障碍。大规模、无限制的劳动力流动，意味着构成对城市居民特权的冲击，其结果是引起城市居民的不满甚至抵制。

资金短缺的制约。向城市工业部门转移一个农村劳动力，需要追加资金至少为1万元人民币，所以我国农村剩余劳动力的转移一直是在资金十分紧张的状态下进行的，步履较为艰难。

四、影响农村劳动力就业与转移的因素分析

(一)影响农村劳动力就业和转移的共同因素

我国农村存在巨大的过剩劳动力,这些过剩劳动力的充分就业需要通过适当的转移方能实现。而这些过剩劳动力的有效转移,就目前而言,还面临着许多问题。一方面,经济的进一步发展,亟待城市化集聚效应的充分发挥;但另一方面,农村劳动力的职业转换并未伴随着空间的转移,严重影响了城市化进程。从个体转移决策过程来看,影响劳动力转移的因素很多,处在不同年龄阶段、生活在不同社会阶层、为了实现不同的目标,人们都会做出转移的决策。从国内外的文献和实际情况来看,影响农村劳动力就业和转移的共同因素可以归纳为五大方面:

1. 科技因素。科技进步是农业剩余劳动力转移的根本推动力。一方面科技进步推动了工业化的进程,为农业剩余劳动力提供了就业机会,吸引农业劳动力向工业转移;另一方面科技进步能够不断增强人的劳动能力,提高农业劳动生产率,从而不断增加农产品产量,使得每个农业劳动力生产的农产品能供养更多的非农业人口,这就为农业剩余劳动力转移创造了根本性的前提条件。

2. 经济因素。人们为了改变当前的经济状况,从经济欠发达地区迁向经济发达地区,从农业部门转向非农业部门,以谋求较高的收入和较好的生活条件。增加预期收入是农村人口向城市转移最主要的原因,然而,当预期的迁移收益小于当前收益时,劳动者则可能会做出不迁移的决策。

3. 社会因素。通过各种传播媒介,外面日新月异的精彩世界强烈吸引着世世代代生活在农村,特别是生活在落后偏远地区的人们,他们渴望能走出古老的山村,更新价值观念,改变生活方式,分享现代城市文明。

4. 环境因素。当人们不满足或不适应现有的生存条件和生活环境,就会做出转移决策,以寻求更高的生活品质和更适合自己的社会氛围,同时,当外部环境变得非常不确定时,环境因素则会制约劳动者的迁移。

5. 劳动者自身因素。农村劳动者自身的素质也是影响劳动者转移的重要因素。素质较高的劳动者,在城市更容易找到工作,因而,相比之下其迁移的动机更加强烈。而劳动者自身因素又可以细化为文化因素、道德因素、体魄因素,等等。

上述五大方面,从内外因的角度来看又可以归纳为两类因素,即外部因素和内部因素,前述四方面因素可以归结为外部因素,劳动者自身素质可以归为内部因素。

对于我国农村劳动力的转移来说,由于我国特殊的经济发展历程,在影响劳动力转移的诸因素中,环境因素起到了十分重要的作用,其他因素皆受到环境因素的制约,环境因素在影响劳动力转移方面处于主导地位。一方面,由于我国特殊的农地制度,迁移农民,即使是跨地区的迁移,往往也采取季节性的迁移或兼业性的迁移方式,因而我国农村的土地制度构成了农业转移劳动力向城市迁移的一个反拉力。另一方面,由于我国长期以来实施的城乡分割的户籍制度、城市就业歧视,构成了农业转移劳动力迁移的反推力。同时,长期以来城市居民的特殊福利待遇和身份也很难用货币来衡量的,这形成了除预期收入以外的一个主要拉力。随着我国经济体制改革的深入,这些拉力、推力和反拉力、反推力都在发生着新的变化,这些作用力的变化影响了农民的迁移决策。

影响我国农业转移劳动力迁移的环境因素主要包括两类因素:一类是相关制度因素,另一类是其他环境因素。目前仍然影响我国农业转移劳动力迁移的主要的制度因素:户籍制度、就业制度、社会福利制度、农地制度、计划生育政策等。其他环境因素:城乡教育条件的差异、城乡医疗条件的差异、人均耕地面积的变化、农村非农产业吸纳能力的变化等。

(二)农村转移劳动力迁移因素分析的“推—拉”模型

系统的人口迁移“推—拉”理论是唐纳德·博格(D. J. Bogue)于20世纪50年代末明确提出的。该模型从动力学角度,将研究对象受到各因素的影响转化为力的形式,对研究对象按其所受到的推力、拉力、反推力、反拉力进行受力分析,从而得到研究对象的运动趋势。运用“推—拉”模型研究农业转移劳动力的迁移问题,研究对象是农业转移劳动力,同时对农业转移劳动力在迁移过程中所处的环境进行分析,以确定各环境因素对农业转移劳动力迁移过程的影响,从而来研究农业转移劳动力在这些因素引起的合力作用下迁移的趋势。根据上述对各因素的分析,将主要确认各环境因素的作用性质。为了确认各制度因素在“推—拉”模型中体

现的作用性质，以下将分别对各制度因素加以分析。

1. 户籍制度的作用性质

我国在计划经济体制下户籍制度的实施，形成了农村和城市两个独立的区域，限制了劳动力在农村和城市之间的流动，由于国家对城市和农村的不同政策，造成了城市和农村事实上的不平等。户籍制度不仅承认了这一不平等的现象，并且通过它进一步使这一不平等得到巩固和加强，使得农民的进城愿望由于难以越过户籍制度这道关卡而被挡在城门之外，因而户籍制度对农民的进城迁移起着阻碍作用，阻碍了农村和城市之间人口正常的迁移流动。改革开放后户籍制度也一度发生了变化，尤其是近年来户籍制度历经了两次重大的变革，户籍制度越来越宽松，对农业转移劳动力向城市迁移，尤其是向小城镇的迁移所发挥的限制作用也越来越弱，农民对户籍制度的观念也越来越淡薄。但是从大中城市的情况来看，户籍制度仍起着重要作用，户籍限制仍在较大范围内存在。因而从总体上讲，尽管我国在户籍制度上进行了一系列有利于农业转移劳动力向城市迁移的改革尝试，但现有户籍制度仍将农民限制在农村，对农业转移劳动力的迁移仍起着一定的阻碍作用，唯一的变化是其作用程度变小而已。因而目前的户籍制度仍然是影响农业转移劳动力向城市迁移的一个反推力。

2. 就业制度的作用性质

随着城市改革的深入，下岗或失业职工数量大增，而与此同时，进城就业的农民也越来越多。尽管多数进城就业的农业转移劳动所从事的工作与城市居民的工作具有一定的互补性，但由于农业转移劳动力廉价的劳动力成本，使他们在就业市场上比下岗工人更具竞争力，因而他们和下岗工人之间形成了一定程度的竞争。城市为了保证这部分下岗工人的生计以维护社会安定，出台了一系列对外来民工就业实行控制的就业政策，为农业转移劳动进城就业设置了各种障碍，这些就业政策的出台，严重削弱了农业转移劳动力对城市的“亲和力”，挫伤了他们向城市迁移的热情。因而现有的城市就业控制政策构成了农业转移劳动力向城市迁移的反推力。

3. 社会福利制度的作用性质

(1)住房制度的作用性质。城市改革带来的对城市居民特权的冲击之一就是改革原有的住房制度，过去的住房都是由国家负责，企事业单位几乎每年都要投资为职工建设“公房”，造成了企事业单位沉重的负担。住房制度改革后，住房实行了市场化、商品化，城市居民再也不能无偿享受住“公房”的待遇了。同时政府鼓励私人购房。由于城市的土地资源有限，城市的住房价格远远高于农村，而购房或租房是农业转移劳动力进城后首先要解决的问题。这笔巨大的支出对于这些农业转移劳动力来说，是较难承受的，因此现有住房制度构成了农业转移劳动力向城市迁移的反推力。

(2)社保制度的作用性质。社保制度的改革将原先由企业所承担的部分工作从企业中脱离出来，由社会来承担。该制度的推行，进一步保障了退休职工在退休后的生活费能够按时领取，从而避免了由于企业经营不善、破产等带来的退休金不能及时发放的问题。在农村，由于长期以来没有实行这一制度，使得农民在年老后生计无着落，只得依靠自己的子女，因此城市的社保制度对于农民具有极大的吸引力：一方面可以解决自己年老时的生计问题，解决了自己的后顾之忧；另一方面又减轻了子女的负担，因此这一制度对农民，尤其是农业转移劳动力具有巨大的吸引作用，完善社保制度，扩大社保的覆盖面，将会对这些人的迁移产生极大的推动效应。因而城市较健全的社保制度是农业转移劳动力迁移过程中的一个拉力。

4. 土地制度的作用性质

联产承包责任制实行后，农民获得了土地的承包权和经营权，从事农业经营。此时，农村劳动力的剩余状况由过去的隐性转为显性。一些农民走上了非农产业经营之路，实现了就地转移或异地转移。尽管有些农户转让了土地的经营使用权，但是这些农业转移劳动力中很少会放弃土地的承包权。这表明千百年来土地对农民的影响还很深，土地仍被农民视为唯一的生活依靠。正是这样的“恋土”情结，将这些农业转移劳动力深深地吸引在农村。这部分农业转移劳动力认为一旦他们实现了迁移，他们就脱离了土地的依靠。一旦在城市中失去就业机会，就像没有根的浮萍，因此，现行土地制度的局限性形成了农村人口城市化的反拉力，将这部分劳动力吸引在农村，阻碍了他们向城市的迁移。

5. 计划生育政策的作用性质

传统的“多子多福”观念从根本上来讲，是农民出于经济利益考虑的。农民年老后由于劳动能力的丧失，将失去经济来源，他们不可能像城市居民那样，享受国家提供的各种退休福利，因而其年老后的生活费用要靠子女来负担。子女多了，一方面可以减轻子女在共同赡养老人方面的经济负担，另一方面又排除了一旦某个子女不承担赡养义务时生活无着落的情况。农村生育政策相对于城市而言，比较宽松，而且管理也不完善，因而农民选择了留在农村。可以说，计划生育政策也会在一定程度上阻碍和制约农民向城市迁移行为的发生。

然而随着改革的不断深入，农民在经济收入上和从业性质上发生了巨大的变化，从而也引起了对计划生育政策认识的巨大转变，农民开始认识并享受到计划生育政策带来的益处，因此，逐渐开始注重生育的质量，重视对子女教育上的投资。这一观念上的转变，使得计划生育政策对农民向城市迁移的制约也弱化了。

6. 其他环境因素的作用性质

(1)城乡教育条件差异的作用性质。农村和城市之间在教育条件上存在着差异，这是一个不争的事实。这种差异使一部分注重子女教育的农民对城市教育充满向往。在改革开放前，这种向往往往很难实现，除非能解决户籍问题。改革开放后，城市的教育制度出现了松动，农民有机会将子女送入城市就读，甚至有些率先富裕起来的农民为了子女读书而全家进城。这种情况的出现对其他农民具有强烈的示范效应。许多原先对城市没有特别"感情"的农民也因为子女读书而产生向城市迁移的想法。因此，从总体上讲，城市较高的教育质量对农业转移劳动力具有一定的吸引作用。为了促进这部分人向城市迁移，应进一步改革现有城市的教育体制，提高教学质量，从而为促进农业转移劳动力的迁移创造良好的外部条件。

(2)城乡医疗条件差异的作用性质。城市的先进的医疗设施、精湛的医疗技术及便利的就医环境，是农民极其向往的。随着我国医疗制度的改革，国家推行了医疗保险制度，城市居民只需支付很少一部分医疗费，就能享受到完善的医疗救治。而对于农民而言，这些费用则全部都要由自己支付。因此医疗支出对于农民来说是个巨大的经济负担，城市医疗保险制度的推行，对农业转移劳动力迁移进城具有极大的吸引力，他们也希望能够享受到城市中的医疗保险，从而减轻原先所承担的巨大的医疗负担

(3)人均耕地面积变化的作用性质。人均耕地面积变少，使得农村人地矛盾越来越突出。随着农村人口的增加，农业剩余劳动力也日益增加，这些农业剩余劳动力只能向非农产业转移。由于农村非农产业数量有限，因此不可能吸纳所有的农业剩余劳动力。这时一部分农业剩余劳动力只能到城市另找出路。因此对于这部分从农村转移而来的剩余劳动力，农村人均土地面积的变化推动他们流向城市。此时，只要他们能在城市找到就业机会，这部分人向城市迁移的可能性就大大增加。

(4)农村非农产业吸纳能力变化的作用性质。农村非农产业在其发展初期吸引了一部分农村剩余劳动力留在农村，但是目前非农产业发展面临着结构上的调整，其生存空间越来越小。因此，吸纳农村剩余劳动力的能力也越来越弱。一大部分原有的或新增的农村剩余劳动力由于不能被农村非农产业所吸纳，来到城市寻找就业机会，因而对这部分从农村转移而来的剩余劳动力而言，农村非农产业吸纳能力的下降推动了他们向城市迁移。因此，农村非农产业吸纳能力的变化对这部分剩余劳动力向城市迁移，甚至是最终实现迁移起到了积极的推动作用。

以上的分析，可以得到如下结论：我国农业转

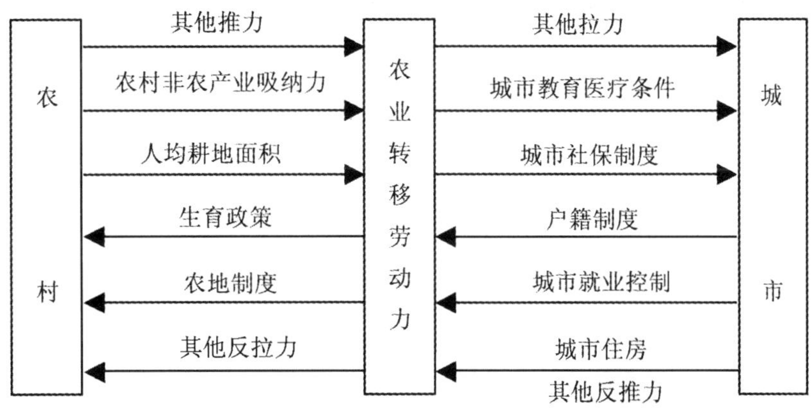

图　农业转移劳动力迁移的"推—拉"模型

移劳动力向城市的迁移受到环境因素的综合作用。因此在鼓励和促进农业转移劳动力向城市迁移的过程中,要具体分析哪些因素有利于农业转移劳动力的迁移,哪些因素阻碍了他们的迁移,从而制定出有利于迁移的各项政策和措施,推动他们向城市迁移。同时在制定政策的过程中,应考虑到任何政策都有一定的时效性,都有其固有的生命周期,如住房制度在改革前是吸引农民进城的一个因素,是影响农民向城市迁移的一个正力,但在改革后,则成为阻碍农民进城的一大反推力。因此,在制定政策后还应注重各政策造成的环境因素对农民迁移决策影响的时效性,及时修改和完善旧的政策或制定新的政策,从而使这些政策所形成的影响迁移的正向综合作用力不断增强,有利于农业转移劳动力向城市迁移。

(三)内外因素决定下的农村劳动力迁移模型

前面运用"推—拉"模型分析和研究了影响农业转移劳动力迁移主要环境因素的作用性质及影响程度,这些影响因素的综合作用可用数学公式表示如下:

$$F=\sum(li+ti-fli-fti) \quad (1)$$
$$(I=1,2,\cdots\cdots,n)$$

其中:li 为城市化的拉力,如城市中较高的收入预期和现代的文明生活方式等;

ti 为城市化的推力,如农村中人均耕地的减少、农村非农产业吸纳能力的下降;

fli 为城市化的反拉力,如农村非农产业的发展、农村社区福利的提高、农业资源使用效率的提高、农民的恋土心理等;

fti 为城市化的反推力,如城市基础设施的缺乏、失业率高、以及对移民的歧视等。

当 $F>0$ 时,即合力大于零,则表明目前的状况有利于农民向城市迁移就业,农民总体上具有向城市迁移的倾向。

当 $F<0$ 时,即合力小于零,则表明目前的状况不利于农民向城市迁移就业,农民不具有向城市迁移的倾向。

该模型从动力学角度来研究农村劳动力向城市的迁移,可以在一定程度上解释和说明农民向城市迁移的主要因素,但是这个模型只体现了由于外界因素而引起的农民向城市迁移的趋势,并不能确定农民是否会迁移。因此,从严格意义上来说,推—拉模型不能准确反映农民做出迁移决策的过程。它只是从农村和城市两个方面来研究农民受到的各种影响因素及程度,没有从农民的角度出发来分析这些因素在决策中所起的作用。因而,仅仅以此模型来为决策者制订相关迁移政策是提供依据是不成熟的。推拉模型最大的缺陷在于研究迁移时,只注重研究引起迁移的外在因素,而没有涉及迁移主体的内在因素。有鉴于此,有必要将农业转移劳动力的外因和内因相联系来研究农业转移劳动力的迁移。

由此,可以建立影响农民迁移的决策模型。

$$D(r)=P\{MaxR>r\} \quad (2)$$

其中:R 为农民迁移的预期经济收益,其约束条件为在迁移的预期经济收益不低于农民在农村所有经济收益(包括有形和无形)的总和 r;MaxR 为迁移后能获得的最大经济利益收益,MaxR 可以由下述模型界定。

由于最大经济利益收益一直支配着农民的决策,而它又是一个复杂和综合的变量,不仅涉及到农民所处的外在因素,更重要的是涉及到了农民自身内在的因素,据此可以得出农民在决策中追求的最大经济利益模型:

$$MaxR=f(F,N) \quad (3)$$

$$\text{约束条件:}\begin{cases}F\geqslant 0\\ N\geqslant I\end{cases}$$

其中 F 为农民所处的外部因素,此处 F 等价于推拉模型中的合力;N 为农民自身的内在因素,I 为社会对农民内在因素的认同,即此处 N 的约束条件为城市劳动力市场对农民素质的最低要求。

其中农民的内在因素是一系列独立于外部因素同时又依赖于外部因素来实现的价值体系,它是一个常变的、随外部因素变化而变化的、需要外部因素接受、认可并确认的价值体系。如,农民的文化程度是其内在因素,它所能带来的迁移收益有赖于城市劳动力市场对其的接受和认可程度。通常情况下,一个农民拥有越高的学历,学历所能导致的在城市就业的收益也会越高。

MaxR 的界定模型表明,农民的最大经济收益取决于农民所处的外部因素和内在因素的综合作用,当外在因素和内在因素协调统一时,才能获得最大经济收益,反之,就不能实现最大经济收益。

注意到 D(r) 为农民迁移决策函数,并用一个概率分布函数表示。这一决策模型表明农民在作出决策时是随机的,其决定因素取决于目前最大经济收益和预期的经济收益的比较,只有当预期的经济收益大于目前最大经济收益时,农民才会作出迁移的决策;否则,农民就不会从农村中迁移出来。同时应该指出的是,预期经济利益收益并不是固定的,而是受到农民所处的外部因素的影响,随着这些外部因素的变化而变化的。在农村中该预期经济收益由农民在农村中所获得的收益来决定的,由于在农村面临的不确定因素比较小,这时的预期经济收益也较稳定;然而在城市中,由于面临的不确定因素的变化很大,这时的预期经济收益就变得极不稳定,受外部因素的影响很大。

五、解决农村劳动力就业和转移的对策研究

(一)健全劳动力市场,提高劳动力转移的有序性和组织化程度

在国家总体就业规划与就业政策指导下,通过建立健全劳动力就业市场体系,引导农业劳动力向有需求的产业与地区流动,实现劳动力与其它生产要素的重新组合,形成劳动力在地区与产业间的合理布局。通过完善政府的疏导和调控功能,降低农民的进城门槛,尽快取消影响人口和劳动力流动的政策限制,实行城乡劳动力就业的公平竞争、同工同酬、同等待遇制度,切实保障所有劳动者的合法权益。将农村就业纳入国家统一的就业政策范畴,取消各种就业准入制度,拆除对本地劳动力就业采取保护的“壁垒”,逐步建立和完善城乡统一、开放、规范、高效的劳动力市场,实行劳动力凭学历、技能竞争就业,农民和市民享有平等就业的机会,实现城乡劳动力平等竞争。

(二)逐步清除农村劳动力转移与就业的体制性障碍和不合理的制度性安排

长期以来,我国实行的城乡等级森严户籍管理制度,许多政策、措施带有浓重的计划经济色彩,在客观上对农民造成了制度歧视,严重制约着农村剩余劳动力的转移。改革现行的户籍管理制度,建立适应市场经济需要的人口管理制度,已成为保证农村劳动力合理有序转移和我国社会主义经济健康发展的客观要求。

户籍制度改革的最终目标,是由现在城乡分割、地区封闭的户籍制度,过渡到统一开放的户籍制度,改变现行的“农业人口”和“非农业人口”的划分办法,建立对人口实行开放式管理的户口制度。加快户籍制度改革过程中,中小城镇户籍管理制度改革尤其要先行。改革现行的户籍管理制度可以分三步走。首先,对进城农民实行基本户口制。其次,放开县级以下城镇的户口,允许具有一定条件的农民与土地彻底分离,成为小城镇居民。最后,随着经济发展,逐步放开县以上中小城市的户口,允许农民进入中小城市择业。在土地制度上,应在坚持中央关于土地承包制的基础上,实行农村土地的有偿转让,使劳动力脱离土地的束缚。通过制度创新,保证农村劳动力在经济和社会权利上与城市劳动力平等,实现劳动力资源在全社会范围内的合理配置。在户籍制度改革的同时,还应积极发展现有城市的第二、三产业。

(三)加快城镇化步伐,提高城镇化水平,进一步完善城镇功能,充分发挥城镇的聚集效应,为农村劳动力转移拓展更为广阔的空间

我国有1.9万个小城镇,20世纪80年代以来累计吸纳3000多万农村劳动力就业,占农业富余劳动力转移总量的30%。发展小城镇,让农民离土进城,变为城市居民,既可以满足农业集约经营的需要,又可以减轻大中城市的人口压力,缓解城市病的蔓延,同时还能促进农村地区第三产业和乡镇企业的发展,农民有了充分的就业机会,也就给退耕还林草腾出了空间。据有关部门测算,2001~2015年,我国城镇化的速度如果能提高1个百分点,将使2.5亿的农村人口转变成城市人口。据世界银行专家的估算,城镇化水平每提高1个百分点,至少能带动GDP增长1.5个百分点。据我国有关研究机构的匡算,如果从2001年到2015年,促使2.5亿左右的农村人口转为市民,可增加6000多亿元的消费需求,可带动最终消费支出增加1万亿元以上,平均每年700多亿元。城镇化水平的提高,还可以创造巨大的城镇基础设施和住宅投资需求,按人均3万元城镇基础设施和住宅投资计,2.5亿的新市民将带动7万亿元的投资需求,平均每年5000亿元,将可拉动GDP年平均增长3个百分点。

(四)促进农村工业化,实现乡镇企业持续、稳定发展,使之为农村劳动力的转移就业做出贡献

经过20多年的发展变化,我国乡镇企业已经经过了初期的快速发展阶段,面临着新的制度环境与市场环境。目前乡镇企业的发展面临产权不明、结构雷同、宏观经济环境趋紧等多种不利因素,自身处于艰难发展的时期。一些完成了初步积累的乡镇企业为了提高竞争力,也开始进行结构调整和技术升级,逐步向远离劳动密集型方向发展。乡镇企业要继续成为农村剩余劳动力转移主渠道,就必

须跳出小农经济的思维方式和大量耗费资源、不计成本和污染的粗放型生产经营方式，遵循社会化大生产规律，积极参加与城市大工业的分工与协作，以科技为支撑，以质量为中心，以资源和市场为导向，拓宽产业领域，发挥自己的比较经济优势，建立现代企业制度，走可持续发展道路。

（五）提高农村人口素质和农村人力资本水平，以充分适应就业需要

提高农民素质，使之能适应市场经济的优胜劣汰规则是加速农村剩余劳动力转移的根本。即使户籍制度放开，产业结构不断优化，没有较高的文化素质，农民也只能望“工”兴叹。提高农村人力资本水平首要的是把大力开发农村人力资源作为突破口和基点，真正建立起雄厚的农业和农村经济赖以长期稳定发展的人力资本基础。具体措施包括：

1. 要在农村真正普及九年义务教育，保证适龄少年儿童入学，为以后的就业打好基础。

2. 要搞好农村的职业技术教育和就业培训。

3. 建立多渠道筹措经费的教育投资模式，一方面，要发挥各级政府投入的主渠道作用；另一方面，鼓励社会组织、机构、企业及个人对教育投资，实行税收优惠政策。

4. 各级政府应统筹建立农村劳动力培训基地与输出窗口，大力推行招生—培训—就业一条龙服务模式，以需求定培训，以输出带培训，结束农民工流动的无序状态。

5. 鉴于当前多数的农民家庭负担子女上大学存在经济困难的现状，政府可大幅度增加奖学金和助学金，使得更多农民子女能够在优惠条件下接受高等教育。

6. 各级政府在教育、卫生、计划生育、社会福利等公共服务支出上用于农村的比例，不应低于当地农村人口比例的10～15个百分点。这不仅符合社会公平原则，也符合经济效益原则。因为投资于农民人力资本的社会收益高于对非农投资的社会收益，而对非农民人力资本投资的私人收益高于对农民投资的私人利益。国家应创造条件并鼓励市民特别是城市高收入居民自我人力资本投资，而将其公共服务投资重点转向占人口2/3的农民。

（六）调整农业结构，向农业的深度和广度进军，扩大劳动力就业范围

以农业结构调整为契机，发展精细农业，促进农村富余劳动力在农业内部就业，这是从需求上消化部分富余劳动力的合适选择。增加农业内部就业岗位是一种成本较低的消化方式。具体措施包括：

1. 开垦宜农荒地及其资源，合理利用荒山、荒坡、荒滩、荒水和草地等各种农业资源，采取承包、租赁、拍卖等形式，大力发展多种经营。进一步加强畜禽良种繁育体系，疫病防治体系和饲料安全体系建设，把畜牧水产业发展成为一个大产业。

2. 积极发展农产品加工业，加快对中低产田的改造，尤以发展劳动密集型产业为主，以当地的自然资源为主要加工对象，大力发展初加工、深加工、精加工，形成从“田头到餐桌”的农产品加工体系，延长产业链，为农村剩余劳动力创造更多的就业需求和增收门路。

3. 提高土地复种指数，增加农业的科技含量、资本含量及劳动密集程度，提高农产品附加值。

4. 发展农村社会化服务体系，使一部分农民从土地中解放出来，专门从事产供销各个环节服务的第三产业。在同样的资金投入中，第三产业能吸纳更多的就业人数。据有关资料显示，投入100万资金于第一、二、三产业，分别安置就业人数大约为400、700、1000人。目前我国的第三产业人员约占22%，与发达国家70%甚至许多发展中国家的30～40%相比差距甚大，具有很大的发展潜力。

5. 扩大农业对外开放，积极参与国际竞争，鼓励乡镇企业，尤其是乡镇龙头企业“走出去”，到国外投资办厂，发展农产品加工贸易，合作开发土地、林业以及渔业等资源。对农村剩余劳动力有针对性地进行技术培训，组织合理有序的国际劳务输出，参与国外农业开发、水利工程承包等。可考虑由中央地方财政提供一部分资金，社区集体以企业转制收回的价值形态的资产作为投资，农户亦可自愿投资，几家以股份合作的方式集资共建农村基础设施，增加农村就业机会。同时通过路、桥、水、电等基础设施的建设，可以改善农村的消费环境，促进发展。

（七）形成有利于农村劳动力向城镇转移的管理机制，促进劳务输出由体力型向技能型和智能型转变

一是促进农村劳动力转移的制度创新。

1. 以提高素质技能、培育输出龙头为目的，以平等互利为原则，以建立劳务输出基地为基础，形成以市场为导向、政府推动、多方参与的劳务输出协作机制，为进城农民创造相对稳定的生存空间。

2. 积极鼓励返乡创业。对于那些率先外出就业，经历了市场经济风雨，见识了工业现代化世面的技术人才和有一技之长的农民工，应鼓励他们回乡创办企业，带动家乡致富，形成劳务输出与返乡创业双向流动的农村劳动力转移运作机制。

3. 完善配套措施，搞好跟踪管理服务，形成输出输入双方协作管理的服务机制。制定包括城市化进程、劳动力市场建设及劳动力进城的动力机制，吸引并促进农村劳动力转移，形成有利于农村劳动力向城镇转移的管理机制，促进劳务输出由体力型向技能型和智能型转变。

4. 建立对农村人力资源开发的多元化投入机制，使农村劳动力转移之前具备基本素质与技能。构建城乡资本正常流动机制，支持农村中非农产业的发展，吸引人才到农村去发展。注重城乡资本的有序流动，极力推行城乡经济建设一体化战略，通过财政信贷政策，支持农村中非农产业的发展。

二是营造有利于农村剩余劳动力就业的制度环境。

1. 进行农业体制性改革，继续给农民松绑，建立和形成新的社会主义市场经济体制。真正要解决农业、农村、农民问题，就必须进行体制性的改革，要在原来实行家庭联产承包责任制和其他一些初步改革的基础上进行农村的第二次改革，完全克服计划经济体制的弊病，继续给农民松绑，建立和形成新的社会主义市场经济体制。多年来，农业、农村、农民问题所以难以解决，主要的问题是没有找准“三农”问题的症结，没有对症下药。根本的原因是原来束缚农村生产力的计划经济体制还没有从根本上改革，还是继续在起着捆绑农民、阻碍农村生产力发展的作用。

2. 调整国民收入分配结构，由农业支持工业、农村支持城市变为工业反哺农业、城市反哺农村。根据国际经验，一个国家人均 GDP 达到 800～1000 美元，便开始由工业“反哺”农业，而我国正处在这个阶段。

(八)大力促进个体、私营及混合所有制经济发展，拓宽农村剩余劳动力的就业渠道

由于国有经济和城镇集体经济单位的就业扩张能力逐渐减弱，因而其他各种经济单位和个体劳动力部门对增加就业发挥着越来越大的作用。由于个体私营企业具有投资少，见效快，转产变型容易，市场适应能力强，有机构成低，占用活劳动多，全员劳动生产率虽低，但资金利税率非常高，这两类企业的资本与劳动的组合方式正好与中国农村、尤其是西部地区资本短缺、劳动力剩余的现状相一致。而研究表明：非农产业劳动者的报酬收入目前仍是地区间农民收入差异的主要来源，如能创造条件促使中西部地区联户办及个体私营企业的发展，则稀缺要素资本能得到充分的利用，剩余劳动力能获得非农就业的机会，地区收入差异也可缩小，农业剩余劳动力转移的地区差异将会趋于平衡。

(九)利用加入 WTO 的契机，开展国际劳务合作，有步骤地推动农村富余劳动力的转移

针对我国农村人口多，农业和农村经济发展较落后，难以提供更多的就业机会的现状，组织有规模、合理有序的劳务输出是扩大农村剩余劳动力充分就业的重要渠道。我们利用加入 WTO 的契机，应开拓国内市场以及通过输出劳动密集型产品创造就业机会。直接向海外输出劳务也是缓解就业压力的重要方式。从国际劳务市场总体情况来看，老龄化趋势的增强和区域一体化的发展，为我国扩大劳动力输出提供了新的机遇。我们重点向国外的建筑业、商业、加工业等劳动密集型企业输出，创造条件，提离劳务输出档次，扩大规模，鼓励向国际劳务市场进军，尤其是开拓国际工程劳务输出市场。

(十)建立和完善农村社会保障制度，解除农民的后顾之忧

农村社会保障应包括两个部分，滞留在农村的农民应享有的社会保障，转移到城市、小城镇的劳动者的社会保障。建立农村社会保障制度是一项系统工程，涉及到许多方面的问题，如土地问题、资金问题等等，政府如何把对农村的扶贫工作同建立农村社会保障体系有机地结合起来，让农村居民和城市居民一样成为社会保障制度的直接受益者，农村劳动力的合理流动和有序转移就会出现一个新的局面。

3

农民收入

粮食主产区粮食生产与农民增收形势及政策选择

国家统计局农村司

2003年,各地认真贯彻落实中央"一号文件"精神和发展粮食生产的政策措施,农业与农村经济呈现出近年来少有的好形势。特别是粮食主产区,农业增速、粮食生产增速、农民收入增速均高于全国平均水平。但是,粮食主产区农业与农村经济运行中也存在一些值得关注的问题,要实现粮食稳定增产,农民收入持续增长双重目标,仍需付出艰苦努力。

一、总体情况

2004年上半年,农业与农村经济呈现出开局良好,总体向好的发展态势。表现出四个突出特点:第一,农民种粮积极性回升,粮食生产形势好转;第二,农业在结构调整中稳定增长;第三,农民收入快速增长,形势良好。第四,粮食主产区粮食生产势头良好,农民收入增势强劲。上半年全国农林牧渔业实现总产值12286亿元,按可比价格计算,增长4.9%。夏粮、早稻分别增产93亿斤和52亿斤,秋粮长势良好,增产已成定局,如果后期不出现大的自然灾害,全年粮食产量可望突破预期目标。上半年全国农民人均现金收入达到1345元,比上年增加186元,实际增长10.9%,为近八年来最高,实现全年增收目标比较乐观。

在政策、市场价格和气候多种因素共同作用下,粮食主产区农业增速、粮食生产增速、农民收入增速均呈现出高于全国平均水平的好形势。上半年粮食主产区实现农业总产值8103亿元,按可比价格计算,比上年同期增长5.3%,高出全国平均水平0.4个百分点。粮食生产呈现良好发展势头,夏粮、早稻分别增产95亿斤和52亿斤,增长6.5%和18.1%,增速明显高于全国平均水平,增产量超出了全国水平。上半年粮食主产区农民现金收入人均1371元,比上年同期增加211元,名义增长18.2%,扣除价格因素影响,实际增长13%。与全国平均水平相比,现金收入增加额多25元,实际增长速度快2.1个百分点。从全年看,粮食主产区农民收入增长有望扭转持续多年低于全国平均水平的局面。

二、粮食主产区粮食生产形势

(一)近年来粮食主产区粮食减产量大

2003年全国粮食产量为8613亿斤,与1998年历史最高产量相比,共减产粮食1633亿斤。其中:13个主产省(区)减少1161亿斤,减15.9%,占全国总减产量的70.3 %。主销区减少359亿斤,减少34.4 %,占总减产量22%;西部地区减少125亿斤,占全国减产总量的7.7%。由此可见,虽然主产区减少幅度不及主销区,但由于权数大,占全国比重高,其粮食减产量对全国粮食减产影响最大。详见表1。

表 1 1998～2003 年粮食产量增减情况

单位:亿斤

地　　区	1998 年	2003 年	2003 年比 1998 年增加	
			绝对数	%
全国总计	10246	8613	−1633	−15.9
主 产 区	7263	6116	−1147	−15.8
主 销 区	1043	684	−359	−34.4
西 部 区	1940	1814	−126	−6.5

注:主产区指河北、内蒙古、辽宁、吉林、黑龙江、江苏、安徽、江西、山东、河南、湖北、湖南、四川等 13 个省(区)。

主销区指北京、天津、上海、浙江、福建、广东、海南等 7 省(市)。

西部区指除上述主产区、主销区以外的省(区、市)。

分地区看减产较多的省份有:江苏 189 亿斤、山东 166 亿斤、湖北减产 111 亿斤、河北 106 亿斤、黑龙江、河南和四川减产均在 90 亿斤左右。

(二)粮食主产区粮食大幅度减产的主要原因

一是主产区耕地面积减少较多。据国土资源部统计,1998～2003 年间全国耕地面积净减少 9376 万亩,其中:粮食主产区耕地面积净减少 4625 万亩,约占全国耕地减少的一半。见表 2。

表 2 1998～2003 年耕地面积变化情况

单位:万亩

地　　区	1998 年	2003 年	2003 年比 1998 年增加	
			绝对数	%
全国总计	194464	185088	−9376	−4.8
主 产 区	122389	117764	−4625	−3.8
主 销 区	13007	12313	−694	−5.3
西 部 区	59067	55011	−4056	−6.9

二是主产区粮食面积大幅度减少。受耕地面积减少和种植业生产结构调整等因素的影响,2003 年我国粮食播种面积锐减至 14.91 亿亩,为建国以来新低,比 1998 年减少 2.16 亿亩,减 12.6%。其中:粮食主产区面积为 10.28 亿亩,比 1998 年减少 1.23 亿亩,减少 10.7%,占全国减少总量的 57%。因面积减少而减少产量约 780 亿斤,占总减产总量的 68%。可以说粮食面积减少是粮食主产区粮食产量减少的主要原因。见表 3。

表 3 1998～2003 年粮食播种面积情况

单位:万亩

地　　区	1998 年	2003 年	2003 年比 1998 年增加	
			绝对数	%
全国总计	170681	149115	−21566	−12.6
主 产 区	115138	102823	−12315	−10.7
主 销 区	15225	10140	−5085	−33.4
西 部 区	40318	36151	−4166	−10.3

三是主产区粮食生产能力下降 300 亿斤。粮食生产能力是指在正常气候和市场情况下具有的生产能力,1996 年我国粮食产量首次达到 1 万亿斤,1996～1999 年间粮食年平均产量超过 1 万亿斤,当时粮食综合生产能力得到较好的发挥,已基本达到 1 万亿斤的生产能力。随着结构调整和耕地面积的减少,目前我国粮食综合生产能力已下降到 9500 亿斤左右,下降了 500 亿斤。从粮食主产

区情况来看，粮食生产能力也出现下降。初步测算，损失粮食产量300亿斤，也就是说，目前粮食主产区的生产能力已比1998年下降了300亿斤，占全国总下降能力的60%以上。主产区粮食生产能力的下降，对全国粮食生产能力下降产生了决定性影响。

(三)粮食主产区粮食生产发展势头良好

2004年，国家从粮食风险基金中拿出100亿元对13个粮食主产省(区)种粮农民直接补贴，并要求各地尽可能在春播之前兑付部分直补资金，在上半年把全部补贴资金基本兑现到农户。随后，各地对粮食直补政策做出了积极回应。从各省农调队调查反映的情况看，粮食直补资金基本落实到位，农民得到实惠，种粮积极性提高，全国粮食生产呈现恢复性增长的势头。夏粮产量2021亿斤，比上年增加93亿斤，增长4.8%；早稻产量642亿斤，增加52亿斤，增长8.8%。根据各地的调查，目前秋粮长势良好，秋粮增产已成定局。如果秋粮生长后期不出现大的自然灾害，全年粮食产量可望突破预定目标。

从夏粮、早稻生产情况看，由于政策落实到位、市场粮价大幅度上涨、气候条件有利，主产区夏粮和早稻分别比上年增加95亿斤、52亿斤，增长6.5%和18.1%，增速明显高于全国平均水平。2004年全国夏粮和早稻增产完全依靠主产区。国家粮食直补、良种补贴和农业税减免等支持政策在粮食主产区发挥了积极的作用。

三、粮食主产区农民增收形势

(一)近年来粮食主产区农民收入增长缓慢

自上世纪90年代末期以来，农民收入持续低速增长，粮食主产区农民收入增长更为缓慢，除1998年和2002年增长幅度略高于全国平均水平外，其余4年粮食主产区农民收入的增长幅度明显低于全国平均水平。1999年增长3%，比全国平均水平低0.8个百分点；2000年增长1.5%，比全国平均水平低0.6个百分点；2001年增长4%，比全国平均水平低0.2个百分点；2003年增长3.8%，比全国平均水平低0.5个百分点。

(二)粮食主产区农民收入增长缓慢的主要原因

一是农产品价格低迷，农业增产不增收。我国农业和农村经济进入新阶段的一个重要特征是农产品供求关系发生重大变化，粮食等主要农产品由卖方市场转变为买方市场。这一根本性的变化，使农产品供给的增长在受到资源约束的同时，越来越受到市场需求的约束。粮食主产区种植业收入是农民收入的主要来源，1997年，粮食主产区农民纯收入的50.7%来自于种植业收入，由于农产品价格持续低迷，2003年粮食主产区农民从种植业得到的纯收入比1997年减少103元，减少近一成，种植业纯收入占农民纯收入的比重下降为36.5%，下降14.2个百分点。

二是粮食主产区非农产业收入增长缓慢。由于粮食主产区农村二三产业发展缓慢，农民从二三产业生产经营中得到的收入增长缓慢，非农业收入在农民收入中的比重持续下降。粮食主产区农民从二三产业生产经营中得到的纯收入，1997年为310元，1998年为216元，1999年为275元，2000年为305元，2001年为250元，2002年为321元，2003年为327元。2003年农民的二三产业收入仅比1997年增加17元，年均增加不到3元，二三产业收入占纯收入的比重由1997年的14.6%下降到2003年的12.3%，下降2.3个百分点。

三是税费负担政策不合理，从事农业生产经营的农民税费负担过重。长期以来，粮食主产区农民的税费负担高于全国平均水平，纯农户的税费负担高于非农户。2003年，粮食主产区农民的税费负担人均为89.5元，比全国平均水平高22.2元，高33%；纯农户的税费负担人均为77.5元，比非农户高29.2元，高60.5%。

(三)2004年以来，粮食主产区农民收入增势强劲

2004年以来，制约粮食主产区农民增收的因素发生了变化，粮食主产区农民收入增势强劲。上半年粮食主产区农民现金收入人均1371元，比上年同期增加211元，名义增长18.2%，扣除价格因素影响，实际增长13%。与全国平均水平相比，现金收入增加额多25元，实际增长速度快2.1个百分点。主要原因：

一是出售农产品收入大量增加，增幅高于全国平均水平。上半年粮食主产区农民出售农产品的现金收入人均669元，增加112元，比全国平均多增18元，增长20.1%，增速高1.2个百分点。其中，出售农业产品的收入人均386元，增加73元，增长23.2%；出售牧业产品的收入人均256元，增加37元，增长17%。上半年粮食主产区农民出售农产品增加的现金收入，全部来源于出售价格的回升，其中，出售数量减少使出售农产品收入减少8元，出售价格提高使出售农产品收入增加120元。与上年同期相比，上半年粮食主产区农民出售粮食的综合平均价格提高23.9%，略高于全国平均水平。

二是转移性收入大幅增长，增幅高于全国平均水平。上半年粮食主产区农民转移性现金收入人均69元，增加19元，增长38.7%。转移性现金收入增加的主要来源是粮食直补收入，上半年粮食主产区农民得到的粮食直补收入人均13.9元，比全国平均多5.7元；良种补贴收入人均1.3元，比全国平均多0.5元。其中：黑龙江人均55.2元、吉林人均31.2元、辽宁人均29.1元、内蒙古人均28.3元、江西人均13.7元、河南人均12.5元、河北人均11元、安徽人均10.2元、山东人均9.1元。黑龙江、吉林、辽宁、内蒙古4省(区)由于人均耕地面积多，农民拿到的直补资金不仅高于全国平均水平，也大大高于13个粮食主产省(区)的平均水平。

三是工资性收入保持平稳增长，增幅高于全国平均水平。上半年粮食主产区农民的工资性收入人均413元，增加62元，比全国平均多增7元，增长17.7%。其中，在本地企业从业得到的收入人均115元，增加13元，增长12.2%；在本地打工得到的收入人均62元，增加15元，增长32.6%；外出打工得到的收入人均175元，增加35元，增长24.7%。

四是税费负担继续大幅度下降，减幅高于全国平均水平。上半年粮食主产区农民的税费负担人均15.3元，比上年同期减少4.8元，减少23.7%。虽然人均负担水平仍比全国平均水平高，但减少量多于全国平均水平0.5元。各项税费支出全面减少，其中农业税减少13.7%，减少幅度高于全国平均水平。

制约粮食主产区农民增收的因素发生了新的变化，使粮食主产区农民收入增长呈现新的局面。初步预计2004年粮食主产区农民纯收入的增长幅度将快于全国平均水平，扭转近年持续低于全国平均水平的局面。

四、粮食主产区粮食生产和农民增收面临的新情况、新问题

2004年以来，粮食主产区粮食生产和农民增收形势发生了多方面的积极变化。但是，也要清醒地看到，一些长期困扰农业和农村经济发展的深层次矛盾还远没有根本解决。从农业、农村和农民自身来看，主要是农产品结构不合理、质量水平不高，不适应市场需求；农民进入市场的组织化程度不高，不适应市场竞争特别是参与国际竞争的要求；农村二三产业发展水平不高，不适应农民多渠道扩大就业和增加收入的需要。从农业、农村与国民经济的关系来看，就业结构严重滞后于产业结构的调整，城镇化明显滞后于工业化，直接影响了农村劳动力的转移和农产品需求的扩大，严重制约农业经营规模的扩大和农业效益的提高；农业、农村和农民在资源和国民收入分配中长期处于不利地位，农村土地、资金、人才等要素外流严重等等。

随着农村改革的不断深化，内外环境也发生了变化，改革与发展中也出现了许多新情况和新问题。主要表现在以下几方面：

(一)粮食直补政策落实中还存在一些具体问题

实施直补和降低税费政策后，由于利益关系发生变化，农村土地纠纷有所上升；直补政策落实成本高，基层负担重；直补标准不平衡、补贴对象各地不一、一些地方用直补资金抵扣农业税等做法，使基层干部和群众有意见；部分农民对今后国家是否继续实行粮食直补也心存疑虑。据黑龙江省2004年7月初对10个县市13个行政村部分干部和农户的调查，50%以上的种粮农户对今后是否继续补贴心存疑虑。他们认为，今年国家缺粮了，所以给补贴鼓励种粮；今后不缺粮了，而政府花钱的地方很多，因此对粮食直补政策是否继续执行表示担心。

(二)粮食主产区农村税费改革继续深入面临困难

由于粮食主产区经济实力相对较差，基层财政收入的来源渠道较窄，主要来源是农业税，随着农村税费改革推进，粮食主产区很多农村基层组织的财政收入出现困难，有的地方甚至人员工资都难以保证，继续推进改革面临较大难度。而且，与东部经济发达地区相比，农村税费改革的进展仍然较慢，农民税费负担下降的幅度相对较小，粮食主产区、纯农户的农民负担相对较重的局面仍然难以扭转。

(三)农资价格大幅度上涨，将抵消政策给农民带来的实惠，稳定农资价格难度较大

虽然2004年4月份以来，国家连续出台控制农资价格的政策，对抑制农资价格上涨的势头起到了积极作用，但上半年农资价格比上年同期上涨了8.1%，上涨幅度是1997年以来最高的。7月份，农资价格继续上涨。1～7月，农资价格总指数达到8.6%，其中，化肥上涨幅度达到9.7%。由于农资价格大幅度上涨，农民购买农业生产资料的支出增加，将直接抵消粮食直补给农民带的实惠。据国家统计局农村抽样调查，2004年夏收小麦亩均得到的直补资金为12.6元，亩均减免农业税5.6元，而每亩小麦的肥料、农药、农机费用支出共计21.1元，超过了政策给农民带来的实惠。

(四)农业基础设施陈旧，抵御自然灾害能力下降

近年来粮食主产区农民收入增长幅度低于全国平均水平，自然灾害也是一个重要因素。2003年农产品市场价格回升，对粮食主产区农民增收非常有利。但是，2003年粮食主产区农民收入的增长幅度仍未超过全国平均水平，主要原因是由于黑龙江、安徽和河南3省遭受严重自然灾害，农业生产遭受重大损失，农民收入增长缓慢，甚至下降。黑龙江省农民收入增长3.3%，比全国平均水平慢1个百分点；安徽、河南的农民收入分别比上年下降了1.2%和0.4%。

五、促进粮食主产区粮食生产和农民增收的政策建议

(一)千方百计培育和提高粮食主产区粮食生产能力

恢复粮食生产，重在主产区。粮食主产区在全国粮食生产和保障国家粮食安全中占有决定性地位，粮食主产区结构调整的可缩性大，生产恢复的潜力较大。为此，一要加强耕地资源的保护和合理开发利用。从长期看，粮食安全不是在“库里”，而是在“地里”。只要我们保证有充足的耕地，粮食安全就不会出大问题。保护和稳定粮食主产区耕地面积，是保证我国粮食安全的重中之重。二要提高财政和国债对农业生产投入比例，重点用于主产区中低产田的改造。据湖南省的测算，如果将现有中低产田的产量提高到高产田的水平，粮食产量可以比现在提高大约55%。要继续调整国民收入分配结构和财政支出结构，不断增加对农业的投入，加强农业基础建设，改善对农业的服务。目前，国家实施的“六小工程”建设，对改善农民的生产生活条件、促进农民增收发挥了重要作用，效果很好。要继续增加投资规模，增加的投资规模要向粮食主产区倾斜，充实建设内容，扩大建设范围。三要依靠科技力量，提高粮食主产区的单产水平。从粮食单产水平变化来看，我国粮食单产水平平均每5年上一台阶，每五年单产增长10%左右。如果未来五年我国粮食平均亩产水平由于科技进步而达到310公斤，以2003年粮食播种面积计算，可增产粮食600多亿斤。四要集中财力，在粮食主产区重点建设一批商品粮基地。随着人口增长，工业化城镇化进程中必然导致耕地面积的减少，今后粮食供求平衡的压力依然很大，粮食供求关系长期趋紧的状况日益突出。因此，要集中财力，在粮食主产区重点建设一批商品粮基地，推进粮食产业化经营，建立持续调动农民种粮积极性，确保粮食产需大体平衡的长效机制。

(二)完善粮食直补政策，建立主产区农业支持保护体系

提高主产区农民收入，既要靠政策扶持，也要靠产业支持。一要深入研究目前粮食直补政策实施中出现的新情况、新问题，进一步完善粮食直补政策。综合运用各种支持手段，如：增加粮食主产区农业基础设施投入、免费向农民推广农业技术和对农民进行培训、减免粮食运输费用、实施最低保护价对农民实施价格补贴、对农民购买农业生产资料进行补贴等，建立起完备的农业生产的支持政策体系。二要加大对粮食主产区的财政转移力度，加快推进粮食主产区的农村税费改革。中央财政将粮食主产区减免的农业税全部承担起来，消除粮食主产区推进税费改革的后顾之忧；粮食主产区要尽快转变政府职能，加快机构改革力度，大幅度减少财政负担人口。三要加大对粮食主产区发展粮食产业的支持，提高粮食主产区经济效益。粮食主产区要立足粮食生产，搞好粮食的加工转化增殖、储运和流通，做大做强粮食产业，把生产优势转变为产业优势、经济优势。推动农村二、三产业的发展，加快劳动力转移步伐。

(三)密切关注粮价变化，提高宏观调控水平，防止大起大落

2003年10月份以来，粮价快速上涨，是各种因素共同作用的结果，是广大农民盼望出现的理性回归，对恢复农民种粮信心、增加收入和推动农村改革具有重要作用，来之不易。目前，部分地区的

农民在观望粮食市场，期待更好的价格和出售时机。因此，要加强对粮食市场的宏观调控，做好新粮的收购工作，引导农民及时销售手中的余粮。当前，粮价稳中有降，对此要密切关注，保持粮价稳定在一个合理水平，防止再度走低。

（四）进一步强化农资市场管理，组织好化肥等农业生产资料生产和市场供应，控制农资价格的继续上涨，打击坑农害农行为

2004 年上半年农资价格的大幅度上涨，已经对农业生产成本上升产生了明显影响，不加以适当的控制将对今后一个时期的农业生产尤其是主产区的粮食生产极为不利。因此，要加强对农资价格的管理，遏制农资价格过快上涨的势头。同时，要加大对假种子、假农药的打击力度，排除假种子、假农药对农资市场的干扰。

（五）统筹城乡发展，改善就业环境，拓展农民外部增收空间

加快建立城乡统一的劳动力市场，形成城乡劳动者平等就业的制度。加快农村教育、卫生和文化事业发展，提高农村劳动力素质，加强对农村劳动力的劳动技能培训，提高他们的就业技能。加快农村二三产业的发展，加快劳动力转移速度。

2004 年中国农村居民收入与消费

阳俊雄

一、农村居民收入较快增长

据对全国 31 个省(区、市)6.8 万个农村住户的抽样调查,2004 年农民人均纯收入为 2936 元,比上年增加 314 元,增长 12%,扣除价格因素的影响,实际增长 6.8%,是 1997 年以来收入增加最多和增长最快的一年。

(一)2004 年农民收入来源与构成

1. 工资性收入。2004 年农民得到的工资性收入人均 998 元,比上年增加 80 元,增长 8.6%。其中,在本地打工得到的收入人均 189 元,比上年增加 21 元,增长 12.6%;外出务工得到的收入人均 398 元,比上年增加 52 元,增长 14.9%。

2. 家庭经营收入。2004 年农民家庭生产经营纯收入人均 1746 元,比上年增加 205 元,增长 13.3%。其中,农民家庭从事第一产业生产经营得到的纯收入人均 1398 元,比上年增加 203 元,增长 17%;从事第二、三产业生产经营得到的纯收入人均 348 元,比上年增加 2 元,增长 0.6%。

家庭经营第一产业得到的纯收入中,农业纯收入 1056 元,比上年增加 176 元,增长 20%;林业纯收入人均 34 元,与上年基本持平;牧业纯收入人均 271 元,增加 25 元,增长 10.3%;渔业纯收入人均 36 元,增加 1 元,增长 4.1%。

家庭经营第二、三产业得到的纯收入中,第二产业生产经营纯收入人均 108 元,与上年基本持平;第三产业生产经营得到的纯收入人均 240 元,比上年增加 2 元,增长 1%。

3. 财产性收入。2004 年农民的财产性收入人均 77 元,比上年增加 11 元,增长 16.5%。财产性收入增加的来源主要是租金、转让土地承包经营权和集体合股经营分配得到的股息和红利收入。

4. 转移性收入。2004 年农民得到的转移性收入人均 116 元,比上年增加 19 元,增长 19.3%,扭转了上年下降的局面。来自国家给予农民的粮食直补、良种补贴和购置更新大型农机具补贴的收入人均 16 元,其中粮食直补收入人均 14 元。

(二)农民增收的特点

1. 农业收入创历史新高。农业收入在农民收入中具有举足轻重的地位。改革开放以来,农业收入曾出现两次大的增长,对农民增收产生重要影响。第一次是 1994 年,人均农业收入比上年增加 162 元,增长 36.2%,当年农民收入名义增长 32.5%,是改革开放以来最高的。第二次是 1996 年,人均农业收入比上年增加 156 元,增长 19.5%,当年农民收入名义增长 22.1%,也是改革开放以来少有的。2004 年人均农业收入达到 1056 元,比上年增加 176 元,增长 20%,收入增加的数量和收入水平均创历史新高。农业收入大量增加,为 2004 年农民收入较快增长做出重大贡献,农业增收对当年农民增收的贡献率达到 56%。

2. 外出务工收入仍是农民增收的重要来源。2004 年农民得到的工资性收入人均 998 元,比上年增加 80 元,增长 8.6%,保持了稳定增长,是农民增收稳定的重要来源。工资性收入实现稳定增长，主要依赖于外出务工收入的增加。2004 年外出务工收入人均增加 52 元，增长 14.9%，对工资性收入增收的贡献率为 70%，对全年农民增收的贡献率为 16.6%。

3. 政策性收入大量增加，税费负担显著下降。“三补贴、两减免”政策是 2004 年最受农民欢迎、各级党委和政府执行积极性最高的政策，也是近年在政策执行过程中打折扣最少、落实得最好的政策，农民直接受益颇多。

2004 年农民从粮食直补、良种补贴和购置更新大型农机具补贴三项补贴得到的收入人均 16 元，其中粮食直补收入人均 14 元。政府补贴农民的政策和农民得到的实惠之多，是改革开放以来从未有过的。

“两减免”使 2004 年农民的税费负担人均减少 30 元，负担下降 44.3%。税费负担占当年农民纯收入的比重由上年的 2.6%下降为 1.3%，下降 1.3 个百分点。农民的税费负担下降之大和占当年农民纯收入比重之低，也是改革开放以来从未有过的。

4. 粮食主产区收入增幅超过全国平均水平。1997 年以来，由于粮食等主要农产品的价格持续低迷，农业增产不增收，粮食主产区农民收入增速在全国平均水平以下。2004 年农民收入较快增长的主要原因是种粮增收，种粮收入增加对全年农民增收的贡献率达到 55%。种粮效益提高，粮食主产区农民收益最多。2004 年粮食主产区农民人均纯收入为 3025 元，比上年增加 356 元，增长 13.3%，扣除价格因素的影响，实际增长 8.1%，增速比全国平均水平高 1.3 个百分点。

5. 低收入农户收入增长幅度超过高收入农户。低收入农户主要是以农业收入为主，近年来收入持续缓慢增长。2001 年、2002 年和 2003 年低收入农户人均收入的名义增长分别只有 2%、4.8%和 1%。2004 年低收入农户的收入发生了显著变化，收入大幅度增长，增长幅度高于高收入农户。按照农户人均收入水平进行 5 等分分组(每组各占总户数的 20%)，2004 年低收入农户的收入人均为 1007 元，名义增长 16.3%；中低收入农户的收入人均为 1842 元，名义增长 14.6%；中等收入农户的收入人均为 2578 元，名义增长 13.4%；中高收入农户的收入人均为 3608 元，名义增长 12.5%；高收入农户的收入人均为 6931 元，名义增长 9.2%。低收入农户收入的增幅比上年提高 15.3 个百分点，比当年高收入农户的增幅高 7.1 个百分点。

6. 收入分配差距扩大的趋势减缓。1997 年以来农村居民之间收入分配的差距持续扩大，而且呈现加速扩大的趋势，2004 年这一趋势发生变化，差距扩大的速度减缓。2004 年农村居民内部收入分配的基尼系数为 0.3692，比上年提高 0.12 个百分点，与上年基尼系数提高 0.34 个百分点的速度相比，收入分配差距扩大的速度有所减缓。

(三)农民收入较快增长的原因

影响 2004 年农民增收的重大因素有三个方面：一是党和国家的政策措施，“三补贴、两减免”政策，不仅重新激发了农民种粮的积极性，而且直接增加了农民收入。二是粮食价格回升，自 2003 年底以来，粮食价格持续回升，回升幅度之大是 1997 年以来从未有过的，粮价回升保护了刚刚调动起来的农民种粮积极性，种粮农民也因此获得丰厚的回报。三是全年气候条件非常适宜于农业生产，特别是粮食生产，2004 年全国所遭受的自然灾害也是 1997 年以来最少的。

1. 农业增收是农民增收的最大来源。2004 年农民人均纯收入比上年增加 314 元，其中农业增收 176 元，农业增收对当年农民增收的贡献率达到 56%。农业增收是多方面有利因素共同作用的结果，政策和市场是其中最关键的因素。表现在以下两个方面：

一是农业纯收入增加几乎全部来自粮食。在农业纯收入中，粮食纯收入人均 621 元，比上年增加 172 元，增长 38.4%，对农业纯收入增长的贡献率达到 97.7%；棉花纯收入人均 63 元，减少 10 元，减少 13.7%；油料纯收入人均 64 元，增加 9 元，增长 17.1%；糖料纯收入人均 12 元，减少 1 元，减少 7%；蔬菜纯收入人均 133 元，减少 2 元，减少 1.3%；水果纯收入人均 68 元，增加 10 元，增长 17.2%。

二是粮食收入大量增加主要是政策力度大和粮价回升。政策因素使粮食纯收入人均增加 24 元。其中，减免农业税直接降低了生产成本，使种植粮食的纯收入人均增加 11 元；粮食播种面积增加使粮食纯收入人均增加 13 元。2004 年粮食的综合平均价每公斤比上年回升 0.25 元，回升 22.2%，由于粮价回升使粮食纯收入人均增加 165 元。气候条件、生产技术、投入增加等因素使粮食单产提高，使粮食纯收入人均增加 37 元。2004 年农业生产资料的市场综合平均价格上涨 10.4%，其中农民购买化肥的价格上涨了17.3%，由于农业生产资料价格上涨使粮食纯收入人均减少54元。

2. 外出务工收入仍是增收的重要来源。2004年农民外出务工得到的收入人均398元，比上年增加52元，增长14.9%，对全年农民增收的贡献率为16.6%。

政策在农民外出务工收入增加中的作用最为明显。2004年外出务工收入增加的原因有三个方面：一是清理建设领域拖欠农民工工资问题取得明显成效。由于清理拖欠农民工工资，使农民收入人均增加33元左右；二是加大农村劳动力培训力度，提高了外出务工劳动力的劳动技能。2004年外出务工劳动力中，接受过就业技能培训的劳动力占15.5%，比上年提高3.4个百分点；三是外出务工人数继续增加。2004年农村常住户外出务工劳动力人数比上年增加390万人，增长4.4%，由于外出务工人数增加使农民收入人均增加5元。

3. 政策性收入大量增加扭转了转移性收入下降局面。2004年农民得到的转移性收入人均116元，比上年增加19元，增长19.3%，扭转了上年农民得到的转移性收入下降的局面。政策性收入人均26元，是上年的3.5倍。其中，粮食直补、良种补贴和购置更新大型农机具补贴三项补贴的收入人均16元，对转移性收入增长的贡献率为84.2%。

二、农村居民消费支出快速增长，生活质量继续提高

(一)农村居民生活消费支出快速增长

2004年农村居民生活消费支出人均2185元，比上年增加241元，增长12.4%，扣除价格因素的影响，实际增长7.3%，是1997年以来增幅最快的一年。其中，商品性支出人均1564元，增加187元，增长13.6%；服务性支出人均620元，增加55元，增长9.7%。

1. 生活消费支出全面增长。食品支出：2004年农村居民食品支出人均1032元，比上年增加146元，增长16.5%，增速比上年提高12.1个百分点。其中，食品消费品支出人均912元，增加134元，增长17.3%；在外饮食消费支出人均111元，增加12元，增长12.0%。

居住支出：2004年农村居民居住支出人均324元，比上年增加16元，增长5.2%，增速比上年提高2.5个百分点。其中，建房支出人均101元，与上年基本持平；购买住房支出人均29元，增加4元，增长14.3%；住房装修支出人均24元，增加3元，增长15.1%。

家庭设备用品及服务支出：2004年农村居民用于购买家庭设备用品及服务的支出人均89元，比上年增加7.6元，增长9.3%。其中，购买日用品支出增长5.9%，购买床上用品支出增长9.4%，购买机电设备支出增长20.8%。

文教娱乐支出：2004年农村居民用于文教娱乐用品及服务的支出人均248元，比上年增加12元，增长5.1%。其中，农村居民学杂费支出人均169元，增加4元，增长2.4%；购买文娱机电设备支出人均27元，增加2元，增长8.7%。

交通及通讯支出：2004年农村居民的交通及通讯支出人均193元，比上年增加30元，增长18.5%。其中，购买交通工具支出人均50元，增长22.1%；交通费支出人均45元，增长9.1%；购买通讯工具支出人均18元，增长23.9%；通讯费支出人均64元，增长19.8%。

医疗保健支出：2004年农村居民用于医疗保健的支出人均131元，比上年增加15元，增长12.8%，增速比上年提高1.4个百分点。其中，医疗费支出人均68元，增加11元，增长19.4%；购买药品支出人均58元，增加3.5元，增长6.3%。

2. 现金消费支出大量增加。在2004年农村居民生活消费支出中，现金消费支出人均1754元，比上年增加178元，增长11.3%，增速比上年提高3.9个百分点。现金消费支出增加较多的分别是：食品消费增加79元，增长14.3%；居住消费增加19元，增长6.9%；交通通讯消费增加30元，增长18.5%；医疗保健消费增加15元，增长12.8%。

3. 中、西部地区农村居民生活消费支出大幅度增长。2004年东、中、西部地区农村居民人均生活消费支出分别为2784元、1968元和1669元，分别比上年增加273元、240元和203元，分别增长10.9%、13.9%和13.8%，增速分别提高3.6、9.8和6.7个百分点。

4. 城乡居民生活消费差距缩小。2004年城乡居民生活消费水平差距由上年的3.35∶1缩小为3.29∶1。但农村居民生活消费水平仍然很低，仅相当于城镇居民的30.4%。

(二)农村居民生活质量继续提高

1. 食品消费结构改善。2004 年农村居民食品消费支出人均 1023 元,比上年增加 146 元,增长 16.5%;恩格尔系数由上年的 45.6% 回升到 47.2%。恩格尔系数回升主要是受粮食价格大幅度提高影响。

在食品消费中,粮食消费量减少,奶类消费品增加,食品消费结构进一步改善。2004 年农村居民消费的奶及奶制品人均 2 公斤,比上年增加 0.3 公斤,增长 15.5%;消费粮食人均 219 公斤,比上年减少 4.4 公斤,减少 2%;消费肉类人均 19.2 公斤,禽蛋人均 4.6 公斤,水产品人均 4.5 公斤,消费量基本与上年持平。农村居民摄入的动物蛋白比重由上年的 15.8%提高到 16.4%,提高 0.6 个百分点。

2. 衣着消费增长明显。2004 年农村居民用于衣着的消费支出人均 120 元,比上年增加 10 元,增长 9%,衣着消费支出是 1997 年以来增加最多、增长速度最快的一年。在衣着消费中,用于购买成衣的支出人均 76 元,增长 11.2%。

3. 居住质量进一步提高。2004 年农村居民居住质量的综合指数(农村居民居住质量综合指数由居住面积、住房结构、饮用水、使用清洁能源、卫生厕所、室外道路状况六大方面指标合成)为 33.6%,比上年提高 2.5 个百分点。居住质量提高主要表现在三个方面:

居住面积增加:2004 年农村居民人均居住面积 27.9 平方米,比上年增长 2.4%,其中一半以上的农户人均居住面积大于 25 平方米。

居住质量提高:2004 年农村居民人均钢筋混凝土结构住房面积 9.2 平方米,比上年增长 7.5%;居住在钢筋混凝土结构住房中的农户占 26.6%,比上年提高 1.4 个百分点。人均砖木结构住房面积 14.1 平方米,居住在砖木结构住房中的农户占 61.2%,与上年基本持平。

居住环境改善:一是住房卫生条件改善。2004 年住房有水冲式卫生厕所的农户占 10.5%,比上年增长 12.6%,而无厕所的户数下降了 3.4%。二是供暖条件改善。2004 年使用暖气的农户占 7%,增长 9.9%。三是使用清洁能源的农户增加。2004 年使用清洁燃料液化气和电的农户占 10.5%,增长 18%。四是饮用水更加卫生。2004 年饮用自来水的农户占 35%,增长 6.1%,而饮用浅井水、江河湖塘等非卫生水的农户下降 0.8%。五是住房外部环境改善。2004 年 24%的农户住宅外有水泥或柏油状路面,25.6%的农户住宅外有石头或石板等硬质路面。

4. 文教娱乐消费趋热。2004 年农村居民文化教育娱乐消费支出人均 248 元,比上年增加 12 元,增长 5.1%,占农村居民人均生活消费支出比重的 11.3%。其中:旅游支出人均 4 元,增加 1.5 元,增长 56.3%;休闲娱乐支出人均 3 元,增加 0.6 元,增长 22.2%。

5. 信息化程度大幅度提高。2004 年农村居民的信息化程度为 38.9%,比上年提高 4.7 个百分点。其中:彩色电视机普及率 69.1%,提高 6.2 个百分点;电话普及率 60.8%,提高 8.1 个百分点;电脑普及率 1.9%,提高 0.5 个百分点。

6. 耐用消费品拥有数量增加质量提高。2004 年农村居民家庭平均每百户拥有电视机 113 台,其中:彩色电视机 75 台,比上年增加 7.3 台,增长 10.8%;洗衣机 37 台,增加 3.1 台,增长 8.9%;电冰箱 18 台,增加 1.9 台,增长 11.7%;摩托车 36 辆,增加 4.4 辆,增长 13.7%;电话 55 部,增加 5.5 部,增长 11.2%;移动电话 35 部,增加 11 部,增长 46.6%;影碟机 27 台,增加 4.2 台,增长 18.5%;空调 4.7 台,增加 1.3 台,增长 36.1%;电脑 1.9 台,增加 0.5 台,增长 33.9%;生活用汽车 0.6 辆,增加 0.2 辆,增长 37.8%。

2005年农民收入能否继续保持较快增长

冯久先

刚刚过去的2004年,四川同全国一样,认真贯彻落实中央"一号文件"和宏观调控的各项政策措施,坚持科学的发展观,把解决"三农"问题列为社会经济发展中的重中之重。农民收入实现了自1998年以来的首次快速增长,农业和农村形势的好转大大超出了人们的预期。农民收入这种快速增长势头,在2005年乃至以后年份能否继续保持和延续下去,这是当前有关各方十分关注的问题,也是一个至关重要的问题。从2004年四季度开始,我们就对此进行了一些调查分析和思考,以供有关方面参考。

一、2004年农民收入实现快速增长来之不易

统计调查资料显示,四川农民收入在经历了1993至1997年高达两位数的快速增长时期之后,从1998年开始步入了长达6年之久的缓慢增长时期,其年度增幅分别为6.4%、3%、3.3%、4.4%、6.1%和5.8%。2004年在众多有利因素的共同作用下,结束了这种缓慢增长,农民人均纯收入将会超过2500元,比上年的增长幅度达到两位数,重新实现了快速增长。

2004年,农民收入这种快速增长连同粮食生产结束了自1996年以来的减产、徘徊或低速增长,整个农业和农村形势大大好于预期的结果一样,被人们简洁的归纳为"政策好、人努力、天帮忙"。如果细细回顾起来,并不是这样简单,并没有这样轻松、这样上口,更难以体现出其中的艰辛,甚至"惊险",在可喜之中伴随着某些苦涩,农业中人似乎体会得更深。

其一:中央"一号文件"的重新恢复。

在我国农村改革初期的1982年至1986年的5年间,中共中央、国务院连续5年都发出了一个关于农业和农村工作的"一号文件",对实现农村改革的率先突破、调动广大农民的积极性、解放农村生产力起到了极其巨大的促进作用。虽事隔多年,很多长期从事农村工作的人士和中老年农民,至今对中央"一号文件"仍然记忆犹新,感情颇深,时常提及。不难想象,在事隔18年,当人们再次看到中共中央、国务院以"一号文件"发出《关于促进农民增收若干政策意见》时,必然会倍感亲切,倍受鼓舞;也不难看出,党中央、国务院在重新恢复下发"一号文件"中的勇气和信心。尤其是"一号文件"中的22个方面的政策措施,"含金量"高,可操作性强,最直接、最有效的增加了农民收入;再加之各级党委、政府加大了贯彻执行和监督的力度,使农业的春天又重新到来。

其二:高强度的惠农政策连续集中出台。

在中央"一号文件"下发后不久,国家连续出台了一系列实实在在的惠农政策,其频率之高、力度之大、给农民的实惠之多,创建国以来农业发展之最。尤其是深受广大农民拥护和赞扬的粮食直接补贴、良种补贴、农机具购置补贴和减免农业税的"三补一减"政策,最有效的促进了粮食生产的恢复,最直接的增加了农民收入。据测算,四川农民从这"三补一减"政策中,就人均增收近30元,将占

2004年四川农民人均纯收入增加额的近1/10,将会拉动农民收入增长的1个多百分点。

其三:农产品价格的节节攀升。

从2003年10月开始,粮食价格出现恢复性上涨之后,整整持续了一年之久,在2004年10月才有所回落;一度时期,粮食市场曾出现了一天一价和较大区域的粮食调运困难的“惊险”场面。紧随其后的肉禽及其制品价格的“补涨”,也毫不示弱,其涨势超过了粮价。整个农产品涨价的品种之广、幅度之高,持续时间之长、为农增收之多,创农村改革以来之最。据初步的调查测算,2004年农产品价格上涨给四川农民增加的纯收入占农民人均纯收入增加额的50%左右,将会拉动农民收入增长7个百分点左右。

其四:农业被列为宏观调控所加强的主要目标。

我国农业发展在经历了多年的“冷环境”,几乎危及到了国家经济安全之后,党中央审时度势,把加强农业列为2004年宏观调控的主要目标,接连下了几剂“猛药”。除重新恢复下发中央“一号文件”、实施“三补一减”的惠农政策之外,还在坚决制止和纠正乱占滥用耕地、提高支农国债比例、加强农资市场监管、开放粮食收购市场等方面出台了新的政策措施,使农业骤然升温,迅速见效,并成为这次宏观调控最初也是最为“耀眼”的一大成果。

其五:有关各方付出了艰辛的努力。

为确保2004年农民收入有一个较快的增长,四川省委、省政府先后出台了6个与促进农民增收有关的文件,继续大力推进农业产业化,积极发展优质农产品,实施“千万农民工培训工程”,扩大农产品“绿色通道”,增大地方财政投入以及各级领导高度重视等等,可谓“十八般武艺”皆用上,付出的艰辛和努力超过了往年。

此外,年内四川省未出现大范围内的灾害性气候,既为近年少见,也实属一幸。

二、保持2005年农民收入较快增长至关重要

保持农民收入快速增长,不仅是农业和农村经济健康发展的一个重要标志,而且事关整个国民经济的发展全局。2004年,四川同全国一样,农民收入实现了快速增长,2005年能否继续保持下去,避免“昙花一现”,至关重要。

其一:2005年是检验农民收入结束缓慢增长,进入快速增长区间的关键之年。

2004年四川农民收入结束了长达6年之久的缓慢增长,实现了快速增长,但这并不意味着四川农民收入就进入了一个新的快速增长区间。是否进入快速增长区间,2005年是关键之年。综合有关因素分析,2005年农民增收的变数较多,存在着快速增长“昙花一现”,重新回到缓慢增长区间的可能,这并非危言耸听,悲观之说。在四川农民收入增长的历史上是出现过这种情况的。1984年四川农民收入结束上一年度的缓慢增长,进入快速增长,增幅达11.2%,由于诸种原因1985年的增长就掉到了10%以下,接连出现了三年的调整期,直到1988年又才进入快速增长周期。

其二:2005年是延续和延长农民收入快速增长的过渡之年。

农民收入增长同其它经济增长一样,具有不同的增长周期,具体可分为快速增长、缓慢增长、低速增长和负增长等不同的周期。从1978年开始的农村改革以来,四川农民收入经历了3个快速增长周期,经历最长的是1993年至1997年,长达5年,分别比上年增长10.1%、35.5%、22.4%、26.0%和15.2%;经历最短的是1988年至1990年,仅为3年,分别比上年增长21.1%、10.0%和12.9%。若对这两个快速增长周期对比分析可以看出,能否延长快速增长周期,进入快速增长周期后的次年至关重要,它是一个过渡之年,既要保持一种更快或较快的增长,又要为以后年份的快速增长夯实基础。对于新一轮四川农民收入快速增长周期而言,2005年正是这样一个过渡之年。

其三:2005年是转变农民收入增长方式的重要之年。

2004年四川农民人均纯收入虽然实现了两位数的快速增长,但其增长方式的可持续性不强。主要是由于政策因素、价格因素和有利的气候条件共同作用的结果,并非主要是由于农业和农村经济内部自主增长活力的增强,而后者的增长潜力大,可持续性强。据初步调查测算,2004年四川农民人均纯收入增加额中,政策因素和价格因素占到了60%左右;如果剔除这两大因素,其增长幅度与1998年至2003年缓慢增长期间的水平大体相当。2005年四川农民增收因素中,政策、价格因素显然难以得到2004年的水平,必须从发展机制、优化结构、提高综合生产能力等方面下功夫,以增强农业和农村经济内部活力,转变农民收入增长方式。否则,人们的担心就会成为现实。

三、2005年农民收入较快增长的基础不够稳固

其一：政策性增收空间有限。

据有关方面的信息，2004年国家“三补一减”及其他惠农政策，财政直接给农民的补助达450亿元（不含财政对农业的其它投入），占当年财政增收额的近10%。2005年国家将实行稳健的财政政策，财政对农民的直接补助力度有三种可能：一是国家继续实施2004年出台的惠农政策，不再出台新的惠农政策，财政将继续直接给农民补助450亿元，这样农民增收的政策性空间为零。二是国家既保持2004年的惠农政策，又新出台与2004相等的惠农政策，财政将直接给农民补助900亿元，这样农民增收的政策空间才与2004年相同，从目前了解到的信息似乎很难达到。三是国家在保持2004年惠农政策的基础上，再出台一些新的惠农政策，其新增力度相当于2004年的2/3或1/2或1/3或1/4或更低，财政将直接给农民补助750亿元或675亿元或600亿元或560亿元，这也需要很大的努力，也不是一件轻而易举的事。从目前掌握到的情况，最大的是第三种可能。由此可以认为，2005年农民增收的政策性空间有限，扩大的机率很低，缩小的可能存在。

其二：价格性增收空间缩小。

粮食、猪肉等主要农产品价格在经历了2004年的大幅上涨之后，已经到了相对较高的水平。虽然这种价格水平（特别是粮食）还有上升的空间，但基于2004年10月以后粮食、猪肉价格已经开始回落的事实，再综合有关方面的信息分析判断，2005年主要农产品价格水平很可能是在相对稳定与微涨或小涨之间，大涨的可能性很小，下降或较大幅度下降的可能性也存在。这也就是说，2005年农民增收的价格空间肯定达不到2004年水平，肯定会缩小，也不排除增产减收的可能。

其三：快速增长的机制尚未形成。

2004年农民收入的快速增长主要是由于政策、价格这种外力的推进，而这种外力多具“爆发性”、“集中释放”或“一次性”，不具备可持续性。同时，这种快速增长掩盖了长期以来制约农民收入快速增长的农业结构不优、农业综合生产不高、农业基础设施脆弱、城乡经济发展不协调等诸多难点问题，其中的某些难点问题还有所加剧，农民收入快速增长的机制尚未形成。农民收入快速增长机制应是既要有可持续的外力推进或良好的外部增收环境，又要使农业和农村经济内部活力能够不断增强，显然这两方面的条件目前都尚未形式或尚未完全形成。

四、千方百计保持农民收入的较快增长

2005年农民收入快速增长的基础虽然不够稳固，快速增长的机制虽然尚未形成。但是，保持农民收入较快增长的有利条件还是很多，只要我们继续像2004年那样“政策好、人努力”，同样可以保持农民收入有一个较快的增长。

其一：继续发挥好政策的作用。

农业是一大弱质产业，农民是一大弱势群体。纵观世界各国农业发展过程，都离不开政府的支持和保护，我国农业的发展更不能例外，政策的作用则更加重要。一是2004年财政已经直接给农民的各项补助一分也不要少，让农民坚信政府加强农业的政策没有变。二是继续加大惠农政策力度，重点应在提高粮食直补标准、加快农业税减免进度、试行购买农资直补等方面及早出台新的政策。三是调整国家对农业的投入方式，适当降低各类间接投入、间接支持的比例，增加对农民直接支持、直接补助的比例。粮食直补的效应表明，国家对农民（业）直接支持、补贴的效果远远大于间接支持的效果。四是地方财政也要加大支农力度，出台一些“自费”的惠农政策。如全国第一农业大省河南，自己决定2005在全省取消农业税，农民人均又可实现减负增收38元。四川省委、省政府已决定，从2005年起在全省范围内停止征收农业税及附加，这无疑也是四川农民在新年收到的一份沉甸甸的厚礼。

其二：稳住种养业收入。

四川虽然是一个农业大省，但尚不是农业强省，剔除像2004年那样的价格因素，四川农民很难从经营种养业中获得更多的增收。但是，四川农民增收的渠道不多，种养业纯收入占到了人均纯收入的一半左右，种养业一旦减产减收，其他的增收项目很难弥补起来。统计调查资料表明，四川农民收入要实现一个较快增长，种养业收入必须保持一定的增长，这是四川农民收入快速增长年份的一个共同特点。2005年，四川农民收入要保持其较快增长，种养业收入能否稳住至关重要。为此，一是要根据市场需求，继续调整和优化种养业内部结构，避免重犯历史性的错误，生产更多适销对路的农产

品。二是要根据城乡居民生活质量的提高和消费结构的变化，大力发展优质农产品，追求农产品的优质优价。三是要培育一批种养业大户或规模户，让其成为增加四川农民种养业收入的中坚力量。四是要促进农产品的加工转化，增加农产品的附加值，逐步减少提供和出售原始农产品、初级农产品的比例。五是要降低种养业生产费用，减费即增收。在种植业中，要提高科学栽培、科学用肥、科学用药、科学用水的水平；在养殖业中，要提高科学饲养水平，把过高的养殖业成本降下来。据调查，四川农民养殖业费用一般占其收入的60%左右，比全国平均水平高出近10个百分点；如果四川农民养殖业费用达到全国平均水平，人均就可减费增收近100元，其潜力巨大。

其三：加快农村劳务开发。

四川农村人多地少，剩余劳动力队伍庞大，近年来农村劳务输出得到了较快发展，外出务工劳动力达1200多万人，其中省外务工超过600万人。四川农民人均纯收入中，劳务收入占到了1/3左右，农民人均纯收入增加额中，劳务收入的增加额占到了1/2～1/3，劳务收入已成为四川农民收入的重要组成部分和增收亮点。但是，我们必须看到，四川农村劳务开发还处于一种低水平、低层次，主要是以数量取胜，稳定性差，收入水平低，易受突发因素的影响，其开发潜力还很大。为此，一是要切实实施好"千万农民工培训工程"，使务工农民尽快掌握一至二门市场需要的实用技能，使四川务工农民尽快从体力型向技能型转变。二是要为农村剩余劳动力在本地提供更多的就业空间和创业平台，不仅使农民工能够得到一定的工资性收入，还能使农民工创造的"剩余价值"留在本地，促进本地经济的快速发展和良性循环。三是要扶持和培育一批农民企业家和经营业主，逐步改变四川人为外地人打工，为外地创造巨额"剩余价值"的窘地，也能让一些外地人给四川人打工，给四川创造"剩余价值"，让外地人力资源为四川农民增收。四是要做好劳务开发的各项配套工作，包括大量劳动力外出后的耕地经营、流转，农民工市场的建立，农民工子女的教育，农民工合法权益的保护等等。

其四：突破农村二三产业发展瓶颈。

由于诸方面的原因，四川农村二三产业发展严重滞后，极不发达，已成为制约农民收入快速增长的瓶颈和与全国收入差距拉大的重要原因。以2003年为例，四川农民人均纯收入比全国低392元，其中人均从乡镇企业得到的收入就低436元，不足全国的1/2，其收入差距主要在农村二三产业。根据省外的发展经验，结合四川的实际情况，在突破农村二三产业发展瓶颈上，一是应大力发展乡村企业。增加农民收入，仅靠农业是不行的，必须大力发展乡村企业、农村工业。主要应在对原有乡镇企业改制的基础上，解决好原乡镇企业发展中拼资源、破坏环境以及盲目跟风等问题，立足本地市场，拓展区域市场、省外市场以及国际市场。二是应大力扶持农民家庭企业。有关方面应在政策、资金、项目、技术、人才培训等方面，加大扶持力度，尽快改变目前四川农民家庭二三产业少、小、弱的状况，培育起一批经得起市场风险考验、覆盖本地或本区域的建筑、物流、餐饮、加工等方面的家庭企业。三是应大力发展为城市居民服务的休闲观光产业。在大中城市郊区、风景名胜区、自然生态区和交通沿线，重点针对城市居民提高生活质量的需要，发展以"农家乐"、"观光农业"为主要载体的休闲观光产业，并着力在环境卫生、饮食特色和服务水平上下功夫、上档次，以吸引更多的城里人到农村、到农家休闲观光。四是积极发展农产品加工业，充分利用四川农产品资源和市场资源的优势。加工的重点农产品应是畜类产品(包括附产品)、薯类产品和中药材。加工产品的档次应根据现有基础和条件，分别进行初加工、深加工和精加工，不宜都去追求不切实际的"贪深求精"。同时，应主要对已经形成一定规模和基础的国家级、省级以及市级农业产业化龙头企业进行技改、扩张和股份制改造，做大做强，一般不要在去铺新的摊子。

其五：拓展农产品市场。

四川是一个农业大省，主要农产品自给有余，仅靠省内市场很难使农产品卖一个好价钱，很难使农民从中获得较多的增收，必须开拓省外和境外农产品市场。一是要巩固2004年已经形成的川猪出口良好势头，重点从打造川猪出口基地、推行技术标准、破解国际贸易壁垒和建立行业自律规范等方面入手，塑造"川猪"的品牌优势，让更多的川猪出省、出境。二是要拓展农产品"绿色通道"，要在巩固川内、川渝农产品绿色通道的基础上，尽快开通川陕、川黔、川滇、川藏、川甘农产品绿色通道，让更多的四川产时鲜瓜果、新鲜蔬菜、鲜活家禽家畜、水产品出川。据来自有关方面的信息，2004年10月川渝农产品绿色通道开通1个月，前往重庆方向的农产品运输车辆就比上月增加32%，重庆盘溪蔬菜批发市场过去是四川、湖北、山东的蔬菜“三分天下”，现在则是川菜占了上风，其效果十分明显。三是扶持和培育一批农产品运销大户和农产品运销经纪人，通过运销大户和运销经纪人，把分散在一家一户的农产品收集起来，运销出去，帮助农民实现增产增收。四是扶持和培育一批民间性、股份制的农产品行业协会和合作经济组织，通过行业协会和合作经济组织，向千家万户提供市场信息、技术指导和农产品销售，让农民生产出更多适销对路的农产品。

其六：继续加大对农村工作的领导力度。

近年来中央反复强调要把解决“三农”问题作为全党工作的重中之重，抓紧抓好，决不放松，四川省上下已付诸到具体的工作中去，这无疑需要继续坚持和继续加强。当前，一是要注意克服过于乐观的思想，认为粮食已实现了恢复性增产，农民收入已实现了两位数增长，防止可能出现的松懈情绪和松劲行为。二是要充分认识到我国现在总体上已进入以工促农、以城带乡的发展阶段，在制定国民经济发展战略、规划和具体的政策中，加大对农村的支持，加大对农业的反哺，把农村发展全面纳入整个国家的现代化进程。三是有关各方要继续帮助农民增产增收、提质增收、节本增收、增值增收、就业增收，不断增强农业和农村经济发展的活力，尽快建立起农民增收的长效机制。

农村结构调整与农民增收相关分析

福建省农调队

党的十六大报告指出："统筹城乡经济社会发展，建设现代农业，调整产业结构，发展农村经济，增加农民收入，是全面建设小康社会的重大任务。"改革开放以来，福建省农村经济取得世人瞩目的成绩，农民收入已达到较高水平。但是，随着我国加入WTO，农村发展农民增收面临更加激烈的挑战，如何增强农产品市场竞争力，有效促进农村经济发展和农民增收，已是摆在我们面前的首要问题，也是各级领导极为关心的问题。本文利用农村统计数据，结合实地调查资料，对当前福建农村结构调整与农民增收相关性开展分析。

一、农村结构调整促进了农民增收

近年来，福建省致力于加快农村结构调整促进农民增收，出台了许多相关政策。尤其是2003年，省委、省政府提出了农业"三四九"发展思路（即发展闽西北绿色产业带、闽东南高优农业产业带和沿海蓝色产业带等"三个产业带"，畜牧、水产、林竹和园艺"四大主导产业"，畜禽、笋竹、水产、蔬菜、水果、食用菌、茶叶、花卉、烤烟"九个重点特色农产品及优势品种"）。通过实施扶优扶强的非均衡发展战略，对农村产业结构的调整优化、促进农民增收产生了很好的作用。同时，各地加大农村劳动力转移力度，全面铺开农村税费改革，大力推进农业产业化经营，农村产业结构不断优化，有效地促进了农民增收。

（一）扩种经济作物提高农业效益

在作好基本农田保护和确保粮食生产能力不下降的前提下，福建省各地逐步放下粮食"包袱"，粮食播种面积逐年调减。其中，重点调减品质差且无市场的早籼稻和大小麦播种面积。据统计，1998～2003年，福建省粮食播种面积已连续6年持续调减。2003年福建省粮食总播种面积为2206.6万亩，比实施农业结构战略性调整前的1997年下降27.9%，平均每年调减142.56万亩，下降5.3%。

粮食面积调减下来的耕地，基本都用于种植有效益、市场前景好的经济作物，促使蔬菜、烟叶、花生、牧草等迅猛发展，出现了一批特色产品和优势产业，为农村经济的快速稳定发展增添了活力。据调查统计，2003年福建省经济作物面积比1997年增加218.26万亩，增长16.1%。其中，蔬菜年年保持较高的增长速度，2003年产值达200多亿元，占农林牧渔业产值的17%以上。1997年，福建省农村种植业结构中，粮食与非粮食作物种植面积比例为69.3∶30.7，到2003年已调整为58.4∶41.6，非粮食经济作物份额每年上升1.8个百分点（见图1、图2）。

经济作物面积的扩大，有效地带动了种植业整体素质的提升，促进了种植业收入多元化渠道的发展，提高了农业经营效益，所以，虽然近几年农产品价格低迷，但农民从种植业得到的收入却没有减少。农村住户抽样调查表明，2003年福建省农民人均从种植业得到的纯收入达829.76元，比上年

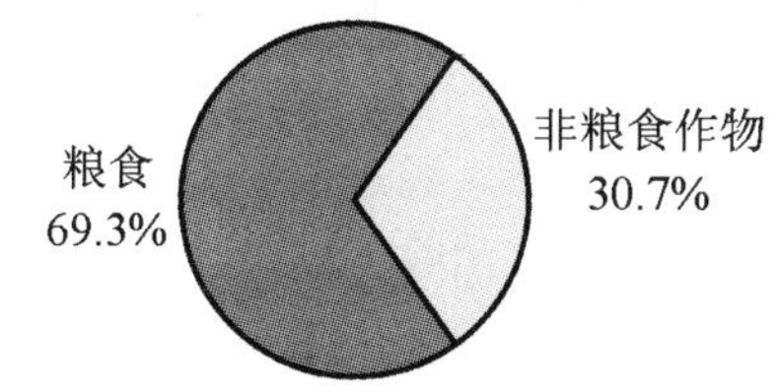

图 1　1997 年福建省粮食与非粮作物比重

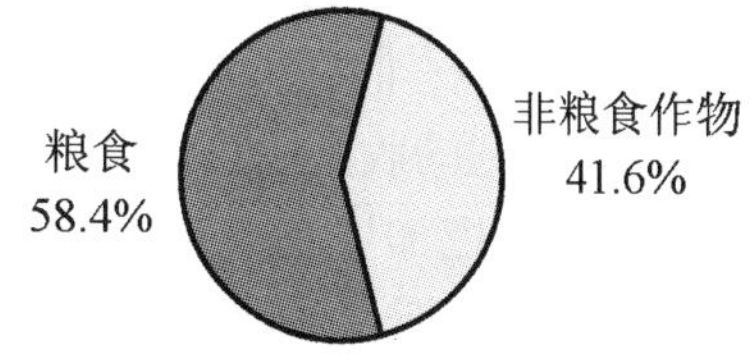

图 2　2003 年福建省粮食与非粮作物比重

增加 32.94 元，增长 4.1%。

(二)林、牧、渔各业突破瓶颈齐发展

福建省林、牧、渔业的发展瓶颈主要集中在林业产权不明晰、饲料价格偏高和小网箱抗风浪差等方面。最近几年，福建省里出台了多项鼓励政策与措施，有效地突破了发展瓶颈，促进了林牧渔业发展。农业结构改变了以种植业为主的单一发展格局，山海等资源优势得到发挥。统计调查表明，农林牧渔产值结构已从 1996 年的 45.3∶7.9∶19.5∶27.6 调整为 2003 年的 41.1∶7.0∶20.9∶31.0(新口径)，林、牧、渔业发展明显加快。

1. 林业——支柱产业逐步做大。2003 年初下发了《关于推进集体林权制度改革的意见》，指出“谁种谁收益”，明晰了林权。由此，掀起了福建省造林热潮，出现少见的“抢山争苗”现象。抽样调查表明，2003 年福建省农民人均纯收入中，从林业得到的收入为 73.43 元，比上年增加 12.74 元，增长 21.0%。林农们说：“现在林子是自己的，也得像种田那样舍得投入，精耕细作。”武平县是福建省最早开展集体林权制度改革试点的一个县，被誉为这项改革“点火”之地，为其他地方提供了改革经验。同时，随着绿色消费的兴起，福建林竹产品在国内外市场十分畅销，出现了原料供不应求的状态。如沙县的竹凉席、竹胶板，每年消化毛竹 800 万根以上，而本县只能供应 300 万根，企业大量从龙岩、江西等地收购原料补充。2003 年，福建省竹业产值达 73 亿元，比 2000 年增长 52%。竹业成为山区农民增收的支柱产业之一。

2. 畜牧业——实现肉类基本自给。通过扶持饲料企业发展和培育生产资料市场，有效地扩大了饲料供应，平抑了价格，促进了畜牧业的发展。调查表明，2003 年农民出栏一头猪平均可获纯收入 100～200 元，比上年提高 50%以上。2003 年，福建省畜牧业产值达 237.34 亿元，比上年增长 5.4%。肉蛋奶总产量达 233.46 万吨，比上年增长 7.6%。其中，生猪出栏数达 1885.61 万头，比上年增加 115.28 万头，增长 6.5%，彻底改变了猪肉供应状况，由长期每年需从外省调入上百万头生猪变为实现基本自给；肉牛、肉羊出栏量达到 25.58 万头和 118.65 万头，分别比上年同期增长 10.8%和 10.5%；牛奶产量增幅超过 40%。畜禽养殖已成为农民收入的重要来源。抽样调查表明：2003 年福建省农民人均纯收入中，从牧业得到的收入 225.01 元，比上年增加 28.96 元，增长 14.8%。

3. 水产业——继续调优调高。据统计，2003 年福建省水产品总产量 572.77 万吨，产值达 351.85 亿元，比上年增长 4.8%。其中，养殖比重不断提高，尤其是抗风浪深水网箱养殖发展迅猛。对虾、贝类、青蟹、大黄鱼等优势出口养殖品的养殖规模不断扩大，年出口创汇 5 亿多美元。内地淡水养殖发展势头也很好。农民从水产业得到收入的增长幅度，明显高于农民人均纯收入的增幅。

(三)果茶菌等优势产业发展迅猛

2003 年，福建省水果继续发展，总面积已达 831.64 万亩，总产量 441.68 万吨，比 1997 年增加 107.34 万吨，增长 32.1%。茶叶生产通过启动“茶叶强省战略”，茶园总面积达 207.88 万亩，比 1997 年增加 17.95 万亩，增长 9.5%；茶叶总产量 15.02 万吨，比 1997 年增加 4.03 万吨，增长 36.7%；茶叶销售额达到 130 亿元，创下了茶叶总产、单产、出口创汇、茶叶销售总额、良种数量、良种普及率、特种茶数量和品质等七项全国第一。食用菌稳定发展，总产量达到 49.01 万吨，比上年增长 5.8%；比 1997 年增加 13.57 万吨，增长 38.3%。果、茶、菌等优势产业的发展，已成为山区农民增收的主要来源。

(四)非农产业与非农收入快速增长

各地以项目带动战略作为经济工作的重点，狠抓具体项目投资落实，促进了农村非农产业的发展。据福建省企调队调查，福建省企业固定资产投资景气指数比上年同期上升 5.3 点，社会投资热情提高。特别是沿海地区发挥便捷的交通、流畅的信息、相对充裕的资金、各类人才汇聚以及较为完善的市场体系等区位优势，积极探索和建立适合市场经济发展的有利机制，制订灵活措施，大力发展外向型经济和民营经济，农村非农产业发展势头良好，农民从二、三产业得到的收入明显增加。

与此同时，各地努力把加快农村劳动力转移作为农民增收的重要工作来抓。2003年初，福建省政府及时转发了国务院办公厅《关于做好农民进城务工就业管理和服务工作的通知》，并把加快农村劳动力转移作为分解承办的大事落实到各级各部门。各地党政牵头，部门配合，相继成立了农村劳动力转移领导小组，制定出台一系列加快农村劳动力转移与就业的具体政策，有力地推动了农村劳动力有序转移。如厦门市对各区转移一个农村劳动力，市财政给予补助300元培训经费，对年招聘200个以上农村劳动力就业的企业给予奖励扶持。福州市对本市农民进城就业实行零收费政策。省里还安排18个示范县，着力抓好劳动力转移技能培训和服务工作。经过福建省上下共同努力，农村劳动力转移不仅消除了“非典”的不利影响（福建省因“非典”影响导致农村劳动力回流16.65万人），而且转移速度明显加快。据农村抽样调查，2003年福建省累计已转移农村劳动力567.75万人，比上年同期新增加37.92万人，增长幅度达7.2%。非农产业发展和农村劳动力转移有效地促进了农民增收。抽样调查表明，2003年福建省农民人均纯收入中，工资性收入达1350.25元，比上年增长8.3%。占农民人均纯收入的比重达36%，所占份额比1996年的27%提高了9个百分点，比从农业得到的收入比重超出2个百分点（见图3、图4）。

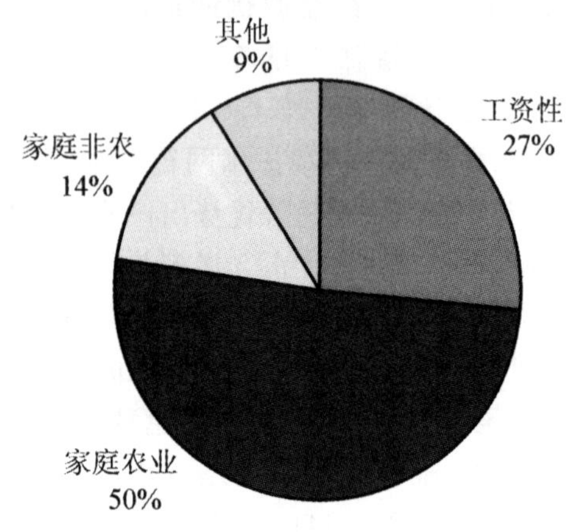

图3 1996年福建省农民收入构成

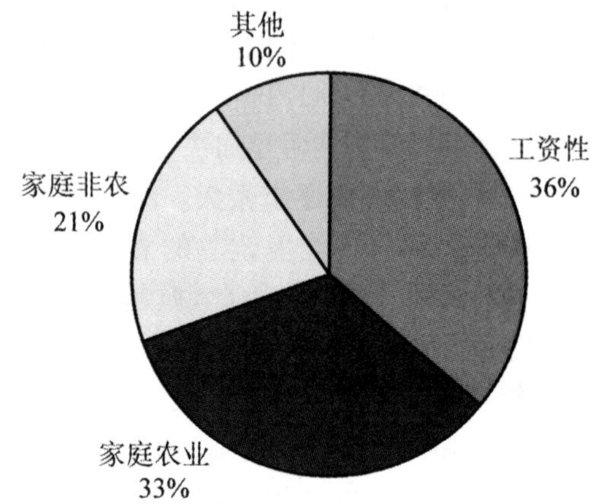

图4 2003年福建省农民收入构成

（五）农民收入逐年增加

据抽样调查，2003年农民人均纯收入已达3734元，比全国平均多出1112元，高42.4%；比农村产业结构战略性调整前的1996年增加1242元，增长49.8%，年均递增5.9%（见图5）。

若从改革开放前的1978年开始考察，2003年福建省农民人均纯收入是25年前的27.1倍，呈逐年增加、以较快速率和近似于直线向上增长（见图6）。

农村产业结构调整之所以能够较快增加农民收入，主要原因在于调整促进了农业资源的合理布局和农村劳动力的优化配置，改善了农村经济发展环境，使农村社会、经济、自然资源得到了较好地利用，均衡了地区、部门间经济的稳定、协调发展，提高了农村综合生产率。

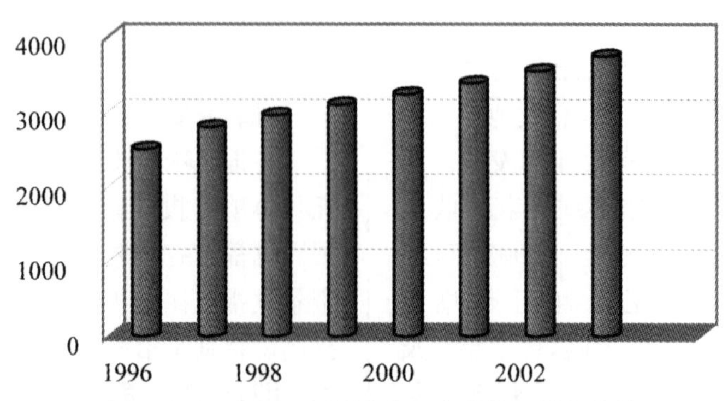

图5 1996～2003年福建农民人均收入增加态势

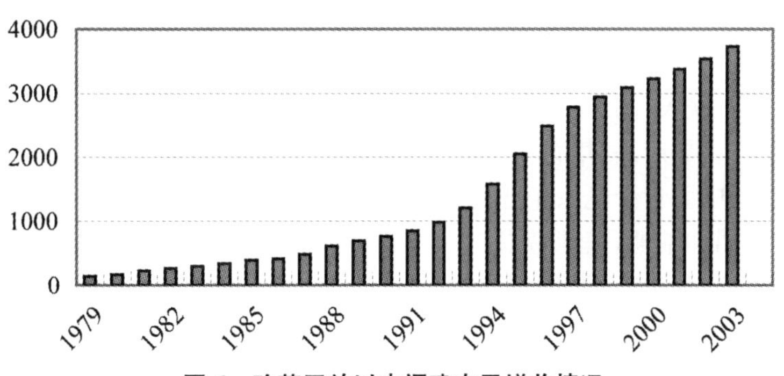

图 6　改革开放以来福建农民增收情况

二、结构调整基本做法

在调整农村产业结构过程中，福建省委、省政府坚持以促进农民增收为目的，围绕国内国外两大市场，大力发展优质、高产、高效、安全、生态农业，提高农业的核心竞争力及其经济效益，推动了福建省农业和农村经济的持续健康发展。

（一）出台相关优惠政策，引导结构调整方向

农民本应是农业结构调整的主体，但由于他们市场主体意识未能很好形成，市场参与能力差，在由政府主导型向市场主导型的过渡时期，仅靠群众零星地、分散地调整往往形不成规模、特色，也难以有强大的市场竞争力。因此，农业结构调整仍需政府的行政推动和引导，2004 年福建省政府出台了《关于加快农业产业化经营的意见》、《关于推进集体林权制度改革的意见》、《关于加快畜牧业发展的意见》和《关于加快县域经济发展的若干意见》等系列优惠扶持政策，依靠政策效应的拉动和经营机制创新，实施优势农产品区域布局，建设农产品优势产业带，按照省政府构筑临海蓝色产业带、闽西北绿色产业带和闽东南高优农业带等三条产业带的总体规划，坚持“按比较优势布局”和“按市场需求”两个原则，制定和实施优势农产品区域布局规划，优先选择出口潜力大的农产品和重要的大宗农产品，在资源条件好，生产规模大，区位优势明显的主产区，构建具有国际竞争力的产业带，推广优质农产品，拉动产业链条，实现多层次增值，促进农业结构调整的合理布局、优势互补、共同发展。

（二）实施农村税费改革，拓展结构调整渠道

随着农业结构调整的深入和农产品市场价格的持续低迷，加之受农业特产税、屠宰税等税费政策的影响，农民结构调整成本加大，一定程度上阻碍了农民结构调整的积极性。为此，2002 年福建省政府对粮食流通体制进行了市场化改革，取消了农民的粮食定购任务。2004 年以来，福建省又加大了对农村经济发展的扶持力度，相继实施了“缓征农业特产税，停征屠宰税”、“取消村提留乡统筹和两工”收费项目，较大幅度地降低了农民的生产成本和税费负担，极大地调动了农民的生产和结构调整的积极性，进一步拓宽农业结构调整渠道，提高了农产品市场竞争力，促进农业结构朝着规模化、优质化、产业化方向发展。

（三）加快农业科技进步，提升结构调整层次

加入 WTO，农业结构调整的成效如何，归根到底取决于科技进步。依靠科技进步调整农业结构，就是要因势利导推动农业充分采用现代科学技术，逐步使其运用到农业生产的各个环节，使农林牧渔等各业的物质生产和管理方式，都建立在自然科学和经济科学的基础上。2003 年是“全国农业科技年”，福建省政府以此为契机，围绕结构调整和产业升级，进一步改革和创新农业科技推广体系，加大成套农业技术推广力度，把从提高产量、增加供给转移到更加注重提高质量、降低成本、提高效益和促进可持续发展上来；加强农业科技的转化力度，充分发挥农业科技示范园（场、片、带）的窗口作用、基地作用、示范作用和导向作用。同时，进一步加强农民科技教育培训，组织开展“绿色证书”、“青年农民科技”、“农民技术员”等各种形式的培训工作和农业科技下乡活动，强化农业科技推广载体。逐步推进科研和生产的有机结合，把有比较优势的农业整合成有竞争优势的产业，推动农业结构调整、优化、升级，不断提高农业的科技含量。

（四）加快农业产业化经营，扩大结构调整规模

农业产业化经营是一种制度选择和制度创新，是农业和农村产业结构的现代组织形式，是结构调整的重要推动力。加快发展农业产业化经营，提高农业效益，是增强农业竞争力，增加农民收入的重要途径，对创新和完善农村经营体制具有重要作用，发展产业化经营，龙头企业是关键。近年来，福建省政府按照“扶优、扶强、扶大”的原则，围绕大力发展四大优势产业和九个主导产品，培育一批起点高、规模大、带动力强的大中型骨干龙头企业群，积极引导龙头企业推行“公司加基地，基地带农户，科技市场服务一体化”等有效的组织经营形式，大力推广合同、订单农业，提倡和鼓励龙头企业采取风险基金、委托生产、保护价收购、入股分红和利润返还等多种方式，与农产结成稳定的产销关系和合理的利益关系，让农民分享加工和流通环节的利润，促进企业增效、农民增收。同时，为了提高农民进入市场的组织化程度和与龙头企业的连结度，各地按照“民办、民管、民受益”原则，鼓励和支持发展多种形式的农村专业合作经济组织和农产品行业协会组织，充分发挥他们在社会化服务、开展行业自律、防止无序竞争、协助解决贸易争端等方面的作用，在龙头企业、农户、市场之间建立起桥梁和纽带，为农民提供农产品生产、加工、流通各个环节的服务。据统计，福建省目前有产业化经营组织3723个，带动农户341.8万户，农民从中收入83.7亿元。

（五）培育多元市场体系，维护结构调整成效

市场对农业资源的配置起基础性作用，农业结构调整作为农业资源的重新组合不能只靠政府的推动，而应靠市场取向的利益驱动。近年来，福建省各地瞄准国内国外两个市场的需求，鼓励机关干部和农村能人进入流通领域，扶持发展农产品的连锁经营、超市经营、物流配送、电子商务等现代流通方式；组织举办或参与各种农产品展销会、交易会，加快出口退税进度和提供贷款贴息等，积极开拓多元化农产品批发、信息市场；完善市场交易规则，严格市场准入制度，清理和取消农产品流通的不合理收费，降低农产品运销成本，规范市场秩序，进一步扩大市场的辐射范围和农产品出口贸易。同时，为了维护消费者的健康，提高农产品国际竞争力，积极应对国外农产品进口的技术壁垒，福建省进一步建立健全农产品质量标准体系、检验检测体系和认证认可体系，把优质、高产、高效、安全、生态作为建设现代农业的主要任务，全面实施“无公害食品行动计划”和“食品放心工程”，实行农产品从“农业投入到农产品批发市场”的全程质量监控，并把农产品质量安全监管关口前移，加强农资市场的专项治理工作，坚决淘汰高毒剧毒农药、“瘦肉精”等违禁药物，逐步建立重要农产品生产经营可追溯制度，推进农产品标准化生产，提高农产品国际竞争力，确保农民增产增收。

（六）增加农民就业渠道，加大结构调整力度

大量剩余劳动力困守在农村，这是进入新世纪相当一个时期内我国农业和农村经济发展所面临的一个基本矛盾，也是当前深化农业结构调整，推行土地规模经营的一个重要障碍。人多地少，农村富余劳动力所占比重较大，扩大农民的就业门路，是增加农民收入的根本出路。近年来，福建省各地把扩大农民就业作为农民增收的关键措施来抓，积极实施项目带动发展战略，推动农村二、三产业的发展，引导乡镇企业推进结构调整、技术进步和体制创新，大力发展农产品加工、保鲜、运输业和劳动密集型产业，把发展农业产业化经营、乡镇工业园区与小城镇建设结合起来，增强小城镇吸纳能力，带动农村劳动力转移，使农民非农收入所占比重不断上升。尤其是2004年各地认真贯彻落实国务院16号文件精神，加大农村劳动力就业结构的调整力度，进一步完善农村就业服务网络，把劳动力市场网络向重点乡镇延伸，加快建立求职登记、信息发布、就业培训、职业介绍、办理手续、法律咨询等一体化城乡劳动力服务市场，为农村劳动力转移与就业提供服务。同时，各地还制定优惠政策，鼓励企业招收当地农民工，积极组织劳务输出，引导农村劳动力有序地转移与就业，增加农民收入，为农业结构调整，发展规模经营腾出更大空间。

三、结构调整面临的主要矛盾

农村结构调整虽然取得了很大的成效，促进了农民收入的增长。但是，随着农村经济进入新的发展阶段后，特别是我国加入WTO后，在农业与农村经济结构的调整及其促进农民增收上，仍然存在一些不容忽视的问题。

（一）城乡二元经济结构矛盾加大了调整难度

随着农村经济发展进入新阶段，农业与国民经济乃至世界经济的关系更加密切，为农业提供产前、产中、产后服务的非农产业同农业逐渐融为一体，产业一体化的趋势日益明显；农业生产日益需要增加工业品和其它非农产品的投入，农业对非农产品的需求与市场拉动作用也不断增强。农业产业结构的调整，必然要求打破城乡之间与工农业之间的隔阻格局，实现相互渗透、互补互利。而我国长期以来形成的城乡二元经济结构，不仅造成经济发展水平的差异，还造成人口聚集程度、生产生活方式和水平等方面的差异。同时，根据先进国家与地区的农业发展经验判断，进入新阶段后工业反哺农业，构成了农业发展新阶段的一个重要内容。然而，从福建省农业与国民经济关系的现状看，尽管财政对农业的投入有所加大，但相对于整个国民经济的发展，农业的负担依然较重。1995～2002年福建省收取的"农业四税"每年都在10个亿以上，最高年份达到近20亿元，比同期财政支农资金高出一倍以上。为此，单就农业论农业的结构调整，无法从根本上解决由于结构调整所产生的体制、机制上一系列问题，从而构成了农村产业结构调整的重重难关。

（二）贸易自由化与农业弱质性矛盾阻碍了调整广度

加入WTO后，由于我国农产品的生产成本并不比发达国家低多少，而且我国还必须根据WTO规则减少农业保护并提高市场准入水平，推行农业贸易自由化，国外优质农产品会趁机抢占国内农产品市场，农业受到冲击最大的首推受保护较深的水稻、小麦、棉花等产品。其差距主要表现在品质、价格上处于劣势，农产品的比较优势将持续减弱，来自国外农产品竞争的压力增加，农业结构调整难度加大，农民靠经营农产品来增加收入的难度将愈来愈大。如加入WTO前，我国对水果进口课以较高的关税，柑桔类进口关税高达100%，菠萝、草莓、荔枝普通关税均在70～80%。入关后进口关税已逐步调减下来，到2004年还将下调到10%，同时撤销所有非关税措施。从而引起国外优质水果大量进入，龙眼、荔枝价格猛跌就是因为泰国等东南亚国家产品的大量进入所致。据漳州、莆田等主产区调查，2002年虽然总产量创历史新高，但是收购价每公斤只有1.5元左右，却为近十多年来最低，比上年下跌了50%，福建省减收达到6亿元以上，仅此一项就使福建省农民人均纯收入减收20元左右。尽管2003年下半年以来，由于全国性的粮食连年减产，价格出现上涨，拉动福建省农产品价格上涨1.7%，但直到目前，其价格依然在低水平上徘徊。另一方面，日本、欧美等发达国家，不断提高农产品市场准入条件，频频对我国农产品设置"绿色壁垒"，不断加强对我国农产品检测力度，给我国农产品出口带来严重影响。如受日本对我国蔬菜等农产品加高农残检测标准，致使福建省对日农产品出口额比两年前大幅下降；茶叶作为福建省传统大宗出口商品之一，受其影响，出口价值同样比两年前大幅下降。

（三）产业化程度低与扶持不足矛盾制约了调整深度

尽管福建各地农业产业化实践相对于内陆省份来说比较早，但真正意义上的发展，则是在1997年2月省委、省政府以闽委发[1997]4号发出了"关于加快发展农业产业化的意见"之后，比山东等沿海省份起步要慢得多。在产业政策方面，虽然确定了除了粮食为基础产业、水产林产为支柱产业外，根据福建省资源优势将水果、食用菌、茶叶、烟叶、花卉、蔬菜、甘蔗、畜禽与珍稀养殖等确定为主导产业，但其扶持力度远远不够。如农业特产税、屠宰税等每年从农业抽走十多个亿，大约与支援农林水利气象等部门事业支出相当，直到2004年才取消征收。在资金投入政策方面也很不利于农业产业化的发展。

福建省于1997年确定重点扶持100家省级"龙头企业"，对推进农业产业化起了一定的作用。但相对于福建省600多万个农户来说，无论是数量还是规模，农业产业化的"龙头企业"实在是杯水车薪。直到2001年底，省政府出台《福建省农业产业化龙头企业认定和运行监测管理暂行办法》后，情况才有所改观。目前，福建省农产品加工产值仅为农业产值的50%左右，远低于发达国家水平。

（四）经营风险与组织化程度矛盾影响了调整效果

福建省人多地少，600万个农户每户平均只有大约3亩的耕地，闽西北山区虽然较多，但地理状况却制约了土地的规模经营；闽东南沿海地区地理状况虽然易于推行土地规模经营，但又由于风土习惯与土地流转制度不健全等原因而受制。一方面，由于分散的市场主体受市场价格和利益的诱导，一家一户的小农经营的农民难以得到准确、完整的市场信息，他们只能凭借本地集贸市场狭小市场空间得到直观的感觉，决定自己的生产经营项目，趋同的产品往往陷于"卖难"的窘境。另一方面，我国绝大多数农户都是刚刚跨过温饱线，农户的资本存量过小，资本积累水平很低，加上过于分散的经营格局给农业信贷带来的难度，与农户家庭进行农业结构调整随之而来的如转置成本等对资金的需求的矛盾十分突出。所有这些，都从客观上阻碍了农业结构调整的效果。

（五）劳力总量增加与转移缓慢矛盾降低了调整程度

目前，福建省积压在农业的剩余劳动力大约有300多万人，急需寻找向非农产业的转移途径。而城镇吸纳人口能力却由于大部分工业产品出现结构性过剩，国有企业的"转制"与优化组合所带来的大量的下岗工人而受制。同时乡镇企业发展放慢，也大大地降低了吸纳农业剩余劳动力的能力。1978年以来乡镇企业异军突起，到1996年末，福建省乡镇企业从业人员年均以10.1%的速度快速增长，达493万人。其中约有350万人是从本省农业转移而来的，占当年末农村非农产业就业劳动力的90%之多。然而从1997年以来，受东南亚金融危机影响与加入WTO后来自国外产品的冲击，乡镇企业受到空前挑战，经济效益下降，发展减缓，吸纳农村劳动力的速度变慢。乡镇企业从业人员6年平均增长速度为2.8%，比前者低7.3个百分点。农村劳动力总量的增加与全社会对劳动力需求的相对减少，大量剩余劳动力无法转移而积压在农业内部，严重地制约着农民工资性收入增长的步伐。1996年，人均工资性收入的增长幅度为27%，1997年为22.8%，1998年为10.9%，1999年为9.0%，2000年增长8.9%，2001年降至8.8%，2003年则更降至7.6%。农业结构的调整与农村剩余劳动力增加的矛盾，既不利于农民增收，又给农村结构的进一步调整带来了巨大的压力。

（六）市场化偏低与信息化滞后矛盾加剧了调整难度

当前，由于各级政府对农业信息化工作重视仍然不够，投入的资金远远不适应其发展的要求；在协调涉农相关部门和企业制定规划统一组织农业信息网络基础设施建设、建立健全农业信息管理服务系统与服务机构等方面所起的组织、主导、推动作用十分有限。由此造成了农业信息网络建设比较原始，基础设施相对落后；农业软件的研发明显滞后；网站质量不高，没有高质量的农业信息资源，有效信息少，时效性差等问题。农业信息化与市场经济下的大市场存在着严重的信息不对称。农户间缺乏信息联系，在市场需求多变，农产品市场竞争日趋激烈的环境下，在安排生产上存在严重的从众心态。这样，虽然从某种意义上说，或许有利于形成某种农产品的区域规模、生产基地，但也极易产生某个地区农产品结构的趋同，造成一哄而上，一旦市场需求发生变化，极易产生农产品的"卖难"问题。有的甚至因竞争而排斥或缺乏合作，致使许多农户难逃市场规律的惩罚而受损。

四、加快农村结构调整对策措施

目前，农业结构调整正向前所未有的广度和深度铺开。新一轮农业结构调整，不仅仅要继续进行品种布局调整，而且要作为系统工程来抓。

（一）着眼于推进结构调整深度

以科学求实的精神对待结构调整。既注意制定规划、科学调整，又注意市场变化、稳步实施；既注意解决当前一些地区大路产品卖难、农业效益低等现实问题，更立足于长远促进农业产业转型升级。鉴于目前农产品价跌、卖难的品种范围较宽，结构调整很难在外延上做文章，而应更多地着眼于推进农业结构深度的调整。既要深化品质结构调整，也要深化技术结构调整，加快农业高新技术应用，建立生物工程和信息化技术体系。

（二）积极发展农村合作组织

为了促进农业生产的发展，加速农业现代化进程，充分保护农民的利益，美、日、欧盟发达国家在农业生产、农产品加工和流通领域，建立了各种形式的合作经济组织，在产、供、加、销中发挥积极作用。例如，给予办社投资津贴、享受优厚的纳税待遇，提供信贷补贴等，使入社农民降低生产成本，获得其他地方得不到的产品和各种服务，更容易进入市场和扩大销售，从而有效地保护了农民的经济利益。此外，各种形式的专业合作组织，把分散的农民组织起来，联结成一个共同的利益团体，在得到政府提供税收、咨询、信贷补贴等各种优惠政策的扶持同时，也充分享受到合作组织的各种服务，使农民能专心地从事农业生产，还能够得到合作组织的利润返还，大大增强了农民抵御生产和市场风险的能力。

（三）实施农业标准化生产

世贸组织成员都将农业标准化作为参与农产品国际贸易的一项重要竞争策略看待，并形成了一套与本国国情相适应且较为成熟的农业标准体系及其运作方式和运行机制，而且一般都已法制化。目前，国际市场对食品质量和安全性要求很高，对每一个农产品生产都制定了具体的标准。而福建省尚缺乏完整的质量标准体系、监测体系以及相关的认证和管理体系。

(四)推进农业产业化经营

要加大扶持和培育农业产业化龙头企业力度，提高龙头企业的营销能力，建立龙头企业与农户之间有效的利益调节机制，加强产业化经营的紧密性和稳定性。以市场为导向，因地制宜发展特色农业。抓住当前饲料来源充足以及畜禽产品在国际市场具有价格比较优势的有利时机，把畜牧业作为大产业来抓，加快畜牧业品种改良，优化品种结构，发展禽畜工厂化养殖，推进畜牧业集约化和产业化经营。农业产业化是发展现代化生产的一种组织体系，必须依靠市场机制去优化和组合生产要素，建立新型的生产经营方式。建立“公司＋农户”利益共同体，首先必须变革生产经营方式，依靠市场机制来建立灵活、多样、联系密切的组织关系，建立利益机制约束的契约关系，建立有中介服务参与的纽带关系。

(五)建立和完善农村市场化体系

当前，福建省和全国一样，农村经济社会蓬勃发展，农业生产力水平不断提高，开始进入了全面建设小康社会，推进社会主义现代化建设的新时期。在这大好形势下，也存在一些新情况、新问题，这些问题都与农村市场化程度低有着密切的关系，要解决好这些问题，一个重要途径就是必须加快农村市场化进程。针对当前福建省存在的突出问题和面临的新形势，必须牢牢把握入世的契机，紧紧抓住农村市场化建设的重点，采取扎实有效的措施，加快农村市场化进程。农产品市场建设要从解决农民“卖难”入手，以专业批发市场建设为重点，集中力量建设全国性、区域性的粮油、蔬菜、肉类、食糖、果品、土特产品、水产品、食用菌等农副产品批发市场，以市场建设扩大农副产品流通，并带动区域支柱产业、特色产业的尽快形成。同时，要推广农产品基地连接超市的做法，进一步制订优惠政策，提高生鲜农产品进超市的比重。

(六)促进农村劳动力非农化

加快农村劳动力从种养业向服务、运输、加工领域转移，改善劳动力就业结构，推动农村经济结构的重组和优化。鼓励大中型乡镇企业组建企业集团，引导乡镇企业积极参与农业产业化经营，增强乡镇企业吸纳农村劳动力的能力。搞好农村小城镇建设规划，建立以政府投资为导向，业主投资为主体的多元化、市场化的城镇建设投资机制。加大村庄兼并、旧村改造、土地整理力度，着力搞好中心镇、中心村建设，并与乡镇工业园区、现代农业园区建设有机地结合起来，提高农村经济发展水平。改革小城镇土地使用制度、户籍制度和社会保障制度，鼓励农村人口向城镇集聚，促进农村第三产业的发展。抓住西部大开发和加入 WTO 的有利时机，充分发挥沿海省份区位优势，扶持发展劳动力中介组织，积极引导农村劳动力跨省、跨国务工经商，促进福建省农村劳动力从山区到沿海、从沿海到省外、境外有序流动。

(七)加快农业信息化建设

发达国家农业信息化对农业发展发挥重大作用。例如，美国信息产业对国民生产总值的贡献率超过了 50%，信息产业的就业人数也超过了 50%。欧洲的农业网络已进入实用阶段。日本的农林信息是通过日本电信电话公司承办和借助多种公众通讯网络传输的。在发达国家，信息高速公路正迅速伸向农村，卫星数据传输系统已广泛被农业生产者应用。福建省农业信息化发展的水平与国内外相比，差距还很大。要加强农业信息网建设，建立信息农业的实验示范基地，提高农业科技成果转化率，大力推进农业产业化的进程，促进福建省农业信息化的发展，加强农产品市场信息采集系统建设，大力培养农业信息网络体系人才，确保社会组织向农民提供有效的市场信息。

农民增收的思考与期盼

——对河南农民实现增收的调查

河南省农调队

从1982年开始连续颁布的5个中央“一号文件”，反映了广大农民的愿望和心声，有力促进了农业和农村经济的改革和发展。2004年，中共中央、国务院再次就农民增收问题发出《中共中央国务院关于促进农民增加收入若干政策的意见》的“一号文件”，充分体现了党中央、国务院在新形势下把解决“三农”问题作为全党工作重中之重的战略意图。为了解广大农民在实现增收过程中对所面临的困难在咋思考？以及农民对政府的期盼是什么？近日河南省农调队对唐河、方城、卢氏、宁陵、光山、安阳、淮阳、开封、舞阳和叶县10个县的440个农户进行了问卷调查。

一、农民的思考

1997年以来，河南农民收入已连续7年低速增长，农民增收进入困难时期。农民增收受阻，既是农业和农村经济结构性矛盾的反映，也是国民经济发展长期积累的深层次矛盾的集中体现。“农民不富，中国不富”。那么，广大农民对增收问题是如何思考的呢？

（一）40.5%的农民不满意目前的收入状况

此次调查的440个农户中，有99户农民对目前的收入状况感到满意，占被调查农户的22.5%，这部分农户主要是依靠外出务工和从事批零贸易及农产品购销等收入相对较高的农民；有163户基本满意，占被调查农户的37.0%，这部分主要是率先进行农业种植结构调整获得一定收入的农户；有178户农民不满意，占被调查农户的40.5%，这部分主要是一些依靠传统种植方法、收入来源比较单一、家庭积累薄弱、缺乏生产投入能力的农户。在被问到“你为什么不满意?”时，贫困山区卢氏县被调查的40个农户中，回答“和城镇居民、国家公职人员相比，收入差距过大，并继续拉大”的，占80%；回答“教育、医疗等开支过大，无法承受”的，占70%；回答“收入不能维持吃、穿、住等最基本的增长需要”的，占55%。

（二）67.5%的农民认为“种养效益低、收入来源单一”是影响农民增收的最主要原因

在回答“你认为影响农民增收的主要因素是什么”时，被调查的440个农户中，有297户农民认为影响其收入增加的主要因素是“种养效益低、收入来源单一”，占67.5%；认为“缺乏政府引导和服务”的，占47.3%；认为“政策支持力度不够”的，占32.3%；另有16.8%的被调查户认为是“农民负担仍然较高，农田水利设施薄弱、种植业仍然是靠天收，农民掌握的农业科技、实用技术较少”等其它因素。宁陵县乔楼乡八里曹村村民算了这样一笔帐：“夏季一亩小麦从播种到收获需要以下投资：播种时，施底肥需一袋碳铵（50公斤）20元，一袋磷肥（50公斤）20元，5公斤微肥20元，农家肥一方20元；需麦种8公斤，计16元；农药3元；机耕机播费用40元。一般情况下，小麦从播种到收获需浇三遍水，每次浇地需15元，计45元；喷洒农药两次，每次5元，计10元；追肥一次，一般使用尿素15公斤，计25元；使用联合收割机收一亩小麦35元；每亩农业税58元；水费9元。也就是说，种一亩小麦从播种到收获总共需投入321元；宁陵县小麦常年亩产350公斤左右，如按优质小麦计算，一亩地小麦总收入(正常年份优质小麦价格1.06元/公斤，再加上秸秆)440元；扣除成本，毛收入约为119元。秋季以播种玉米为例，一亩地需用种子2公斤，计20元；追肥两次50元；浇水两次30元；投入成本约为100元。宁陵县玉米常年亩产350公斤左右，正常年份玉米价格1.00元/公斤，一亩玉米的总收入约350元。扣除成本，种一亩玉米的毛收入约为250元。夏秋两季统算，在不包括劳力投入的情况下，一般水平一亩地在正常年景下平均收入为369元左右。如果遇到2003年秋季内涝农作物大幅减产的情况，收益就更少。”种植业效益低下，养殖业也不例外，特别是目前国内一些地区暴发禽流感，对养殖业影响更大。宁陵县赵村乡赫庄村的养鸡专业户赫振言给我们算了一笔帐：目前豆粕价格2.76元/公斤，玉米1.18元/公斤，麸麦皮1.14元/公斤，配合饲料1.60元/公斤，不考虑投入劳力，统算下来每公斤鸡蛋成本价约3.90元，批发价为4.2元/公斤，每公斤鸡蛋仅赢利0.30元左右。如果考虑劳动力投入价值，根本就无利可图。

(三)95.5%的农户认为在增收过程中政府应担当“提供政策支持、引导和服务”的角色

在回答“你认为在实现增收过程中政府应担当什么角色?”，有420户农民认为政府应担当“提供政策支持、引导和服务”的角色，占被调查农户的95.5%；只有4.5%的农户认为政府可以适当地进行行政干预，认为现阶段大多数农民的素质还偏低，把握市场的能力较弱，如果政府能在广泛调查研究的基础上对他们加以指导，并进行必要的行政干预，对农民还是有益的。但调查同时表明，所有的被调查农户都反对简单粗暴的行政干预，尤其是对部分“样板工程”强烈不满，变行政干预为有形的生产服务，为农民提供一些有实际效果的致富信息，为农业发展、农民增收和农村市场繁荣营造宽松环境，真正成为农民增收的引导者、农民合法权益的保护者和农业发展的支持者。

(四)50%以上的农户认为在实现增收过程中需要政府“提供政策支持、引导、服务”和“减轻农民负担”

在回答“你认为在实现增收过程中需要政府做些什么?”，认为需要政府为农民“提供政策支持、引导和服务”的，占被调查农户的61.4%；认为需要“减轻农民负担”的，占被调查农户的51.8%；认为需要“加大对农村和农业投入力度”的，占49.5%；认为需要政府提供更多的优惠政策，加强技术、信息、资金等方面的引导、支持和咨询服务，为农民增收充当坚强后盾等的，占20.9%。

(五)50%以上的农户最希望政府解决的问题是“提供资金支持”和“加强信息服务”

在回答“为实现增收，你最希望政府帮助解决哪些问题?”时，认为需要政府为农民“提供资金支持”的，占被调查农户的52.0%；认为需要政府为农民“加强信息服务”的，占被调查农户的51.6%。如方城县博望镇张湾村农民李应秋，属于科技示范户，在农业生产经营中，因信息不灵，曾养鸭损失2万多元，近几年随着生产规模的逐渐扩大，愈加感到产、供、销方面信息的闭塞，迫切需要这方面的信息服务。同时，认为需要政府为农民“减轻负担”的，占被调查农户的42.5%；另有10.2%的被调查户，还表现出在农产品流通、农业新技术推广、劳动技能培训及加强农业社会化服务等方面的需求和愿望。

(六)46.6%的农户知道中央、国务院颁发的“一号文件”

在回答“你知道中央、国务院就农民增收发出的“一号文件吗?”，有46.6%的被调查户回答“知道”，且有68.8%的农户是通过广播、电视知晓的，但对文件的具体内容不清楚、不明白；有53.4%的被调查农户回答“不知道”，这说明由于农民生存环境的相对封闭以及信息来源渠道的不畅，国家政策在贯彻实施过程中还存在一些问题。同时，有60.9%的农户认为中央一号文件可以为农民增收带来实实在的帮助；39.1%的农户认为“不大可能”或“不能”为农民增收带来实在的帮助。而认为“不大可能”或“不能”为农民增收带来帮助的原因主要是“政策落实困难”，占回答“不大可能”或“不能”农户数的76.3%。这一方面说明多数农民对中央政策是有信心的，另一方面也暴露出农民对中央政策能否落实到位心存疑虑。

二、增收的难点

2003年，河南省遭受了严重的自然灾害，农民人均纯收入实际增幅较上年下降0.4%；在118个县、市、区(不含40个市内辖区)中,有37个县、市、区的农民人均纯收入较上年减少,减收面为31.4%。在新的历史时期,“三农”问题再次面临一个新的关口,农业发展缺乏动力、亮点和支撑。那么,农民增收的难点到底在哪里?

(一)农民了解政策难,政策落实更难

近年来,国家为促进农村经济发展和农民增收出台了一系列政策,2004年中央“一号文件”更是为解决“三农”问题出台的具体政策,但调查表明,目前仍有53.4%的农户根本不知道“一号文件”,其原因主要有三个:一是文件公布伊始,农民有一个接收过程;二是农民文化素质低,相当部分农民只关心电视、报纸中的娱乐性新闻,对有关国家政策、涉农新闻漠不关心;三是基层干部没有及时以通俗易懂、灵活多样的形式广泛深入地宣传。开封县被调查的40个农户中,既有一般农民,也有经商的农民,还有村干部,但40个被调查户中,无一人知道“一号文件”,当他们在此次调查中得知了“一号文件”的具体内容时,反映十分热烈,并对基层干部不传达中央文件表示了强烈不满。卢氏县被调查的四个村的村务公开栏中,有关国家和上级政策的宣传内容几乎是空白。该县湾子村数名群众反映:“我们知道政策有啥用,国家政策再好也是下个文压到乡里,乡里研究个具体办法就变成了红头文件,我们又无法查对和国家政策是否一致,人家说是啥就是啥,最后还得按人家说的办。”

(二)农民寻找致富门路难

如何寻找致富门路,成了广大农民奔小康路上的拦路虎。在卢氏县被调查的四个村中,除淤泥河村因有植桑养蚕这一支柱产业,且政府在该村搞典型示范、大力扶持和服务,多数劳动力都有活干外,其它的三个村因人均耕地不足0.5亩,自然资源贫乏,收入项目较少。湾子村的村民王玉厚说:“全村约有60%劳力的主要收入是靠出去干三天歇十天地打小工,没有稳定的收入来源。”下柳村的王德才等村民反映,该村28岁以下的青年人大多到发达地区和城市打工了,留下的基本是30岁以上的劳动力,因出远门不易找工作,只能在本乡或本县内打短工,月收入尚不到出外打工年轻人的一半。光山县被调查的60个农户中,有20多个劳动力想外出务工,但受外出无门路,或怕找不到门路导致经济上受损,家里田地无人耕种等因素制约,无法外出。

(三)农户发展生产启动资金解决难

农民上生产项目最缺的就是启动资金,资金短缺已成为制约农村经济发展的瓶颈之一。被调查的440个农户中,超过一半以上的农户希望政府能为他们发展生产,开展多种经营“提供资金支持”,如获得支农贷款、减免农民做生意的税收等。卢氏县淤泥村的韩延平反映,她与灵宝市的黄河林场签了一份承包1000亩地栽杨树的项目协议,但需付押金和资金共2万元,为筹措资金,她回家拿了四、五个亲朋的信用卡去信用社贷款,但由于各种原因,在协议已过期的情况下,资金也未能凑够。农户在贷款中常常要支付一些额外的费用才能如愿。该县下柳村植桑养蚕重点户(20户)为了解决2万余元的小额贷款,签署的协议上是1000元,而农户实际得到的只有700元,但仍要按协议上的款数全额返还。

(四)农民掌握实用、高新技术难

农业产业结构的调整和优化在不断刺激着农民科技需求意识的提高,农民增收也迫切需要科学技术的支撑。但由于目前农村科技服务体系不完善,对农民的科技服务很不到位,加之农民的文化素质普遍较低,农业新品种、新技术的优势作用并不明显。2003年河南省农村劳动力中初中以下文化程度的比重高达87%,其中小学以下的占28%,掌握先进的农业实用技术存在较大困难,直接制约着农民增收步伐的加快。唐河县被调查的40户农民没有一户接受过技术培训。卢氏县石龙头村的中药饮品股份公司是由5位农民参股,利用本县丰富的黄芩、丹参等资源正在筹建的农业龙头企业,该企业目前急需30余名生产技术人员,但在本地农村很难找到符合条件的人才。

(五)农户生产抵御市场风险难

由于农户生产规模小,组织化、市场化程度较低,一旦遭遇市场风险,往往陷入被动局面,利益受损。卢氏县淤泥河村的“公司加农户”发展桑蚕业的模式较好,公司和农户间的关系比较融洽,效益实现了“双赢”,但桑蚕公司和农户之间并没有签订正式的合同,其权利、义务和责任关系,公司与群众之间仅有口头协议,即公司按12元/公斤的保护价负责收购、供应种子,群众必须将茧丝卖给公司。由于缺乏有效的合同约束,加之产品技术含量低、不便贮藏,本地公司又缺乏实力,价格和市场主导权受沿海各大厂家控制,因此,当茧丝市价较高时,有少数农户将茧丝卖给了外地高价收购者,当市价低销路不好时，公司虽不想收购，但碍于各方压力也只能以较低价收购，公司和农户的利益都不能得到很好的保护。

(六)农民的教育、医疗等负担较重

2003年河南省农民人均学杂费支出占当年纯收入的5.2%，比城镇居民高3.5个百分点。与2000年相比，农民人均学杂费支出增长了12.2%，与同期城镇居民该项支出下降31%形成较大反差。与此同时，2003年河南省农民人均医疗保健消费支出较上年增长23.8%，其中有97.8%的钱用于治病。

三、农民的期盼

在调查中，通过对“一号文件”主要精神的宣传，群众普遍反映，中央政策真是太好了，如果真能逐项落实，农民收入应该能实现较快的增长。为此，广大农民迫切希望政府做好以下几个方面的工作：

(一)落实政策不走样

被调查的农民普遍认为，中央一号文件顺民意、得民心，希望基层政府在执行政策上不走样，把政策落到实处。大部分农民反映，国家的方针、政策容易在乡镇一级的落实中走样。

(二)加强农村基础设施建设

农村基础设施建设特别是“六小工程”对改善农民的生产、生存条件效果明显，农民普遍希望政府在这方面继续加强扶持。唐河县大河屯镇乔庄村文书王志刚介绍，由于水利部门目前在农田水利建设上以自流灌溉项目为主，不再支持机井配套项目，该村有10眼深水机井无配套资金，长期闲置，难以发挥应有的作用。

(三)强化资金支持，改善小额信贷、扶贫资金及其它专项资金使用办法

调查中，有52%的农户希望政府“提供资金支持”。群众认为，按照“一号文件”规定，今后资金支持的数量和力度都要加大，他们热切盼望政府深入实际，认真排查困难底子，既要支持好典型户、希望户，以利于带动其他农户，也要真扶贫、扶真贫，避免两极分化。同时，协调解决小额贷款、扶贫等专项资金，并改革完善使用办法，加强审计和群众监督，防止国家资金“跑、冒、滴、漏。”唐河县昝岗乡赵岗村文书反映，近年来农村贷款十分难，必须由村委主要领导出面担保，乡镇包片领导签字后，由实物抵押，方能贷款3000元以下，期限均为6个月，每半年更换契约一次，仍需以上繁杂手续，而且，农村住房不能作为抵押实物，该县被调查的40户农民近几年没有一户贷过款。

(四)做好农村先进适用技术的服务、推广培训和劳务输出的组织工作

农民要增收，科技是关键。农民文化素质较低，但他们普遍对掌握先进技术的期望较大，盼望政府能降低技术培训的门槛，组织有针对性的实用技术培训。淮阳县被调查的60个农户普遍认为，自己缺乏种植业、养殖业、加工业等方面的专业技术，外出务工又缺乏一技之长，遇到生产经营中的技术问题束手无策。同时，广大农民迫切希望政府认真抓好劳动法等相关法律的落实和检查工作；规范劳务中介组织收费行为；组织好农村富余劳动力向城市、向非农行业的转移。

(五)加大对假冒伪劣农资的打击力度

目前，有少数农资经营违法分子生产、出售假劣农资产品，严重损害农民的合法权益。据唐河县消费者协会统计，2003年下半年以来，共受理消费者投诉案件203起，其中农用生产资料投诉案件77起，占37.9%，祁仪乡18户农民联合购买的玉米种子，不长玉米棒，不结子。淮阳县被调查的60个农户中，购买过假种子的有21户、假农药19户、假化肥的13户，分别占35%、31.7%和21.7%。广大农民希望政府有关部门在开展专项整治、联合执法行动的同时，加强对农资生产经营企业管理；完善农资市场巡查制度；针对农资市场商品质量状况，有计划、有针对性地开展商品质量抽查工作，进一步建立健全工商机关对农资市场的长效监管机制。

(六)加强基层干部的思想教育，切实转变工作方法，服务好“三农”

当前，仍有不少群众反映办事有“三难”：门难进，脸难看，事难办。在基层干部队伍中存在着处事不公道，小事和稀泥，大事违背原则，要钱的多，服务的少。因此，群众盼望：不管是哪一级、哪个部门的干部，都不能以“官老爷”相称，应做人民群众的贴心人；想群众所想，急群众所急，切实改进工作作风，提高工作效率，真心真意地为群众办实事、办好事；同时，希望政府利用广播、电视、简报等形式，定期或不定期为农民提供符合当地实际的致富信息。淮阳县被调查的60个农户普遍认为：在种植业方面，不知道种什么好，不知道种植业结构如何调整；在养殖业方面，不知道养殖什么收益大，不了解市场供求信息；在加工业方面，不知道发展什么，找不到门路；在外出务工方面，如盲人摸象，盲目闯市场。该县许湾乡石庄村村民反映：他们在增收致富路上屡遭坎坷，收益无几，教训深刻。如上世纪80年代末90年代初，他们拔桃树、栽桑树，桑树不行又植银杏树，银杏种上无收益，来回折腾，收益无几。

（七）大力扶持农业龙头企业，进一步规范和完善对“订单农业”的管理，并对农业发展实行保障性补贴

在调查中，一些涉农企业建议政府对企业的经营和发展实行优惠扶持，如减免税费，帮助企业建立原料生产基地，利用政府掌控宏观信息的优势，帮助企业打开销路，并及时向企业反馈市场信息。对公司和农户之间的关系，广大农户建议：政府应加以引导、规范和法制化管理，要签订正式合同，明确各自的责、权、利，依法承担市场风险；若遭遇大规模的天灾和市场变化的损失，政府应采取保护性补贴扶持或推行事前保险，以提高农业、农民抵御市场风险的能力。同时，彻底解决基层政府在农业生产中重生产轻销售的倾向。

（八）巩固税费改革成果，慎防农民负担出现反弹

农村实行税费改革以来，农民负担有所减轻。规范农村电价、对农村中小学收费实行“一费制”等政策措施的施行，受到广大农民的欢迎，但农村税费改革实施中，在计税面积、“一事一议”、农业税征管等方面也出现了一些亟待解决的问题。据对唐河县的调查，税费改革后扣除“两工”，2003年该县应完成农业税及附加1.31亿元，比2001年农民实际负担2.2亿元减少9000多万元；全县农民人均负担112.4元，比2001年的189.4元减少77元；亩均负担64.5元，比2001年亩均负担108.6元减少44.1元；减幅比例均为40.5%左右。但是，由于种养比较效益低，农村耕地撂荒现象严重，如该县大河屯镇乔庄村目前撂荒耕地300亩，平均每亩对外租赁费55元，与每亩应交的农业税80.5元相比，少25.5元，差额部分的7650元农业税由小组干部暂时垫支，再加上少数农户因全家外出农业税无法收缴，全村19个村民小组仅2003年各小组干部就平均垫支630元。当问及暂时垫支的差额农业税今后如何处理时，一位组干部告诉我们：“羊毛出在羊身上，以后必须想办法分摊到农民头上，由老百姓负担。”

（九）加大社会治安综合治理力度，为农村经济发展、农民增收创造良好的社会环境

被调查的农户中，普遍希望加大农村社会治安力度。淮阳县郑集乡七里河村村民反映说，目前牛羊被盗事件屡见不鲜，睡在牛屋里，把羊捆在床腿上也不放心，住在村外的、年老多病的、丈夫在外打工的农户，根本不敢发展畜牧养殖业。

（十）大力扶持农村教育，进一步推行和完善农村医疗和养老保障制度改革

农村税费改革后，农民的负担明显减轻，但教育和医疗开支的大幅度增加，农村养老保险的空白，加之对预期收入并不十分看好，一定程度上制约了农民的生活消费需求，并减弱了增收的后劲。广大农民期盼把财政性资金进一步向农村教育、养老及医疗保险等方面倾斜，减轻农民的增收负担，提高其增收的能力。

农业投入与农民收入增长相关性研究

河北农调队课题组*

农民收入问题就是“三农”问题的核心，影响农民收入的因素很多，既有结构性因素，又有体制性因素，而这些因素归根结底都与投入有关。农业资金投入直接影响农业再生产的补偿和扩张能力，没有相应有效的投入，就不可能有较高的产出，也就没有农民收入的持续增长。因此，探讨农业投入和农民收入的相关性对于促进农民增收具有重要的现实意义。

一、不同投入主体的增收效应分析

农业投入一般可分两类：一类是社会的基础性投入，即农业基础设施和工程建设投资，一类是生产经营性投入，指农业生产中的生产性固定资产和生产资料的投入，这两类不同特性的投入决定了其投资主体的不同。

一般而言，农业投入的主体包括政府、农村集体、农户、金融机构、非银行金融机构、国外企业和组织等。其中，政府用于农业的投资范围较广，包括农业基本建设投资、支援农业生产支出、农林水利气象等部门事业费支出、农业科技三项费用、农业救济费、农产品价格补贴、农业生产资料补贴、农业税费减免等。在上述各项支出中，政府财政支农支出即支援农业生产支出、农林水利气象等部门事业费是政府对农业直接投入的绝大部分，农业基本建设投资则是基础性投入的大头，此外数额比较大的是流通性补贴，因此本文关于政府农业投入的研究重点是这几项内容。金融机构对农业的信贷投入主要是农业银行、农业发展银行和农村信用社对农业的贷款，截至 2003 年 12 月末，全国农村信用社占全部金融机构农业贷款总额的 83.8%，成为农业信贷投入的主体，因此，本文关于金融机构对农业的投入以农村信用社年末贷款余额来表示。农村集体对农业的投入主要是农村集体固定资产投资，农户对农业的投入包括生产经营性投入（流动资产投入）和固定资产投入。

政府财政支农支出包括支援农村生产支出（七类支出）、农林水利气象等部门事业费支出（八类支出），1994 年以前，支援农村生产支出包括农业综合开发，1995 年后单列出来，1995 年后的财政支农资金中仍包含农业综合开发支出。

（一）农业投入与农民收入的基本情况

表 1 反映了近十几年来河北省农业投入基本情况。

由表 1 可见，政府对农业的基本建设投资是逐年增加的，由 1985 年的 1.51 亿元增加到 2003 年的 25.32 亿元，自 1998 年国家实施积极的财政政策以来，农业基本建设投资增速明显加快。财政支农支出由 1985 年的 3.16 亿元增长到 2003 年的 30.56 亿元，农村集体固定资产投资由 1990 年的 3.70 亿元增长到 2003 年的 81.47 亿元，且自 2002 年快速增长。从农户投入情况看，固定资产投资由

* 课题组成员：张喜仓、张建石、王英祥、宋杏婵、张力、王杰敏、王哲平、杨树军。

1985年到2003年总体上呈现逐年增加的态势，人均由1985年的12.35元增加到2003年的55.01元；生产经营性投入表现出较明显的波动状态，1985～1990年平均增长率为13.21%，1990～1995年平均增长率为21.24%，自1996年开始表现为反抛物线形态，1999年达到近年来的最低点。2003年农户家庭经营投入710.54元，仍比1996年的714.04元略低，这与这一时期农民收入的缓慢增长有关。农村信用社年末贷款余额呈现为逐年增长态势，但对农户发放的贷款数相对较少，从全国情况看，改革开放以来，除1984年农户存贷比为0.41外，其余年份均在0.35以下，而且自1984年以来，农村信用社农户存贷比一直趋于下降，从1984年的0.41下降到2000年的0.19。由于农村资金的极度短缺状态，农村信用社贷款仍是影响农民增收的重要因素。

表1　河北省农业投入基本情况表

年份	农业基本建设投资（亿元）	财政支农支出（亿元）	农村集体固定资产投资（亿元）	农户农业固定资产投资（元/人）	农户农业生产经营性投入（元/人）	农村银行信用社年末贷款余额（亿元）
1985	1.51	3.16	——	12.35	117.88	27.45
1990	2.79	8.04	3.70	13.95	219.12	136.42
1995	3.96	13.78	18.06	40.80	574.84	385.25
1998	9.95	19.46	58.83	24.05	644.50	617.14
1999	15.03	20.37	60.80	36.73	560.37	738.77
2000	18.06	21.39	36.82	37.80	627.34	895.71
2001	27.33	24.92	41.56	53.42	657.20	996.75
2002	36.64	31.97	83.69	36.56	705.13	1077.09
2003	25.32	30.56	81.47	55.01	710.54	1207.89

改革开放以来，河北省农民人均纯收入由1985年的385.23元增加到2003年的2853.29元，增长6.41倍，年均增速为11.77%。从农民收入构成看，家庭经营收入尤其是农业经营收入一直是农民收入最主要的来源，2003年农业纯收入占农民人均纯收入的37.74%，占家庭经营纯收入的65.45%。农业投入的多少，农业投资的效果如果直接影响着农业收入，也直接影响了农民纯收入的水平。另外，对农业的投资除直接影响农民农业收入外，还对二三产业收入及劳动报酬收入产生间接波及影响。

（二）不同投入主体的增收效应分析

1. 农户投入和政府投入对农民增收影响最大

各投入主体对农民增收所起的作用有较大差别，在此我们用灰色关联分析方法来衡量。灰色系统理论是由两个系统或两个因素之间的关联性的大小对系统发展变化的趋势做出定量分析，它描述系统发展变化中各个因素间相对变化的情况，即变化大小、发展方向、发展速度等的相对性，如果两个因素在系统发展变化过程中相对变化基本一致，则可以认为两者关联度比较大，反之，则较小。关联分析的目的就是通过一定的方法找出系统内各因素之间的主要关系，找出对目标值影响最大的因素，从而掌握事物的特征，确定解决问题的方法。

由于即期的生产经营性投入对农民收入影响较为直接，因此，在各主体中尽量选用生产经营性指标做分析。本文确定灰色关联分析的子序列为农户投入 x_1（农户家庭农业生产经营性投入与固定资产投入之和）、财政支农支出 x_2、农村集体固定资产投资 x_3、农村信用社年末贷款余额 x_4，以农民人均纯收入 x_0 为母序列，利用河北省1995～2003资料（当年价），用下面两个公式计算各子序列对母序列的灰色关联度：

$$L_{oi}(k)=\frac{\Delta\min+\rho\Delta\max}{\Delta_{oi}(k)+\rho\Delta\max} \tag{1}$$

（1）式中，$\Delta_{oi}(k)$ 为k时刻两比较序列的绝对值，$\Delta\max$，$\Delta\min$ 分别为所有比较序列各个绝对值差中的最大值和最小值，ρ 为分辨系数，可以提高关联系数之间的差异显著性，$\rho\in(0,1)$，这里取 $\rho=0.5$。

$$R_{oi}=\frac{1}{N}\sum_{k=1}^{n}L_{oi}(k) \tag{2}$$

（2）式中，R_{oi} 为子序列i与母序列o的关联度，N为比较序列的长度，即数据个数。

按照上面的公式，计算出各投入主体对农民人均纯收入的灰色关联度见表2。

表 2　河北省农民人均纯收入与农业投入相关指标的关联度

指标	农户投入	财政支农支出	农村集体固定资产投资	农村信用社年末贷款余额
关联度	0.4284	0.2940	0.1946	0.2000
排序	1	2	4	3

在关联度分析中，关联度的大小反映因子的重要性程度。关联度越大，表明因子的作用越大，亦即对农民收入的影响越大。因此，由表 2 可知，河北省农业投入各主体对农民收入的影响次序为：农户投入（农业生产经营性投入和固定资产投入）＞政府投入（财政支农支出）＞信贷投入（农村信用社年末贷款余额）＞集体投入（农村集体固定资产投资），这说明，今后提高农民收入，重要的是要不断刺激农户增加生产投资和加大财政支农力度。农村信用社年末贷款余额对农民收入影响虽然较小，但是通过提供的贷款，可以刺激农户增加投入，还可与财政支农资金相配套，其对农户收入的影响是多方面的。农村实行家庭承包经营后，农村集体经济组织对于农业的投资重点转向固定资产等长期投资，随着二三产业的发展，受比较利益的影响，农村集体投资主要投向非农领域，对农业的投资额很少。

2. 农户投入的直接增收效果最好，而政府投入的间接作用最大

从灰关联分析的结果可知，财政支农支出与农户投入是农业投资要素中对农民收入影响最大的两个要素，所以，我们选择农户投入 x_1、农林水利气象等部门事业费 x_2、支援农业生产支出 x_3 这三个指标与农民人均纯收入进行通径分析，以找出各项投资的作用机理及政府投资的着力点。通径分析是一种探索系统因果关系的统计方法，通过模型分析，可以检查自变量对于因变量的作用方向，作用强度和解释能力。经计算，得出以下结果：

表 3　影响河北省省农民收入的主要因素的通径分析表

影响因素	直接通径系数	间接通径系数		
		x1→y	x2→y	x3→y
农户投资 x1				0.0520
	0.8884	0.1402		
农林水利气象等部门事业费 x2		0.6968		
	0.0663	0.1190		
支援农业生产支出 x3	0.1502	0.8290	0.0525	

在通径分析中，直接通径系数表示影响因素对变量的直接影响程度，间接通径系数表示影响因素通过其它因素对变量的间接影响程度。从结果可以看出，三种农业投入对农民收入的直接作用大小为：农户投入＞支援农业生产支出＞农林水利气象等部门事业费，但间接作用却是支援农业生产支出、农林水利气象部门费用较大，这一结果启示我们，增加农户投入对提高农民收入的直接作用最为明显，但增加财政支农支出能使农户生产投入的增收效果更加明显。财政支农支出主要是通过刺激农户投资增加及提高资金使用效果来实现其增收作用的，支援农业生产支出无论在直接促进农民增收还是刺激农户增加投资来讲作用力均大于农林水利气象等部门事业费，这表示政府财政支农支出应该加大支援农业生产支出比重。

3. 政府用于农业流通领域的投资对农民增收带动作用不大

在政府对农业流通流域的投资中，政策性的粮食补贴所占份额最大，政策性补贴包括对粮棉油糖等主要农产品提供的价格补贴、储备补贴、出口或其它形式的补贴等，“九五”期间全国粮油补贴占政府对农业政策性补贴的 80%左右，但从效果上看，对农民增收所起作用微乎其微。

“九五”期间我国的粮油补贴主要是补给国有粮食购销企业，农民从国家财政补贴中得到的好处主要体现在出售给国家粮食购销企业的粮食价格中包含了补贴，但实际情况是，国有粮食企业在收购中往往压级压价，使对农民的保护价大打折扣。此外，政策性粮油补贴有很大一块是补给国有粮食购销企业的存储环节上，不能带动农民增收。

国际经验已经证实，这种补贴给流通领域的作法本身效率就很低下，据经济合作组织测算，发达国家价格政策的补贴效率仅仅为 25%，即补贴 1 元，农民得到的只有 0.25 元，据财政部测算，我国的补贴效率只有 14%，即补贴 1 元农民只能得到 0.14 元，或者说，要使农民得到 1 元钱的补贴，财政要支付 7 元钱。

二、不同形态的农业投入对农民增收作用分析

为分析不同形态投入对农民收入的影响和作用，我们选取财政支农支出、农业基本建设投资、农户农业生产性经营性投入、农户固定资产投入等变量来做分析，并找出产生差异的原因。

(一)财政支农支出和农业基本建设投资对农民收入影响比较

1. 财政支农支出与农业基本建设投资对农民收入影响程度的差异分析

财政支农支出和农业基本建设投资是政府对农业投入的主体，农业基本建设投资是政府用于发展农业和为农业生产服务的各种固定资产投资，主要包括：(1)用于增加农业生产的固定资产投资，用于扩大生产单位内部的机械设备、水利工程、治理江河、开垦荒地、平整土地、改良土壤、草原、沙漠、开发利用各种农业资源，建设防护林等；(2)农林牧渔业等事业单位的基本建设拨款；(3)用于增加工业生产中直接为农业服务的机械、化肥和农药等部门的固定资产投资。在政府农业投入资金中，农业基本建设投资占有非常重要的地位，它也是构成农业固定资产，提高农业生产能力的主要资金来源。财政支农支出和农业基本建设投资对农民收入的影响主要体现在农民工资性收入和农业收入增长上，因此将差异分析放在对农民纯收入增长的影响上更全面客观。农业基本建设投资对农民收入的影响比较复杂，农业基本建设投资有滞后效应，即它会对以后各年的农民收入产生影响，因此，我们分别对当年农业基本建设投资和累计农业基本建设投资进行分析。

当年基本建设投资和财政支农支出的影响程度分析选取财政支农支出 x_1，当年农业基本建设投资 x_2 作为解释变量，农民人均纯收入作为被解释变量 Y，利用 1985～2003 年河北省的相关数据进行回归分析，回归方程为：

$$Y=181.648+68.2x_1+24.339x_2$$

$$R^2=0.938 \quad R^2_{调整}=0.930 \quad F=120.24$$

从方程可以看出，变量财政支农支出的回归系数大于当年农业基本建设支出，这表明从当年产生的效果看，财政支农支出对农民纯收入的影响大于农业基本建设投资。

累积农业基本建设投资与财政支农支出对农民增收影响程度的差异采用 C－D 生产函数的对数形式进行回归分析，这样可以测算出累计农业基本建设投资、支援农业生产支出、农林水利气象等部门事业费支出对农民纯收入的贡献率，选取累积农业基本建设投资 x_1、支援农业生产支出$_2$、农林水利气象等部门事业费支出 x_3 作为解释变量，农民人均纯收入 Y 作为被解释变量进行回归分析，数据时段为 1985 年到 2003 年。其结果如下：

$$LN(Y)=2.9334+0.9106LN(x_1)+0.1716LN(x_2)+0.2466LN(x_3)$$

$$(12.0812) \quad (9.1328) \quad (1.8650) \quad (1.3281)$$

$$R^2=0.9550 \quad F=141.5995 \quad D.W=1.6974$$

由上述结果可见，累积农业基本建设投资对农民人均纯收入的产出弹性系数高达 0.9106，明显高于其它两项。这表明累计农业基本建设投资对农民增收效果明显。当然从作用方式上看，农业基本建设投资是一个积累的过程，需要持之以恒。

2. 差异产生的原因分析

分析表明，财政支农支出与当年农业基本建设投资对农民收入影响程度差异产生的原因在于投入方向上。财政支农支出主要是支援农业生产支出、农林水利气象等部门事业费，其中有很大一部分是直接作用于农民的，对农民增收产生的直接效果较明显。相比较而言，农业基本建设投资实际作用于农业的比例较小，近年来我国的农业基本建设支出中，重点是对大型的水利、生态环境的投资，结构偏向大江大河的治理，而与农民增收密切的小型基础设施的投入很少，所以农民直接从中受益不多，难以直接带动农民增收。

累计农业基本建设投资作用大于财政支农支出是由于从一个较长的时期进行分析来看，目前农业生产仍是一个自然再生产与经济再生产相结合的过程，这一特性决定了农业受自然条件影响巨大，而多年来形成的基本建设投资的成果有效地增强了农业防灾抗灾能力，这种作用的效果要明显高于年度内财政支农支出的效果。

(二)农业基本建设投资与农户投入对农民收入影响比较

1. 农业基本建设投资与农户投入对农民收入影响程度的定量分析

农业基本建设投资和农户投入(生产经营性投入和固定资产投入之和)相对于其它投入形态而言更直接地作用于农民增收，因此，我们对其作用力大小进行比较分析。这两个不同形态的投入对农民收入的影响程度分析中，我们将农业基本建设投资和农户投入作为自变量 x_1、x_2，农民纯收入作为因变量 Y，进行二元回归分析，经过无量纲处理后，标准回归方程为：

$$Z_Y=0.438x_1+0.595x_2$$

$R^2=0.977$　$R^2_{调整}=0.974$　$F=335.75$

二者的标准回归系数分别为 0.438 和 0.595，即当农户投入不变时，农业基本建设投资变化一个标准差单位，农民纯收入变化 0.438 个单位；同样，当农户投入变化一个标准差单位，农民纯收入变化 0.595 个单位。农业基本建设投资和农户投入均对农民纯收入增长有很重要作用，相比较而言，农户投入对农民纯收入的影响相对要大于农业基本建设投资。

2. 差异产生的原因分析

农业基本建设投资与农户投入对农民增收作用差异的产生的最主要原因在于作用的方式不同，相对于农业基本建设投资而言，农户投入对农民收入影响更直接。此外，从前述定量分析可以看出，二者虽然对农民收入增长作用程度有所差异，但均具有较大的影响程度，因此二者投入的增加对农民收入增长均具有重要作用。

(三)农户农业固定资产投入与生产经营性投入对农民收入影响比较

1. 农户农业固定资产投入与生产经营性投入对农民收入影响程度的定量分析

农户农业固定资产投入 x_1 和生产经营性投入 x_2 对农民农业收入的影响程度我们利用 1985～2003 年河北省农村住户抽样调查数据进行回归分析，标准回归方程为：

$$Z_Y=0.013x_1+0.97x_2$$

$R^2=0.967$　$R^2_{调整}=0.962$　$F=203.16$

从方程可看出，在生产经营性投入不变的情况下，农户农业固定资产投入每增加一个标准单位，农民农业收入增加 0.013 个标准单位；农户生产经营性投入每增加一个标准差单位，农民农业收入平均 0.9722 个标准单位。这说明固定资产投资对农民农业收入影响程度明显低于生产经营性投入。

2. 差异产生的原因分析

农户农业固定资产投入与生产经营性投入对农民收入增长效果存在显著差异的原因主要是由于作用方式的不同。生产经营性投入属于流动资产投入，是作用于收入增长最直接的因素，而固定资产发生作用的方式要相对间接。从投入数量上看，受土地流转、投入能力等因素的共同制约，农民的生产投入表现出明显的短期性特征，对固定资产投入明显偏低，固定资产投入没有与收入水平同步增长，2003 年河北省农户农业固定资产投资 55.0 元，流动资产投资 585.6 元。同时从趋势上看，固定资产投资增速缓慢，1985 年到 2003 年年均增长仅 1.85 元。

(四)农业内部各业投入对农民收入影响比较

1. 农林牧渔业投入对农民收入影响的差异分析

对农业内部各业投入对农业收入的作用程度采用 C—D 生产函数进行分析。以河北农民种植业投入(固定资产投入＋生产费用支出，下同)x_1、林业投入 x_2、牧业投入 x_3 和渔业投入 x_4 作为解释变量，农民农业收入作为被解释变量 Y。x_2 因系数为负值，故舍弃，修正后的方程为：

$$Y=3.3\times x_1^{0.803}x_3^{0.164}x_4^{0.026}$$

$R^2=0.967$　$F=102.334$　$D.W=2.017$

从模型可以看出，在其它条件不变时，种植业投入对农业收入增长的弹性为 0.803，牧业为 0.164，渔业为 0.026，农业内部各项投入对农民农业收入增长的弹性表现出明显的差别，种植业最高，牧业次之，渔业较差。

2. 差异产生的原因分析

农民农业收入中种植业和牧业收入占绝大部分，这是由生产的客观条件和长期的生产习惯决定的。站在一个较长的时期内观察，种植业收入具有稳定性且投入产出效果较好；相比较而言，牧业及渔业投入风险相对较大，占用资金多，单位投入效果不及种植业。

三、各投入主体投向差异分析及投入效果评价

前述分析表明，各投入主体中对农民收入影响最大的是农户投入和财政农业投入，以下我们侧重于研究农户和政府对于农业投入的方向及其效率。

(一)财政农业投入

从河北情况看，1985 年到 2003 年，河北省政

府农业投入(在此指农业基本建设支出、财政支农支出两项)资金达427.98亿元,而且进入上世纪90年代以来,增幅明显加快,政府农业投入的总规模由“六五”期间的24.33亿元、“七五”期间的33.79亿元、“八五”期间的64.41亿元,到“九五”期间达到151.73亿元,“九五”期间年均递增速度为16.18%。从宏观上看,衡量政府农业投资水平及绩效的指标为财政支农效率,即农业GDP/政府农业投入总量,微观上看,财政对农业投入的效率表现为农民来自农业的收入与财政支持总量的关系。下面分别做分析。

1. 政府农业投入的数量及结构

1985年至2003年河北省政府对农业投入量由4.67亿元增加到56.08亿元,从内部构成上看,经历了一个循环的过程,财政支农支出所占比重由低到高再到低,而农业基本建设投资所占比重则是由高到低再到高。

2. 政府农业投入的效果

河北省财政支农效率总体上呈现为上升态势,由1985年的3.88%上升到2002年的7.17%,到2003年又下降为5.11%。自1998年以来,财政支农效率指标呈现为缓慢爬坡形态,从宏观上看河北省的财政支农效果见好,但从整体水平上仍处于偏低状态从微观领域也就是对农民收入的带动作用看,1998年为基期,1999年到2001年河北省政府农业投入的总量分别增长20.37%、34.13%、65.56%,同期农民人均农业收入增长-13.22%、-6.30%、8.66%,增幅与政府农业投入的增幅明显不对称。这说明从微观上看,河北省政府对农业投入的效果不理想。

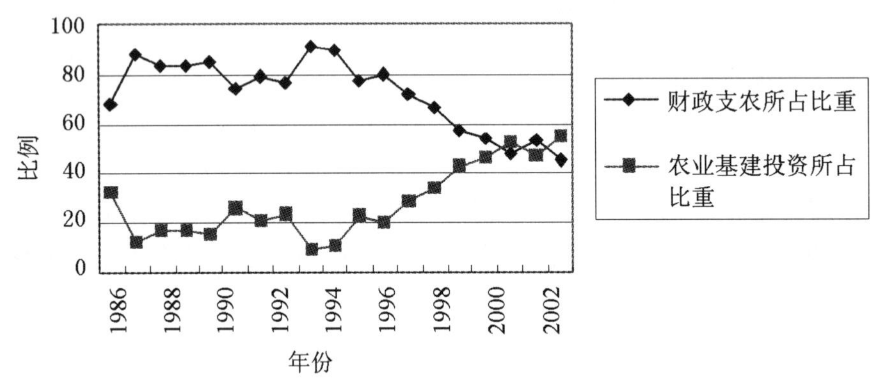

图1 政府对农业投入结构变化图

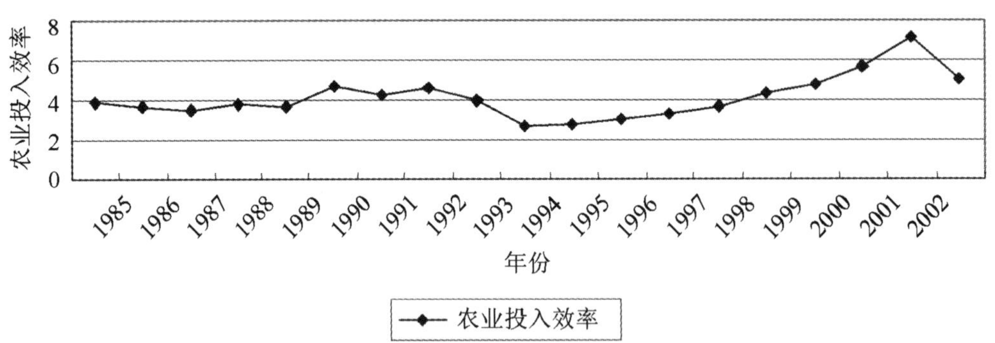

图2 政府农业投入效率图

3. 政府投入作用于农民收入增长效果欠佳的原因分析

从近几年情况看,在政府财政支农资金中,农业基本建设投资的增长速度最快,同时前述分析表明,累计农业基本建设投资与农民人均纯收入密切相关,农民收入没有取得较快增长的原因主要在以下几个方面:

一是农业基本建设投资实际作用于农业的比例不大,农民从中直接获利较少。我国的农业基本建设投资数量很大,大量的基本建设投入在改善我国的农业生产条件、增强农业抵御等自然灾害的能力、提高农业综合生产水平、促进农业科技进步等方面发挥了重要作用,发挥了巨大的经济、社会、生态效益,但近几年我国的农业基本建设支出中,重点是对大型的水利、生态环境的投资,结构偏向大江大河的治理,直接用于改善农业生产条件和农民生活条件的基础设施投资比重偏小,"九五"期间,中央财政用于农林水的基本建设投资中,用于农业的仅占5.26%,而大型的水利、生态环境投资具有很强的社会公益性,很大程度上整个社会受益,而与农民增收密切的小型基础设施的投入很少,所以农民直接从中受益不多,难以有效带动农民增收。

二是政府财政支农支出中生产性支出和非生产性支出比例不合理,能直接带动农民增收的比例不大。政府财政支农支出主要是支援农业生产支出和农林水利气象等部门事业费,我们通常把支援农业生产支出(七类支出,包含农业综合开发支出)称为生产性支出,而把农林水利气象部门事业费支出(八类支出)称为非生产性支出。财政支农生产性支出和非生产性支出的比重一直是衡量财政支农支出结构是不是合理的一个晴雨表。生产性支出比重大,表明财政支农支出中用于小型农田水利和水土保持、支援农村合作生产组织、支持农村农技推广和植物保护、支持农村造林、支持粮食自给工程等方面的支出比较多,财政支农结构趋于合理。相反,非生产性支出所占比重高,表明用于人员经费、公用费用和业务费等方面的支出多,财政支出效益差,结构不利于农民收入的增长。

1985年至2002年的18年中,河北省财政支农支出中生产性支出超过费用性支出的年份有10个年份,其中生产性支出所占份额最大的为1990年的62.69%,最小年份为2002年的36.53%。自1998年国家实施积极的财政政策以来,河北省的财政支农支出中生产性支出和费用性支出均出现了较快增长,但从结构上看,生产性支出所占比重呈现为明显的下滑趋势,2002年达到最低值,仅占到财政支农支出的36.53%,这也可以从一定程度上说明为什么财政支农支出的增加没有相应地带来农民收入的同步增长。

三是农业基本建设投资和财政支农支出对农民收入特别是农业收入的增加没有起到乘数效应。为了说明投资的作用,凯恩斯在边际消费倾向的基础上建立了乘数理论。乘数理论假设国民收入为Y,消费为C,投资为I,边际消费倾向为△C/△I,则:

Y=C+I

△Y=△C+△I

则:△Y=K△I

K为投资乘数,说明国民收入的增加量等于投资增加量的K倍。按照乘数理论,国家财政支出的增加可使国民收入按乘数增长,但投资能否增加收入,要取决于边际消费倾向。从我国情况看,农业基本建设投资和财政支农支出大多数情况下消费或带动消费的是非农产品(包括消费品和投资品),即使涉及到农产品的消费,也会因其消费需求弹性极低,难以拉动农业生产,因而农民也难以从中得到收入。1998~2002年,河北省农民农业人均纯收入分别为1124.21元、975.61元、914.45元、993.62元和931.14元,呈现为逐步减少的趋势,造成农业收入下降的原因很多,政府没有及时的给予足够的补偿和支持,也没有充分增加对农业产品的消费是造成农民农业收入下降的原因之一。

从农业基本建设投资的增加对提高农民的工资性收入、转移性收入和二三产业收入发挥了一定作用。从河北省情况看,在我国实施积极财政政策的几年,农民的上述几项收入都在增长,其中不乏农民从事由于积极的财政政策拉动的相关产业获得的收入以及从农业基本建设项目中得到的工资性收入。只不过这些增收项目发挥的作用较小,不足以扭转财政对农民增收效果不佳的局面。

(二)农户农业投入

随着家庭联产承包责任制的实行,农民由单纯的劳动者变成了独立的生产经营者,农业投资的主体也由国家和集体两级转变成以农户、国家、集体投入为主体的多元化结构,从各主体投资对农民增收的作用看,农户投资是各主体中投入量最大的,也是带动农民增收最直接的要素。

1. 农户农业投入量及投入结构

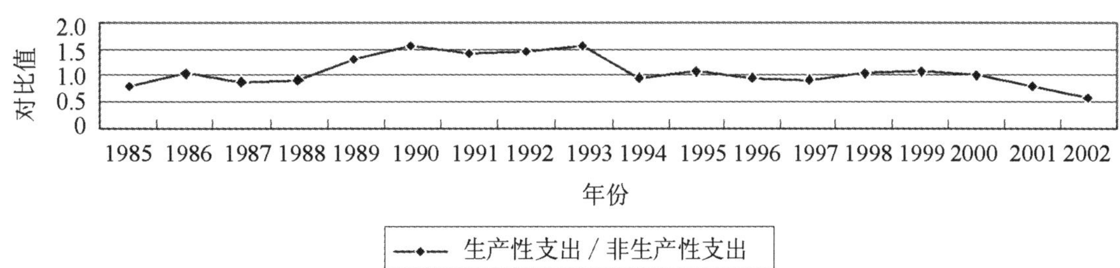

图3 财政支农业支出中生产性支出与非生产性支出结构对比图

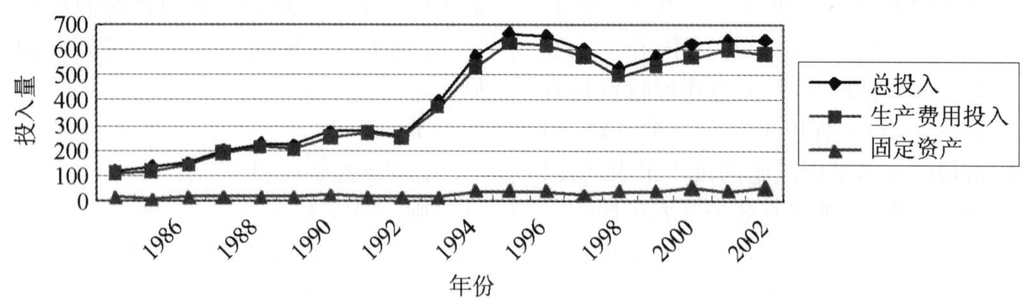

图 4　农户投入构成图

近年来，河北省农户对农业的投入保持了上升态势，由 1985 年的 19.32 元增加到 2003 年 640.61 元，增长 4.37 倍，其中生产经营性投入由 106.97 元增长到 585.60 元，增长 4.47 倍；固定资产投资从 12.35 元增加到 55.01 元，增长了 3.45 倍。从投入结构上看，农户生产经营性投入占据农户农业投入的主体地位，除 1985 年外，农户农业生产经营性投入占总投入的比重一直在 90%以上，相比较而言，固定资产投入较少，仅 1985 年占到了 10.4%，其余年份均在 10%以下，最低的 1998 年仅占到 4.0%。

农户农业投入量占总投入量的比重呈现出总体下降的态势，由 1990 年的 91.59%下降为 2002 年的 78.20%，12 年间下降了 13.39 个百分点，这主要是受比较利益的影响。

河北省农业投入在种植业、林业、牧业、渔业之间的分配一直保持相对稳定，种植业在 65～75%之间，牧业在 25～34%之间，而林业和渔业投入相对较少，林业投入所占比重一直在 1%以下，渔业投入除个别年份外也在 1%以下。

2. 不同类型农户投入行为差异

由于农户受到区位、收入水平及从业情况等因素的影响，在农业投入上表现出较大的差异，以下以 2003 年河北省住户调查分组数据进行分析，由于农户投入的绝大部分在种植业和牧业上，所以以下面的分析也是基于农户对于种植业和牧业的投入偏好。

(1)不同地势的农户农业投入的差异。

表 4　不同地势农户费用投入结构

单位：%

	种植业投入比例	牧业投入比例
平原	64.7	33.9
丘陵	48.5	50.3
山区	61.3	37.8

表 4 反映了平原、丘陵、山区农户在农业生产费用投入结构上的差异，平原和山区对种植业的投入分别占农业投入的 64.5%和 61.3%，丘陵地区仅为 48.5%，明显低于其它类型地区。丘陵地区对牧业的投入比较重视，所占比重高达 50.3%，平原地区和山区仅为 33.9%和 37.8%。可见，丘陵地区由于地域及自然条件的优势，表现出更突出的牧业投资偏好。

(2)不同收入水平农户农业投资的差异。

表 5　不同收入水平农户投入结构表

单位：%

	种植业投入比例	牧业投入比例
低收入户	59.9	36.2
中低收入户	62.7	36.0
中等收入户	65.1	33.3
中高收入户	72.6	24.8
高收入户	57.5	40.2

农户投入选择是以家庭经济状况为背景的，收入水平的不同意味着资金对农户投入行为的约束程度也不同。收入水平越高，农户投入的自由度就越大，反之，收入水平越低，其投入行为受制约因素就越多。由上表可见，中等收入及中高收入农户对种植业的投入比重最大，分别达到了 65.1%和 72.6%，而高收入组和低收入组表现出较强的牧业投入倾向，中高收入组牧业投入倾向最低。

(3)不同从业情况农户的农业投资差异。

表 6　不同从业情况农户投入结构表

单位：%

	种植业投入比例	牧业投入比例
纯农户	49.6	48.3
农业兼业户	65.8	33.2
非农兼业户	78.3	21.1
非农户	77.2	18.8

从农户从业情况看，纯农户、农业兼业户、非农兼业户和非农户在农业投入上具有明显的趋势性，即由纯农户到非农户对种植业投入的倾向递增，对牧业投入的倾向递减。纯农户对种植业投入的比重仅为49.62%，而牧业投入比重最高为48.33%，说明纯农户存在着明显的依靠牧业来改善收入水平的倾向，而非农户对农业投入的比重为77.17%，对牧业投入的比重仅为18.81%，非农户对种植业投入的偏好只能表明其对依靠牧业来增加收入不是特别重视，而将资金投入到用工比较少的粮食生产，主要是为了满足自己的口粮需求。

3. 农户投入效果分析

农业生产经营性投入与农民收入是同步增加的趋势，但边际收益率仅为0.95，即农民生产经营性投入每增加1元，收入只增加0.95元，呈现边际效益递减状态，农业投资收益递减最终会挫伤农民投资的积极性，进而影响农民的预期收入。

以单位投入所得到的纯收入计量农户在不同行业的投入产出效果。从农村住户调查资料反映的情况看，总体上林业的投入产出比最高，但稳定性差，最高达到12.53，最低为0.93；种植业投入效果好而且稳定性相对较高，波动范围在1.43～2.42之间，渔业投入效果一般且稳定性差，投入产出比在0.58～4.1之间，而牧业投入效果不佳且稳定性较好，波动范围在0.48～1.08之间。

4. 农户农业投资结构的理性选择

我们认为，农户的投资行为是理性选择的结果，关于这一点农户经济行为理论早就有过阐述。以美国经济学家舒尔茨为代表的“理性小农学派”认为小农是追求利益最大化的经纪人，小农在权衡了长短期利益及风险因素后，为追求最大利益而做出合理的选择。国务院发展研究中心通过对农户经济行为的分析，提出作为独立经济实体的农户，其决策具有两重性假说，一是收入增长，二是收入稳定，且农户争取收入增长，只能在与收入稳定相协调的范围内进行。另外一些学者认为半自给经济的农户具有以其产品直接满足家庭需要和获取最大收入的双重性生产动机，具体表现为，第一，不论经济上划算与否，农民都种植家庭所需要的粮食。第二，种植口粮后所余的资源，根据利益最大化的原则配置资源。

现阶段农户投资需要承受自然与市场的双重风险，受其约束，虽然农民具有追求收入最大化的倾向，但其收入增长的愿望往往受到抑制，致使农户经济行为的目标偏好还是在收入稳定的基础上追求收入增长。农户作为农业投入的主体表现出对于收入稳定的偏好与收入增长的偏好相比显得更强烈，且收入增长偏好只能在与农户自身生计相协调的范围内变化。因此，河北省农户投入行为具有明显的二重性特征：一是寻求收入的增长，二是保持收入的稳定，争取收入增长的努力只能在与收入稳定相适宜的限度内进行。这在一定程度上解释为什么种植业和牧业是农户农业投入的主体以及为什么农户对非农业的投资比重呈现扩大趋势：

一是自然条件和生产习惯。河北省是传统的农业大省，从事种植业和牧业生产是农民多年来形成习惯，同时投资林业和渔业受自然条件约束明显，这也是投资比例小的一个重要原因。

二是受投资回报率的影响。种植业和牧业投资回报率较稳定，这有效满足了农户收入稳定的目标，所以在农业内部，虽然投资牧业的回报率不高，但一直保持了较大的投入比例。

三是稳定的低收入目标与高风险的高收入目标的结合。农民在满足了收入稳定的目标之后，受利益驱动的影响，只要机会成熟，就会倾向于高收益的非农产业投资。在种植业内部，农户的投资偏向于非粮产业，即倾向于油料、棉花、果菜等高效作物，这也是受利益驱动的影响。

此外，农户的投资行为还受一些外部因素的影响，如土地产权制度、国家政策的连续性等，这方面因素是造成农户对农业的投入中固定资产投入水平偏低的主要原因。

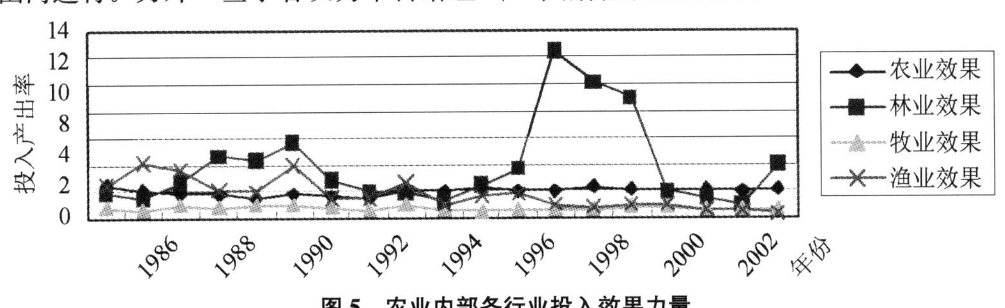

图5 农业内部各行业投入效果力量

四、政府不同投资项目对农民增收作用分析

从政府投入看，各大型投资项目对农民增收均表现出一定的即期作用或潜在影响。

(一)农田水利基本建设投资

农田水利基本建设可以增加农民即期及潜在收入。从即期效用看，农田水利工程投资对农民收入增长表现出拉动效果。据调查，2004 年 1～8 月，河北省共投入和回收资金 30.5 亿元对小型农田水利工程进行改造，已改造工程可扩大灌溉面积 640 万亩，改善灌溉面积 2400 万亩，预计可增产粮食 4.6 亿公斤，农民增收近 5 亿元，仅粮食收入就使农民人均增收近 10 元。从长远效益和增收潜在作用看，农田水利基本建设可以为农民提供更多非农就业机会，增加非农收入；同时可以更好地改善农村生产生活条件，为实现农业持续健康发展，保持农民收入持续稳定增长提供保障。

(二)退耕还林

国家实施退耕还林还草政策以来，粮食补助，种苗补助和退耕补助对农民收入增长已发挥了积极影响，对调整农业种植结构、发展林业生产，促进农业生产方式转变和剩余劳动力转移起到了推动作用。据对河北省退耕还林还草主要地区张家口市农村住户抽样调查，2003 年农民退耕还林还草人均现金补贴 9.17 元，2004 年上半年退耕还林还草现金补贴人均达到 15.03 元，比上年同期增长 2.7 倍，对农民上半年现金收入增长的贡献为 4.5%。退耕还林还草工程的实施，提高了农民发展经济林的积极性，为农民发展林业生产提供了有利条件。2003 年，张家口市农民人均出售林业产品现金收入达到 17.53 元，对农民现金收入增长的贡献达 6.5%。此外退耕还林还长期作用于农民增收：一是调整和改善了农业种植结构。张家口怀安县在实施退耕还林工程后，耕地面积由 63.9 万亩下降到 50 万亩，该县在耕地逐年减少的情况下，不断调整产业结构，以培强两大产业(马铃薯产业和蔬菜产业)，稳定三大优质农产品(玉米、谷黍和杂豆)为主线，仅马铃薯和蔬菜两项产业，就为农民户均增收 1000 多元。二是退耕还林促进了农业生产方式转变和剩余劳动力向非农产业转移。怀安县退耕还林涉及 2000 多农户，目前退耕还林重点村向外输出的劳动力约占全县总劳动力输出的 30%。退耕还林所带来的各种转变和变化，势必对农民收入保持长期稳定增长提供内在动力和外部潜力。

(三)直接补贴

国家实施粮食直接补贴、良种补贴和农机补贴对农民增收产生的即期影响已经显现。2004 年河北省三个项目共计投入资金 6.455 亿元，据对河北省 4200 个农户的抽样调查，2004 上半年农民获得粮食直接补贴人均 10.95 元，对农民现金收入增长的贡献为 4.9%，拉动农民现金收入增长 0.9 个百分点。综合测算，河北农民从三种直补中可人均增加收入近 12 元。从长远角度分析，直接补贴对提高农民收入、调动农民生产积极性、引导农民投入和生产结构调整将起到重要作用。

五、农业投入中存在的主要问题

农业投入与农民人均纯收入的相关系数为 0.981，两者呈高度正相关关系，农业投入中的问题将直接影响农民收入的提高，因此，研究影响农业投入效益的问题，提高资金的使用效果，对于提高农民收入意义重大。分析表明，目前农业投入中存在的主要问题集中在投资规模、投资结构两个方面。

(一)投资规模偏小

1. 国家财政对农业的实际支持程度下降

在衡量国家标准对农业的支持程度时，习惯使用以下指标：(1)财政农业支出占财政总支出的比例。(2)财政农业支出占农业 GDP 的份额。由于以上两个指标只考虑了支出，未考虑财政从农业得到的收入，国家财政对农业的实际支持程度可用财政支农净投入指标进行衡量。净投入指标是指国家财政农业支出与财政从农业的得到的收入(主要指农牧业税\农业特产税\耕地占用税和契税)之间的差额占财政农业支出的比重，由于这个指标同时考虑了收入与支出两个方面，因而可以准确地反映国家对农业的实际支持程度。

财政农业支出在绝对量和相对量总体上是逐年增加，但财政总支出中农业支出所占份额总体上一直呈下降趋势，由 1987 年的 7.7%下降到 2003 年的 4.7%，虽然在某一时期财政支农支出比例受某些因素的影响而呈阶段性上升，但总体上呈不断下降的趋势。

财政性农业收入的增长速度大大快于财政农业支出的年均增长速度，1987～2003 年二者之间

的平均差距达 3.5 个百分点，由此导致财政净投入事实上的下降，2003 年出现负值，国家财政对农业的实际支持程度大幅度减弱。

2. 农户投入热情递减，边际报酬递减

农户对农业的投入主要有固定资产投入和生产经营性投入两部分，两者在总体上都是上升趋势，但自 1997 年后，两者都出现了徘徊不前的局面。1997～2003 年农民人均生产经营性投入在 560～710 元之间波动，边际报酬递减，导致农民对农业投资速度放慢，只是满足维持简单再生产，对农业投入热情下降。

3. 农村信用社贷款“存多贷少”

从农村信用社农户储蓄与农户贷款来看，尽管吸收农户储蓄存款总额比例不断增长，但对农户贷款数额相对减少，资金越来越多地流向非农领域，农户获得的贷款越来越少，农村信用社对农户提供的金融服务仅仅局限在吸收农户储蓄上，对农户的金融供给服务十分有限，没有充分发挥农村信贷杠杆作用，对农民收入的促进作用下降。

(二)投资比例不合理

1. 政府用于农业的投入呈现“三多、三少”特征

一是“吃饭多、发展少”。直接投资用于农业生产的投资萎缩。1987 到 2002 年，农林水利气象等部门事业费年均增长 16.0%，所占比例也从 53.5%上升到 63.4%，远大于财政支出的增长，直接用于农业生产的资金比例下降。二是“社会受益多，农民受益少”。在农业基本建设投资中，大中型带有社会性的水利建设、林业生态环境建设比重较大，而农民可以直接收益的中小型基础设施比重较轻，一定程度上夸大了农业投入的规模。三是“流通补贴多，基础补贴少”。在政府农业投资中，直接用于流通环节的补贴高，而一些关系农业发展全局的基础性、战略性、公共性的投资如：农业品种改良、重大疾病控制、执法体系建设、食品安全保障、社会服务体系建设等缺乏足够的资金保障。

2. 农户投资“重短轻长”

由于农业具有自然风险和市场风险的双重属性，农民基于对投资风险的规避和即期投资回报的追求，加之土地使用权问题等政策性因素的制约，农民对农业固定资产的投入表现得谨慎和保守，投资的重点是经营性投入。

六、增加农业投入和提高农业投入效率的措施和建议

针对各投入主体的投入效果，针对各投入项目的增收作用，针对农业投入中存在的主要问题，在借鉴国际经验的基础上，制定相应的对策，加大对农业的资金支持，提高资金的使用效果，对促进农民增收具有重要的现实意义。

(一)国外农业投入方式借鉴

1. 建立政府对农业支持保障制度

世界农业发达国家对农业的支持保障制度主要包括三个方面：一是农产品价格补贴。美国、日本、欧盟等在农产品上市季节，根据农产品的生产成本加适当利润确定主要农产品的保证价格。如果生产价格低于保证价格，政府或者按保证价格直接收购农产品，或者补贴农民出售农产品的价格差额，这是目前发达国家支持农业发展的重要手段之一。二是采取优惠的税收。美国在个人所得税、财产税、投资税上都对农业和农民规定了特别的优惠政策，农业投资认为是农场主合法的“避税所”，采取这种合法途径而获得税收减免最高可达应税收入的 48%，法国政府对农民购置农机给予 10%税收回扣，购买农机燃料免税，减少社会捐助费 9.5%，减少农业土地税 9%，对安置青年务农的土地，在 5 年中减免 50%的土地税。三是以立法手段加强对农业投入机制运营的有效管理，为了保障农业长期发展的资金投入，规范投资主题的投资行为，防止农业投资的盲目性和随意性，美、日、英、法等国家都先后制定颁布了农业投资法。

2. 建立信贷对农业的投入机制

信贷投入是未来农业投入的重要方面，国际上对农业信贷投入机制包括：第一，完善农业信贷机制，保障农业信贷要求。为了确保农业获得足够的贷款，降低生产成本，一些发达国家建立了附属的金融机构，如美国农业部的农户信贷管理局，日本的农林渔金融公库等，资金主要来源于财政拨款，或向中央银行贷款。美国农户信贷管理局既可以提供长期抵押贷款，也可以提供中短期生产贷款，解决农场主购买种子、肥料、牲畜和饲料问题。日本的农林渔金融公库 99%的贷款用于农林渔业，贷款范围包括综合农业设施、购买土地、土地改良、植树造林等。第二，运用农业金融信贷手段，保障信贷规模。农业金融信贷手段主要有降低农贷利

息，加强财政对农业信贷的支持等措施。农业贷款可分为两类，一类是政府提供的保证贷款，一般利息较低，贷款利率与国内市场利率之间的差额由政府补贴给银行，一旦贷款不能如期偿还，政府允诺支付由私人信贷机构提供的贷款本金和利息。另一类是政府的直接贷款，贷款主要由农产品信贷公司，农场主家庭管理局和小企业局提供，一般利率较低，偿还期也较长。

3. 引导农户加大对农业的资金投入

在农业现代化之前，农户对农业的劳动投入非常重要，但随着农业机械的普及和城市化的推进，农户的资本越来越占主导地位。在法国，农场主大都把他们收入的一半，再加上从农场外部争取的收入用于农业投资，投资额逐渐增加。为了诱导农民增加投资，一些国家还对农业固定资产投资项目进行专项补贴。如日本政府对属于固定范围的农业基础建设事业，按事业种类、主体不同，根据一定的标准，明确规定各方的投资比例。就灌溉排水事业来说，政府规定国家负责经营的，中央财政负担60%，地方财政负担25%，农户负担15%；属于团体负责经营的，中央财政负担45%，地方财政负担10%，农户负担45%。

（二）加大农业投入，改善农业投入效果的政策建议

参照国际经验及前述分析结果，在我国目前情况下，要有效提高农民收入，一是要投高投入水平；二是要提高投资效果；三是要建立对农业投入的保护机制。

1. 提高政府对农业的支持力度，用足用好“绿箱政策”和“黄箱政策”

一要强化政府对农业支持的保障，加强农业投入的法律约束，规范政府投入行为。要从根本上矫正政府投入的非农偏好，必须强化农业投入的法律约束，同时要以法律的形式规定各级政府对农业的投入份额、递增比例及内部结构，增加生产性投入比重，确保农业投入资金能起到足够的增收效果，要明确中央和地方各自的财权和事权，从而保证各级财政对农业投入的增长。

二要充分利用WTO规则，加大对农民的投入与补贴。根据WTO农业协议的“绿箱政策”，政府对农业科技、基础设施、农业教育、质量检测、环境保护、市场体系建设等方面的支持不受限制，因此政府应加大这方面的财政投入。这些投入不仅可以使农民获得劳动收入，而且可以增强农业的综合生产能力，为农民增收提供强有力的保证。另外，WTO农业协议中的“黄箱政策”规定，政府对农业的微量补贴可达到农业生产总值的10%，我国与世贸组织谈判的结果是8.5%。按WTO协议计算口径，1996～2000年，我国农业支持总量分别为1083亿元、1267亿元、1826亿元、1709亿元和2200亿元，分别占当年农业总产值的4.9%、5.3%、7.4%、7%和8.8%。按照相同的口径，发达国家的支持水平约为30～50%，巴基斯坦、泰国、印度、巴西等发展中国家约为10～20%。在WTO规则允许的12种“绿箱”政策措施中，我国使用了6种（政府的一般服务支出、食物安全储备、国内食物援助、自然灾害救助、生态环境保护和地区发展援助）。“黄箱”支出在1996～1998年计算基期内年均297亿元，占农业总产值的1.23%，与谈判允许的8.5%（1740亿元）相比，我国“黄箱政策”的支持空间还有1443亿元，因此，我国加大对农业投入还有很大的空间。

2. 完善农户投入机制，充分发挥农民在增加农业投入中的主体地位

农户是独立的生产经营主体，也是一般性日常直接生产投入的主体，农户农业投资是带动收入增长的最直接的动力。要完善农户农业投资机制，需要做到以下三个方面：

一要强化政策引导，对农户投资进行激励。要改善国家财政对农业补贴的方式，把传统的稳定农业生产成本的补贴直接补贴给购买农业生产资料的农业经营者，促使农民提高资金使用效益。要通过国家财政政策的引导，使农民对农业的投入有一个合理的回报，以增加投入的积极性。要进一步矫正价格体系，转换政府职能，开发用资本替代劳动的技术，多途径转移农业剩余劳动力，这样才可能刺激私人部门的农业投资需求。要建立农户（企业）农业投资激励机制，从短期看，要有保证农民满意的农产品价格；从长期看，要有能保障农民长期收益权的资产所有权、经营权。

二要深化土地产权制度改革，建立和规范土地使用权、经营权和收益权能关系，优化生产要素的合理配置，从而激发广大农民对土地投入的热情。

三要建立和健全农业服务体系，促进农民稳定投入。要不断完善农业信息服务体系，建立与农村市场体系相适应的信息网络，最大限度降低农民生产经营决策的失误，规避市场风险。同时要大力发展农业保险，建立农村保险互助组织，实行以收定支、略有节余、滚动发展的办法筹集风险基金，帮助农户抵御自然风险，为农户投资提供安全保障服务。

3. 完善金融投资机制，增加信贷对农业的投入

由于农业的自然风险和市场风险高、社会信用结构失衡、农村金融体制改革滞后等原因，农业和农业企业的融资机会、融资空间和融资手段极其有限，农村一直处于资金净流出的地位，农户从农村信用社获得的贷款从未达到农村信用社贷款额度的 20%。因此应从政策环境、农村金融体制改革等方面，拓宽农业投融资渠道。

一要强化金融对农业的投入。大力推进农村金融体制改革，尤其是农业银行和农村信用社的信贷资金要优先用于发放农业贷款，保证农业贷款资金能够及时、足额到位。

二要建立健全农业信贷投入机制，在将政策性金融机构和商业性金融分开的基础上，国家有必要建立向农业倾斜的信贷激励机制，对政策性金融部门予以必要的扶持。

三要完善农业信贷功能。当前我国财政困难，农民收入水平较低，为弥补财政投入不足，政府应加大力度通过农业银行、农业发展银行和农村信用合作社等农村金融体系向农业提供优惠而便利的贷款，来增加农业资金投入。

四要建立与农业投入相适应的农村金融体系。由于历史和体制的原因，影响了农业银行、农业发展银行和农村信用合作社对农业投入的积极性，因此要建立与农业投入相适应的金融体系，发展农民自己的合作金融机构，农村信用社要进一步明确为“三农”服务的宗旨，加大对农业的投入，合理调整农业银行结构布局，拓宽农业发展银行贷款业务。地方政府应组织建立为农户和农村经济组织贷款服务的中介机构，解决贷款抵押担保难问题。

参考文献：

1. 夏凌燕、邹帆《关于农业投资与农民收入相关性的几点认识》，《华南农业大学学报》2003 年增刊。
2. 翁贞林、谢元泰《农业投资对农民收入影响的实证研究——以江西为例》，《广西农业生物科学》，2002 年第 4 卷。
3. 侯锐，《实施有利于农民收入增长的积极财政政策》，《调研世界》，2004 年第 2 期。
4. 翟雪玲、曹文莉《我国财政支农的规模结构及存在问题》，《调研世界》，2004 年第 6 期。
5. 涂维亮、杨学文《农业投资与农民收入相关性研究》，《农业技术经济》，2000 年第 5 期。

比较中的优势与差距
——四川农民收入的全方位透视

《四川农民增收比较研究》课题组*

党的十一届三中全会以来，一系列改革措施在广大农村实施，长期被束缚的生产力得以解放，各项富民政策为广大农民提供了前所未有的创造性和发展机会，四川农业和农村经济取得了巨大成就，农村的面貌发生了翻天覆地的变化，农民收入迅速增长。

一、四川农民收入的比较

(一)纵向比较

1. 农民收入呈阶段性增长特征

2003年四川农民人均纯收入达到2230元，比1980年的增加2042元，增长了10.9倍，翻了3.4番，平均每年递增11.4%。其中1980～1990年的前10年，农民人均纯收入增加370元，增长近2倍，翻了1.4番，上了500元一级台阶；1990～2003年的13年，农民人均纯收入增加1672元，增长3.0倍，翻了两番，连上了1000元、2000元两级台阶。特别是近5年来，四川农民收入增长速度加快，除2001年、2003年四川慢于全国外，1999年、2000年、2002年分别比全国快0.8个百分点、1.4个百分点和1.5个百分点；增加额也分别比全国高5元、18元和11元。在农民收入快速增长、连续翻番的总体趋势下，也曾出现过下降和波动增长的情况，使农民收入增长呈现出不同的阶段性特征。

(1)快速增长阶段(1979～1984年)。这一阶段，四川农民人均纯收入从127元增加到288元，增长了1倍多，年均增长14.5%，扣除物价因素，年均实际增长12.5%。这一阶段，由于成功地进行了农村经营方式的变革和农民分配制度的改革，以家庭承包经营为基础的统分结合的双层经营体制的确立，改变了过去高度集中管理、平均分配的农村经济运行模式，使农民的劳动与其利益直接联系起来，使农村生产力释放出空前巨大活力，极大的调动了广大农民的生产积极性和创造性，促进了农业和农村经济的迅速发展，推动了农民收入快速增长。农产品产量大幅度增加，四川粮食总产量由1978年的3196.5万吨增加到1984年的4079.5万吨；油料产量由58.5万吨增加到118.0万吨；水果、烟叶、麻类等农产品产量均有不同程度的增长。农民因农产品产量增加人均增加收入约70元，占这一时期农民收入增加额的43%。同时，农副产品价格特别是粮食价格大幅度提高，1979年小麦、玉米价格分别提高了21.7%和21.2%；1984年小麦、玉米价格又分别提高39.0%和35.0%；1978～1980年棉花价格也分别提高了10.1%、17.9%和10.5%。农民因价格因素人均约增收50元。农产品总量和价格上涨，是推动这一时期农民收入快速增长的主要动力。

(2)平稳增长阶段(1985～1988年)。这一阶段，

---

* 课题组成员：陈文光、唐建军、熊祖辕、冯久先、徐富君、倪方平、彭东泽。

农民人均纯收入从315元增加到449元，增长近50%，年均增长11.9%，扣除物价因素，年均实际增长6.0%。较上期的增速下降3.6个百分点。这一期间，虽然农产品总量继续增加，但由于农产品市场流通体系不健全，四川省交替出现了不同程度的“卖粮难”、“卖棉难”现象，农产品价格普遍下降，农民增产不增收。而同期农村工业品价格却大幅上涨，农民收入的实际增长不高。

(3)波动增长阶段(1989～1993年)。这一阶段，农村经济受宏观经济调整的影响，在1989年和1993年出现农民实际收入减少，农民收入呈现波动、缓慢增长状态。农民人均纯收入从494元增加到698元，年均增长9.2%，扣除物价因素，年均实际增长2.2%。

(4)高速增长阶段(1994～1997年)。这一阶段，农民人均纯收入由946元增加到1681元，年均增长24.6%，扣除物价因素，年均实际增长9.4%。由于前一阶段农业生产的连年徘徊，引起党和政府的高度重视，相继出台了一系列强化农业基础地位的政策措施，充实和完善农村双层经营体制，将家庭承包责任制正式写入宪法，农民的土地承包期在15年不变的基础上再延长30年，并允许土地使用权有偿转让；粮食购销体制改革进一步深化，除国家定购粮食外，基本放开；实行“米袋子”省长负责制，“菜篮子”市长负责制，制定了农产品保护价格，敞开收购农民余粮；起到了稳定民心、刺激投入、提高生产积极性的作用，推动了农业和农村经济的快速发展。四川农业连年丰收，加上农产品收购价格大幅提高，对农业生产的发展和农民增收起到了较大的推动作用。仅小麦的收购价就由1993年的每公斤0.59元提高到1996年的1.52元。提价因素约占同期农民收入增加额的60%。农村经济的发展步入了改革开放以来的第二个高峰。

(5)缓慢增长阶段(1998～2003年)。这一阶段，农民人均纯收入由1789元增加到2230元，年均增长4.8%，考虑物价因素，年均实际增长5.3%。这一阶段，农村经济发展进入新的历史发展阶段，在农业丰收的形势下，由于农副产品加工能力滞后、农产品质量不高、结构失衡，出现了农产品阶段性过剩的新问题，农产品销售受阻、价格走低，农民来自第一产业的收入滑坡，来自第二、三产业的收入稳定增长。1998年农民人均纯收入增长6.4%，较上年回落8.8个百分点；1999年增长3.0%，较上年又回落3.4个百分点；尽管2003年增长了5.8%，仍较上年回落了0.3个百分点。造成收入回落的原因：一方面是农副产品价格回落。1997年较1996年农副产品收购价格指数下降5%，1998年又下降7.8%；1999年粮食合同定购价继续下调13.7%，棉花收购的混合平均价下降36.8%。1999年农民仅出售粮棉两项，因价格下降人均减收64元。另一方面，由于城市改革力度加大，城镇下岗失业人员增加和乡镇企业发展较为缓慢，使农民从非农产业和劳动报酬方面获得的收益增加不多。

2. 农民收入结构发生深刻变化

随着农业和农村经济结构的不断调整，四川农民增收渠道不断拓宽，收入结构发生深刻变化，二、三产业已成为农民增收的主要渠道。

1980年四川农民人均纯收入中，生产性纯收入占90.8%，其中第一产业纯收入占86.7%，第二产业纯收入占1.7%，第三产业纯收入占2.4%；非生产性纯收入占人均纯收入的9.2%。

进入到1990年以后，乡镇企业得到迅速发展，农村剩余劳动力开始向非农产业及城镇转移，农民

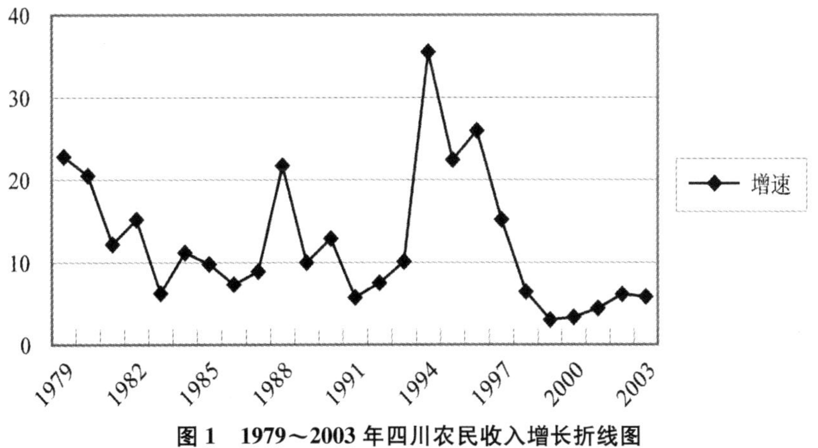

图1 1979～2003年四川农民收入增长折线图

收入来源逐渐向农业以外延伸。1990年农民人均纯收入中，生产性纯收入占94.8%，比1980年上升4个百分点。其中第一产业占74.3%，比1980年下降12.4个百分点；第二产业占11.8%，上升10个百分点；第三产业占8.7%，上升6.3个百分点。非生产性纯收入占5.2%，比1980年下降4个百分点。

到2000年农民纯收入中生产性纯收入占94.6%，比1990年下降0.2个百分点。其中第一产业占53.1%，比1990年下降21.2个百分点；第二产业占25.5%，上升13.8个百分点；第三产业占16.1%，上升7.4个百分点。非生产性纯收入占5.4%，比1990年上升0.2个百分点。2000年以后，农民收入结构基本上未发生大的变化。与1980～1990年的十年相比，第一产业纯收入占人均纯收入的比例下降快了8.8个百分点，第二产业上升快了3个百分点，第三产业上升快了1.1个百分点。

3. 农民收入的地区差距和内部差距较大

从四川省21个地市来看，2003年农民人均收入最高的成都市达3655.68元，最低的甘孜州仅1031.47元，高低相差2324元和3.54倍（详见表1）。

表1　2003年各市、州农民人均纯收入情况

单位：元

	绝对额		绝对额		绝对额
成都市	3655.68	自贡市	2461.61	达州市	2353.04
内江市	2333.63	攀枝花市	2778.61	雅安市	2294.47
乐山市	2545.86	泸州市	2515.46	巴中市	1549.91
南充市	2037.18	德阳市	2790.00	资阳市	2183.51
眉山市	2497.31	绵阳市	2550.92	阿坝自治州	1421.66
宜宾市	2437.87	广元市	1638.97	甘孜州	1031.47
广安市	2276.41	遂宁市	2186.61	凉山自治州	1780.04

2003年四川农村居民中20%的低收入农户人均纯收入为1050元，还不到1995年四川省的平均水平，落后了8年。20%的高收入农户人均纯收入达到了4404元，是低收入农户的4.2倍，高低收入户收入差距达3344元。

（二）横向比较

1. 四川与全国比较

（1）收入水平比较及位次。二十多年来，四川农民收入水平虽然有了很大提高，但与全国的差距在逐渐拉大，居全国的中下水平且呈下滑态势。四川农民人均纯收入与全国的差距，由1981年最小的2.4元，逐步扩大到1996年的最大差距467元，再缩小到2003年的392元，呈不对称的钟型状态。居全国的位次由1980年的13位迅速下滑到1985年的最低26位，再逐步回升到2003年的19位，呈不对称的“V”字状态。

1980年，四川农民人均纯收入居全国的第13位，全国仅比四川高3.4元，高1.8%。1983年急剧降至第24位，1985年跌至最低点26位。1985年，全国比四川高82.5元，高26.2%，差距比1980年扩大79.1元，扩大24.4个百分点。但真正与全国差距拉大的是在1993至1996年，由1992年的149.7元，扩大到1996年的467元，四年间扩大了317.3元，平均每年扩大近80元。直到上世纪末和本世纪初，收入差距才有所缩小，排位才有所回升，并徘徊在19位、20位之间，处于全国中下水平。

（2）收入增长速度比较。1980年以来，四川农民纯收入增长速度不仅低于全国，其增长态势也与全国并不十分合拍。表现在全国增速加快时，四川相对较慢，全国增速放慢时，四川反而相对较快。1980～2003年四川农民人均纯收入平均增长11.4%，低于全国的12.1%，增长速度位居全国第19位。从各阶段看，“六五”、“八五”时期，四川农民人均纯收入实际增长速度分别慢于全国4.9和2.4个百分点；而在“七五”、“九五”时期和2000～2003年间则分别快于全国0.6、3.0和0.2个百分点。总的来说，从“九五”以来四川农民纯收入增长速度趋于加快，增速高于全国平均水平（详见表2、图2）。

四川农民纯收入在扣除价格因素影响后的实际增长与未扣除价格因素影响前的增长大体一致。

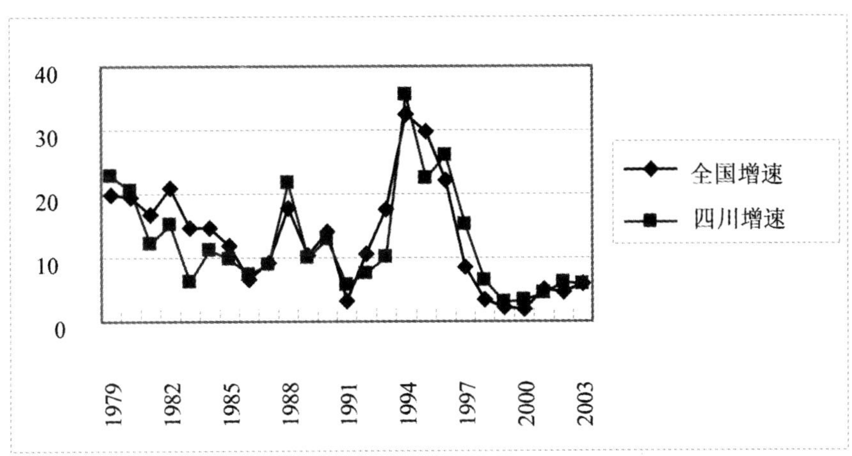

图 2　1979～2003 年四川与全国农民纯收入增长图

1980～2003 年四川农民人均纯收入扣除价格因素后，年均实际增长 6.1%，低于全国 0.1 个百分点。从各阶段看，"六五"、"八五"时期，四川农民人均纯收入实际增长速度分别慢于全国 5.4 和 1 个百分点；而在"七五"、"九五"时期和 2000～2003 年间则分别快于全国 1.5、3.8 和 0.9 个百分点。从"九五"以来四川农民纯收入实际增长速度趋于加快，增速高于全国平均水平(详见表 2、表 3)。

表 2　1978～2003 年全国与四川农民纯收入增长情况

单位:元、%

年份	纯收入				实际纯收入			
	全国		四川		全国		四川	
	水平	增速	水平	增速	水平	增速	水平	增速
1978	134		127		134		127	
1979	160	19.9	156	22.8	159	19.2	153	20.7
1980	191	19.5	188	20.5	187	16.6	183	17.2
1981	223	16.8	211	12.2	221	15.4	219	16.2
1982	270	20.9	243	15.2	268	19.9	242	14.6
1983	310	14.7	258	6.2	308	14.2	240	−1.3
1984	355	14.7	287	11.2	352	13.6	281	9.0
1985	398	11.9	315	9.8	383	7.8	306	6.6
1986	424	6.6	338	7.3	410	3.2	329	4.4
1987	463	9.2	369	8.9	446	5.2	356	5.2
1988	545	17.8	449	21.7	492	6.4	399	8.0
1989	602	10.4	494	10.0	536	−1.6	432	−3.7
1990	686	14.1	558	12.9	612	1.8	491	9.3
1991	709	3.2	590	5.7	700	2.0	584	4.6
1992	784	10.6	634	7.5	750	5.9	618	4.7
1993	922	17.6	698	10.1	809	3.2	612	−3.4
1994	1221	32.5	946	35.5	968	5.0	742	6.3
1995	1578	29.8	1158	22.4	1286	5.3	991	4.7
1996	1923	22.1	1459	26.0	1720	9.0	1341	15.8
1997	2090	8.5	1681	15.2	2055	4.6	1622	11.2
1998	2162	3.4	1789	6.4	2180	4.3	1804	7.3
1999	2210	2.2	1843	3.0	2244	3.8	1871	4.6
2000	2253	1.9	1904	3.3	2257	2.1	1913	3.8
2001	2366	5	1987	4.4	2348	4.2	1997	4.9
2002	2476	4.6	2108	6.1	2480	4.8	2114	6.4
2003	2622	5.9	2230	5.8	2582	4.3	2207	4.7

表 3　全国与四川农民纯收入实际增长速度对比情况

单位:%

时　期	全　国	四　川
“六五”时期	14.2	8.8
“七五”时期	3.0	4.5
“八五”时期	4.3	3.3
“九五”时期	4.7	8.5
2000～2003 年	4.4	5.3
1980～2003 年	6.2	6.1

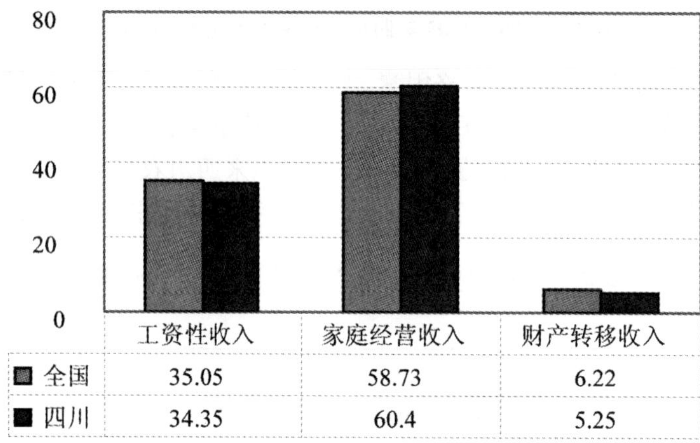

图 3　2003 年四川农民收入结构与全国对比图

(3)收入结构比较。

①农民家庭经营纯收入比较：1985 年全国农民家庭经营纯收入 296 元，到 2003 年达到 1540 元，占纯收入的比重由 1985 年的 74.4%降到 2003 年 58.7%。四川农民家庭经营纯收入则由 1985 年的 249 元上升到 2003 年的 1347 元，其比重由 1985 年的 79.0%下降到 2003 年的 60.4%。2003 年四川农民家庭经营纯收入比全国少 193 元，比重高于全国 1.7 个百分点。

②工资性收入比较：1985 年全国农民工资性收入 72 元，到 2003 年达到 919 元，占纯收入的比重由 1985 年的 18.2%上升到 2003 年 34.0%。四川农民工资性收入则由 1985 年的 47 元上升到 2003 年的 766 元，其比重由 1985 年的 11.8%上升到 2003 年的 34.4%。2003 年四川农民工资性收入比全国少 153 元，比重高于全国 0.4 个百分点。

③家庭经营的第二、三产业收入比较：1985 年全国农民家庭经营的第二、三产业纯收入人均 31 元，到 2003 年达到 346 元，占家庭经营纯收入比重由 1985 年的 10.5%上升至 2003 年的 22.5%。四川农民家庭经营的第二、三产业纯收入则由 1985 年的 21 元增至 2003 年的 226 元，其比重由 8.7%上升至 16.8%。2003 年四川农民家庭经营的第二、三产业人均纯收入比全国低 120 元，其比重低 5.7 个百分点。

2. 四川与浙、苏、鲁、鄂、湘、渝六省市比较

为了能够准确反映四川农民收入与东中西部地区的差距及其原因，我们选取具有东部特色的浙江、江苏省、上世纪 80 年代年与四川最为接近而结为相互学习发展经济对子的山东省、地处中部与四川农村经济结构相似的湖北省和湖南省，以及 1996 年从四川划出的重庆市等东中西部六个省市的农民收入进行重点比较分析。

(1)收入水平及位次比较。浙江 2003 年农民人均纯收入 5431 元，位居全国第 3 名，比 1980 年增加 5212 元，增长 23.8 倍；比全国高 2809 元，比四川高 3201 元。江苏 2003 年农民人均纯收入 4239 元，位居全国第 5 名，比 1980 年增加 4021 元，增长 18.4 倍；比全国高 1617 元，比四川高 2009 元。山东农民人均纯收入一直处于全国的中上水平，从 1999 年起稳居第 8 名；2003 年山东突破 3000 元大关，达 3150 元，比 1980 年增加 2956

元，增长15.2倍；比全国高528元，比四川高920元。湖北最为出色，通过20多年的努力，位次从第22位前移到了第13位；2003年湖北农民人均纯收入2567元，比1980年增加2397元，增长14.1倍，仅比全国低55元，比四川高337元。湖南虽然位次曾有所下降，但近几年来升至中上位次；2003年湖南农民人均纯收入2533元，居全国第14名，比1980年增加2313元，增长10.5倍；比全国低89元，比四川高303元。重庆市自直辖后位次也紧随四川，列全国第21名，比全国低408元，比四川低16元，但大有赶超四川之势(详见图4、表4)。

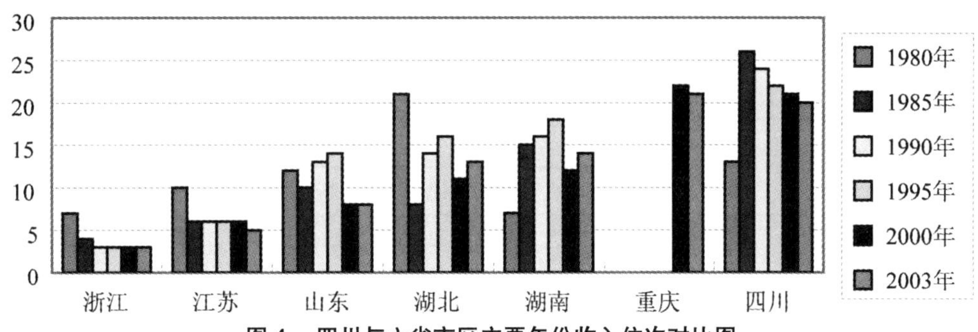

图4　四川与六省市区主要年份收入位次对比图

表4　六省市区主要年份收入水平及其位次

单位：元、位

	1980年		1985年		1990年		1995年		2000年		2003年	
	纯收入	位次	纯收入	位次	纯收入	位次	纯收入	位次	纯收入	位次	纯收入	位次
浙江	219	7	549	4	1099	3	2966	3	4254	3	5431	3
江苏	218	10	493	6	959	6	2457	6	3595	6	4239	5
山东	194	12	408	10	680	13	1715	14	2659	8	3150	8
湖北	170	21	421	8	671	14	1511	16	2269	11	2567	13
湖南	220	7	395	15	664	16	1425	18	2197	12	2533	14
重庆									1893	22	2214	21
四川	188	13	315	26	558	24	1158	22	1904	21	2230	20

再从收入来看，四川与浙江、江苏、山东、湖北、湖南收入的绝对差距在扩大，领先重庆市的距离在缩小。1980年，除浙江外，四川与浙、苏、鲁、鄂、湘五省农民人均纯收入水平差异不大，还比湖北高出18.2元。之后的15年，浙江、江苏、山东、湖北和湖南农民收入增长加快，四川与之收入差距不断扩大，到1996年四川与六省市收入相对差异达到最大。此后，由于四川抓住国家西部大开发的机遇，加快发展，四川与东中部相对差距逐渐缩小，但因为基数的原因，绝对收入差距总体上仍呈扩大的态势。2003年四川与浙江、江苏、山东、湖北、湖南的绝对差距达到3201元、2009元、920元、337和303元，分别比1980年扩大了19倍、62倍、130倍、20倍和8倍。同处西部的重庆市与四川比肩同步、相差无几，2003年农民人均纯收入仅比四川低16元(详见表5)。

(2)收入增长速度比较。1980年以来，四川农民纯收入增长速度与六省市比较的特点和四川与全国的比较相同，六省市的增速加快时，四川相对较慢；六省市的增速放慢时，四川反而相对较快。1980～2003年四川农民人均纯收入平均增长11.4%，增长速度位居全国第19位；低于浙江的15.0%、江苏的13.8%、山东的12.9%、湖北的12.5%，快于湖南的11.2%。农民人均纯收入翻三番所用的时间，浙江、江苏、山东只用了14年，湖北用了15年，湖南用了16年，四川用了17年。从各阶段看，在“六五”、“八五”时期，四川农民人均纯收入增长速度慢于其他诸多省市区，而在“七五”、“九五”时期则略快于其他省市。在2000～2003年间，增速快于湖北、湖南，慢于浙江、江苏、和山东。总的来说，“九五”以来四川农民纯收入增长速度趋于加快(详见图5、表6)。

表5 四川与六省市主要年份收入水平差异状况

单位:元、%

		1980年	1985年	1990年	1995年	2000年	2002年	2003年
全国	收入差	3.40	82.50	128.60	419.40	349.80	368.00	392.00
	收入比	1.02	1.26	1.23	1.36	1.18	1.17	1.18
浙江	收入差	31.30	233.50	541.30	1808.00	2350.10	2832.70	3201.00
	收入比	1.18	1.74	1.97	2.56	2.23	2.34	2.44
江苏	收入差	30.00	177.53	401.30	1298.61	1691.49	1887.96	2009.00
	收入比	1.16	1.56	1.72	2.12	1.89	1.90	1.90
山东	收入差	6.43	93.05	122.42	556.80	755.60	840.36	920.00
	收入比	1.03	1.30	1.22	1.48	1.40	1.40	1.40
湖北	收入差	−18.02	106.17	113.04	352.93	364.99	336.36	337.36
	收入比	0.90	1.34	1.20	1.30	1.19	1.15	1.15
湖南	收入差	31.81	80.19	106.48	266.87	293.56	312.51	303.00
	收入比	1.17	1.25	1.19	1.23	1.15	1.16	1.14
重庆	收入差					−11.15	−10.06	−16.00
	收入比					0.994	0.995	0.993

注:收入比以四川为1。

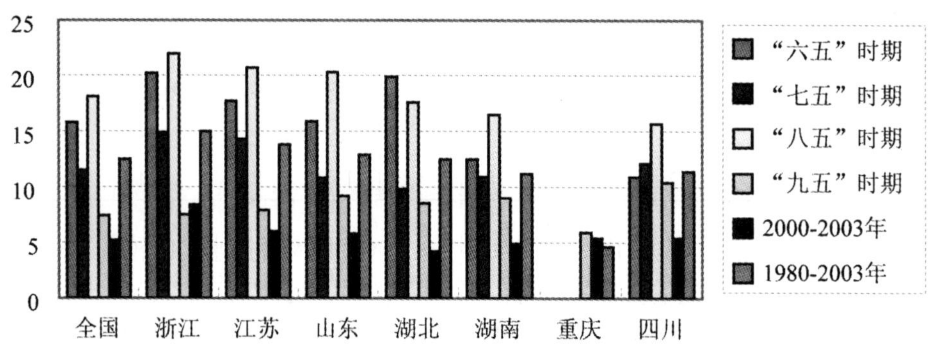

图5 四川与全国及六省市农民纯收入增长速度对比图

表6 四川与全国及六省市农民纯收入增长速度

单位:%

时　期	全国	浙江	江苏	山东	湖北	湖南	重庆	四川
"六五"时期	15.8	20.2	17.7	15.9	19.9	12.5		10.9
"七五"时期	11.5	14.9	14.3	10.8	9.8	10.9		12.1
"八五"时期	18.1	22.0	20.7	20.3	17.6	16.5		15.7
"九五"时期	7.4	7.5	7.9	9.2	8.5	9	5.9	10.4
2000～2003年	5.2	8.4	6.0	5.8	4.2	4.9	5.4	5.4
1980～2003年	12.5	15.0	13.8	12.9	12.5	11.2	4.6	11.4

注:重庆市"九五"时期的增速为1997～2000年,1980～2003年增速为1997～2003年。

(3)收入结构比较。农民纯收入的来源包括工资性收入、家庭经营收入和转移、财产性收入。由于转移、财产性收入少、比重低,各省市农民人均纯收入的差距主要存在于工资性收入和家庭经营收入之中。因此,我们着重对这两项收入进行比较(详见表7、表8、表9)。

表7　主要年份四川与全国及六省市农民人均工资性收入情况

单位:元

年 份	全 国	浙 江	江 苏	山 东	湖 北	湖 南	重 庆	四 川
1980	106.38	125.11	125.11	119.01	94.42	104.21		100.44
1985	72.15	162.60	135.09	80.94	50.36	53.89		47.23
1990	138.80	354.09	300.55	167.80	82.42	85.11		83.62
1995	353.70	1109.76	821.85	408.97	192.37	268.00		208.58
2000	702.30	2000.51	1663.10	850.56	547.69	789.74	623.32	606.93
2003	919.00	2613.44	2189.70	1095.50	663.36	914.31	859.00	766.00

表8　主要年份四川与全国及六省市农民人均家庭经营纯收入

单位:元

年 份	全 国	浙 江	江 苏	山 东	湖 北	湖 南	重 庆	四 川
1980	62.55	62.78	58.29	43.90	53.51	88.51		67.59
1985	295.98	322.85	318.91	309.20	334.95	326.24		248.89
1990	518.55	781.84	631.49	486.02	568.76	557.10		445.58
1995	1125.79	1183.35	1544.44	1230.56	1237.87	1095.89		860.44
2000	1427.27	933.74	1770.87	1676.90	1617.81	1329.10	1156.00	1194.19
2003	1540.00	2336.00	1794.00	1874.00	1786.00	1427.00	1185.00	1347.00

表9　2003年四川与全国及六省市农民家庭经营纯收入行业构成

单位:元

	全 国	浙江	江 苏	山 东	湖 北	湖 南	重 庆	四 川
第一产业	1194	1029	1177	1398	1573	989	1063	1120
其中:农业	881	754	763	1124	1096	698	680	782
牧业	246	211	257	222	299	237	336	288
第二产业	109	583	257	149	61	205	22	58
第三产业	237	724	361	328	152	233	100	168

①农民家庭经营收入比重比较:从六省市来看,农民人均纯收入高的省份,农民家庭经营纯收入的比重下降得较快,如浙江、江苏和山东分别由1985年的65.72%、64.7%和75.8%下降到2003年的43.01%、42.32%和59.49%;湖南由1985年的82.5%下降到2003年的56.3%;而四川则由1985年的79.0%下降到2003年的60.4%。

②工资性收入比重比较:从六省市来看,农民人均纯收入增长速度越快的省份,其工资性收入比重上升速度越快。浙江和江苏省,1985年工资性收入的比重分别为29.64%和为27.4%,到了2003年就占到了纯收入的一半,分别占48.11%和51.66%,成为了农民收入的主要来源。近几年来四川农民工资性收入虽然增长速度加快,挑起了农民增收的大梁,但其总量还不够大,比重还仅为34.4%,仅高于湖北省,比山东、湖南、重庆市还低,这与劳务输出大省的名份很不相符。

③第二、三产业比重比较:2003年农民家庭经营收入中,二、三产业比重浙江占到了1/2、江苏和湖南两省占到了近1/3,四川仅为1/6,差距十分

明显。

(4)六省市农民纯收入增长特点。为了综合反映四川农民收入与代表省市的差距,我们对每个代表省份的农民收入变动情况进行综合对比分析,从中找到四川农民收入与代表省份的差距的实质所在。

①浙江省家庭工业和种养殖业的分户经营、规模成片,为农民收入的大幅度增长奠定了坚实基础。浙江无明显的资源优势,但他们解放思想、实事求是,重点在制度上勇于创新,大力发展个体私营经济,支持和鼓励家庭工业和种养殖业的分户经营、规模成片以及农民就地创业,为浙江农民收入的大幅度、可持续性增长奠定了坚实基础,在全国独树一帜,1980 年到 2003 年浙江农民人均纯收入从 219 元增至 5431 元,年均增长 15%,比四川快 3.6 个百分点。其中"八五"时期达到 20.6%,"十五"时期随着长江三角洲经济的腾飞,浙江农民收入更是加速增长。农民的收入结构也发生变化,收入主要来源于家庭经营的二三产业和工资性收入。1990 年前浙江农民收入中,家庭经营收入的种植业和畜牧业收入都居全国前茅。1990 年之后,随着乡镇企业特别是个体私营经济大力发展,城镇化水平的提高,工资性收入和家庭经营二、三产业收入成为农民收入的主体。2003 年浙江农民人均工资性收入达到 2613 元,比全国平均水平高出 1.8 倍,比四川高 2.4 倍,占到纯收入的一半;人均家庭经营二、三产业收入达到 1307 元,比全国平均水平高出 2.8 倍,比四川高 4.8 倍。

②江苏省发展农业与非农收入并举,特别是乡镇企业规模优势明显,为农民收入持续增长创造了条件。1978 年至 1985 年江苏农业结构调整曾一度走在全国前列,虽然 1985 年以后的几年有所放慢,但 1998 年起又开始大规模的农业结构调整,调整力度又居全国前列。他们在调整农业结构中,大力发展县域经济和特色养殖,保证了江苏农民的农业收入在较高水平上的稳定增加。另一方面,大力发展乡镇企业,从 80 年代后期的"苏南模式"到 90 年代末乡镇企业"二次创业"的"新苏南模式",都带动了江苏农村经济的快速发展和农民收入的快速增加。从 2001 年起收入水平超过了广东,跃居全国第五位。到 2003 年江苏农民人均农业纯收入 1177 元,比四川多 55 元;人均非农产业纯收入 2574 元,比四川多 1630 元。

③山东省农业产业化经营和农业国际化程度较高,成为山东农民收入快速增长的重要推动力。山东是一个农业大省,也是一个农业强省,第一产业增加值、油料产量居全国第一,粮食产量、棉花产量居全国第二。他们根据市场供需关系和产品效益,及时进行农业结构和产品结构的调整,大力发展农业产业化和国际化,在实施农业强省的发展战略中,实现农民收入的快速增加。1995 年山东农民家庭经营收入超过湖南,1996 超过湖北,2003 年超过江苏。同时在农业国际化及农副产品龙头企业带动下,农民在本地企业打工机会增多,推动了山东农民工资性收入大幅度上升。四川和山东比,各方面都有明显差距,2003 年山东农民人均工资性纯收入比四川高出 330 元,家庭经营一、二、三产业分别高出 278 元、91 元和 160 元。

④湖北省农业生产水平较高,成为农民收入快速增长的支撑点。近年来,湖北省非常注重新技术、新成果的推广应用,农产品的科技含量高,主要农产品优质品率已达到 50%以上,名特优水产品比重达到 56%,畜牧产品达到国内领先或世界先进水平,三元杂交猪的比重达到 48.1%。科学技术广泛的推广应用有效地提升了湖北农产品的市场竞争力,促进了农业产业化和外向型农业的发展,为农民增收发挥了重要作用。同时农业结构不断优化,农民家庭经营收入的 70%来自多种经营。2003 年湖北农民人均第一产业纯收入高达 1573 元,比四川多 453 元,高出 40.4%,是四川与湖北的差距所在。

⑤湖南省劳务收入成为农民收入的主要增长点。四川是劳动力资源和劳务输出大省,但农民从劳务和非农产业得到的收入却明显低于湖南。2003 年湖南省外出劳务人员达到 1231 万人,比四川少 270 万人,但外出劳务人员平均外出时间达 232 天,人均外出务工收入达到人均 503.52 元,比四川农民多 100 元。同时,湖南农村非农产业发展迅猛,农村非农产值与农林牧渔业总产值之比超过 3:1。2003 年湖南农民人均家庭经营二三产业收入和本地务工收入达 633 元,比四川多 205 元。但自"九五"以来四川农民收入增长快于湖南,不论绝对差距和相对差距都在缩小,四川追赶和超越的最近目标。

⑥重庆农民增收主要来自于畜牧业、务工和第三产业。重庆市直辖以来,加大农业投入,改造农村基础设施,大力开展农村产业结构和产品结构的调整,使农业现代化水平进一步提高。特别是根据

重庆市的比较优势，从良种、技术、饲料、基地和规模养殖等方面着手，提高生猪生产的优质品率，大力发展牛羊等草食动物的饲养，取得了显著成效，2003年重庆农民人均牧业纯收入336元，比四川高48元。同时重庆市抓住成立直辖市、三峡库区大移民、西部大开发的有利时机，利用科技和加工工业优势，大力发展农村二、三产业，使农民在本地打工机会大量增加，务工收入大幅度提高。2003年重庆市农民人均工资性收入达到859元，比四川高93元。目前重庆市政府高度重视发展第三产业，把第三产业作为重大发展战略来抓，已表现出对农民收入增长的促进作用。2003年重庆市农民家庭经营第三产业较上年增长17.6%，比四川快13。7个百分点，已成为重庆农民收入最具潜力的增长点。

3. 四川与西部十一省市比较

(1)收入水平及位次比较。1980年，四川农民收入188元，在西部十二省(市、区)中居第三位，低于青海(204元)、新疆(198元)，1990年下滑到最低的第七位。1990年以后四川农民收入增速开始加快，收入位次不断上升，1995年上升至第四位，2000年上升至第三位，2001年上升至第二位。2002年由于内蒙古受灾严重，畜牧业收入大减，四川农民收入跃居西部第一位；2003年，由于内蒙古畜牧业出现恢复性的大增长，四川农民收入水平又退居第二位。在1980～2003年中，各省农民收入呈现出你追我赶的局面，收入位次也时上时下，有四川、新疆、内蒙古、广西、青海五省曾居第一，四川省并不占有多大优势。2003年收入排在四川之后的重庆、新疆、广西、宁夏与四川省的差距不大，仅分别相差16元、124元、135元和187元，如若不加快发展，近期仍有被重庆、新疆、广西、宁夏等省区赶超的可能。当然，由于四川省比内蒙古只低38元，重上第一的可能性也是比较大的(详见表10)。

表10 西部十二省(市、区)主要年份收入水平及其位次

单位：元、位

	1980年		1985年		1990年		1995年		2000年		2002年		2003年	
	纯收入	位次	纯收入	位次	纯收入	位次	纯收入	位次	纯收入	位次	纯收入	位次	纯收入	位次
内蒙古	181	4	360	2	607	4	1208	2	2038	1	2086	3	2268	1
四　川	188	3	315	7	558	7	1158	4	1904	3	2108	1	2230	2
重　庆									1893	4	2098	2	2214	3
新　疆	198	2	394	1	683	1	1136	5	1618	6	1863	6	2106	4
广　西	174	6	303	8	639	3	1446	1	1964	2	2012	4	2095	5
宁　夏	178	5	321	6	578	5	999	9	1724	5	1917	5	2043	6
青　海	204	1	343	4	560	6	1030	7	1430	9	1669	7	1794	7
云　南	150	9	338	5	541	8	1011	8	1479	7	1609	8	1697	8
陕　西	142	10	295	9	531	9	963	10	1444	8	1596	9	1675	9
甘　肃	153	8	255	11	431	11	880	11	1429	10	1590	10	1673	10
西　藏			353	3	650	2	1200	3	1331	12	1462	12	1561	11
贵　州	161	7	288	10	435	10	1087	6	1374	11	1490	11	1560	12

(2)收入增长速度比较。1980～2003年四川农民人均纯收入平均增长11.4%，增长速度位居西部第3位；低于内蒙的11.6%和广西的11.5%，快于西部其它省市区。分阶段看，四川农民收入增速在西部的位次逐步上升，由“六五”时期的第9位、“八五”时期的第5位，上升到“七五”和“九五”时期的第3位，2000～2003年的第2位。

(3)收入结构比较。2002年四川农民家庭经营纯收入1296.5元，仅低于内蒙古的1694.4元和新疆的1664.1元。2002年四川农民家庭经营纯收入占全年纯收入比重为61.52%，仅高于陕西的57.34%和重庆的55.63%。

2002年四川农民工资性收入711.4元，仅低于重庆的783.1元。2002年四川农民工资性收入占全年纯收入比重为33.75%，低于广西的34.41%、陕西的34.49%和重庆的37.33%。

表11 四川与西部十一省市农民纯收入增速比较表

单位：%

	“六五”时期	“七五”时期	“八五”时期	“九五”时期	1980～2003年
内蒙古	14.7	11.0	14.8	11.0	11.6
四　川	10.9	12.1	15.7	10.4	11.4
重　庆				5.9	5.4
新　疆	14.8	11.6	10.7	7.3	10.8
广　西	11.8	16.1	17.7	6.3	11.5
宁　夏	12.5	12.5	11.6	11.6	11.2
青　海	11.0	10.3	12.9	13.6	10.0
云　南	17.7	9.9	13.3	7.9	11.1
陕　西	15.7	12.5	12.7	8.4	11.3
甘　肃	10.8	11.1	15.4	10.2	11.0
西　藏		13.1	13.1	2.1	6.4
贵　州	12.3	8.7	20.1	4.8	10.5

注：重庆市“九五”时期的增速为1997～2000年，1980～2003年增速为1997～2003年，西藏1980～2003年增速为1985～2003年。

2002年四川农民转移财产性收入99.7元，仅高于内蒙古、广西、甘肃和新疆。2002年四川农民转移财产性收入占全年纯收入比重仅为4.73%，也仅仅高于内蒙古的3.43%、广西的4.46%和新疆的3.07%。

4.四川农民收入与城镇居民收入比较

改革开放以前，1978年四川城乡居民收入的比值为2.73∶1(以农村居民为1，下同)，1982年缩小到1.86∶1，成为改革以来的最低值。从1983年开始，城乡居民收入差距不断拉大，其比值由1983年的1.93∶1扩大到2003年的3.16∶1。同期，全国城乡居民收入比值由1978年2.72∶1扩大到2003年的3.20∶1。从收入水平的绝对额差距看，1978年四川城乡居民收入水平的绝对额差距仅为220元，到2003年拉大到4822元，年均拉大185元；全国城乡居民收入水平的绝对额差距由1978年的210元拉大到2003年的5768元，年均拉大222元。四川城乡居民的收入差距拉大状况与全国基本一致。

二、四川农民收入差距拉大的原因分析

四川农民收入水平及增长速度与全国及六省市比较都存在明显差距。造成这种差距的原因是多方面、多层次的，思想观念和经营理念的差异，是最根本的原因。整体经济实力不强，非农产业发展滞后、农业产业化经营程度低等是最直接的原因。

(一)国家自东向西的梯度推进发展战略，给四川经济发展和农民增收带来滞后性

四川农民收入与全国及东部地区的最大差距也正是在这一时期凸现和拉大的。1993至1996年的四年间，四川农民收入与全国的差距由149.7元，扩大到467元，扩大了317.3元，平均每年扩大近80元；与东部地区的差距由543元，扩大到1331元，扩大了788元，平均每年扩大近200元。

(二)整体经济实力不强，抑制了农民收入的快速增长

农村经济的发展，农民收入的增加，离不开整体经济的发展和强大。有关研究表明，经济整体实力与农民收入具有强相关关系，整体经济实力强，农民收入水平就高。2002年四川人均GDP为5621元，低于江苏(14404元)，浙江(16776元)和山东(11619元)，与农民人均纯收入的总量保持相似的格局。四川整体经济实力不强，还表现在县域经济实力上的差距。根据国家统计局农调总队测算，2002年全国县域社会经济综合发展指数最高的100县(市)中浙江就有26县(市)，位于榜首，江苏以15县居第二，山东和广东分别为15和11县(市)，四川仅有双流、温江、郫县3县。在最发达的10县(市)中，江苏占6个，浙江占2个，广东占2个，而四川最强的双流县仅列第49位。四川整体经济实力不强，直接造成城市经济的幅度力弱，农村二、三产业发展滞缓，为农村劳动力提供的就业机会少，从而抑制了农民收入的快速增长。

(三)思想观念和经营理念落后,束缚了农民增收的创新思维

四川一些地方及部门的干部少以开拓创新、锐意进取的精神去创造性的工作,往往是被动地"等、靠、要",争贫困县、争救济的现象较为普遍,错失了不少发展机会。四川农民的"小富即安"观念较为浓厚,缺乏冒险精神、创新精神和创业意识,如在1000万多外出务工农民中,为他人打工的多,干简单劳动的多,从事经营和管理的人少,做老板的更少。即使是在为数不多的农村个体私营企业业主中,也是小老板多,大老板少,知名度大老板更少。与江浙、江苏比较,四川民营经济规模较发展慢。2002年四川民营经济增加值只有1668.36亿元,而浙江高达4271.76亿元,江苏高达4999.6亿元,占GDP的比重分别为54.8%和47.0%,而四川仅占34.2%,分别比浙江和江苏低20.6和12.8个百分点。尤其是江浙以家庭为主的个体私营业主依托市场规模成片快速发展,已经完成了资本的原始积累,而四川在这方面差距很大。

(四)农村劳动力素质低,创收能力弱是差距产生的内在和主体因素

四川农村劳动力资源丰富,但文化素质偏低。2003年四川农村劳动力平均受教育年限只有7.35年,分别比东、中部地区平均受教育年限少1.49年和0.99年。其中,文盲占15.6%,比东部地区高8.9个百分点;小学文化程度占47.2%,比东部地区高20.34个百分点;初中文化程度占32%,比东部低18.9个百分点;高中及以上文化程度占3.3%,比东部低9.1个百分点。农村劳动力接受农业技能培训的水平也较低,2003年四川农业劳动力中拥有专业技术职称,受过职业培训的人只占8.1%,比全国平均水平低一半。在外出务工人员中,接受过专业技术培训的也只有14.5%。文化素质和专业技能偏低对发展农村经济和增加农民收入的负面影响是显而易见的。

(五)产业结构不合理,二、三产业发展迟缓是四川农民增收的瓶颈

二、三产业的发展状况,在一定程度上决定了农民收入的高低。2003年四川一、二、三产业的结构为21.1∶40.7∶38.2,与浙江的1.6∶47.4∶51.0、北京的3.1∶35.6∶61.3、广东的8.8∶50.1∶41.1产业结构相比,四川二、三产业发展严重滞后,极大地影响了农民收入的增长。2003年四川农民人均从乡镇企业得到的收入414元,比全国低436元,不足1/2;比江苏低786元,仅为1/3。2003年四川农民人均在本地企业中得到收入124元,比全国低106元,比浙江低2802元,比北京低1500元。2003四川农民人均家庭经营二、三产业纯收入226元,比全国低120元,比浙江低1081元,比江苏低382元,比山东低251元,比湖南低212元。农村二、三产业不发达,是四川农民收入与全国及东中部省市差距存在的一个重要因素。

(六)生产经营组织化程度低,农业产业化经营程度不高,阻碍了四川农民收入的快速增长

从东部的发展经验来看,改革和创新的方向是提高农业的组织化程度和农业产业化经营水平,这是农村经济发展的必由之路,也是增加农民收入的有效途径。2003年山东符合农业部统计标准的各类农业产业化组织已发展到9800多个,龙头企业4188个,中介组织3162个,专业市场1498个,其他类型的产业化组织961个,参与农业产业化经营的农户达978万户,占山东省农户总数的48%,共带动基地种植面积3700多万亩,带动养畜5964.7万头,养禽8.6亿只。农业产业化组织实现销售收入1150多亿元,创利税110亿元,创汇18亿美元,农民从中增收300多元。

(七)农业科技投入和成果转化率低,市场体系不发达是农民增收缓慢的重要成因

"科学技术是第一生产力"。农业科学技术的创新和推广是农村经济增长的源泉,是农民增收的动力。目前我国用于农业的科研经费占农业GDP的比重仅为0.31%,只有世界水平的一半,仅相当于发达国家的1/10。而四川农业科研投入更低,这势必造成四川农业科研技术开发乏力,科技成果难以推广应用,农产品的竞争力提升缺乏强有力的技术支撑。据统计,2003年四川省农业科技成果转化率不到10%,农业科技贡献率只有40%左右,四川优势农产品不多,在国内外市场上叫得响、占有较大份额的农产品更少。

三、四川农民增收的潜力及目标

(一)四川农民增收的潜力

1. 内部增收潜力

(1)优质粮食的生产及加工。四川是全国粮食主产区之一,粮食作物面积占整个农作物播种面积的60%以上,粮食产值占农业产值的40%左右,粮食收入是多数农户收入的主要来源之一。同时,四川人口多，粮食需求量大，国家又要求四川粮食自求平衡。近几年来一些地方以结构调整和种粮比较效益偏低为由忽视粮食生产，试图通过不种粮食或少种粮食来另辟蹊径的思路和作法，是不可取的，也是不现实的。事实上，粮食及粮食产业本身蕴藏着可观的增收潜力，主要是我们挖掘得不够，开发是不深。

第一，发展优质粮食生产，通过提高品质实现增收。调整粮食品种和品质结构，大力发展高品质的粮食生产，是增加四川省农民收入的一条重要途径。

第二，发展粮食精深加工，通过加工增值实现增收。粮食作为初级产品，其增收能力是有限的。但如果对粮食进行加工尤其是精深加工，则可以成倍地增加粮食产品的附加值，拉长粮食生产的产业链条，提高粮食产业的创收能力。比如1吨玉米，直接卖原粮在1200元左右，加工成淀粉可卖1800元，加工成葡萄糖可卖4000元，加工成赖氨酸可卖4.2万元，加工成抗生素、维生素C等增值更多。随着城乡居民收入水平和生活质量的提高，对加工食品的需求会越来越大，发展粮食精深加工，促进农民增收的潜力很大。如玉米的加工转化还处于较低水平，深加工玉米比例不到5%，广大农村普遍存在以玉米直接作为饲料的现象，每年大约有400万吨玉米直接饲喂畜禽，造成极大浪费。

(2)农业的深度和广度开发。

第一，优化农业结构，通过结构升级实现增收。从国内情况看，农民收入水平高的地区，农业的结构层次也比较高。2003年种植业的粮经产值比例，北京是15∶85，浙江是19∶81，浙江是28∶72，山东是29∶71，广东是33∶67，而四川省则为63∶37。有关研究表明，高档蔬菜的增收能力是玉米的20倍；1亩地种粮食收入不过1千元左右，而种高档蔬菜收入可达2万元，种花收入则可达十几万元；1亩温室大棚每年所创造的收入，大约相当于15亩大田种植的收入；园艺、养殖等生产比重每提高1个百分点，农户人均收入即可增加20元。调整农业结构，在确保粮食生产的同时，发展园艺业、畜牧业、水产业等高收入产业，是增加农民收入的有效途径。四川在这方面存在着巨大的空间和潜力。

第二，扩大优势农产品出口，通过占领国际市场实现增收。在美国、荷兰、法国等农业强国，农产品出口对农民收入的贡献份额都很大。如美国，农业产值只占GDP的大约3%，农产品出口却占总出口的9%以上；农业出口可以为国内创造8万个就业机会，1美元的农产品出口可以拉动1.5美元的国内经济；许多优势农产品出口占世界的份额要明显高于其产量占世界的份额，如小麦产量占世界12%，出口则占世界33%；玉米产量占世界45%，出口则占67%；大豆产量占世界50%，出口占世界2/3以上；棉花产量占世界20%，出口占世界25%。山东近年来扩大农产品出口，对农民收入增长的拉动作用也十分明显。山东省1996年以来蔬菜类产品出口以平均每年超过30%的速度递增，出口量占全国的25%以上，出口国家由38个扩大到100个，出口品种由51个增加到77个，蔬菜业已成为对山东农民增收贡献最大的产业。从目前情况看，四川省农产品出口水平低，对农民增收的拉动作用微乎其微。扩大农产品出口的潜力很大，拉动农民收入增长的潜力很大。

第三，适度扩大经营规模，通过规模效益实现增收。四川省的主要农作物是粮食及油料，这些农产品的生产需要占用较多的耕地，属于土地密集型产品。四川省应在解决富余劳动力出路的前提下适度扩大土地经营规模，即把扩大土地经营规模和转移富余劳动力有机地结合起来，把“动人”和“动地”有机地结合起来，先解决农民的就业问题后再解决土地的规模经营问题，为农户获取规模效益创造条件。

2. 外部增收潜力

(1)非农产业的加速发展。抽样调查资料表明，农民家庭增加一个劳动力从事非农产业，这个家庭人均收入就可增加1000多元。2003年，四川农村劳动力中从事非农产业的占23.0%，而浙江为54.6%，江苏为45.9%，广东为45.3%，四川比这些发达地区低20多个百分点。四川农民纯收入中工资性收入占22.1%，而浙江为48.6%，江苏为48.1%，山东为40.5%，也低20多个百分点。

(2)民营经济继续壮大。民营经济是经济发展中最为活跃的经济组织类型，也成为提供新增就业的主渠道，对促进农村劳动力转移、增加农民收入起着十分重要的作用。虽然四川省民营经济起步较迟、基础较差、规模较小，在经济发展中的份额还不大，但发展中的潜力巨大。

(3)农村劳动力的进一步转移。抽样调查资料显示，传统农业平均1亩地年纯收入600元左右，而一个农村劳动力外出务工，平均一月就可挣500

元左右，一个劳动力外出务工1年就等于10亩耕地的收入，也就等于增加了10亩耕地。近年来，四川省农民外出务工对增加农民收入发挥了显著作用。2003年四川省农民人均劳务收入766元，劳务收入占农民人均纯收入的1/3，全年劳务增收占农民人均增收的57%。据测算，2003年四川农村剩余劳动力在尚有1300多万，进一步依靠劳务输出增加农民收入的潜力还很大。

(4)低收入农户的增收。据抽样调查资料测算，2003年四川有386万户农户人均纯收入仅1050元，还不到1995年四川省的平均水平，落后了8年。我们应当继续对这些低收入群体高度关注，加大扶持政策措施，使他们的收入有一个更快的增长，尽快赶上四川省平均水平，促进四川省农民收入的增长。按目前农村人口增减趋势，如果到2010年将这一部分低收入农户的人均收入由1050元提高到2003年四川省人均收入2230元左右的水平，则四川省农民人均收入水平可提高250多元。

(5)农民负担的进一步减轻。2003年以农业税为主的实际税费支出人均仍达57元，占当年农民人均纯收入的2.6%。四川省将在5年内减免直至取消农业税费，这一方面将直接增加农民收入，尤其是可以较大幅度的增加纯农户的收入；另一方面可以提高农业生产经营效益，调动农民生产积极性，从而起到间接增加农民收入的作用。四川省应当在可能的条件下，尽早取消农业税，让农民尽早得到更多的实惠。

(二)未来5～10年四川农民增收目标

2003年四川农民人均纯收入2230元，比全国平均水平低392元，居全国31个省市区的第19位；2003年与全国平均水平最接近的海南省农民人均纯收入2588元，居第11位。

如果四川农民人均纯收入水平要在未来5年内达到全国平均水平(假定今后5年全国农民纯收入增长速度与1995～2003年的6.7%相同，下同)，则需要年均增长10.1%，比假定的全国增长速度高3.4个百分点；如果那时全国农民收入的地区结构与2003年相同的话，四川农民收入水平的位次将会提升8位，跃升至11位，超过2003排在四川之前的内蒙古、山西江西、黑龙江、吉林、湖南、湖北和海南。

如果四川农民人均纯收入水平在未来10年内达到全国平均水平，则需要年均增长8.4%，比假定的全国增长速度也要高1.7个百分点。

根据以上测算结果，我们认为在未来5年内赶上全国平均水平，位居全国第11位左右的位次目标不够现实，而用10年的时间又太长。同时，根据目前及今后一个时期各省、市、区经济发展的态势，四川农民收入在全国的位次不应当在11位左右，而应当在15位左右。因此，四川农民人均纯收入达到全国平均水平的目标应当确定为7年。这样，在未来7年内，四川农民人均纯收入将年均增长9.0%，年人均增加220元。

四、促进四川农民收入快速增长的建议

随着新阶段农业和农村发展的环境、条件和任务的变化，促进农民增收的思路和方式也应及时做出相应的调整。既要立足当前采取见效快的具体措施，又要着眼长远寻求解决农民增收问题的治本之策，建立促进农民收入持续增长的长效机制。应当做以下八个方面的工作。

(一)从战略的高度，深刻认识农村经济发展新阶段增加农民收入的极端重要性和紧迫性

四川农村要如期实现全面小康目标，农民增收压力很大。最近国家统计局公布的全国农村全面小康社会评价标准的核心指标“农民人均可支配收入”为6000元。按照这一新规定的可支配收入计算方法，初步匡算2003年四川农民人均可支配收入2163元。四川农村要在2020年如期实现全面小康目标，在今后17年里必须每年增收226元。而1980—2003年四川农民人均纯收入平均每年仅增收89元，与226元均相差甚远。

(二)解放思想，更新观念，抢抓机遇，坚持跨越式发展战略不动摇

实施跨越式发展战略是增加四川农民收入，缩小与全国及东部省市差距的必然选择。首先，必须解放思想，更新观念，打破常规，改革一切束缚农村生产力发展的生产关系，创出一条具有四川特色的农村经济发展和农民增收的路子来。其次，必须认清形势，理清思路，找准增加农民收入的切入点。第三，必须要抢抓历史发展机遇，当前西部大开发和农业全面升温就是难得的发展契机。

(三)继续推进农业和农村经济结构的调整，充分挖掘内部增收潜力

四川农民收入要实现快速稳定增长，必须要保持四川农业收入的稳定增长为前提，要依靠现代科

技改造传统农业，把四川省精耕细作的传统与现代技术结合起来，发展新型劳动密集型产业，让有限农业资源得到充分利用，发挥出更好的效益。要加快四川畜牧业调整结构，提高品质、降低费用，提高畜牧业的经济效益，提高畜牧业对农民收入的贡献份额。

(四)加强技能培训，提高组织化程度，改善就业环境，实现农村劳动力的充分就业

劳动力是生产要素的决定因素，劳动力素质的高低决定了生产经营的活力和创造力，也决定了经济发展的潜力。四川农村劳动力素质低既是影响当前农村经济发展和农民收入的主要内因，更是今后社会经济发展的桎梏。提高农民素质，加强技能培训，是一个现实而紧迫的问题，四川省委、省府决定在两年时间内培训农民工 1000 万人次，使已转移和输出劳动力及新增劳动力普遍接受一次系统的计能培训，掌握 1 至 2 种市场需要的职业技能。

(五)发展小城镇，推进城镇化，加快农民增收步伐

发展小城镇是指通过迅速扩张农村地区城镇，使城镇人口占全社会人口比重不断上升。发展小城镇，实际上是使城市的密集性、经济性和社会性不断地向农村地区扩散，发挥城市对周围地区的带动和辐射作用。发展小城镇可以发挥城市的聚集效应，既包括产业聚集效应，也包括人口聚集效应。据测算，若四川城镇化率提高 1 个百点，四川农民人均纯收入就可增加 15 元以上。

(六)加大农村改革力度，进一步解放和发展农村生产力，为农民增收减负提供体制保障

一是完善农村土地制度，加快土地征用制度改革。二是积极推进市场取向的粮食流通体制改革，实现粮食购销的市场化和市场主体的多元化，在国家宏观调控下，充分发挥市场机制在配置粮食资源中的基础性作用。三是继续推进农村税费改革。要巩固和发展税费改革的成果，进一步减轻农民的税费负担，为最终实现城乡税制的统一创造条件。四是改革和创新农村金融体制，加强对农户和农村中小企业的金融支持。

(七)加大对农业投入力度，改善投资结构，为农民增收创造条件

增加农业投入要广开渠道，要国家、企业(银行)和农户三方并重。首先，要用好用活国家的财政支农资金，把资金用到农村最需要的地方和行业上去，市县财政要按照有关政策和法规的要求，增加对农业的投入，提高农业支出占财政支出的比重。其次，银行信贷要按照经济效益与社会效益并重的原则，积极发放农业扶持贷款，特别是要重点支持农业产业化、农业基础设施项目。第三要积极动员和引导农民多投入。在鼓励农民投入那些效益好、见效快的项目的同时，要引导农民多搞综合性、开发性经营，向生产的深度和广度进军，提高投入产出效益，增加农民收入。第四是要引导社会力量、民间资金参与农业基础设施建设。

(八)加大扶贫攻坚力度，全面提高贫困地区和低收入农户的收入水平

四川农村贫困面广、贫困人口数量大。2003 年虽然解决了 10.5 万农村人口的脱贫，但年末四川省农村贫困人口仍高达 240 万人，贫困发生率超过 3%；2003 年贫困地区农民人均纯收入 1400 元，比四川省农民人均纯收入低 830 元。加大扶贫攻坚力度，全面提高贫困地区和低收入农户的收入要重点抓好以下几方面工作：一是要利用贫困地区的自然优势，通过招商引资，集中连片地开发支柱产业，走农业产业化的路子，将自然优势转化为经济优势。二是实施科技扶贫，将先进、实用的科技引入贫困地区，加大技术培训的力度，提高产品的科技含量和竞争能力。三是加大贫困地区农村劳动力的培训力度，提高劳动力的综合素质，加快农业劳动力向非农行业转移，拓宽贫困地区农民的就业渠道，增强贫困地区和农民的增收能力。四是加强贫困地区旅游产业发展力度。

浙江农民收入缘何节节上升，居高难赶

——苏浙两省农民收入增长方式的比较

周虎城

改革以来，江苏和浙江两省农民的收入均取得了令人瞩目的增长，但两省农民收入的增长方式有所不同，相形之下，浙江发展更胜一筹。1980～2003年，江苏农民人均纯收入年均增14.4%，高出全国1.8个百分点，增幅在27个省区中列第3位，人均纯收入居各省区的位次也逐步前移，1980年列第6位，1984年超过辽、吉、湘三省升至第3位，2001年起又越过广东居全国第2位，2003年江苏农民人均纯收入达4239元，高出全国平均1617元。与全国相比江苏堪以自豪，而与浙江相比就显失色，2003年浙江农民人均纯收入高达5431元，多出江苏1192元。两省差距可谓不小，差距形成亦非一日。

一、改革以来两省农民收入的增长比较

(一)两省农民收入的沿革比较

改革初期两省农民的收入相差无几，只是后来江苏的增收额和增幅在多数年份里逊于浙江，致使差距越拉越大。从收入的增幅看，苏、浙两省各领先9年、14年，累计各增18.44倍、23.8倍，两省农民收入之比的差距渐渐拉大，从1980年的100.6(以江苏为100，下同)拉至2003年的128.1。由于收入的基数低，在江苏增幅领先的9年中，有3年的增收额仍少于浙江。比较23年两省农民的增收额，江苏领先6年(多增228元，年均38元)、落后17年(少增1419元，年均83元)，两省农民人均纯收入的差距也从1980年的1.2元扩至2003年的1192元。

根据1980年以来的增长变化，我们可以将两省农民的收入之比分为有所扩大(1981～1988年)、明显拉大(1989～1993年)、显著缩小(1994～1997年)和持续拉大(1998～2003年)特点不同的4个时期。

1981～1988：有所扩大的8年。这一时期两省不同的发展(“苏南”、“温州”)模式争奇斗艳，农民收入的增幅交叉领先4年，期间两省农民收入的年均增幅分别达17.6%、19.3%，收入之比也从100.6扩至113.2。

这一时期江苏农民收入落后浙江不很多，两省农业剩余劳力转移的速度相当，精明的算计是浙江农村经济效益好、农民增收快于江苏的主要原因。

1989～1993年：明显扩大的5年。1989年至1991年，国家整顿经济秩序宏观紧缩，苏浙两省的增势均明显回落，以集体经济为主的、行政推动色彩浓厚的江苏乡企(乡镇企业)受挫尤重，加之遭遇1991年特大洪涝，江苏农民收入的增幅跌入低谷。1992、1993年两省农村经济尤其是二三产业的发展势头复盛，江苏仍差一筹。这5年浙江农业劳力的比重下降了4.5个百分点，江苏只下降了0.9个百分点。期间江苏农民的增收有4年慢于浙江，1992年快于浙江是因为上年遭灾落后太多，带有相当程度的恢复性，即便如此，1992年江苏农民的增收额也少于浙江。这时期农民的年人均增收，江苏为94元、增长12.3%，浙江为169元、增长18%，两省农民的收入之比从113.2扩至137.8。

表1　1981～1988年苏浙农民人均纯收入比较

年份	人均纯收入(元)		比上年增减				两省收入比(江苏为100)
	江苏	浙江	江苏		浙江		
			(元)	(%)	(元)	(%)	
1980	218	219	—	—	—	—	100.6
1981	258	280	40	18.3	61	27.9	108.5
1982	309	346	51	19.8	66	23.6	112.0
1983	357	359	48	15.5	13	2.8	100.6
1984	448	446	91	25.5	87	24.2	99.6
1985	493	549	45	10.0	103	23.1	111.4
1986	561	609	68	13.8	60	10.9	108.6
1987	626	725	65	11.6	116	19.0	115.8
1988	797	902	171	27.3	177	24.4	113.2

表2　1989～1993年苏浙农民人均纯收入比较

年份	人均纯收入(元)		比上年增减				两省收入比(江苏为100)
	江苏	浙江	江苏		浙江		
			(元)	(%)	(元)	(%)	
1989	876	1011	79	9.9	108	12.0	115.4
1990	884	1045	8	0.9	34	3.4	118.2
1991	921	1211	37	4.2	166	15.9	131.5
1992	1061	1359	140	15.2	148	12.3	128.1
1993	1267	1746	206	19.4	387	28.5	137.8

1994～1997年：差距缩小的4年。这时期国内农产品价格上升明显快于工业品，出现了江苏农民收入增幅连续4年超浙江的罕见现象，1994年更是破天荒地超出17.2个百分点，达44.6%，这主要是农产品价格的飞涨所致，当年全国的农产品收购价格指数高达139.9%，多出工业品零售价格指数22.7个百分点，创改革以来新高，1995、1996年农产品价格继续攀升，1997年虽回落价位依然不低，江苏农户收入中农业比重仍高出浙江15～20个百分点，尽管这4年浙江农村非农产业的发展速度继续领先、农业生产效益好于江苏，两省农民的收入之比也从137.8缩小至112.7，但收入的增加额却相差无几，分别增加2003元、1938元。

表3　1994～1997年苏浙农民人均纯收入比较

年份	人均纯收入(元)		比上年增减				两省收入比(江苏为100)
	江苏	浙江	江苏		浙江		
			(元)	(%)	(元)	(%)	
1994	1832	2225	565	44.6	479	27.4	121.5
1995	2457	2966	625	34.1	742	33.3	120.7
1996	3029	3436	573	23.3	497	16.7	114.3
1997	3270	3684	241	7.9	221	6.4	112.7

1998～2003年：持续扩大的6年。这时期出现了改革以来未有过的工农业产品价格指数连年下挫的情景，两省农民的增收步伐因此趋缓。这6年浙江农村二三产业发展加速，务农劳力的比重下降了13.4个百分点，江苏只减少9.3个百分点。农业劳力剩余转移较慢，使江苏农户的非农收入越

发少于浙江；另一方面，期间农产品的价格下跌，对农业收入比重较大的江苏来说影响更大，除 1999 年农民收入的增幅两省持平外，其余 5 年江苏增幅均小，增收额更是年年少于浙江。这期间，苏、浙农民的收入分别增长 29.6%、47.4%（年递增 4.4%、6.7%），各增加 969 元、1747 元（年均增 162 元、291 元），浙江的增幅、增收额相当于江苏的 1.6 倍、1.8 倍，两省农民的收入之比也从 112.7 再次扩大至 128.1。

表 4　1998～2003 年苏浙农民人均纯收入比较

年份	人均纯收入(元)		比上年增减				两省收入比(江苏为 100)
	江苏	浙江	江苏		浙江		
			(元)	(%)	(元)	(%)	
1998	3377	3815	107	3.3	130	3.5	113.0
1999	3495	3948	118	3.5	134	3.5	113.0
2000	3595	4254	100	2.9	305	7.7	118.3
2001	3785	4582	190	5.3	329	7.7	121.1
2002	3996	4940	211	5.6	358	7.8	123.6
2003	4239	5431	244	6.1	491	9.9	128.1

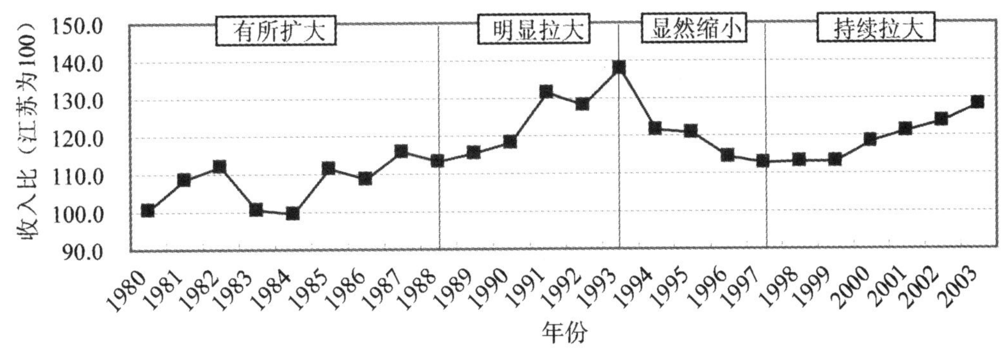

图 1　苏浙两省农民人均纯收入之比变化图

上图再现了 4 个时期苏浙农民收入增幅对比的变化亦即两省之比从 1980 年的 100.6 扩大为 2003 年 128.1 的过程。

(二)两省农民收入的组成比较

表 5 可见，江苏农户各类收入皆少于浙江，是全方位的落后。

表 5　苏浙两省农民收入组成比较

年份	工资性收入(元)				家庭经营纯收入(元)				财产性和转移性收入(元)			
	江苏	浙江	浙江比江苏多		江苏	浙江	浙江比江苏多		江苏	浙江	浙江比江苏多	
			绝对额	%			绝对额	%			绝对额	%
1980	118	125	7	5.9	58	63	5	8.6	42	31	−11	−26.2
1985	135	163	28	20.7	319	361	42	13.2	39	25	−14	−35.9
1990	301	354	53	17.6	631	690	59	9.4	27	55	28	103.7
1995	822	1110	288	35.0	1544	1696	152	9.8	91	160	69	75.8
2000	1663	2001	338	20.3	1771	1918	147	8.3	161	335	174	108.1
2001	1820	2226	406	22.3	1783	2000	217	12.2	182	357	175	96.2
2002	1994	2437	443	22.2	1796	2075	279	15.5	206	427	221	107.3
2003	2189	2613	424	19.4	1794	2336	542	30.2	256	482	226	88.3

工资性收入。江苏农户的工资性收入历来就少于浙江,这主要是,浙江农村劳力中从事二三产业的比重大;浙江农村劳心(投资)者多,江苏农村劳力(打工)者众,老板报酬自然高于伙计;浙江企业的经济效益较优,劳务人员的报酬也水涨船高。2003年浙江农户人均工资性收入2613元,多出江苏424元。

家庭经营纯收入。江苏农户人均家庭经营纯收入一直在浙江之下,2003年浙江农户该项收入2336元,比江苏多542元。在家庭经营纯收入中,江苏以农业为主,浙江非农业居多,2003年两省农户家庭纯收入中,来自农业的各占65.4%。浙江的农业比重虽少江苏21.4个百分点,但来自农业的收入只略少于江苏,2003年人均1029元,只少144元,而来自非农业的收入却达1307元,多出江苏686元。家庭经营纯收入的差距表明,江苏农户的资金运作能力显然差于浙江。这缘于,投资的领域有所不同,浙江经商办企业的多,江苏从事农业比例大;浙江农户收入高,运作的本金大。

财产性和转移性收入。财产性收入在一定程度上反映了以钱生钱的能力。2003年两省农户人均财产性收入分别为94元、250元,江苏仅及浙江的37.6%。江苏农户的转移性收入也远不及浙江,2003年162元,比浙江少70元。2003年苏、浙江农民的财产性收入和转移性收入各256元、482元,后者较前者多226元、88.3%。

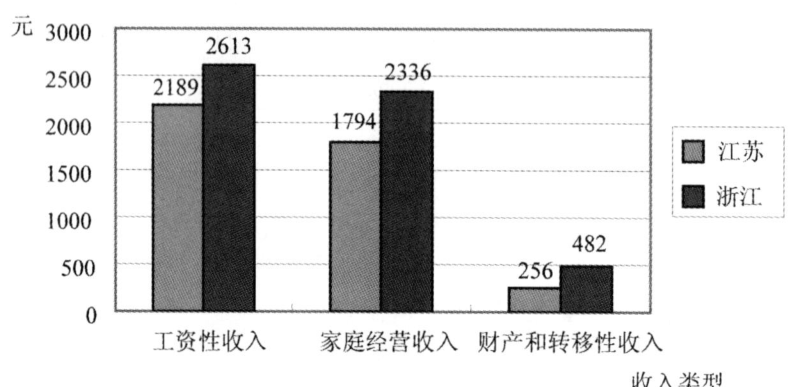

图2 2003年苏浙两省农民收入组成比较

尽管近几年江苏采取了给农民松绑(政府出钱培训推进农业劳力转移、改善环境促进民营经济发展等)、减负(减轻税费负担)和其它措施(引导农业结构调整、建设农村公路、建立新型合作医疗等),使得2001年以来农民收入的增幅从低谷中逐步回升,但浙江走得更快,2003年农民人均纯收入增9.9%,高出江苏3.8个百分点,人均增收额比江苏多247元。在2003年制定的建设全面小康的目标中,江苏已确定2010年农民人均纯收入要达8000元,亦即今后7年江苏省农民年人均增收要达537元,年递增率要达9.5%,而近几年中增幅较大的2003年只增了244元。

2004年由于农业剩余劳力转移加快,农村二三产业发展向好,更兼前三季度农产品价格上涨26%,多种利好的综合作用使江苏农民2004年纯收入的增幅可望在9%之上,创1997年以来新高,甚至可能超过浙江的增幅。

在增幅上超过浙江,不仅是江苏全面建设小康的需要,也是缩小与浙江农民收入差距的必需。要确保2010年前江苏省农民增收目标的实现,今后每年的增幅不得小于2004年,否则全面建设小康的目标就会落空。所以,实现江苏农民增收的目标和追赶浙江更是任重道远,依照现有思路和方式推进江苏农民的增收已是不够。

二、江苏农民收入增长落后于浙江的原因

(一)经济发展强度不如浙江

对改革20多年我国农民收入与经济增长的回归分析表明,两者的弹性系数为0.65,这证明农民收入的增长对经济增长有较强的依附性。以1998～2003年这一时期为例,江苏GDP的增幅比浙江是2年相平4年落后,江苏人均GDP不仅少于浙江,而且差额逐年增多,1997年江苏人均9346元,比浙江少1112元,2003年少3250元,这与两省农民收入差距的连年扩大是一致的。

(二)上世纪80～90年代两省农村发展的主体模式不同

比较两省农民的增收方式，曾经的苏南模式和演进中的温州模式是不能不提的，两种模式的根本区别，前者是政府推动、集体所有，后者是全民参与、民有民营。温州模式是浙江农民增收的主导方式，因为浙江农村经济的最鲜明特点就是民有民营。苏南模式曾长期被奉为江苏乡企业发展的不二法门，进入90年代后，政企不分的江苏乡企产权越来越模糊，机制愈来愈死，离国营越来越近，与民间渐行渐远。

在江苏乡企连年低谷徘徊时，以民营为主的浙江乡企在市场竞争中仍自如游刃，两省乡企的总量对比很快发生变化。1993年两省乡企实现的利税总额相等，1996年浙江已超出24.5%，嗣后江苏乡企在浙江之后紧追慢赶，总是力不从心。在经历了1998年政府主导型的不彻底改制和2000年被迫再度大规模改制。乡企的景气程度与农民收入密切相关，2003年江苏农民人均从本地企业获得劳动报酬为1064元，比浙江少311元，占当年两省农民人均纯收入差额的26.1%。

（三）不同文化传承和自然条件的影响

苏浙两省分别位于长江三角洲北南两翼，毗邻接壤，同为10万平方公里，69%平原、17%水域的江苏比七山两水一分田的浙江应拥有更多的增收资本。

由于人多地少难养家口（浙江农村人均耕地比江苏少0.6亩，仅0.86亩，温州更只有0.41亩），浙江农户通常还外出，唐宋以来"无宁（波）不成市、无绍（兴）不成衙"之说信有其据；在"重义轻利"的儒家文化笼罩着江苏的南宋时，温州的永嘉学派就举起了"讲实际、重事功"的旗帜，"以利致义"的传统把温州农民熏陶成了敢为天下先的生意人。

江苏多立足本地办实业者而少见四海奔走大进大出的经商者。与江苏较多"逐水草而居"的农业文明不同，今日浙江农民更多体现的是"逐市场而居"的工商文明。2003年300万浙江农民在国内各地闯市场，一年实现营业收入近6200亿元。在外闯荡的温州人2004年春节前数日即汇入家乡200亿元。不同的文化和天赋还造成了两省农民捕捉商机能力的差异。

（四）两省上层的意识之差

1. 浙江很早就鼓励支持民营经济。在视私如"资"、谈资色变的年代里，浙江各级政府从有利农民增收出发，对暗潮涌动的个体私营采取了鼓励和"纵容"，乡镇政府普遍采取支持鼓励，市县领导更多的是允许和保护，省一级通常则是默许观望。

2. 江苏曾有意无意限制老板经济。江苏农村个体私营经济在相当长的时期里发展缓慢，与上层的唯式（所有制形式）不唯实的认识有重要相关。

2003年苏、浙农村境内各有私营个体老板132万、198万，浙江每11个农村劳力中就有一个老板，而江苏每20个才有1个。当然，这还不包括比江苏多得多的在省外、国外当老板的浙江农民，若包括在内，则差距远不止此。受雇于人的打工者只有单一的工资收入，掌握生产资料的老板既有财产收入又有比打工者高得多的工资收入，而且老板经济还推动了农业剩余劳力的转移。2003年浙江农村老板经济吸纳从业人员433万，比江苏多112万；占农村劳力的比重12.1%，高出江苏7.7个百分点。2003年江苏农民的人均财产性收入和工资性收入较浙江少555元，显然是浙江的老板经济在农民收入增长方式的博弈中占了上风。

（五）农业生产效益比浙江低

江苏农民农业的生产成本也高。2003年江苏农林牧渔业产值的中间消耗达44.3%，高出浙江6.7个百分点。如果江苏的中间消耗水平等同浙江，那么，2003年生产的1843.2亿元农产品将少支成本124.4亿元，江苏省农户人均将增收239元。调查数据表明，江苏农林牧渔四业的中间消耗率全都高于浙江，这里只以农业比较，因为农业是江苏农林牧渔业的大头，占到53.2%。2003年江苏农业的中间消耗率为30.8%，高出浙江4.3个百分点。江苏农业效益低的原因：一是结构优化不够。2003年江苏亩均农作物产值，粮食类525元，蔬菜类1572元，其它作物类1983元，粮食的亩产值只及蔬菜、其它作物的33.4%、26.5%。而2003年江苏的农作物播种面积中，土地产出率高的蔬菜、其它作物只占17.5%、21.9%，比浙江少了7.2个、3个百分点，土地产出率低的粮食占到60.6%，高出浙江10.2个百分点。二是化肥施用过量。2003年江苏农田亩均施用化肥28公斤，多出浙江10公斤，为此每亩比浙江多支26元，若江苏的化肥施用水平能同浙江相当，则2003年全省农户可节支31.4亿元，等于人均增收59元。江苏化肥如此投入，种植业收益却不理想，2003年种植业亩均增加值567元，比浙江少210元，这除了农业结构优化度差于浙江外，化肥的过量、不当使用也是因素之一。

三、优化创新江苏农民的增收环境和方式

江苏农民收入落后浙江的根源很多，关键是看各项政策各种有利条件能否应用到位，浙江就是因为各类积极因素调动到位，才成功地扬长避短，使农民收入增势如虹国人瞩目。

（一）江苏乡镇企业家要增添闯市场的胆力

2003 年江苏每个乡企职工的工资比浙江少 1746 元，这是两省农民收入差距的重要成因。农民工资的多少与乡企领头人闯市场的本领有关。江苏的农民企业家，更多的是由社区领导任命的乡村企业经理人变身而出，不像浙江老板队伍那样存在从小到大有序跟进的连动，这是百万江苏农民企业家闯市场也是江苏农民增收所特别需要的。

（二）改善民营融资环境

据江苏省农调队对 5 县（市）6 乡镇的调查证实，74%的民营企业因贷款难、缺资金，有的企业反映“缺乏技改和基建资金，可靠性项目无法上马，流动资金不足，能做的业务也只好放弃”。2004 年春太仓市的一项调查也表明，70%的民企资金靠自筹。2003 年江苏 GDP 的 34.4%为乡企所创造，可其所获贷款的份额只占江苏省的 9%。与浙江相比，江苏民营经济获得的信贷仅及其一半。没有信贷的支持，民营经济的做大做强是困难的。改善融资环境，扶持民营成长壮大是江苏农民增收不可或缺的一环。对金融部门来讲，一是应完善授权授信制度，减少信贷审批环节，缩短审批时间，对有实力信誉好的企业可实行一次抵押、一次核定贷款额度，建立信贷投放激励机制；二是要加大金融创新力度，研究开发为中小民营企业服务的金融新产品。

（三）政府要当好农民创业的守夜人

浙江农民收入之所以领先全国，关键的一条就是政府以市场需要和本省实际出发大胆创新。江苏在这一点上有过太多教训，经济发展的动力在民间，过多的行政干预，会钝化农民的创业意识。江苏各级要积极引导、鼓励农民去闯去试，当好农民创业的守夜人。市场是检验师，老板队伍的壮大和财富的堆积，需要政府的政策扶助而不是干涉。

（四）继续调整农业结构

江苏还要继续扩大经济作物的生产，在地少人多的地方更要注意增加蔬菜特别是大棚蔬菜的种植，因为大棚蔬菜的用工密度和资金收益都明显的高。养殖业中，规模养猪的收益高于散养。各地应从资源特点出发，发挥优势，在着力发展高效畜牧园艺水产等劳动密集型产业和加工业、扩大农业领域就业的同时，帮助农民建立成本收益核算、增加市场意识，加强农技推广提高农民的科学种养水平，以降本提效增加农民收入。

（五）量质并举推进劳务输出

1997 年至 2003 年是苏浙农民收入差距持续扩大的 6 年，6 年里江苏农业剩余劳力的转移速度只有 2003 年领先浙江，2003 年江苏农村劳力中的务农比重 46.4%，高出浙江 7.1 个百分点。2003 年江苏省农民增收额中的 45.1%来自劳务输出，劳务输出是当前及今后数年江苏农民增收的最大亮点，所以，要加快推进江苏农村劳力的转移。与未经过技术培训的农民相比，经过技术培训的不仅工作易找，而且收入也高，通常月收入要高出 200～500 元。继 2003 年拨下 2000 万元后，2004 年江苏省级又拿出 4000 万元用于农村劳力转移的培训，但农民自身所费甚少，近两年江苏农户劳均技术培训支出 8 元，只为浙江的一半。为加速农村劳动力转移，提高农民的挣钱本领，务农劳动力只有 873 万的浙江 2004 年已着手实施“千万农村劳力素质培训工程”，规划在 2010 年前培训 1000 万农村劳动力，重点用于支持欠发达地区农村劳动力培训且专项资金已经安排。

（六）让打工者变为创业人

打工只能谋生，创业才能致富。对江苏农民来说，外出打工不应仅仅是挣钱，挣钱也不只是为盖房子娶娘子，主要着眼点是开拓视野增长见识，为创业特别是回乡创业准备资金。走出去增添了农民的工资性收入，输出一人富裕一家，做的是加法，而还带回了资金、信息、市场和先进的理念，还乡一人、带动一片（盐城的调查表明，一个还巢凤的创业可吸纳 11 个劳力）、致富一方，实质是乘法。凤凰愿否回巢，还巢凤凰能否腾飞，创业环境是关键。2001 年以来，江都市以乡情感人、以政策引人、以园区聚人、以环境留人的做法，先后吸引了 250 多名在外能人回乡创业，累计投资 12 亿多元，2003 年这些还巢凤和乡土凤、外来凤所创的企业共吸纳以农民为主的劳动力 23.4 万人。

关注低收入户发展　推进全面小康建设

——江苏省低收入农户调查报告

江苏省农调队课题组*

当前，农村发展是"短腿"，低收入农户则是"短中之短"。因此，解决新时期"三农"问题，不仅要大多数一般农户的增收，而且要关注少数低收入农户的发展，为农村、农民的全面发展创造条件。党的十六大提出全面建设小康社会的战略目标，要实现这一目标，江苏省的重点和难点主要在于农村的低收入贫困群体。高度关注并重点解决农村低收入贫困群体的增收问题具有现实意义。为此，江苏省农调队对全省农民人均纯收入低于1500元的农户进行了一次全面的调查。我们在试点的基础上制定了《江苏省农村低收入人口统计调查方案》。根据分户调查，建立了48.3万户低收入农户分户数据库，有针对性的对每一户进行扶贫动态管理，这在全国是一个首创。本文是根据江苏省16个经济薄弱县低收入农户调查所得大量、丰富的第一手资料撰写而成。

一、低收入农户依然存在

江苏是全国发达省份，但是天堂里也有穷人。根据调查，2003年底苏北16个县(区)农民人均纯收入低于1500元的低收入农户为48.3万户，164.2万人，分别占16个县(区)乡村总户数和总人口的14%和11.7%。低收入农户表现出以下特征：

(一)低收入农户的一般特征

1.低收入农户人口占当地乡村总人口的10%左右。据统计，16个县(区)到2003年底农民人均纯收入低于1500元的低收入农户为48.3万户，人口164.2万人，分别占16个县(区)乡村总户数和乡村总人口的14%和11.7%。分县(区)情况详见表1。

表1　16个县(区)农村低收入户数、人口情况

	乡村总人(万人)	低收入户人口(万人)	低收入户人口占乡村总人口比重(%)	乡村总户数(户)	低收入户数(户)	低收入户占乡村总户数比重(%)
合　计	1407.2	164.2	11.7	343.5	48.3	14.0
丰　县	96.1	11.0	11.4	24.5	3.3	13.5
睢宁县	113.0	14.5	12.8	27.8	4.2	15.1
赣榆县	88.6	9.7	10.9	22.9	3.1	13.5

* 课题组成员：张义、刘光平、蒋书明、贡凤涛。

续表

	乡村总人 （万人）	低收入户人口 （万人）	低收入户人口占乡村总人口比重（%）	乡村总户数 （户）	低收入户数 （户）	低收入户占乡村总户数比重（%）
东海县	99.1	10.4	10.5	24.9	3.2	12.9
灌云县	84.5	14.0	16.6	20.6	3.8	18.4
灌南县	63.7	9.7	15.2	15.4	2.7	17.5
淮阴区	71.3	9.3	13.0	17.3	2.7	15.6
涟水县	91.6	11.8	12.9	20.5	3.2	15.6
盱眙县	57.6	6.7	11.6	14.3	2.0	14.0
响水县	47.4	5.4	11.4	11.5	1.7	14.8
滨海县	88.8	8.4	9.5	23.6	3.0	12.7
阜宁县	76.9	7.9	10.3	20.4	2.5	12.3
宿豫县	87.1	8.1	9.3	20.0	2.4	12.0
沭阳县	151.9	17.7	11.7	35.0	4.9	14.0
泗阳县	104.5	10.0	9.6	24.4	2.9	11.9
泗洪县	85.1	9.6	11.3	20.4	2.7	13.2

2. 低收入农户收入水平低，贫困程度深。2003年低收入农户平均农民人均纯收入只有965元，比16个县（区）农民人均纯收入平均水平低70%，不到江苏省平均水平的1/4。比全国农村低收入标准882元仅高83元。灌南县、灌云县略高主要是县平均水平较低。

3. 低收入农户存在一定数量的失学、辍学儿童。由于收入少，学费贵，加上一些特殊原因，使农村低收入农户出现一定数量失学辍学儿童。据统计，16个县（区）低收入农户共有6～15岁儿童人数为28.8万人，其中失学辍学儿童1.8万人，占学龄儿童人数的6.3%。详见表2。

表2　16个县（区）农村低收入农户失学辍学儿童情况

	低收入户数 （万户）	6～15岁儿童人数 （万人）	其中：失学辍学儿童 （百人）	失学辍学儿童占儿童人数的比例 （%）	失学辍学儿童农户数 （百户）	失学辍学儿童户占低收入农户比重 （%）
合　计	48.3	28.8	181.9	6.3	160.2	3.3
丰　县	3.3	1.9	9.9	5.2	8.7	2.6
睢宁县	4.2	2.9	17.4	6.0	15.7	3.7
赣榆县	3.1	1.6	10.6	6.6	9.2	3.0
东海县	3.2	1.8	15.5	8.6	13.1	4.1
灌云县	3.8	2.6	18.8	7.2	15.6	4.1
灌南县	2.7	1.6	17.5	10.9	15.8	5.9
淮阴区	2.7	1.7	11.5	6.8	10.2	3.8
涟水县	3.2	2.1	14.0	6.7	12.1	3.8
盱眙县	2.0	1.0	9.4	9.4	8.8	4.4
响水县	1.7	0.7	3.3	4.7	3.0	1.8
滨海县	3.0	0.9	6.2	6.9	5.7	1.9
阜宁县	2.5	1.0	4.3	4.3	4.0	1.6
宿豫县	2.4	1.6	6.3	3.9	5.5	2.3
沭阳县	4.9	3.7	15.0	4.1	12.7	2.6
泗阳县	2.9	2.1	13.1	6.2	12.0	4.1
泗洪县	2.7	1.6	9.1	5.8	8.1	3.0

4. 低收入农户分布基本均衡。若将16个县(区)低收入农户按人均纯收入分组,可以清晰发现这一现象。600元以下5.4万户,占11.3%;600~800元9.9万户,占20.5%;800~1000元11.4万户,占23.6%;1000~1200元10.3万户,占21.3%;1200~1500元11.3万户,占23.3%。详见表3。

表3　低收入农户按人均纯收入分组

合　计	低收入户数(万户)	占低收入总户数比重(%)	家庭常住人口人口(万人)	家庭常住人口占低收入总人口比重(%)
合　计	48.3	100.0	164.2	100.0
300元以下	0.4	0.8	1.0	0.6
300~400元	0.8	1.7	2.1	1.3
400~500元	1.4	2.9	4.0	2.4
500~600元	2.8	5.9	8.2	5.0
600~700元	4.9	10.1	14.9	9.1
700~800元	5.0	10.4	16.3	9.9
800~900元	6.0	12.4	20.3	12.3
900~1000元	5.4	11.2	19.0	11.6
1000~1100元	5.9	12.2	21.0	12.8
1100~1200元	4.4	9.1	16.4	10.0
1200~1300元	4.5	9.3	16.4	10.0
1300~1400元	3.5	7.2	12.6	7.7
1400~1500元	3.3	6.8	12.0	7.3

5. 低收入农户收入来源比较单一。主要来自种植业和养殖业。2003年低收入农户家庭全年纯收入中,46.8%的纯收入来自种植业,12.4%的纯收入来自养殖业,两项合计59.2%,即近六成,较江苏省平均水平高近30个百分点。打工收入占家庭纯收入31%,较江苏省平均水平低近20个百分点。调查发现,收入水平越低来自种植业和养殖业比例越高,且收入水平越低,种田、养殖收益越低。其原因主要是投入少、素质不高,技术水平差。详见表4。

表4　低收入农户收入来源构成情况

	人均纯收入(元)	其　中		
		来自种植业收入比例(%)	来自养殖业收入比例(%)	来自打工收入比例(%)
综合平均	965	46.8	12.4	31.0
300元以下	225	74.8	11.9	5.5
300~400元	347	72.1	13.0	6.8
400~500元	444	68.9	13.6	9.0
500~600元	543	63.2	13.7	12.8
600~700元	641	59.3	14.1	16.0
700~800元	742	54.7	13.8	21.2
800~900元	837	51.8	13.7	24.6
900~1000元	941	48.8	13.2	28.9
1000~1100元	1034	46.1	12.5	32.3
1100~1200元	1139	43.6	11.9	35.1
1200~1300元	1235	41.3	11.5	37.4
1300~1400元	1338	39.7	11.3	39.6
1400~1500元	1440	37.6	10.8	41.2

6. 低收入农户人均耕地较少。2003 年底低收入农户拥有耕地 185.8 万亩，人均 1.13 亩，较当地平均水平低 0.1 亩。调查发现，收入越低拥有耕地也越少，在低收入农户收入来源渠道不多的情况下，耕地多少直接决定其收入的高低。分组计算耕地与收入之间的相关系数高达 0.95，呈高度正相关。详见表 5。

表 5　低收入农户耕地与收入情况

	人均纯收入(元)	人均耕地面积(亩)
综合平均	965	1.1
300 元以下	225	0.8
300～400 元	347	0.9
400～500 元	444	1.0
500～600 元	543	1.0
600～700 元	641	1.1
700～800 元	742	1.1
800～900 元	837	1.1
900～1000 元	941	1.2
1000～1100 元	1034	1.2
1100～1200 元	1139	1.2
1200～1300 元	1235	1.2
1300～1400 元	1338	1.2
1400～1500 元	1440	1.2
相关系数	0.9477	

7. 低收入农户赡养人口多，负担重。2003 年低收入农户劳动力负担系数 2.9，较当地平均水平高 0.64。负担系数越高，收入越低，两者相关系数高达－0.97，呈高度负相关。详见表 6。

表 6　低收入农户负担与收入情况

	人均纯收入(元)	劳动力负担系数
综合平均	965	2.9
300 元以下	225	4.0
300～400 元	347	4.2
400～500 元	444	4.0
500～600 元	543	3.8
600～700 元	641	3.5
700～800 元	742	3.2
800～900 元	837	3.0
900～1000 元	941	2.8
1000～1100 元	1034	2.7
1100～1200 元	1139	2.6
1200～1300 元	1235	2.5
1300～1400 元	1338	2.4
1400～1500 元	1440	2.4
相关系数	－0.9702	

8. 低收入农户外出打工人数较少。2003 年低收入农户劳动力总人数为 57.4 万人，其中：外出打工人数 18.1 万人，占劳动力总数的 31.5%，较当地平均水平低近 5 个百分点。分组看，打工比例越高，收入也越多，两者相关系数高 0.99，呈高度正相关。详见表 7。

表 7　低收入农户打工与收入情况

	人均纯收入(元)	外出打工人数占劳动力人数比例(%)
综合平均	965	31.5
300 元以下	225	4.9
300～400 元	347	6.5
400～500 元	444	9.6
500～600 元	543	13.1
600～700 元	641	17.8
700～800 元	742	22.8
800～900 元	837	26.4
900～1000 元	941	30.3
1000～1100 元	1035	34.3
1100～1200 元	1139	36.6
1200～1300 元	1235	40.1
1300～1400 元	1338	41.9
1400～1500 元	1440	43.6
相关系数	0.9936	

9. 年老体弱、无劳动力者居多。人口老龄化是整个社会面临的一大问题，而且随着生活条件和质量的提高，老年人口将越来越多。在城市的老人有其生活保障，在农村则多数由子女赡养，没有子女的则进养老院。从调查资料看，户型结构为 1 人户和 2 人户的年老者占 31%左右。1 人户有 5.6 万户，2 人户有 9.4 万户。可见低收入农户中年老体弱者、无劳动力的家庭户居多。

(二)低收入农户的经济特征

为更深入了解低收入农户特征，我们从农村住户调查资料中找出人均纯收入低于 1000 元的 94 户农村住户记账户，分析其经济特征：

1. 家底薄，资源拥有量少。根据 94 户人均纯收入低于 1000 元低收入农户的调查，年末拥有固定资产中，住房价值人均 4974.2 元，生产性固定资产原值人均 1144.6 元，分别比江苏省农户少 47.1%和 9.1%；低收入农户年末拥有的金融资产人均还不到江苏省户人均一半。

2. 收入来源单一，主要依靠家庭经营和第一产业。从农村居民家庭总收入来源的四大构成"工资收入"、"家庭经营收入"、"财产收入"和"转移收入"情况看，低收入农户总收入中"家庭经营收入"占 73.5%，比江苏省农户高 15.5 个百分点。在低收入农户的"家庭经营收入"中，第一产业收入占 86.4%，比江苏省农户高 13.8 个百分点。低收入农户中更多的是纯农户。

3. 生产经营的组织化、社会化程度低。低收入农户中参加各类专业性合作经济组织的农户占 6.2%，低于江苏省农户 4.2 个百分点。低收入农户总收入和家庭经营收入总收入中，实物收入的比重为 28.6%和 37.9%，分别比江苏省农户高 9.5 和 5.9 个百分点。

4. 简单再生产和扩大再生产能力弱。从近三年的情况看，低收入农户当年人均纯收入扣除其人均生活消费支出后所剩无几，都仅有百余元，如果不动用积存或举债，简单再生产也难以维持，更谈不上扩大再生产。

(三)生活消费特征

为了更深入了解低收入农户特征，我们从农村住户调查资料中找出人均纯收入低于 1000 元的 94 户农村住户记账户，分析其消费特征：

1. 生活消费支出数量少，恩格尔系数高。低收入农户生活消费总支出人均仅1340.8元，是江苏省农户的57.4%。低收入农户家庭食品消费支出占家庭生活消费总支的比重，即恩格尔系数为50.6%，比江苏省农户高7.1个百分点。

2. 衣食消费水平低，勉强维持温饱。从穿的方面看，低收入农户衣着消费的现金支出年人均仅62.3元，只有江苏省农户平均水平的一半。从吃的方面看，低收入农户食品消费质量不高，主要表现为副食品消费水平过低。其中肉禽及其制品人均消费10.4公斤、水产品4.9公斤、蔬菜及制品88.8公斤、水果及制品11.7公斤，分别仅相当于江苏省农户的42.8%、36.7 %、23.2 %和44.3%。此外，低收入农户食物消费主要来源于自给性生产，商品性的食物消费较少，年食品现金消费支出仅占食物消费的50.7%，比江苏省农户低11.1个百分点。

3. 住房条件差，耐用消费品少。低收入农户人均年末住房面积23.1平方米，仅相当于江苏省农村人均水平33.7平方米的68.5%，其中楼房面积人均6.9平方米，占住房面积的29.9%，低于江苏省农村水平28.6个百点。从主要耐消费品方面看，低收入农户每百户年末有彩电34.9台、洗衣机26台、热水器1.8台、摩托车15辆、电话机(含移动电话)33.8部，分别比江苏省农户少19、20、10.4台和13.5辆、26.2部。其它一些高档耐用品低收入农户基本没有。

4. 文教消费支出少，精神文化生活较贫乏。2003年，低收入农户的文化教育娱乐用品及服务支出人均仅167.2元，只相当于江苏省农村平均水平的62.2 %，其中，用于文化教育娱乐用品方面的支出人均仅15.2元，不到江苏省农户的1/4；用于文教、娱乐服务支出人均152.0元，相当于江苏省农户的68.6%。

二、多种制约：低收入农户发展的主要制约因素

低收入农户的形成既有社会方面因素，又有农户自身的原因，实际上它是一系列自然和社会经济现象共同作用的结果，如自然地理环境、个人文化素质和外部因素等都是引起部分收入低下的直接或间接原因。低收入农户作为社会的弱势群体引起了社会高度关注，但从目前看，由于低收入农户的自身特点及外部条件的局限，要使他们在短期内收入水平有一个明显的增长还受以下条件制约：

(一)客观自然地理因素

1. 地理环境的影响。地理环境的偏僻，自然资源的贫乏，经济基础薄弱，加上许多地方交通不方便、信息闭塞、劳动就业机会少等因素，大多数农民只能“面朝黄土背朝天”在耕种田地，从事传统的单一产业，收入水平长期维持在一个较低的水平，在本地寻找新的致富门路难度很大。自然地理环境的劣势是低收入农户的主要产生地区。低收入农户外部环境先天不足，立足本地致富无门。从16个县看，低收入农户大多分布在沿废黄河沿线地区和沂河沿线，这些地区资源贫乏，经济基础薄弱，加上人口分散、交通不便、信息闭塞，大多数农户只能在当地从事传统的单一产业，收入水平长期维持在一个较低的水平，在本地寻找新的致富门路难度很大。根据调查，沿废黄河沿线地区各县低收入农户高达25万户，占16个县低收入农户总量的52%。

2. 产业行业的影响。

一是行业收益差距导致纯农户收入水平低下。行业的收益差距主要表现在农业与非农业间的差距。从调查资料表明：纯农业和非农行业间的差距是越来越大，农民收入的绝大部分主要来自于非农行业，占到整个农民收入的80%左右，而纯农户的收入主要来自于农业。因此纯农户大多数已处于收入的最低层次。根据调查资料统计，16个经济薄弱县低收入中，100%的纯农户比例占25%，这些农户2003年的农民人均纯收入仅有807元。

二是农业劳动力转移缓慢，农业增收空间狭小。从调查资料得知，16个经济薄弱县低收入中，100%的纯农户比例占25%，除了农业比较效益低的因素外，劳动力转移缓慢，农业队伍过于庞大也是重要原因。要使农业成为高收入的行业，关键是减少农业劳动力，实现农村劳动力的有效转移，但这恰恰是低收入农户的难点所在。在48.3万低收入农户中，只有16.8万户有人外出打工，占1/3。这些户虽然有人外出打工，但是由于文化低，无技能，外出打工收入少的可怜，16.8万户外出打工农民人均纯收入仅1072元。

(二)主观因素：个人文化素质较低、家庭经济基础薄弱是导致低收入的又一重要因素

1. 低收入农户劳动力文化素质相对低下。劳动力文化素质低下是当前农民致富中的障碍和“拦路虎”。从农村住户抽样调查资料看，农村低收入群体也是低文化素质的群体，因此增加低收入农户

收入的关键在于提高他们的文化素质和劳动技能，但由于文化素质的提高是一个渐进的过程，加上教育投资成本过高，对低收入农户来说是一个沉重的经济负担。

2. 低收入农户劳动力负担系数大。从 16 个经济薄弱县低收入农户资料中已经看到，低收入农户的劳动力负担系数都比较高，在劳动收入相同的情况下，负担系数的差距直接表现为人均收入的差距。

3. 低收入农户家庭经济基础薄弱。收入少，负担重，经济条件差，家庭底子薄弱，缺乏足够的经营资本，难以扩大生产规模，哪怕是扩大种田规模也是一件困难的事，同时也更经不起生产和经营风险的冲击，导致收入水平难以提高。

4. 教育投资成本过高，低收入家庭劳动力素质提高缓慢。教育与收入相关性极大，甚至可以说教育的差距是贫富差距的核心。从农村住户抽样调查资料看，江苏省的低收入群体也是低文化素质的群体。因此，增加低收入农户收入的关键是提高低收入农户劳动力的文化素质，但由于文化素质的提高是一个渐进的过程，加上教育投资成本过高，对低收入农户来说是一个沉重的经济负担，如 2001 年江苏省农村有 8.9%的家庭学费支出占家庭纯收入的 20%以上，其中 4.8%的家庭学费支出占 30%以上，加上其他一些杂费开支，低收入农户的教育支出远远超出经济承受能力，致使许多学习成绩优异的低收入家庭孩子因交不起学习费用而辍学，低收入农户新增的劳动力的文化素质提不高，也就难以走出低收入行列。

5. 农业劳动力队伍庞大，农业增收空间狭小。低收入农户中纯农户的比重大，除了农业比较效益低的因素外，农业经营队伍过于庞大也是重要原因。要使农业成为高收入的行业，关键是减少农业劳动力，但这恰恰是农业产业中的难点所在，一方面是城市经济正处于产业结构调整阶段，城市失业问题突出，对农村剩余劳动力的吸纳空间越来越小；另一方面乡镇企业也处在转型时期，面对激烈的市场竞争，自身的生存和发展也受到严峻考验，无法吸纳更多的农业劳动力。这些因素决定了今后相当长一段时间内，农业仍是一个相对低收益的产业。

（三）自身特定因素的制约

影响农村低收入农户收入的因素较多，为了查清原因，找出切实可行的对策，我们对调查户进行了问卷调查。从调查的 48.3 万户低收入农户首选原因分析，低收入农户的贫困主要是病、残、灾所致，具体情况如下：

1. 因病致贫占 37.5 %。在 48.3 万户低收入农户中，首选因病影响收入的有 18.1 万户，列各因素之首，占低收入总户数的 37.5%。生病的人越多，收入就越低。调查中发现，近年来，农村经济得到了较大的发展，但生态环境也在急剧恶化，各种疾病的发病率在一些地方急剧攀升，而农村原有医务室也由个人承包经营，药价一年比一年高。农村低收入人口一旦生病，一般拖着挨着，小毛病得不到及时治疗。有些家庭主要劳动力生病长期不看病酿成大病，原来还能到外地打工，现在只能在家从事农业生产，影响了增收。虽然，目前推行了农村合作医疗，但小病又得不到救助，大病也只能报销一小部分。一个家庭只要有一个人生病，特别是主要劳动力生病，一个家庭就走进低收入行列。

2. 因残致贫占 18.0 %。在 48.3 万户低收入农户中，首选因残影响收入的有 8.7 万户，列第二位，占低收入总户数的 18%。残疾人越多，家庭收入就越低。在农村调查中发现，一部分残疾家庭，只能从事农业生产，少数只能在一些福利企业挂名，每月领取少量的补贴收入。很多重残农民，只能依靠残联发放的一点救济金生存，没有任何其他收入。

3. 因灾致贫占 15.7 %。在 48.3 万户低收入农户中，首选因灾影响收入的有 7.6 万户，列第三位，占低收入总户数的 15.7%。2003 年淮河流域发生的大洪水，使许多本不富裕的家庭重又陷入困境。

4. 无劳力或缺少劳力致贫占 11.6 %。在 48.3 万户低收入农户中，首选因无劳力或缺少劳力影响收入的有 5.6 万户，列第四位，占低收入总户数的 11.6%。家庭无劳动力，收入就低。这种农村低收入家庭在以前表现不明显，也只是在 20 世纪 90 年代后期才突出，是一种新的影响农民收入的原因。原来农村低收入人口地区大都是人多地少，劳动力过剩，在 80 年代和 90 年代初，就是有了劳动力也没有出路，劳动力的多少并不是影响收入的重要原因。到了 90 年代后期，随着市场经济的发展，农村低收入地区交通及信息的改善，农村低收入地区农民纷纷外出打工。低收入家庭有一个劳动力外出打工，几年下来就可脱贫。到了 21 世纪初，独生子女家庭越来越多，能外出打工的人相对减少，有些老年夫妻家庭，只能种几亩地维持基本的生活，无法通过其他途径增加收入。

5. 多子女占 5 %。在 48.3 万户低收入农户中，首选因多子女影响收入的有 2.4 万户，列第五位，占低收入总户数的 5%。本次调查多子女是指 3 个孩子以上，子女越多，家庭收入就越低。在农村调查中发现，仍然有部分家庭没有走出越穷越生，越生越穷的恶性循环。

6. 五保户占 3.5 %。在 48.3 万户低收入农户中，有 1.7 万户为五保户，占低收入总户数的 3.5%。主要是分散抚养且标准较低。有的地方仅多给五保户 1～2 亩耕地，就作为五保的措施。

7. 无耕地或耕地较少占 1.5 %。在 48.3 万户低收入农户中，首选因无耕地或耕地较少影响收入的有 0.7 万户，占低收入总户数的 1.5%。近年来，随着经济的发展，各项建设用地增多，农民土地被征收后，大多是一次性补偿，没有建立长效补偿机制，且补偿标准很低，有的还不到位。主要依靠土地收入而生存的农户，其土地被征用后，必然影响其收入。

8. 其他占 7.2 %。在 48.3 万户低收入农户中，首选因其他因素影响收入的有 3.5 万户，占低收入总户数的 7.2%。这部分多数是单纯种田的农户。

三、促进低收入农户收入增长的对策选择

支持帮助低收入户的发展，是实现城乡统筹发展的重要手段。低收入农户的形成有许多成因，如残疾人群体、因病致贫、多子女负担重、年老体弱、耕地少等，并且与所在的地区和环境有着相关的联系要想解决这部分低收入农户群体解困脱贫的难度越来越大，特别是缺乏基本的生产生活条件，没有致富的能力和技术的低收入农户群体难度就更大。因此，解决农村低收入群体的增收问题，促进农民整体收入水平提高，既是江苏省的当务之急，也是一项长期而艰巨的任务。因此必须因地制宜，区别对待，针对不同的低收入农户采取不同的帮扶政策和措施，有效地增加低收入农户的就业机会，从而加快增收步伐，让低收入农户走出贫困的“低谷”。

（一）确定合理的扶贫对象，切实做到扶贫到村到户

根据低收入人口统计调查的成果，确定贫困线（或重点帮扶的低收入人口线）和重点帮扶村的标准。

1. 科学确定江苏省的贫困线。目前国际上一些发达国家和发展中国家通常把 20%最低收入人口作为相对贫困的判断标准，不管物价和经济走势如何，都把 20%最低收入人口视为贫困人口。照此测算，江苏省农村贫困人口超过 1000 万，扶贫所需人力、物力、财力均难以承受。我们了解到，与江苏省经济发展水平相当的广东省、浙江省均把贫困线定在 1500 元，福建省定在 1100 元，山东省定在 1000 元。

根据江苏省 2003 年度统计资料，江苏省农民人均纯收入低于 1700 元的农户数占江苏省农村总户数的 10%，共有 560 万人。其中，苏南 5 市有 56 万人，占当地农村人口 4.5%；苏中 3 市有 130 万人，占当地农村人口 10.1%；苏北 5 市有 374 万人，占当地农村人口 15.1%；苏北 16 县有 270 万人，占当地农村人口 18%。

如将农民人均纯收入 1500 元确定为贫困线，则江苏省共有 450 万人，占农村总人口 8.7%。其中，苏北 16 个县有 164.2 万人，占当地农村人口 12.4%。

如将农民人均纯收入 1200 元确定为贫困线，江苏省共 200 万人，占农村总人口 4%，其中苏北 16 县 123.1 万人，占 9.31%。

参照周边省的划分标准和江苏省的实际情况，建议江苏省农村的贫困线确定为 1500 元。年家庭人家纯收入在 1500 元以下的低收入农户就列为帮扶的对象，苏北 16 县共有 48 万户，164 万人。其中无劳动能力（含五保户）14.6 万户，28.1 万人，有劳动能力的贫困户 33.7 万户，136.1 万人。

2. 明确重点帮扶的贫困村。在到户调查的基础上，根据这些贫困户的分布情况，确定重点帮扶的贫困村。根据被调查村中低收入农户所占全村农户比率，可以测算出低收入农户占 20%的村有 577 个，占 15%的村有 2357 个。江苏省的贫困村可以根据各村贫困户所占比重超过 17%，村级债务在 50 万元以上，村里楼房及土墙瓦顶房的比率，村总体收入水平加权汇总，可以定下 1000 个省级经济薄弱村来重点帮扶。

（二）分类指导，确定可行的到户到村政策

对经省审定后的贫困户和贫困村进行公示，无异议后，确定他们为帮扶对象，进行登记造册，再来确定帮扶目标和帮扶办法。除去低保解决的 60 万

人，帮扶对象约100万人，约30万户家庭。

1. 在低收入人口方面：

(1)进一步建立和完善农村社会保障体系。及时有效地保障农民特别是低收入农户的基本生活，是促进社会经济发展的客观要求。最近几年16个县(区)农村开展社保扩面，对农村尤其是生活没有保障的农民是一大“福音”。如何把低收入农户特别是一些年老体弱、没有劳动能力的农户保障起来，逐年提高低保线，从根本上保障低收入农户的基本生活，是政府应该重视的一大善举。对无生产能力、土地较少的农户实行最低生活保障线。对无劳动能力的农户，采取低保措施给予保障。凡家庭人均纯收入低于800元的63万人中，符合农村低保条件的按低保政策落实到位，给予必要的保障。

(2)切实减轻低收入农户的负担。对登记造册的贫困户免除一切税费。低收入农户经民主评议可以免除一事一议筹资筹劳，农业税、社减优先。在调查中，贫困农户的这些费用往往由于家庭困难无法支付，部分由乡村财力代为垫付，又形成了新的村级债务，建议免除。按每人平均负担50元测算，共免除8200万元，其中合作医疗保险费用1640万元，建议通过财政转移支付或由苏南挂钩县承担。各地标准不同，费用不太一样，但基本有以下几个方面：①一事一议，15元/人；②工程水费，12元/亩；③治安费，3元/人；④合作医疗保险，10元/人；⑤两劳酬工，8元/人。

(3)组织省、市、县、乡、各后方单位，包村，结对帮扶低收入农户。省里处级以上干部每人帮两户，每户人均年出资不少于500元。省、市、县各级领导要切实落实帮扶工作，要深入基层，但不得增加基层负担。对江苏省现有劳动力的30万户低收入农户，每年帮扶10万户，争取3年全部脱贫。省级机关中，农口部门每个单位帮扶3～5个村1000户左右，其他单位帮扶1个村，企业集团每个单位帮扶2个村，高校单位帮扶2个村，苏南帮扶2个村。帮扶绩效要列入考核，苏南各级政府要成立相应的班子来组织运作对口帮扶的工作。

(4)给低收入的孩子送去免费教育的大餐。要从根本上消除、杜绝新的文盲和较低学历人群的产生。特别是农村低收入农户的儿童失学辍学问题，应引起各级党委、政府的高度重视。首先，要加大教育投入，改善贫困镇村的办学条件和教育设施。其次，要抓好普九教育，保证农村低收入农户儿童都能上学，提高适龄儿童入学率，消除辍学现象，从源头上堵住新的文盲产生。要认真贯彻执行《义务教育法》，并采取积极可行的助学措施，减免农村低收入农户儿童的学杂费用，保证低收入失学辍学儿童返校就读，杜绝“新文盲”。切实保障低收入家庭子女就学。第三，建立和健全扶持农村低收入农户的学生接受义务教育的助学制度，对低收入家庭的学生能免杂费、免书本费、补助寄宿生生活费，对其接受较高教育的农村低收入农户的在校生，减免学杂费。积极开展社会捐助、结对帮扶助学等活动，动员社会力量帮助农村低收入农户子女完成学业，使他们不因家庭经济困难而辍学或失学。调查中表明，被调查地区仍存在着义务教育阶段的少年儿童失学辍学率偏高现象，尤其是特困家庭子女，问题尤为突出。建议江苏省从2005年起对贫困户子女义务教育阶段免除学杂费。具体由省教育厅、财政厅、扶贫办负责落实，由省教育厅统一印制和发出的学生书杂费免费证书，学生凭证书办理入学手续。省财政厅、教育厅每年以县(市、区)为单位，按学生免费证书数量，核定书杂费金额，联合拨付到各县(市、区)教育局补给相应的学校。江苏省调查低收入家庭学龄儿童28.73万人，按每人400元/年计算，财政需要每年划拨1.15亿元的专项资金。

(5)加大金融对低收入农户的生产扶持力度。调整农业生产结构，发展二、三产业，都离不开资金的支持。低收入农户的收入基本用于生活，扩大再生产对他们来说是相当困难，所以改革农村金融体制，降低低收入农户的贷款门槛，尽可能为他们提供方便。各项“富民工程”、科技项目应首先考虑低收入家庭，把资金和技术送到他们手中，尽快使他们脱贫致富。要扩大小额扶贫贷款的支持面和支持数额。扩大单户贷款额度到5000元，扩大大户带动贫困户的比率。新增财政担保资金2500万，使担保资金达到1.25亿元。扩大担保资金与放贷资金的比率，由1∶3提高到1∶4，使贷款总额度达到5个亿，同时相应配套贴息和核销的奖励资金4000万元。

(6)对耕地较少的农户采取优先转移劳动力等措施帮助他们脱贫。

2. 在经济薄弱村方面：

(1)以实施“农村基础设施建设工程”为载体，改善低收入农户群体的生产、生活环境。环境的改善，对贫困地区的发展起着举足轻重的作用。要进一步加强农田水利以及道路交通、邮电通讯、输电线路等基础设施的建设。改变贫困地区封闭落后的状况，进一步加强农业抵御自然灾害的能力，为加大农村经济建设力度打好坚实的物质基础。对贫困村的基础设施的建设全面优先安排。农村五件实事为农村基础设施建设起到了积极作用，但经济薄弱村配套资金跟不上，制约着公益事业的发展。建议省市各级进一步加大对经济薄弱村基础设施建设的力度，增加硬性投入。每个村一次给予补助50万元基础建设资金，1500个贫困村，共需7.5亿元。建议用于广电、卫生、教育、水利等专项资金统一扎口，分三到五年逐步实施。

(2)原财政安排的经济薄弱村补贴相应增加。税费改革、农业税取消对村级经济收入带来了一定影响。建议省、市两级要进一步加大对经济薄弱村的财政转移支付力度，确保每个经济薄弱村年可用财力达到10万元左右。

(3)推进智力扶贫。对贫困村，由市县乡安排后备干部担任村支部书记，要求一干三年。经济薄弱村要发展，首先要有一个好的领导班子，充分发挥基层党组织的领头雁作用。各级党委组织部门要从有关部门、单位抽调有培养前途的年轻干部到各经济薄弱村任职，帮助其改变观念，发展经济。同时，要进一步提高村干部的待遇，稳定村干部队伍，解决村干部的后顾之忧。

(4)开展挂钩帮扶，苏南富裕乡村与苏北贫困乡村结对帮扶。

(5)妥善消化贫困村村级债务问题。对根据有关指标确定的1000个贫困村，其平均村级债务为100万元，大大高于调查中16个县平均每村40万元的水平。建议省财政通过转移支付支持。

(6)要因地制宜发展经济。要积极帮助经济薄弱村发展一批适合当地实情的项目，宜工则工，宜农则农，宜商则商。要积极帮助经济薄弱村引进项目，拓宽招商引资的渠道，鼓励当地或引进有实力的企业或能人大户到这些村带动经济发展。

(三)扶持与发展并行，输血与造血并重，根据当地实际，扶贫采取多种形式，努力促进经济薄弱地区的农业和农村经济的跨越式发展

利用16个经济薄弱县土地资源的相对丰富、劳动力价格相对低廉的优势，大力推进农业综合开发，做好绿色农产品、绿色旅游产品的开发，扩大区域合作，加快贫困农村劳务输出和人口迁移，接受经济发达地区的产业转移，引导企业按照优势互补，共同发展的原则，大力开展经济合作，鼓励全社会参与扶贫开发，不断增强新时期贫困农村的造血功能，使江苏省的经济薄弱地区摆脱落后的面貌，逐渐强壮起来。坚持产业扶贫，通过政策激励、资金扶持、技术指导，鼓励、引导贫困村、组和农户根据当地生产特点和优势大力发展果品、蔬菜、畜禽等产业，实现由“输血式”扶贫向“造血式”扶贫的转变；坚持项目扶贫，以项目为载体，以改善农民生产、生活条件为重点；坚持科技扶贫，通过科技示范活动，增加农村低收入农户生产中的科技含量；坚持帮建扶贫，采取单位包镇村、干部包户的办法，建立帮扶关系，开展“一对一”结对帮扶活动；政府要加大财政扶贫力度，切实保障政府对农村低收入农户扶贫资金的投入。加强扶贫资金的管理，建立专用帐户，增强扶贫资金使用的社会透明度，努力提高扶贫资金的使用效益。

(四)加强对农村劳动力的文化素质培训，增长知识和劳动技能，是低收入农户增加收入的基础

加强对低收入群体的实用技术、技能培训，提高自我解困脱贫能力。政府和社会要利用现有的教育基础设施和科技人员，增加财政收入，抓紧抓好对低收入农户现有劳动力的培训工作，帮助他们拓宽生产经营活动的门路，提高他们对市场经济的适应能力，以达到促进其增收的目的。提高劳动力素质是一项长期的渐进工程，政府和社会要利用教育基础设施和科技人员，抓紧抓好对低收入农户现有劳动力的培训工作，让他们掌握一技之长，为致富找到门路。对贫困户有劳动能力的，要求地方政府组织进行培训，按照每人200元的标准给予补贴或发放培训券，由地方劳动部门进行培训。切实搞好低收入人口的培训，以提高农户自身素质。及时传授新技术、新品种和新项目，促进增收致富。要加强低收入人口劳动技能的培训，加大劳动力输出的力度，增加劳务收入。调查中的劳动力人口有38.22万人，按50%选取有致富愿望和积极性的给予免费培训，按每人200元计算，共需安排3800万元的培训经费。采取发放培训卷的方式，由省劳动厅、省扶贫办负责组织落实。

(五)要建立对农村低收入人口的监督管理体制，跟踪农村低收入人口的动态变化

这次的农村低收入人口统计调查是静态的调查，但目前农村的实际情况是脱贫返贫共存。一方面，农村贫困继续产生的各种潜在因素依然存在。最突出的是因病、因残、因灾、因年老或家庭失去主要劳动力而导致贫困的情况还不断产生。另一方面，由于贫困标准比较低，只是解决了温饱问题，部分人实际上是满足贫困人口最低生存的需要，发展能力非常弱，不稳定，极易返贫，必须重视这一动态过程，将具体扶贫任务层层分解，做好监督管理和跟踪分析。同时，采取切实措施做好农村低收入人口信息库和数据库的维护工作，建立农村低收入人口电子档案，为各级政府开展扶贫开发工作，积累信息资源，提供可靠资料。对贫困农户要实行跟踪动态管理，要加强对各部门落实的帮扶任务考核力度，着重看帮扶绩效。

（六）增强农村低收入人口的自我发展能力

目前我们面临的农村贫困，不单是物质的匮乏，还在于沉积于灵魂深处的思想精神贫困。因此，要从思想、劳动技能、自身素等方面加大培训力度，不断增强其自我发展能力。

（七）进一步强化扶贫的组织化水平

扶贫部门的工作职能和权限，增强扶贫工作队伍的力量，设置扶贫专职机构，配备相应工作人员。特别是乡镇，是扶贫工作的最前线，应设置扶贫委员或者是扶贫助理，强化工作力量。

4

土地

土地：农民的生存之本
——安徽省农村土地承包及流转情况调查报告

安徽省农调队课题组*

2004年，安徽省农调队在31个调查县中抽取8个县开展了农村土地承包情况调查。对农村住户调查共计8个县的56个乡（镇）、80个行政村、800农户进行分乡（镇）、村和农户三级调查，由调查员直接进乡入户开展调查。

一、总体情况

本次调查对安徽省的8个县的56个乡镇，共辖1015个行政村，14609个村民小组，503597户农户，拥有耕地238.59万亩，山场166.15万亩，水面21.58万亩。调查的80个行政村共有43307户农户，169166人，耕地面积17.01万亩，山场面积17.72万亩，水面面积1.12万亩。调查的800户国家农村住户调查户家庭常住人口3350人，承包耕地面积4101.09亩，承包山场面积1945.69亩，承包水面面积71.3亩。

（一）土地二轮承包未完成情况

1、56个乡镇调查未签定土地二轮承包合同的村有52个，占5.12%；涉及的村民小组660个，占4.52%；涉及的农户有15285户，占3.04%；涉及的耕地55412亩，占2.32%。土地承包经营权证书未发放到户的有30242户，占6.01%。

2、80个调查村未签定土地二轮承包合同的农户有2554户，占5.90%；涉及的耕地10833亩，占6.29%；土地承包经营权证书未发放到户的有3094户，占7.14%。

3、800农村住户调查户中，1995年以来未签订土地二轮承包的农户有25户，占3.13%；涉及的耕地89.58亩，占2.18%；土地承包经营权证书未发放到户的有46户，占5.75%。

调查资料反映，未完成土地二轮承包地区主要集中在本次调查的泗县和金寨县两县。土地承包经营权证书未发放到户也集中在这两个县，其中泗县有26户，金寨县有20户。

（二）土地抛荒情况

1、乡镇调查表反映抛荒土地20190.9亩，抛荒时间在1～2年的有9080.4亩，占土地总面积的0.21%；2年以上的11110.5亩，占土地总面积的0.26%。

2、村调查表反映抛荒土地1310.9亩，抛荒时间在1～2年的有563.6亩，占土地总面积的0.17%；2年以上的719.5亩，占土地总面积的0.16%。

3、800农户中，抛荒土地7.12亩，抛荒时间在1～2年的有5.05亩，占土地总面积的0.08%；2年以上的2.07亩，占土地总面积的0.03%。

由此可见，由于国家对“三农”的政策倾斜，农业生产比较利益上升，农民种粮积极性显著提高，土地抛荒现象与前几年相比明显减少。

---

* 课题组成员：毛孟毓、李淮治、周为、余向阳。

(三)土地流转情况

1、乡(镇)发生土地流转总面积191901亩,其中,耕地147047亩,山场27522亩,水面17331亩;分别占耕地、山场、水面总面积的6.165%、1.66%、和8.03%。

2、村发生土地流转总面积12771.8亩,其中,耕地11029.8亩,山场1480亩,水面262亩;分别占耕地、山场、水面总面积的6.4%、0.84%、和2.35%。

3、800农户中,有200户发生了土地流转,土地流转总面积692.35亩,农户流转土地集中在承包的耕地上,其占耕地面积的比例达到16.88%。其中,有89户通过转包耕地412.49亩,29户租赁耕地76.27亩;有12户转让耕地26.27亩,14户转给他人承包64.6亩;有7户出租给他人6.73亩。

农村土地流转以农户自发形式为主,约占到2/3。由于近些年来安徽农村外出劳动力打工的快速增长,农村土地自发流转的行为和比重仍将会持续上升。

(四)征占用土地情况

1、56个乡镇占用土地37215.96亩,涉及农户29835户,目前共补偿13220万元,26231户得到补偿,还有2841户至今没有得到补偿。另有134719.61亩耕地改变了用途,其中111188亩退耕还林,23531亩改作它用。

2、80个村中占用土地4762.39亩,涉及农户5354户,其中完全失去土地的有619户,涉及1701人;按有关规定应补偿2736万元,目前已补偿2688万元,3747户得到补偿,还有1149户至今没有得到完全补偿。另有9567.09亩耕地改变了用途,其中6889.49亩退耕还林,2677.6亩改作它用。

3、800户农民被占用耕地46.5亩,涉及56户,其中完全失去耕地的有1户,涉及3人。按有关规定应补偿26.43万元,但目前已补偿25.63万元,占应补偿金额96.97%;49户得到补偿,还有7户至今没有得到补偿。另有158.05亩耕地改变了用途,其中86.39亩退耕还林,71.6亩改作它用。

农村征占用土地补偿问题至今没有很好解决,涉及的人数众多,极易激发地方的干群关系恶化。

二、农村土地承包流转中存在的主要问题

(一)土地二轮承包工作不尽完善

从56个乡(镇)调查结果来看,未签订二轮承包合同的涉及52个村、660个组、15285户农户;分别占村、组、户的5.12%、4.52%、3.04%。80个村的调查结果来看,未签订二轮承包合同的涉及2554户农户、10175人;分别占农户和人口的5.9%、6.01%。

金寨县反映,该县调查的7个乡镇未签订二轮承包合同的村、组、户和人口的比重分别是18.25%、8.21%、6.04%、7.81%。据了解,各乡镇所报数字,都有不同程度的隐瞒的现象,实际情况要比上报数字要大。仅开顺和南溪两村就有1/3农户没有签订二轮承包合同。

此外,二轮承包合同的管理存在着严重的保管不善问题,在金寨县10个调查村中只有仙岭村保管较好,当时签订的230份合同都在,但是没有装订,其他村的档案存在档案不全、保管不善,并都有不同程度的丢失现象。

多数农民对二轮承包合同及农村土地经营权证书的重要性认识不足。对于有效期30年,受法律保护的合同证书,保管现状不容乐观。这次调查已经有30%左右的农户拿不出合同和证书。

另据泗县反映,该县县委、县政府曾在1995年调查摸底,核实人口,要求1个月内完成土地交接。随后几年,又不断地对此项工作进行监督、检查,但是到目前为止,仍有1/3的农户没有签订土地承包合同,一半农户没有拿到土地承包经营证书。

农民没签二轮土地承包合同的主要原因:是土地分配不公。

前些年,农民负担主要是按田亩山场分担,税费负担过重,加上农产品价格偏低,种田的经济效益低下,农民对土地的需求愿望降低了,这也掩盖了土地承包中不公正的矛盾。但随着种田的经济效益回升,农民对土地的需求愿望会逐渐加强。那些二轮承包没有完成的村组,新、旧矛盾若不能妥善解决,将会因农民承包土地而引起更大纠纷现象,应引起有关部门的注意。

(二)土地流转难度大且不规范

1. 农户承包地零星、分散,肥厚贫瘠不均,流转难度加大。由于土地承包到户时,需将土地按质量等级分割搭配,这样就造成农民承包的耕地、山地更加分散,面积小,实行归堆集中的难度较大,加之弃耕的土地质量差,耕种效益低,难以实现有效的土地流转,从而使土地的资源优势得不到充分发挥。尤其是山区农田,其现象特别明显。

2. 流转程序、手续不规范。从调查情况看,农

户自发流转土地几乎都未签订流转合同,而农户与农户之间口头协商的土地流转随意性比较大,即使个别农户之间签订有书面合同也因流转协议条款不齐全,双方权利义务不够明确,合同未能签证和公证,使流转双方的权益得不到有效保障。

3. 流转信息渠道不畅通。由于农村土地供需信息尚未形成区域网络,供需双方的信息不能及时沟通,出现了"要转的转不出去,要租的租不到"这一矛盾。

4. 土地征用有强制占用且补偿费用低现象。交通便利,地势平坦的乡镇,以政府行为或行政手段采取的征占土地现象较为严重。歙县调查的7个乡镇中有4个乡镇有此类征占地现象,征占面积达5473亩,涉及的户数有5126户,其中有些农户已成无地可耕户。征占用土地后补偿执行情况也不是很好,如有少部分农户未补偿到位;有的失地户的安置工作并没落实;大部分补偿金过低,每亩最高的只有7600元,最低的仅有4600多元,其中还含青苗补偿费用。

泗县某乡为了完成县政府安排的招商引资任务而引进的焦碳厂、炼钢厂和棉花收购站等企业,占地100亩左右。其中占用了部分耕地,租金200元/亩,合同规定,使用一年土地支付一年现金。据了解,以县乡政府名义,或县乡政府出面做出安排,占用耕地从事非农建设项目已是普遍现象。1995年以来,该县已占用土地占乡镇上报耕地面积的1.09%,其中大部分为非农业建设用地;除退耕还林外,其他改变耕地用途的占2.9%。

三、对现有土地承包制度的探讨

解放以来,土地制度进行过几次改革,每次改革都促使生产力出现一次飞跃发展。安徽省第二轮地改已有10年,作为阶段性的改革成果,它对安徽省经济的发展起到了重要作用,但是随着农村市场环境的变化以及农业现代化建设的需要,它渐渐变得不适应了。

(一)小规模经营不利于传统农业向现代农业的转型

现代农业要求大规模生产,而以分散的零星田块为代表的现阶段农户小生产决定了绝大多数地区不可能实行规模化生产。2003年,安徽省户均耕地面积仅4.64亩。而农户作为一个相对独立的农业经营单位,田地大多不成片、不集中。因为在第二轮土地承包时,投入产出比大,劳务输出少,就业率低,农民对土地的依赖性非常强。宣州区调查,当时,水利条件是决定农业生产效益的重要因素,于是,处在丘陵地势的农民按照水源好坏将耕地分成几等分,全组农民在每一等分内均分。狸桥镇原昝村乡明星村周家村民组,为平等均分,该村民组人均仅1.1亩水田,在二轮承包后,被分成了三、四块。分散、零星的家庭经营制约了规模化生产,加大了农业生产成本,机械化耕种、收割难以实现,农业生产效益也相对较低。俗话说:"养羊不成群,还得占个人",占人是一方面,还得占用其他经济资源。

(二)土地征用应保护好农民的切身利益

现行的《农村土地承包法》规定,农村土地"属于农民集体所有","由农村集体经济组织或村民委员会经营管理",这表明了农民并没有从根本上获得对土地的真正支配权,不仅村委会有权调整土地,国家也有可能征地。这样农民就存在着失去土地、承担无地可耕的风险。当前,随着经济建设的发展,城市化的加速,土地征用不可避免。农民,作为弱势群体,对于土地征用,没有任何谈判的资格,更谈不上要求合理的经济补偿。而没有了土地,农民就等于没有了职业,没有了收入,没有了赖以生存的保障,一旦沦为无业游民,必然会影响社会安定。

(三)土地流转制度不健全,影响农户的长期经营行为

从实际情况来看,最近几年,虽然土地使用权的流转有所加快,但存在的问题不容忽视:一是使用权流转期限受到承包期限的限制;二是农户土地使用权流转的主体地位没有得到很好保护,土地使用权流转过程中存在地方政府的干涉行为和集体组织代理人的机会行为;三是大部分地区由于市场不发达、农户信用不高等原因,使得土地使用权流转的交易成本过高,流转处于分散和无序状态。土地流转的困难,制约了土地的规模经营,导致土地不能实现优化配置,降低了土地资本的增殖效率。

四、关于土地制度改革的思考和建议

通过调查,我们发现,尽管现行的土地制度不够完善,但大多农户也并不赞成土地私有化。因为任何一项制度的建立都不可能尽善尽美,有利有弊,关键是如何充分发挥其有利的一面,尽量避免

不利的一面。土地私有化虽然使土地成为农民的私有财产，享有土地的所有权、使用权、收益权，可以自由转让、自由买卖；但是土地对大多数农民来说是命根子的观念很深，有些农民，虽已外出务工多年，可耕地还是要攥在自己手里，“宁可抛荒、不可失土”。他们担心外面的世界充满风险，一旦在城里呆不住，最后还得回来守着那几亩地。另一方面，对于那些生活在贫困线上的农民，一旦遇到天灾人祸，急需用钱时，极有可能私有化的土地低价卖出，土地交易不免有失公正，无地农民更加贫苦，两极分化更加严重。因此，在农村没有建立健全社会保障体系，保证农民能得到最基本的生活费收入的前提下，实施土地私有化的条件是不成熟的。但是对土地制度中存在的问题，我们也不能听之任之，必须在充分尊重农民的土地财产权的前提下，进一步完善和改革。为此我们建议：

（一）明晰土地的财产权，并赋予其应有的法律地位

农民希望拥有对土地真正的支配权，即土地使用权利的变动，包括土地流动、集中、收益流向等由自己来处置。一旦法律明文规定，当出现强制征地，他们就可以拿起法律武器，保护自己的合法权益。

（二）完善征地制度

土地征用既要保证国家为了公共利益的需要而用地，又要给农民以公平的补偿。中央一号文件明确规定：各级政府要切实落实最严格的耕地保护制度，按照保障农民权益、控制征地规模的原则，严格遵守对非农占地的审批权限和审批程序，严格执行土地利用总体规划。失地农民希望政府：

1、给予提供就业帮助，并在贷款、税收、场地等方面对失地农民提供优惠政策；

2、鼓励和扶持失地农民发展生产经营，提高自身造血能力，以稳定、增加收入；

3、要求在征地过程中要严格按政策规定操作，保证农民的合法利益，给予合理、及时的补偿；

4、尽快在农村建立养老、医疗保险制度，切实解除失地农民的后顾之忧。

改征用土地为租用土地，对于农民来说，土地出租可长期保证自己的合法权益。

（三）推动土地的有序畅顺流转

建立“自愿、有偿、规范、依法”的土地使用权流转机制，使土地使用权的交易通过规范的市场途径来实现。在土地流转中要尊重农民的意愿，合理确定土地流转的价格，签订土地流转合同，流转期限依法不应超过农户承包期限。规范、发展土地中介机构，利用中介机构解决农民土地流转难，充分发展土地作为农业经济重要的资源作用。如充分发挥土地银行的职能，一是接受土地使用权的分期抵押，为进城创业或务工的农民，提供贷款；二是把进城农民抵押的土地，按期限转贷给实行规模经营的农户。如此，土地银行作为中介，使想多种地的农民，可以从银行贷到耕地；让不愿种地的农民，进城走得放心，免除他们的后顾之忧。

“三农”问题历来是各级党委、政府最关心的问题，党的十六大提出全面建设小康社会，关键在农村。目前，土地仍是“三农”发展的核心。土地问题是影响农民增收的核心制度问题。只有逐步完善土地承包制度，加速土地流转，才能让一部分农民脱离土地，从土地上走出去，加速城镇化建设，促进二、三产业发展；另一部分农民在相对集中的土地上进行规模化耕作，提高农业劳动生产率，推动农业产业化进程，从而促进农业增效、农民增收。

扶农政策效果显现，隐忧尚存
——浙江省耕地利用情况调查

浙江省农调队课题组*

2004年，浙江省委、省政府高度重视粮食生产，制定了一系列制止耕地抛荒和提高土地利用率等扶农、重农政策。为摸清有关政策措施的落实情况及春夏两季浙江省耕地利用状况，我们专门组织力量开展了一次春夏两季农村耕地利用和早稻收益情况调查，本次调查分行政村、农户两个层次，在除舟山以外的10个市、27个县(市、区)开展，浙江省共调查了77个行政村、203户普通农户、36户种粮大户。调查结果表明，当前浙江省高度重视粮食生产的效果已经显现，农户种粮积极性和春夏两季耕地利用率有所提高，早稻播种面积有较多增加，但也还存在一些问题。

一、春夏两季耕地利用现状

从调查数据的分析结果来看，2004年春夏两季耕地利用主要呈现以下特点：

(一)耕地利用率提高

从对浙江省的77个行政村的调查数据汇总情况来看，春夏两季农作物种植面积108833亩，比上年同期增加1950亩，增长1.8%；春夏两季耕地复种指数为95.2%，比上年同期提高3.5个百分点。

从239户农户调查资料汇总情况看，春夏两季农作物种植面积3941.5亩，比上年同期增加1339.6亩，增长51.4%，其中：36户种粮大户春夏两季农作物种植面积2360.8亩，比上年同期增加1050.2亩，增长80.1%；203户普通农户春夏两季农作物种植面积1580.7亩，比上年同期增加289.4亩，增长22.4%。239户农户春夏两季耕地复种指数为63.0%，比上年同期提高15.7个百分点。详见表1。

表1 耕地利用情况表

	调查行政村	农户		
		合计	种粮大户	普通农户
耕地面积	114280	6258.0	3611.4	2646.6
其中：春季种植农作物面积	87149	—	—	—
夏季种植农作物面积	93338	—	—	—
春夏两季农作物播种面积	108833	3941.5	2360.8	1580.7
春夏两季复种指数(%)	95.2	63.0	65.4	59.7

* 课题组成员：张兴华、王科跃、张芙桦、章公雨、叶芹、张平、张国民、许志安、王爱群、张桂云、刘正火。

分生产季节看，77 个行政村春季种植农作物的耕地面积 87149 亩，耕地利用率为 76.3%；夏季已种植农作物的耕地面积为 93338 亩，耕地利用率为 81.7%。

(二)早稻面积出现了较大幅度的恢复性增长，种粮大户一半耕地种早稻

77 个行政村 2004 年种植早稻 18348 亩，比上年同期增加 3711 亩，增长 25.4%，占耕地面积的比重由上年的 12.6%提高到 16.1%。239 户农户种植早稻 1994.2 亩，比上年同期增加 1157.8 亩，增长 1.3 倍；其中 36 户种粮大户早稻种植面积 1785.6 亩，比上年同期增加 1097.8 亩，增长 1.6 倍，种粮大户早稻种植面积增加数占调查农户的 94.8%。种粮大户种植早稻的面积占耕地的 49.4%，大大高于普通农户 7.9%的水平和调查村的平均水平。详见表 2。

表 2　调查村和调查户早稻种植面积

	早稻种植面积(亩)	占耕地面积(%)	比上年增减	
			绝对值(亩)	%
77 个行政村	18348	16.1	3711	25.4
239 户农户	1994.2	31.9	1157.8	138.4
其中：种粮大户	1785.6	49.4	1097.8	159.6

(三)主要经济作物种植有增有减

77 个行政村油料种植面积 31736 亩，比上年同期增加 845 亩，增长 6.9%；蔬菜种植面积 19292 亩，同比增加 1617 亩，增长 9.1%；棉花、甘蔗、花卉苗木种植面积同比分别增长 75.6%、6.6%和 8.8%；但药材、果用瓜种植面积有所减少。

(四)预计单季稻和晚稻种植面积增加

从 77 个行政村对 2004 年单季稻和晚稻种植面积预计情况看，单季稻和晚稻播种面积 85586 亩，比上年同期增加 1944 亩，增长 2.3%。239 户农户预计 2004 年单季稻和晚稻种植面积 4996.6 亩，比上年同期增加 304.9 亩，增长 6.4%，其中 36 户种粮大户预计单季稻和晚稻种植面积 3046.1 亩，比上年同期增加 242.8 亩，增长 8.7%。

二、早稻收益情况

由于国家提高粮食收购价格和政府扶持种粮政策措施，2004 年种粮收益将明显提高。从种粮大户 2004 年早稻预计亩均收益调查资料来看，在早稻正常生产年景的情况下，早稻亩均总收入(包括政府补贴)达到 581.23 元，比上年提高 188.40 元，亩均成本费用(包括种籽、化肥、农药等物质消耗，外雇机耕、插秧、收割等费用和土地承包费、租金等)308.18 元，比上年增加 41.63 元，亩均纯收益达到 273.05 元，比上年增加 146.77 元，增长 1.2 倍。早稻增加的收益主要来自三方面：

(一)国家提高早稻收购价格，亩均增收 161 元左右

2003 年国家确定的早稻平均收购价格是 54 元/50 公斤，2004 年提高到 70 元/50 公斤，包括价外补贴，预计达到 77 元/50 公斤左右。如按亩产 350 公斤计算，每亩平均可增加收入 161 元左右。调查的“今年有扩大早稻种植面积”的 29 户种粮大户，有 48.3%的种粮大户认为扩大早稻种植的主要原因是粮食价格上涨。

(二)政府扶持种粮的政策补贴，亩均增收 10～30 元

2004 年浙江省政府出台了“复种面积在 20 亩以上的种粮大户给予每亩 10 元的直接补贴”后，部分县(市)、乡镇也结合当地实际，相继出台有关扶农政策措施，对复种面积在 20 亩以上的种粮大户在享受省直接补贴的基础上，再加 10 元以上不同标准的补贴。各级政府的政策补贴可使种粮收益每亩平均增加 10～30 元。德清县出台了对复种面积在 20 亩以上的种粮大户按规模补贴标准：种粮规模为 20～49 亩的大户每亩再补助 10 元；50～99 亩的每亩再补助 50 元；100～199 亩的每亩再补助 100 元；200 亩以上的每亩再补助 200 元。调查的“今年有扩大早稻种植面积”的 29 户种粮大户，有 44.8%的种粮大户认为扩大早稻种植的主要原因是受国家鼓励农民种粮的政策推动。

(三)种粮农户免征农业税，亩均增收 12～15 元

2003 年农业税亩均负担在 24～30 元左右，摊在早稻上 12～15 元左右。2004 年取消农业税，使这部分成本变成了效益。

三、春夏两季耕地利用率提高的成因

(一)扶农政策宣传基本到位,农户认知度较高

中央和浙江省委两个1号文件及各项扶农政策措施出台后,各级党委、政府和农村基层组织认真贯彻,并通过各种会议和新闻媒体向农户积极宣传,农户对政府各项扶农政策认知度较高。从239户农户调查情况来看:有97.5%的农户知道"对种植粮油作物的农民免征农业税",并认为这是国家鼓励农民种粮最重要的一项措施,是切切实实给种植粮油农民的一种实惠;有86.2%的农户知道"对复种面积在20亩以上的种粮大户给予每亩10元的直接补贴";有63.6%的农户知道"对国家粮食购销企业收购的订单粮食在市场价格收购的基础上,每500克再价外补贴0.05元以上";有71.1%的农户知道"国家正加强农资供应和市场监管,禁止各种乱涨价乱收费,严肃查处各种假冒伪劣行为"。36户的种粮大户对国家和省制定的扶持种粮大户的几项政策,100%的种粮大户知道"对复种面积在20亩以上的种粮大户给予每亩10元的直接补贴";有61.1%的种粮大户知道"对种粮大户购置大中型农机具实行以奖代补";有64%的种粮大户知道"解决种粮大户的生产性小额贷款需要,贷款利率适当优惠,并给予适当的贴息"。

(二)国家收购粮价的提高和政府扶持种粮政策的出台,提高了农民种粮的积极性,进而使夏季的耕地利用率得到了明显提高

调查中我们感到,国家提高粮食收购价格和政府扶持种粮的多项政策出台,非常有效地提高了农民的种粮积极性,特别是种粮大户预期种植早稻收益的大幅改善,大量增加了早稻的种植。调查的"今年有扩大早稻种植面积"的29户种粮大户,有48.3%的种粮大户认为扩大早稻种植的主要原因是粮食价格上涨,有44.8%的种粮大户认为扩大早稻种植的主要原因是受国家扶持农民种粮的政策鼓励。种粮大户扩大早稻面积后,春夏两季的耕地复种率提高了20多个百分点,季节性抛荒的耕地从上年同期的10.3%下降到4.8%。

(三)制止抛荒措施有力,抛荒地等未利用耕地面积减少

自国务院《关于尽快恢复撂荒地生产的紧急通知》下达后,浙江省各级政府认真贯彻执行,采取相应的措施,杜绝全年性抛荒,减少季节性抛荒。主要措施有:基本农田不得荒芜和改作他用;对开发园区进行清理整顿,半年内不用的,组织农户复耕;对长期征而不用的土地,闲置一年(含一年)以上的,依法收取闲置费;闲置两年的,要依法收回土地使用权;对土地闲置两年不依法收回的县(市、区),省、市暂停审批建设用地等。各级政府还建立抛荒举报奖励制度,从当地财政中安排专项资金对解决耕地抛荒做出较大贡献的县、乡两级政府进行奖励。

为了加强制止抛荒措施的全面落实,一些基层政府相继成立了以政府负责人为组长的领导小组,同时将弃耕抛荒现象和种植早稻面积与村干部岗位责任制挂钩,并通过电视、广播、黑板报等形式加大宣传力度,狠抓抛荒土地的复耕工作。温岭市城西街道螺屿村,地处工业园区边上,是城西街道抛荒面积最大的村,季节性抛荒以及征而未用土地共有450亩,自制止抛荒政策出台以后,4月中旬到5月初,该村积极组织农户全部完成450亩抛荒田的耕种。绍兴县齐贤镇2004年将预征的6000多亩土地,全部落实大户复耕,并加大对种植早稻的奖励力度。

在各级政府和农村基层组织的努力下,耕地抛荒现象得到了一定程度的遏制。239户农户调查资料显示,春夏两季抛荒等未利用耕地1192.1亩,比上年减少116.2亩,减9.0%。

四、当前耕地利用和粮食生产中存在的主要问题

(一)粮食生产存在着上紧下松现象

近年来,党中央、国务院和各级党委政府十分重视粮食安全问题,积极采取有效措施鼓励农民种粮,制止耕地抛荒现象。但是,我们在调查中了解到,部分农村基层干部的主要工作在于发展农村二、三产业和农村社会化管理,对农业的指导服务工作相对较弱,尤其是对一般农户的服务更待加强。据对203户普通农户的调查,被问及"您家所在乡镇和村有没有采取有关措施,鼓励农民种植粮食,减少耕地抛荒"的问题时,回答"没有"或"不清楚"的有64户,占31.5%。

(二)扶农政策对提高普通农户的收入影响不大,普通农户种粮积极性仍不高

浙江省绝大部分农户种粮以一家一户小规模

种植为主。由于分散和小规模经营,一方面享受不到种粮大户补贴及其他优惠措施,另一方面由于农资涨价等因素,使得种粮的每亩成本也比大户要高,虽然国家提高粮食收购价格和减免农业税,但种粮只有200～300元的亩均纯收益,对普通农户的家庭收入影响不大,特别对从事家庭工商业和外出打工的农户家庭来说,更是微不足道。据对203户普通农户调查,有79户农户家庭有部分耕地2004年以来没有种植过农作物,占被调查普通农户的38.9%;有173户农户2004年没有扩大早稻种植面积的,占85.2%;203户普通农户种植早稻面积仅占水田面积的8.5%。可见,普通农户种粮积极性不高的问题仍较突出。普通农户耕地季节性抛荒较为普遍和早稻扩种不多,主要原因是农业生产效益有限,且对家庭经济影响不大。

(三)耕地季节性抛荒仍较普遍

虽然各级政府对制止耕地抛荒采取了有力的措施,并取得了明显成效。但耕地分散的农户小规模经营模式和农业效益的低下,难以扭转耕地季节性抛荒的现象。调查的77个行政村,春季抛荒等未利用耕地27131亩,占耕地面积的23.7%;夏季抛荒等未利用耕地20942亩,占耕地面积的18.3%。从调查情况来看,抛荒表现形式有两种:一是主动抛荒。特别是在小城镇周边行政村农户,其家庭收入中农业收入比重较少,一家一户的农田,农业收入微不足道,有的土地亩产较低,收益更少。二是被动抛荒。主要是由耕地自然条件差,农业水利设施缺乏,环境污染等原因造成。

(四)农用生产资料涨价过快,农业生产成本增加

尽管国家在加强与扶持农业生产中实施许多优惠政策,但2004年的化肥农药等农用生产资料涨价过快,增加农业生产成本,抵消了相当部分种粮直接补贴、降低农业税等政策扶持带来的收益。金华市是浙江省的产粮大市,据金华市农调队调查,2004年因农用生产资料涨价导致种植早稻成本费用较上年增加支出31元左右。主要有:早稻种籽价格每公斤从上年的1.49元提高到2004年的2.3元左右,每亩增加支出4.78元;化肥价格提高,每亩增加支出9.38元,尿素零售价由上年同期的70元/50公斤增加到2004年的80元/50公斤,碳酸氢铵、过磷酸钙及钾肥都有不同程度的上涨;农药费,每亩增支约5元;机械作业费,受柴油提价影响,机耕费提高、机割费相应提高,每亩增支10元;排灌费,因水资源紧缺,每亩提水灌溉增支2元。

(五)农田基础设施老化,水利设施被盗、毁坏等问题比较突出

在调查中我们了解到,部分地区行政村已经连续几年没有在农田基本设施上投入一分钱,一些灌溉渠不是杂草丛生就是淤泥堆积,更严重的是一些行政村忽略了以往建成的灌溉渠的存在,随意地将其切断或毁坏,使灌溉渠处于严重的瘫痪状态。另外,农田灌溉水利设施遭盗窃问题也比较突出,桐乡市2003年失窃的水利设备价值超过400万元,不仅影响了正常的农业生产,也加重了基层的经济负担;绍兴市农村中偷盗农机具等农用设施现象也十分普遍,尽管各级政府和村委会采取了多种措施和办法进行防范,但收效甚微。

另外,当前农村电力短缺影响农业生产和农村居民生活已是众所周知。在调查中,农户向我们反映,在推进城乡统筹、城乡一体化进程中,农村居民和城市居民应该同样对待,而目前农村经常拉电,以满足城市居民的生活需要,显得不公平。

五、对进一步提高耕地利用率、加强粮食生产的几点建议

(一)进一步加强对扶农政策的宣传力度

我们在调查中了解到,许多农户对国家各项扶农政策是从电视上了解到的,只知道大概,具体详细内容农户了解很清楚的不多。在239户农户的调查问卷中,有124户农户主要从电视上了解国家扶农政策,占51.9%;听村干部或其他人口头传达的79户,占33.1%;从广播了解的12户,占5.0%;从报刊上了解的24户,占10.0%。这表明部分乡镇和行政村对国家各项扶农政策宣传的深度和力度不够。各级政府部门对各项扶农政策和与农户的利益关系问题还要做更多宣传的工作,真正地把政府鼓励粮食生产、提高耕地利用率和农民增收的有关政策措施传达到每家每户,引导农户恢复种粮积极性,确保浙江省粮食生产的稳定。

(二)积极引导农户土地规模经营

从这次调查情况来看,浙江省种粮大户承包土地的规模不断扩大,粮食种植面积增幅较大,农业收益也明显高于普通农户。可以说,鼓励和引导农户土地规模经营是稳定粮食生产、提高耕地利用率的重要途径。当前,国家和各级政府制定的各项扶

农政策中，重点也在于扶持种粮大户，鼓励发展粮食规模经营。针对浙江省绝大部分农户以一家一户的小规模经营、土地流转制度不完善、耕地的利用率不高的现实，各级政府和部门应该加强调研，尽快完善土地的流转制度，积极引导农民土地规模经营，从规模上体现种粮效益，解决耕地抛荒问题，进而提高农民的收入水平。

（三）加大农资市场的监管力度

中央和地方出台一系列扶农政策，其最终目的就是促使农民增收，农业增效。当前，由于粮价上涨，农资价格也随之上涨，这是可预料到的。问题的关键，一是当前农资价格尤其是农药化肥价格上涨过快，在一定程度上抵消了粮价回升和政策因素给农民带来的实惠，挫伤刚刚升温的农民种粮积极性。另一方面，假冒伪劣农资时常出现，严重损害了农民的利益。因此，各级政府和有关部门要加强对农资市场的监管，应对主要农资价格实行限价政策，使其只在一定范围内波动，不能越过政策所规定的最高限价；还要加强对假冒伪劣农资的监管力度，对出售假冒伪劣农资的违法犯罪行为从严、从快处理，切实维护农民利益。

（四）重视农业基础设施的建设与维修，严厉打击盗窃农机水利设施行为

虽然浙江省农村居民收入水平较高，许多农户收入来源不完全依靠农业，但对经济欠发达的地区农户而言，农业生产还是一项重要的收入来源，且种粮是解决温饱的基础。目前，欠发达地区农田基础设施老化，水利设施被盗、毁坏问题尤其突出，各级政府和有关部门，应对农业基础设施作一次清查，对年久失修的农业基础设施，要加大资金的投入，建设好，维护好。同时，有关部门要严厉打击盗窃农机水利设施行为，保障农业生产的外部环境。

维护统计数字严肃性问题。我们在调查中了解到，在中央和省委省府高度重视粮食生产的情况下，各级政府和部门制定了种粮面积层层考核责任制，并与奖金挂钩。这是扩大粮食种植面积、提高粮食生产能力的有力措施。但也滋生了一些基层政府和部门在统计数字上弄虚作假的行为。我们要维护统计数字严肃性，增强统计法制法规观念，依法统计，确保粮食种植面积统计数字的真实可靠。

上海郊区：借力大都市，提升竞争力

——郊区自然村归并面临的问题及对策

庄龙德

郊区自然村归并是加快“三个集中”的重要工作内容，上海市委、市府高度重视，为及时反映上海郊区自然村归并进展情况，上海市统计局农调队进行了对郊区自然村归并专题调查。目前上海郊区自然村归并进展比较顺利，但也存在一些值得注意的问题。

一、郊区自然村归并基本情况

近年来，上海郊区把加快自然村归并作为推进农民向城镇集中的新的突破口，明确归并对象，完善动迁政策，加大推进力度，取得了一定的成效。

(一)自然村归并数量较多

2003年上海郊区共归并自然村2474个，年末自然村数比上年下降5%。其中，归并5幢以下的自然村有769个，占31.1%；归并6～10幢的有479个，占19.4%；归并11～30幢的有658个，占26.6%；归并30幢以上的大型自然村有568个，占22.9%。从区县看，金山、浦东、奉贤三个区的归并力度较大，归并自然村分别为529个、473个和432个。这三个区合计归并自然村1434个，占郊区自然村归并总数的58%(见表1)。

表1　2003年郊区归并自然村个数一览表

单位：个

区　县	归并自然村个数	5幢以下	6～10幢	11～30幢	30幢以上
合计	2474	769	479	658	568
闵行区	138	3	19	46	70
嘉定区	240	19	32	69	120
宝山区	62	3	6	18	35
浦东新区	473	56	97	156	164
南汇区	295	62	63	95	75
奉贤区	432	231	94	65	42
松江区	68	19	21	20	8
金山区	529	289	101	119	20
青浦区	182	41	45	67	29
崇明县	55	46	1	3	5

(二)大型自然村归并主要集中在近郊区

从区县看,大型自然村归并主要集中在浦东、嘉定、闵行三个近郊区,分别为164个、120个和70个,分别占各自归并总数的34.5%、50%和50.7%。这三个区的大型自然村归并数量占郊区大型自然村归并总数的62.3%。由于近郊区乡镇的区位条件较好,经济实力雄厚,所以大型自然村归并进展较快。

(三)有50%以上的乡镇开展自然村归并

随着农村城市化进程不断加快,各乡镇自然村归并工作正在如火如荼的展开。2003年上海郊区有73个乡镇、3个街道、6个市级工业园区(简称乡镇,下同)进行了自然村归并,占郊区全部乡镇、街道、园区的50.9%。其中,浦东新区13个镇全部进行自然村归并,力度较大,归并工作的覆盖面达100%,嘉定区和金山区分别达81.8%和81.3%。

(四)部分乡镇归并自然村力度较大

从乡镇看,归并自然村在50个以上的有18个乡镇,共归并自然村1340个,占全部归并自然村总数的54.2%;归并在30~49个的有16个乡镇,归并自然村560个,占22.6%;归并在10~29个的有25个乡镇,归并自然村456个,占18.4%;归并在10个以下的有23个乡镇,归并自然村118个,占4.8%。部分乡镇、工业园区的归并自然村数量超过了100个,分别是上海市工业综合开发区为142个、金山区的山阳镇为133个、浦东新区的北蔡镇为126个、嘉定工业园区为100个。这四个地区的自然村归并数量占全部自然村归并总数的21.9%。

(五)归并村近八成以上的农民进入城镇

2003年上海郊区归并自然村2474个,使17.1万农村人口分流,绝大多数人口进入城镇。在分流人口中,进入新城的人数有2.9万人,占16.8%;进入中心镇的人数有3.3万人,占19.5%;进入一般镇的人数有7.1万人,占41.6%。由此可见,2003年通过自然村归并进入城镇的农民人数达13.3万人,占77.9%。其中,宝山、浦东、南汇三个区的归并自然村的农民全部进入城镇(见表2)。

表2　2003年郊区归并自然村人数一览表

单位:人

区　县	归并总人数	其中:进入新城	进　入中心镇	进　入一般镇
合计	170684	28619	33241	71092
闵行区	11255		2970	2355
嘉定区	38210	8224	4910	7119
宝山区	5261			5261
浦东新区	46192		9801	36391
南汇区	17769	7261	6321	4187
奉贤区	15002	3782	1964	6105
松江区	4260	1348	1143	1229
金山区	16825	94	5312	2869
青浦区	14859	7158	820	5474
崇明县	1051	782		102

(六)自然村归并区域性特征比较鲜明

从自然村归并的情况看,2003年各区县根据具体情况形成了"点、线、圈"三个比较典型的区域性自然村归并特征。这些区域性自然村归并与区县的总体规划、区域的经济发展及经济实力有着十分密切关系。即"一点":康桥镇不仅是南汇区经济发展重要地区,而且与康桥市级工业园区联成一片。所以这几年南汇区重点围绕康桥地区进行开发建设,随着开发建设步伐加快,康桥地区的自然村归并数量不断增多。2003年康桥地区共归并了自然村240个,涉及人口1.4万人,分别占全区归并自然村数和人数的81.4%和78.7%。"一线":青浦区的徐泾镇、赵巷镇和青浦工业区同处318国道沿线,区位条件较好,经济实力雄厚,是青浦区近年来经济发展最快的地区，2003年这三个镇共归并自然村169个，涉及人口1.3万人，分别占全区归并自然村数和人数的92.9%和89%。“一圈”：嘉定区的安亭镇依托汽车城开发建设、工业园区开展招商引资、马陆镇凭借其综合经济实力形成一个三角经济发展圈，推动该区域范围内的自然村归并。2003年该区域共归并自然村191个，涉及人口3.3万人，分别占全区归并自然村数和人数的79.6%和86.3%。

（七）“一城九镇”和市级工业园区的自然村归并推进速度较快

随着上海郊区“一城九镇”开发建设已进入实质性的启动阶段，吸引了众多海内外客商投资开发，一定程度上加快了区域内自然村归并速度。2003年“一城九镇”中有5个镇进行了自然村归并，2003年共归并自然村152个，涉及人口2.8万人，分别占全部归并总数的6.1%和15.8%。工业向园区集中是郊区推进“三个集中”的核心内容，归并园区内自然村是为了提升园区的投资环境和开发建设奠定基础。2003年上海九大市级工业园区中有6个园区进行了自然村归并，共归并自然村385个，涉及人口2.5万人，分别占全部归并总数的13.5%和14.6%。奉浦、嘉定工业园区的自然村归并在郊区各乡镇中遥遥领先，分别归并自然村为142个和100个。

（八）自然村归并的资金到位率较高

从自然村归并的情况看，自然村归并需要资金总量日益聚增，资金来源不再由单一政府渠道，而是逐步转向以招商引资等多种融资方式。由于资金来源的多样化，自然村归并进程加快。据对2003年归并自然村30个以上的24个镇的调查。2003年自然村归并需要资金总量达68.7亿元，平均每个镇达2.9亿元；已安排落实资金达66.5亿元，资金到位率达96.8%。其中，动迁单位出资40.6亿元，占全部落实资金61.1%；镇级预算内财政资金5.7亿元，占8.6%；国家资金10亿元，占15%；银行贷款等其他资金10.2亿元，占15.3%。

（九）自然村归并盘活了大量土地面积

上海郊区自然村归并使大量分散居住的农村居民向集中居住转变。同时，也使分散居住的农村居民点占据的土地转移出来，使郊区原本紧张的开发建设用地有了较大的回旋余地和空间。2003年上海郊区通过归并2474个自然村，腾出宅基地面积1.05万亩。据调查测算，归并一个30幢以上自然村可新增土地面积15亩左右，归并一个5幢以下自然村可新增土地面积在2亩左右。2003年青浦区赵巷镇通过归并自然村后净增土地面积630亩，松江区新桥镇净增500亩。通过自然村归并不仅加快了郊区城市化进程，而且有效地推进土地、产业、人口“三大集中”。

二、郊区自然村归并的主要形式和成功经验

2003年上海郊区自然村归并进展比较顺利，主要是各级政府采取切合实际的自然村归并形式，同时对动迁农户补偿标准、就业安置、社会保障机制以及失地农民利益保护等方面推出了较好的做法，得到了动迁农户的理解和支持。

（一）自然村归并的主要形式

1. 政府推动型。即由市、区两级确定的重点工程，如道路、水利、生态绿化带及其它的投资建设项目需要归并自然村的形式。2003年郊区有15.9%的自然村归并是通过市、区两级政府推出的各种重点工程项目建设带动的。这种形式的动迁补偿标准相对较低，对失地农民的就业安置、社会保障解决的不够理想。

2. 引资带动型。即通过招商引资方式，吸引海内外投资建设，来推动自然村归并。2003年郊区有67.1%的自然村归并是通过招商引资途径来带动。另外，在2003年进行自然村归并的乡镇中，有1/3以上的乡镇自然村归并全部通过招商引资带动的。这种形式不仅动迁补偿标准相对较高，对失地农民的就业安置、社会保障考虑较多，动迁农户反映较好。

3. 产业整合型。即由于近几年乡镇撤并较多，部分乡镇产业布局需要重新规划调整，在调整过程中涉及到一定数量的自然村归并。2003年郊区有17%的自然村归并是通过乡镇产业整合形式完成的。这种形式是最不受农民欢迎的，不仅动迁补偿标准低，而且对失地农民的就业安置采取自谋出路、社会保障方面还是按照农村原来的标准，动迁矛盾最为突出。

（二）自然村归并的成功做法

1. 加大政策宣传力度，提高政策透明度。各级政府意识到以往土地征用过程中，造成农民误解和引起干群关系比较紧张的重要原因是对动迁政策宣传力度和政策透明度不够有着直接关系。因此，2003年郊区在自然村归并过程中，各乡镇首先是

加大了政策宣传力度。让广大农民充分了解动迁的各种相关政策,争取动迁农户理解和支持,尽量化解可能出现的一些纠纷和矛盾。闵行区浦江镇专门成立了以动迁所属村的支部书记为动迁组长的动迁宣传工作组,不仅向农民宣传自然村归并的积极意义,更重要的是了解农民的实际困难和愿望,为农民说话,动迁农民较满意。其次是认真执行征地公告、征地补偿安置方案公告和征地补偿登记的"两公告一登记"制度,将征地政策、征地补偿安置费用、地块、面积等告知被征地的农户,广泛征求农户意见,确保补偿安置尽可能切合实际,符合大多数农民的意愿,提高政策透明度。

2. 尽可能地做到让动迁农户多得实惠。近几年来,随着上海地价和房价的不断攀升,农户对动迁安置补偿的标准也提出了更高的要求。各区县、乡镇在政策允许的范围内,及时采取了多种有针对的措施,尽可能地做到让动迁农户多得实惠。一是尽可能考虑到地价、房价上涨因素,适当地每年提高安置补偿标准。以南汇区康桥镇为例,2002 年动迁补偿标准为 1110 元/m^2,2003 年调整为 1310 元/m^2,提高了 18%,2004 年 4 月再次调整为 1710 元/m^2,又提高了 30.5%。2003 年郊区平均每户的动迁费用为 30.5 万元,比 2002 年提高了 3.7 万元,提高了 13.8%。二是对动迁农户购房实行优惠政策。如嘉定区黄渡镇对动迁农户购房做出了"限价销售、成本价销售、免除配套设施费销售"的三大优惠政策;奉贤区工业综合开发区供应动迁农户的商品房价格比市场价低 30%。三是关心弱势群体安置。由于弱势群体的住房面积较小,拆迁补偿款不足于购买商品房,许多乡镇给予了政府补贴。由于各乡镇制订的动迁安置补偿标准比较贴近实际、贴近农民,农民利益得到了较好维护,因此,各乡镇的自然村归并能得以顺利展开。

3. 千方百计安置好失地农民就业。解决好失地农民的就业是各级政府最为关心的问题。2003 年各级政府采取各种措施千方百计地安置好失地农民就业,成效显著,农民比较满意。具体做法:一是把失地农民就业人数列入考核指标,提出了"失地不失业"、"抓就业就是保稳定"的工作思路。二是通过开发岗位、定向培训、举办招聘洽谈会等多种渠道,积极为失地农民搭建就业平台。三是大力开发公益性服务岗位,培育各类非正规就业组织,开发"4050"项目,鼓励失地农民自主创业,争做"小老板"。正是因为有了这些好的做法,2003 年郊区失地农民的就业安置率达到了 60.8%,比上年提高 5 个百分点。

4. 妥善解决好失地农民的基本生活保障。2003 年是上海郊区推行"镇保"的第一年。据对 2003 年归并自然村 30 个以上的 24 个镇的调查。约有 2.5 万名失地农民进入"镇保"。有些乡镇将 2003 年 10 月以后失地的农民全部进入"镇保",也有部分是乡镇对新政策出台以前的失地农民补办了手续后进入"镇保";约有 3.6 万名失地农民实行养老(凡男 55 周岁,女 50 周岁),每月可领取养老金 408 元;还有 1.3 万人参加了城保,主要是浦东新区和近郊发达乡镇,这些乡镇经济实力强,与市区较近,有条件为农民直接办理城市保险。由于失地农民的基本社会保障能得到较好解决,能享受城镇居民同等的待遇,因此,在一定程度上消除了农民的后顾之忧,绝大多数失地农民对郊区现阶段自然村归并的社会保障制度比较赞成。

三、制约郊区自然村归并的主要因素和面临问题

郊区进行自然村归并,有的乡镇积累了一些好的经验,创造了一些好的做法。但是,就总体而言,在实际工作中还存在一些问题,其核心是动迁标准和农民权益保障。

(一)郊区自然村数量依然众多,归并任务十分艰巨

截至 2003 年末,上海郊区仍有自然村数为 5.2 万个。其中,在 5 幢以下的自然村有 1.5 万个,占 28.7%;在 6～10 幢的有 1.1 万个,占 21.2%;在 11～30 幢的有 1.4 万个,占 27.5%;在 30 幢以上的规模较大的自然村有 1.2 万个,占 22.6%。目前,郊区不仅自然村数量依然众多,特别是重点规划区、开发区内仍散落不少自然村,这些自然村如不尽早归并迁移,会影响郊区"三个集中"推进和郊区开发建设速度。2003 年末"一城九镇"区域内有自然村 4783 个,九大市级工业园区内有自然村 992 个。由此可见,上海郊区在今后若干年中,自然村归并任务十分艰巨、繁重。

(二)动迁成本上涨过快,不利于自然村归并的顺利开展

据调查,近几年郊区动迁农户的成本,平均每年以 10～20%的速度递增。从农户角度分析,虽然动迁安置标准不断提高,但他们还是觉得标准偏

低，认为与目前市场上房价相比差距较大。从经济发展角度看，动迁农户的成本上升，势必要抬高地价，这样一来会削弱郊区招商引资的竞争力。由于动迁成本较高，许多乡镇采取了异地迁建方式安置动迁农户，即在镇区外规划一块土地，把动迁农户集中安置。2003 年郊区约有 1/4 的农户是通过这种方式安置的，从长远来看实际上形成了新的自然村。因此，从各层面分析，动迁成本上涨过快，一定程度上阻碍了郊区自然村归并的顺利开展，影响郊区经济的快速、稳定发展，影响农村城市化和“三个集中”稳步推进。

（三）动迁补偿标准差异较大，容易引起各种纠纷事件的发生

目前各区县之间、乡镇之间、不同形式之间的动迁补偿标准差异较大。近郊区与远郊区的补偿标准差距高达 1 倍多，区县内乡镇的动迁补偿标准差距也达 30％以上。另外，2003 年郊区有 60％的乡镇出现同一乡镇 2～3 种不同的动迁补偿标准，原因是动迁形式不同，补偿标准也不同，据了解，每种标准之间的差距在 5～10％。但对于农户来说，不管你是什么形式动迁，补偿标准要统一。2003 年郊区在动迁过程中，因动迁补偿标准不统一，引起的纠纷事件约占全部纠纷事件的 65％以上。

（四）失地农民的就业安置压力较大

尽管各地都在想方设法安置好失地农民的就业，拿出了几乎所有能安置的岗位，还是无法全部解决失地农民的就业，失地农民的就业安置压力较大。2003 年郊区归并的自然村就有近 40％的失地农民就业没有落实好，即使解决了的失地农民由于自身就业能力较弱，只能在一些低收入的岗位上工作。金山区兴塔镇近几年归并力度较大，归并 100 多个自然村，目前 1.4 万劳动力中，有 0.6 万人面临再就业压力；就像经济比较发达的青浦徐泾镇、宝山大场镇也都有几百人等待就业安置。从各乡镇目前企业就业情况看，外来从业人员占 60％以上，而且多数政府在与入驻企业所签订合同中并无明确规定要求安置当地劳动力的条款。

（五）社会保障机制还不够健全和完善

2003 年 10 月上海郊区全面推行“镇保”政策，“镇保”政策颇受广大农民群众的欢迎。但对于“镇保”政策之前，由于受国家用地指标的限制，各地的道路、绿化带、片林等建设普遍采用租用、使用、流转方式征用大量土地，使许多失地农民社会保障没有得到根本解决，这种“先上车、后买票”的违规操作的做法，留下了许多后遗症和历史遗留问题。如果这些问题不尽早解决，必将会成为各种纠纷事件和矛盾的直接导火索。虽然 2003 年本市出台了“镇保”政策，但目前正处于新旧政策的交替时期，如何平稳过渡和有机衔接，至今还没有一套行之有效的办法。

四、加快推进郊区自然村归并的对策与建议

（一）以引资带动为主，政府推动为辅，实现自然村良性归并模式

郊区自然村归并要涉及到成千上万动迁农户，需要足够的动迁资金来支撑。从目前情况看，政府不可能一下子拿出这么多资金来进行自然村归并，只有靠各乡镇大力开展招商引资，引进投资项目，把投资资金一部分转化为推进自然村归并的动迁费用。2003 年，上海郊区有 60％以上的自然村归并资金都来源于招商引资吸纳的投资资金。因此，各乡镇一定要坚持招商引资方式，开展自然村归并，不要急于开发，然而在没有任何投资项目的情况下，政府资金盲目投资或者从银行大量贷款投资。这样的话，一旦项目落空，最终往往工程就如水漂了，沉入河底。就目前而言，以引资带动为主，政府推动为辅的自然村归并模式，这种做法是郊区快速推进自然村归并的一条良性通道。

（二）以区域性归并为基点，逐步向周边地带扩展和延伸

目前郊区自然村数量众多，由于自然村归并涉及面广，需要大量资金投入。因此，不可能遍地开花，而是应该确立重点归并区域，以此为基点逐步向周边地带扩展和延伸，这种归并思路将会起到事半功倍的奇效。我们认为目前郊区有三大板块，应该是今后重点归并自然村的区域：一是外环线以内地区。这一区域可以通过中心城区向外扩展效应，大力开发房地产和外环线内外两侧的生态绿地建设，加速自然村归并。二是九大市级工业园区。近几年来九大市工业园区已成为郊区招商引资的主体。为了进一步优化园区的投资环境，必须加大园区内的自然村归并力度，确立起先筑巢后引凤的发展战略。三是“一城九镇”及部分重点城镇。“一城九镇”及部分重点城镇是推进上海郊区城市化的重要腹地。通过土地的招投标方式，加快房地产开发和工业发展。因此，这些地区自然村归并不仅要提速，而且一定要用最短的时间完成。否则，将会是

郊区城市化进程中的绊脚石。

(三)建立长效动迁补偿增长机制,缩小三大层面的动迁补偿标准的差距

目前郊区出现多种动迁补偿标准,有区县标准、乡镇标准、不同形式标准等,这些补偿标准之间的差异较大。因此,为了切实维护好动迁农民的利益,不使动迁农民利益受到损害,必须尽快建立起一套长效的动迁补偿增长机制,缩小三大层面的动迁补偿标准的差距。一是建立补偿安置标准的增长机制。即根据上海房价指数,以全市标准为基准,然后各区县在按照区县房价情况补偿安置标准作相应调整和提高,但幅度不能太高。二是在一定区域范围内统一补偿安置政策。为了便于基层进行动拆迁工作,不管采用何种补偿安置方式,在同一区域范围内动迁补偿安置政策尽量统一。如青浦区可划分两大区域,即青西和青东;嘉定区也可划分两大区域,即南部和北部。三是不论是经营性项目还是非经营项目动迁农户,在一个乡镇内动迁补偿标准应该一致。

(四)建立失地农民的就业和社会保障机制,使动迁后的农民基本生活不受影响

农村居民向城镇集中,关键要为农民创造更多的就业机会。农民失去土地,也就意味着失去了最基本的生活保障,动迁农民若遇到再就业困难或生活水平下降,容易成为农村新的贫困阶层,不利于全面小康社会建设和城乡一体化的推进,城乡二元结构也很难有所突破。据了解,部分失地农民因失去土地以后,生活水平已经出现了下降。尽管通过养老保险、医疗保险或其它生活保障方式,帮助动迁农民解决一些实际困难,也只能维持最基本的生活水平,但治本之举是要解决好失地农民的就业问题。当然,从政府方面看,一方面作为土地出让方的当地政府有义务也有权利要求进驻的企业按一定的比例解决好当地农村剩余劳动力的就业;另一方面应采取积极有效的措施,为失地农民牵线搭桥提供更多的就业岗位,同时,要加强对失地农民进行就业培训、指导,使他们能掌握更多的一技之长,提高综合素质,拓宽就业门路。总之,要把失地农民的就业、社会保障问题解决好,尽可能使失地农民的基本生活不受影响。

(五)建立自然村归并的后评估制度,切切实实保护好农民利益

目前,郊区动迁农户对自然村归并工作意见较大,主要是农民失去土地后,补偿安置标准是否符合法律规定,补偿安置工作是否到位,补偿安置效果如何,没有明确哪个职能部门对整个自然村归并工作进行全面、系统地评估。导致部分乡镇的领导对开发商提出的要求百依百顺,而对农民提出的要求不理不睬,主要是缺乏严格的监督和科学的管理程序。韩正市长曾说过“百姓事情无小事”。随着郊区经济的快速发展,今后郊区自然村归并数量越来越多,动迁后失地的农民也随之增多,失地农民的利益到底是不是都受到了保护,这将是我们建立自然村归并政策后评估制度的核心内容。不仅要建立自然村归并的后评估制度,而且还要将其纳入有关的法律法规范畴,使郊区自然村归并工作朝着有序、规范、健康的方向发展。

云南省耕地已难以承载超常的人口负担

王正双

耕地是人们赖以生存和发展的物质基础，也是不可再生的有限资源。进入20世纪以来，我国人口呈急剧上升的趋势，并由此引起了一系列社会问题，云南省也不例外。土地、水、能源等各项资源日益短缺，但各种开发区如雨后春笋般的遍地开花，侵占了大量的良田好地，而且，存在开而不发的怪异现象，给本来就紧缺的土地更是雪上加霜，人地矛盾更加突出，一定程度上，影响到了云南省的可持续发展。本文就云南省耕地资源与人口的基本关系作一些相关分析，找出云南省耕地能够承载最大人口的平衡点，从而提出对耕地使用的合理化建议和对人口控制方面的对策。

一、云南省耕地与人口的基本状况

（一）耕地面积呈逐年锐减趋势

随着社会经济的不断发展，城镇规模的不断扩大，以及国家产业政策的调整，耕地面积的使用日趋多元化并呈现逐年减少趋势，其下降速度越来越快。据统计，2003年云南省年末实有耕地面积为6187.2千公颂，比上年减少111.7千公颂，减1.8%，其中，常用耕地4057.6千公颂，比上年减少83.2千公颂，减2%，水田1370.4千公颂，比上年增加66千公颂，增长5.1%。2003年常用耕地比1999年减少160.99千公颂，减3.8%，比2000年减少141.16千公颂，减3.4%，比2001年减少114.24千公颂，减2.7%。1999～2003年，云南省常用耕地平均每年减少73.97千公顷，年平均递减0.96%。净减少耕地分别为37千公顷、19.83千公顷、26.92千公顷、31千公顷、111.7千公顷，分别占当年常用耕地的0.88%、0.47%、0.65%、0.75%、2.76%。2003年减少的耕地幅度高达2%以上。2002年、2003年云南省常用耕地面积占当年年末耕地总资源的65.7%和65.6%。

（二）云南省人口不断增加

2003年，云南省总人口达到4375.6万人，比1990年增加678.34万人，增长18.3%。1990～2003年总人口年平均递增1.3%，人口自然增长率由1978年的21.44‰下降到2003年的9.8‰，下降了11.64个千分点，平均每年下降0.47个千分点。“五普”人口自然增长率11.48‰，分别比“四普”、“三普”下降2.44和4.2个千分点。2003年云南省总人口占全国总人口的3.4%，人口自然增长率比全国的6.01‰高3.79个千分点。以上分析说明，云南省人口近20多年来，总量呈逐渐上升趋势，人口自然增长率高于全国平均水平，但人口自然增长率在不断下降，总人口增长速度逐步趋缓，计划生育工作成效显著。见下图1、图2。

（三）人均耕地面积达1.39亩，在警戒线以上

一个人究竟该占有多少耕地，才能合理地生存？现代西方学者认为：按发达国家的农业科技水平和现代化程度，一个国家的耕地面积如果达不到人均6亩，是很难长期合理解决粮食问题的。按此标准我国显然是达不到的。2003年，云南省人均常用耕地面积达1.39亩，比世界人均耕地面积4.8亩少3.41亩，占世界人均耕地的28.95%，比

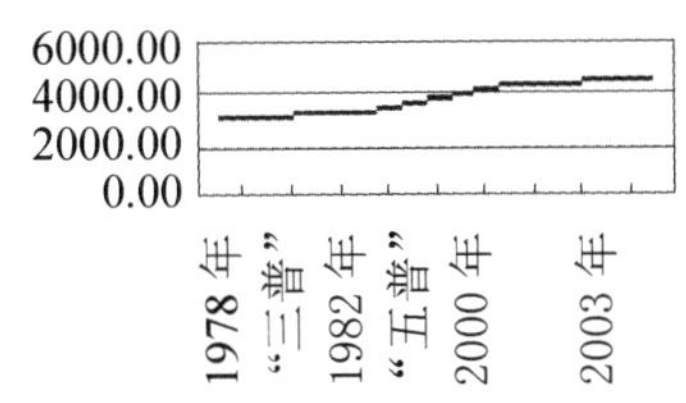

图1 年末总人口

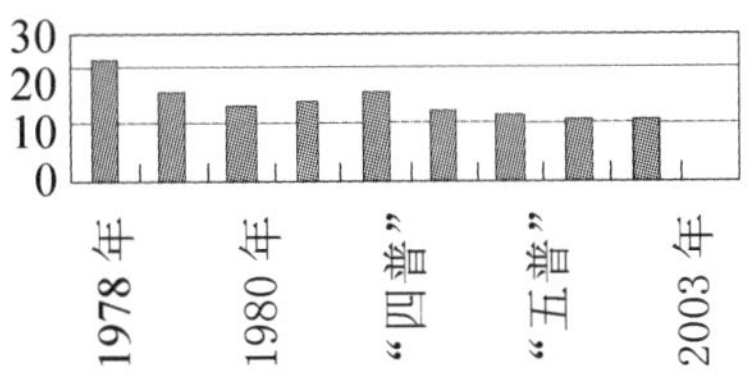

图2 人口自然增长率

中国人均耕地1.3亩,多0.09亩;人均草地面积达2.05亩,比世界人均草地面积为10.4亩少8.35亩,占世界人均草地面积的19.7%,比中国人均草地5.2亩,少3.15亩;人均林地2.26亩,比世界人均林地面积13.6亩少11.34亩,占世界人均林地面积的16.6%,比中国人均林地1.6亩,多0.66亩。云南省农业人口人均耕地已从1999年的1.78亩下降到1.04亩。如果按联合国粮农组织确定人均占有耕地0.8亩的警界线,云南省人均耕地面积,虽然处在警界线以上,但距离警界线也不算太远,因此,保护耕地、节约耕地迫在眉睫。

(四)人口密度与土地承载率和经济密度的分析

2003年,云南省人口密度达到111人/平方公里,分别比"五普"、"四普"、"三普"和1964年人口密度增加3.49人、17人、28人和52人,居西部12省区人口密度第8位,比全国平均人口密度少24人。每平方公里产出的GDP,反映了人口和产业及其他生产要素的集中度,是衡量地区综合经济实力和竞争力的重要指标。云南的土地征用提高了土地承载率和经济集中度。与改革开放初期比较,2000年云南经济密度达到每平方公里496万元,比1978年的18万元提高了近26倍。与全国比较,2003年云南土地面积大体占全国土地面积的4.1%,人均耕地与全国基本持平,GDP总量占全国的6.7%,人均GDP比全国少3412元,财政收入占全国的近5.1%。由于土地征用主要用于城市建设和工业建设,因此分析城市和各类开发区的经济集中度,可以反映土地征用的实际效果。2002年,昆明市、曲靖市、玉溪市、保山市、昭通市、红河州等6州市对国民经济的贡献份额达到73%,对财政收入达到58%。总体上说,土地征用优化了土地资源配置,提高了土地资源的利用率,为云南经济发展和推进工业化、城市化进程提供了重要条件。

(五)云南省耕地面积减少的原因分析

过去耕地面积的减少,主要是国家基建占地、乡村集体建设占地和农民个人建房占地、因灾废弃不断增加所至。各地搞了不少开发区、创业园区,圈了不少良田好土,将土地作为资本进行运作,使耕地大幅度减少,1999～2003年,国家基建占地和其它建设用地累计达到46.02千公顷,占累计减少耕地的12.44%;退耕还林还草政策,每年均有较大面积的耕地还林还草。自1999年,云南省累计退耕还林面积达900万亩。国家出台政策,肯定有其重大意义,但从局部和农民个体利益看,也有一定的不足。据我们调查了解,一是有的开发区将土地圈起长期闲置,造成土地资源的极大浪费;二是退耕还林使农民增收受到一定影响。山区农民本来就是人少地多,耕地种植农作物的效益也很低,退耕还林还草后,尤其是种植经济林木后,经济效益比过去还有所提高,加上国家的补贴政策,收入明显有所增加;而在山区,如文山、怒江等地区,本来就存在地少人多的矛盾,而且多数耕地在25度以上,每年还要求较大面积的退耕还林还草,而且有部分还要求必须是防护林,使农民的人均耕地越来越少。云南城镇化水平不断提高,占用了一部份耕地。2003年,城镇人口占总人口比重即城市化率为26.5%,比1978年提高9.87个百分点,比1985年提高9.07个百分点,比1990年和1995年分别提高7.98个和5.24个百分点。

(六)云南省粮食产出及人均拥有情况

2003年,云南省粮食总产量达到1471.01万吨,人均占有粮食达336公斤,比1978年人均粮食增加57公斤,增长20.4%,比1990年增长52公斤,增长18.3%,比2000年下降10公斤,减2.9%,但距离小康的最低标准人均占有粮食400公斤还相差64公斤。从1990年到2000年,云南省粮食生产已稳步跨上了1000万吨、1100万吨、1200万吨、1300万吨、1400万吨四个台阶。人均占有粮食已稳定跨越了温饱线,正向小康水平迈进。然而,尽管粮食生产仍然保持增长势头,但增产趋势已渐转缓。目前人均340公斤粮食也还达不到小康水平的下限,随着人口增长、人民收入水平进一步提高和城市化加快，粮食供需将不可避免地增大。因此，云南省粮食安全在21世纪仍将面临巨大的挑战。见图3。

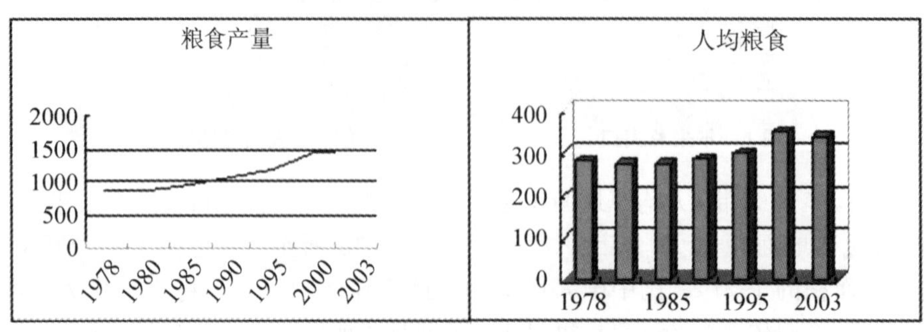

图3 粮食产量及人均拥有量

二、云南省土地可承载人口的测算

（一）土地承载人口的概念

土地承载人口，是指单位面积土地在一定物质投入和科学技术条件下，所能生产的食物可养活一定消费水平人口的数量。一定区域内的土地承载人口的预测或计算，只需获取两个参数，一是计算或预测出该区域内土地每年的生产潜力，二是对应于生产潜力的区域，计算或预测出该区域每年的人均消费量。两个参数之比即为区域土地的人口承载潜力。

在我国，人均消费水平标准分为三类：

1. 温饱型。一般采用人均粮食需要量作为标准。规定人均粮食400公斤是温饱型的生活标准。温饱型标准是消费水平的主要标志。

2. 营养型。规定了不同消费水平下的农畜产品人均消费量，其食物构成包括粮食、肉类、蛋类、奶类、水产品、食糖、蔬菜、水果和植物油。营养标准是计算人口可能承载力的依据。

3. 能量型。规定不同消费水平，人均消费热量和蛋白质数量标准。规定人均日消费量平均为2400卡。

（二）云南省土地承载人口的测算

这里主要结合云南省耕地产出和人均消耗粮食为主来进行测算。其计算公式：

$$P=Y/I \tag{1}$$

式中，P：一定区域内的土地承载人口的数量；Y：总产量；I：人均生活标准量。其中：

$$Y=y_1s_1+y_2s_2+\cdots\cdots+y_ns_n$$

y_1、s_1分别表示等级地单位面积的产量与面积，依此类推。y_n、s_n为动态的产量、面积，即随着产业结构调整、政策因素、自然气候等因素的影响而不断变化。

以云南省历年耕地面积变动及单位面积产量和历年粮食播种频率来推算未来云南省粮食总产量。

1. 保守估计。如果按现有常用耕地6000万亩、历年复种指数130%和历年粮食单位面积产量241公斤计算，云南省粮食产量将达到1880万吨，如按小康最低标准人均占有粮食400公斤计算，在不考虑科技进步和年末耕地减少的条件下，可承载人口4700万人，这是最保守的估计。

2. 充分估计。如按复种指数150%和目前单产241公斤计算，云南省的粮食产量将为2169万吨，比现在统计的1471万增加698万吨，如按小康最低标准人均占有粮食400公斤计算，在不考虑科技进步和年末耕地减少的条件下，可承载人口5423万人。

3. 最好估计。如果按照全国2002年粮食平均单产279公斤和150%的复种指数计算，云南省的粮食将达到2511万吨，将比1471万吨增加1040万吨，如按小康最低标准人均占有粮食400公斤计算，在不考虑科技进步和年末耕地减少的条件下，可承载人口6278万人。

（三）对未来人口与耕地的预期测算和支撑人口和粮食平衡点

根据云南省1980～2003年年末人口绘制统计散点图，见图4。

从统计散点图分布趋势可看出，云南省人口发展趋势，大致呈直线分布。因此，可认为人口与时间关系大致符合线性方程：

$$P=A+BX$$

A、B分别为一常数。求出A、B值，建立一元回归模型：

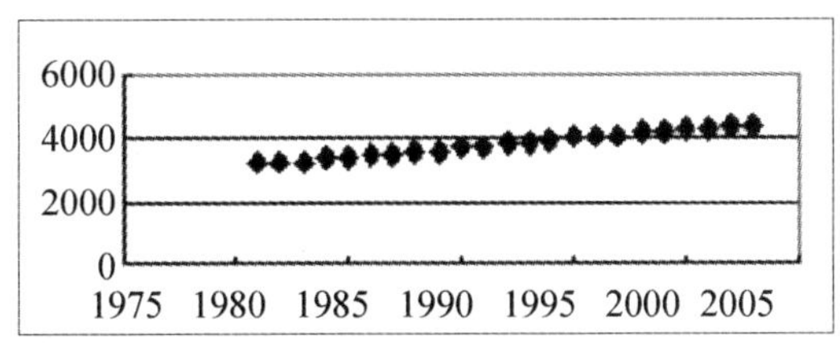

图 4　总人口统计散点图

P＝A＋BT

经计算和统计检验，得出云南省未来人口发展基本模型：

P＝3098.88＋56.92T　　(R＝0.9632)

按此模型计算，未来云南省人口发展情况见下表：

表 1　云南省未来人口预测数

年份	总人口	年份	总人口	年份	总人口	年份	总人口
2003	4375.60	2010	4806.48	2017	5204.92	2024	5603.36
2004	4464.96	2011	4863.40	2018	5261.84	2025	5660.28
2005	4521.88	2012	4920.32	2019	5318.76	2026	5717.20
2006	4578.80	2013	4977.24	2020	5375.68	2027	5774.12
2007	4635.72	2014	5034.16	2021	5432.60	2028	5831.04
2008	4692.64	2015	5091.08	2022	5489.52	2029	5887.96
2009	4749.56	2016	5148.00	2023	5546.44	2030	5944.88

从上表可看出，到 2009 年，云南省人口将达到 4700 万人，按土地产出最保守估计，土地产出将与其承载人口达到平衡。到 2020 年全国实现小康年，云南省人口将达到 5400 万人，按土地产出的充分估计，土地产出将与其承载人口达到平衡。2035 年，人口将达到 6235 万人，按土地产出的最好估计，土地产出将与其承载人口达到平衡。

到 2020 年，云南省总人口将达到 5400 万人，比 2003 年增加 1000 万人，增长 22.9%，按温饱型计算，年平均增加的粮食消耗将增加 400 万吨，消耗的粮食总量将达到 2160 万吨，在 2003 年云南省粮食总产量的基础上将增长 27.2%。如果按亩产粮食 240 公斤计算，需要增加 1600 万亩粮食播种面积，按 2003 年，耕地复种指数 130%计算，需增加耕地 1230 万亩。很显然，这需要提高复种指数才能实现。如果能把复种指数提高到 170%，则需耕地面积 940 万亩，云南省现有可耕的临时性耕地 870 万亩，按此计算，应该能够满足增加的人口需要。到 2030 年，云南省人口将达到 6000 万人，将比 2003 年增加 1600 万人，增长 35.9%，需增加粮食消耗 640 万吨。需增长粮食播种面积 2600 万亩，如按耕地复种指数 130%计算，显然是不能满足需要的。如按耕地复种指数 170%计算，则需要耕地面积 1500 万亩，如果考虑国家基建占地和退耕还林、因灾废弃等因素而减少的耕地，如按 1999～2003 年每年减少的耕地 30 万亩计算，到 2030 年，将减少耕地 810 万亩，如按现有临时耕地 870 万亩计算，可以满足人口增加对粮食的需要。

从总体上讲，制约社会经济发展的核心问题是人口与资源问题，人口过多和自然资源相对短缺将直接制约经济的长期发展。因此，建立资源节约型国民经济体系是解决上述矛盾的关键，资源节约型国民经济体系涉及建立以节地、节水为中心的集约化农业生产体系，以节能、节材为中心的节约型工业生产体系，以节省运力为中心的节约型综合运输体系，以适度消费、勤俭节约为特征的生产服务体系。

三、云南土地征用对国民经济和农民利益的影响

我国土地归国家和农村集体所有，农村集体所有土地实行农民承包经营，国家建设用地需向农民征用。土地是农民的基本生产资料，征用土地必然影响到农民的生计。但土地征用对农民利益的影响究竟如何，一看农民收入是增加还是减少。二看农民收入的构成主要是靠农业还是靠非农业。三看农民的数量是增加还是减少。也就是说，土地征用是否推进了非农化进程，提高了农民的收入水平。

表 2　云南耕地占用与经济增长、工业化、城市化、非农化进程

年份	年内占用耕地（千公顷）	GDP 增长率%	工业化率%	城市化率%	非农化率%	农民收入(元)
1999	13.6	7.2	44.5		77.8	1437.63
2000	11.5	7.1	43.1	23.4	77.7	1478.60
2001	10.0	6.5	42.5	24.9	78.3	1533.76
2002	5.4	8.2	42.6	26.0	78.9	1608.77
2003	5.6	8.6	43.3	26.6	79.7	1697.12

资料来源：根据云南省统计局《云南统计年鉴 2003》有关资料整理。

从上表可见，云南省耕地面积占用在不断的进行，但 GDP、城市率、非农化率和农民收入在不断的增加，这说明，耕地占用与国民经济的发展有联系，要大力发展工业，推进城市化建设，不能不占用耕地，关键问题是合理的解决耕地使用中的乱圈乱占、开而不发不合理的使用现象。

四、结论

云南省土地与人口在未来 10 年内，不会产生超负荷现象。但必须在人口生产、节约耕地资源方面，引起高度重视。必须继续严格控制人口增长，实行计划生育，保护和节约耕地等基本国策不动摇，积极推行农业科技，提高农业土地产出率。才能确保云南土地与人口安全承载。

▲随着云南省经济快速发展和人口增长，耕地资源的稀缺性日益突现出来，耕地资源持续减少和人口持续增长的反向变化是导致人均耕地资源占有量持续下降的直接原因，将使粮食生产的自然资源基础减弱，降低粮食的有效供给能力，直接影响云南省粮食安全乃至国家的经济安全。

▲云南省耕地与人口承载负荷不断加重，如不大力推广应用农业科技，提高单位面积产出和耕地复种指数，那么，距离 4700 万人的安全底线，很快将临近超载状态。为此，必须稳定云南省粮食播种面积，确保 6000 万亩粮食播种面积不减少。努力依靠农业科学技术，不断提高农业科技含量，实现粮食单位面积产量不断增长。特别是要保证 2500 万亩高产稳产良田不减少。不断提高粮食复种指数，加大水利基础设施建设，实行占补平衡。

▲云南省粮食自给基本平衡，不会出现较大的粮食缺口。目前，云南省常用耕地 6000 多万亩，能够保证粮食播种面积 6000 万亩的安全需要。因为粮食复种指数能够保证在 150%的水平，实际的粮食播种面积就能突破 6000 万亩的基本要求，而且粮食的单位面积产量还有待进一步提高，只要不断的严格控制耕地占用审批制度，实施“开源节流”双管齐下措施，认真解决好经济建设用地与粮食生产用地矛盾，适当增加粮食进口，云南省粮食安全就有保证。

▲人口增长形势依旧严峻。从 2003 年人口自然增长率看，云南省仍然比全国高出 3.79 个千分点，在西部 12 省区仅仅比宁夏、青海、新疆低，比重庆、内蒙、四川、陕西、甘肃、广西、贵州分别高出 7.11、6.73、6.7、5.51、3.68、2.51、0.8 个千分点，每年净增加 45 万人口左右，相当于云南省一个中等县级单位。控制人口任务依然十分艰巨。

五、云南省土地使用和人口发展的对策措施

(一)优化土地资源配置，提高土地利用率

土地具有不可再生性、不可移动性和级差性等特点，它对人口和经济发展的负载不是无限的。云南“七山一水二分田”，能够适于人口居住、工业建设和粮食生产的面积只占土地总面积的 16.3%。因此，云南的工业化、城市化和现代化建设只能走土地节约型的发展路子。一方面要确保经济建设和城市建设合理用地，确保企业发展合理用地；另一方面要合理开发和利用土地资源，提高土地的利用率。在政策选择上：

1. 向集聚要空间，促进人口向城镇集聚，促进企业向各类工业园区集聚。

2. 研究制定工业用地标准，按照不同的投资、行业和产品生产的实际需要供地，鼓励服装、轻纺、皮鞋以及自行车、缝纫机、汽车和摩托车配件等生产企业建设多层立体厂房，控制摊大饼式的平面厂

房，限制个别企业的圈地行为。

3. 盘活农村宅基地，特别是要实行建新拆旧，统一规划，不准乱建乱盖，不留“空心房、空心村”，要加快城市存量土地再开发步伐，防止城市文化广场建设互相攀比、贪大求洋。

（二）运用价格机制调控用地

依据市场供求关系和我国土地资源的稀缺状况，制定基准地价和协议出让土地最低价标准。任何地方不得违反国家规定低价出让土地和减免建设用地土地有偿使用费。合理调节各方面利益，保持有竞争力的工业用地价格。云南的土地价格一头不能少一头不能高，即补偿征地农民的费用不能少，不能以侵害农民利益为代价降低建设成本，同时供给企业的用地价格不能过高，否则就会影响投资环境。云南要保持有竞争力的工业用地价格，办法就是政府垄断土地一级市场，由政府统一征地和供地，用拍卖商业性用地收入的一部分，来适当贴补农民和降低工业用地价格。

（三）保护耕地资源，并通过多种途径不断增加粮食产量

要解决这个问题，依靠科学技术，依靠科技人才，向科学技术要粮，这是唯一出路。实现粮食安全的最基本条件是保证粮食基本自给，而耕地资源是粮食自给能力的基础。耕地资源是农业生产最基本的物质条件，它在数量和质量上的变化必将影响到粮食生产的波动，从而影响到粮食有效供给及粮食安全水平。耕地资源日益受到工业和城市土地利用的经济竞争，部分耕地非农化利用的趋势不可逆转，近几年每年净减少耕地数十万公顷，严重地影响到粮食安全，这必须引起广泛关注；水土流失、工业废物排放、农药化肥的大量使用、不合理的灌溉方式及自然灾害等导致耕地质量下降，也将制约粮食生产的发展。而粮食自给的基础是耕地资源的数量与质量，“地之不存，粮将焉出”，因此，加强耕地资源的保护、管理和有效利用，维护我们的生命线，已成为中国21世纪实现国家粮食安全的必然选择。

（四）加强人口控制措施，积极引导和宣传好人口生育政策，实施人口的可持续发展

继续严格控制人口数量，提高全民人口素质。坚持计划生育政策不动摇，努力控制快速增长的人口。向广大人民说明人口问题的严重性和紧迫性，以及计划生育的战略意义，使人民理解并自觉执行计划生育政策。建立健全计划生育服务体系。建立健全社会保障制度。把社会保障网络扩展到农村，切实解决农民的后顾之忧，从而使计划生育政策落到实处。并建立健全计划生育奖励制度、社会服务体系和老年社会保健制度。增加就业机会，以实现充分就业的目标，同时要注重发展医疗卫生事业，以提高人民的健康标准。并加强教育投资，除基础教育外，在职业教育、高等教育、农民教育及改革教育体制上，都应该以经济发展的需要，严格控制外来人口超生超育，规划好人口生产，努力降低人口自然增长率，缩小与全国的差距，提高全民人口素质。

参考文献：

1.《土地资源学》，主编宋子柱。

2.《耕地保护》，主编王海玫。

3.《云南农村经济社会发展重大问题研究报告》，主编丁辉荣、黄海。

4.《2001年云南发展报告》，云南省城市化问题研究，作者王正双。

5.《云南农村剩余劳动力出路何在》，云南省劳动学会课题，作者王正双。

6. 蔡运龙. 我国经济快速发展中的耕地问题[A]. 国家土地管理局科技宣教司等. 土地用途管制与耕地保护[C]. 北京：北京大学出版社，1997，1～12。

7. 中国土地资源生产能力及人口承载量研究课题组. 中国土地资源生产能力及人口承载量研究（概要）[M]. 北京：中国人民大学出版社，1992，15，20。

8. 历年《中国统计年鉴》。

9. 历年《云南统计年鉴》。

谁该为重庆库区农村移民的生产生活困境买单

重庆市农调队

随着三峡工程的不断推进，库区一、二期农村后靠移民分赴新家园，开始了恢复和发展生产的新旅程。农村后靠移民生产生活是否稳定，关系到三峡库区经济发展和社会稳定的大局。为此，重庆市农调队与重庆库区社会环境监测重点站联合进行了农村后靠移民生产生活情况的调查研究，以期为党政领导科学决策提供有益的参考。

一、农村后靠移民近期一两年内基本生活有保障

在国家移民政策的关怀下，库区一、二期移民期间，农村后靠农村移民住房问题得到了较好解决，耐用消费品拥有量达到了较高的水平，在未来一到两年内大宗的家庭生活开支不会出现较大的增加，甚至可能减少。农村后靠移民积蓄财力也能够保障近期生活的基本需要。

（一）库区农村后靠移民靠国家补助积蓄了一点的资金

近年来，随着财产性收入和转移性收入的大幅度增加，库区农村后靠移民的收入扣除生活消费支出后有一定的节余。据重庆库区社会环境监测300户调查资料，2002年末农村后靠移民人均扣除债务后的存款和现金1319元，比重庆市农民平均水平681元多638元，高93.7%。参照2002年重庆市农村居民的消费水平，后靠移民的存款和现金可购买10.5个月的全部生活消费品和服务（含自产自食的食品折价），可满足15.7个月的生活消费品和服务的现金支出（不含自产自食的食品折价）。

（二）作为农村后靠移民最大生活支出的住房建设基本完成

农村移民的住房得到了较好的解决，住房面积和建筑质量好于普通农民。据重庆库区社会环境监测300户调查资料，2002年末，农村移民人均住房面积40.96平方米，比重庆市农民人均住房面积宽9.94平方米。农村移民住房的楼房面积占80.7%，砖瓦平房及其他类型住房面积占19.3%；而重庆市农民楼房面积占50.3%，砖瓦平房及其他类型住房面积占49.7%。住房建设是农村移民生活的一项重大开支，居住问题的较好解决，意味着农村移民未来的生活减少了一项重大的家庭开支。

（三）库区农村后靠移民耐用消费品拥有量达到了较高的水平

据重庆库区社会环境监测300户调查资料，2002年末，百户农村后靠移民拥有洗衣机26.7台、电风扇169.7台、彩色电视机71.7台、电冰箱28.0台、电话46.3部、自行车21.7辆，分别较重庆市平均水平高15.4台、37.8台、23.8台、19.6台、15.1部、4.2辆。在近两、三年内，农村后靠移民耐用消费品拥有量迅速提高，达到了较高的水平，这意味着库区后靠移民对耐用消费品的需求将趋于减弱。

另据走访奉节县、云阳县和万州区农村后靠移民的调查，绝大多数后靠移民表示家庭的存粮存款可以保障未来一到两年的生活需要。

二、农村后靠移民生产生活条件差

农村后靠移民从沿长江及支流低海拔河谷地区，就近后靠迁移到高山、半高山地区，自然条件、资源状况和经济社会环境明显变差。

(一)后靠移民生产生活的自然条件明显变差

库区蓄水后淹没了低海拔河谷平坝地区，农村后靠移民迁居地多为高山、半高山地区，山势陡峭，道路崎岖，生产生活不方便。常年干旱严重，人畜饮水和灌溉用水贫乏，影响后靠移民正常的生产生活。如云阳县在库区蓄水前最低海拔 95 米，最高海拔 1809 米，地势高低落差 1700 多米；山多平坝少，河谷平坝区面积占 4.6%，低山区面积占 17.0%，中山区面积占 49.9%，高山区面积占 28.5%；在土地面积中，坡度大于 25 度的面积占 41%。后靠移民要实现与搬迁前同等的经营产出，需要投入更多的人力和物力，生产成本显著增加。

(二)后靠移民的耕地面积不足，地力低下

调查发现，农村后靠移民人均耕地面积不足 0.6 亩，甚至一些地方的移民人均耕地面积在 0.3 亩以下；人均耕地面积较移民搬迁前减少了四成左右，相当于重庆市农民人均耕地面积的十分之六。由于国家实施可持续发展战略的需要，后靠移民承包的耕地大量退耕还林，能够用于农业生产的土地更少了。分配给移民使用的耕地大多数是高山、半高山的土地，较为贫瘠，且土地中包括一些新垦坡耕地，若要使之达到熟地的产能，还需要花耗一定的资金进行较长时期的整治。据对云阳县、奉节县有关部门的调查，新垦耕地 2 亩地的耕种收入相当于原有耕地 0.4 亩的收入。

(三)移民迁居地水利设施、公路、桥梁、供电等基础设施严重不足

水利设施严重不足，缺乏水池、水渠设施，电灌设备严重不足，干旱严重的库区农村移民人畜饮水和灌溉用水短缺。如云阳县凤鸣镇马岭村 2、3、4 组，经常断水。相当一部分移民村不通公路，甚至没有人行道，交通不畅，生产资料和生活日常用品运不进来，农产品运不出去，严重影响移民的生产生活。如云阳县移民迁入村不通公路的移民有 14684 人，占后靠移民的 80%。由于原有桥梁被淹，河道变宽，移民通行困难。如奉节县万胜乡清水村移民家住朱衣河畔，而承包地在河对岸，走走路需 20 多公里；乘船去往返一次需交通费 2 元，且由于每天渡河人数有限，平常没有船工摆渡，交通相当不便。供电网络也不完善，如云阳县移民迁居地供电不能入户的有 6424 人，占后靠移民的 35%。

(四)移民迁居地社会经济环境落后

后靠移民迁居地是高山、半高山地区，人口稀少，仍处于农业社会状态，商品经济的发育程度很低。经济结构几乎是单一的农业，因自然条件的影响农业生产力相当低下，严重制约后靠移民收入的增加。受经济条件的制约，移民村社会事业的发展水平很低。由于后靠移民居住地较为分散，人口集中度低，兴办社会事业难以获得维持其正常运转的经费，移民村医院、学校、文化等设施严重不足。因此，后靠移民生病就医、子女入学、观看电视难。如云阳县广播电视不能入户的移民有 16520 人，占后靠移民的 90%。

(五)移民迁居地地质隐患严重

三峡库区是滑坡、危岩、山洪、泥石流、地陷地裂和崩塌等地质隐患严重地区。如巫山县境内已发现的存在地质隐患的地点 462 处，全县 48 个乡镇都存在不同程度的地质隐患。奉节县境内已发现存在地质隐患地点 423 处，面积 15.29 亿平方米；其中，奉节县的地质隐患涉及到 21 个移民乡镇，258 处隐患地点，8765 个家庭的 32014 人。地质隐患严重威胁了后靠移民生命财产安全。如云阳县栖霞乡的核桃 9 组、龙门 6 组，户户房子裂口，已出现滑坡迹象；龙洞乡龙江 9 组移民点，由于河水上涨浸泡，也出现滑坡、移民房裂口；凤鸣镇马岭村 45 幢移民房已出现裂痕。

三、农村后靠移民恢复和发展生产面临困难

由于生产经营条件明显变差，恢复和发展生产面临困难，农村后靠移民普遍为未来的生计担忧。

(一)农村后靠移民生产经营能力较弱

一是生产经营规模较小。据重庆库区社会环境监测 300 户调查资料，2002 年库区农村移民人均家庭经营和劳务的总收入 2373 元，较重庆市农民人均家庭经营和劳务的总收入 2596 元低 8.6%。其中，人均家庭经营总收入 1549 元，较重庆市农民的平均水平 1813 元低 264 元，低 14.6%。二是生产经营成本较高。2002 年农村移民家庭从事一、二、三产业生产经营活动的每百元收入中，得到的纯收入有 63.4 元，较重庆市农民的

平均水平低 0.8 元；农村移民从事家庭经营活动包括自身劳务的投资收益率为 173.2%，较重庆市农民的平均水平低 6.1 个百分点。

（二）农村后靠移民粮、油、菜等基础农产品难以自给

后靠农村移民在迁居前粮、油、菜等基础农产品大体上能自给有余，但迁居后相当一部分移民由于自然环境恶劣，基础设施欠缺，人均耕地少且耕地土质差等原因，农业生产能力降低，粮、油、菜等基础农产品难以自给。据重庆库区社会环境监测 300 户调查资料，2002 年农村后靠移民人均粮食产量仅 302.4 公斤，相当于重庆市平均水平的 59.3%；油料产量相当于重庆市平均水平的 74.8%，蔬菜产量相当于重庆市平均水平的 70.2%。如奉节县金盆村、清水村，云阳县马岭村、栖霞村的移民即使在风调雨顺的年份粮食也不能自给，目前吃粮靠国家退耕还林的补贴，另外还需要在市场上购买以补充粮食的不足。农村后靠移民植物油和蔬菜消费的缺口较大，正常的消费需要没有得到满足。

（三）农村后靠移民发展林果业预期收入低

库区农村移民承包的部分耕地陆续退耕还林。每退耕还林 1 亩耕地，国家在前五年每一年补贴 150 公斤粮食（扣税后实际补贴 139.5 公斤）、20 元现金；国家对退耕还林 1 亩耕地的补贴约合现金 170 元左右。即使库区农村移民的全部耕地都退耕还林，按照目前库区农村后靠移民人均耕地面积 0.6 亩计算，库区农村移民人均得到的粮食补贴 83.7 公斤、现金 12 元。农村移民担心五年后退耕还林的补贴减少，生存的保障系数进一步降低。库区农村移民退耕还林的耕地部分种植了以果树为主的经济林。但由于土质浅薄贫瘠，干旱严重且灌溉困难，果树生长条件较差，种植水果的单产与质量均有较大的下降。后靠移民原居住地多在沿长江及支流河谷地带，土壤和气候十分适宜广柑生长，是我国著名的优质广柑生产基地，较迁入前具有的难以企及的先天条件和多年形成的生产与销售基础，每年种植广柑收入高、且较为稳定。而移民搬迁后丧失了种植广柑的稳定收入渠道。如奉节县金盆村原是优质脐橙产地，常年种植脐橙的人均年收入 3000 元左右；搬迁后种植了良种大枣，但枣树成活率较低，成活的果树长势不好，预期的收入较低，很难恢复到原来的收入水平。

（四）农村后靠移民发展畜牧业和水产业的基础脆弱

农村后靠移民经营畜牧业采用单家独户的生产方式，生产成本较高，收益微薄，因此农村移民从事畜牧业的积极性不高。由于粮食不能自给，用于发展畜牧业的饲料粮短缺。特别是在一些交通不便的地方，农村移民饲养畜禽的收益还不能冲抵运输成本。移民搬迁建房时受宅基地面积和资金的制约，相当一部分移民建房都没有修建养殖畜禽的圈舍。据重庆库区社会环境监测 300 户调查资料，2002 年农村后靠移民人均畜牧业纯收入相当于重庆市农民平均水平的 63.9%。由于农村后靠移民的迁居地多为山区，耕地以旱地为主，水田很少，能够用于蓄水的池塘更少，基本不具备养鱼的条件。

（五）农村后靠移民缺少从事非农产业的增收渠道

农村后靠移民由原居住地到新迁居地，自然条件与经济社会环境明显变差，从事非农产业的经营条件不及以前。如奉节县金盆村移民，原居住地附近有一些建工建材厂、加工厂，又邻近长江的码头，从事务工、搬运的劳务机会较多；濒临长江，具有开采和出售河坝沙石的低风险收入；当地经济相对发达，人口稠密，购买力较强，发展服务业条件较好。后靠搬迁以后，该村采售沙石的收入渠道不复存在，务工、自办服务业的经济社会条件变差。由于后靠移民迁居地人口少，且移民购买力小，受需求制约，商业、饮食业和服务业等第三产业难以发展。

（六）农村后靠移民进城务工就业难

宏观经济的快速发展越来越依赖科技进步和产业结构升级，对劳动力的需求增长减缓。由于我国人口基数大，劳动力人数逐年增加，劳动力供大于求的状况逐年加重，城镇就业形势趋于严峻。城里下岗失业人员不断增加，农村劳动力在城镇就业面临很大的竞争压力；由于农村移民先天缺乏地利与人和，受年龄、文化程度、技能等综合素质的限制，找份恰当的工作极为困难。特别是库区经济发展水平低，产业空心化问题突出，后靠移民在当地城镇的务工机会很少。如云阳县和奉节县有一定数量的农村移民自谋职业迁居到万州区的五桥开发区，其中大部分人因购买房屋、家庭用品用具的开支较大，以及子女上学的花费，国家发放的移民安置费几近花光，而未能找到收入稳定、能够安身立命的职业。农村移民中个人素质较高的自谋职业者尚且外出就业难，现滞留在农村的移民外出务工就业相对更难。

四、农村后靠移民经济收入面临大幅度减少的压力

由于恢复和发展生产面临困难，农村后靠移民一方面失去了原有的收入渠道，另一方面新的收入渠道短期内难以培育出来，经济收入面临大幅度减少的压力。

（一）农村后靠移民生产经营收入面临减少的压力

据重庆库区社会环境监测 300 户调查资料，2002 年农村后靠移民人均家庭经营和工资性纯收入 1805 元，较重庆市农民的平均水平 1948 元低 7.3%。其中，人均工资性收入 824 元，较重庆市农民的平均水平 783 元高 41 元；人均家庭经营纯收入 982 元，较重庆农民的平均水平 1165 元低 183 元，低 15.7%。农村后靠移民家庭经营的收入在短期难以恢复到搬迁前的水平，而工资性收入呈现减少的趋势。农村后靠移民工资性收入高于普通农民的主要原因在于 2002 年是库区二期移民的最后一年，库区移民与企事业单位必须在当年搬迁完毕，农村后靠移民获得了空前的劳务机会。支撑农村后靠移民工资性收入高于普通农民的经济原因是一个暂时的原因，随着库区移民与企事业单位最为集中搬迁的时期结束，后靠移民的工资性收入必然减少。

（二）农村后靠移民非生产经营收入面临大幅度减少的压力

据重庆库区社会环境监测 300 户调查资料，2002 年农村后靠移民人均纯收入达到了 2339 元，较重庆市农民人均纯收入 2098 元高出 241 元，高 11.5%。究其原因是农村移民当年获得的财产性和转移性收入较重庆市农民人均纯收入高出 389 元。若扣除国家对移民的补偿和补贴 443 元，2002 年农村移民人均纯收入将降至 1896 元的水平，较重庆市农民人均纯收入低 202 元，低 9.6%。随着三峡工程的推进，国家对库区二期移民的补偿和补贴全部兑现后，农村后靠移民的非生产经营收入将人均减少 400 多元，相当于 2002 年的人均纯收入减少 17%以上。

（三）农村后靠移民内部的收入差距大，低收入后靠移民的生活问题堪忧

据重庆库区社会环境监测 300 户调查资料，2002 年农村后靠移民人均纯收入 2339 元，而人均纯收入在 2339 元以下的移民户占 60.0%。其中：年人均纯收入在 870 元以下的低收入移民户占 7.6%。这 60.0%的收入低于移民平均收入的移民户，2002 年人均纯收入仅 1448 元，较移民人均纯收入低 891 元，低 38.1%。少部分农村移民由于劳动力不足、家庭负担重、生病伤残、思想观念落后等多种原因，自力更生的能力不足，自我发展的能力欠缺，在迁移安置后生产经营活动的恢复和发展迟缓，经济收入严重偏低，生存和发展状况堪忧。

另据奉节县和云阳县有关人员介绍，初步测算三峡库区蓄水至 135 米后，农村后靠移民年人均纯收入减少 1000 元左右，减少 4～5 成。

五、库区农村后靠移民生产生活困难的原因

（一）农村后靠移民的安置数量超过了当地社会经济环境的人口容量

迁居地的自然与社会经济状况，对后靠移民恢复和发展生产具有决定性作用。安置后靠移民较多的县都是山区县，地势陡峭，山多地少，干旱严重，自然条件差；社会经济发展水平低，基础设施短缺，生产生活条件很差，人口容量有限。农村后靠移民数量超过了当地社会经济环境的人口容量，导致后靠移民恢复和发展生产的自然条件、资源状况与社会经济条件明显变差，并出现了生计问题。超过当地社会经济环境的人口容量安置移民，是导致农村后靠移民出现生计问题的根本原因。

这些山区县人口容量有限，主要表现在五个方面：

一是这些山区县全部是国家级或省级贫困县，农民收入很低。在启动移民安置前的 1996 年，这些山区县农民人均纯收入处于 1100～1300 元的水平，较重庆市平均水平低 12～25%，较全国平均水平低 29～40%。

二是这些山区县经济社会落后，土地的人口承载能力低。这些山区县的农村地区物产不丰富，产业结构几乎纯粹是落后的农业。原本水利设施、公路、桥梁、供电等基础设施严重不足，缺乏必需的学校、医院、商业网点等配套设施，生产生活条件差。包括城关镇人口计算的人口密度仅为每平方公里 300 人左右。其中农村地区，特别是高山、半高山地区人口稀少。

三是这些山区县耕地资源少、且产能低下。由于耕地资源的不足，安置后靠移民的耕地以航测丈

量的数据为依据，以人均耕地面积0.6～0.8亩的标准进行分配；而对其中包括的25度以上的坡耕地、移民将修建住房的宅基地、已有及需要修建的道路等均未予扣除。在云阳县、奉节县，由于安置后靠移民的耕地不足，甚至有对少数移民发放购置耕地的专款，由移民自行购买耕地的现象；为了弥补安置后靠移民的耕地的不足，不得不新开垦了一定数量的坡耕地。

四是库区蓄水后土地承载能力大大削弱。各类地形的地区土地承载人口的能力差距很大，沿长江及支流低海拔河谷地区集中了相当大部分人口，也是当地经济社会发展水平最高的地区；而高山、半高山地区承载人口的能力十分薄弱，人口密度很小，经济社会发展水平很低。但库区蓄水后，淹没的地区正是这些低海拔地区。

五是这些山区县地质隐患严重，原本是滑坡、泥石流、山洪等地质灾害的多发区。随着水位上涨，将进一步诱发山体滑坡、垮塌等地质灾害的发生。

移民的安置数量超过了当地社会经济环境的人口容量。根据重庆山区现有的生产能力，山区农民人均一亩耕地的水平才能维持最低生活需要。重庆生产经营条件较好的丘陵地区的农民，人均拥有接近1.0亩的耕地，尚且只能解决温饱问题；而生产经营条件恶劣的山区后靠移民，以人均0.6亩的耕地，要解决温饱问题必然存在较大的困难。

(二)国家对后靠移民的后期扶持不能满足农村后靠移民恢复和发展生产的需要

移民的安置过程，也就是对移民进行资源重新配置的过程。后靠移民资源贫乏、自身能力薄弱，面对恶劣的自然条件、薄弱的基础设施、落后的社会经济环境，迫切需要有效的后期扶持以尽快恢复和发展生产。后期扶持力度不足是后靠移民产生生计担忧的重要原因。

后期扶持滞后于后靠移民发展生产的需要。库区二期移民结束后，三期移民加紧推进，库区移民工作的重心仍停留在移民安置阶段，尚未转移到对后靠移民的后期扶持上来。扶持移民的资金使用主要集中在对移民目前的安置方面，而对有关后续发展的投资很少。国家对后靠移民的后期扶持政策尚未出台，缺乏具体、系统、有效的后续扶持的整体规划与措施。库区地方政府缺乏对后靠移民后续扶持的项目与资金，缺少大面积带动后靠移民恢复和发展生产的骨干项目。付诸实施的扶持移民的项目个数少、规模小，对后靠移民整体恢复和发展生产的作用有限。后期扶持滞后于后靠移民发展生产的需要，致使后期扶持的广度和力度不够大，后靠移民恢复和发展生产的进展还比较缓慢，甚至出现了依赖移民补贴维持生活的现象。

基础设施建设的投资严重不足。后靠移民迁居到人口稀少、基础设施几近空白的半高山、高山地区，基础设施建设几近重新开始。因此移民迁居地的基础设施建设工程量巨大，基础设施的完善需要一个较长的过程。特别是库区水位上涨，路桥被淹，河沟变宽，原有溪沟由于水位上涨已不能通行，需要增建大跨度的桥梁；后靠移民迁居地山高坡陡，水利、道路等基础设施建设需要大量的资金。但是，移民迁居地基础设施的建设没有得到足够的重视，建设投资严重不足。由于缺乏相应的资金，移民迁居地的基础设施建设进展缓慢，基础设施欠缺，严重影响了后靠移民的生产生活。

移民项目的管理和实施存在脱节现象，移民项目对后靠移民增加收入的效果削弱。移民项目的实施采取业主开发方式，业主对移民项目的选点、用人用料、选择合作对象等方面都具有很大的自主权。由于承包者作为一个经营单位，存在追求经济效益最大化的价值取向，因此在移民项目的实施过程中，往往未把促进后靠移民发展生产、带动后靠移民致富的立项初衷放在首位，很容易出现偏重经济效益的现象，致使移民的利益得不到保证。由于后靠移民迁居地的生产经营条件相对较差，移民项目的选点往往容易选中生产条件较好地方，后靠移民从中得益不多。

(三)农村后靠移民自我发展的能力难以适应生产经营条件变化的需要

由于历史、地理、社会、经济及文化等多重因素的作用，库区农民的自我发展的能力十分薄弱。一是严重缺乏经济实力，2002年末农村后靠移民人均扣除债务后的存款和现金仅有1319元，户均4600元。二是农村后靠移民平均受教育的年限短，绝大多数人口的文化程度在初中以下，科技文化知识贫乏，劳动力素质低下，缺乏经营管理能力；劳动力技能单一，择业、创业的选择范围狭窄。三是经济文化观念落后，思想守旧，接受新观念、新知识慢。因此，农村后靠移民自我发展的能力适应不了生产经营条件的变化。在客观方面，后靠移民不具备投资和创业的能力，“想干干不了”，无力改善基础设施和社会经济环境，更没有能力创办增加收入的企业或经济实体;在主观方面,后靠移民对发展生产增加收入的信心不足,缺乏敢想敢干的精神和斗志,甚至有相当一部分人口出现了悲观情绪。

六、解除后靠移民生产生活困难的对策思考

后靠移民的生计问题是库区经济发展和社会稳定面临的重大问题。农村后靠移民作为三峡库区移民的一个特殊群体,解决好他们的生计问题,是实现移民稳定、库区稳定的根本所在。在后靠移民生活有保障的一两年内,及早筹划,真抓实干,有效解决后靠移民的生产生活问题,消除影响库区经济发展和社会稳定的隐患。

解除农村后靠移民生计担忧的基本思路:以"迁得出、安得稳、逐步能致富"为目标,按照从实际出发、实事求是的原则,抓紧进行后靠移民安置的后评估,对安不稳、不能逐步致富的部分后靠移民实行二次安置,对安得稳、能够逐步致富的部分后靠移民实行有效扶持。

一是更快实施移民后期扶持政策。要充分认识到移民后期扶持政策滞后对后靠移民生计问题的影响,加快制定和实施移民后期扶持政策,力争在两年内使后靠移民恢复生产。全面启动扶持后靠移民的各项措施,促进移民迁居地的社会经济发展。增加后期扶持的项目和资金,加大扶持力度;以骨干项目为突破口,扩大扶持后靠移民的作用范围和效果。特别是加强对后靠移民农业产业化项目的扶持,在技术、种籽、管理、销售等方面帮助后靠移民增强生产能力。同时,加强移民项目资金的管理,做到专款专用,确保移民项目资金发挥最大的政策扶持作用。

二是切实解决后靠移民的耕地问题。人均耕地面积严重偏低,耕地土质浅薄贫瘠,是制约后靠移民发展生产的重要因素,必须尽快加以解决。结合重庆市山区农民人均一亩地的水平才能维持最低生活需要的实际情况,将后靠移民分配经营的土地面积(包括耕地和林地)提高到一亩的水平。土地达不到一亩的后靠移民应重新安置。可将重新安置后靠移民退出的土地分配给土地不足的移民。同时,加快对后靠移民的低产耕地、新垦耕地进行改造,使之具备当地一般熟地的生产能力。可考虑对后靠移民不足 1.0 亩耕地的差额部分按照国家退耕还林的补贴标准进行补贴。

三是加大基础设施建设力度,改善经济社会环境。基础设施严重欠缺,是后靠移民面临的重大的生产生活困难。下大力气解决水利设施、道路、桥梁、供电、通讯等基础设施严重欠缺的问题,完善学校、医院、商业网点等配套设施,改善后靠移民的生产生活条件,增强适应恶劣自然条件的能力。

四是加强后靠移民的义务教育和技能教育。切实解决移民迁居地学校稀少移民子女上学难的问题,确保移民子女全部接受义务教育,促进后靠移民的文化素质逐步提高。开展对后靠移民的技能教育,向后靠移民传授农业生产、务工经商等方面的实用技能,促进后靠移民提高劳动技能,增强生产经营能力。

五是切实做好灾害预防工作,避免后靠移民的生命和财产遭受重大损失。

5

农业投入

建立规范的私人农业贷款市场

侯　锐

当前资金短缺已经成为农民增加投入、扩大再生产比较大的制约因素。尤其是近年来一些大银行收缩战线，撤并了一些县及县以下的网点，农村贷款渠道越来越窄。由于正规金融部门农业信贷数量不足以及农民贷款难等问题，一些地方民间借贷市场应运而生。虽然国家一直加强金融市场监管，不断加大打击非法金融的力度，但民间借贷一直挥之不去，个别地方甚至愈演愈烈，引导和规范民间借贷市场势在必行。

一、正视农村民间借贷市场产生的前提

（一）农业信贷不能满足农民生产需要

农业贷款对发展农业生产、提高农民收入有着极其重要的作用。据测算，1978～2001年，中国农业生产信贷对农业生产总产值的弹性系数为0.6662、对农村居民收入的弹性系数为0.6100，也就是说，每增加100元农业生产信贷，可以增加66.62元农业总产值、增加61.00元农村居民收入。

虽然农业信贷对农业生产及农民收入有如此重要的作用，但是，多年来，我国各种金融部门投放的农业信贷数量却远远不能满足农民的需要。

从全国来看，近几年农业贷款有所增加。2001～2003年，我国各种金融部门对农业贷款总量由5711.5亿元增加到8411.4亿元。农业生产贷款总量增加，农业贷款占各种贷款总量的比重由2001年的5.09%增加到2003年的5.29%，2003农业贷款占各种贷款总量的比重比2001年提高了0.2个百分点。2001年和2003年，农民人均平均贷款量为611.62元/户和897.21元/户，2003年农民人均贷款量比2001年增加了46.69%。

但从一些地区专项调查结果看，正规金融部门发放的农业贷款并不能满足农户生产的需要。有资料显示，在农村，银行和农村信用社提供的贷款约占农村资金需求的25%，也就是说，70%左右的农村资金需求不能得到满足。据对山西、浙江2000个农户的调查，2000年，浙江省农户户均借入款为借出款的6.15倍，山西农户户均借入款为借出款的2.39倍，就是说，无论是经济发达地区还是不发达地区，农户经济发展还受益于农村外部资金的支持。

另据湖南省农调队对3700个农户的抽样调查，2001年至2003年，从银行信用部门得到贷款的农户只有218户，得到贷款的农户只占被调查农户总数的5.9%；三年来户均从银行信用部门获得的贷款分别为117.36元、143.07元和136.08元，分别占同期生产费用现金支出的5.1%、6.1%、5.6%。有限的贷款远不能满足农户生产投入的需要。从贷款户的生产资金来源看，贷款仅能满足全年生产费用现金支出的21.8%左右。

农业贷款本来已经不能满足农民的需要，而在一些贫困地区，农户贷款额还有下降趋势。据国家统计局农调总队调查，2003年，592个国家扶贫开发工作重点县农户当年从银行信用社得到的商业贷款比上年减少了20.7%。

(二)能够为农户提供贷款的金融机构单一,力量有限

从各年的农业贷款情况看,为农户提供贷款的主要金融机构仍然是农村信用社。截止2002年底,中国有3.5万个农村信用社,农村信用联社2460个。2001年,农村信用社农业贷款余额为4417亿元,占金融机构农业贷款总额的比重由1979年的26%上升为2001年的77.7%。一些地区农村信用社发放的农业贷款占全部新增贷款的比重还要多,如湖南省农调队专项调查显示,2004年一季度农村信用社发放的农业贷款占全省新增农业贷款总量的95.8%。宁夏的一项调查也显示,2003年宁夏农村信用社投放农业贷款增量和余额分别占全区农业贷款的103%和94%,

但是,面对庞大的需求群体,农村信用社显得力不从心。据河南省农调队调查,2002年,河南省济源市金融系统共增加各项存款6.01亿元,其中信用社仅增加1.62亿元,占26.9%,而同期信用社当年新增农业贷款1.06亿元,占全市新增农业贷款的100%。

不仅如此,农村信用社有限的资金还不能完全应用于农民和农业生产,大量资金外流。农村信用社资金外流主要通过缴纳存款准备金、转存中央银行、购买国债和金融债券等方式完成。有数据表明,20世纪90年代以来,农村信用社平均每年转移资金2000亿左右,使本已不足的农业生产贷款供给缺口更大。

(三)农民贷款难

农村信贷数量既已偏小,农民借贷难又使农村信贷问题雪上加霜。

农户贷款难主要表现在贷款程序复杂。据湖南省澧县澧澹乡信用社负责人介绍,2004年农民申请贷款,一般由本人写出申请报告,由村里统一申报,信用社派人考察,再会同村干部核定贷款金额,如贷款金额在一万元以上的,按政策需要担保抵押。对这一程序,多数农民反映可以接受,但关键是信用社的考察内容复杂,不少考察人以还贷能力为借口,吃拿卡要,更不用说大额担保抵押贷款的复杂手续,农民望而生畏。因此表面上看,信用社支持农民贷款,但真正贷到款的农民是极少数。此县澧澹乡夹堤村共有420个农户,2004年要求贷款的约有50户左右,但目前真正贷款到手的农户只有5个,得到贷款的农户数量只占申请贷款农户数量的10%。安乡县黄山头镇界沟村共有农户445户,每年春耕生产缺少资金的农户达30~40%,即170户左右。2003年得到信用社贷款户仅为全村总户数的6.71%,2004年虽上升为15.73%,但缺少资金的农户仍有58.9%的贷不到款,因此导致春耕期间该村就有100个左右的农户需向民间高息借款。

贷款难在一些贫困地区表现更为突出。据国家统计局农村司资料,在592个扶贫重点县全部农户数中,当年从银行信用社贷过款的农户仅有7.3%。黑龙江省农调队2003年对800个农户的春耕贷款调查,在黑龙江,平均有40%的农户认为不容易得到贷款,而且收入越低这个比例越高。江西省某贫困重点县的一个村,能够得到贷款的户仅占全村总户数的5.7%。

二、民间借贷市场应运而生

有需求就会有供给已经是市场经济条件下既成规律,在正规金融机构无法满足农民对农业生产贷款需求的情况下,民间借贷必然应运而生。

(一)民间借贷的发展历史

民间借贷在我国历史上早有存在,朱泽将民间借贷称为地下金融,并将改革开放以来的民间借贷划分为三个阶段,一是20世纪80年代初期阶段,规模和范围均很小,限于亲朋邻里间的借贷或一些个体及集体企业的内部集资;二是20世纪80年代中期至90年代中期,形式多样、规模庞大、信用工具繁杂,范围涉及经济欠发达地区至次发达地区和落后地区;三是20世纪90年代中期阶段,国家对私人信贷加强了监管,相当部分民间资金向股票及国债市场流动。民间借贷的主要形式包括有个人借贷、邀会、地下钱庄和私募基金等几种形式,且多为高利贷。

(二)民间借贷市场繁荣

虽然民间借贷的具体规模尚无统计,但一些推算数据及调查资料足以说明,民间借贷市场何等繁荣。据测算,1997年到2002年,农村非正规金融规模占金融机构各项短期贷款的比重在3~4%之间;农村非正规金融规模占金融机构农村贷款的比重在14~27%之间;农村非正规金融规模占农村信用社农村贷款的比重则在29~43%之间。一些地方比重较大,如浙江义乌、永康、温岭、乐清等县地下钱庄的数量至少在数十家以上,涉及的人员数百人乃至数千人,而单个钱庄的借贷规模也至少在百万元乃至数百万元、上千万元。在一些欠发达地区，民间借贷也很活跃。据统计，江西省金溪县参与非法金融的人员最高达3万人，涉及14个乡镇，占全县乡镇总数的77.78%；县城所在的秀谷镇参与非法金融的人数达1.4万，占县城总人口数的20.89%，其中有90%以上的家庭曾经参与。非法融资发生额最多时曾高达8280万元，占当时金融机构贷款余额的11.59%，且利率大大超过了法律规定的民间借贷利率。对山西、浙江2000个农户的调查也显示，农户借款以民间借贷为主，来自银行的比重下降。2000年，山西农户从银行借款占借款总量的22.02%，比1986年下降了32.76%。

三、对民间借贷的博弈分析

(一)民间借贷机构与正规金融机构的博弈

在发展中国家，尤其是一些贫困落后的农业国，都会存在形式多样的金融机构或组织，包括正规金融机构和非正规金融组织或个人即民间借贷。民间借贷之所以产生首先在于这些人是理性的，对信贷有着明确的预期和偏好。民间借贷产生的机理可以用策略型博弈解释如下：

·局中人：在本博弈过程中，局中人是指正规金融机构和一个私自放贷的组织或个人。

·策略集合：正规金融机构和私自放贷的人都有两个策略：向农民贷款或不贷款。

·假设农民完全可以按时偿还贷款。

根据目前农村金融市场存在的情况，假设两个局中人同时向农民贷款，则各得利息A，当正规金融机构不向农民贷款而向其他行业贷款时，得利息为B，而这时私自向农民放贷的人可得到利息C，如果私人不向农民贷款而存在银行则得利息为D。此博弈可用矩阵表示为：

民间信贷与正规金融机构的博弈

		正规金融机构	
		贷款	不贷款
民间信贷	贷款	A,A	C,B
	不贷款	D,A	D,B

从上述矩阵可以看出：

1. 如果正规金融机构和民间信贷同时向农民贷款，则二者均可获得A个单位的利息；

2. 如果正规机构向农民贷款，而民间金融只有存在正规银行，则正规机构得到利息A个单位，而民间资本得到利息D个单位；

3. 如果正规金融机构不向农民贷款而将贷款投向其他行业，可得利息B个单位；与此同时，民间资本向农民贷款则可得利息C个单位；

4. 如果正规金融机构和民间信贷均不向农民贷款，而正规金融机构向其他行业贷款，民间资本则向银行存款，那么，正规金融机构得到的利息为B个单位，民间信贷得到的利息为D个单位。

由于任何局中人都是理性的，都会使自己的利益最大化，而在目前的金融市场，往往是B>A，C>D，有些情况下，C>A，因此，正规金融机构的最好选择是B，即不向农民贷款，而向其他行业贷款，而私人的最好选择是C，即必须向农民贷款，尤其当正规金融机构不向农民贷款时，民间信贷就会得到更高的利息，此时，民间借贷机构和正规金融机构之间的博弈达到纳什均衡。

(二)农民与民间信贷的博弈分析

在此博弈中，局中人为农民和私人贷款组织或个人。假设农民贷款后的收益大于不贷款时收益，同时对信贷有着良好预期。由于农民与民间信贷之间的博弈常发生于农民得不到正规金融机构贷款的情况下，因此，农民的策略集合为：向民间借贷或不向民间借贷；私人贷款机构或个人的策略集合为：向农民借贷或不向农民借贷。根据目前的情况，假设如果农民不向民间借贷，则得到F个单位收益，农民向民间借贷，则其收益在支付给民间信贷的利息后仍大于其在不借贷情况下的收益水平，为F′个单位收益；如果民间信贷不向农民借贷仅将资金存入银行，得D个单位收益，相反，如果民间信贷向农民贷款，则可得收益C个单位。二者的博弈矩阵表示如下：

农民与民间信贷的博弈

		民间信贷	
		贷款	不贷款
农民	贷款	F′,C	F,D
	不贷款	F,D	F,D

上述博弈模型分析如下：

1. 如果农民向民间贷款，而一些私人也乐于向他贷款，则扣除向放贷人或组织支付利息后，农民仍可得到F′个单位的收益，民间信贷得到C个单位收益；

2. 如果农民向民间借贷，但没有人借给他，民间资本只存入银行，则农民只得到F个收益，民间信贷得到D个收益；

3. 如果民间向农民贷款，但没有农民向其借贷，民间资本只有存入银行，则农民得F个单位收益，民间信贷得D个单位收益；

4. 如果农民不向民间借贷，而民间信贷也不借款给农民，只将资金存入银行，则农民得到F个单位收益，民间信贷得D个单位收益。

一般情况下，$F'>F$（至少农民会有些预期），而$C>D$，因此，可见，农民最好的选择是向民间借贷，而民间信贷最好的选择也是向农民贷款。也就是说，只有农民向民间借贷、民间资本向农民贷款才能达到纳什均衡。

从上述博弈分析可以看，在正规金融机构不能保证农民资金需求的情况下，农民只有向民间借贷，这也是民间借贷为什么会挥之不去的根源。

四、引导和规范民间借贷市场

一方面，民间借贷行为的出现本身就是一种"需求追随"模式，其对活跃农村金融市场、提高金融效率、缓解农民对资金的需求、促进农业生产、增加农民收入均有不容否定的作用。另一方面，又由于民间借贷尚处于非法借贷范畴，经营活动在"地下"完成，对金融市场以及对农业生产、对农民的切身利益均会产生不良影响，如果放任下去，将会存在很大的金融风险。既然正规金融部门不能满足农民对信贷资金的需求，而民间借贷又是春风野火，政府就应该扬长避短，建立规范的民间借贷市场，充分发挥民间借贷的优势，使之为增加农民收入做出贡献。

（一）制定规范民间借贷的管理办法

建立民间借贷监管机制，成立民间借贷监管机构。在监管部门行内或农村信用社内成立专门机构，赋予监管民间借贷行为的职责。对农村民间借贷实行登记制度，要求借款人和贷款人同时登记，签订合约。规定农村民间借贷用途，严格限制贷款领域，主要支持农业生产或与农业生产和农村发展关系密切的生产活动，降低贷款风险。规定贷款利息高限，具体贷款利息可由借贷双方参照一般银行利率自行协商，严厉打击高利贷行为。严格限制和惩办不通过监管部门登记的民间借贷行为。

（二）允许私人委托银行或信用社进行借贷

借鉴目前一些银行开展的理财业务，在银行或农村信用社开展私人借贷理财业务活动。有借款意向和贷款意向的个人，到银行或信用社登记自己的需求，说明借款或贷款的意向和规模，经过审核后，及时向社会公布，并协助受理借贷业务。委托单位可以收取一定费用，并承担相应责任。

（三）在一些民营经济比较活跃地区加快信用社股份制发行试点

对一些信用社不要再强求走合作制路子，可以通过引入大股东的方式改造成为小型股份制银行将一部分民间资金吸入正规金融渠道，主要满足种养规模经营、农村家庭工商业和农民运销服务业务的资金需求，扩大农村发展的资金来源。沿海一些发达地区的信用社走股份制路子，更有利用于信用社的发展，也有利于为农村经济服务。

（四）在引导和规范民间借贷行为的同时，加强对农村信用社的改革力度

在一些欠发达地区将农村信用社改造为合作制性质的小额信贷合作银行。这种银行可按照合作制的原则组织、运行，并借鉴国际上小额贷款扶贫经验进行信贷活动。银行的主要任务是支持农民发展种营养业、手工业和小型商业经营。参照国际上发展农民合作组织的通行做法，国家将农民合作银行作为农业政策性金融的一部分，给予资金、税收等方面政策支持为了避免出现前些年农村合作基金会问题，可考虑将这种小额信贷合作银行纳入农业发展银行管理。

参考资料：

1.《中国农村金融组织体系：绩效、缺陷与制度创新》，张红宇，中国农村观察，2004年第2期。
2.《我国地下金融发展状况及治理对策》，朱泽，中国农村经济，2003年第10期。
3.《中国农业信贷对农业产出的实证分析》，周小斌、李秉龙，中国农村经济，2003年第6期。
4.《中国农村经济金融转型与金融机构多元化》，何广文，中国农村观察，2004年第2期。
5.《中国农村非正规金融规模估算》，郭沛，中国农村观察，2004年第2期。
6.《沿海与内地农户家庭储蓄借贷行为比较研究》，史清华等，中国农村观察，2004年第2期。

2004 年中国农业投入与产出研究

柏先红

2004 年，我国农业受到“禽流感”袭击，但各地认真贯彻落实 2004 年中共中央、国务院 1 号文件《关于促进农民增加收入若干政策的意见》的精神和扶持粮食生产的政策措施，农业在结构调整中稳定增长，农产品价格全面回升，种粮效益普遍提高，粮食单产水平和当年粮食增产量均创历史最高。

一、农业投入

（一）土地投入

耕地净减少 80 万公顷。2004 年，政府加强了对土地资源的严格管理并取得明显成效，全年实际建设占用耕地 14.5 万公顷，比上年减少 37.0%；灾毁耕地 6.3 万公顷；生态退耕 73.3 万公顷；因农业结构调整减少耕地 20.5 万公顷。土地整理复耕开发补充耕地 34.6 万公顷。2004 年末全国耕地为 1.23 亿公顷，比上年净减少 80 万公顷。

种植业结构继续调整。2004 年，农作物总播种面积为 15355.3 万公顷，比上年增加 113.9 万公顷，增长 0.7%。在主要农作物中，除粮食、棉花种植面积大幅增加外，其他作物种植面积均呈减少态势。2004 年我国粮食种植面积为 10161 万公顷，比上年增加 220 万公顷；棉花种植面积 569 万公顷，增加 58 万公顷；油料种植面积 1452 万公顷，减少 47 万公顷；糖料种植面积 157 万公顷，减少 9 万公顷；蔬菜种植面积 1767 万公顷，减少 29 万公顷。

全年新增有效灌溉面积 98 万公顷，新增节水灌溉面积 130 万公顷。

（二）农业劳动力投入

2004 年乡村从业人员约 49687.6 万人，比 2003 年增加 716.6 万人，增长 1.5%。其中农林牧渔劳动力 30591.2 万人，比 2003 年减少 668.4 万人，下降 2.1%。

2004 年外出务工人数继续增加。农村常住户外出务工劳动力人数为 11780 万人，比上年增加 390 万人，增长 3.4%。由于国家加大农村劳动力培训力度，提高了外出务工劳动力的劳动技能。2004 年外出务工劳动力中，接受过就业技能培训的劳动力占 15.5%，比上年提高 3.4 个百分点。

（三）农户的生产投入

2004 年农民人均生产投入 1032 元，比上年增加 175 元，增长 20.4%。扣除农业生产资料价格上涨因素影响，实际增长 8.9%。用于农业的生产投入大量增加，人均 829 元，比上年增加 161 元，增长 24.1%，增速比上年提高 21 个百分点。农业生产投入增加额占当年生产投入增加额的 92%。其中，种植业投入人均 435 元，比上年增加 87 元，增长 25%；牧业投入人均 366 元，增加 72 元，增长 24.5%。2004 年农户购置生产性固定资产投入增速放缓，人均支出 106 元，增加 6 元，增长 6.1%，增速比 2003 年下降 12.4 个百分点。

（四）财政投入

2004 年国家大幅度增加了对农业的财政投入。据财政部统计，2004 年财政对农业的投入超过了 2000 亿元；中央财政支农支出比上年增加 300 亿元左右，增长 20% 以上。2004 年中央财政用于"三补贴"的支出超过140亿元,其中种粮农民直补116亿元,13个粮食主产区的良种补贴资金28.5亿元,农机购置补贴资金7000万元。全年安排与粮食生产有关的投资31亿元,比上年增长27%。

二、农业产出

(一)农业产值和增加值增长

2004年预计农林牧渔业总产值达到36163亿元,按可比价格计算比2003年实际增长7.5%。从农林牧渔各业来看,农业产值预计18232亿元,实际增长9.2%;林业产值1315亿元,实际增长1.7%;牧业产值12045亿元,实际增长6.3%;渔业产值3574亿元,实际增长5.2%;农林牧渔服务业产值997亿元。2004年农林牧渔增加值达到20744亿元,比2003年实际增长6.3%。

(二)除糖料减产外,大宗农产品均大幅增产

2004年,粮食总产量46947万吨,比上年增产3877万吨,增长9.0%;棉花产量632万吨,增产30.1%;油料产量3057万吨,增产8.8%;糖料产量9528万吨,减产1.2%。

畜牧业、渔业生产稳步发展,肉蛋奶产量均有提高。2004年,肉类总产量达到7260万吨,比上年增长4.7%,其中,牛、羊肉分别增长7.9%和10.6%。随着特色渔业、名优新水产品养殖业的快速发展,渔业呈现良好的发展态势,2004年全年水产品产量4855万吨,比上年增长3.2%。

三、农业生产的主要特点

(一)粮食单产水平和当年粮食增产量均创历史最高

2004年我国粮食单产为4620.5公斤/公顷(308公斤/亩),每公顷比上年提高288公斤,增长6.6%,粮食单产水平创历史最高,单产水平的提高对粮食增产的贡献率达75%。从粮食增量看,1990年粮食产量比上年增加了3869万吨,2004年增量比1990年的增量还多了8万吨,再创历史新记录。从粮食增产区域看,13个粮食主产省增产幅度较大,共增产3536万吨,增长11.6%,增产量占全国粮食增产量的91.2%。

(二)多数农产品价格大幅上涨

2004年全国农产品生产价格比上年上涨13.1%。其中:种植业产品价格上涨最多。2004年,粮食生产价格比上年上涨26.2%。谷物价格上涨28.1%,豆类价格上涨20.3%,薯类价格上涨5.8%,小麦上涨31.2%,玉米上涨16.9%。粮食主产区、主销区和产销平衡区粮食价格分别上涨27.4%、31.9%和20.8%,主销区粮价涨幅比主产区和产销区分别高4.5和11.1个百分点。

油料生产价格比上年上涨16.6%,花生、油菜籽和芝麻价格分别上涨17.1%、16.3%和22.3%。蔬菜生产价格上涨5.2%。由于气候条件适宜,水果产量增加较多,水果价格较上年下降1.4%。

畜牧业产品生产价格比上年上涨11.1%。其中,生猪出栏价格比上年上涨12.8%,肉牛价格上涨3.9%,奶产品价格上涨3.9%,家禽和蛋类生产价格分别上涨11.8%和12.6%。

渔业产品生产价格比上年上涨10.2%。其中,海水产品价格比上年上涨9.0%,淡水产品价格比上年上涨12.3%,淡水鱼类价格上涨11.5%,淡水虾蟹生产价格上涨23.0%。淡水产品价格高于海水产品价格,在水产品中淡水虾蟹生产价格最高。

(三)农业生产投入大幅增加

据国家统计局农村社会经济调查总队调查,2004年农民种植粮食平均每亩投入201.5元(不含人工费用),比上年增加17.1元,增长9.3%。其中亩均化肥投入65.8元,比上年增加9.8元,增长17.5%。投入增加的原因:一是农民从事农业生产的积极性回升,农户购买生产资料数量增加。2004年农户人均购买化肥151公斤,比上年增长11.5%;人均购买饲料108公斤,增长9.4%。二是农业生产资料价格上涨。2004年1至12月全国农业生产资料价格比上年平均上涨10.6%,其中化肥价格上涨12.8%。由于化肥、种子、饲料、幼畜等生产资料价格上涨,致使农户购买以上几种生产资料人均多支出78元。

四、农业效益

(一)耕地生产率

2004年主要农区气象条件较好,粮食、棉花和油料的单产水平都有不同程度提高,加上农产品价格上涨,单位面积产值增加。2004年,平均每公顷播种面积生产的农作物种植业产值达到11873.1元,比2003年增加1959元,增长19.8%;按播种面积计算的单位面积产量,粮食每公顷4620.5公

斤，比上年提高 288 公斤，增长 6.6%；棉花每公顷 1110.7 公斤，比上年提高 157.7 公斤，增长 16.5%；油料每公顷 2105.4 公斤，比上年提高 231.7 公斤，增长 12.4%。

（二）种粮亩均纯收益普遍提高

据国家统计局农村社会经济调查总队调查，2004 年全国粮食生产平均每亩纯收益 270.1 元（不含人工费用），比上年增加 79.9 元，增长 42%。2004 年种粮亩均纯收益达到 1998 年以来的最高水平。

分品种看，4 种主要粮食生产效益均有提高。2004 年稻谷平均每亩纯收益 330.6 元，比上年增加 115.1 元，增长 53.4%；玉米每亩纯收益 321.6 元，比上年增加 114.4 元，增长 55.2%；大豆每亩纯收益 229.2 元，比上年增加 18.4 元，增长 8%；小麦每亩纯收益 199.1 元，比上年增加 78.7 元，增长 65.4%。从亩均纯收益看，稻谷收益最高，小麦最低。与上年比较，小麦亩均纯收益增幅最大，大豆最小。种粮效益提高的主要原因是粮价上涨和单产提高，其中因粮价上涨亩均种粮收入提高 54.9 元，占纯收益增加总额的 69%；因单产提高亩均收入增加 25 元左右。

五、农业增长因素

2004 年我国农业扭转了 1997 年以来粮食连年减产、农民收入增幅持续低迷的不利局面，出现了粮食大幅增产、农民收入大幅增加的良好局面。这主要是国家从统筹城乡发展的战略出发，制定了有利于农业和农村经济发展的政策，各级财政和农户都加大了对农业生产的投入。以下对农业增长的因素和各因素的贡献率进行分析。

（一）增长因素

2004 年，农业总产出的增长主要有四个方面的动力：一是生产投入的增加；二是科技进步带来的投入产出比的提高；三是各种支持农业生产的政策；四是有利于农业生产的气候条件。由于支持农业生产的政策最终会转变为农业投入的增加，而气候条件对农业的贡献则表现为投入产出比的提高，所以，我们分析农业投入和农业效率两方面因素对农业产出的影响，体现了 2004 年促进农业生产的四个方面的动力。在这里，我们将农业投入要素分为耕地、劳动力和资本的投入。

为了与 2003 年进行比较，2004 年我们利用上年《农村经济绿皮书》使用的同一模型和相同的历史数据进行参数估计，分析近两年促进农业增长的因素，并计算增长因素的贡献率。修正的柯布—道格拉斯农业生产函数模型形式如下：

$$Y=AL^{\alpha}K^{\beta}S^{\gamma} \quad (1)$$

式（1）中：Y 为农业总产值；L 为农业生产中的劳动力投入；K 为耕地的投入；S 为农业资本的投入，主要包括国家财政用于农业的支出和农户的生产投入。α 为劳动力的产出弹性；β 为耕地的产出弹性；γ 为资本的产出弹性。

我们利用 1978 年到 2003 年数据，对模型进行参数估计。估计结果显示，农业劳动力对农业总产值的影响不显著，没有通过 t 检验。其原因是我国农业劳动力严重富余，近年来劳动力数量的变动只是富余劳动力部分的变动，劳动力数量的增减对农业产出并无显著影响。将 L 剔除后，估计出的最终结果如下：

$$LNY=-16.795+1.67\times LN(K)+0.47\times LN(S)$$
$$(-2.76) \qquad (3.111) \qquad (19.15)$$
$$R^2=0.961 \quad D.W=1.215 \quad (2)$$

从式（2）中可以看出，农业资本的产出弹性达到 0.47，农业资金投入对农业经济的增长有明显的促进作用。这说明财政支农支出和农民生产投入增加，能促进农业产出的增长。耕地投入对产出的弹性超过 1，这是由于耕地投入增加，往往伴随着政策利好及农民生产积极性提高等因素，使耕地的产出弹性较大。这也说明播种面积的增加会导致产出的大幅度提高，很好地解释了 2004 年粮食增产的主要原因是粮食播种面积的增加。

（二）农业增长因素的贡献率

预计 2004 年农业总产值比上年实际增长 7.5%，其中农业资本对农业产值增长贡献了 6.3%，农业效率贡献了 2.4%，而耕地的贡献为 -1.2%。农业资本对农业增长的贡献比 2003 年提高 1.3 个百分点。这里的农业资本是指新投入的资金，包括农户的生产投入和国家财政投入，不包括固定资产存量。据测算，2004 年新投入的农业资本为 9675 亿元，比 2003 年增长 13.4%。将农业资本的产出弹性与增长率相乘，就得到资本对农业增长的贡献为 6.3%。

劳动力对农业增长的贡献。2004 年农林牧渔劳动力 30591.2 万人，比 2003 年减少 668.4 万人，下降 2.1%。由以上对产出模型的分析可知，在我国人均耕地极少，农村劳动力严重富余的条件下，农林牧渔劳动力的少量增减,对农业增长几乎没有影响。

耕地对农业增长的贡献。2004年国家实行了最严格的耕地保护制度,当年退耕还林和建设用地比2003年大幅减少,全年耕地净减少80万公顷。据此计算,2004年耕地减少0.7%,耕地对农业增长的贡献为-1.2%。由于对耕地实行了更严格的保护,耕地下降幅度减缓,耕地数量下降对农业产出的影响比2003年减少了。

农业效率对农业产出的贡献。在这里,农业效率主要包括科技进步和气候条件对农业投入产出比的影响。农业效率提高对农业生产的贡献是农业总产值增长率中扣除新增投入量产生的总产值增长率之后的余额。2004年农业效率对农业生产增长的贡献为2.4%,比2003年提高了0.7个百分点。考虑到科技进步在年度之间不会有太大的变化,农业效率提高的主要原因是气候提高了农业投入产出比。2004年粮食、棉花等单位面积产量均大幅提高,很大程度上得益于有利的气候条件。

六、农业投入变化趋势

2005年中共中央、国务院1号文件《关于进一步加强农村工作提高农业综合生产能力若干政策的意见》(以下简称2005年1号文件)提出的2005年农业和农村工作的总体要求是:认真贯彻党的"十六大"和十六届三中、四中全会精神,全面落实科学发展观,坚持统筹城乡发展的方略,坚持"多予少取放活"的方针,稳定、完善和强化各项支农政策,切实加强农业综合生产能力建设,继续调整农业和农村经济结构,进一步深化农村改革,努力实现粮食稳定增产、农民持续增收,促进农村经济社会全面发展。这将对2005年农业和农村经济增长产生积极而深远的影响。

(一)农业资金变化趋势

2005年财政支农支出将保持增长。2005年1号文件提出,继续加大"两减免、三补贴"等政策实施力度。继续对种粮农民实行直接补贴,有条件的地方可进一步加大补贴力度。中央财政继续增加良种补贴和农机具购置补贴资金,地方财政也要根据当地财力和农业发展实际安排一定的良种补贴和农机具购置补贴资金。中央和省级财政要较大幅度增加农业综合开发投入,新增资金主要安排在粮食主产区集中用于中低产田改造,建设高标准基本农田。这有利于保护和提高农业综合生产能力,稳住全国粮食生产的大局。

2005年1号文件提出要推进农村金融改革和创新,加快构建功能完善、分工合理、产权明晰、监管有力的农村金融体系。随着农村金融体系的建立,农户和农村中小企业对信贷的需求将逐步得以满足。

(二)劳动力变化趋势

2005年随着城镇化加快,第一产业劳动力将进一步减少。2004年我国第一产业劳动力比重为49.1%,按照农村全面小康第一产业劳动力低于35%的目标,21世纪头20年,每年需转移600万农业劳动力到非农产业,第一产业劳动力每年将减少1%左右。劳动力转移有利于土地的规模化经营,有利于提高农业劳动生产率。

2005年1号文件强调,要全面开展农民职业技能培训工作,适应产业结构升级和提高竞争力的需要,进一步搞好农民转业转岗培训工作,扩大"农村劳动力转移培训阳光工程"实施规模,加快农业富余劳动力转移。这有利于提高农村劳动力素质和生产效率,增强我国农业在国际上的竞争力。

(三)耕地变化趋势

随着工业化、城镇化的推进,建设用地增加不可避免。近年来国家先后启动的退耕还林、京津风沙源治理等一批重点生态建设工程造成了耕地的减少。此外,农业结构调整和自然灾害也造成部分耕地损失。2005年1号文件强调,控制非农建设占用耕地,确保基本农田总量不减少、质量不下降、用途不改变,并落实到地块和农户。这将有助于遏制耕地减少的趋势。从2004年起,国家将实施优质粮食产业工程,集中力量建设一批国家优质专用粮食基地。支持粮食主产区重点建设旱涝保收、稳产高产基本农田。这将有助于提高耕地质量,确保国家粮食安全。

(四)科技进步变化趋势

2005年1号文件强调,要加强农业科技创新能力建设,要大幅度增加对农业科研的投入,加快建立以政府为主导、社会力量广泛参与的多元化农业科研投入体系,形成稳定的投入增长机制。加大良种良法的推广力度。继续实施"种子工程"、"畜禽水产良种工程",搞好大宗农作物、畜禽良种繁育基地建设和推广。从2005年起,国家设立超级稻推广项目。预计2005年科技进步贡献率将进一步提高,粮食单产提高将成为粮食增产的重要因素。

对种粮农民进行直接补贴的方式比较

吉林省农调队

粮食直补是当前世界许多国家特别是发达国家普遍采取的旨在保护和发展本国粮食产业的重要政策。我国粮食补贴政策从平价粮食计划供应补贴消费者，到实施粮食保护价收购补贴生产者；从对流通环节的间接补贴到对粮食生产者的直接补贴，经历了漫长的探索和发展。2004 年，全国除西藏、青海两省(区)外，已有 29 个省(市、区)实行了粮食直补。在当前我国加入世贸组织过渡期即将结束，粮食生产流通形势进入新阶段，粮食购销企业走向市场化改革的背景下，如何正确认识粮食直补政策，怎样确定补贴范围和操作方式，分析粮食直补的支持力度，提出保证粮食直补政策顺利实施的有效措施，对于指导以后粮食直补工作将起到积极的作用。

一、粮食直补是粮食补贴政策的根本性变革

直补就是放开粮食收购价格、放开粮食购销市场，国家将通过粮食企业间接地补给农民的粮食补贴直接补贴给农民。实践证明，直补对保护农民利益、促进粮食生产、推进粮食购销企业改革和粮食流通市场化、逐步摆脱沉重的粮食包袱，彻底走出粮食购销越补越亏的怪圈产生了重要的推动作用。

(一)粮食直补有利于保护农民利益

直补前国家通过按保护价收购农民手中余粮的形式对农民种粮实行间接补贴，由于收购标准、收购价格、收储费用、经营管理等多种因素影响，农民没有完全享受到国家对粮食的补贴。直补后通过财政部门直接把补贴资金发到农民手中，不经过任何中间环节，有利于保护农民利益，增加农民收入。

(二)粮食直补有利于与国际通行规则接轨

根据 WTO 规则，各国对农产品的补贴只能是对生产环节的农民进行补贴。以前我国农产品是通过支付给流通企业来实现对农民间接补贴的做法，是与 WTO 规则相悖的，对生产环节进行补贴，即对农民直补是国际通行的做法。

(三)粮食直补有利于减轻财政负担

直补前粮食购销企业统一执行国家粮食购销政策，即按保护价敞开收购农民余粮。因无法实现粮食顺价销售，使国家粮食库存不断增大，经营成本不断增高，亏损数额不断扩大，导致粮食包袱越背越重、财政补贴越补越亏的恶性循环的“怪圈”。直补后对粮食购销企业的库存进行了核定，新粮收购不再享受风险基金补贴，粮食购销企业必须按照“购得进、销得出、不亏损、有效益”原则收购粮食，自负盈亏，不再依靠国家财政补贴过日子。

(四)粮食直补有利于促进国有粮食企业改革

过去是国有粮食购销企业独家垄断粮食经营权，粮食企业吃国家大锅饭，职工吃企业大锅饭。放开粮食市场，将补贴资金直接补贴农民，可以促进国有粮食购销企业改革进程，促使国有粮食购销企业真正走向市场，充分发挥企业市场主体的作用，增强企业参与市场竞争的能力。

二、粮食直补政策的效应已经显现

(一)政策普惠,收入增加

由于按计税面积或计税常年产量以及粮食收购量计算补贴,实质上是一种普惠制的收入补贴,广大农民都获得了一定数量的补贴,感受到了政府对他们的保护。多少年来都是农民向政府交税交费,这回农民可以从政府那里拿到了钱,感到非常高兴。市场放开后,卖粮自主,坐在家里谁的价格高就卖给谁,还节省了卖粮费用。从中可以看出,粮食直补不仅是政府对农民的补偿,而且保护了农民的切身利益。据对吉林省试点县 80 个农户的调查,按补贴标准户均实际得到粮食补贴 156 元,人均 43.6 元,占全年农民人均纯收入的 1.7%。这笔粮食补贴对许多农民来说是一笔不小的收入。

(二)粮食购销企业切身感到了经营和生存的压力

长期以来,粮食企业一直享受国家关于粮食经营的各项优惠政策,习惯于收购价格由政府定,经营费用靠财政出、收购资金由银行贷款、收购市场独家垄断、亏损找政府的"官办"经营作风。既缺乏市场观念和竞争意识,也缺乏经营的主动性和积极性。直补以后,购销价格和市场全面放开,新收购的粮食既失去了补贴来源,又丧失了取得垫付性的保护价收购费用贷款的条件。原有的收购垄断格局被打破,其粮食购销主渠道的地位明显受到冲击,生存与发展受到了严重的挑战,迫使企业改革到了非改不可的境地。

(三)政府及乡村干部树立了新形象

从政府的角度看,通过价差补贴,划清了政府与粮食企业在粮食收购中的责任,给了企业收购的自主权。过去政府出台政策多数是向农民摊派收费,如今却是实实在在地给农民发钱,农民得到了实惠,对政府满意了,树立了地方政府在农民心目中的新形象。直补虽然使乡、村两级干部的工作量加大了,但由于给了农民的补贴款,使得农村的税收工作好做了,也在一定程度上改善了农村的干群关系。

(四)粮食购销主体进一步发育,农民售粮多渠道

为适应粮食直补、粮食购销市场化的需要,各类粮食购销主体都在积极采取一些应对措施。如:国有粮食购销企业下放权力,进一步转变经营方式,利用仓储等设施开展租赁业务,与个体粮食收购商联合经营。而私营粮食购销企业主要是在扩大企业规模上下功夫。这种活跃的多种成份、多主体、多渠道的购销格局,方便了农民,实惠了农民。农民出售粮食的选择性增大,谁的服务好,价格合适,就卖给谁,没有出现"卖粮难"现象。

三、粮食直补方式的比较分析

(一)国内直补方式的比较分析

2004 年,我国已有 29 个省(区、市)实行了粮食直补,从我们了解的安徽、江西、湖南、湖北、河北、内蒙、山东、河南、黑龙江等省份的粮食直补方式看也不尽相同,尽管各地的做法不一,但归纳起来主要有以下三种模式。

1. 按计税面积或计税常年产量补贴

这种模式是以计税土地面积或常年产量为依据计算农户享受补贴的商品粮常量;然后用该户农民享受补贴的商品粮常量乘以保护价与市场价的差价补贴标准计算出农户获得的粮食补贴金额。这种方式属于不挂钩的补贴方式,透明度高,计算简单,便于操作,具有普惠性。但按这种模式补贴也存在以下弊端:

一是与粮食直补的初衷存在偏差。粮食直补是一项调动粮食主产区农民种植保护价收购粮食品种的积极性、提高主产区粮食市场竞争力、保护主产区粮食生产能力的特殊政策。在具体实施中,却补给了所有农民,而不是种粮农民;是补给了所有从事种植业的农民,而不是种植粮食作物的农民;是补给了种植所有粮食作物的农民,而不是种植保护价收购品种(玉米、水稻和大豆)的农民。没有起到保护粮农利益的作用,不利于提高农民的种粮积极性。

二是容易造成苦乐不均。以计税常年产量为依据确定的补贴标准,由于各地耕地结构有明显的差异,粮经作物比例、粮食单产水平差异较大,计税常年产量高的蔬菜等作物补贴偏高,体现不出对种粮农民的倾斜,且各地差异较大,有失公平。同样是种地,补贴却高低不同,容易引起农民的反感,挫伤农民种粮的积极性。

2. 按粮食出售量补贴

这种模式是按前几年保护价平均收购量(或以前的粮食定购量)和保护价与市场价的平均价差核定的补贴总额,再按农户与国有粮食购销企业的产

销订单(或以前的粮食定购任务)核定各家各户应得补贴额。相比第一种模式有如下好处:

一是有利于稳定粮食生产。粮食不仅是商品,同时是关系国计民生的重要战略物资。实行粮食定购政策,把粮食补贴与定购任务挂钩,有利于国家合理安排财政支出,有利于调动粮农的生产积极性,使国家和粮农能够做到有计划地安排粮食生产,避免粮食生产上的盲目性,防止粮食生产大起大落,保证国家粮食安全。同时,使一些想钻政策空子骗取国家粮食补贴的人无可乘之机,起到了保护粮农利益和国家利益的双重作用。

二是有利于优化粮食品质及产业结构调整。实行粮食定购政策,由政府及农业部门统一为农户提供良种、提供技术服务,就能克服承包农户在生产上的分散性和决策上的盲目性,克服在粮食生产上品种杂、质量差、竞争能力不强的弊病,优化粮食品质,提高我国粮食在国际国内市场上的竞争力。同时也有利于粮食主产区和非粮产区充分发挥本地区的优势,调整产业结构,集中精力发展本地区的主导产业,促进国民经济协调发展。

三是有利于充分发挥财政资金的使用效益。实行粮食定购政策,把补贴与定购任务挂钩,锁定了粮食直补的资金总量,突出了重点,克服了平均主义,真正体现粮食直补的意义,充分发挥财政资金的使用效益。

3. 按粮食种植面积补贴

这种模式是按当年实际播种面积为依据计算补贴,直补对象是直接从事种植业生产的农民,补贴农民的标准是按耕地进行计算的。这种模式便于操作,计算简单,看似公平,实则不公平。

一是不利于国家掌握粮源和粮食市场稳定,可能影响到国家的粮食安全。

二是不与生产粮食直接挂钩,导致了一些农民“得而不种粮”的问题,不是真正意义上的粮食直补,而是给农民减负,形成了事实上的不平等。

(二)与发达国家直补方式的比较分析

为适应 WTO《农业协议》的要求,各世贸组织成员国自 1995 年以来,对其国内农业支持政策进行调整和改革,逐步减少农产品市场价格支持,转向对农民的直接补贴。

1. 美国的直补

1996 年美国新农业法实施后,取消了生产结构调整政策,将农业的国内价格支持转变为对农民的直接补贴,主要采用灵活性合同补贴,它是一种典型的脱钩收入补贴,即补贴与实际生产情况无联系,生产者无论生产什么,均能享受到这种补贴。具体操作依据是按 1991～1995 年平均生产量的 85%乘以政府规定的单位重量补贴金额。美国计划直接补贴的总额(1996～2002 年)合计为 356 亿美元,每年递减,同时规定个人最高补贴额不超过 4 万美元。

2. 欧盟的直补

欧盟对农民的补贴名目繁多。据欧盟有关部门和德国农业部的统计,目前欧盟共同农业政策给农民的各类补贴已达到农民年总收入的 50%。除此之外,各国政府还给农民额外补贴,如生态农业补贴、环保补贴等,所有的补贴目的都是保护农民利益,稳定农民收入。欧盟对农民直接补贴的主体是“蓝箱”政策补贴。欧盟于 1993 年削减了对谷物、油子和豆类作物的价格支持,同时作为对生产者损失的补偿,欧盟引入了“补偿支付”,即与生产脱钩的直接补贴形式。对种植业的补贴支付主要基于 1989～1991 年间的平均种植面积,并要求大规模农场每年休耕耕地面积的 10%,小规模农场不要求休耕义务,所行休耕的土地都可以获得休耕补贴,享受与谷物同等的面积补贴标准,休耕补贴的上限为耕地面积的 33%,超过部分不予补贴。

3. 日本的直补

近年来,日本开始对农民进行直接补贴。2000 年,日本新出台了对根据有关法规划定的山区和半山区的农田直接支付制度。享受直接收入补贴的农民除了要符合一定条件外,还必须满足一些特殊要求。如农业生产活动必须有助于减少避免撂荒,要促进农村的综合发展,包括防止水土流失、生物保护等。日本的直接收入补贴的理论标准是山区、半山区与平原地区的生产成本差异的 80%,并按陡坡地和非陡坡地设定两个标准。

4. 墨西哥的直补

从 1994 年开始,墨西哥政府制定了新的农场计划,向大约占全国农民总数 90%的谷物和油子生产者提供直接补贴,作为取消作物保护价对生产者的补偿。补贴的基础是 1991～1993 年间享有政府支持价格的 9 种作物的平均种植面积,并在 1996 年取消了作物种植品种限制。这一计划的实施期为 15 年,前 10 年补贴额固定,后 5 年补贴额递减。单个农场能获得的最大补贴额约 6700 美元。

以上可以看出,美国的改革是全面的,力度最强，直接补贴措施与当前生产彻底脱钩；欧盟的改革也是全面的，但尚未与当前的生产完全脱钩，农民享受到的直接补贴与目前的生产有联系；日本的直接补贴仅仅是地区性的、局部的。我国已经加入了 WTO，根据世贸组织的黄箱政策，政府对农民的收入补贴可以达到农业总产值的 8.5%。目前我国政府的黄箱政策补贴只占农业总产值的 3.3%，也就是说还有 5.2%的补贴空间可用。如果将农民收入补贴提高到 8.5%，以 2001 年我国农业总产值计算，补贴总额可达 2225 亿元，全国农民每人可多获得 171 元的转移收入。我国农业和粮食补贴的可利用空间是很大的，根据我国的经济发展水平和财政状况，适当增加一些财政补贴是完全必要的。

四、做好粮食直补工作的几点意见

国家改革粮食补贴政策的目的，一是提高粮食生产者的积极性，保护农民利益；二是减轻财政压力，将有限的补贴资金真正发挥其应有作用。从各地的粮食直补情况看，可归纳为如上所述的三种模式。一是按应税面积或应税常年产量给予补贴，有悖于粮食直补的初衷。二是按粮食交售数量给予补贴，真正体现了钱粮挂钩。三是按粮食的种植面积给予补贴，看似公平，实则不公平。因此，正确的选择粮食补贴范围和补贴方式就显得十分必要。

（一）粮食直补要向主产区倾斜

我国粮食生产的优势在主产区，保证我国粮食安全的基础也在主产区，因此粮食补贴也必须向主产区倾斜，向主产区商品粮基地倾斜。因为主产区是国家主要的粮食供给基地，在确保国家粮食安全中具有举足轻重的地位。同时，当前国家粮食供需的矛盾和问题也集中在主产区，如基础设施建设投入、农民种植粮食增收、粮食的销售、粮食风险基金不堪重负问题等等。抓住了产区，就抓住了关键。相对而言，销区的矛盾和问题要少点，而且销区的许多问题，如粮食供给问题，只要主产区的问题和矛盾解决了，销区的许多问题和矛盾都会迎刃而解。因此，国家要加大对主产区的政策倾斜力度，具体到粮食直补，就要改革现行的粮食风险基金筹资政策，应该改革现行的中央 40%、地方配套 60%的筹资比例倒挂的现象，实行中央多筹、主产区少筹的筹资政策，充分发挥财政分配功能，实现工业对农业的反哺，确保对主产区种粮农民的利益补偿。

（二）粮食直补的品种应是稻谷、玉米、小麦和大豆

对我国而言，稻谷、玉米、小麦和大豆是四大主要粮食品种，宜进行全面补贴，而不能因为政府财力困难只对单一品种进行补贴。从全国角度看，以农产品优势区域分布来划分出各省市主要补贴品种是必要的，国家可以出台相应的指导意见。粮食直补，补贴的是粮食，而不是整个农业。就种植业内部比较效益来讲，粮食的比较效益处在最低层，而粮食又是重要的战略性物资，必须保证其生产的稳定性。就补贴品种看，应是稻谷、玉米、小麦和大豆，四大作物产量合计已占全国粮食总产的 88%，补贴的意义也正在于此。因此，建议中央政府统一规定对四大粮食品种进行补贴，同时给地方政府机动权力，确定本区域的粮食补贴品种。

（三）粮食直补对象应是种粮农民

由于财力资金有限，我国现阶段的粮食补贴政策，实行的是“特惠制”，而不是“普惠制”，补贴的对象应是种粮农民，谁种粮，谁享受补贴。如把有限的粮食风险基金，扩大为对农业全局的补贴，是不符合中央和国务院政策精神，不符合财政“专款专用”原则的。

（四）粮食直补的补贴标准应适当稳定

粮食直补的具体标准应随着经济发展，逐步提高到能补偿农民种粮成本并保证适当收益的水平。按现在我国政府财力水平和对农民政策的稳定性考虑，建议现有的直补标准可稳定两至三年，以半个粮食生产周期为执行时间。按粮食生产周期规律，我国五年为一个粮食生产周期，随着市场经济调控手段介入，这个周期应会出现适当延长的趋势，两至三年可以满足粮食供需矛盾由供不足需向供需平衡转变的周期需要，待周期向供大于需转变时，再确定一个直补标准。

综上所述，粮食补贴范围应是主产区，补贴的对象是种粮农民，补贴的品种是主要粮食品种，补贴的方式是钱粮挂钩，补贴的标准应适当稳定。只有这样，才能实现真正意义上的粮食直补。

好政策面临新问题

——黑龙江省粮食直补和良种补贴政策落实情况调查

黑龙江省农调队

黑龙江省对粮食的直补于2004年6月30日前全部发放完毕，良种补贴第一批资金也已经发放。为了了解粮食直补和良种补贴（以下简称“两补”）的落实情况，如实反映农村基层干部和广大农民群众对“两补”工作的反映，黑龙江省农调队于2004年7月初对黑龙江省10个县市的13个行政村部分干部和农户进行了调查，调查结果如下。

一、目前“两补”资金发放情况

“两补”工作是一项政策性很强的工作，“两补”资金的发放工作是党的惠民富农政策的具体体现。对此黑龙江省各级党委和政府对此项工作都给予了高度重视，积极按照黑龙江省的统一部署和具体的发放程序进行工作，粮食直补资金分两批于2004年6月30日前100%及时落实到了农户，与此同时良种补贴第一批资金已经发放到位。我们所调查的13个行政村粮食直补资金发放最少的为10.5元/亩，发放最多的为15.00元/亩，平均为12.46元/亩（具体情况见附表1）。良种补贴多数村已经一次按水田15元/亩的标准发放到位，个别村只发放了第一批资金，如呼兰大用镇沈八村第一批水田发放了9.84元/亩，第二批资金还没到位。

13个被调查村粮食直补资金发放情况

单位：元/亩

行政村	发放标准
拜泉县新建乡德发村	11.94
拜泉县兴华乡长久村	12.10
宾县新甸镇前进村	12.53
富锦市长安镇新立村	10.50
海林市海南乡石头沟村	11.53
黑河市腰屯村	10.70
集贤县福利镇东发村	12.99
呼兰大用镇沈八村	14.55
呼兰区杨林乡柏卜村	14.55
呼兰区呼兰镇呼口村	10.00
同江市乐业镇前进村	15.00
依兰县江湾乡河沿村	12.30
巴彦县德祥乡荣胜村	13.26
平均	12.46

二、落实“两补”政策的工作情况

这次各地对“两补”工作都进行了统一部署和严格要求，在做好广泛宣传，精心组织，周密安排，狠抓落实的同时，加大监管力度，“两补”政策落实情况较好。

调查显示，被调查农户100%的收到了“补贴通知书”，100%的种粮农户以现金的方式得到了补贴，98%的种粮农户对“两补”表示满意，其中很满意的占95%，基本满意的占3%，只有2%的种粮农户表示不满意，他们之所以不满意的主要原因：一是个别一些地方“两补”实际发放水平低于确定的标准。如富锦市长安镇新立村农户反映，开会时通知发放标准为13.50元/亩，而在实际发放时却是10.50元/亩，种粮农户对此有意见。二是有的地方在“两补”政策落实工作初期，未经群众同意就提出从中扣各种欠款，虽然因群众上访或者抵制没有实行，但群众因此对乡村干部产生不满。总的来说各地在粮食直补金发放过程中体现了公正、公平、公开的原则，基本没有出现挤占、截留、挪用，强行抵扣各种欠款、贷款的情况。我们在对呼兰区大用镇沈八村调查中了解到，通过村干部做工作和农户自己还款认识的提高，欠税户在领取补贴时直接交纳了农业税欠款，农户对此也没有异议。

三、粮食直补和良种补贴落实过程中凸现的问题

(一)在农户方面的反映

1.一些地方“两补”政策宣传工作不到位。

(1)多数被调查农民对“两补”政策的具体内容不清楚，对补贴的范围和补贴标准、依据不了解。虽然发放到他们手中的“补贴通知书”上已经说明了补贴的范围、依据和标准，但是多数农民只看了对自己的补贴数额，但对政策的具体内容没有认真的阅读。

(2)乡村和有关部门对补贴政策的解释工作做得不细，有些农民反映对良种补贴怎么给不明白。如绥化北林区五一村农民就反映，啥是良种，种啥给补贴，为啥有的给补有的不给补，这些具体政策都不知道。

(3)50%以上的种粮农户对2005年是否继续补贴心存疑虑。在调查中很多农民对我们说出了他们的疑虑，他们认为今年国家缺粮了，所以给补贴，虽然补到每个农户的钱不算多，但国家拿出的钱总体上是一个很大的数额，从黑龙江的情况看经济比较困难，还有好多方面需要资金，所以他们担心明年国家和省还能不能拿得起“两补”的钱。

2.各地粮食直补和良种补贴的标准不一致，种粮农民有想法。部分农户通过媒体了解到自己得到的补贴比其他地方低，或者与相邻市县、乡比较补贴标准不一致而表示不满。如拜泉县各乡镇、村的补贴标准就不尽一致。

3.对所有水田给良种补贴，而对多数旱田不给补贴不理解。由于2004年的良种补贴政策对水田倾斜，虽然部分旱田给予了良种补贴，如在呼兰区大用镇沈八村调查了解到，该村旱田种玉米的给予良种补贴1.098元/亩，呼兰区杨林乡柏卜村给了1.34元/亩，但与水田15元/亩的标准相比却相差很远，有些农民不理解同样种地，为什么政策不一致，尤其没有水田只种旱田的农民对此意见更大。好多农民表示不是为现在少得多少钱，而为的是得到公平待遇的问题，他们由此担心也得不到将来会出台的更优惠的扶持和补贴政策。

4.生产资料和土地价格大幅上涨，种地成本增加，在很大程度上抵消了“一免两补”政策带来的收益。由于去年秋天以来粮食价格大幅攀升和“一免两补”惠民富农政策的实施，农民种地的热情空前高涨，有限的土地已经满足不了农民的需求，多数农民想多种地来增收，从而拉动了土地价格的大幅上涨。我们通过调查推算，黑龙江省农村土地租赁价格平均每亩增长了25%以上。个别地方在租赁机动地时还出现附加条件的做法，如拜泉兴华乡长久村农民反映，租赁20亩机动地必须种6亩甜菜，每亩交1.2吨，没完成罚款100元/亩。另外农业生产资料价格比较上年至少上涨20%。

(二)在村干部方面的反映

1.对过去未纳税户也给补贴而还不能抵扣有想法。巴彦县德祥乡荣胜村村干部反映，该村2003年有22户农户没有交纳农业税，为了完成任务，村干部用工资钱垫付了这笔款。海林市海南乡石头沟村村干部反映，该村有34户农户2003年没有纳税，村里垫付了5100元，原先给扣除了，但比照政策看又不允许，最后还是给发放了。现在村里对农民没有了可收款，而又不能用“两补”资金抵扣。这就造成了以下三方面问题：

(1)村集体和村干部垫付款的回收没有着落，损害了村集体和村干部个人利益，村干部有想法，影响村干部的工作积极性。

(2)欠税户特别是赖帐户有胜利者的感觉，影响了农村基层组织和干部的威信，对今后其他政策的贯彻落实产生不利影响。

(3)已完税农户心里不平衡，甚至认为自己吃了亏。

2. 实行"一免两补"政策后，村级组织工作和农村公益事业因经费紧张而难以正常运转和发展。为了解决土地矛盾，保护农民的种粮积极性，多数行政村已经将机动地全部分掉了，村集体没有一点财源。同时多数行政村没有像样的乡镇企业来弥补村级财力，所以村级组织除了转移支付以外，多数没有任何增加财力的渠道，村级各项工作正常运转出现困难局面。在我们调查中，一些村干部反映，现在既没钱又没威信，村干部没法当了，农村的事没法干了。

3. 良种补贴政策与具体落实工作脱节。如富锦市长安镇新立村村干部反映，市种子站凡是带补贴的良种都脱销，而农民在其他地方购买的种子又不算数，对此种粮农户很有意见。

4. 计划外耕地补贴问题给村干部带来困扰。由于计划外耕地没有纳入粮食补贴范畴，各地方没有资金给予补贴，而农民要求补贴，这就给这部分耕地落实直补资金带来很大的难度。在处理计划外耕地补贴时，出现三种情况。

(1)没有给予补贴。调查中，多数行政村没有给计划外耕地进行补贴。如：海林市海南乡石头沟村没有给计划外 1021.1 亩耕地进行补贴。

(2)降低标准给予补贴。富锦市长安镇新立村的补贴标准 13.50 元/亩下调到 10.50 元/亩。虽然农民对这种做法有意见，但由于农民都得到了补贴，所以矛盾比较小。

(3)筹款补贴。依兰县江湾乡河沿村通过抬款的方式按 12.3 元的标准给计划外 2720 亩耕地进行了补贴，农民满意了，可新债务的形成加重了村财力负担。

(三)村干部和农户的共同反映

1. 村干部和农户对土地分配问题反映强烈。"一免两补"政策出台后，农民种地的积极性高涨，过去由于政策因素和人为因素造成的土地分配不均的矛盾更加突出，土地纠纷增加，上访事件屡屡发生，甚至造成村干部难以正常开展工作。造成土地分配不公的主要原因有以下几个方面。

(1)1998 年二轮土地承包后新生儿没有土地；

(2)1998 年二轮承包时分得土地后去世的人员仍享有土地；

(3)1998 年以后结婚迁入的人口没有土地；

(4)1998 年以后结婚迁出人口仍享有土地，如富锦市长安镇新立村村干部反映，该村有嫁到城里的而户口不迁，土地就不能收回；

(5)1998 年以后迁入人口没有土地；

(6)1998 年以后迁出人口(人迁户口不迁的)仍享有土地，如拜泉兴华乡长久村反映，该村有的农户举家迁回山东已经 5 年了，而户口没迁，每年回来一次，土地对外承包后又走了；

(7)农户自己拱地头或新开荒地造成土地拥有不平衡；

(8)村干部在土地承包时营私舞弊给自己或亲友多分地；

(9)机动地承包不公开、不透明，存在暗箱操作现象。

2. 追肥期间化肥价格暴涨，村干部和农民怨声载道。据调查，追肥期间，尿素出现了普遍暴涨的局面。以大庆牌尿素(40 公斤/袋)为例，黑河市涨到 70 元，呼兰区大用镇沈八村涨到 80 元，宾县新甸镇前进村涨到 83 元，富锦市长安镇新立村涨到 92 元，海林市涨到 98 元，集贤县福利镇东发村涨到 105 元。按年初均价 60 元计算，涨幅最低为 16.7%，最高达到 75%。农民说，补贴得到的一点好处都让化肥经销商拿走了。

四、对解决实行"一免两补"政策后农村工作凸现问题的几点建议

▲继续做好"两补"工作的宣传，使党的惠民富农政策更加深入民心。进一步完善"两补"工作的各项规定和制度，建立健全落实机制和监督机制，使"两补"工作真正落实到位。

▲认真研究新形势下农村土地的分配问题，着力解决农村土地分配的矛盾，保障农村社会稳定和农村基层干部工作情绪的稳定。通过调查，村干部和农民们认为，国家二轮土地承包的大政策应该持续，但根据黑龙江具体情况应该对农村土地分配情况进行彻底清查，通过清查，纠正在二轮土地承包中因人为因素造成的土地分配不均衡的问题，同时解决不应该享受土地而享有土地的问题，适当合理调整土地的分配。在调整时，做到公正、公平、公开，增加透明度，通过重新调整调土地分配，化解农村土地矛盾，保障农村稳定。

▲建立长效机制，控制化肥等主要农业生产资料价格过快上涨，降低农民生产投入成本、减轻农民负担、促进农民增收，保障"一免两补"惠民富农政策得以充分体现。

▲统一出台计划外耕地的"两补"政策，避免农

村新矛盾的发生，遏制村级组织新债务的发生。

▲调控土地流转过程中土地承租价格，保证种地农民的种地收益的安全底线，从而保护农民的种粮积极性。

▲解决农村基层组织工作经费不足和农村公益事业资金来源缺乏问题，保证农村基层组织的正常运转和农村公益事业正常的发展。

农民盼望加大粮食直补力度
——安徽农民对中央一号文件反映情况的调查

安徽省农调队

2004年安徽省实行粮食直补政策以来，效果如何，农民对粮食直补政策究竟了解多少？有何看法和反映？带着这些问题，我们在阜南、无为、太和、全椒四县以及宿州市埇桥区进行了调查，结果表明，安徽省粮食直补政策取得了比较满意的效果，增加了农民收入，绝大多数农民了解直补政策，了解中央一号文件。许多农民希望进一步提高粮食直补标准，改变补贴金发放方式。

一、调查农民普遍了解并赞成取消粮食保护价

这次调查，随机抽取了252个农户共340人进行问卷访问，在调查的农民中，有336人知道安徽省已经取消了粮食保护价和对主产区农民实行粮食直补的政策，占被调查农民的98.8%。

在调查中，大部分农民十分赞成取消粮食保护价。他们认为，过去把粮食卖给粮站，受尽刁难，卖粮时克扣斤两，压级压价。现在取消保护价，以市场收购为主，粮贩子收购粮食到田头，卖粮很方便。粮食补贴直接补给农民，中间环节少，国家给的钱不仅能够直接用到农民种植粮食上，而且提高了粮食补贴的使用效率，防止了资金被截留挪用，防止了腐败的产生。在知道取消保护价实行粮食直补的农民中，有265人对取消粮食保护价和实行粮食直补表示支持理解，占78.9%；对取消保护价表示担忧的有36人，占10.7%；表示反对的有7人，占2.1%，对于取消保护价进行粮食直补无所谓的有28人，占8.3%。部分农民表示反对取消粮食保护价或对取消粮食保护价表示担心，他们认为，如果出现粮食价格大幅下跌，取消了保护价，粮食补贴标准现在这样低，还是农民吃亏，再说到户的补贴金很少，作用很小。

二、粮食补贴方式须进一步规范

农民普遍认为粮食直补改革是一项好政策，盼望在落实中不走样，并能长期坚持不动摇。粮食直补的形式最好以法律或法规的形式规范。粮食价格随行就市，让国有粮站、各种所有制的粮食加工厂以及私人粮贩在市场上公平竞争，谁的价格高、服务好，农民就把粮食卖给谁。在与农户谈到愿意将粮食卖给谁时，91.5%的农户认为谁出价高就卖给谁，6.5%的农户愿意卖给私人粮贩，只有2%的农户表示愿意到国有粮站出售。

对凭完税凭证领取粮食补贴的做法，有66%的农民认为应当改革。他们认为用粮食补贴直接扣减农业税，两项工作合并为一项，只需去乡（镇）财政所一次即可办好，手续简便，省工省时。调查中了解到，大部分乡（镇）干部也赞成直接用粮食补贴扣减农业税，这样方便农民，而且减少了工作量，节省费用开支。当然，也有34%的农民认为现行粮食直补方式不应改变。

三、主要通过看电视和基层干部的宣传了解粮食直补政策

调查资料显示，知道取消保护价实行直补的336人中，通过看电视知道的为185人，占55.1%；通过基层干部宣传知道的为111人，占33.0%；通过收听广播、通过看报纸和其他渠道知道的分别为15人、12人和13人，分别占4.5%、3.6%和3.9%。

四、多数农民认为粮食补贴的对象是种粮农户

在被调查的农民中，有256人认为粮食补贴对象应该是种植粮食的农户，占全部调查人数的75.3%。他们认为粮食补贴的目的就是为了补助种粮农民，因此应该是谁种粮食谁得补贴，不种粮食的农户，即使承包了耕地也不应该享受粮食补贴；有82人认为，粮食补贴的对象应该是所有农户，占全部调查对象的24.1%，他们认为，粮食补贴是对所有农民的照顾，因此只要是种地的农户，虽然不种粮，种其它作物，只要缴纳农业税，都应当享受粮食补贴。另外，还有2人认为，粮食补贴的对象应该是种粮大户，因为他们承包的耕地多，承担的风险很大，生产的粮食主要是提供给国家和社会，国家的粮食补贴应该主要给他们。

五、多数农民认为粮食直补能够调动种粮积极性

对于粮食直补能否调动种粮积极性的问题，绝大多数农民回答是肯定的。调查的农民中，有299人认为粮食直补能够调动种粮积极性，占被调查人数的87.9%。他们认为，粮食直补表明国家对粮食问题的重视，能够增加农民收入。但也有农民认为，粮食直补的补贴金太少，起不了什么作用，尤其是对于人多地少的农户更没有多大意义。再说，粮价上涨后，化肥、农药等农用生产资料价格也都涨价了，粮食补贴加上价格上涨的增收部分，还没有因生产资料价格上涨增加的生产成本多。认为不一定能调动积极性的有41人，占12.1%，他们认为粮食补贴金太少，包括相当多认为直补能够调动农民种粮积极性的人也都认为，现在的粮补标准太低，补贴金额太少，他们占被调查人口的60%，而认为现行粮食补贴金合理的占24%，还有16%的农民对此持无所谓的态度。

六、农民对政府的期盼

一盼粮食补贴政策不要改变。在阜南县调查的50户农民中，有18户担心粮补政策改变，占调查对象的36%；在埇桥区有60%的农户担心粮补政策改变。其他农民虽然没有明确表示担心粮补政策是否会变，但在接受调查时都表示：希望无论出现什么情况，政府都能够将粮补政策执行下去。

二盼提高粮食补贴标准。在调查的阜南县50户农民中，共有人口216人，2003年实际领取粮食补贴1269.4元，人均为5.88元，农民普遍认为粮食补贴标准太低，补贴金额太少，对农民增收作用微小，难以从根本上调动农民的种粮积极性。这次调查中，几乎所有的农民都希望国家能够继续加大粮食补贴改革的力度，建议政府拿出更多资金用于粮食直接补贴。

三盼提高粮食价格。前几年，粮食市场低迷，粮价太低，农民种粮亏本，粮食播种面积逐年减少。2003年下半年以来，粮食价格的上涨又使农民觉得种粮有利可图，粮食播种面积出现回升。粮食价格高低已成为决定农民是否种粮和种多少的主要依据。在这次调查的252户中，有157户农民打算2004年增加粮食播种面积，占调查对象的62.3%，其中因为粮价上涨而打算扩大粮食播种面积的有99户，而因为种粮有补贴打算扩大粮食播种面积的只有26户。有70%的农民表示希望国家提高粮食收购价格，保护种粮农民的利益。

四盼调控农资价格。2004年，农业生产资料价格出现了大幅上涨。现在阜南县地产碳铵售价为22～23元/50公斤，国产尿素、复合肥一般在80元/50公斤左右，比上年同期分别上涨了25.0%和23.1%，农用薄膜和柴油的价格也分别上涨了12.5%和10.7%。很多农民认为当前农资价格上涨太快，目前粮食补贴每亩5元多钱，还没有农资价格上涨的零头多，因此有44%的农民认为农资价格过高已经成为影响种粮的主要原因，他们希望政府加大宏观调控的力度，制止农资价格的快速上涨。

七、农民对粮补政策担忧的问题

第一，实行粮食直补后其他方面的负担会加

重。担心政府和基层会不会在其它方面加重农民的负担。

第二，直补资金能否发到农民手中。尽管粮食补贴不多，时间长，农民害怕今后不补助给他们，如担心村干部以欠债或少数农民欠村提留款等从直补中扣除，还害怕中间环节截留不能兑现。

第三，粮食价格下跌。保护价没了，粮价下降甚至卖不出。担心市场粮价不稳，农民受到损害。粮食直补后，粮价如果下跌，粮补也就没有意义。另外也担忧粮站压级压价，私人上门收购虽然很方便，但也存在压级压价的问题。

第四，农业生产资料涨价幅度快。虽直接补贴了资金，但抵不上农业生产资料涨价款，农民实际未从中得到利益。

对粮食直接补贴模式的实证研究

江西省农调队课题组*

国家对种粮农民进行直接补贴是我国粮食生产的一项重大制度安排。2004 年，这项粮食生产制度安排已在全国粮食主产区全面铺开。我们通过对各地粮食直补情况尤其是直接补贴模式比较的研究，提出了粮食补贴制度设计目标、补贴模式选择、补贴体系和保障制度建设的思考与认识，冀望有助于粮食直补工作的持续进行和国家粮食生产政策的社会效应、经济效益得到提高。

一、粮食直补的动因

我国从计划经济到市场经济的各个时期都实行了相关粮食补贴制度，补贴形式与国家粮食购销体制的不断改革密切相关。在粮食直补前，补贴主要在粮食购销或消费环节中进行，即对种粮农民间接补贴。1985 年以前，我国实行高度统一的粮食购销政策，粮食补贴以“城镇居民物价补贴”和“平价粮”的暗贴形式对城镇居民粮食消费进行补贴；1985 年国家取消了粮食统购制度；1993 年又全国城镇相继取消了定量计划供应粮的统销体制。至此，国家对粮食流通合同制的改革开始启动，对影响国计民生的粮油等很需要实行国家定购、议购和市场自由交易多种形式。粮食价格由原来的行政定价、计划管理，改革为国家定购价格和市场价格并存的“双轨价格”，城镇居民口粮的购销价格倒挂为购销同价，粮食补贴由“暗补”改为“明补”；1994 年，国家定购粮食和购粮实行不同的价格形式和管理办法。国务院决定从 1994 年 6 月 10 日起提高粮食定价，3 种主要粮食品种中等质量标准全国平均统销价格提高 45%。在 1994～1997 年间两次提高粮食定购价格，总提价幅度接近 1 倍；1997 年以后，全国粮食市场供求关系发生了很大的变化，粮食价格总水平是直线下滑，定购粮食购进价高于销售价格和议购粮食价格，定购粮食价格基本上流于形式。1997 年 7 月，国家正式制定全国统一的高于市场价格较大幅度的粮食保护价，建立国家储备粮制度和粮食风险基金，对超储的粮食由国家和各地给予补贴。1998 年 5 月，国务院下发的《关于进一步深化粮食流通体制改革的决定》出台了三项重大政策，其中按保护价敞开收购农民余粮是以粮食风险基金来进行粮食收购环节补贴。2000 年，我国进一步放开粮食经营市场，取消早稻按保护价收购政策，改为按市场价格收购，但对中晚稻仍然采取按保护价格政策。

一系列的粮食购销体制改革与粮食价格波动，出现了以下三个明显的新情况：

（一）粮食供求关系出现新变化

20 世纪 90 年代，一度紧缺的中国农产品供需关系得到了有效的改善，农业生产出现了结构性的相对剩余，即供需基本平衡、丰年有余，存在结构性剩余，农产品价格连续多年低迷。但从 1997 年以来，全国粮食连续多年减产。2003年全国粮食较

* 课题组成员：邓祖龙、林美江、高平、万军彪、周献华、舒娅玲。

2002年减少了0.26亿吨，总产量只有4.3亿吨，为1990年以来的最低水平，如果按照粮食年消费量4.9亿吨计算，当年粮食产销存在缺口，只是由于多年积累的库存弥补了当年的粮食产销缺口。

(二)粮食购销市场多元化，国有粮食购销企业垄断粮食流通的格局被打破，国有收购仅占"半壁江山"

据江西省农调队对6个调查县120户调查户出售粮食情况调查，2003年调查户全年总产量为119.1万公斤，销售量为84万公斤，其中出售给国有粮食购销企业44.7万公斤，占总销售量的56.7%；非国有粮食企业及个体粮贩收购36.3万公斤，占43.3%。从发展趋势看，国有粮食购销企业收购比重下降有加速之势。

(三)按保护价敞开收购政策的执行结果并不理想，难以调动农民种粮积极性

据江西省农调队调查，2002年农户以保护价卖给国有粮食购销企业的中晚稻占中晚稻总销售量的32.3%，从保护价收购中晚稻所占份额看，农民出售中晚稻的2/3是没有享受到保护价政策利益。说明中晚稻以保护价格敞开收购政策没有完全落实到位，在不少地方按保护价收购是有价无市。从保护力度看，2003江西省制定的中晚稻保护价为51元/50公斤，比市场价格高2～3元，如果考虑到国有粮企在收购时普遍存在变相压级压价的因素，农民卖给国有粮食购销企业和个体粮贩的实际价格基本相差无异，保护价敞开收购在一些地方名存实亡，农民没有直接到应有利益，不能提高种粮食积极性。

随着我国农业结构战略性调整的深入，粮食供求关系变化，粮食价格波动，导致农民种粮积极性不稳定。因此，国务院2003年率先在部分省试行对中晚稻粮食进行直补，取消中晚稻保护价收购，由政府向农民直接补贴。2004年，这种粮食直接补贴制度在全国全面实行，催生了粮食补贴制度的创新。

二、江西粮食直补模式分析

(一)江西粮食直补模式

江西省实施粮食直补，是以农村税费改革核定的农业税计税面积为基础，按实际种植面积直接补贴给承包土地的农户。2004年凡在计税耕地上种植早稻、中稻、晚稻(含秧苗)，按实种面积每亩各补10元；早稻种植优良品种的每亩再给良种补贴10元，中稻种植优良品种的每亩再设良种补贴15元，晚稻良种补贴另行制定。在此基础上，实行国家规定粮食最低收购价政策，早稻为1.40元/公斤，中籼稻1.44元/公斤，粳稻1.50元/公斤。至2004年6月4日，全省用于粮食直补的资金4.99亿元全部发放到农户手中，其中：早稻直补资金1.93亿元、中晚稻直补资金3.06亿元。用于粮食直补的资金占省粮食风险基金总规模的42.1%，超过国家规定的补贴额度要求。

(二)江西粮食直补政策效能

粮食直补政策主要有增种效能、增收效能和引导效能。

1. 增种效能：2004年，江西全年粮食种植面积5279.3万亩，比粮食直补前的2003年增702.6万亩，增15.4%，其中：早稻实际种植面积达1977.7万亩，比上年播种面积增长21.6%。中稻736.2万亩，增加16.6万亩，增长2.3%。二晚播种面积为2084.9万亩，比2003年增加402.3万亩，增14.4%。耕地重新受到农民的"宠爱"，不少外出务工的农民重新回到土地上，江西各地耕地土地流转的转包价普遍上涨了一到两成。

促使2004年粮食种植面积一举扭转多年来下降趋势，并以历史上少有的高幅增加，究其主要因素：一是粮食市场价格上涨。从2003年下半年以来，粮食市场价格一直上涨，在春耕期间最高价格一度突破100元/50公斤的历史高位。粮食种植比较利润有所提高，每亩水稻获得纯收入230元左右，比2003年提高30%以上，调动了农民种粮积极性；二是农业气候条件好。江西2003年下半年发生了长达半年多的旱灾，二晚及冬播粮食播面大幅减少。2004年，江西农业气象条件很好，使能种植的耕地都得以种植；三是国家大力支持粮食生产的政策，特别是直补政策对农民扩种粮食面积发挥了积极作用。

2004年粮食直补政策对农民扩种粮食面积究竟有多大的效能呢？课题组设计了《2004年粮食种植面积增加因素分析》研究方案，随机抽取120户农户调查：120户调查农户2004年家庭承包耕地1082.4亩，全年粮食种植面积1988亩，早稻904亩，二晚1084亩．粮食种植面积比2003年的1684亩增加304亩，增长18%，其中："在没有补贴情况下，由于价格高"可能会增加种植面积183亩；"在维持2003年保护价(48～52元/50公斤)的情况下，因为有粮食补贴"可能会增加 52 亩；"因为今年气候好"，能够增加种植面积 69 亩。由此分析，粮食直补因素对农民直接增加粮食种植面积的作用为 17.1%，粮食市场价格因素作用为 60.2%，气候好的因素作用为 22.7%。

2. 增收效能：2004 年上半年江西省农民人均现金收入 1171 元，增长 17%；粮食直补作为农民现金收入的新源头，使江西省种粮农民共受益 6.92 亿元，农民人均受益近 22 元。

3. 引导效能：粮食直补政策增强了各级政府和社会各界对农业基础地位和粮食安全的意识，使人们在加深对中国农业和粮食生产基础地位的认识中，感悟在国民经济协调发展中需要通过调整宏观政策，积极支持农业和粮食生产。从这个意义上讲，粮食直补政策为各级政府和社会各界增强了农业基础地位和粮食安全意识，其深刻程度是市场价格不能与之相比的。市场价格推动农民增加粮食种植是一种市场调节行为，而粮食直补是政府对市场所做出的调控反映，传达了中央政府加强粮食生产的信号，对地方政府、对农民种植意向都具有引导性，号召力强。调查中，有的农民就说：从古至今，只有农民种地交税，没有政府对种地农民给钱；现在国家给钱鼓励农民种粮，表明国家粮食储备和粮食市场需求大，这个政策引导，农民肯定会多种粮，种好粮。

（三）粮食直补需要进一步完善的问题

1. 没有充分体现粮食主产区的优惠政策。江西省地处江南丘陵，由于各地耕地结构有明显的差异，粮经作物比例、耕地亩产粮食水平差异较大。赣州市的 15 个农业县（市），粮经作物比例高的为 3∶1。在资源优势配置作用下，形成了粮食主产区（县级、乡级）和经济作物区（非粮食主产区）。现行粮食直补规定实行同一标准，没有体现粮食直补宗旨，即对农民种粮效益的直接补偿。

2. 国有粮食收购企业难于掌握粮源。据调查，到 2004 年 8 月 12 日，江西全省早稻收购入库超过 5 亿斤，收购数量与往年相比偏低。有资料显示，私营个体粮商与国有粮食部门相比，私营个体粮商的收购比重占 56.12%，高出国有粮食部门 12.24 个百分点。

3. 政策落实成本高。为做好粮食直补工作，江西省各级政府和相关部门花费了大量人力物力，省农业厅和省财政厅专门制定了《2004 年早稻良种补贴实施办法》，省农业厅专门制定了《2004 年粮食面积核实细则》，省财政厅专门制定了《水稻良种推广补贴资金管理暂行办法》。省财政厅、省农业厅、省农发行、省农行、省信用合作社等 5 个部门专门制定了《2004 年粮食直补和良种补贴资金发放与管理工作的紧急通知》。为保证粮食直补工作公平公正，真正使农民满意，江西省粮食直补工作精心安排，经历调查摸底、据实填报、张榜公布、两榜定案、将补贴资金逐级预拨到乡镇财政所在农村信用社或农业银行分支机构设立的"良种补贴资金专户"、信用社或农行依据审核确定的良种补贴面积存入农户"粮食直补存折"、乡镇财政所将核定的各户补贴金额以书面形式直接通知到每个早稻生产者。这 7 个环节，较为繁琐，成本太高，仅农村信用合作社打印发放存折就花费近千万元，而政府部门也冲淡了正常工作。

三、对粮食直补制度设计的思考

作为一项国家粮食生产重大制度安排的粮食直补，必须明确制度设计的目标，选择补贴模式以及设计符合我国国情的粮食补贴体系，建立保障制度。

（一）目标设计——首要目标是保障粮食安全和弥补粮农收入

1. 各国在不同发展阶段上的粮食补贴的目标是不相同的。以欧洲经济共同体（现为欧盟）为例，从 20 世纪 60 年代初到 70 年代中期，欧盟农业和粮食补贴政策的主要目标是刺激农民生产粮食和其他主要农产品的积极性，增加生产总量。到 20 世纪 70 年代中期，粮食补贴政策措施迅速见效，欧盟的粮食和主要农牧产品实现自给，并相继过剩，财政补贴的负担开始加重。

20 世纪 70 年代中到世纪末，欧盟为减轻对粮食等农牧产品补贴的重负，将补贴政策的重点目标转向促进和支持扩大粮食等农牧产品出口领域。其补贴额一般为区域内市场价格与主要港口离岸价格的差价，从欧盟共同财政预算框架内的农业预算中支付。

新世纪以来，欧盟对共同农业粮食政策进行了重大改革。在农业粮食改革纲领《欧盟 2000 年议程》中提出农业粮食政策的战略重心转向：稳定农业粮食生产能力，提高农产品质量和竞争力；改善农村环境，支持发展服务业和有生命力的乡镇企业，培育扩大就业岗位的农村新经济增长点；保障农民的合理收入，降低行政定价的干预价格（从2000年到2001年分两步降低15%），同时提高粮食的直接补贴数额，由54欧元/吨提高到63欧元/吨。

欧盟根据农业和粮食的不同发展阶段和不同供求关系决定补贴政策的主要目标的做法，值得我国借鉴。我国农业和粮食现在处于何种发展阶段？其供求关系又呈何种态势和趋势？这需要客观评估和正确认识，为粮食补贴决策提供支持。

2. 确保我国粮食安全是当前乃至今后一个时期国民经济发展中的一个主要矛盾。对于当今世界上人口最多的中国，解决吃饭问题始终是第一位的大事情。随着我国经济发展水平的提高，外汇储备越来越充裕，2003年末国家的外汇储备已达4000多亿美元，完全有购买能力补充我国粮食供不应求的缺口。但是，立足国内生产要比进口主动、安全得多。世界常年国际间的贸易粮只有2亿吨左右，我国如果进口过多，也会引起世界粮食价格的不断攀升。2003年我国粮食进口稍多一点，就引起了世界粮食价格的大幅度上涨。更何况，近几年世界粮食总产量已经跌到19亿吨以下，期末库存水平进一步下降到2.97亿吨，占总消费量的15.12%，为历年来最低，低于世界粮食库存安全水平（即20%）。可见，世界任何国家都不能养得活我们。如果我们自己不能保障粮食安全，就必然会给我国的经济发展和社会稳定带来制约和冲击。

影响我国粮食安全的主要隐患：

（1）耕地大幅度减少。耕地是粮食安全的根本保障。我国人口众多，人均耕地少。到2003年8月，我国耕地总量仅有18.89亿亩，人均1.47亩，仅占世界人均5.5亩的26.7%；在1500多个县级行政区中，有666个县人均耕地低于联合国粮农组织确定的0.86亩的警戒线。耕地资源不仅总量不足，而且流失十分严重。据统计，1980年以来，全国净减少耕地9000多万亩，近几年耕地减少的速度明显加快，年均净减少1000万多亩。建国初期，我国人均耕地2.7亩，每亩耕地养活0.37人。2000年，人均耕地减少到1.58亩，每亩耕地要养活0.64人。据有关专家预测，在21世纪头20年，我国耕地可能要净减少1亿多亩，人均耕地面积将由目前的1.58亩下降到1.2亩左右。历史经验证明，我国要保障粮食安全，最低必须保持19.2亿亩的耕地总量底线，否则粮食生产与需求形势将会发生逆转，出现供不应求。耕地大幅度减少，已成为影响粮食安全的最大隐患。

（2）粮食生产效益低农民种粮积极性降低。农民是粮食生产的主体。农民种粮积极性的高低对粮食安全起着决定性的作用。近年来，越来越多的农民不愿意种植粮食，要么进城打工、经商，抛荒耕地；要么从事兼业经营，粮食生产副业化；要么进行农业结构调整，放弃粮食生产，从事林果业或养殖业。近年，我国粮食播种面积不断减少，2001年为15.91亿亩，已降到16.5亿亩的粮食面积警戒线以下。粮食播种面积减少，直接导致我国粮食产量下降，1999～2001年粮食累计减产5965.8万吨。加上我国人口目前仍处于快速增长时期，2030年前后将达到16亿人口左右。根据国务院颁布实施的《中国食物与营养发展纲要》预测，2010年人均粮食消费390公斤，消费总量5.4亿吨；2020年人均消费粮食约400公斤，粮食消费总量6亿吨左右，即比现在净增加粮食约1亿吨。粮食产量减少与社会日益增长的粮食需求之间形成了尖锐的矛盾。近期虽然可以动用存粮满足社会需求，但我国库存粮食毕竟有限，去掉陈粮最多只能维持一两年。另一方面会导致粮价暴涨，引起严重的通货膨胀，危及低收入阶层的粮食消费。从改革开放以来的历史看，1985年、1988～1989年、1993～1995年三次较为严重的通货膨胀，都是由于粮食减产，粮价大幅度上涨引起的。1999年以来粮食产量下降很有可能引发新一轮通货膨胀。事实上，全国粮油价格从2003年10月中旬开始出现上涨，并带动肉、蛋、豆腐等商品价格上涨，已出现了通货膨胀的苗头。粮价暴涨无疑会削弱低收入阶层的粮食购买能力，影响我国的粮食安全。

由此可见，我国粮食安全形势不容忽视。

3. 现阶段粮食直补政策首要目标是保障粮食安全和弥补粮农收入。在客观评估我国粮食安全的基础上，我们认为，现阶段粮食直补要通过补贴，提高粮食生产效益，即种粮农民收入来稳定粮食产量，提供较稳定的供给，保证粮食价格稳定。保障国家粮食安全。粮食安全和弥补粮农收入是相辅相承、互为促进。提高种粮农民收入，必须有利国家粮食安全；如果执行对农民普惠式补贴，农民种粮积极性未必能提高；国家粮食安全就没有保障，粮食直补的意义就不存在；如果只讲粮食安全，而对农民种粮比较效益低的问题不重视或补偿不力，粮食直补政策也无济于国家粮食安全。

（二）粮食直补模式选择——与保护价相联系、

并与交售粮食挂钩

1. 全国粮食直补主要模式：2004 年国家粮食直补在部分地区试行的基础上扩大到河北、内蒙古、辽宁、吉林、黑龙江、江苏、安徽、江西、山东、河南、湖北、湖南、四川 13 个粮食主产省区。其直补模式主要有以下几种：

（1）普遍、直接补贴农民，与交售粮食不挂钩，并取消保护价。此种模式以安徽、湖南、江苏、吉林为代表。这种模式计算“直补”额的方法是：根据核定的粮食补贴额按计税农田面积和计税常年产量各占 50%的比例计算出亩均和每公斤常年产量的补贴固定系数，然后按农户面积计算补贴额。安徽和江苏两省每亩面积“直补”10 元，不管种粮与否。

（2）对粮食主产区种粮农民限量直接补贴，与交售粮食挂钩，同样取消保护价。此种模式以湖北省为代表。湖北省对农民限量“直补”，补贴收购总量确定为 15 亿公斤（在确定的 17 个县、市收购），每斤稻谷 3 分钱，补贴总额为 1 亿元。发放办法是由国有粮食企业在收购时直接补给售粮农民。

（3）对农民的直接补贴分保护价内与价外两部分，即与保护价相联系、并与交售粮食挂钩。这种模式以河南为代表。河南省在 2003 年安排 5.7 亿元用于收购 54 亿公斤定购粮和应税粮，农民只有向国有粮食购销企业出售商品粮才能得到补贴。

2. 直补模式比较——第三种模式的实现性较好。粮食补贴模式的优劣直接影响到补贴效果的高低，影响到补贴目标能否实现。所以，转变粮食补贴模式，必须全面比较，做出最佳选择。近几年，经济研究者和实际工作者见仁见智，对粮食“直补”发表多种看法和主张，大体可以归纳为三种有代表性的论点：

（1）对所有农民普遍“直补”论。赞成对农民普遍提供直接补贴，且不与农民出售商品粮挂钩，也不考虑农民是否种粮，按全部耕地面积计算“直补”金额，并直接补给农户。

（2）与商品粮挂钩“直补”论。赞成与农民出售的商品粮品种、数量和质量挂钩向农民直接补贴。一般是和粮食主产区、主品种、优质粮挂钩，并按照交售的粮食数量进行直接补贴。

（3）向粮食主产区倾斜“直补”论。赞成粮食“直补”款的发放向国家粮食主产区和种粮农户倾斜，以有效发挥粮食主产区的生产优势，达到粮食“直补”的效果，稳定提高粮食生产能力。

考察各地粮食直补实际情况，我们把三种模式放在更广大的背景下去考察、评析其优劣。

——对所有农民普遍“直补”模式。这种模式的特点是“两放开、一调整”：放开粮食收购价格，取消粮食保护价；放开粮食收购市场，支持多元化市场主体收购和经营；把粮食“间补”调整为“直补”。由这些特点决定，该模式的优点有二：一是每个农户都能得到直接的补贴款，对农民增收有一定益处。二是把国有粮食企业推向了市场，与其他市场主体公平、公正、平等进行竞争和经营。然而，该“直补”模式存在明显的缺点：一是这种补贴模式实质上是普惠制。在国家财力薄弱的条件下对农民实行“普惠制”型的普遍“直补”，虽然国家已支付出巨额补贴，但每个农户每年所得补贴菲薄，作用不大。二是与商品粮收购不挂钩，不能激发农民种优质粮食的积极性，不利于粮食生产能力稳定增长。三是取消粮食保护价制度，丢掉了在必要时对农业和粮食的必要保护手段。利弊权衡，第一种模式弊大于利。

——与商品粮挂钩“直补”模式。这种粮食“直补”模式的优点有三：一是放开了粮食收购市场，由市场形成粮食价格；二是卖粮农民可以直接得到价外补贴，增加当年收入；三是“直补”与农民出售商品粮挂钩，有利于提高农民种粮积极性，稳定增强粮食生产能力。这种“直补”模式的缺点是：把粮食“直补”与粮食保护价相对立，因而取消了保护价，丢掉了必要时保护农业和粮食的一种手段。另外，规定农民只有向国有粮食购销企业出售商品粮食才能得到补贴，这不利于形成市场主体多元化，甚至导致出现垄断收购。如果扬长避短，加以改进，更臻完善，第二种粮食“直补”模式具有较大的可行性。

——对农民的直接补贴分保护价内与价外两部分，即与保护价相联系、并与交售粮食挂钩模式。这种模式与前两种“直补”模式有较大区别：前两种模式取消了粮食保护价，而这种模式则保留了粮食保护价制度，“直补”与当年的保护价和市场价相联系。第三种模式与第二种模式相同的一点是，“直补”与农民交售的商品粮挂钩，只有向国有粮企出售粮食才能得到补贴款。总的来看，第三种模式避免了前两种模式的缺点，具有更大的可行性。但是，第三种模式同样具有第二种“直补”模式的第二个缺点，即可能出现国有粮食购销企业垄断收购，不利形成市场多元化。另外，上述三种粮食“直补”模式的资金都完全来源于粮食风险基金，资金供应渠道单一，且数量不足，给粮农的直补额小，其后第二次、第三次……，则可能吊不起农民种粮"胃口"。

客观比较三种粮食"直补"模式，可以得出以下结论：在现阶段中国的实际情况下，采用普惠制的第一种模式实现不了粮食直补的目的，或者说目前可行性较小；第二种粮食直补模式虽方便操作，但存在二个明显的缺点；第三种"直补"模式比较适合现阶段的实际情况，虽有一定的缺点，但只须稍加完善修正，仍具有较大可行性。

（三）补贴内容设计——建立适合我国国情的灵活、多样的补贴类型

1. 适应粮食市场价格变化的多环节、灵活的直补形式。

根据国际经验，特别是考虑到我国小农生产和粮食市场发育程度低的现实，我国粮食政策设计上不能缺少价格保护这样一个职能。具体而言，我国的粮食直补应包含以下三部分：

一是固定的补贴。即与粮食种植面积挂钩，而不与当期的产量和价格挂钩，不管市场粮价的高低，都要支付给农民的补贴。按公式：测定的粮食亩产水平×粮食种植面积×国家确定的补贴率＝农民的直接补贴额。补贴执行仍以县为单位，通过财政部门发放，并固定3～5年不变。3～5年后的补贴方案重新制定。

二是生产性补贴。根据我国的实际情况，对粮农的补贴还应包括生产环节的补贴（如目前所做的种子和农机补贴），以降低粮食生产成本，鼓励采用新技术。还须实施农资价格补贴，这项补贴应属于临时性的补贴。要不要进行补贴，主要是依据农资价格指数和粮食价格指数的比较而定。为鼓励农民发展规模经营，还应设立种植规模补贴，以鼓励积极发展种粮大户，适度引导土地集约经营，向种粮大户集中，以获得其规模效益。

三是不固定的补贴。实际上是一种包含有价格保障机制的补贴，其目的是减少粮农的市场风险。即当市场价格高过由成本和利润构成的目标价格时，如像目前粮价上涨较快、并已经高出最低收购价的情况下，就只给固定的补贴和生产性补贴，不再启动这一政策手段。而当市场价格低于目标价格时，除了给予固定的补贴和生产性补贴，还要动用该项政策，而且价格下跌越多，补贴也越多，与农户的商品量挂钩，也与当期的价格挂钩。所以，对粮农的补贴不能只有直补（固定的补贴），政府还必须提供必要的价格保护，保证农民在价格下跌时的合理利益，解决农民的粮食销售变现问题。如果农民的粮食不能变现，而只得到一点直补，那不过是杯水车薪。因此，我国不能缺少粮食的价格支持政策。

2. 充分发挥国际、国内农业政策的间接补贴效应，调整补贴结构。

一是充分利用"绿箱政策"、"黄箱政策"。粮食补贴是世界各国普遍使用的财政杠杆。发达国家对农业的支持力度很强，尤其是欧盟、日本、美国，每公顷耕地补贴几百甚至上千美元，每个农民从国家支持中都能够直接获得几千美元，甚至上万美元。与其他农产品相比，粮食在国家政治经济中具有特殊作用，对粮食实施支持政策更为常见，且支持力度明显高于其他农产品。我国的粮食补贴规模并不大。根据有关测算，1996～1998年我国"绿箱政策"补贴年平均为1514.2亿元人民币，约合182亿美元，1997年美国的"绿箱政策"补贴为512亿美元，日本为204亿美元。可见，我国目前的绿箱支持与发达国家相比还有较大差距。从"黄箱政策"补贴看，WTO《农业协定》规定该类补贴不能超过一国农业总产值的10%，WTO允许我国该类补贴不超过8.5%，还有很大的使用空间。从总体上看，我国粮食补贴规模较小。同时，世贸组织为了促进农产品国际贸易自由化和公平市场化，其成员一致通过了乌拉圭农业规则，将农业政策分为黄箱、蓝箱和绿箱三大类型。黄箱政策是明显对农产品市场产生扭曲作用的措施，属于需要减让的政策；绿箱政策对农产品公平贸易影响不明显，属于不需要减让的政策；而蓝箱政策则属于过渡性措施，主要是欧盟国家使用。我国粮食价格补贴政策属于黄箱，其使用水平受到乌拉圭农业规则的约束。而粮食直补是属于绿箱，还是属于黄箱，则需要具体分析。

当前我国粮食补贴改革的重点是调整补贴结构。尽财力可能加大现有"绿箱"补贴力度，逐步填补"绿箱"补贴空白，用足"绿箱"补贴。一方面，尽可能加大现有"绿箱"补贴力度。主要包括：增加农业科技投入补贴力度，对重大农业科技成果的应用和推广予以重点支持；建立和完善农业信息咨询机构，积极支持专业人员为农业生产者提供技术咨询和市场营销服务；直接补贴主产区农民的职业培训；加大农产品检验服务的支持力度，；加大对大中型农业基础设施建设补贴力度，改善农业生产条件，增强农业发展后劲；进一步扩大对农业病虫害防治的投资规模，加大自然灾害救济、环境保护与贫困地区的资金补贴力度等。另一方面，逐步填补“绿箱”补贴的空白。实施收入保险计划，支持农业保险业务的全面开展。

二是设立农业保险，让粮农种上放心粮。农业的弱质性，突出表现在它面临的双重风险：既来于自然，也来于市场。因此，建立完善的粮食风险保障制度，应是中国粮食长期、稳定发展的前提条件和基本保证，也应是政府对粮食补贴的一项重要内容。在发达国家如美国和日本，均有专业的农业保险机构。美国政府扶持农业保险的手段是向农民补贴保险费，或向农业保险办理机构提供经费补贴。在日本，政府补贴农民水稻保费的 50～60%，补贴麦类保费的 50～70%。许多发展中国家如印度和菲律宾，农业保险也办得富有特色。我国北京、上海等少数经济发达地区，农业保险业务也开展得比较好。如上海农民在养殖业及蔬菜、水稻等种植业方面投资，可获得政府 25%～45%的保险费补贴。在 2002 年的 3 次台风暴雨灾害中，受灾的上海投保农民都及时获得了赔款，有效地化解了农业风险，确保了种植业和养殖业的收益。

据了解，1982 年到 2002 年，人保财产农业保险赔付率是 88%，农作物险种的费率高达 9～10%。农业保险的高赔付率和高保费率这两个特点，从根本上决定了目前农业保险只能是政策性保险而不能是商业性保险。首先，农业生产面临着自然灾害和市场的双重风险，这一风险特点，导致农业保险自身难以产生经济效益。其次，农业保险的保费率相对于农业收入来说偏高。另外，农业保险的高赔付率又使保险基金自身不能积累。事实上，提供农业保险补贴早已成为许多国家支持和保护农业的一项重要措施，至今仍然是 WTO 规则所允许的“绿箱政策”。我国应尽快建立政策性农业保险制度和保险体系。

三是将财政补贴和银行信贷支持结合起来，加强对粮食生产的补贴。建立财政政策补偿金融、金融扶植农村经济的渠道，就是国家把扶植粮食生产和保护政策更多地通过对农村金融的扶植和补贴，改善金融业的融资环境，增强农村金融抵抗风险的能力和信用创造功能，发挥对粮食在内的经济亲和力和推动力，以及对经济资源的组织和调节能力，并把对金融的补贴，以降低利率、改善贷款条件、增加信贷额度、扩大贷款范围等模式，输导给需要扶植的农村经济部门，达到反哺农村经济的粮食生产目的。这是一种直接补贴金融，间接补贴粮农的模式。

美国 2002 年 5 月新农业法中的“贷款差额补贴”也值得我们借鉴。贷款差额补贴是政府预先规定各农产品的“借贷率”（相当于最低保护价），参与这一计划的农民，在播种前，可用未来的作物产量为抵押品，按政府规定的借贷率申请贷款；农作物收获后，当市场价格高于借贷率时，农民可按市场价格销售农产品，偿还按借贷率借的贷款，赚取所得利润；当市场价格低于借贷率时，农民可以在销售农产品后，再按照低于借贷率的市场价格偿还当初借出的销售贷款。市场价格低于借贷率的部分就是政府向农民提供的间接补贴。贷款差额补贴能够有效地填补农产品价格（包括国际市场价格）与农民种粮成本加收益之间的差额，切实保护农民利益。

3. 全国统一规定补贴下限和粮食最低收购价。

总结 2004 年全国各地推行的粮食直补政策，我们发现在粮食品种选择、补贴依据确定、补贴标准确定等方面存在着一定的差异。如：

(1)粮食补贴品种的差别。北京、天津、河北、山西等省市对小麦、玉米进行补贴；而内蒙古对小麦、玉米和稻谷进行全面补贴；山东只对小麦进行补贴；南方各省市对水稻进行补贴。

(2)补贴依据差别大。有的是依据农村税费改革的计税土地面积计算、有的以计税面积和商品粮比例计算，有的是以粮食实际播种面积计算等等。

(3)补贴标准不同。如北京、天津、上海等财力好的地区补贴标准特别高。财力不好的江西、安徽等刚达到每亩 10 元标准。

(4)资金发放形式存在不同。有的与农业税抵扣，有的直接发放现金等。

这些差异直接导致了粮食直补效果的差异，粮食直补的政策目标在各省市出现了侧重点的不同。如有的省按计税面积为基础的补贴，成为一种普惠式补贴，只要是有计税土地就有补贴，不管种不种粮食；有的主产小麦和玉米的省份，出于对财政压力的考虑，只对小麦进行补贴，对玉米不进行补贴。这些多样的补贴模式中，有些是与我国当前的粮食直补政策不一致的，容易为以后的粮食生产流通留下隐患。我们认为，对粮食直接补贴全国应该统一操作办法，规定补贴下限；各省市应当采取大致相同的模式，在补贴的数额上可以根据本地的承受能力高于全国统一规定的下限，但最低不得低于国家先前设的下限。

设立最低收购价。最近国务院出台了《2004年早籼稻最低收购价执行预案》，进一步统一了最低收购价格政策。国家规定的早稻最低收购价格为1.40元/公斤，中籼稻1.44元/公斤，粳稻1.50元/公斤，这封闭了粮价的下跌空间，对粮食价格构成强有力的支撑。总的来说，将增加粮食产量，提高粮食商品率，提高粮食有效供给，增强国家市场调控基础。

（四）建立强有力的保障——提供实施粮食直补的法律保障、资金保障、粮食市场价格保障

1. 建立和完善包括粮食补贴在内的农业支持法律体系，实行粮食补贴法制化管理。有必要建立和完善包括农业补贴在内的农业支持法律体系，实行农业补贴法制化管理，使我国目前粮食补贴制度法制化。为此，应抓紧制定《农业补贴条例》；研究制定在WTO规则框架下的《农业保险法》、《农业灾害救助条例》、《贫困地区援助条例》、《农民专业合作经济组织法》和《农产品行业协会管理办法》等法律法规，健全农业支持法律体系。与此同时，在重要农产品主产区成立区域性的农业行业协会，鼓励发展农民专业合作经济组织，提高农民的组织化程度，既能解决反倾销、反补贴和其他涉农纠纷中诉讼主体资格问题，又可帮助政府有关部门及时掌握行业动态，摸清农民收入及受损情况，降低农民补贴制度的运行成本。

2. 粮食补贴费用应主要由中央政府承担。目前粮食直接补贴都是从粮食风险基金中一次性安排。地方粮食风险基金是由中央政府和地方政府按照1∶1.5的比例筹集的，但是风险基金有多种用途，既要承担粮食储备的补贴，又要支持国有粮食流通企业改革，还要支付历史遗留债务的利息，对粮食主产区的直接补贴来说，中央政府的风险基金补贴几乎杯水车薪。粮食补贴资金，市县财政无力支付，中央补贴的风险基金又不敷使用，所以目前粮食直接补贴的主要承担者是省级政府。如果粮食补贴资金大部由粮食主产区的地方财政负担，对主产区财政来说更是沉重负担。

粮食直接补贴制度首要的目的，是要解决粮食市场化条件下确保国家粮食安全的问题。我们认为：粮食安全是中央政府的天职，保证安全的措施，如支持保护也是中央政府应尽的义务。从其他国家来看，没有任何一个国家以地区为单位考核国家粮食安全的。以地区为主考核粮食安全固然可以提高粮食安全的保障，但是费用却极为高昂，特别是对于人口大国来说尤其如此。按照效率原则，中央政府提供粮食经济安全保障，具有规模性，补贴费用最低，效率最高。因此，中央政府对粮食补贴负全面责任，应承担大部分粮食补贴费用。

要改革现行的粮食风险基金筹资政策，应该改革现行的中央40%、地方配套60%的筹资比例倒挂的现象，实行中央多筹、主产区少筹的筹资政策，充分发挥财政分配功能，实现工业对农业的反哺。国家及省市应当适当调整现行的粮食风险基金包干规模，因为粮食风险基金包干规模是根据1998年粮食流通体制改革时各地国有粮食购销企业库存和地方储备等情况核定的，现在执行直补政策后，粮食风险基金政策基础发生了重大变化，粮食主产区、主产县必须支付大量的直补资金，原有的包干规模极不适应直补的要求，因此应适当调整，包干规模的调整可以考虑各地直补资金需求、地方储备规模、地方调控粮食市场的需求以及一些挂帐消化等因素。这种政策调整，是对既得利益的改革，会遇到种种阻力。因此，国家应确保对主产区种粮农民的利益补偿。

可以根据公共选择理论，由销区政府通过向中央政府交税而承担粮食的补贴费用，即国家作为全国粮食安全的总负责人、总代理人通过向享受粮食安全的地区和居民征税来补贴粮食生产者。为了体现公平，粮食主产区内部满足本省粮食需求的粮食，其补贴由本省省级政府负责承担；向外省提供的商品粮食，补贴费用由中央政府承担，其产量可以由前3年粮食主产省份提供的商品粮和输向外省的商品粮为基础确定。

3. 建立粮食期货市场，分散粮食市场风险。粮食期货市场所具有的价格发现、管理风险的功能，正好能够为承担高风险而负重前行的中国粮食提供一种风险分散的机制。期货市场所具有的价格发现功能，能够为农民提供快捷的价格波动信息和风险管理工具。仅仅以2003年出现大幅价格上扬的大豆为例，中国近年来大豆的生产成本通常为每斤0.8元左右，单产也一般在300斤左右，上下波动幅度一般在10%左右，但是大豆的销售价格却是在每斤0.74～1.20元之间剧烈波动，收益比最大能够相差50%。如果我们有一个覆盖广泛、信息广为农民知悉和采用的农产品期货市场，农民就能够更好地回避这些风险，获得稳定的利润，农民的增收就更为持久。这种稳定增收的效果，较之有限的直接补贴，显然更为明显。反观粮食的价格波动轨迹，粮食的收获季节往往也是粮食价格的周期性低点，农民往往因为种种资金压力被迫低价卖出粮食；如果有了良好的期货市场，这一风险就能够较好地避免或减轻。

国际市场的农产品价格波动，在客观上加大了中国粮食和农业发展的风险，这些风险已经越来越成为制约中国粮食和农业发展的关键性障碍之一。因此，在财政直接补贴农业的同时，不要忽视利用期货市场这种独特的市场机制来扶持和“补贴”农业。

福建农村投资的区域比较与差距成因

福建省农调队

福建地处“长三角”和“珠三角”的联结点，农村地域广，乡村人口比重大，山区与沿海差距明显，因此，要实现省委提出的海峡西岸经济区建设的战略构想，实施项目带动战略，加大对农村的投资力度，加快农村发展是个重点和难点。

一、农村投资现状及特点

现行统计制度规定，农村投资是指在农村区域内，以货币形式表现的在一定时期调查范围内建造和购置固定资产的工作量以及与此有关费用的总称。从构成看，它包括生产性投资和非生产性投资两部分；从投资主体看，它包括农户和非农户两部分；从调查对象看，它包括企业单位、乡镇行政事业单位及社会群众团体和农户三大类；从调查地域看，它只包括城关镇以下的部分，即以城关镇为界（含城关镇所辖的村，但不含城关镇镇区）；从统计标准看，非农户固定资产价值统计标准为200元，农户固定资产价值统计标准为50元；从投资项目看，在农村地域内，属县及县以上部门管理的跨地域项目，则不纳入农村投资范围。

农村投资是全社会投资的重要组成部分，它的统计范围和标准随着经济制度改革和形势发展变化而做有限度的调整。因此说，它是一个相对的概念。今年以来，福建省从省情出发，对农村投资统计范围和标准又做新的调整。

改革开放以来，特别是上世纪90年代以来，随着农村投资环境的不断改善和政策措施的逐步到位，农村投资规模不断扩大。到1994年首次突破百亿元大关，六年后的2000年又突破两百亿元大关，到2003年福建省农村投资规模逼近三百亿，达267.09亿元，创历史最高水平，比上年增长21.4%，提高13.8个百分点，是历史上少有的高增长，是2000年以来的最高速度，比1990年增加233.07亿元，增长6.85倍，年平均增长17.2%，比全国平均水平高0.2个百分点。主要有以下特点：

（一）增长波动大，阶段性特征明显

纵观长期农村投资增长态势，呈现一条波动的逐步上升的过程，但又有明显的阶段性特征（见曲线图）。

从曲线图中可以看到，主要表现为四个明显的不同阶段：

第一阶段是1992年前，农村投资年规模都在50亿元以下低位徘徊，投资热点尚未形成，主要跟市场经济主体地位未得到确立有直接关系，投资主体主要集中在农户和一部分国家及乡村集体，其他如各类企业等民间主体进入很少，其比重还不足1/3。因此，不仅投资规模很小，而且投资主体也比较单一。

第二阶段是1992年到1998年，是安徽省农村投资增长最快、且增长势头保持最长的时期，年均速度达到24.9%，规模提升了142.1亿元，主要是由于小平同志南巡讲话后，市场进一步开放开发，福建省相继做出进一步加快村镇建设和道路、水电、村村通广播电视建设等系列举措的结果。据有关部门统计，仅福建省村建设资金形成的固定资

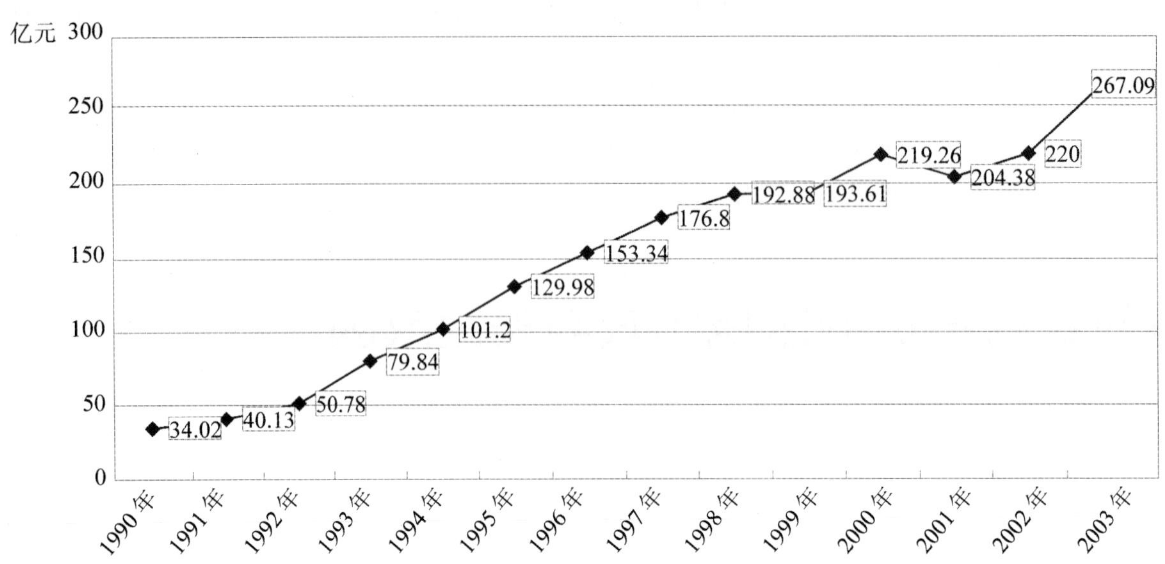

福建省农村投资规模年份变化曲线图

产，1998 年达到 129.73 亿元，比 1992 年净增 90.35 亿元，增长近 7 倍，占当年农村投资总额的 67%，成为农村投资的主体。

第三阶段是 1998 年后到 2002 年，农村投资增速明显减缓，四年中有 1 年是净减少，其中 3 年虽有增长，但增长十分缓慢。平均年增长仅 3.3%，增速比第二阶段回落了 21.6 个百分点，规模扩张乏力。占全社会固定资产投资的比重从 1990 年的 29.5%下降到 2000 年的 20.3%、2002 年的 17.9%，比 1990 年分别下降了 9.2 个百分点和 11.8 个百分点。其直接原因是国家持续多年的积极财政政策，对非农村大中型企业发展有利，而农村受益不大。不仅看不到明显的向农村投资倾斜的政策，而且农民、农村贷款难问题依然突出，尤其是大量的农村资金通过邮政、各种彩票、民间标会、地下钱庄等形式源源不断地被抽走，使农村投资发展滞后的局面不仅没有得到根本改变，而且还显得更加严峻。福建省全社会固定资产投资总量从 1990 年的 115.41 亿元扩大到 2003 年的 1507.87 亿元，增长 12.1 倍，年均递增 21.9%，比同期农村投资年均增速快 4.7 个百分点。也就是说，非农村部分投资不仅在量上大大高于农村投资，而且在增长速度上也明显快于农村投资。

第四阶段是 2002 年之后，尤其是在近年贯彻落实科学发展观思想的指导下，福建省实施了项目带动战略，在此基础上又提出建设海峡西岸经济区的战略构想，收到了明显效果，农村投资出现了以往少有的新亮点，使投资规模由 2002 年的 220 亿元快速提高到 2003 年的 267 亿元，2004 年其投资规模将进一步逼近 300 亿元大关。

（二）主体多元化，非农户占大头格局形成

农村投资在 1999 年前的很长一段时期以来，农户的主力军地位一直没有改变，特别是改革开放初期至上世纪 90 年代初期，在农村经济政策强有力的感召下，农户作为独立的生产者和经营者，产生了强烈的内在投资需求，其投资的主体地位不仅没有削弱，反而不断得到增强。农户投资占福建省农村投资的比重由 1985 年的 51.6%上升至 1990 年的 73.2%。而相比之下的非农户投资却处于次要地位，一直未能过半。但是，到了 1999 年以后，这种状况有了根本性的转变。随着农村改革的不断深入和市场经济的快速发展，农村投资环境逐步改善，农村投资主体发生了重大变化，各种经济类型的农村投资主体竞相发展，农村非农户投资持续高速增长，农户投资却表现为相对滞后。以 1999 年为转折点，非农户投资比重首次过半并达到 54.7%，农户投资比重却由 1990 年的 73.2%回落到 1995 年的 66.7%、1998 年的 55.6%、1999 年的 45.3%，首次退缩到一半以下而失去支配地位。从 1990 至 2003 年的全过程看，农户投资仅增长 2.9 倍，年均增长 11.0%；同期非农户投资增长了 17.7 倍，年均增长 25.3%，比农户投资快 14.3 个百分点。到 2003 年，非农户投资的比重进一步上升到 63.9%，比 1990 年提高了 37.1 个百分点，长期以来农户主导农村投资的格局被彻底打破，实现了投资主体由单一向多元化的转变过程。

（三）结构呈优化，二三产业并重推进

2003 年福建省农村投资总额中，第一产业投资31.84亿元,第二产业投资147.87亿元,第三产业投资87.39亿元,分别占农村投资总额的11.9%、55.4%和32.7%,第二产业投资比重占一半以上,在农村投资中占主导地位。从农村投资结构变动看,呈现“二降一升”格局:即第一产业投资占农村投资的比重从1990年的16.6%下降到2003年的11.9%,回落4.7个百分点;第二产业投资比重从1990年的7.8%上升到1995年的15.8%、2003年的55.4%,13年提高49.6个百分点;第三产业投资比重从1990年的75.6%下降到1995年的75.0%、2003年的32.7%,年均回落3.3个百分点。第一产业投资比重下降,是农村经济结构调整的必然结果,也是农村经济社会发展的必然趋势;第二产业投资比重之所以快速上升,主要是随着农村工业园区的发展,农村工业化进程逐步加快,尤其是制造业发展带动了第二产业的稳定快速增长;第三产业所占比重尽管有所回落,但仍为目前农村投资的重要领域,其中,农村的交通运输、邮电通信、市场贸易、文化教育、卫生体育以及社会服务业等行业投资所占比重较大。因此,从总体来看,福建省农村投资结构是向着优化的方向变化,第一产业投资比重下降但幅度不大,符合国家和福建省农业政策,表现为比较平稳的变化;二三产业投资累计总量不断扩大,两者比重不同年度有升有降,但累计比重是上升的,这也基本符合投资政策目标和经济发展规律。

(四)资金自筹为主,民间成为投资的主要资金来源

农村投资的资金来源包括国家资金、信贷资金、自筹资金、引进外资和其他资金。随着社会主义市场经济的不断发展完善,农村投资的宏观环境和市场环境也相应发生重大变化,农村投资资金总体呈现出国家资金投入比重低、信贷资金支持乏力、利用外资进展较缓、自筹资金为主的筹资格局。分农村投资主体看,农户投资的90%以上都依赖于自有资金。如2003年,农户投资中的自筹资金占98.6%;非农户资金来源渠道相对较多,但自筹资金比例仍然高达73.5%,而国内贷款、国家资金和利用外资仅分别占3.9%、10.2%和7.8%。由于可见,农村投资融资难的状况并没有明显改变,民间投资仍是福建省农村投资的绝对主导力量。2003年福建省农村民间投资达249.64亿元,占福建省农村投资额的93.5%,比全社会民间投资比重高出50个百分点。这一方面说明了民间投资对农村经济发展的重要作用,另一方面也说明了农村投资的主要筹资渠道在民间。

二、与全国及周边省份的比较与差距

纵观福建省农村投资发展轨迹,成绩应该是很大的。在2000年以前,年平均增长速度都快于全国平均水平。“八五”时期年平均增长30.7%,比全国平均水平高2.1个百分点;“九五”时期年平均增长11.0%,也比全国平均水平高2.1个百分点。但从“九五”期末开始,福建省农村投资增长速度明显放慢,主要表现为1999年、2000年、2001年、2002年四年年平均只增长3.3%,最高的2000年也只增长13.2%,2001年还出现了6.8%的负增长,与全国及周边省份相比都存在有不少差距。

福建与全国及周边省农村固定资产投资情况

单位:亿元

	农村投资额				其中:非农户				农户			
	2003年	2000年	增减	%	2003年	2000年	增减	%	2003年	2000年	增减	%
福建	267.09	219.26	47.83	21.8	170.67	132.17	38.50	29.1	96.42	87.09	9.33	10.7
全国	9755.00	6695.90	3059.10	45.7	6554.00	3791.60	2762.40	72.9	3201.00	2904.30	296.70	10.2
浙江	1811.48	718.70	1092.78	152.0	1600.09	492.80	1107.29	224.7	211.39	225.90	−14.51	−6.4
广东	668.08	464.90	203.18	43.7	450.40	214.30	236.10	110.2	217.68	250.60	−32.92	−13.1
江西	204.12	139.90	64.22	45.9	103.91	49.90	54.01	108.2	100.21	90.00	10.21	11.3

从表中不难看出,福建省农户投资与全国、江西、浙江、广东相比,还存在一定的优势,2003年增长速度为10.2%,比全国平均水平高0.5个百分点,只比江西低0.6个百分点,而浙江、广东的农户

投资均为负增长。而非农户投资增长29.1%，分别比全国、浙江、广东、江西省低43.8、195.6、81.1和79.1个百分点。由此可见，福建省农村投资与全国及周边省市的差距，突出表现在非农户投资速度的差距上。

(一)非农户投资占全国比重下降

2003年福建、江西、浙江、广东非农户投资占全国非农户投资的比重分别为3.5%、1.3%、13.0%和5.7%，与2000年相比，江西、浙江、广东分别提高0.3、11.4和5.7个百分点，唯独福建所占比重不仅没有提高反而下降0.9个百分点。

(二)从资金来源看，国内贷款与利用外资所占比重偏小

在2003年非农户投资资金来源中，福建省非农户投资资金来自国家资金的比重为10.2%，比江西、浙江、广东分别高1.0、8.7和6.6个百分点；而来自国内贷款仅占3.7%，比江西、浙江分别低0.5和17.0个百分点，比广东高3.1个百分点；利用外资所占比重为7.9%，比浙江高4.5个百分点，比江西、广东分别低5.3和20.2个百分点。

(三)从投资构成看，非农户投资用于建筑安装工程的增速明显偏慢

福建省非农户建安投资所占比重为60.9%，其增速快慢对整个农村投资规模影响较大。2003年福建省用于建筑安装工程的投资比2000年仅增4.0%，而同期江西、浙江、广东则分别增长1.0倍、1.7倍和38.8%；用于设备工具购置投资，2003年比2000年增长89.0%，而江西、浙江、广东同期则分别增长1.0倍、2.4倍和2.5倍。

(四)从投资主体看，有限责任公司、私营企业投资增长滞后

2003年福建的有限责任公司投资40.09亿元，比2000年减少24.21亿元，下降37.7%，而同期江西、浙江、广东的有限责任公司投资则分别增长1.5倍、6.9倍和24.2倍；私营企业投资仅增长61.1%，而同期江西、浙江、广东分别增长3.8倍、1.4倍和1.1倍；此外，中外合资合作投资仅增长6.2%，而江西、浙江则分别增长13.3%和4.4倍。

(五)从投资方向看，非农户投向第二产业的速度偏慢，比重偏小

2003年跟2000年比，福建省非农户投向第二产业的增长速度为6.4%，比同期的浙江、广东、江西分别慢237.0、215.6和135.7个百分点。由于增速跟不上，在非农户中所占比重从2000年的75.2%下降到2003年的62%，与其他三省相比呈相反方向变化，其比重除比江西省高9.6个百分点外，比浙江、广东分别低20.1和21.4个百分点。

三、差距成因分析

福建省农村投资与北邻浙江、南邻广东比有一定差距，略强于江西，其原因固然很多，但有几点是值得进一步关注，具体表现为“四个影响”：

(一)经济增长因素的影响

投资是促进经济增长的因素之一，而经济增长则是决定投资支出数量的最主要因素之一。观察改革开放以来国民经济发展的历程可以发现，一个地区GDP的增长与投资增长的关联度高达90%以上。福建省经过二十多年的改革开放，经济总量有很大提高，但与周边省份相比，特别是与浙江和广东两省比较，差距还不小。2003年福建省人均GDP为15006元，除江西居后外，浙江和广东分别比福建省人均GDP高出4724元和1984元；地方财政收入福建省为304.65亿元，分别比浙江和广东低401.85亿元和1008.67亿元。由于地方财力不足，福建省用于农村投资的资金就显得十分有限，2002年福建省级财政直接用于农林水利气象等部门事业费为12.94亿元，只相当于浙江的52.0%、广东的30.2%；用于支援农村生产支出为3.38亿元，只相当于浙江的41.4%、广东的59.7%。各县(市、区)财政除少数沿海县市外，多数都非常困难，有的连发工资的钱都有困难，更谈不上增加对农村各项事业的投资了，有也是杯水车薪。从企业和个人经济实力看，福建省占大头的个体私营企业数2002年为52.9万户，分别比浙江、广东和江西少124.7万户、148.3万户、10.5万户；福建省个体私营企业中的乡村就业人员数67.8万人，分别比浙江、广东和江西少311.3万人、139.1万人和39.6万人；2003年农村居民人均纯收入为3734元，分别比浙江、广东同期低1697元和321元。

(二)政策因素的影响

福建省农村投资增长变化跟国家宏观政策调控目标和方向有着直接关系，但跟一个地方的政策配套及执行情况也有着密切关系。国家政策调控是对全国而言，地方政策调整是对本辖区有效，从这个意义上说，地方政策就成为有别于其他省份投资行为的主导因素。实践证明，每次宏观政策的出台或调整都会给投资带来明显影响，进而影响到经济的增长速度。从漳州市企业调查队近期对100户不同类型企业开展的“企业经营环境与发展问题”问卷调查结果也能得到印证。有76.7%的人认为，相关优惠政策对其企业的发展会起到显著促进作用，其中外商及港澳台投资企业认为相关优惠政策对其企业的发展起到了显著促进作用的高达83.3%，没有人认为优惠政策无效。长乐市政府2002年根据本地外出投资办厂人员多、民间资金雄厚等实际情况，提出了以召唤回乡兴业为主要内容的“回归工程”，促进“回归经济”的政策新思路，取得了显著效果，当年全市投资同比增长53.8%，扭转了过去长期投资低迷状况。政策对投资行为的影响是相当明显的。据调查反映，福建省不少地方、部门在投资政策的执行上，讲原则性有余，讲灵活性不足，从福建发展大局出发勇于、善于创新制度方面显得有一定差距。例如闽清县是福建省电瓷产品的主要出口基地，2003年该县电瓷销售总值超8亿元，其中出口交货值达1.5亿多元。在电瓷产品中，瓷灯座产品占国内同类产品的80%，占国际同类产品的40%左右，可谓一花独秀。但由于各省之间在执行国家部颁标准上有出入，今年以来，福建省在具体实施中相对其他省份来讲要求较高，在省内不能报检通关出口，为了履约迁移浙江、广东、湖南等省生产或将产品运往外省口岸报检通关。受此影响，今年广州春交会上，闽清县电瓷产品首次出现零订单。又如闽西烟叶，也因政策原因大量流向广东加工，影响本地烟叶生产规模的扩大。尤其是在国家宏观环境有利于投资的情况下，政策影响更加明显，差距会快速拉大。在一定的边际消费倾向下，投资的变动会引起国民收入的数倍变化。而且农村的投资乘数一般要高于城市，如1981年和1997年我国城镇投资乘数值分别为6.25和2.78，而农村投资乘数值分别为12.5和3.57，也就是说相同的投资量对国民经济的拉动作用农村要比城市大些。

(三)环境因素的影响

有了经济实力和好的政策，不等于就是现实的投资，只是一种潜力而已。要转化为一个具备经济增长点的投资项目，环境条件非常重要，包括硬环境条件，主要有交通、水电、电信、道路等基础设施情况；软环境条件，主要有政府办事效率、市场条件、融资环境、治安环境、生活环境等情况。近几年来，浙江、广东、江西省在改善投资环境吸引外资方面表现突出。如浙江省提出了“打造先进制造业基地”的战略，一方面，鼓励企业加大投入，另一方面，着力改善软硬环境，吸引外商前来投资；广东省在第八次党代会之后，全面展开山区基础设施建设，实现村村通公路、通电、通邮、通电话、通广播电视，改善了山区的投资环境和生活环境，农村利用外资有了较大进展，在农村投资资金来源中，利用外资的比重由2001年的1.5%上升到2002年10.4%；2003年江西省农村投资利用外资呈现强劲增长态势，利用外资额达13.73亿元，比2002年增长50.2%，增幅高于全年农村投资增速的33.2个百分点，是各项资金来源中增长最快的。福建省在改善投资硬软环境上的任务自然十分艰巨。从硬环境方面看，因福建省多山，公路造价高，尤其是高速和一级路里程偏少。2002年底福建省高速路里程仅为583公里，是浙江的44.6%、广东的33.5%、江西的87.5%；一级路为278公里，分别是他们的13.4%、4.4%和88.5%。从软环境方面看，政策透明度、市场秩序、融资环境、经济纠纷调解与仲裁、办事效率、项目后期管理、税收收费等方面不尽如人意的情况时常发生。企业尤其是民营企业要贷款，门槛高、难贷成或贷不成。据2002年福建省企调队对286家中小企业调查，只有33.9%的企业认为政策环境“好”；据2003年对福建省投资环境监测评价分析，在投资硬环境方面，福建省加大基础设施投资力度，邮电通信、电力供应、空港运输、水汽供应等方面建设得到外商的充分肯定，但仍有83.6%的外商及港澳台商投资企业对福建省企业经营软环境的评价为“一般”或“较差”。据调查，2003年福建省农村投资利用外资呈下降态势，比2002年减少5.69亿元，下降29.8%。因此，在利用外资增长速度方面远慢于广东和江西省。

(四)土地资源因素的影响

福建省人多地少，山区比重大，耕地资源十分紧缺，尤其是适合投资办厂兴业的地方多集中在沿海的平原和丘陵地带，土地更加稀缺。到2002年底，福建省人均耕地仅为413.94平方米，不仅比同期的浙江人均少43.41平方米、比江西人均少295.06平方米，而且也不及广东人均耕地416.36平方米，只是全国人均耕地的40.9%。沿海中的福、厦、泉、莆四个设区市人均耕地为211.95平方米，只相当于福建省人均数的一半左右。耕地资源紧缺，已成为福建省扩大投资规模、推进农村城镇化建设的一大瓶颈。它给福建省农村投资带来不利影响，如在泉州等企业比较密集的地方，不少有发展潜力、欲扩大生产规模的企业迫于占地空间无法扩展而远走高飞；而且造成地价升高，投资成本增加，在一定程度上也不利于大量资本的注入。

四、几点启示

（一）把营造投资环境作为重点难点加以治理

一方面政府在基础设施建设上要继续先行、快行，特别是农村公路和一级路、高速路、水电、燃气等要加快建设进度，提高普及率，让投资者来去省时、方便；第二方面要重点整治人为故意造成的妨碍投资行为，尤其是要打击向投资者的吃、拿、卡、要等恶劣行为，让投资兴业者有安全感；第三方面要搞好环保，尤其是要保护好自然环境，尽量避免掠夺性经营，不仅要让投资者有利可图，而且要让他们感到安心、顺心、舒心。从而改变以往拉他们来投资为自愿上门投资。

（二）将项目带动战略坚定不移地抓下去

福建省实施项目带动战略取得成效十分明显，今后应在建设海峡西岸经济区的大框架下，继续长期不懈地坚持下去。在当前国家实行适度从紧的宏观调控的前提下，通过优化投资结构，提升投资效果，避免由此而带来的极度萎缩的局面出现，把宏观调控引起的负面效应降到最低。

（三）努力改善融资环境，广辟资金源头

一方面金融部门要适度降低贷款门槛，进一步简化贷款手续，做到优贷、多贷，以满足经济扩张的需要；第二方面，有关部门要根据福建省现状，更加积极主动地向国家多争取投资项目和专项资金的支持，把国家赋予福建省的优惠政策用好用足；第三方面要创造有利条件，吸引更多的民间资金到福建省投资建设，尤其是要充分利用福建省在境外华人华侨多、省外投资办厂多等优势，做好闲散资金的吸收和回流工作。

（四）依法办事，“一个窗口”对外服务

依照行政许可法实施之机，进一步简化投资项目审批环节，规范行政部门办事程序，尤其要整合职能、分布不同部门的办事机构，实行“一个窗口”对外，缩短项目审批时间，以“三个有利于”为标准，靠优质服务来提高投资管理质量，千方百计为投资者排忧解难。为保证各项服务到位，必须强化责任，建立一把手负责制，并纳入效能建设的一个重要内容跟踪督察、定期反馈，坚决杜绝“门难进、脸难看、事难办”的官衙作风，树立清明、廉洁、高效的政府形象。

6

农业结构调整

2004 年中国农村产业结构继续优化

张明梅

2004 年农业结构调整稳步前行，农产品品种结构和区域布局继续优化。农村产业结构内部，由于多项农业支农政策的出台，第一产业增加值占农村一二三产业增加值的比重上升，非农产业比重下降；第一产业内部，农业比重略有提高，畜牧业比重继续稳步提高，林业和渔业比重下降。

一、农村产业结构的变化及主要特征

(一)农业结构的变化及主要特征

2004 年各地区在惠农政策的支持下，大力发展农业生产的同时，继续按照市场经济的需求调整农业结构。初步统计，2004 年第一产业增加值达 20744 亿元，按可比口径计算，比上年实际增长 6.3%，增幅比 2003 年上升 3.8 个百分点。

农业比重上升，畜牧业比重继续提高，林业受国家政策影响，比重有所下降。2004 年农业在农林牧渔业增加值中的比重上升了 0.4 个百分点，林业下降 0.6 个百分点，畜牧业比重提高 1.3 个百分点。在农业产值中粮食产值增长 10%，成为拉动农业增长的主要因素。

尽管 2004 年一季度受“禽流感”的影响，家禽养殖和出栏有所减少，畜牧业生产发展速度减缓，但各地加快畜牧业内部结构调整，牛羊等草食牲畜、生猪、奶产品生产步伐加快，弥补了“禽流感”给畜牧业生产带来的影响。特别是畜产品收购价格的提高，促进了生猪生产的发展，同时带动草食牲畜和小家禽的发展。2004 年全国肉类总产量增长 4.7%左右，畜牧业增加值 5919 亿元，可比增长 5.3%，拉动农林牧渔业增加值增长 1.4 个百分点，畜牧业增加值占农林牧渔业增加值比重达 28%，较 2003 年提高 1.3 个百分点。2004 年，生猪产值增长 7.2%，增速比上年提高约 2 个百分点；受“禽流感”影响，家禽产值增长 4.1%，增速比上年减少 2.7 个百分点。

表 1　农林牧渔业增加值构成

单位：%

年 份	1997	1998	1999	2000	2001	2002	2003	2004
农 业	62.3	62.2	61.7	59.5	59.3	58.8	55.6	55.7
林 业	4.2	4.2	4.3	4.5	4.3	4.4	4.8	4.3
牧 业	23.9	23.6	23.5	24.9	25.6	25.9	26.8	28.0
渔 业	9.6	10.0	10.5	11.1	10.8	10.9	10.3	9.8

注：从 2003 年起农林牧渔业增加值包括农林牧渔服务业增加值，本表的各业比例是按包括农林牧渔服务业增加值在内的所有第一产业增加值计算的。

2004年，渔业生产结构继续调整，质优价高的养殖产品比重进一步增加，渔业经济效益明显提高，使得渔业增加值提高。2004年渔业增加值达到2000亿元，同比增长5.3%。拉动农林牧渔业增加值增长0.54个百分点。渔业增加值占农林牧渔业增加值比重为9.5%。

2004年由于退耕还林规模大幅度调减，使林业产出增速放缓。初步统计，2004年林业增加值890亿元，比上年增长1.5%，增速较上年有较大幅度的回落。

2004年，受粮食直补等支农政策影响，以及粮食、棉花价格等市场因素的影响，激发了各地农民种粮、种棉积极性。2004年粮食、棉花种植面积扩大，糖料、油料、蔬菜面积减少。

蔬菜、水果在调整品种、优化品质的基础上稳定增长。蔬菜生产在经过多年大幅增加后，供给相对充足，加之今年种粮效益看好，部分地区压缩了蔬菜面积。全年蔬菜种植面积虽然有所减少，但由于单产水平不断提高，蔬菜产量比上年增长5%，水果园艺产值比上年增长4.9%。近几年来，我国水果生产已进入面积稳定、产量小幅增长、内部结构调整优化的新阶段。大宗水果如苹果、柑橘、梨在水果生产中所占比重开始下降，但水果质量提高，区域布局更加合理，名特优新水果发展较快，2004年水果产值增长9.2%。

农林牧渔业的生产布局不断优化，区域优势明显。种植业生产逐渐向中部地区集中，中部地区无论作为粮食作物还是经济作物的主产区地位更加突出。2004年湖南省在40个县启动优势农产品区域建设，按产业化开发的模式，每个产业都有龙头带动，围绕龙头建基地，促进了优质农产品逐步向优势产区集中。以优质稻米、高支纱棉花、双低油菜、柑橘、优质绿茶、优质苎麻、外销生猪、肉牛(羊)、奶牛、出口淡水水产品等10大优势农产品带为依托，建起的龙头企业60多家，其中国家级、省级龙头34家，这些龙头企业建设基地面积超过300万亩，订单收购面积达1600多万亩。东部沿海地区、大中城市郊区和经济比较发达的地区，积极发展高附加值农业、高科技农业和外向型农业；西部地区加快发展生态农业。

(二)非农产业结构变化及其特征

2004年，全国乡镇企业保持了快速、平稳、健康、协调的发展势头，经济运行质量进一步提升，企业活力进一步激活。全年乡镇企业实现增加值41500亿元，同比增长13.3%，其中工业增加值29200亿元，同比增长13.5%；营业收入166000亿元，同比增长13.1%，其中工业营业收入116000亿元，同比增长13.2%；实现总产值172500亿元，同比增长13.2%。主要经济指标均有较大幅度增长。

经济运行质量稳步提高。预计全年乡镇企业实现利润9900亿元，同比增长15.5%，增幅比增加值高2.2个百分点；上交税金3650亿元，同比增长16.6%，高于增加值增幅3.3个百分点。

第二、三产业协调发展，农村服务业发展迅速。全年第三产业实现增加值9100亿元，同比增长13.6%，比工业增加值高0.1个百分点，占乡镇企业增加值的比重由上年的21.8%上升到21.9%。在工业化的先发地区，如北京，其郊区的商贸、物流、餐饮住宿等服务业蓬勃发展，具备了相当的产业规模。而中西部地区的广大农村，工业和服务业的互动关系更为明显，在内蒙古，伴随着农村流通业的迅猛发展，农畜产品加工业已经成为该区的支柱产业。

乡镇企业以快速健康发展为前提，对吸纳农村富裕劳动力的贡献稳步提升。2004年，全国乡镇企业快速发展的同时，也进一步带动了农民就业和增收。随着2004年在建的20多万个项目陆续建成投产，乡镇企业用工人数增加，预计2004年新增就业270万人，大约相当于城镇新增就业人口的1/3。乡镇企业累计支付劳动者报酬9750亿元，同比增长7.5%。

农村非农产业增加值构成见表2。

表2　农村非农产业增加值构成

单位：%

年份	工业	建筑业	交通运输	商饮服务
1995	76.32	9.05	5.68	8.94
1997	78.36	8.12	3.73	9.79
1998	71.11	8.15	6.23	14.50
1999	68.86	8.21	6.38	16.55
2000	69.27	7.74	6.10	16.89
2001	67.56	7.90	6.34	18.20
2002	70.30	7.10	5.60	17.00
2003	70.90	7.10	5.50	16.30
2004	70.30	7.80	5.50	16.40

注：农村非农产业增加值数据为农业部统计乡镇企业增加值中扣除农业部分后得来的。

(三)农村产业结构变化及其特征

2004 年农业经济发展良好,在农村经济中的比重上升,第二、三产业比重下降。2004 年农村增加值中,第一产业的比重为 30.1%,比 2003 年上升 1.8 个百分点;第二产业比重为 53.2%,下降了 1.7 个百分点;第三产业比重为 16.7%,下降了 0.1 个百分点。见表 3。

表 3　农村各业增加值构成

单位:%

年 份	第一产业	第二产业	第三产业
1997	48.5	44.5	7.0
1998	40.5	47.2	12.3
1999	37.0	49.6	13.4
2000	35.3	50.4	14.3
2001	32.8	51.9	15.3
2002	30.5	52.9	16.6
2003	28.3	54.9	16.8
2004	30.1	53.2	16.7

区域发展速度不平衡,总量差距进一步拉大。2004 年东中西部乡镇企业增加值的增长速度分别为 13.6%、12.3%和 11.2%,各区域发展速度快慢不一,但整体表现为"慢者求快,快者更快"之势。由于总量基数不同。各区域快速增长的同时,总量差距也在进一步拉大。2004 年东部地区乡镇企业增加值占全国的比重由去年同期的 66.2%上升到 66.5%,区域发展不平衡更为突出。

一些发达地区开始出现"民工荒"。据浙江、广东、江苏等沿海省份反映,2004 年这些地区不少企业开工不足的另一个重要原因是招不到工人。民工短缺成为今年乡镇企业生产经营中的一个新问题。出现"民工荒"的主要原因一是有些企业农民工工资标准长期不变,工人福利待遇得不到保障;二是一些学到技术的工人回乡创业;三是一些民工受粮食增收的鼓舞,回乡务农;四是一些城市、企业为民工生产生活提供的配套服务跟不上,农民不愿外出打工而返乡等等。而更深层次的问题是产业结构和区域布局与经济发展的协调问题。

二、农村产业结构与就业结构的偏差

2004 年农村就业结构呈现第一产业比重稳步下降,第二、三产业比重稳步提高的格局。农村劳动力就业结构与农村经济结构之间的偏差有所缩小。

(一)农村就业结构

近年来农村劳动力就业非农化进程比"九五"时期有所加快。1996～2000 年,第一产业劳动力占农村劳动力的比重平均每年下降不到 0.7 个百分点,而近 3 年(2001～2003 年)平均每年下降 1.1 个百分点。尽管 2004 年年初,东部沿海发达地区相继出现"民工荒",但国家宏观调控对经济增长的可持续性意义重大,作为与"三农"关系最为紧密的经济体系,乡镇企业的发展积极性因为党和国家对"三农"问题的高度关注而得到及时保护。农产品加工、流通等与农业相关行业得到了政策环境直接的推动。随着 2004 年在建的 20 多万个项目陆续建成投产,乡镇企业用工人数增加,农村第一产业劳动力继续向第二、三产业转移。2004 年,农村劳动力中从事农业的劳动力占 61.6%,比 2003 年下降了 2.2 个百分点,从事非农产业的劳动力的比重为 38.4%。在非农产业中,第二产业就业比重为 17.7%,比上年增加了 1.1 个百分点;第三产业的就业比重为 20.7%,比上年提高 1.1 个百分点。见表 4。

表 4　农村三次产业劳动力构成

单位:%

年 份	1990	1995	1999	2000	2001	2002	2003	2004
第一产业	79.4	71.8	70.2	68.4	66.5	65.9	63.8	61.6
第二产业	14.1	17.0	16.6	17.3	18.2	15.4	16.6	17.7
第三产业	6.5	11.2	13.2	14.3	15.3	18.7	19.6	20.7

注:①计算劳动力结构时,外出的临时工、合同工按比例均摊于工建运商各业之中。

②2004 年为预测数。

(二)农村产业结构与就业结构间的偏差

2004 年农村三大产业增加值结构与就业结构之间的总偏差有所缩小。1999～2003 年期间,增加值结构与就业结构之间的总偏差从 66.4%扩大到 76.6%(表 5)。2004 年总偏差为 71%,比 2003 年缩小 5.6 个百分点。其原因主要是:2004 年国家多项支农政策的出台，较高的农产品价格，近年少有的好天气，刺激了农业生产，以粮食为主的农业效益较好，农业增加值增长幅度较大，使多年来农业劳动生产率低的局面有所缓解。2004 年第一产业的结构偏差为 31.5%，比 2003 年缩小 4 个百分点。2004 年第二产业劳动生产率依然居农村三大业之首，结构偏差为 35.5%，比 2003 年下降 2.8 个百分点。第三产业的结构偏差为 4%，较 2003 年有所扩大，这说明农村第三产业目前的劳动生产率仍处于较低的技术水平条件下。见表 5。

表 5　农村增加值与就业结构间的偏差

单位：%

年 份	1999	2000	2001	2002	2003	2004
第一产业	−33.2	−33.1	−33.7	−34.6	−35.5	−31.5
第二产业	33.0	33.1	33.7	38.6	38.3	35.5
第三产业	0.2	0.0	0.0	2.1	2.8	4.0
合计	66.4	66.2	67.4	75.3	76.6	71.0

三、农村产业结构调整趋势及影响因素分析

农村产业结构调整是我国农村经济发展的主旋律，今后伴随着农村富余劳动力转移的加快，城乡统筹发展的不断深入，就业结构与经济结构偏差扩大的态势将有所缓解，整个农村产业结构调整将向着更为合理的方向发展。

（一）2005 年非农产业结构调整影响因素变化的判断

2005 年非农产业结构调整影响因素利弊共存：

利：一是经济发展更加健康，为乡镇企业提供了一个有利的宏观环境。2004 年国家宏观调控已见成效，经济发展中的一些不健康、不稳定因素已被控制，整体经济形势良好。2005 年将继续承接这一走势，这为乡镇企业发展提供了一个有利的环境。二是国家经济政策将更加有利于乡镇企业发展。2005 年国家将实行稳健的财政政策，财政投入将继续向“三农”等领域倾斜。乡镇企业作为解决“三农”问题的重要途径，将进一步受到各级政府高度关注。三是，乡镇企业固定资产投资势头将继续上扬。受经济发展形势利好的刺激和良好的市场预期影响，加上 2004 年 1 万多亿元投资惯性的拉动，2005 年全国乡镇企业固定资产投资将继续保持较旺盛的势头，但投资将更显理性，投资仍将继续成为拉动乡镇企业增长的主要力量之一。

弊：一是能源、资金、交通等生产要素的制约。面对当前有利的宏观经济形势，各地投资热情高涨，对生产要素的要求日益强烈，但各种生产要素供需矛盾突出。江苏、浙江等省市电力短缺已经由短期性、季节性向常年性、长期性转变，企业“开三停四”现象普遍。中西部地区突出表现为资金短缺，运力紧张。企业运输成本提高，不少企业出现大量产品积压。二是固定资产投资的盲目性和无序性在一些地区、一些产业依然存在，形成了新一轮的低水平的重复建设，给当地经济发展埋下了隐患。三是，产业初级、产品低档的结构矛盾依然突出，产业产品结构升级换代的步伐较慢，一些地区产业结构单一、产品档次较低的格局并未根本扭转。

（二）2005 年农业结构调整影响因素变化的判断

继 2004 年的中央一号文件之后，2005 年中央又出台了关于促进农业发展的一号文件，随后的粮食直补等一系列保护和提高粮食综合生产能力的政策措施，都为 2005 年粮食产量、面积恢复奠定了良好的基础。预计 2005 年粮食播种面积还将有所扩大，对确保粮食质量，优化结构，提升品质将起到促进作用。而棉田萎缩，种植结构失衡的问题不能忽视。

从农业内部看，近年来我国蔬菜产业发展十分迅速，蔬菜生产从单一品种向多样化方向发展，从普通菜、低档菜向名特优方向发展，预计 2005 年我国蔬菜面积将呈增长态势，名、特、优型高附加值蔬菜将成为今年蔬菜生产的新亮点。水果产业是劳动密集型和技术密集型相结合的产业，是我国农业具有国际竞争力的优势产业之一。水果业已成为种植业中继粮食和蔬菜之后的第三大产业，成为种植业的重要支柱产业。预计 2005 年水果生产将继

续保持稳定发展。

从畜牧业看，由于 2004 年我国猪粮比平均为 6.30，超过了盈亏平衡点，养猪效益是近年来最好的时期，养猪的高效益，刺激了农户养猪积极性，预计 2005 年生猪饲养仍将继续增长。家禽养殖随着 2004 年“禽流感”疫情的全面控制，扶持政策落实到位，生产恢复较快，全年家禽出栏、禽肉产量均呈增长态势，预计 2005 年禽肉生产仍将持续增长。

从渔业看，近年来，渔业以结构调整为主线，继续保持较快发展，海洋深水抗风浪网箱养殖、工厂化养殖、稻田养鱼和名优水产品养殖势头强劲，名特优水产品产量将快速增长。远洋渔业稳步发展，大洋性渔业比重继续上升。以出口为导向的水产品生产、加工体系进一步完善，休闲观赏渔业成为发展热点。2005 年渔业产值依然稳步增长。

“禽流感”对农业及相关产业的影响与损失评估

孙梅君　张明梅

在我国农业结构调整中家禽养殖业扮演了重要的角色，为增加农民收入和繁荣农村经济做出了重要贡献。目前，1/3 的畜牧业产值和近 1/10 的农林牧渔业总产值是由家禽养殖业创造的。随着生产专业化和社会化进程的加快，产业间联系也越来越紧密。“禽流感”不仅影响到农业，也波及到饲料加工、禽苗孵化、家禽及加工产品出口等相关产业的发展。

一、“禽流感”影响一季度农林牧渔业总产值少增 2～3 个百分点

据各地调查反映，2003 年一季度家禽出栏和鲜蛋上市量将有明显的减少。从全国的情况看，由于各级各部门高度重视，采取了一系列有效的防疫措施，如果疫情能在 3 月份得到完全控制，那么，估计一季度全国家禽出栏量将下降 10～15%。禽蛋销售量也有所下降，但相对家禽来讲，下降幅度要小一些，全国平均在 5%左右。

从价格的变化看，由于销售困难，市场积压较多，2 月份以来，家禽产品价格下降幅度较大，家禽生产价格至少下降 10%左右，禽蛋生产价格至少下降 5～10%。据此测算一季度家禽养殖业产值将比上年同期减少 100 亿元左右，下降 15%左右。

由于一季度家禽养殖业产值占牧业产值的 30%、占农林牧渔业总产值的 17%左右，家禽养殖业增长速度下降将影响牧业产值少增 4～5 个百分点，影响农林牧渔业总产值少增 2～3 个百分点，由此影响农户人均家禽养殖业纯收入损失 5 元左右。

二、“禽流感”将影响全年农林牧渔业总产值少增 1 个百分点

从全年生产形势看，即使疫情在 3 月份得到完全控制，但市场未必就能马上恢复，生产者还存有观望心理。由于 2、3 两个月家禽养殖企业和农户补栏不积极，这势必影响一个周期的家禽生产，全年家禽出栏量将下降 15%左右。由于禽蛋价格下降，蛋鸡补栏也不积极，禽蛋产量估计也将下降 5～10%。

从价格方面看，如果 3 月份得到控制，随着人们恐惧心理的消除，市场将有所复苏，但生产恢复需要一个过程，价格将在疫情控制后有所回升；另一方面，受“禽流感”疫情影响，消费者选择了替代商品，消费不如从前那样强劲，价格难以恢复到从前的水平，全年家禽产品平均生产价格有可能下降 5%左右。据此测算全年家禽养殖业产值将比上年减少 400 亿元左右，下降近 15%。

由于家禽养殖业产值占全年牧业产值的近 30%，占农林牧渔业总产值的近 10%，家禽养殖业增长速度下降将影响全年牧业总产值少增 4 个百分点，影响农林牧渔业总产值少增 1 个百分点，影响农户人均家禽养殖业纯收入损失 10～15 元。

三、"禽流感"导致的市场波动使规模养殖企业和农户蒙受的损失更大

家禽养殖行业竞争性强，基本上是微利。据调查，2002 年全国肉鸡养殖业平均成本纯收益率为 13.4%，蛋鸡为 11.3%，比肉牛、肉羊、奶牛养殖业的成本纯收益率低一半左右，甚至低于种粮、种棉的纯收益率。随着结构调整步伐的加快，家禽养殖业企业化、集约化程度逐步提高。据有关资料测算，年出栏 1 万只以上的肉鸡养殖企业占全部生产单位的 0.1%，但产量却占 35%左右，农户散养的比例越来越小。家禽养殖的集约化程度也比较高，全国规模养殖占 50%以上。"禽流感"所带来的市场波动将使从事家禽养殖的龙头企业和养殖大户蒙受更大的损失。广东最大的民营家禽养殖公司温氏集团一段时间库存积压严重、价格下滑，每天承受着高达 460 万元的经济损失。

四、"禽流感"使饲料加工、禽苗孵化行业面临严峻考验

饲料加工企业困难重重。饲料加工企业是养殖业的产前链节，家禽的饲料来源于饲料加工产品和原饲料。2003 年全国饲料工业产品总产量为 8700 多万吨，家禽饲料约占 40%左右；以豆粕为原料的饲料中 52%为家禽饲料，受"禽流感"影响，家禽补栏量势必减少，产量下降，饲料需求量也将下降。"禽流感"对于全国本已亏损的 80%的饲料企业更是雪上加霜。

孵化企业损失更为严重。由于养殖户对家禽养殖前景看不清楚，大多不急于补栏，各类孵化企业的苗禽基本全部滞销。养殖场家禽卖不出去还可以暂时存栏，但孵化企业的种蛋无法长期保存，否则加上饲料消耗，损失更大。陕西省咸阳成恩禽业公司，是泾阳县的一个龙头企业，推行公司加农户模式。由于鸡苗滞销，加上饲料消耗，每天直接损失万元以上。河南华英集团，仅鸭苗每日损失 3.2 万元。江苏昆山最大孵化企业周庄孵坊，预计至少损失 50 多万元。

五、"禽流感"对家禽产品出口影响大，但对整个农产品出口影响不大

在我国部分省(区、市)相继发现禽流感病例后，日本、韩国、美国、巴西、新加坡、罗马尼亚、瑞士等国家已宣布禁止或暂停进口我国禽类及其产品，对中国家禽出口将是不小的打击，三个月内，我国禽类产品不能出口。如果疫情能在 3 月底以前得到控制，可能只影响到上半年禽类产品的出口，按 2002 年家禽出口规模 8.5 亿美元计算，家禽产品出口有可能减少 50%左右，对家禽出口企业影响较大。由于家禽产品出口占农产品出口份额只有 4%，因此，家禽产品出口受阻仅影响农产品出口额少增长 2 个百分点。如果疫情不能在短期内得到完全控制，全年家禽产品的出口损失将会更大一些。

成本攀升：提高小麦生产效益的一道屏障

——河南小麦生产成本效益分析

河南省农调查队

河南是我国的小麦主要产区，其小麦产量约占全国小麦总产量的1/4。河南小麦生产对保证国家粮食安全，增加农民收入发挥了重要的作用。本文拟在对河南粮食特别是小麦生产历史和现状进行分析的基础上，通过对小麦生产成本构成要素及变动趋势的研究分析，从成本效益及现实的角度，提出河南小麦生产发展的战略选择，以期对各级领导和有关部门在指导农业结构调整时提供参考。

一、河南小麦生产发展进程

小麦作为河南粮食生产第一大品种，1987年以来播种面积占河南省粮食总播种面积的50%以上。除1990年因灾减产，1982年以来小麦产量始终占河南省粮食总产量的50%以上。1995年中央实行“米袋子”省长负责制后，河南省上下以此为契机进一步加大对农业的投入，加之1992～1996年四年间小麦定购价格提高了1.5～8倍，1997年又实行按保护价敞开收购农民余粮，极大地调动了农民种粮的积极性，1996年河南省小麦总产突破2000万吨，达到2026.8万吨，较1990年增加387万吨，增长23.6%，且自1996年始，河南省小麦总产一直稳定在2000万吨以上。特别是1999年全面实施农村经济结构调整战略以来，河南粮食生产进入“稳定面积、主攻单产、提高质量”阶段，河南开始以“专用化、优质化、多样化”为方向，对小麦种植结构实施大规模调整，并提出以优质小麦生产和加工基地建设为重点，全力优化农业产业结构和区域布局。经过多年的努力，目前河南省已基本形成早、中、晚茬，强、中、弱筋搭配合理的优质小麦品种结构和以豫北为优质强筋小麦、豫中为中筋小麦、豫南为弱筋小麦生产基地的区域布局。2004年河南省小麦总产量达2480.9万吨，较1995年的1754.2万吨增长41.4%；优质小麦种植面积预计2597万亩，占全部小麦播种面积的36.0%，较1999年的284万亩增长8倍多。目前，河南已成为全国最大的小麦主产区。

在看到成绩的同时，我们也必须清醒地认识到，目前从总体上看，河南小麦品质仍然偏低，虽然近年来优质小麦发展很快，但真正达到国际质量标准、具有较强市场竞争能力的优质小麦总量不多，小麦生产的专业化、标准化水平还比较低，优质小麦产业化经营的格局还没有真正形成。与国外小麦相比，小麦的蛋白质含量还不够稳定，杂质和水分高于进口小麦，粉色也不如进口小麦好，而且在价格上也缺乏竞争力。因此，将小麦的资源优势转化为产品优势和经济优势，进一步拓展农民的增收空间，成为摆在我们面前的一个重大课题。

二、小麦生产成本构成及效益分析

(一)河南小麦成本收益对比分析

1. 成本收益定量分析

根据河南省农产品成本与收益调查资料编制

表 1　河南小麦成本收益对比表

项目名称		单位	“八五”	“九五”	增减%	2001 年	(01/九五)±%	2002 年	(02/01)±%	2003 年	(03/02)±%
每亩	主产品产量	公斤	267.09	304.85	14.14	324.30	6.38	294.20	−9.28	290.50	−1.26
	产 值	元	268.31	421.59	57.13	372.18	−11.72	317.96	−14.57	399.11	25.52
	生产成本	元	150.73	257.55	70.87	228.99	−11.09	232.53	1.55	220.15	−5.32
	物质费用	元	108.10	174.94	61.83	153.34	−12.35	161.33	5.21	149.95	−7.05
	用工作价	元	42.63	82.61	93.78	75.65	−8.43	71.20	−5.88	70.20	−1.40
	用工数量	日	12.11	10.72	−11.48	8.90	−16.98	8.0	−10.11	7.80	−2.50
	劳动日工价	元	3.52	7.72	119.32	8.50	10.10	8.90	4.71	9.0	1.12
	期间费用	元	1.74	4.37	151.15	6.35	45.31	2.75	−56.69	2.4	−12.73
	税 金	元	4.83	9.21	90.68	8.94	−2.93	28.91	223.38	28.36	−1.90
	含税成本	元	157.30	271.13	72.36	244.28	−9.90	264.19	8.15	250.91	−5.03
	净产值	元	160.21	246.65	53.95	218.84	−11.28	156.63	−28.43	249.16	59.08
	减税纯收益	元	111.01	150.48	35.56	127.90	−15.01	53.77	−57.96	148.20	175.62
	成本纯收益率	%	70.57	54.61	−15.96	52.36	−2.25	20.35	−32.01	59.07	38.72
每50公斤主产品	平均售价	元	44.51	63.24	42.08	51.35	−18.80	49.06	−4.46	64.43	31.33
	物质费用	元	17.93	26.49	47.74	21.16	−20.12	24.89	17.63	24.21	−2.73
	生产成本	元	25.00	38.97	55.88	31.59	−18.94	35.88	13.58	35.54	−0.95
	含税成本	元	26.09	41.04	57.30	33.70	−17.88	40.76	20.95	40.51	−0.61
	净产值	元	26.58	36.76	38.30	30.19	−17.87	24.17	−19.94	40.22	66.40
	减税纯收益	元	18.42	22.26	20.85	17.65	−20.71	8.30	−52.97	23.92	188.19
每一劳动日	主产品产量	公斤	22.06	28.36	28.56	36.40	28.35	36.80	1.10	37.20	1.09
	净产值	元	13.23	23.04	74.15	24.59	6.73	19.58	−20.37	27.54	40.65
每亩主产品	出售数量	公斤		112.73		135.60	20.29	135.20	−0.29	117.80	−12.87
	主产品商品率	%		37.0		41.8	4.80	46.0	4.20	40.6	−5.40
	出售产值	元		140.37		138.67	−1.21	133.19	−3.95	153.93	15.57
每亩成本外支出		元	6.35	32.40	410.24	34.70	7.10	3.36	−90.32	2.96	−11.90

注：此表资料由河南省农产品成本调查队取得；2002 年以后因费改税，税金有调整；减税纯收益为产值减去含税成本；成本纯收益率对比数据为增减百分点。

的小麦成本收益对比(见表 1)，可以看出：

(1)收益情况。从反映小麦种植效益的指标——每亩减税纯收益来看，“九五”时期最高，平均为 150.48 元，分别高出“八五”时期和 2001～2003 平均水平 35.6 个和 36.8 个百分点；“十五”以来的 2002 年最低为 53.77 元，仅为“九五”平均水平的 35.7%。具体分析：

“九五”时期小麦平均亩产 304.85 公斤，较“八五”时期增长 14.1%；2001～2003 年小麦平均亩产 303 公斤，较“九五”下降 0.6%。从粮价变动情况看，每 50 公斤小麦平均售价由“八五”时期的 44.51 元上升到“九五”的 63.24 元，增长 42.1%；但随着 1998 年河南省粮食产量登上 4000 万吨台阶，小麦市场价格则持续低位徘徊，2001、2002 年分别下降到 51.35 元和 49.06 元，分别较 1998 年的 63.04 元下跌 18.5%和 22.2%；2003 年 7 月份以后随着市场粮价的全面上涨，每 50 公斤小麦平均售价止跌回升到 64.43 元，分别较 2001、2002 年上涨25.5%和31.3%。亩产值由“八五”时期的268.31元增加到“九五”时期的421.59元,增长57.1%,但伴随着粮价的持续下跌,2001、2002年有所减少,2003年止跌回升至399.11元,创1998年以来的新高。

(2)成本情况。农产品生产成本是生产一定数量的农产品所耗费的物化劳动和活劳动的货币表现,由生产过程中消耗的各种生产费用组成(包括物质费用和劳动报酬即用工作价)。与生产能力明显提高相对应的是,“九五”时期的小麦生产成本最高,每亩达257.55元,高出“八五”时期和2001～2003年平均水平70.9个和13.3个百分点,而物质费用支出大和劳动日工价逐年上涨,是小麦生产成本居高不下,进而影响种植效益的重要因素。从小麦生产进程看,1998年以来市场粮价的持续低位徘徊,使农民增产不增收问题表现较为突出,一定程度上影响了农民种粮的积极性,进而导致生产投入下降。1998～2003年,每亩小麦生产成本由256.29元减少到220.15元,下降14.1%。直观上看,生产成本下降无疑会促进小麦种植收益的提高,但对生产成本构成进行分析:每亩用工作价(劳动日工价与用工数量的乘积)由“九五”时期的平均82.61元逐步下降到2001、2002、2003年的75.65元、71.20元和70.20元,2003年较“九五”平均水平减少12.41元,其中,劳动日工价由“九五”时期的年均7.72元逐年递增到2003年的9.0元,上涨16.6%;用工数量因劳动日工价上涨、生产成本加大,生产者积极性下降,由“九五”时期的年均10.72日逐年递减到2003年的7.8日;劳动日工价上涨与用工数量下降成反方向变动。倘若以2003年的劳动日工价水平9.0元与“九五”时期的年均10.72日用工天数相乘,则2003年的每亩用工作价将达到96.48元,较当年的每亩用工作价增加26.28元;生产成本也将上升至246.43元,仅比“九五”平均水平减少11.12元。由此可见,劳动日工价上涨在使生产成本水平被逐步推高的同时,用工数量逐年减少导致的用工作价低,是生产成本下降的主要因素,而用工数量减少固然有农业生产科技含量提高的因素,但也反映了因比较效益低,农民种粮积极性不高。从生产性投入看,每亩物质费用支出由“八五”时期的108.10元增加到“九五”时期的174.94元,增长61.8%;2001～2003年平均为154.87元,较“九五”时期下降11.5%;但物质费用占生产成本的比重,“八五”、“九五”时期分别为71.1%和67.9%,2001、2002、2003年分别为67.0%、69.4%和68.1%,始终在67%以上,居高不下。

(3)成本纯收益率分析。成本纯收益率(减税纯收益与含税成本之比)是衡量小麦种植效益的最重要指标,它真实地反映了小麦的成本效益情况;含税成本由生产成本、期间费用和税金三项构成。从表1可以看出,“八五”时期每亩小麦成本纯收益率最高为70.6%,“九五”时期为54.6%,“九五”比“八五”下降16.0个百分点;2001年进一步下降到52.4%,较“九五”减少2.3个百分点,“谷贱伤农”问题已有所显现;2002年以来,河南开始实行农村税费改革,往年的村提留、乡统筹和管理费等费用均以税金及附加税的形式计入含税成本,从而使每亩农业税增加到2002年的28.91元,含税成本在理论上也有较大幅度上升,达264.19元,加之夏粮减产、粮价下跌,2002年小麦每亩成本纯收益率仅为20.4%;2003年回升至59.1%,较2002年上升了38.7个百分点,农民种植积极性有所恢复。同时,通过对每亩成本外支出进行分析(管理费本身已包含在含税成本),由于2001年以前的村提留、乡统筹均包含在每亩成本外支出内,因此,假如将各时期的每亩成本外支出与含税成本简单累加,记作“总生产成本”的话,并将之与减税纯收益相除,那么,我们认为可以得到另外一个更为精确的“成本纯收益率”(见表2)。

表2　每亩小麦成本纯收益率

项目名称	单位	“八五”	“九五”	2001年	2002年	2003年
产值	元	268.31	421.59	372.18	317.96	399.11
含税成本	元	157.30	271.13	244.28	264.19	250.91
成本外支出	元	6.35	32.40	34.70	3.36	2.96
总生产成本	元	163.65	303.53	278.98	267.55	253.87
减税纯收益	元	104.66	118.06	93.20	50.41	145.24
成本纯收益率A	%	64.0	38.9	33.4	18.8	57.2

从表2可以看出，“八五”时期尽管亩产值较少，但由于总生产成本最低，“成本纯收益率A”最高，达64.0%；进入“九五”，随着农业生产投入力度加大，农业生产能力增强，小麦产出水平提高较快，这一时期农民获得的减税纯收益有所增加，每亩达118.06元，较“八五”增长12.8%，但由于总的生产成本增长过快，每亩达303.53元，较“八五”增长85.5%，加之1998年以后农产品价格下跌、“卖难”出现、农业生产效率提高缓慢，因此，“成本纯收益率A”猛降至38.9%，较“八五”下跌25.1个百分点；2001年继续下降到33.4%；2002年夏粮生产期间因严重干旱小麦减产，加之粮价进一步下跌，尽管税费改革使农民切实得到了实惠，总生产成本有所下降，但“成本纯收益率A”仍下跌到18.8%的谷底，较2001年减少14.6个百分点，农民种粮不赚钱或收益很少的现象较为突出；2003年农村税费改革继续深化，总生产成本进一步下降到253.87元，分别较2001、2002年下降9.0%和5.1%，同时，7月份以后小麦市场价值的理性回归，使亩产值达到399.11元，分别较2001、2002年增长7.2%和25.5%，减税纯收益达到最高值145.24元，分别较2001、2002年增长55.8%和1.9倍，“成本纯收益率A”也因之回升到57.2%，分别高出2001、2002年23.8个和38.4个百分点，农民种粮收益及生产积极性有恢复性增加。

综上所述，“八五”时期河南农民小麦种植每亩成本纯收益率最高，收益最好；“九五”时期平均收益水平相对较好，但1998～2002年，农民从每亩小麦种植中所获得的收益减少，增产不增收问题突出；2003年农民种植小麦收益水平恢复性增加。而生产成本在含税成本或总生产成本中所占比重居高不下，是影响小麦种植效益的主要因素，其中物质费用高是重要因素。

2. 费用要素构成定量分析

费用支出在这里主要包括物质费用、期间费用和每亩成本外支出和税金四个部分。

(1)物质费用构成分析。物质费用包括直接为生产某一种农产品而支付的、不需要经过分摊即可计入成本的直接生产费用和需要经过分摊才能计入某一种农产品成本的间接生产费用两部分。

表3　河南小麦每亩物质费用对比表

单位:元

项目名称	“八五”	“九五”	增减%	2001年	(2001/九五)±%	2002年	(2002/2001)±%	2003年	(2003/2002)±%
每亩物质费用	109.84	174.96	59.3	153.34	−12.4	161.33	5.2	149.95	−7.1
一、直接生产费用	98.29	161.24	64.0	141.26	−12.4	150.15	6.3	135.5	−9.8
1.种籽秧苗费	12.78	22.26	74.2	18.27	−17.9	17.69	−3.2	18.16	2.7
2.农家肥费	11.61	12.62	8.7	9.50	−24.7	10.16	6.9	8.0	−21.3
3.化肥费	40.26	67.20	66.9	52.19	−22.3	55.93	7.2	55.24	−1.2
4.农膜费	0.08	—	—	—	—	—	—	—	—
5.农药费	2.39	4.49	87.9	5.34	18.9	6.09	14.0	5.81	−4.6
6.畜力费	8.64	7.64	−11.6	2.38	−68.8	2.41	1.3	1.08	−55.2
7.机械作业费	14.98	31.94	113.2	40.18	25.8	42.01	4.6	37.12	−11.6
8.排灌费	6.29	13.54	115.3	13.02	−3.8	15.82	21.5	9.94	−37.2
9.燃料动力费	0.47	0.81	72.3	—	—	—	—	—	—
10.其他直接费用	0.79	0.74	−6.3	0.38	−48.6	0.04	−89.5	0.15	275.0
二、间接生产费用	11.55	13.72	18.8	12.08	−12.0	11.18	−7.5	14.45	29.2
1.固定资产折旧	4.86	8.99	85.0	8.92	−0.8	7.53	−15.6	11.25	49.4
2.小农具购置和修理费	1.77	3.03	71.2	2.74	−9.6	3.45	25.9	3.04	−11.9
3.其他间接费	4.92	1.70	−65.4	0.42	−75.3	0.20	−52.4	0.16	−20.0
附记：									
1、每亩种籽用量(公斤)	22.92	11.19	−51.2	10.80	−3.5	10.80	0.0	11.10	2.8
2、每度电价	—	—	—	0.70	—	0.66	−5.7	0.61	−7.6
3、每亩柴油费	—	—	—	—	—	6.58	—	8.04	22.2

从表3可以看出：

①间接生产费用在物质费用中所占比重较低且变动不大。“八五”时期为10.5%，“九五”时期为7.8%，2001、2002和2003年分别为7.9%、6.9%和9.6%，对物质费用和生产成本的影响相对较小。对间接生产费用的内部构成要素进行考察，固定资产折旧所占比重较大，“八五”时期为42.1%，“九五”时期为65.5%，2001、2002和2003年分别为73.8%、67.4%和77.9%，基本呈上升趋势。这一方面说明，“八五”时期及以前，受收入水平较低和典型的小农经济影响，农民在农机具购置上投资不多，另一方面说明，“九五”以来，随着国家加大对农村基础设施建设的投资，1998年实行第二轮土地延包，以及农民收入水平和农业机械化水平的逐步提高，农民对大型农机具的购买支出有所增加。住户调查显示，2003年省河南农民人均购置生产性固定资产性支出105.84元，较2002年增长13.4%。但总体来看，小麦生产成本中的固定资产折旧含量仍然偏低。小农具购置和修理费及其它间接费所占比重很小，影响甚微。值得注意的是，尽管“九五”较“八五”时期，农民花在每亩小麦上的间接生产费用支出由11.55元增加到13.72元，增长了18.8%，但从1998年到2002年，农民花在每亩小麦上的间接生产费用支出却由13.68元逐年递减到11.18元，下降了18.3%，表明粮食生产的增产不增收一定程度上挫伤了农民追加生产投资的积极性。

②直接生产费用是物质费用居高不下的重要因素。其在物质费用中所占比重，“八五”时期为89.5%，“九五”时期92.2%，2001、2002和2003年分别为92.0%、93.1%和90.4%，对小麦生产成本的影响无疑居举足轻重的地位。

Ⅰ.种籽秧苗费。作为农业生产最基本的生产性投入，“九五”较“八五”时期增长74.2%，但1998～2002年连续五年该项支出呈递减趋势，2002年由1998年的21.22元下降到17.69元，下降16.6%。2003年虽有所增加，但仍比1998年少投资3.06元。同时，每亩小麦种籽用量由“八五”时期的22.92公斤减少到“九五”时期的11.19公斤，2001、2002年进一步减少到10.80公斤。这一方面说明随着农业生产科技含量的提高，每亩小麦种籽用量相应减少，另一方面，1998年市场粮价持续下跌以来，尽管种子价格相应下降，但农民仍减少了种籽秧苗费用支出。

Ⅱ.农家肥和化肥费。作为农业生产中最重要的投资项目之一，这两项支出合计，“九五”较“八五”时期增长了53.4%，但1998～2001年连续四年这两项投入均同时减少，其中2001年比1998年减少20.03元，2002年虽有所回升，但2003年又较2002年减少了2.85元，其中仅农家肥支出就减少了2.16元。肥料费用支出下降固然有前几年农资价格下跌的因素，化肥支出稳中有降也有利于改良土壤品质，减少环境污染，但从化肥支出在直接生产费用中所占比重看，“八五”、“九五”时期均在41%以上，2001、2002年则下跌到40%以下，作为直接生产费用中的最大支出项，这一投资状况与河南小麦主产区的地位很不相称，同时，农家肥支出的减少进一步表明农民追加生产投资的意愿下降。

Ⅲ.农药费。作为农作物生长的保护性投入，“八五”时期亩均支出2.39元，“九五”达4.49元，较“八五”时期增长87.9%；2001、2002、2003年分别为5.34元、6.09元和5.81元，基本呈稳中有升趋势，但面对日益严峻的环保、食品安全、绿色壁垒的挑战，农药残留和生态环境污染等问题，无疑会令人更加担忧。

Ⅳ.畜力费和机械作业费。在生产手段上，畜力费呈下降趋势，“九五”较“八五”时期下降11.6%；2003年为1.08元，仅占1998年的10.9%。与此同时，机械作业费大幅度增加，“九五”较“八五”时期增长113.2%；2002年达到历史最高值42.01元，较“八五”、“九五”平均水平分别增长1.8倍和31.5%。这一方面说明小麦生产的机械化水平稳步提高，生产手段更为先进，一方面也表明受生产规模狭小制约，机械设备利用率低，亩均机械作业使用成本加大，1998年以来，机械作业费占直接生产费用的比重上升到20%以上。

Ⅴ.排灌费。作为与农业生产自然条件联系最为紧密的生产性支出，由于1999～2002年河南夏粮生产期间自然灾害(主要是干旱)发生频繁，受灾面广，加之农业用电没有做到同网同价，尽管2001年以来每度电价呈下降趋势，但每亩排灌费支出“九五”较“八五”时期增长了115.3%，2002年较2001年增长21.5%，且自1999年以来在直接生产费用所占比重超过农家肥费居第四位。

(2)期间费用构成分析。期间费用指与小麦生产经营有关的、不能直接计入生产成本但应记入当年损益的经营费用，主要包括管理费、土地承包费等。“八五”时期河南省小麦每亩期间费用平均

1.74元,“九五”时期上升到4.37元,增长了1.5倍;1998～2001年每亩期间费用由5.22元增加到6.35元,增长21.6%(2002年费改税以后,因管理费计入税金,期间费用与以前年份不具有可比性)。但总体来看,期间费用在含税成本中所占比重较小,2001年为2.6%,仅比1998年增加0.7个百分点。从期间费用的构成看,在小麦的生产经营活动中,管理费和销售费开支尽管数额较小,但自1998年以来基本呈上升趋势,其中,1998～2001年管理费支出年均增长19.0%;1998～2003年销售费支出年均增长12.7%。表明随着1998年第二轮土地延包的顺利实施,农村外出务工人员的增加,负债经营的理念正逐渐被广大农民所接受,农民的市场意识也逐步增强。同时,极低的土地承包费和财务费使含税成本降低,相应地增加了农民的种粮收益(见表4)。

表4　河南小麦每亩期间费用、税金和成本外支出对比表

单位:元

项目名称	1998年	1999年	(1999/1998)%	2000年	(2000/1999)%	2001年	(2001/2000)%	2002年	(2002/2001)%	2003年	(2003/2002)%
一、期间费用	5.22	6.04	15.71	6.52	7.95	6.35	−2.61	2.75	−56.69	2.40	−12.73
1.土地承包费	1.07	0.47	−56.07								
2.管理费	2.78	4.22	51.80	4.44	5.21	4.69	5.63				
3.销售费	1.32	1.30	−1.52	2.04	56.92	1.66	−18.63	2.75	65.66	2.40	−12.73
4.财务费	0.05	0.05	0.00	0.04	−20.00						
二、税金	9.20	8.75	−4.9	7.93	−9.4	8.94	12.7	28.91	223.38	28.36	−1.90
三、成本外支出	39.36	42.07	6.89	30.41	−27.72	34.70	14.11	3.36	−90.32	2.96	−11.90
1.村提留费	10.09	12.77	26.56	8.64	−32.34	10.69	23.73				
2.乡统筹费	14.45	15.52	7.40	12.78	−17.65	13.67	6.96				
3.两工支出	13.21	11.04	−16.43	6.52	−40.94	8.69	33.28	2.85	−67.20	1.91	−32.98
4.其他成本外支出	1.61	2.74	70.19	2.47	−9.85	1.65	−33.20	0.51	−69.09	1.05	105.88

(3)每亩成本外支出。指生产者缴纳的属于公益事业性质的“一事一议”支出和按土地摊派的与直接生产过程无关的费用,如村提留和乡统筹,以及两工和其它摊派性支出。2002年费改税以前,由于各地采取措施切实减轻农民负担,认真清理农村“四乱”,每亩成本外支出的各构成项目均有不同程度的下降。与1998年相比,2001年每亩成本外支出减少4.66元,下降11.8%。2002年实行费改税以后进一步下降,2003年较2002年减少了0.4元。与此同时,1998～2000年每亩税金由9.20元减少到7.93元,下降13.8%,2001年虽有所反弹,但仍低于1998年的水平。随着农村税费改革的深入,2003年每亩小麦税金支出较2002年减少0.55元,下降了1.9%。

综上所述,间接生产费用和期间费用在小麦生产成本中所占比重较小,对效益水平影响不大;税金和成本外支出的趋减,将直接促进农民增收;而直接生产费用是物质费用居高不下、进而影响小麦生产成本的最主要因素,降低该项费用将直接增加农民的种粮收益;种籽秧苗费、农家肥和化肥费的下降以及农药费的增加,同样应引起各级领导和有关部门的高度关注。

(二)河南与全国小麦生产成本效益对比分析

与全国小麦成本效益平均水平相比,可以找出河南存在的差距及比较优势,利于小麦生产向更深层次发展。

表 5　河南小麦与全国小麦成本收益对比表

项目名称		计量单位	1995 年			2000 年			2001 年			2002 年		
			河南	全国	增减额±	河南	全国	增减额±	河南	全国	增减额±	河南	全国	增减额±
每亩	主产品产量	公斤	289.99	257.30	32.69	303.70	261.10	42.60	324.30	261.40	62.90	294.20	261.90	32.30
	产 值	元	473.14	412.24	60.90	310.94	283.48	27.46	372.18	296.14	76.04	317.96	290.04	27.92
	生产成本	元	222.45	238.79	−16.34	238.66	264.97	−26.31	228.99	258.93	−29.94	232.53	264.96	−32.43
	物质费用	元	153.53	146.08	7.45	163.33	168.97	−5.64	153.34	160.13	−6.79	161.33	162.66	−1.33
	用工作价	元	68.92	92.71	−23.79	75.33	96.00	−20.67	75.65	98.90	−23.25	71.20	102.30	−31.10
	用工数量	日	12.22	12.70	−0.48	9.30	9.60	−0.30	8.90	9.50	−0.60	8.0	9.30	−1.30
	劳动日工价	元	5.64	7.30	−1.66	8.10	10.00	−1.90	8.50	10.40	−1.90	8.90	11.00	−2.10
	期间费用	元		7.57	−7.57	6.52	13.38	−6.86	1.66	12.92	−11.26	2.75	11.32	−8.57
	税 金	元	7.17	23.84	−16.67	8.93	14.01	−5.08	37.99	34.72	3.27	28.91	23.98	4.93
	含税成本	元	229.62	270.20	−40.58	254.11	292.36	−38.25	268.64	306.57	−37.93	264.19	300.26	−36.07
	净产值	元	319.61	266.16	53.45	147.61	114.51	33.10	218.84	136.01	82.83	156.63	127.38	29.25
	减税纯收益	元	243.52	142.04	101.48	56.83	−8.52	65.35	103.54	−10.43	113.97	53.77	−10.22	63.99
	成本纯收益率	%	109.47	52.57	56.90	22.36	−2.91	25.27	38.34	−3.40	41.74	20.35	−3.40	23.75
每50公斤主产品	平均售价	元	73.50	75.44	−1.94	47.05	50.43	−3.38	51.35	52.51	−1.16	49.06	51.25	−2.19
	物质费用	元	22.68	26.73	−4.05	24.71	30.06	−5.35	21.16	28.39	−7.23	24.89	28.74	−3.85
	生产成本	元	34.56	43.70	−9.14	36.11	47.14	−11.03	31.59	45.91	−14.32	35.88	46.82	−10.94
	含税成本	元	35.80	49.45	−13.65	38.45	52.01	−13.56	37.06	54.36	−17.30	40.76	53.06	−12.30
	净产值	元	50.82	48.71	2.11	22.34	20.37	1.97	30.19	24.12	6.07	24.17	22.51	1.66
	减税纯收益	元	37.70	25.99	11.71	8.60	−1.51	10.11	14.29	−1.85	16.14	8.30	−1.81	10.11
每一劳动日	主产品产量	公斤	47.46	20.30	27.16	32.70	27.20	5.50	36.40	27.50	8.90	36.80	28.20	8.60
	净产值	元	26.15	20.96	5.19	15.87	11.93	3.94	24.59	14.32	10.27	19.58	13.70	5.88
每亩主产品	出售数量	公斤	193.68	135.30	58.38	107.80	125.50	−17.70	135.60	131.90	3.70	135.20	127.30	7.90
	主产品商品率	%	66.79	52.6	14.19	35.5	48.1	−12.60	41.8	50.46	−8.66	46.0	48.6	−2.60
	出售产值	元	131.33	209.14	−77.81	102.80	125.52	−22.72	138.67	138.91	−0.24	133.19	132.83	0.36
每亩成本外支出		元	21.04	12.34	8.70	30.41	31.65	−1.24	10.34	10.31	0.03	3.36	9.99	−6.63

注：2002 年费改税后，对 2001 年的相关数据（期间费用、税金）进行了调整。

从表 5 可以看出：

1. 效益情况。 1995～2002 年，河南小麦平均亩产由 289.99 公斤增加到 294.20 公斤，增长了 1.5%，而粮价却由 1995 年的每 50 公斤 73.50 元下降到 2002 年的 49.06 元，下降 33.3%，亩产值由 1995 年的 476.14 元减少到 2002 年的 317.96 元，下降 32.8%；与全国平均水平相比，由于每 50 公斤小麦平均售价差价由 1995 年的 1.94 元扩大到 2002 年的 2.19 元，河南始终低于全国，尽管河南小麦平均亩产高于全国 32 公斤以上，亩产值却由 1995 年的高出全国平均水平 60.90 元减少到 2002 年的 27.92 元，下降 54.2%。从减税纯收益来看，河南小麦每亩减税纯收益由 1995 年的 243.52 元下降到 2002 年的 53.77 元，减少了 189.75 元；全国平均水平由 1995 年的 142.04 元下降到 2002 年的－10.22 元，减少了 152.26 元；河南由 1995 年的高出全国平均水平 101.48 元下降到 2002 年的 63.99 元，期间，2000～2002 年全国小麦种植始终处于亏本状态。从成本纯收益率来看,2000～2002 年河南小麦每亩始终高于 20%,全国平均水平则处于负增长状态。总体判断,尽管近年来河南农民小麦种植效益下滑,增产不增收或增收效果不明显,但仍要好于全国小麦平均收益水平。

2. 成本比较。直观上看,生产成本低是河南小麦种植效益高于全国平均水平的重要因素,具有比较优势,1995 年每亩小麦低于全国 16.34 元,2002 年低于全国 32.43 元。进一步对生产成本构成因素分析,劳动日工价低是导致河南小麦生产成本低的主要因素。1995 年每个劳动日工价为 5.64 元,低于全国平均水平 1.66 元;2002 年虽达到历史最高值 8.90 元,但仍低于全国平均水平且差距进一步扩大到 2.10 元。如果按全国平均劳动日工价水平测算,1995 年河南小麦的生产成本为 242.74 元,超过全国平均成本水平 3.95 元;2002 年为 249.33 元,仅低于全国平均成本水平 15.63 元,即因低于全国平均水平 2.10 元的劳动日工价差价,就使河南小麦生产成本比全国平均水平降低了 16.8 元,占生产成本降低总额的 51.8%。这表明增产不增收或增收效果不明显,直接导致农民生产投入积极性下降,主要表现就是人力投入减缓。这与全国的大趋势也是一致的。一方面是劳动日工价逐年递增,与 1995 年相比,2002 年河南每亩小麦劳动日工价上涨 57.8%,全国平均水平上涨 50.7%,河南高出全国 7.1 个百分点;一方面用工数量逐年下降,河南由 1995 年的 12.22 天减少到 2002 年的 8.0 天,减少了 4.22 天,全国平均水平减少 3.4 天,河南较全国多减少 0.82 天。其次,河南省小麦每亩生产性物质费用支出由 1995 年的高出全国平均水平 7.45 元,降至 2002 年的低于全国平均水平 1.33 元,生产性投资明显减少。

(三)河南普通小麦与优质小麦成本效益对比分析

表 6　新乡市 150 个农户普通小麦与优质小麦成本收益对比表　(±为增减额)

项目名称		单位	2001 年			2002 年			2003 年			2004 年		
			普通	优质	±	普通	优质	±	普通	优质	±	普通	优质	±
每亩	主产品产量	公斤	385	359	-26	359	362	3	348	368	20	399	408	9
	产 值	元	455	441	-14	394	405	12	413	474	62	596	624	29
	生产成本	元	246	269	23	255	277	22	251	267	16	277	287	10
	物质费用	元	174	197	23	183	196	13	179	186	7	207	207	0
	用工作价	元	72	72	0	72	81	9	72	81	9	70	80	10
	用工数量	日	8	8	0	8	9	1	8	9	1	7	8	1
	劳动日工价	元	9	9	0	9	9	0	9	9	0	10	10	0
	期间费用	元	4	8	4	2	1	-1	2	3	1	2	1	-1
	税 金	元	28	27	-1	43	44	1	43	44	1	22	21	-1
	含税成本	元	278	304	26	300	322	22	296	314	18	301	309	8
	净产值	元	281	244	-37	210	209	-2	234	289	55	389	417	28
	减税纯收益	元	177	137	-40	94	83	-11	117	160	43	295	315	20
	成本纯收益率	%	64	45	-19	31	26	-5	39	51	12	98	102	4
每 50 公斤主产品	平均售价	元	51	56	5	51	54	3	55	60	5	70	72	2
	物质费用	元	21	24	3	25	27	2	25	26	1	25	23	-2
	生产成本	元	30	34	4	34	37	3	36	37	1	34	34	0
	含税成本	元	34	41	7	40	44	4	42	38	-3	39	38	-1
	净产值	元	30	32	2	26	27	1	30	34	4	45	49	4
	减税纯收益	元	17	15	-2	11	10	-1	13	22	9	31	34	3
每一劳动日	主产品产量	公斤	48	45	-3	45	40	-5	44	41	-3	57	51	-6
	净产值	元	35	31	-4	26	23	-3	29	32	3	56	52	-4
每亩主产品	出售数量	公斤	168	234	66	186	243	57	171	238	67	83	100	18
	主产品商品率	%	44	65	21	52	67	15	49	65	16	21	25	4
	出售产值	元	172	261	89	190	263	73	188	286	98	116	145	29
每亩成本外支出		元	46	35	-11	3	3	1	3	3	1	2	2	0

对普通小麦和优质小麦的生产成本效益进行分析，可以更好地反映河南小麦生产的总体状况，并为进一步发展优质小麦提供可借鉴的思路。下面通过对新乡市的辉县、原阳和长垣县150个农户优质小麦生产情况进行的调查，简要分析普通小麦和优质小麦种植在成本效益方面存在的差异及主要影响因素(见表6)。

1. 效益对比分析。2001～2004年，优质小麦平均亩产由359公斤逐年增加到408公斤，由2001年的低于普通小麦26公斤，发展到2004年的超出普通小麦9公斤；每50公斤优质小麦价格由56元上涨到72元，上涨了16元，四年平均优质小麦每公斤要高出普通小麦近0.10元；优质小麦亩产值由2001年的低于普通小麦14元，发展到2004年的高于普通小麦29元。优质小麦减税纯收益由2001年的低于普通小麦40元，发展到2004年的高于普通小麦20元。同时，优质小麦的成本纯收益率由2001年的低于普通小麦19个百分点，发展到2004年的高于普通小麦4个百分点(见图1)。

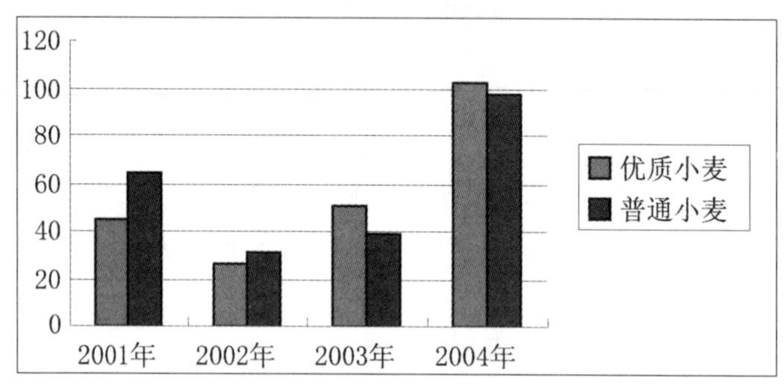

图1 每亩成本纯收益率%

纵观近四年来河南优质小麦生产发展轨迹，种植效益由2001、2002年的低于普通小麦(2001年成本纯收益率低于普通小麦19个百分点、2002年低5个百分点)，逐步发展到2003年以来的高于普通小麦(2003年成本纯收益率高于普通小麦12个百分点、2004年高4个百分点)。同时，优质小麦的商品化程度也高于普通小麦，2001～2004年，每亩优质小麦的商品率分别高于普通小麦21、15、16和4个百分点。由此可见，目前河南农民种植优质小麦比普通小麦收益高，有利可图。

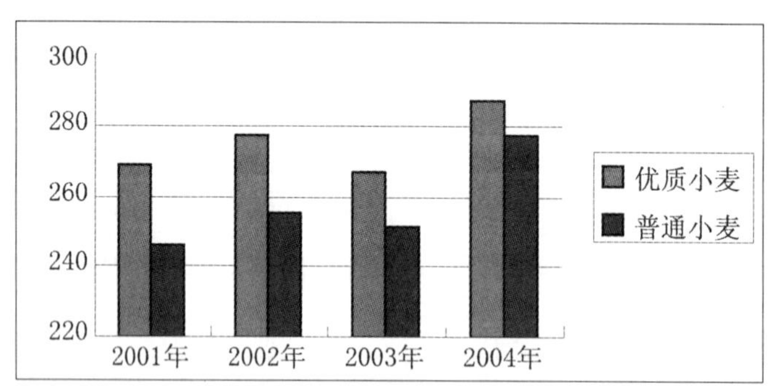

图2 每亩生产成本(元)

2. 成本比较。

从表6及图2我们可以看出，2001～2004年每亩优质小麦的生产成本均高于普通小麦，但随着种植技术的不断提高，生产成本之间的差距逐年缩小，2001～2004年分别为23元、22元、16元、10元。从生产成本的构成看，由于优质小麦的生长需要较高的水肥条件，并要求严格按标准化模式进行作业，良种与良法相配套，2001～2003年每亩物质费用支出均高于普通小麦，2004年基本持平。同时，每亩物质费用支出在生产成本中所占比重，普通麦与优质麦均在70%以上。劳动用工数量多是优质麦生产成本高于普通小麦的另一重要因素，2002～2004年，优质麦生产平均每亩用工数量均较普通小麦多出1个工作日，这在劳动日工价相同的情况下，无疑抬高了优质小麦的生产成本。

值得注意的是，大多数农民对优质小麦生产需进行严格操作仍缺乏足够的认识，在生产过程中沿袭大肥大水、粗放耕作的传统种植模式，导致优质麦产出水平低，2001～2004 年每一劳动日主产品产量均低于普通小麦，2004 年低 6 公斤，同时，农民对优质小麦的物质费用投入也显得不足，亩均投入由 2001 年的 197 元减少到 2003 年的 186 元，下降 5.6%。这样的直接后果就是导致优质小麦品质下降，个别品种出现退化。如 2004 年辉县市种植了 23.2 万亩“豫麦 34”，占该市优质小麦播种面积的 42.7%，但由于技术提纯、复壮工作没有相应跟上，致使该品种连续使用几个世代，品种混杂，黑胚率高，商品性差。

三、河南小麦生产发展的战略选择

中国是世界人口大国，也是粮食消费大国，中国粮食安全问题是世界关注的焦点。有关测算表明，2000～2003 年全国当年粮食产需连续 4 年出现供给缺口，2003 年的供给缺口达 6000 万吨左右，其中小麦 2000 万吨左右，占缺口总量的 30% 以上。河南作为一个有着近 1 亿人口的农业大省，粮食生产量和消费量对全国有着举足轻重的影响。据测算，目前河南省粮食总供给量大于需求量 300 万吨以上，其中近 80%为小麦。因此，将占全国小麦生产总量 20%以上的河南小麦的资源优势转化为产品优势和经济优势，无疑对河南国民经济和社会发展乃至全国的粮食安全具有重要意义。

（一）稳定小麦种植面积，扩大优质小麦比例，确保小麦产出水平持续稳定增长

1993 年以来，河南小麦种植面积一直保持在 7200 万亩以上，最高时的 1998 年达到 7446 万亩，其中，优质专用小麦所占比重由 1999 年的 4.0% 上升到 2004 年的 36.0%，增加了 32 个百分点。从近几年优质小麦生产情况看，其亩产水平由低于普通小麦，逐步发展到接近甚至超过普通小麦生产水平，随着种植技术和管理水平的提高，优质小麦仍将有一定的增产潜力。根据河南实际及未来对小麦总需求将呈上升趋势的判断，按照目前河南省小麦平均亩产水平 320 公斤左右测算，河南小麦种植面积以保持在 7300 万亩左右为宜。同时，适应市场需求，应突出抓好优质小麦的生产，不断提高小麦整体产出水平，以满足需求的日益增长。据预测，目前市场对优质专用小麦的需求量约为 1200 万吨，2005 年为 1750 万吨左右。2003 年河南省优质专用小麦产量 850 万吨左右。考虑到部分小麦“优种不优质，优质不高效”以及市场需求的不断扩张，优质小麦生产仍有较大的发展空间。发展优质小麦应发挥河南区域优势，合理调整品种结构，突出改进小麦品质。总量与结构要与市场需求相适应，以市场需求定品种、定规模，避免一哄而上，无序发展，造成新的损失。

（二）降低小麦生产成本，提高种植效益

通过上述分析比较我们认为，尽管河南小麦仍有一定的增产空间，但增产空间不会很大。在此情况下，优化小麦品种和种植结构，实行产业化经营、区域化布局和规模化生产，改善基础设施条件，节约物质费用尤其是直接生产费用支出和活劳动消耗，降低小麦生产成本，就成为提高小麦种植效益、促进农民增收的关键所在。而降低生产成本的关键在于提高农业劳动生产率。目前河南小麦的单位面积产量比全国平均水平高 25%左右，但比英、法、德等发达国家低 30%以上，特别是由于受农村劳动力转移缓慢因素制约，许多农民处于隐性失业状态，劳动生产率低于沿海省份，更远低于发达国家。因此，提高农业劳动生产率是增加农民收入的重要途径。值得关注的是，农民因投资收益率低而盲目减少必须的生产性投资，将导致小麦生产的萎缩，进而危及河南乃至全国的粮食安全战略。同时，在新形势下如果不能保证农民从小麦生产中获得更多受益，农民的种粮积极性就不会从根本上得到提高。

（三）搞好小麦的精深加工和转化增值

农产品加工业是连接农业和最终需求的中间环节，作为农业的后向产业，它的进一步发展可以直接带动农产品中间需求的扩张，同时，对于提供初级产品的农业生产的拉动作用也日益明显。从长远看，加快农产品加工业的发展，可以通过延伸农业产业链，使农业摆脱仅仅提供原料和初级加工品的地位，形成“从田头到餐桌”的完整产业，从而有效地提高农业的整体效益。据测算，农产品从田间到餐桌全过程的总利润，生产环节仅占 1/5 左右。而对以小麦为原料的食品加工业来说，河南有着得天独厚的条件和巨大的消费市场。近几年来，河南省以粮食为原料的精深加工发展较快，小麦产业链条不断拉长、附加值有了很大提高，目前河南省已有高科技、高附加值的粮食加工企业 10 多家，开发出了一系列小麦深加工产品。截止 2003 年底，河南面粉加工企业达到 2800 多家，加工能力居

全国第一。但是，与发达国家相比，河南农产品加工业还有很大差距。发达国家食品加工业产值是农业产值的1.5～2倍，而河南仅有30%左右。发达国家农产品加工程度都在90%以上，我国只有20～30%，河南省更低。因此，大力发展以小麦为原料的农产品精深加工，实现小麦转化增值，将加快河南农业向更具活力的现代产业转化的步伐。

（四）实施"引进来、走出去"战略，加大利用外资和小麦外销力度

加入WTO后，我国农业全球化将面临一系列新情况与新问题，为外商投资中国农业提供了极好的机遇，外商投资中国农业的速度将进一步加快。但作为农业大省的河南，2002年农业实际利用外资额仅为677万美元，占全国农业实际利用外资额的0.66%，2003年虽有大幅度增加，农业实际利用外资达1994万美元，但在全国所占份额仍然很少。从目前河南乃至全国农业发展的资金需求情况看，农业发展所面临的资金短缺状况将长期存在，因此，除进一步充分利用国内、省内资本资源用于农业之外，充分利用河南的农业资源优势，积极实施"引进来"战略，引导外商投资农产品加工业，特别是小麦精深加工，既可弥补省内农业发展资金的不足，促进农业技术进步，又可带动农业外向型经济的发展。"走出去"就是针对河南小麦库存量大、占压资金多的状况，应根据市场需求变化，进一步拓宽粮食销售渠道，努力占领省外市场，积极开拓国外市场，增强河南小麦的市场竞争力。

（五）加大支持和保护小麦生产的力度，采取有力措施，促进河南优质小麦生产上新台阶

《国家优质粮食产业工程建设规划（2004－2010年）》的实施，是贯彻落实中央1号文件精神，保障国家粮食安全的战略选择，河南应充分利用自身优势，积极争取国家政策上的倾斜和支持。一是要增加对农业基础设施和科技的投入，控制小麦生产资料价格上涨，严厉打击坑农、害农的行为。二是要积极培育麦业龙头企业，大力发展"购销企业十协会＋农户"、"农技部门十农户"、"粮食加工企业十农户"、"购销企业十农技部门十协会＋农户"等各种类型的产业化经营组织，鼓励和支持粮食购销、加工企业到产区建立生产基地。在拉长小麦产业链条的同时，尽可能减少农户和购销单位（企业）的中间环节，提高订单农业的履约率，实现优质优价，使农民获得最大收益。三是要继续发展和完善政府引导、农商联合、产销衔接、企业运作的市场经营运作模式，掌握市场需求变化，以需定产，努力实现优质小麦产需平衡。四是要建立小麦风险基金，深化农业保险体制改革，推行农业保险制度，提高农业和农民抵御风险的能力。五是要充分发挥政府的协调组织功能，对优质麦生产进行科学布局、合理规划，实现真正意义上的"区域化布局、规模化种植、优良化品种、规范化栽培、产业化经营"。六是要提高农民素质，促使农民采取先进栽培和管理技术，降低农业生产经营成本，引导农民树立市场意识、风险意识，学会分析风险、规避风险，用法律武器保护自己的利益。同时，建立优质小麦的科学监测及预报体系，严格质量标准，改混种、混收、混贮为优种、单收、单贮，努力促进河南优质小麦生产上新台阶。

农业结构调整与效益农业发展

浙江省农调队课题组*

上世纪90年代中期以来，浙江省农产品供求逐渐进入买方市场，粮食、生猪、柑桔等大宗农产品普遍出现卖难，1997年下半年农产品收购价格总水平首次出现下跌，但优质农产品仍供不应求，农业生产结构性矛盾突出。1998年浙江省农业生产进入全面的结构调整和优化时期。2000年中央提出战略性调整农业和农村经济结构，农业结构调整的力度加大。2001年浙江省及广东、海南等省在全国率先实行粮食购销市场化改革，农民有了更大的生产自主权。2003年后由于供求关系变化等原因，粮食安全问题日益突出，受到各级党政领导的高度重视。

自1998年浙江省进行农业生产结构调整，六年过去了，农业结构调整和效益农业发展情况到底如何？在新形势下，如何进行农业结构调整和发展效益农业。本文从浙江省农业发展的角度，作了一些分析和思考。

一、1998年以来农业结构调整和效益农业发展情况和特点

进行农业结构调整，发展效益农业是浙江省委省政府审时度势做出的世纪抉择。1998年12月，浙江省委九届十四次全会通过了《浙江省农业和农村现代化建设纲要》，明确提出"调整优化农业结构，大力发展效益农业"。浙江省在全国比较早提出了效益农业概念。所谓效益农业是以市场为导向，以效益为中心，以科技为动力，以产业化经营为载体，实现区域化布局、专业化生产、一体化经营、企业化管理、社会化服务的现代农业。进行农业结构调整，使得发展效益农业有了可能和空间。效益农业的良好发展，加快了农业结构调整的步伐。

(一)农林牧渔业结构优化，但进展不快，种植业、畜牧业、渔业内部结构调整明显

在新一轮农业结构调整中，浙江省农林牧渔业结构不断优化，2003年种植业占农业总产值比重比1998年降低2.9个百分点，牧业和渔业比重分别提高2.2个和1.5个百分点。但总的来看，四业结构变化不大，特别是牧业所占比重仍然偏低。与全国各省(市、自治区)比较，2003年牧业产值占总产值比重仅略高于海南省，排全国倒数第二位。与《浙江省农业和农村现代化建设纲要》提出的畜牧业产值应达到30%以上的要求仍有较大差距(见表1)。

表1　浙江省农林牧渔业总产值(现价)构成

	2003年	2000年	1998年
农林牧渔业总产值(亿元)	1165.23	992.52	931.84
一、种植业比重(%)	45.5	45.3	48.4
二、林业比重(%)	5.6	6.8	6.4
三、牧业比重(%)	20.0	17.9	17.8
四、渔业比重(%)	28.9	30.0	27.4

* 课题组成员：纪希平、吴红卫、周桃霞。

1. 种植业结构调整成效明显

在耕地资源十分有限的情况下，浙江省种植业通过结构调整取得了较为明显的成效。2003 年该省种植业总产值为 529.44 亿元，比 1998 年增长 32.6%，年均递增 5.8%。种植业产值的增长是在农作物总播种面积大幅度减少的情况下实现的，主要是结构调整的功劳。2003 年浙江省农作物总播种面积为 2834.39 千公顷，比 1998 年减少 1085.21 千公顷，减幅达 27.7%，年均递减 6.3%。

在新一轮农业结构调整中，各地立足本地特色，许多经济作物都有了较大发展。但从浙江省范围看，重点发展了蔬菜、花卉苗木、果用瓜和药材(见表 2)。

表 2　浙江种植业主要品种生产情况

单位：千公顷

	2003 年	1998 年	2003 年比 1998 年增减%
农作物总播种面积	2834.39	3919.60	—27.7
粮食作物面积	1427.77	2732.82	—47.8
其中：春粮面积	152.46	438.97	—65.3
早稻面积	129.35	750.40	—82.8
秋粮面积	1145.96	1543.45	—25.8
油料作物面积	250.90	281.88	—11.0
其中：油菜籽面积	229.49	266.61	—13.9
花生面积	17.52	11.70	49.7
棉花面积	17.63	62.84	—71.9
甘蔗面积	19.21	10.71	79.4
药材类面积	26.16	12.04	117.3
蔬菜面积	700.77	434.72	61.2
果用瓜面积	97.54	58.32	67.2
花卉苗木面积	114.27		
其中：花卉面积	28.67	5.60	412.0
茶叶产量(万吨)	13.27	11.32	17.2
园林水果产量(万吨)	286.29	206.42	38.7

注：本表中粮食面积不包括马铃薯，蔬菜面积包括马铃薯。

与 1998 年相比，2003 年浙江省粮食播种面积占农作物总播种面积的比重由 69.7% 下降到 50.4%；蔬菜种植面积比重则由 11.1% 提高到 24.7%。花卉苗木作为近几年发展起来的新兴产业，1998 年种植的花卉苗木数量还很少，但现已基本形成区域化布局、集约化生产，成为全国主要的花卉苗木产区。2003 年浙江花卉苗木面积达 114.27 千公顷，成为播种面积仅低于蔬菜和油菜籽的主要经济作物。

2. 畜牧业饲养结构调整，规模饲养比重大大提高

2003 年浙江省畜牧业总产值为 233.01 亿元，比 1998 年增长 35.4%。虽然畜牧业在农林牧渔业总产值中的比重还不高，但发展速度是农、林、牧、渔四业中最快的。在这一轮农业结构调整中，浙江畜牧业结构调整的主要特点是：

(1)饲养品种结构调整。生猪和家禽是畜牧业生产的主体，其产值占牧业产值的 80%左右。在生猪、家禽饲养加快发展的同时，近年来浙江省草食型动物饲养快速发展。2003 年与 1998 年相比，浙江省奶牛存栏数增长了 2 倍，羊存栏增长 26.6%，兔存栏增长 39.8%，大大快于生猪存栏

8.8%的增幅,也高于家禽存栏23.5%的增幅。

(2)饲养方式的变化。近五年来浙江省农村散养的畜牧数量大幅度萎缩,规模饲养户大幅度增加,畜牧饲养逐渐朝着规模化、现代化方向发展。2003年,浙江省年出栏在50头以上的生猪规模饲养户(包括企业和农户)数量为2.48万户,存栏生猪中规模户占35.4%,出栏生猪中规模户饲养的比重则达到47.2%;家禽存栏中规模户饲养的比重已占到45.4%,出栏家禽中规模户饲养的占到61.6%。

(3)蚕茧生产下滑。浙江省作为全国蚕茧生产的主产区,1998～2001年,蚕茧产量一直位列全国首位。但由于受市场价格波动影响,近年来浙江省蚕茧生产下滑幅度较大。2003年蚕茧产量仅为7.91万吨,比1998年减少24.1%。

3. 水产养殖快速发展,渔业生产以捕捞为主转向捕捞养殖并重

长期以来,浙江省渔业生产以海洋捕捞为主,但近年来水产养殖特别是海水养殖得到快速发展,渔业生产转向捕捞养殖并重。2003年浙江省水产品总产量482.82万吨,比1998年增长14.2%,其中海水养殖和淡水产品产量分别增长97.6%和53.8%,而海洋捕捞产量则下降3.7%。海洋捕捞产量占水产品总产量的比重由1998年的77.2%下降为2003年的65.1%。海水养殖面积117.41千公顷,比1998年增长67.3%;淡水养殖面积215.16千公顷,比1998年增长6.7%。海水养殖中鱼类、虾蟹类产量成倍增长,但养殖数量最多的仍是贝类;淡水养殖仍以鱼类为主,虾蟹类和特种养殖发展很快。2003年,海水养殖产量中贝类占81.5%,淡水虾蟹类产量比1998年增长5倍,甲鱼产量比1998年增长7倍,淡水珍珠产量比1998年增长4倍。

(二)在农业结构调整中,效益农业得到良好发展

1. 立足特色,效益农业结硕果。结构调整并非轻而易举之事,简单的减粮扩经不一定就能带来效益。结构调整难,主要难在难以选准生产市场适销对路的那些品种。然而,浙江人凭着开拓精神和市场意识,凭着自己的勤劳智慧和历史沉淀,效益农业取得巨大的成就,涌现出了一大批发展效益农业的成功典型,形成区域农产品特色,基本具有抗击市场风险的能力,有的甚至已经能够左右国际市场的价格。如余姚的榨菜,萧山的苗木,常山的胡柚,诸暨的珍珠,建德的草莓,金华的佛手,长兴的吊瓜子等。

2. 围绕生产优势,发展效益农业。在农业结构调整中,浙江有优势农产品进一步得到了发展,十大农业主导产业(粮油、水产品、茧丝绸、果品、竹木、畜禽、蔬菜、茶叶、食用菌和花卉),除粮食外在市场上具备了更强的竞争力,在全国的生产优势得到加强(见表3)。

表3　浙江省主要农产品生产在全国排列位次

	2003年	1998年
油菜籽产量	8	9
水产品总产量	4	4
蚕茧产量	4	1
水果总产量(包括果用瓜)	10	11
竹笋片产量	2	2
板栗产量	5	6
村及村以下木材采伐量	3*	3
村及村以下竹材采伐量	6*	4
生猪出栏头数	14	15
家禽出栏只数	14	17
蔬菜种植面积	10	13
茶叶产量	2	2

注:加*为2002年数据排位。食用菌和花卉菌类由于缺乏各省市资料,没有进行排位。

浙江农业主导产业的主要农产品在全国的排位上升,说明浙江农业结构调整走在全国前列。

3. 围绕"优质、高效",发展效益农业。发展效益农业,就是淘汰劣质品种,压缩大路品种,大力发展优质、高效农业。至2003年底,浙江省建立优质高效农业示范基地3977个,种植面积211千公顷,畜牧生产示范基地614个。"粮棉油"统一供种率达66.0%,粮食优良品种种植面积达75.8%,"双低"油菜面积占油菜籽总面积的69.3%。无公害食品、绿色食品和有机食品得到了大力推广和发展。效益农业的发展,在有限的农业资源上产出的价值量大大增加,耕地产出水平和劳动生产率明显提高。2003年亩均种植业产值2217元,比1998年增长18.9%;劳动力人均农林牧渔业总产值13348元,比1998年增长58.0%。

4. 走出乡土,发展效益农业。受土地资源的限制,浙江农民大胆走出乡土,到外地寻找发展空间,是浙江效益农业发展的一个新的亮点。如嘉善的农民到上海郊区种蔬菜；温岭农民到广东、海南等地种西瓜；建德农民把草莓种到了全国30多个大中城市的郊区；丽水农民异地开发食用菌，足迹遍布全国二十多个省（市、自治区）的100多个县；诸暨农民把珍珠蚌养进了中国四大淡水湖。据有关部门的统计，浙江省至少有20多万名农民带着资金、种苗、技术，走出浙江，从事种植、养殖业，足迹遍布除台湾省外的各省（市、区），有的还走出国门从事种养业。走出去的农民把浙江优质农产品带到全国各地，开拓了全国市场甚至国际市场，为效益农业的发展开创了一片新天地。

二、对农业结构调整与效益农业发展的评价

农业结构调整和效益农业发展总的目标有三个方面，第一是优化农产品的品种，提高农产品的质量，增加农业的效率，提高农业的国际竞争力；第二是增加农民的收入；第三是实现农业和整个经济社会的可持续发展。

（一）农产品有效供给增加，但质量仍需不断提高

农业结构调整后，广大农户努力生产市场适销对路的农产品，使浙江省农产品的供给特别是有效供给增加，市场供应更加丰富。同时，因为效益良好，农民有了扩大再生产的能力，增强了农业的综合生产能力和发展后劲。虽然浙江省在发展效益农业的进程中注重农产品质量，农产品质量也有了明显改善，但是农产品的质量仍需不断提高，总体上仍未达到消费者放心的程度。无公害食品、绿色食品和有机食品，在市场供应中数量不多，价格太贵，对普通居民来说承受能力有限。

农业作为一个为城乡居民提供生活必需品的基础产业，在现阶段的发展来说，产出仍然需要增加，质量更需不断提高，特别是需要不断增加价格适宜的优质安全的农产品。

（二）增加了农民收入，但增收作用仍不够明显

勿庸置疑，效益农业的发展在部分地区增加农民收入的作用是十分明显的。但从浙江省范围看，农业结构调整和效益农业发展的增收作用仍不够明显。2001年、2002年、2003年浙江省农村居民人均纯收入中来自家庭经营第一产业的收入，仅分别比上年增长3.8%、0.3%和3.7%，对人均纯收入增长的贡献率分别只有11.0%、0.8%和7.4%。说明农村居民来自家庭经营农林牧渔业收入虽然有所增长，但增长速度并不快，增加额也不大；家庭经营第一产业对纯收入增长的贡献率很低，农民增收的主渠道仍然是非农收入。

（三）农产品的整体国际竞争能力增强，但有些农产品的出口形势不容乐观

1998年以来，农副产品出口额稳定增长，国际竞争能力有所增强。2003年浙江省农副产品出口额为39.56亿美元，比1998年增长1.45倍，年均增幅为19.7%。特别是水海产品、茶叶、蔬菜、蚕丝等主导出口产品，2003年比1998年出口增长分别达到70.6%、1倍多、24.3%和 43.2%。但活猪出口有较大幅度下降，比1998年下降34.3%，花卉苗木出口形势也不乐观。

（四）规模化生产稳步推进，但水平还较低

近年来效益农业的良好发展，规模经营的稳步推进是一个重要因素。农村二三产业的发展，农业劳动力大量转移到非农业领域，为土地的规模经营创造了前提条件，浙江省出现了一大批农业经营大户。2003年浙江省有农业种养大户19.47万户，其中种植业大户9.13万户，养殖业大户10.35万户。相对集中连片的基地建设取得良好进展。浙江省现有万亩以上种植业基地300多个，万亩以上水产养殖基地约50个左右，面积占浙江省水产养殖面积的四2004年一多；年出栏万头以上生猪饲养户（企业）2003年有94个。有规模才有效益。浙江省农业正在从“小而全”格局向“大而专”布局转变。但农业的规模化生产只能根据现实条件逐步地稳妥地推进，农业特别是种植业规模化生产的水平还是非常低的，20亩以上种粮大户的种粮面积只占浙江省粮食播种面积的4%。

（五）主要农产品集中产区初步形成，但离真正形成优势农产品的区域化布局仍有比较大的差距

经过结构调整，各地大力发展本地有生产优势和地方特色的农产品，使农产品的布局相对比较集中，一些跨行政区域的优势农产品的片状、带状区域化布局已经或正在形成。如食用菌，2003年温州、嘉兴、丽水和衢州四市的产量占浙江省的87.6%。茶叶，浙江省80%以上的产量集中在杭州、宁波、绍兴、金华和丽水五市。花卉苗木，杭州、宁波、绍兴、金华四市的种植面积占浙江省的80%，特别是萧山区，其种植面积占浙江省的五2004年一多。竹笋片产量，杭州、湖州、绍兴、宁波和丽水五市产量占浙江省86.7%，其中临安市产

量就占浙江省的21.9%。2003年,浙江省有43.8%的乡(镇)茶园面积在千亩以上,有72.5%的乡(镇)果园面积在千亩以上。虽然浙江省农产品的区域化布局已经取得了一定的进展,但各地所形成的产业带比较分散,规模偏小,离真正形成优势农产品的区域化布局、专业化生产仍有比较大的差距。

(六)科技发挥了重要作用,但农产品的科技含量仍有待提高

浙江人多地少,劳动力成本又高,要实现农业现代化,唯一的途径在于依靠科技进步,把科技作为农业发展的主要动力,增强科技在农业增长中的贡献率。事实上,正是依靠了科技的力量,浙江省效益农业才取得了良好的发展。从1999年起,浙江实施省级种子种苗基地建设,提高辐射和带动能力。各市、县也因地制宜,逐步建立了各自的种子种苗繁育基地,积极引进和推广新品种、新技术、新设施。依靠科技进步,浙江省设施农业有了很大的发展。2003年浙江省设施大棚数量达187.74万只,比2001年增长31.6%,蔬菜和果用瓜生产中,大棚种植已占相当大的比重;高投入、高产出、高效益的设施农业发展很快,设施栽培面积59.56千公顷,比2001年增长28.0%。由于尝到科技给效益农业带来的甜头,农民参加农业技术培训的热情高涨。2003年浙江省各县(市)举办农业技术培训4121期,培训人数达34.49万人次,乡(镇)举行的短期培训就更多,达1.41万期、140.6万人次。但由于现实条件的制约,目前浙江省农业的科技支撑力仍然不强,农产品科技含量不高,受体制、经费及基层农技队伍等因素制约,新技术、新品种推广力度不强,目前科技推广率和覆盖率均只有30%左右。

(七)农业产业化经营得到大力发展,但仍处于初期阶段

发展效益农业,使农户直接置身于千变万化的大市场中。分散的农户显然难以适应激烈的市场竞争。效益农业的发展,带来了农业经营机制的创新。一靠政府的政策扶持和引导,二靠浙江农民敢闯肯干的精神,浙江省农业产业化经营和合作经济组织得到大力发展,农民进入市场和农业的组织化程度大大提高。2003年浙江省有各类农业产业化经营组织7110个,从业人员89.7万人,固定资产297.4亿元,带动农户537.33万户,所带动农户已占浙江省农户总数的46%。龙头企业通过“订单农业”、“公司+农户+基地”等方式使农业市场风险降低,收益提高。各种农业合作经济组织和农产品行业协会迅速发展,在农产品的市场推广和营销中发挥着重要作用。如今,从茶叶到蔬菜到苗木到果品,各地的特色主导农产品,基本上都组建了行业协会。农业产业化,将农业产前、产中、产后各环节有机结合起来,是效益农业发展的重要保证。但目前浙江农业产业化经营发展仍处于初期阶段,龙头企业规模偏小,加工能力弱,利益联结机制还比较松散,农业生产与市场脱节的矛盾没有从根本上得到解决。

三、对策与建议

在保护粮食生产能力的前提下,稳步推进农业结构调整,大力发展效益农业是长期的任务。在考虑效益农业发展的思路时,要从统筹城乡的全局出发,考虑质量和产量的统一、速度和结构的均衡、经济社会的可持续发展等等多方面因素。要树立效益第一的观念,依靠科技进步,实施产业化经营,建设品牌农业、特色农业、规模农业。我们认为,在新形势下,浙江省进行农业结构调整、发展效益农业,以下一些方面也是应该引起重视与关注。

(一)重视农业的定位

从发展效益农业的实践看,特色农业、都市型农业、创汇农业、生态型农业、绿色休闲农业等模式和概念,凡获得成功的,都是立足当地,经过充分论证的。所以,各地在发展效益农业时,如何根据本地区的资源和优势,确立本地区农业的定位是很重要的。现代农业规模化经营、专业化生产基础也是建立在对农业如何发展的正确的定位上。在新形势下,对浙江农业的定位,各级政府及有关部门应该加强研究。我们认为,走高效农业和创汇农业之路,是一个不错的选择。

发展高效农业,首先,可以考虑发展都市型农业。一般认为,都市农业是一个地域经济概念,它处于城乡过渡地带,或者如网状分布在城市群之间。都市农业具体包括都市内的小块农田、庭院和阳台绿化,城乡结合部的近郊和远郊农业以及环大都市经济圈在内的适宜大都市市场需求的农业。浙江地处长江三角洲,毗邻我国最密集的城市群。嘉兴等浙北地区,可以通过接轨上海,成为上海的菜篮子,使上海的市场成为浙江省农民的钱袋子。省内其它地区,发展都市型农业同样大有可为。发展都市型农业，不仅可以为城镇提供蔬菜、水果、鱼虾等鲜活农产品，还可以为城镇提供休闲观光场所和生态功能，同时，城市也可以为现代农业发展提供人才、资金、信息和管理支撑。

发展创汇农业，我们有产品优势，也有市场开拓能力较强的外贸主体。水海产品、茶叶和蚕丝等具有生产优势的传统产品，近年来保持了较好的出口形势。在此基础上，应努力扩大花卉苗木、蔬菜、食用菌等新兴农产品的出口。近年来浙江省花卉苗木发展很快，也引起了是否会出现“卖难”的担忧和争论。我们认为，重要的不是规模是否过大，而是能否开拓市场，特别是国际市场，能否做大做强。像荷兰，就靠着花卉业和奶业，成为世界第三大农产品出口国。

(二)优化农产品区域布局

优化农业区域布局，是推进农业结构战略性调整的重要步骤。优势农产品的区域化布局是农业结构调整的一个突破口。农业部于2003年1月发布了《优势农产品区域布局规划(2003～2007年)》，对我国要优先发展的11种优势农产品布局专门作了规划，涉及到浙江省的有“双低油菜”、“柑橘”和“水产品”。浙江省在2003年9月也正式制订出台了《浙江省特色优势农产品区域布局规划》，将重点培育水产品、蔬菜瓜果、笋竹、干鲜果、蚕茧、花卉苗木、食用菌等11类特色优势农产品。笔者认为，要进一步优化浙江省农业的区域布局。第一，要大力宣传《浙江省特色优势农产品区域布局规划》，让企业和农民对《规划》了解和熟悉，积极引导企业和农民在优势区域内投资和生产特色优势农产品，以促进特色优势农产品向优势产区集聚。第二，农业部发布的《优势农产品区域布局规划》特别强调指出，水稻、生猪等部分农产品因为在全国种植和饲养范围很广，近期国家不作专门规划。但从浙江情况看，应该将主要农产品都纳入区域布局规划，可将《浙江省特色优势农产品区域布局规划》上升为《浙江省农产品区域布局规划》。从浙江这几年农业发展的实践看，市县一级出台的区域农业发展规划较多，一般立足本地资源和市场，发展本地农业主导产业和特色农业的区域化生产。从浙江省看，浙江省虽然是一个农产品生产品种较多的综合性农业区域，但一些农产品的产地还是比较集中，要形成一些规模较大的跨行政区域的优势农产品布局，非常需要省政府的指导。第三，浙江省不同地区的具体生产条件和生产力水平不同，资源禀赋差异大，也需要运用各具特色的农业发展模式，进行合理的生产组合。第四，必须尊重农民意愿，要通过示范和引导，让农民自愿地改变种植品种和经营方式，而不能搞强迫命令，强制推行统一种植和统一经营。

(三)大力发展设施农业

浙江省设施农业已开始有所发展，但仍处于较低水平，设施大棚中80%以上是普通大棚和季节性大棚，与荷兰、日本、以色列、美国、韩国、法国、加拿大等设施农业发达的国家相比，有相当大的差距。目前国外工厂化农业现代化程度相当高，种苗产业非常发达；单产水平高，如荷兰温室番茄年产量达到每平方米40～50公斤；温室日趋大型化；计算机智能化温室综合环境控制系统开始普及；管理机械化、自动化程度高；无土栽培发展迅速，成为主要栽培方式。而浙江与其相比，只能说处在初级阶段。

大力发展设施农业，不仅是实现农业增效、农民增收的需要，也是解决浙江省人地矛盾的必然选择。随着人民生活水平的提高，和市场需求的扩大，已经为发展设施农业开辟了广阔的空间。据浙江省统计局城镇居民和农村居民抽样调查资料，2003年与1998年相比，无论城镇居民还是农村居民，粮食的直接消费量都下降了，而蔬菜、瓜果类、肉类、鱼虾等消费量都有不同程度的增加。设施农业作为科技含量高、高投入、高产出、高效益的集约化生产方式，在蔬菜、瓜果类、花卉苗木等方面的生产上具有非常巨大的优势。同时由于设施农业高产出产生的替代效应，可以使更多的耕地用来发展粮食生产，也可为保障粮食安全做出贡献。

(四)全面提高农业产业化经营水平

目前，浙江省农业产业化经营仍处于初期阶段，要实现农业增效、农民增收目标，仍需下大力气抓农业产业化经营。

第一是要扶大扶强农业龙头企业。农业龙头企业不同于一般的工商企业，它肩负着开拓市场、科技创新、带动农户和促进区域经济发展的重任，其经济实力的强弱和带动能力的大小，决定着农业产业化经营的程度、规模和成效。目前，浙江省农业龙头企业总体规模偏小，与基地或农户的利益联结还比较松散，企业的产品基本上停留在粗加工上，深加工产品、二次增值产品少。所以，全面提高浙江省农业产业化经营水平，扶大扶强农业龙头企业是重点。对使农民真正得到实惠的农业龙头企业要一视同仁的予以扶持，除了省里重点扶持的企业外，各地也要选择一些有发展前途的企业予以扶持。

第二是进一步提高农民进入市场的组织化程度。在效益农业的发展中，浙江省的专业合作经济组织已经有了一些发展。但农民在交易中仍存在比较严重的信息不对称和利益流失，农民组织还需进一步壮大。通过农民自己自愿组织和政府扶持，成立一些行业组织、专业协会等，更好地为农业生产服务。

(五)加强农产品加工业发展

现代农业的效益，更多地产生于产后的加工和流通环节。目前，浙江省农产品加工率仅30%左右，而且以初级加工为主。农产品大都以鲜活形式推向市场。农产品加工水平低，也削弱了农产品的市场竞争力。工业经济中农副食品加工业所占比重也较低。2003年规模以上工业企业总产值中农副食品加工业所占比重只有2.0%，增加值中所占比重1.3%；年销售收入500万元及以上的农村工业企业总产值中农副食品加工业所占比重为1.8%，增加值中所占比重1.4%。对发展农产品加工业，农业部于2004年年初制发了《农产品加工推进行动方案》，将在全国组织实施的农产品加工业推进行动，将建设九大优势农产品加工业产业带。其中优质油菜产业带加工示范项目，柑橘产业带加工示范项目，优质水产品产业带加工示范项目，优质茶叶产业带加工示范项目等都与浙江省密切相关。应该抓住机遇，大力发展农产品加工业，在搞好初级加工业的基础上，加快发展农产品的精深加工，把廉价的农产品变成价值高的产品，提高农产品的质量和水平。

主要农产品成本与效益分析

湖南省农调队

农产品成本是决定农产品价格和市场供求关系的基础，也是影响农民收入的重要因素。为了解各主要农产品的比较效益情况，为农业结构调整和农民增收提供更为翔实的资料，我们根据湖南省农村抽样调查资料，结合当地农业部门、物价部门的相关资料，对湖南省主要农产品成本与效益情况进行分析。

一、基本概念

（一）理论成本与实际成本

农产品生产成本是以货币形式表现的生产每单位农产品所消耗的物质资料费用和人工费用的总和。农产品生产过程，既是物化劳动和活劳动的消耗过程，又是价值转移和创造价值的过程。根据马克思关于商品价值构成的原理，农产品价值包括三个部分：已消耗的物质资料的价值（C），它是转移到农产品中的物化劳动价值；劳动者必要劳动所创造的价值（V），它是劳动者必需的劳动报酬；劳动者为社会创造的价值（M）。其中，V、M 是新创造的价值。M 表示生产单位的税金和利润。C+V 即是农产品成本。农产品成本一般分为个别成本和社会成本两种。个别成本表明各农户及农业企业的单个成本，是综合反映企业经济效果的一个基础指标；社会成本则表明生产某种农产品所必需的社会平均成本，它是国家制定或调整农产品价格的依据。实际成本与理论成本存在差异。一是将某些不形成产品价值的非生产性支出计入产品成本，如废品损失、停工损失。二是将某些属于利润分配的支出计入产品成本，如生产单位应负担的财产保险费通过制造费用计入成本，借款利息的资本化通过制造费用中的折旧费用计入成本。这些非生产性支出之所以计入成本，主要是出于企业经济核算的要求，拉长价值补偿尺度，使之从价值上和实物上得到补偿，保证企业再生产的顺利进行。

（二）广义成本与狭义成本

农产品生产成本由物质费用和人工费用两部分构成，通常叫完全成本。如果只核算物质费用，不计算人工费用，这种成本就是物质费用成本，也叫不完全成本。物质费用（亦为物化劳动）就是产品耗费的各种生产资料的货币表现，指在直接生产过程中消耗的各种生产资料和发生的各项支出的费用，包括直接生产费用和间接生产费用两部分（物质费用的计算应以当地市场现行价为主）。人工费用（亦为活劳动）就是生产该项产品用工的作价，包括直接用工和间接用工两大部分。在计算每一单位产品用工时，应折算成标准劳动日。间接生产费用和间接用工又称为制造费用。在现实生活中，成本核算是依据现行规章制度中成本开支范围确定的，是实际操作、实际应用的成本，也称为制度成本或财务成本，是成本计算中所应用的成本。制度成本有狭义和广义之分。从狭义上讲，制度成本是指产品的制造成本，由直接材料、直接人工和制造费用组成；从广义上看，制度成本除产品的生产成本外，还包括管理费用、销售费用和财务费用三项期间费用，是指在一定会计期间发生的与生产经营没有直接关系或关系不密切不能直接计人产品的生产成本,只能作为当期损益来看待的费用。

(三)生产成本与中间消耗

中间消耗是指生产单位在生产(或提供货物与服务)过程中,消耗的所有非固定资产货物和服务的价值。中间消耗也称中间投入,一般按购买者价格计算。现行中间消耗与狭义成本、广义成本的差异在于:1. 中间消耗不包括固定资产折旧费和人工费用,狭义成本、广义成本包括固定资产折旧和人工费用;2. 中间消耗和广义成本包括所有期间费用,狭义成本不包括期间费用。用公式表示为:

广义成本=狭义成本+期间费用=中间消耗+固定资产折旧+人工费用

(四)含税成本与除税成本

含税成本是指包括物质费用、人工费用、期间费用和税金在内的生产成本。除税成本则不包含税金在内。单位减税纯收益是指从每单位农产品的产值中,扣除每单位的含税生产成本后的余额。这部分余额越多,纯收益就越高。如果每单位的含税生产成本超过了每单位产值,就说明生产亏本。

(五)经营性成本与政策性成本

对于一般企业来说,含税成本就包括了成本的全部。但对于农民来说,上述成本之外还要额外负担一块,包括:1. 一事一议费;2. 两工支出;3. 其他成本外支出。这些支出有的按田亩分摊,有的按人头分摊等。广义成本都是经营性成本,而税金和成本外支出,都是中央政策或地方政府、部门明确规定征收的,我们称之为政策性成本。

(六)农产品效益

每单位减税纯收益的大小,取决于生产水平、价格水平和税收负担三个因素。在价格、税收不变的情况下,单产提高了,生产费用节约了,纯收益就可以增加。反过来,如果生产水平不变,适当提高农产品的价格或减轻税收负担,也可以使生产者得到更多的纯收益。因此,各种农作物每单位减税纯收益的大小,是研究农产品价格和农业税收问题所必须考虑的因素。

农产品纯收益率(%)=(每单位产品产值-每单位含税生产成本)×100%/每单位除税生产成本

农业劳动生产率:根据农产品价值量指标计算的平均每个农业劳动力在单位劳动时间内的农产品生产量。它是农业生产率的重要指标。

国内资源成本系数(DRcc):国内资源成本是指获取(或节省)边际单位外汇而从事某项产品的生产活动所需消耗的所有国内资源成本的价格。将国内资源成本除以影子汇率,得到国内资源成本系数。

二、主要农产品成本构成及变动趋势

我们利用1984年到2003年的湖南主要农产品成本收益调查资料(资料来源:农业部历年《全国农产品成本收益调查资料汇编》、历年《湖南省农业统计资料》、湖南省农调队农产品中间消耗调查、住户调查),选择稻谷(包括早籼稻、中籼稻、晚籼稻)、油菜籽、棉花、烤烟、柑桔和生猪(包括农户散养和规模养殖)、淡水鱼进行分析,农产品成本变动有以下特点:

(一)农产品生产成本逐年呈阶段性升高,资本有机构成下降,价格因素起主要作用

从表1中我们可以看出湖南主要农产品的单位生产成本呈逐年提高趋势,早稻、中稻、晚稻、棉花、油菜籽、烤烟、柑桔、散养猪、专业养猪、水产品的生产成本(不含税成本)平均每年分别增长9.9%、11.6%、9.9%、11.7%、9.9%、10.8%、15.9%、2.7%、1.3%和10.5%。农产品生产成本提高分二个阶段:从1985年到1994年是农产品生产成本快速增长阶段,早稻、中稻、晚稻、棉花、油菜籽、烤烟、散养猪、专业养猪、水产品的生产成本平均每年分别增长16.3%、17.3%、17.6%、17.5%、16.4%、17.6%、6.2%和6%,从1994年到2003年增长速度放慢,呈波动增长阶段,早稻、中稻、晚稻、棉花、油菜籽、烤烟平均每年分别增长2.7%、4.5%、2.8%、3.8%、4.6%和2.5%,而散养猪、专业养猪、水产品的生产成本略有下降。

在主要农产品生产成本中物质费用和用工作价增长均呈同步增长趋势,除棉花和水产品的物质费用的增长高于用工作价的增长外,早稻、中稻、晚稻、棉花、油菜籽、烤烟、散养猪、专业养猪、水产品的用工作价增长幅度明显高于物质费用的增长,平均每年增长11.1%、11.3%、11.2%、11.5%、9.5%、4.3%和6.7%;而物质费用分别增长7.7%、7.9%、8.5%、8.4%、9%、1.8%和0.2%。前者比后者分别高3.4、3.4、2.7、3.5、0.5、2.5和6.5个百分点。用工作价所占比重由80年代初的40%左右均上升到现在的60%以上,其中油菜籽的用工作价比重高于70%。资本的有机构成下降,是因为大量农村劳动力向二三产业转移,劳动

表1 1984～2003年湖南省主要农产品每亩生产成本

单位:元

年份	早稻			棉花			油菜籽		
	物质费用	用工作价	总生产成本	物质费用	用工作价	总生产成本	物质费用	用工作价	总生产成本
1984	41.04	35.70	76.74	40.76	82.67	123.43	19.09	28.76	47.85
1985	44.74	32.46	77.20	41.33	63.1	104.43	21.18	29.25	50.43
1986	50.37	30.90	81.27	43.49	67.53	111.02	24.77	30.35	55.12
1987	59.59	44.71	104.3	59.39	105.63	165.02	32.42	42.12	74.54
1988	72.77	51.45	124.22	77.56	105.63	183.19	34.91	42.42	77.33
1989	84.69	72.14	156.33	101.5	172.24	273.74	44.16	53.44	97.6
1990	91.02	80.95	171.97	110.48	204.14	314.62	49.61	65.51	115.12
1991	91.62	102.33	193.95	138.08	285.29	423.37	42.02	96.57	138.59
1992	98.00	108.88	206.88	136.55	291.37	427.92	41.49	70.95	112.44
1993	107.65	124.79	232.44	146.98	332.94	479.92	50.21	97.70	147.91
1994	153.68	145.15	298.83	171.25	356.83	528.08	77.53	109.54	187.09
1995	188.33	161.87	350.2	345.35	453.73	799.08	82.33	129.53	211.86
1996	221.68	241.21	462.89	329.21	606.48	935.69	86.77	194.71	281.48
1997	189.73	215.14	404.87	305.72	655.03	960.75	70.14	201.26	271.4
1998	181.12	241.20	422.32	311.68	639.62	951.3	82.90	195.05	277.95
1999	163.33	219.02	382.34	301.36	616.5	917.86	84.81	189.87	274.69
2000	160.34	230.35	390.69	292.01	654.24	946.25	81.43	201.9	283.33
2001	155.72	252.14	407.86	249.54	516.18	765.72	78.72	218.68	297.40
2002	157.73	234.44	392.17	236.25	459.94	696.19	88.97	214.86	303.82
2003	168.29	263.76	432.05	259.28	483.72	743.00	89.35	228.23	317.58

日工价不断增加，致使用工作价在生产成本中的比重居高不下。同时由于农户生产规模小，无法发挥劳动力的技术效能，无法改变传统的耕作模式等，这样农产品的单位成本无法下降，从而影响农产品的竞争力。

尽管生产成本中物质费用的主要项目实际金额都在增加，但一些物质的实际使用量在减少，例如早稻生产成本中种籽用量，在1978年每亩为8.2公斤，而2003年为5公斤左右。而每亩劳动用工1985年是21.64个，到2003年是18.19个，而劳动日工价由0.8元升为14.5元，才使得用工作价上升。

表2 1985和2003年早稻物质费用主要项目变化表

单位:元

年份	种籽费	肥料费	农药费	畜力费	机械作业费	排灌费	物质费用总计
1985	4.48	21.20	2.34	6.19	0.50	1.75	38.13
2003	12.79	54.10	12.51	17.71	12.40	7.94	139.19
2003/1985	2.85倍	2.55倍	5.35倍	2.86倍	24.8倍	4.53倍	3.65倍

(二)多数农产品物质费用结构发生变化,技术增长因素起作用

农产品成本受到农业科技的影响。随着地膜、塑料大棚、无土栽培、优质品种、新型农机具等技术的推广运用,将提高土地生产率和劳动生产率,使农产品成本下降,效益提高,通过育种技术的创新,使品质、抗性得到改善,通过种养技术的创新,也使农业增产增效。当前在我国农村推广的不少农业适用新品种、新技术,有助于提高农产品的科技含量,使物质费用结构发生变化,其内部结构逐步优化。从早稻、晚稻、棉花的物质费用来看,化肥、种子、畜力费比重下降,塑料薄膜费、农药、机械作业费、燃料动力费、棚架材料费等费用比重上升;从养猪来看,仔畜进价、饲料加工费、配合饲料、医疗防疫费、工具材料费等比重上升,技术含量提高。

(三)政策性成本随政策变动而波动

这些年来,由于各种收费政出多门,巧立名目,虽然从中央到地方大力治理农村的“乱收费、乱集资、乱摊派”,但农民缴纳的各种税费额居高不下,间接加大了农业生产成本。农产品政策性成本从80年代初到2002年增长较快,种植业主要农产品从1985年到1994年的每亩税金的增长较快,早稻、中稻、晚稻、棉花和油菜籽平均年增长5.5倍、15.3倍、3.3倍、3.5倍和9.2倍。从1994年到2002年增长速度放慢,分别增长48%、57.1%、56.4%、26.3%和2%。从1985～2002年而每头生猪税金散养生猪增长6倍、规模养猪增长4.1倍。2003年由于湖南省农村实行税费改革后,主要农产品每亩(每头)税费支出下降,农产品减税纯收益率提高。

在税费改革前农户交纳的农产品各种费用的支出占总税费的62%,改革后这些费用大幅度下降,但一事一议费、两工支出、其他成本外支出比重还占税费的17%以上。

(四)农产品生产效益随着农产品成本、价格和产量的变动而波动,大多农产品效益逐年下降

早稻:1984～2003年,含税成本由80.58元/亩上升到455.05元/亩,增长465%;每亩产值由99.42元增加到381.48元,增长284%;生产者价格由0.26元/公斤上升到1.06元/公斤,增长307%。由于成本增长幅度大大高于价格增长幅度,早稻每亩减税纯收益由1984年的18.84元减少到2003年的净亏73.57元,减税纯收益率也由24.55%减少到-17.03%。

中稻:1984～2003年,含税生产成本由73.69元/亩上升到421.84元/亩,增长472%;每亩产值由99.78元上升到568.28元,增长470%;生产者价格由0.26元/公斤上升到1.26元/公斤,增长385%;每亩减税纯收益由24.69元上升到110.34元,增长346.9%;减税纯收益率由33.51%减少为26.16%。

晚稻:1984～2003年,含税生产成本由72.73元/亩上升到446.13元/亩,增长513%;每亩产值由98.4元上升到531.43元,增长440%;生产者价格由0.26元/公斤上升到1.26元/公斤,增长385%;每亩减税纯收益由25.67元上升到85.3元,增长232%;减税纯收益率由37.24%减少到20.48%。

棉花:1984～2003年,棉花含税生产成本由131.06元/亩上升到782.95元/亩,增长497%;每亩产值由244.77元增加到1077.83元,增长340%;生产者价格由3.36元/公斤增加到13.52元/公斤,增长302%;每亩减税纯收益从113.71元增加到294.88元,减税纯收益率从92.13%下降到39.69%。

油菜籽:1984～2003年,含税生产成本由49.16元/亩上升到327.57元/亩,增长566%;每亩产值由61.69元上升到255.92元,增长315%。生产者价格由0.76元/公斤上升到2.56元/公斤,增长237%;由于成本增速大大高于价格增速,油菜籽每亩减税纯收益从12.53元/亩下降到亏损71.65元/亩,减税纯收益从26.19%下降到-22.56%。

苎麻:1992～2003年,含税生产成本由181.49元/亩上升到537.38元/亩,增长196%;每亩产值由258.79元上升到1188.10元,增长359%;生产者价格由3.08元/公斤上升到7.32元/公斤,增长212%。每亩产值增速大大高于生产者价格增速,说明每亩产量的增速也有显著提高:1992年苎麻产量平均为84.05公斤/亩,2003年提高到162.17公斤/亩,11年间增长了93%。由于苎麻生产者价格、每亩产值的增速高于生产成本增速,湖南省苎麻每亩减税纯收益从77.3元上升到650.72元,增长742%,减税纯收益率由44.98%上升到127.01%。

烤烟:1984～2003年,含税生产成本由156.96元/亩上升到875.09元/亩,增长458%;每亩产值由268.41元上升到1135.97元,增长323%;生产者价格由1.8元/公斤上升到8.08元/公斤，增长349%；每亩减税纯收益111.45元上升到260.88元，增长134%；减税纯收益率由71.78%下降到31%。

柑桔：1990～2003年，含税生产成本由146.97元/亩上升到722.17元/亩，增长391%；每亩产值由492.57元上升到1382.29元，增长181%；生产者价格由0.68元/公斤上升到1.16元/公斤，增长71%；每亩减税纯收益由345.6元上升到663.12元，增长92%；减税纯收益率由236.4%减少到97.41%。

三、主要农产品投入产出效益比较

（一）不同产品之间成本效益差异明显，优化组合才是最佳选择

由于耕作技术和受地理环境的制约，湖南的几种主要农产品的生产成本相差较大。为便于横向比较，在此以2003年湖南主要农产品的投入产出效益进行比较，即在单位面积内为得到每百元某种农产品的产值需要投入的总生产成本（税前成本）。但使用一年的数据可能会受当年自然环境影响，因此，必须在不考虑物价指数对成本影响的前提下，对主要农产品的成本收益进行平均。我们收集了1984～2003年20年间主要农产品的成本收益数据（见表3）。表中：

平均每亩减税纯收益＝平均每亩产值－平均每亩总生产成本－平均每亩税金

平均每亩减税纯收益率（%）＝平均每亩减税纯收益/总生产成本×100

平均每亩含税纯收益＝平均每亩产值－平均每亩总生产成本

平均每亩含税纯收益率（%）＝平均每亩含税纯收益/总生产成本×100

表3　1984～2003年湖南省主要农产品投入产出效益表

指标名称	早稻	中稻	晚稻	棉花	油菜籽	烤烟	柑桔
平均每亩产值（元）	301.51	414.36	384.81	786.64	178.66	767.38	1569.05
平均每亩总生产成本（元）	268.33	260.09	265.90	506.19	175.06	507.06	656.51
平均每亩税金（元）	13.72	37.50	15.07	21.67	7.70	15.49	57.29
平均每亩减税纯收益（元）	19.46	116.77	103.84	258.78	－4.10	244.83	855.26
平均每亩减税纯收益率（%）	7.25	44.89	39.05	51.12	－2.34	48.28	130.27
平均每亩含税纯收益（元）	33.18	154.27	118.91	280.45	3.60	260.32	912.54
平均每亩含税纯收益率（%）	12.37	59.31	44.72	55.40	2.06	51.34	139.00

可以看出，不管是含税收益率还是减税收益率，湖南的主要农产品中，油菜籽的收益最低，扣除税金，20年中油菜平均收效率出现负数，表明湖南省油菜生产效益很差。收益最高的是柑桔，其减税纯收益率、含税纯收益率都大于100%。

从计算的湖南主要农产品国内资源成本系数（DRCC），也可看出农产品的品种优势。表4中，如果DRCC<1，则表明该产品生产具有比较优势；如果DRCC>1，则该产品生产不具有比较优势；如果DRCC＝1，则表明该产品生产处于利益均衡状态。

从表4可以看出，1995～1999年湖南省油菜的DRCC年平均为1.156，意味着油菜籽需投入1.156单位的成本才能获取1单位收入，已经失去比较优势。棉花、生猪的DRCC虽然小于1，但其逐年增加，表明它们虽然有一定的比较优势，但这种优势正在逐渐缩小。水稻、柑橘的DRCC较小，具有较强的比较优势。整体上讲，对于那些具有劳动密集型特色的经济作物，湖南仍然具有一定的比较优势。湖南是生猪大省，从表中可以看出，生猪具有明显优势，比国际市场低51%。水果优势也很明显，柑橘价格比国际市场低46%。湖南的花卉、蔬菜、茶叶，也有很大的发展潜力。

表 4　湖南主要农产品国内资源成本系数(DRCC)

名称	1995 年	1996 年	1997 年	1998 年	1999 年	平均系数
水稻	0.35	0.40	0.50	0.75	0.47	0.494
棉花	0.54	0.75	0.57	0.82	0.96	0.728
油菜	0.71	1.11	1.53	1.18	1.25	1.156
柑橘	0.21	0.15	0.50	0.46	0.54	0.392
生猪	0.46	0.59	0.88	0.90	0.49	0.664

翁鸣在用农产品国内资源成本系数和农产品比较优势度分析我国部分农产品的比较优势时认为,我国的大米具有比较优势,而小麦、玉米已失去比较优势,大豆、油菜籽已不再具有比较优势,生猪具有一定的比较优势,苹果等园艺产品及烤烟具有较强的比较优势。(见《中国农业竞争力研究》,中国农业出版社,2003 年 11 月)。

在农产品发展战略方面,肯定是要优先发展具有比较效益和市场前景的优势产品,但对于具有战略意义的农产品,也不能因其比较效益低而减少甚至放弃生产。湖南人多地少,属于典型的土地资源稀缺而劳动力资源丰富的省份,因此从充分利用湖南本地资源优势的角度出发,仍然应当大力发展劳动密集型农产品。土地密集型农产品,尤其是粮棉油产品属于关系国计民生的战略性资源,对于中国这样拥有世界上最多人口的发展中国家,任何时候保持合理自给率是非常重要的,国家根据自身情况仍须发展土地密集型农产品。

土地密集型农产品包括粮、棉、油等大宗农作物产品。从技术角度看,土地和水资源是决定这类产品产量的最重要生产要素。我国耕地资源匮乏,随着经济增长和城市化发展,可耕地数量呈下降势头,从而耕地的机会成本不断上升。此外,现存耕地整体质量水平也在不断下降,因为减少的耕地多为城乡居民点附近的优质土地,越来越多的以中低产田为主的后备耕地资源投入到农业生产中,使得保持与过去相同的土地产出水平需要投入更多的配套资源,从而导致土地密集型农产品的生产成本越来越高。

以湖南水稻为例,虽然从整体上来说不存在生产优势,但湖南属于水稻科研强省,科技优势明显。新中国成立以来,湖南稻谷总产量连续登上 100 亿、150 亿和 250 亿公斤四个台阶,在仅占全国 3.2%的耕地上生产出了占全国 6%的粮食,其中水稻科技起到了决定性作用。1998 年来,优质稻在湖南每年以 10 多万公顷的速度递增,每亩减税纯收益在 20%左右,加上湖南原本具备的区位优势、产量优势,只要加强农产品生产结构调整、提高农田规模经营程度和机械化作业程度,发展优质稻生产很有前途。但国家在制定宏观政策时,要根据农产品比较优势,给产粮地区以财政转移补偿,将沿海地区优先发展工业或发展经济作物获得的优势利润通过财政转移支付转移到粮食主产区。

从农业生产者来讲,对各种不同的农产品要根据地理、气候、生产条件、市场需求等进行合理配置,实行优劣互补,尽量避免资源闲置和浪费。

(二)地区之间农产品成本效益差异明显

1. 湖南与周边省份主要农产品生产成本和收益比较,总体上处于劣势

作为典型的粮棉油大省,湖南农产品生产在全国占重要地位,2002 年湖南省粮食总产量 4652.6 万吨,在全国排名第 7 位,其中稻谷产量为 2119.2 万吨,占全国稻谷总产量的 12.1%,在全国排名第一位。湖南稻谷产量中:早稻产量为 627.8 万吨,中稻和一季晚稻产量 590.8 万吨,双季晚稻产量 900.6 万吨。经济作物中,棉花产量为 15.3 万吨,油菜籽产量为 119.3 万吨,烤烟为 17.4 万吨,桔产量为 83.1 万吨,生产量在全国排名分别为第 8、3、4 和第 2 位。出栏生猪 5653.1 万头,全国排名第 2 位。各项农产品生产总量在具有规模优势。但是湖南农产品生产效益与周边省份相比,总体上处于劣势,没有将农产品生产的规模优势转变为效益优势。由于各个地区物价、工价有异,不能简单的以各地农产品成本量来判断成本的大小,农产品成本的高低最终要体现为扣除各项生产成本和税费后的纯收益率上。

(1)稻谷:生产成本高,效益低。湖南早中晚稻生产中,生产成本在各主产省区中都处于高水平,在较高的成本下,除早稻收益较高外,中晚稻不仅生产成本高,而且收益水平低,在市场竞争处于绝对劣势。

(2)棉花、油菜籽、烤烟:成本收益率低。主要经济作物中只有油菜籽生产成本低于全国平均水平,棉花和烤烟生产成本高于全国水平,而且三种经济作物的成本纯收益率均低于全国水平。

(3)桔类:生产异军突起,成本收益率大大高于全国平均水平。柑桔生产是湖南农产品中成本收益率高于全国平均水平为数不多的品种之一,成本收益率大大高于全国平均水平,但生产成本还有待降低。

(4)生猪:生产突显规模效益。湖南散养生猪饲养效益低于全国水平,规模生猪饲养高于全国水平,说明湖南生猪饲养规模化程度较高,而且2002年生猪生产量占全国生产总量的10.0%,是湖南发挥农产品生产规模优势,打破农产品市场竞争劣势的突破性产品之一。

2. 湖南主要农产品生产成本高于世界水平

欧美发达国家人均耕地多,因此我国在种植业生产成本方面和他们不具可比性。而同处东亚地区的日本、韩国和我国台湾省,人均耕地水平与我们相近,在水稻成本结构上比较,有助于判断水稻生产成本未来的变化趋势。特别是台湾省,与大陆情况最为接近,限于资料,我们引用的是1990年台湾水稻成本结构,其中有几个值得注意的特点:

(1)人工费用仅占总成本的1/3,每亩用工量仅2个。

(2)机械作业费高达总成本的40 %,而畜力费仅0.8%。

(3)肥料费比重较低,大约为8%。

(4)以地租为主的租、息,占总成本的近1/4。

而湖南到2003年,早稻每亩用工量仍高达18.19个;机械作业费仅占总成本2.9%,畜力费占5.36%;肥料费比重约为14.8%;税金约占成本5.3%。

整个东亚地区,在现代化的过程中,由于耕地及其它资源的稀缺,造成水稻生产的高成本。为了保护本国农民,除了采取补贴外,还在大米的贸易中对外国大米的进口加以限制。但如加入世贸组织,出口和进口限制都将被逐步取消。我国也不例外,只是更加处于困难的境地,因为我国是在农业远未实现现代化之时,就在水稻生产上陷入高成本的困境。尽管近来国家各项惠农政策逐步到位,水稻生产成本有所下降,但仍高于国际平均水平。

畜牧业是湖南农业中具有较高比较优势的行业,其中养猪业是畜牧业中最大的行业。2003年湖南猪肉产量占肉类总产量的81%。通过对湖南与国际主要猪肉出口国的生猪饲养成本比较可以发现,湖南的生猪饲养不管是农户散养和专业户饲养,每公斤增重成本均低于美国的生猪饲养成本。生猪饲养每公斤增重成本1997~1998年为7~8元,而美国同期则高达11~12元。或者说中国的生猪饲养成本比美国要低30%左右。

(三)生产规模使农产品成本下降、收益明显提高,适度规模经营有助于获得更大利益

从种植业来看,人均耕地面积在1亩以下的农户每亩农业物质生产费用为234.61元,人均耕地面积在10亩以上的农户每亩农业物质生产费用为164.6元,后者每亩的农业生产物质生产费用只有前者70.2%。

从生猪饲养来看,生猪的规模化饲养,可以有效地对整个生产过程分阶段进行程序化管理,减少用工,提高饲料利用率,降低成本,且有利于优良品种的引进。表5中,在数据差别较大的项目中,最明显的是用工作价,规模饲养的用工作价仅为散养的7.6%。从成本纯收益率来看,规模饲养高出散户饲养生产5.56个百分点,这说明生猪规模生产成本低,成本优势突出。从生产过程分析,散养与规模饲养的比较,规模饲养有许多散养不具备的优点。

表5 生猪散养户与规模户成本效益比较

品种:每头生猪(按地区工价汇总)

	单位	散养	规模饲养
主产品产量	公斤	99.4	101.2
产值合计	元	572.34	656.01
生产成本	元	547.91	592.65
#物质费用	元	435.73	584.13
用工作价	元	112.18	8.52
用工数量	元	7.9	0.6
劳动日工价	日	14.2	14.2
税金	元	3.23	0.81
含税成本	元	552.39	600.89
减税纯收益	元	19.95	55.12
成本纯收益率	%	3.61	9.17
耗粮数量	公斤	147.5	195.6

从2004年上半年湖南省的生猪生产情况来看，农村养猪业散养户与规模户的生产呈两极分化态势。在调查的180个村中，生猪散养户的比例为74.96%，比上年下降2.36个百分点，散养户出栏、存栏指标都显现减少，户均饲养量较上年同期减少了8.11%，规模户的比例为1.28%，比上年增加了0.74个百分点，出栏、存栏比上年末分别增长6.4%、20.1%。散养户的生产形势呈逐步下降走势，散养猪的农户数量越来越少，他们在养猪业的主导地位逐步让位于规模养猪户，且这一发展趋势在近二年里有所加快。就这一现象的产生我们做了进一步的调查，发现主要存在以下几方面的原因：

1. 技术方面。据冷水滩市农调队作的专题调研，他们分别对50户散养户和6个规模养殖户2004年上半年生猪生产进行了调查情况，就以下几个技术指标作对比：a. 良种率分别为76%、100%；b. 配合饲料的使用占总饲料的比重分别为66%、93%；c. 牲猪猪瘟、猪丹毒、痢疾三大疾病的预防率分别为72%、100%；d. 主要技术工作（饲料的配制、预防针、小手术）的掌握情况，散养户主要是靠乡镇里的有关技术人员而规模户基本上自己都会，有时还能为散养户提供技术服务；e. 重大传染疾病的隔离工作，前者与后者存在明显的差距。

2. 信息方面。散养户在信息方面的欠缺，是他们在养猪业方面竞争中处于不利地位的重要因素。他们获得信息的主要渠道来自于大众化的报纸、电视和亲友的介绍。信息滞后，对市场的了解只能是粗略的感性认识。64%的散养户决策不是来自对市场的判断，而是来自于家庭的劳力状况、饲料的来源情况和猪栏的多少。相反规模养猪户在信息的获得方面要比散养户全面得多，95%的规模养殖户有专门的时间分析市场，预测市场的变化趋势。60%以上的散养户分布在相对偏远的农村，而规模户大多分布在城镇或集市周围，在获得信息的速度上散养户明显跟不上规模户。

3. 规模方面。散养户与规模户在养猪业上，由于在规模上的差异，在市场竞争中处于绝对不利的地位。由于散养户的规模太小，他们在购买仔猪、饲料等主要成本时普遍要比规模户的高，一般高15%左右。在购买畜用药、畜用器具等少量用品时更要比规模户的高出20%以上；同样的原因，收购部门在价格上涨时不太愿意到散养的农户家里去收猪，价格走低时又可随意打压散养农户的猪价，调查的10户散养户2004年4月出售的活猪价格比规模户的公斤价要低0.2～0.3元。还是同样的原因，政府和金融服务等部门的服务也大多偏爱规模户，服务工作的重点放在规模户上。

四、主要农产品竞争优势分析

根据粮农组织公布的2000年全球201个国家（或地区）农产品出口贸易资料显示，我国农产品出口占世界农产品出口市场的3.185%，列为美国、法国、荷兰、德国、比利时一卢森堡、英国、加拿大、意大利、澳大利亚和西班牙之后的第十一位，农产品出口额不到美国的1/4、法国的40%、荷兰的一半。这表明我国作为世界上最大的农业生产国，农产品出口竞争力总体上相对较弱。

分品种看，在我国土地密集型产品中，小麦、油菜籽和大豆在国际市场中处于竞争劣势，棉花出口竞争力较弱，玉米有较强的竞争优势，大米、花生具有相当强的竞争优势；在我国劳动密集型产品中，鲜菜、大蒜、蜂蜜、茶叶和蚕丝具有很强的竞争优势，而牛肉、猪肉、禽蛋、柑桔和苹果缺乏竞争优势（参见《中国农业竞争力研究》，中国农业出版社，2003年11月）。

主要农产品在国际市场不具有竞争优势，主要是我国人口多，国内需求量大。我国的水稻、玉米、小麦、棉花和食糖的国内消费占有率分别达到99.8%、99.9%、99.1%、97%、99.3%，大豆和食用油的国内消费占有率下降较快，分别只有60%和80%左右。同时，具有成本比较优势的农产品，不一定有竞争优势，决定农产品竞争力的不仅仅是农产品价格，而且还包括农产品质量。这就说明具有比较优势的早籼稻为什么在市场上缺乏竞争力的原因。

五、农产品成本效益变动因素分析

农产品生产成本变化受自然因素、社会因素、生产结构、市场供求以及政策性等诸多因素影响。为了解各因素对成本变化的影响程度，我们采用2003年湖南省农村住户调查中没有家庭经营非农产业收入的农户（1892户）数据，就地势、是否通电视、农作物播种面积、粮食、畜肉、产量及价格、劳均外出打工收入、劳均农业纯收入、劳均农产品生产物质费用、劳均第一产业税费、劳均借贷款、投入一元生产费用产生的纯收入效益、化肥、饲料价格等14个指标进行因素分析，采用主成份分析方法，计算出提取主成份的累积贡献率达77%，确定的提取主成份有7个。因子负荷矩阵各因子的含义，第一个因子对农作物播种面积、第一产业税费两个指标的负荷系数较大，且均为正数，主要概括了农作物生产规模因子，第二个因子对丘陵、山区指标的负荷系数较大，概括了地理区位因子；第三个因子对畜肉产量、畜肉价格及第一产业纯收入指标的负荷系数较大，畜产品产量及价格提高对第一产业纯收入增加具有重要的作用，称为收入因子；第四个因子对粮食产量和粮食价格指标的负荷系数较大，表明粮食价格的高低影响粮食产量称为粮食影响因子；第五个因子工资性收入和借贷收入的负荷系数较大，外出务工收入和借贷性收入对提高农民生产、生活水平起了积极作用，称收入活力因子；第六个因子对农产品生产效益指标的负荷系数较大，农产品生产效益影响农产品竞争力，称为效益因子；第七个因子对能接受电视指标的负荷系数较大，电视媒体对农村经济发展及农业生产有着较大的影响，能使人们较快的接受新生事物，称为媒体影响因子。

表6　影响农产品生产成本的因子矩阵

	主因子1	主因子2	主因子3	主因子4	主因子5	主因子6	主因子7
1.平原	0.489	0.389	−0.183	−0.188	0.082	−0.55	0.125
2.丘陵	−0.362	−0.91	0.83	−0.005	0.016	0.33	−0.07
3.山区	−0.254	0.887	0.58	0.163	0.087	0.008	−0.024
4.通电视	−0.038	0.029	0.035	−0.023	0.002	0.01	0.975
5.农作物播种面积	0.754	0.008	0.182	0.435	−0.099	−0.27	−0.045
6.粮食产量	0.488	−0.196	0.179	0.652	0.001	−0.095	0.32
7.粮食价格	−0.03	0.228	0.021	0.746	0.016	0.02	−0.033
8.畜肉产量	−0.011	−0.031	0.782	0.049	0.124	0.005	0.064
9.畜肉价格	−0.063	−0.008	0.683	0.075	−0.098	−0.303	−0.022
10.第一产业税费	0.794	−0.07	0.059	0.089	0.036	−0.014	−0.125
11.工资性收入	−0.18	−0.167	−0.298	0.095	0.716	−0.019	0.121
12.借贷收入	0.205	0.47	0.276	−0.77	0.601	0.401	−0.105
13.第一产业纯收入	0.395	0.046	0.609	0.084	−0.113	0.429	−0.048
14.效益	−0.11	−0.025	−0.121	−0.03	−0.005	0.904	0.14
15.化肥价格	0.21	0.23	0.25	0.33	0.38	0.24	0.42
16.饲料价格	0.01	0.02	0.012	0.05	0.056	0.081	0.04

通过以上因子分析，对影响农产品生产成本的因素有了初步了解，选择对7个主因子负荷系数较大的指标作为影响农产品生产成本的关键指标，对于一些从属的指标，我们则进行舍取。由于地势、接受电视较具有稳定性，不予选取。选取指标：农作物播种面积、第一产业税费、粮食产量、粮食价格、畜肉产量、畜肉价格、工资性收入、第一产业纯收入、生产效益。采用SPSS统计分析软件，对这些变量与劳均农产品生产费用进行逐步回归。逐步回归结果除农作物播种面积、粮食价格、猪肉价格外，其它因素对农产品生产成本具有影响。

表 7　农产品成本因素逐步回归估计参数及 T 值

	回归 1	回归 2	回归 3	回归 4
	参数(T 值)	参数(T 值)	参数(T 值)	参数(T 值)
截距	607.76 28.35	207.35 8.48	59.09 2.28	159.93 5.8
1.畜肉产量	0.66 36.92	0.64 41.87	0.56 35.53	0.54 34.22
2..第一产业税费	0.38 25	0.38 25	0.31 19.81	0.28 18.19
3.第一产业纯收入	0.34 19.58	0.22 13.19	0.22 13.19	0.25 15.13
4. 工资性收入	−0.12 −6.91	−0.09 −5.62	−0.04 −2.78	−0.03 −2.08
5.农产品生产效益	−0.14 −7.68	−0.09 −5.91	−0.14 −9.29	−0.14 −9.29
6.粮食产量	0.19 11.17	0.06 3.54	0.05 2.83	0.03 2.14
7. 借贷收入	0.3 15.4	0.32 16.1	0.28 15.7	0.35 16.3
8.农作物播种面积	0.28 17.09	0.1 5.44	0.04 2.33	
9.猪肉价格	0.04 1.99	0.04 2.35		
10.粮食价格	0.05 2.85			

上述分析表明：

▲农业生产资料价格变化对单位面积农产品生产成本影响不显著，原因在于农业生产资料价格上涨时农民减少了投入，这样对农民收入和农业经济效益就产生了不良影响。

▲农民收入的增长与农业效益的提高，可以刺激农民对农业生产的投入。一方面，随着农民经济实力的增强，使农民增加对设施农业的投入成为可能。另一方面，农业经济效益的提高，使农民愿意增加对农业的投入。如 2004 年粮食价格上涨和粮食补贴政策、降低农业税政策等使农民觉得有利可图，因而种粮积极性提高，农民的生产投入增加。

▲农民外出务工对农产品生产费用有不同程度的影响。从回归结果来看，工资性收入与农产品生产费用呈负相关，其原因是农民外出务工，对家中的农产品生产相应的减少，有的家中没有劳动力的甚至出现耕地抛荒现象。

此外，影响农产品成本与效益的因素还有土地规模、地形地势、单位产出、自然灾害等。这里还要着重提出的是制度因素。

现行家庭联产承包责任制束缚了土地的流转，增大了生产成本。由于农民手中的耕地第一个用途并不是商品性的生产，而是作为一个“生存资料”，一个安居乐业最基本的必要条件。随着土地“生存资料”功能的逐步壮大，土地的商品生产功能逐渐萎缩。同时由于我国农产品供给与需求的难以确定性，农民为了达到自己的生存保障能力，不得不采取“保留土地、兼业耕作”的风险较小的小农经济经营方式。这种生产模式虽然可以使单个农民风险较小. 但从整个农业生产来看，却效率低下。

这种状况可以从我国粮食商品化率与美国的差距得到体现:我国的粮食商品化率仅为40%左右,而美国则达到近100%。这说我国大部分的农民还在消费自己种植的粮食,从事自给自足的小农生产。在边远山区,由于那里的粮食运输和粮食储备设施的落后,导致了农民不仅必须在当地生产粮食,还不得不为了生存用大部分的可耕地生产粮食。这些技术和外部的束缚制约了农村地区根据各地区的资源禀赋的不同而调整农业生产,因而现存的这种生产方式没有充分体现各地区土地资源与人力资源的差异性,形成农业生产一定程度上的地区间产业趋同现象。同时由于通讯、仓储等基础设施以及市场等方面的原因,农民调整农业生产时的交易成本较高,导致了农业生产在一个低生产率的水平上达到均衡。土地作为一种生产资料没有做到最优化的配置,从而造成了一大批农村剩余劳动力在转移无望的情况下继续进行着"一亩三分地"的生产,加大了劳动的费用。大量资本由于无利可图流出农业,农业的技术改进发展缓慢,就引起恶性循环。这就是我国农产品生产成本过高在制度上的原因。

六、农产品成本效益变化影响分析

(一)对农民收入的影响

农产品成本提高,价格往往不能成比例增长,单位产品收益下降,就会影响到农产品收入的增长。

(二)对城乡居民消费需求的影响

农产品成本变动对城乡居民消费需求有一定的影响,但没有实质性的影响。从下图我们可以看到农产品生产成本与城乡居民食品消费支出增长曲线变化趋势相近,通过计算,可发现它们之间存在较高的相关度,相关系数在90%以上,由于食品消费中属于食品加工、贸易和服务业的那部分支出比重在增长,扣除农产品价格因素影响后,居民食品消费支出增长稳定、且增速逐渐放慢的增长轨迹。

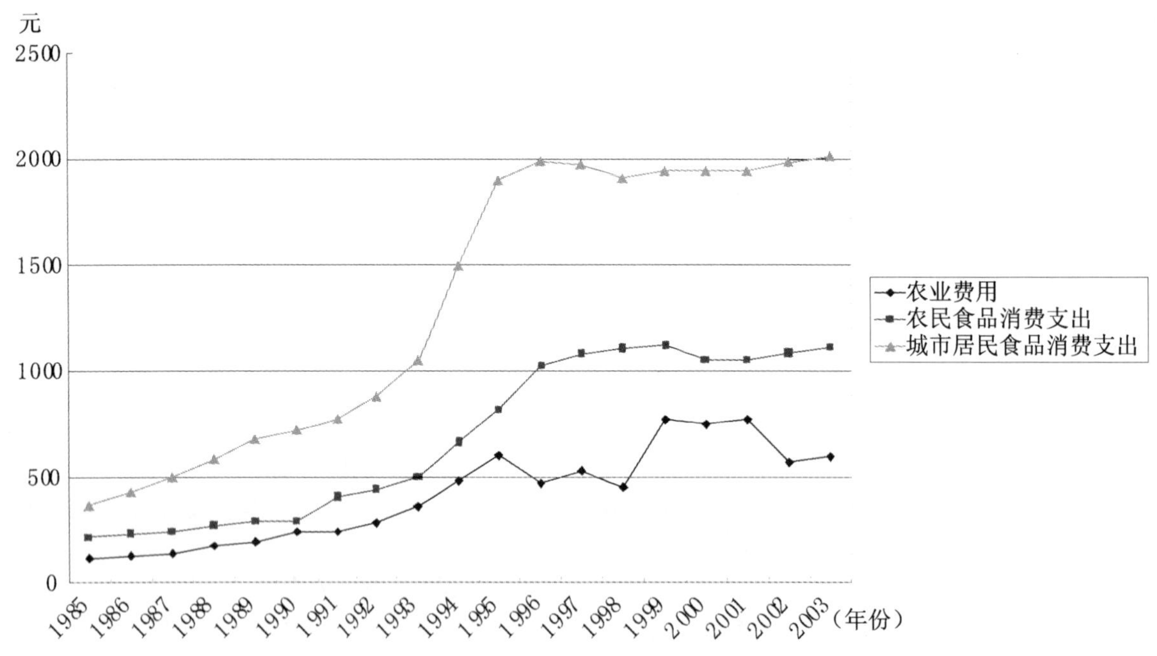

图1　农产品成本变动与城乡居民消费需求曲线

七、主要农产品成本函数

根据影响农产品成本的因素分析和农产品成本的构成,可以建立农产品成本与物质费用、生产资料价格指数之间的数学函数关系。

以早稻为例,一般而言其生产成本除受生产资料价格影响外,还要受单位面积使用的生产资料等物质费用、单位面积用工量的影响。又考虑到物质费用会受到生产资料价格的影响,因此对物质费用要用生产资料价格指数进行折算。因此,建立成本与生产资料价格指数、物质费用之间的数学模型,如下:

$$\ln Q = c + b\ln P + d\ln w + d$$

其中：Q 为早稻每亩生产成本，P 为生产资料价格指数，w 为扣除价格指数后的物质费用。由于是对数线性需求函数模型，因此在上式中，b 表示的就是早稻生产成本生产资料价格弹性，d 表示的是早稻生产成本物质费用弹性。

根据表 9 中湖南省 1984—2003 年早稻生产资料，使用计量经济分析软件包 EViews 对模型进行估计，发现生产成本与单位物质费用之间的相关性不强，因此，得出湖南省早稻生产成本模型为：

$\ln Q = 1.434735 \ln P - 2.470998$

$R^2 = 0.968$

R^2 是样本回归线与样本观测值拟合优度的度量指标。从估计的结果可以看出，$R^2 = 0.968$，表明模型在整体上拟合很好。

利用样本观测值和最小二乘法，我们得到两个回归系数的估计值 c、b，由于它们是由 Q 和 P 的样本观测值求出的，因此为了确定它们的可靠程度，必须要进行显著性检验。这种检验是确定 C、B 是否显著地不同于零，亦即检验样本是否取自真实参数为零的总体。对回归系数估计值的显著性检验用 t 检验。回归方程的显著性检验，又叫 F 检验，是指在一定的显著性水平下，从总体上对模型中变量与变量之间的线性关系是否成立进行的一种统计检验。

表 8　湖南省 1984～2003 年早稻生产资料

年 份	总生产成本（元）	每亩物质费用（元）	以 1983 年为 100 的价格指数(%)	折算后物质费用（元）	每亩用工数（个）
1984	76.74	41.04	107.50	38.18	23.80
1985	77.20	44.74	116.10	38.54	21.64
1986	81.27	50.37	119.00	42.33	20.60
1987	104.30	59.59	136.38	43.70	20.70
1988	124.22	72.77	174.97	41.59	21.71
1989	156.33	84.69	217.66	38.91	21.60
1990	171.97	91.02	217.45	41.86	23.67
1991	193.95	91.62	220.06	41.63	23.10
1992	206.88	98.00	232.38	42.17	23.02
1993	232.44	107.65	266.31	40.42	23.50
1994	298.83	153.68	315.84	48.66	21.60
1995	350.20	188.33	377.43	49.90	20.60
1996	462.89	221.68	408.38	54.28	22.67
1997	404.87	189.73	399.80	47.46	17.90
1998	422.32	181.12	357.82	50.62	20.10
1999	382.34	163.33	341.01	47.90	18.50
2000	390.69	160.34	338.62	47.35	17.00
2001	407.86	155.72	333.20	46.73	17.75
2002	392.17	157.73	329.53	47.86	16.51
2003	432.05	168.29	325.91	51.64	18.19

系数显著性检验：对于 b，t 统计量为 23.38。给定 $\alpha = 0.05$，查 t 分布表，在自由度为 $n-2=18$ 下，得临界值 $t_{0.025}(18) = 2.1009$，因为 $|t| > t_{0.025}(18)$，所以拒绝 $H_0: b=0$，表明生产资料价格指数对早稻生产成本有显著影响。并且从经济意义上看，$b = 1.434735$，表明生产资料价格指数每增加 10%，早稻生产成本就要增加 1.434735%。

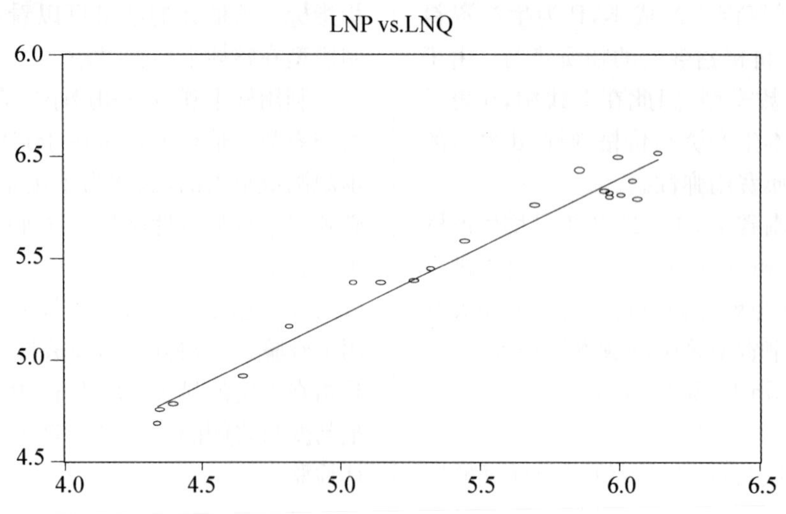

图 2　湖南省早稻生产成本的函数图

模型显著性检验：经计算，模型的 F 统计量为 546.6942。对 α＝0.05，查 F 分布表，得出临界值 $F0.05(1,18)=4.41$，因为 546.6942＞4.41，说明回归效果显著。

上述的检验说明本次建立的早稻生产成本函数模型从各方面来说都是符合要求的，早稻生产成本与生产资料价格指数之间存在显著的相关关系。

利用相同的方法，可以计算出：

中稻的生产成本函数为：

$$\ln Q=1.571869\ln P-3.221828$$

$$R^2=0.951827$$

晚稻的生产成本函数为：

$$\ln Q=1.093413\ln P+1.301413\ln W-5.532692$$

$$R^2=0.975995$$

棉花的生产成本函数为：

$$\ln Q=1.079262\ln P+1.005531\ln W-4.006554$$

$$R^2=0.98414$$

烤烟的生产成本函数为：

$$\ln Q=1.425784\ln P-1.77725$$

$$R^2=0.904911$$

油菜籽的生产成本函数为：

$$\ln Q=1.458893\ln P-3.015137$$

$$R^2=0.921404$$

以上各农产品成本函数模型均通过了回归系数的显著性检验（t 检验）和回归方程的显著性检验（F 检验）。在这几个农产品中，我们发现只有晚稻和棉花的生产成本模型中包括了物质费用这个因素，这并不是说生产成本与物质费用没有关系，而是由于一些原因，导致在本次模型中表现不显著。

通过对湖南省几种主要农产品生产成本函数的理论分析和计算，最终实现了生产成本与生产资料价格指数之间关系的定量研究，结果表明农产品生产成本和生产资料价格指数之间存在明显的相关关系。

几种主要农产品生产成本函数模型表明，在目前湖南农业生产技术、耕作技术没有发生大的突破前提下，要实现农业增产增收增效的目标，必须适当控制农业生产资料价格指数，才能有效降低生产成本。

八、对策建议

研究农产品成本与效益，就是期望通过从主要农产品近年来的生产成本变化、结构形成以及与其他地区或国家的比较，来分析农产品成本对农民收入、农产品在国内和国际上的竞争力的影响，提出从提高农产品竞争力、提高农产品效益、增加农民收入的角度解决“三农”问题的对策建议。这里主要从政策层面提出如下几个方面的建议。

（一）按照优势产品原则，调整农业产业结构

合理的产业结构能够使一国或一地区的资源得到有效的配置，从而增加其增值的能力。要按照优势产品原则，积极调整我国农业的产业结构。抓紧实施三个层次的战略调整，即地区布局结构、品种结构和农林牧渔等行业结构的战略调整。在东部沿海地区，发展资金、技术密集型或劳动密集型的高附加值的出口农产品；同时适度压缩粮食种植，将大宗农产品的生产空间让给具有粮食生产优势的中部地区；广阔的西部地区要将草原、畜牧业提高到战略支柱产业的地位，切实加强生态保护。

上述产业带的划分，既是充分发挥各地比较优势的需要，更是适应国家宏观战略的需要。湖南棉花、烤烟生产区域非常集中，棉花生产区域主要集中在洞庭湖区，烤烟生产区域主要集中在湘南，由于生产区域相对集中，这两种农产品的纯收益率都较高，在50%左右。因此，农产品实行区域化生产可以获得较高收益，这也是湖南省提出要实现区域化生产的主要原因。值得注意的是，尽管在同一地块内种植双季稻，得到的单位面积产量要高于中稻的单位面积产量，但不管是纯收益还是纯收益率，双季稻与中稻的纯收益基本相等。从成本效益角度出发，广大粮农在基本口粮能够满足后，当然不愿种植费时耗力的双季稻了。但从国家粮食安全角度出发，需要产粮区农民作贡献，需要农民多生产相对效益低的粮食，这是国家宏观战略的需要。

当然，与国家工业布局倾向沿海地区一样，这样的布局对中西部地区比较落后的农业、农村和农民肯定不公平。如此，需要加大国家宏观调控力度，将粮食主产区让渡给沿海地区的优先发展权，通过国家宏观调控，通过财政转移支付给予一定的补偿，切实提高种粮农民的生产效益。主要是通过土地分级规划和财政转移支付，让需要购进粮食的地区转移一部分通过生产其他经济效益高的农产品或非农生产获得的利润给粮食主产区农民。

在按照优势产品原则组织农业生产中，既要考虑到如何发挥农产品的比较优势，也要考虑到如何发挥农产品的质量优势，更要考虑农产品的市场需求。产业结构的调整，要以市场为导向，对于质量差、效益低，不具有竞争力的产品应进行缩减，对有比较优势的产品则应扩大生产。目前湖南农产品优质率不到15%，这种状况不利于农产品参与市场竞争。水稻、生猪、水产品是湖南具有比较优势的产品，应继续保持；湘西的奈李、麻阳的猕猴桃等具有湖南特色的水产品更应大力发展。

(二)通过完善农业科技社会化服务来提高农产品效益

我国耕地、水等自然资源缺乏，依靠传统的自然资源高投入的潜力已经很少，只能更多地依靠技术进步，来提高单位面积产量，从而降低单位农产品的生产成本。当前，不少地方农业科技社会化服务体系建设滞后，很多农民还在沿用旧的生产方式、旧的种植养殖技术来进行农业生产，部分农民利用农业适用科技却“增投不增收”。为此，各级政府要积极采取有效措施，尽快建立健全以病虫害测报、种植作业方法指导、农资新品种应用、供应等为主的农业科技社会化服务体系，大力发展农业科技市场中介组织与信息网络系统，帮助农民解决使用农业适用科技过程中出现的困难和问题，减少农户的额外不必要投入，降低农产品成本。

1. 加速农业科技产业化的进程。我国现有的农业科技体制与广大农民对新技术产生与扩散的要求已不相适应。农业技术从产生到推广和采用存在着信息脱节，科研人员行为、政府行为、技术推广人员行为与农民行为相互背离的现象。所以，要降低农产品成本、提高农民“科技兴农”的积极性，就必须改革现有的科技体制，实现农业科技的产业化，使科研成果直接与农民见面。这样，由于农业科研和推广部门的科技活动与自身利益相挂钩，可以促使农业科研单位及时了解农业适用科技推广中的问题，并根据这些问题集中攻关，研制、开发和推广低成本、高产出的农业新品种、新技术，使广大农民既增产又增收。加强良种繁育，实现良种化。种子是农业之母，“科技兴农，良种先行”。良种是发展优质高效精品名牌农产品的基础，要制定切实可行的“种子工程”计划，实行种子生产的实体化，改变全省到处有种子场的混乱局面，选择技术条件好的地方建立较大规模的良种繁育基地，组建高水平的技术队伍。

2. 推广适用的高产种植技术。育苗移栽与地膜覆盖是我国水稻、玉米、棉花等农作物栽培技术的一大特点，育苗移栽是克服粮棉两熟栽培的矛盾、争取粮棉双丰收的关键措施。移栽的农作物一般比直播的增产20%左右，地膜覆盖具保墒增温效应，有利于农作物生长发育，所以，应大力推广育苗移栽和地膜覆盖的高产种植技术。

3. 科学施肥，提高化肥利用率。我国目前农作物单位面积化肥使用量是世界平均水平的1.6倍，湖南的单位化肥适用量更高，而且还有继续增加的趋势。过量的使用化肥不仅会使耕地土壤板结，质量下降，对病虫害抵抗力下降，导致农作物减产和农药费增加，而且还会引起一系列的生态环境问题。只有通过科学施肥，充分提高化肥利用串，才能在保证不降低农产品产量的情况下，降低农产品的生产成本。湖南目前化肥有效利用率仅为30%左右，而发达国家化肥的有效利用率为60%。大量的试验证明，推广科学施肥和合理施肥技术，通过取样化验土壤中的有机质氯、磷、钾等几项指标，对各种农作物进行专用肥配方，有针对性地使用，并结合其他技术，一般可使化肥有效利用率提高12个百分点。由此可见，科学施肥，提高化肥利用率是降低农产品成本的重要途径。

4. 加大综合防治病虫害的力度。农作物能否增产与病虫害轻重有很大关系，特别是水稻与棉花。病虫害防治是一项系统工程，应从品种、用药、防治方法等方面综合考虑，并积极采用和研究新的防治技术，各地区应根据具体生态特点，采取适用的综合防治体系。

（三）通过谋产业化发展之路来提高农产品效益

主要农产品生产成本高主要在于农村经济经营体制和经营形式落后，农业产业化发展不平衡。生猪、烟叶、桔类是我国农业生产的优势品种，而稻谷、小麦、玉米、棉花、油菜籽生产成本高，收益率低。主要原因在于我国种植业生产家庭经营的优势没有强有力的社会化服务组织体系的支撑，农业支持政策体系不健全。而且农村劳动力资源丰富，土地资源少，我国农村劳动力人均耕地少，尤其湖南人均不足2亩，农户的户平耕地只有4.2亩，大部分农业耕作还停留在牛耕和人作的落后状态。从湖南情况来看，提高农业生产效益，产业化经营无疑是必由之路。当前农业产业化还需做好四个方面的工作。

1. 通过龙头企业拉动产业化进程。主要是通过以市场为导向，以提高经济效益为中心，突破所有制界限，突破行政区域界限，突破行业隶属关系的界限，通过“公司十农户”的方式，把经营规模小的千家万户组织起来，通过生产、加工、销售的有机结合与相互促进，实现生产要素的优化组合和产业结构的合理调整，从而降低农产品产前生产成本、产中生产成本和产后生产成本，为增加农民收入，促进农业发展提供强有力的支持。

2. 要强化现有农村集体组织和社区组织的经济功能。改变目前少数农村集体经济组织在管理社区经济活动时看似“有组织”，其实“无组织”的状况，正确引导规范，使其逐步发展成为农村合作经济组织，真正成为组织和引导分散经营的农户参与市场竞争主体。充分发挥农村专业户、经纪人以及龙头企业等在生产经营过程中的龙头作用、组织作用，通过他们推进农业和农村组织化程度，扩大经营规模，增强市场谈判的力量，减少市场风险，谋求更大的市场份额。各级政府应从政策上培育大型农业企业，鼓励形成跨区域乃至跨省的行业协会和农民合作经济组织。

3. 要加快培育新型农民组织。新型的农民组织，对需要加工的农产品，就可以通过“企业＋专业合作社＋农户”的模式组织农业生产。由企业加工并销售加工产品，实现产加销一体化。对于不需要深加工的农产品，由专业合作社统一组织包装和运销，形成“市场＋专业合作社＋农户”的生产经营模式。

（四）通过制度创新来提高农产品效益

通过科技手段、规模经营来降低农产品成本价格，提高农产品质量，实现农产品优质优价，稳定农产品的供求关系，增加农民收入，是今后不可避免的一个趋势。但这个功能的发挥，还有赖于政府如何通过改革，统筹城乡经济社会发展，建立完善的市场经济体制，推进农业产业化经营制度的发展，尽快改变目前城乡分割的二元经济社会和城乡不统一的体制。当前中央一号文件的出台，粮食直补政策在全国全面落实，相当于降低了农产品的生产成本，对于稳定农产品市场供求将起到极大的促进作用。

1. 加速农村城市化水平，吸收农业剩余劳动力。加入WTO后，由于农产品的价格的下降和成本的增加，仅仅依靠增加劳动力投入不仅不能提高产量、降低成本，还会使劳动力的边际产量递减，反而增加单位成本。因此，必须通过提高劳动力生产率来降低单位产品劳动力投入，以降低成本。要加速农村城市化来吸收农业剩余劳动力，以提高农业生产的集约化水平和生产效率，降低劳动力成本，减少农产品生产过程中活劳动的投入，提高农产品竞争力。

2. 实行农地制度创新，适当扩大土地经营规模

家庭承包责任制作为农村改革的开端和新经济体制的基础，对农村经济的发展起到了巨大的推动作用。但随着改革的深入，家庭承包责任制所带来的农户土地的小规模经营的局限性和落后性也日益暴露出来。过小的经营规模不仅造成农业固定资产的重复购置和低效率使用，而且在客观上阻碍了大中型农业机械及农业科技的推广使用。适当扩大土地经营规模，只有通过建立起土地流转制度，使农民获得类似于“企业法人财产权”的土地产权，允许土地的经营权和使用权分离，这样一方面让种田能手获得适当规模的土地经营权，另一方面又能解决进城经商的农民的后顾之忧，因为他们一直拥有承包地的使用权。这样，不仅有利于提高农业机械化水平，增加农产品产量，促进农业产业化发展，更重要的是可降低农产品的生产成本。

3. 加大工业反哺农业的力度，降低农用生产资料价格

目前在我国工业已有很大发展并已形成较为完善的工业体系的情况下，也应到了工业反哺农业的时候了。工业反哺农业主要表现为工业为农业提供物美价廉的农业生产资料，如农业机械、农用化肥、农药、塑料薄膜等生产资料。从 1990 年以来，物质费用增加的绝大部分是由于农用物资资料的价格上涨所引起的，所以逐步实行加大工业反哺农业的政策，降低农用生产资料价格，是降低农产品生产成本的重要措施。

(五)通过加大对农业生产资料供给及价格变化的宏观调控力度来提高农产品效益

为防止国家的惠农政策被生产资料价格上涨所抵消，政府部门在生产资料供给及价格变化的宏观调控方面要出台措施：一是加强对化肥等农资价格的监管调控。进一步落实对化肥生产用电价格优惠政策，扩大享受化肥优惠运价范围；下调进口化肥综合差率；暂停部分品种价格允许上浮的规定。二是加强价格监督检查。对化肥等农业生产资料生产、流通、零售各环节进行全面检查，严肃查处利用运力紧张之机乱加价、乱收费问题。

7

退耕还林

退耕还林对西部地区粮食供求的影响

国家统计局农村司*

一、退耕还林工程的基本情况

(一)退耕还林规模

1. 西部地区退耕规模在6500万亩左右。

(1)据国家林业部门统计,1999～2003年5年间,全国累计完成退耕地造林(含京津风沙源治理工程中的退耕还林)10631万亩左右,宜林荒山荒地造林11919万亩,合计22748万亩。据此测算,退耕面积相当于1998年全国耕地总资源的5.5%。其中,西部大开发12省(区、市)(以下简称西部地区)退耕地造林6540万亩,占全国退耕地的61.5%,退耕面积相当于西部地区1998年耕地总资源的8.8%。近两年,是全国退耕还林全面推进最快的时期,进度快,力度大。两年间,全国共完成退耕地造林8554万亩,其中,西部地区完成5110万亩,占60%。

分地区看,内蒙、四川、陕西3省(区)退耕规模大,均在1000万亩左右,3省合计达3292万亩,占西部地区退耕面积的50%,占全国总退耕地面积的31%,退耕面积的比例相当于1998年耕地资源的11.1%。退耕力度达到10%以上的有重庆、四川、陕西、青海、宁夏,5省市退耕地面积占其耕地面积的比重分别为11.5%、11.9%、14.8%、17.6%和17.1%。

(2)另据国土资源部统计,1999～2003年,全国共占用耕地1.17亿亩。其中,生态退耕8117万亩,用地结构调整中由耕地改为园地(如茶、桑、果)面积达1647万亩。国土资源部未将耕地改园地等经济用途的结构调整统计在生态退耕里,而林业局统计的退耕地造林面积则包括经济林木(如果树、茶树、桑树)面积在内。因此,从退耕的角度讲,国土资源部生态退耕面积加上结构调整减少的耕地面积为1亿亩左右,总体上与林业局退耕地造林面积基本接近。其中,西部地区生态退耕加上结构调整后退耕地还林面积为6465万亩,占全国的62.3%,相当于1998年这些地区耕地总资源的8.7%,与林业局数据基本一致,但分省数据由于统计的时间、口径上有一些差别,存在着一些差距。如表1所示。

总体上讲,截止到2003年,全国已退耕地1亿亩,西部地区力度大,达6500万亩左右。由于国家林业局直接统计退耕地造林面积,且是年底验收合格的面积数据,与各省掌握的数据也基本一致。因此,我们拟采用林业局的数据来反映全国及分省退耕还林的情况。

(3)关于退耕还林减少了多少耕地面积。一些人认为:虽然全国退耕还林面积为1亿亩,但实际耕地面积并没有减少1亿亩。我们认为,这主要是由于过去在耕地统计中存在不同的标准和不同的口径范围而造成的。

---

* 课题组成员:鲜祖德、盛来运、孙梅君、阳俊雄、侯锐、彭丽荃、柏先红、张明梅。

1997年国土资源部、全国农业普查办公室、国家统计局联合发布的1996年全国耕地面积为19.51亿亩，是全国的耕地资源数量，包括了25度以上的陡坡地、石缝地9100多万亩，以及南方宽小于1米、北方宽小于2米的沟渠、田埂和道路；并且是按照标准亩即“丈量面积”进行统计的。现在国土资源部每年发布的耕地资源变更公报数据及退耕地面积数据与这一统计标准一致。1996年普查数据比经常性的统计年报数(即各级政府认可的上报数据，一般按当地“习惯亩”进行统计，且按可经常使用的面积进行统计，一般不包括陡坡地、石缝地、帮忙田等)大约5.26亿亩，但实际耕地资源并没有增加。

林业部门负责统计退耕还林面积，因与兑现政策有关，因此是按标准亩进行统计，是“丈量面积”。退耕地的统计口径范围与土地资源调查一致，包括25度以上的陡坡地退耕作为重点。

因此，我们认为，从耕地资源减少的角度讲，国土资源部和国家林业局两部门的数据基本上是吻合的。关于这一问题的详细说明，可参考本课题附件：关于耕地面积统计的几点说明。

表1　1999～2003年累计退耕面积

单位：万亩

地　　区	国土资源部					国家林业局	
	1998年耕地资源	1999～2003年累计退耕面积	#生态退耕	#结构调整	占1998年耕地资源的比重%	1999～2003年累计退耕面积	占1998年耕地资源的比重%
全　　国	194463.6	10377	8116.5	2260.3	5.34	10631.4	5.47
西部地区	74108.5	6464.6	5487.2	977.3	8.72	6539.9	8.82
内 蒙 古	12004.1	1638	1626.9	11.0	13.64	982.6	8.19
广　　西	6616.7	162	66.4	95.9	2.45	270.3	4.09
重　　庆	3802.5	266	205.7	59.9	6.99	436.9	11.49
四　　川	9899.9	739	565.9	173.5	7.47	1175.3	11.87
贵　　州	7340.7	445	401.0	44.2	6.07	543.4	7.40
云　　南	9638.0	379	245.6	133.6	3.93	412.8	4.28
陕　　西	7651.4	1277	1026.6	250.9	16.70	1134.3	14.82
甘　　肃	7533.4	500	467.8	31.9	6.63	700.0	9.29
青　　海	1030.8	199	197.7	0.9	19.26	184.0	17.85
宁　　夏	1907.9	462	457.5	4.5	24.21	326.6	17.12
新　　疆	6136.1	388	217.5	170.9	6.33	373.7	6.09

2.退耕农户户均累计退耕5亩左右，重点地区退耕力度更大。根据国家林业局提供的资料测算，西部地区1240万农户1999～2003年累计退耕6500万亩，户均退耕规模5.3亩。在一些退耕比较集中的地区，退耕力度更大。据内蒙古、四川、陕西三省19个村的典型调查，19个村平均户均退耕7.8亩。其中，陕西户均退耕8.6亩，内蒙9.8亩。与1998年相比，2003年19个调查村年末耕地面积减少42.0%。

陕西省旬阳县位于秦巴山区、汉江流域，是国家退耕还林示范县，截至2003年累计退耕35.7万亩，全县人均耕地已从1998年的1.8亩下降到2003年的1.4亩，下降24.4%。旬阳县小河镇是一个退耕还林的典型乡镇。1999～2000年两年合计退耕6128亩，2003年全镇人均耕地面积下降到1.2亩。

3.工程涉及西部农村17%(约1240万)农户，5200万农村人口。西部地区多为高原山区，是我国生态环境十分脆弱的地区，森林覆盖率较低，水土流失和土地沙化、荒漠化严重，是退耕还林工程的重点地区，涉及到广大的农户和农民。根据国家林业局对退耕还林工程执行情况的统计，退耕还林工程实施以来，工程涉及到西部地区1240万农户和5200万人口，占西部地区农村住户的17%和农村人口的18%。其中，四川、重庆、贵州、陕西、甘肃涉及的农户和人口较多。如表2所示。

表 2　西部地区全部退耕还林工程涉及农户和补助粮款情况

	自工程实施以来累计粮食兑现数量	自工程实施以来累计现金兑现金额(亿元)	粮款兑现涉及户数(万户)	户均人口(人/户)	粮款兑现涉及人数(万人)
西部地区	264.6	31.3	1241.5		5182.0
内蒙古	30.3	3.2	104.6	4.0	418.2
广　西	6.3	0.4	36.6	4.8	175.1
重　庆	18.5	7.2	148.3	3.7	541.4
四　川	79.6	5.5	451.3	3.9	1764.7
贵　州	22.1	1.5	123.4	4.5	549.0
云　南	16.3	1.4	76.1	4.5	340.7
陕　西	50.9	5.0	114.9	4.4	503.2
甘　肃	15.4	3.0	121.4	4.7	566.9
青　海	9.3	1.0	20.9	5.2	108.2
宁　夏	9.2	0.9	27.2	4.7	127.4
新　疆	6.6	2.1	17.0	5.1	87.1

(二)退耕地类型

按照《退耕还林条例》规定，优先安排25度以上陡坡耕地、生态地位重要区域15～25度坡耕地及严重沙化耕地的退耕还林。从西部地区来看，基本上体现了这一原则。

1. 退耕地70%以上是坡耕地。根据农村住户调查资料，2003年西部地区退耕农户所在村的地势70%以上为山区，这说明在西部地区，绝大多数退耕地分布在山区。

为进一步观察退耕地类型，我们将耕地划分为平地、梯田、坡地和25度以上陡坡地四种类型。根据内蒙古、四川、陕西三省19个村的典型调查资料平均，与1998年相比，2003年平耕地减少21.9%，坡地减少33.6%。其中，陕西坡地减少了66.8%，四川坡地减少40.4%，内蒙则减少了27.6%。平地面积减少主要是内蒙古一些沙化地退耕所致，如内蒙古被调查村平地面积减少了22.3%。退耕还林后，各地加强了农田水利基本建设，梯田面积则增加了34.8%。

因此，退耕地以坡地为主。19个村的典型调查资料表明：陕西、贵州基本上退的是25度以上坡耕地，占99%。四川退耕地中绝大多数也是坡耕地，25度以上坡耕地占86.3%。内蒙古退耕地中坡地占56.3%，平地占43.7%，而该区平地退耕的面积主要则是指沙化地退耕的面积。

2. 计划内退耕占70%以上。根据19个村的典型调查，退耕地计划内退耕占71.2%，计划外退耕28.8%。四川均是计划内退耕的面积，陕西计划内退耕已占到88.8%，内蒙古计划外退耕比重则达到了36.8%。

3. 退耕地以还林为主。19个调查村退耕地中还林面积达75.3%，24.7%的面积还草。还林面积中以生态林为主，占90%左右。其中，陕西生态林比重达到了78.5%，四川、内蒙均达到了95%。内蒙古有36.7%的退耕地还草。

(三)生态和经济效益

尽管目前还无法对退耕还林的生态、经济和社会效益进行全面评估，而且退耕还林的长期效益在短期内也难以做出判断，但退耕还林政策的实施使农民得到了实惠，也产生了初步的生态效益。

1. 政策基本兑现，农民得到实惠。据国家林业局统计，截止到2003年，国家对西部地区累计投入341.2亿元，占全国的68.8%(含：种苗造林补助费等基建投资，补助退耕农户生活费，补助农民粮食折合资金)。工程实施以来，累计现金兑付31亿元，其中2003年兑付18.6亿元。累计兑付粮食补助265亿斤，其中，2003年兑付132.5亿斤，粮款的兑付率都比较高。

2. 退耕区农民收入增加。据农村住户调查资料显示，2003年，西部地区农民人均纯收入达到1936元，比上年增加6.4%，增速高于全国平均水平。2003年退耕农户人均纯收入1718元，比上年增加166元，增长10.7%，增速高于非退耕农户。其中，来源于退耕还林(还草)得到的转移性补贴收入(含各种实物补贴折现)人均135元，占纯收入的7.8%。

对汉中、安康、延安三市四县(区)7个行政村50农户的典型调查，7村农民2003年人均家庭总收入1639.3元，比1998年的人均家庭总收入1244.9元，增长31.1%，年均增长5.7%。传统的种植业收入减少51.8%，牧业收入人均326.6元，增长27.4%，工资性收入人均886.8元，增长62.05%。退耕地的粮食补贴收入，高于退耕地粮食生产收入。退耕还林后，退耕农民不再广种薄收，而在集约经营、发展经济作物或非农产业或外出打工，以增加收入。7村调查的结果显示，农民外出从业得到的收入人均334.5元，增长74.5%，从本地企业或者单位得到的收入人均541.9元，增长74.7%。

3. 促进了农业结构调整和经济发展步伐，加快了脱贫致富的步伐。内蒙古乌兰察布盟实施退耕还林还草以来，实行封山禁牧、舍饲圈养，全盟畜牧业产值占农业的比重从退耕前的15%提高到2002年底的40%。四川部分地区退耕后发展起来的经济林或种植的饲草已开始显示出初步的经济效益。如南江县以退耕还林为契机培植起来的核桃，被国家林业局命名为“中国核桃之乡”和“全国经济林建设先进县”；林下种植的优质牧草发展南江黄羊，成为全国黄山羊重点基地县；林缘种植的金银花已发展为四川理想的中药材基地。北川县以退耕还林为突破口，促进旅游景区植被的恢复和建设，带动周边农民退耕增收。由于自然、生态环境的改善，该县境内的猿王洞接待游客人次、旅游收入迅速增加，周边农民到景区务工、经商人数增多，农民的收入、生活水平也发生了质的变化。另据合江县对退耕还林工程中的经济林、经济草正式投产后的测算，每亩产值可达1000元以上，其收益为种植农作物的2倍以上。

4. 退耕还林的生态效益开始显现。四川实施退耕还林工程以来，已取得了明显的生态效益。通过五年退耕还林及对原有森林的维护，2003年，全省森林面积达1.7亿亩，森林覆盖率由退耕前的23.4%提高到26.6%，提高3.2个百分点。另据四川农业大学在天全县实地对径流含沙量的观测结果表明，退耕还林2～3年后的径流含沙量，比同一地区农耕地减少22～24%。合江县农调队调查，该县退耕还林后，全县森林面积达到153.2万亩，森林覆盖率由43.6%提高到48.3%，为天然物种的繁衍生息提供良好的生存环境。同时，减轻治理强度以上水土流失面积121平方公里，流入江河的泥沙量减少60～70%，极大地改善了水土流失严重的现状。

陕西省退耕还林以来，昔日光秃秃的山峁逐渐变绿，植被开始恢复，裸露的土壤得到了固定，严重的水土流失开始得到遏制，自然灾害频度明显降低。据测算，退耕还林后，陡坡耕地地表径流量和土壤侵蚀量等指数减少幅度达到20～40%，土壤全钾、全钙的含量明显增加，陕西省森林覆盖率由1997年的24.1 %上升到2002年的30.9 %。

据水利部黄委会遥感监测中心对国家退耕还林重点地区陕西延安、榆林地区的监测结果表明，从1997年7月到2002年7月的5年间，该地区植被中高覆盖度的面积增加6760平方公里，覆盖度提高了8.45%。裸地及低覆盖度的面积减少6242平方公里，占总面积的比重下降了7.81%。

二、退耕还林对粮食生产的影响

(一)分析方法和技术路线

1. 退耕还林一方面导致耕地面积减少，耕地面积减少有可能导致粮食播种面积和总产的下降；另一方面，因为退耕还林的实施，改善了工程区的生态环境，治理了水土流失，从而提高了未退耕地的粮食单产水平和生产能力。因此，关于退耕还林对粮食生产影响的分析至少应包括上述两方面的内容。

2. 未退耕地粮食单产水平变化的分析比较复杂。一方面未退耕地粮食生产能力提高需要一个过程，短期内难以见效。另一方面，粮食单产水平的提高是多种因素共同作用的结果，与气象条件、生产投入等均有关系，要拆分出多大程度是退耕还林工程的作用，事实上比较困难的。如何测算，需要进一步研究。

3. 为搞清退耕地究竟少产多少粮食，我们除了可以利用现有的统计资料来分析测算以外，还通过典型调查，获得了不同类型退耕地常年平均亩产。这样我们可以通过两种方法对退耕还林对粮食生产的影响进行测算。

第一种方法的技术路线即习惯面积乘以习惯亩产。具体步骤是：第一，测算退耕还林以来减少了多少粮食播种面积；第二，测算减少的粮食播种面积中有多少是由于退耕还林造成的；第三，测算由于退耕影响到的粮食面积所减少的粮食产量。

第二种方法的技术路线即标准面积乘以标准亩产。具体步骤是：第一，搞清退耕还林减少了多少耕地面积；第二，减少耕地面积的类型；第三，不同类型耕地的常年亩产水平。

(二)退耕地减少粮食生产能力的测算

1. 第一种方法：习惯面积乘以习惯亩产

(1)1998年以来，西部地区粮食产量连年下降。进入20世纪90年代以来，西部12省(区、市)粮食生产得到迅速恢复和发展，粮食连年丰收，从根本上扭转了粮食的短缺局面，实现了供需基本平衡，丰年有余。1998年粮食产量创历史最高水平，达到2742.8亿斤。1990～1998年8年间，粮食总产量年平均增加63.6亿斤，年均增长2.6%。其中粮食单产年平均增加4公斤/亩，年均增长1.76%；粮食播种面积年平均增加428万亩，年均增长0.82%。

与全国形势一样，受结构调整和自然灾害的影响，1998年以来，西部地区粮食产量连续下降。至2003年，我国西部地区粮食总产量下降到2506亿斤，比1998年减少8.6%。年均减少47亿斤，年均减少1.8%。

(2)粮食总产量的减少，根本原因是粮食播种面积下降。与1998年相比，西部地区粮食播种面积减少6366万亩，减少11.8%，年均减少1273万亩，年均减少2.48%。2002年大规模退耕还林以后，坡耕地大量减少，未退耕地生产投入的集约化程度提高，粮食单产水平有所提高。2002年，未退耕地粮食单产水平达到大丰收的1998年水平，2003年粮食单产水平进一步提高到263.4公斤，创历史最高水平，比1998年提高1.8公斤，年均增长0.7%。如表3所示。

表3 西部大开发12省(区、市)粮食生产情况

单位：万亩、亿斤、公斤/亩

年份	播种面积	总产量	单产
1990	50502.8	2233.7	221.1
1991	50489.0	2270.9	224.9
1992	50382.3	2277.3	226.0
1993	50344.5	2345.6	233.0
1994	50739.5	2233.7	220.1
1995	50880.5	2346.0	230.5
1996	52134.3	2620.4	251.3
1997	52710.9	2596.9	246.3
1998	53925.7	2742.8	254.3
1999	53836.9	2675.2	248.5
2000	51793.2	2579.3	249.0
2001	50734.8	2454.6	241.9
2002	49940.8	2536.4	253.9
2003	47559.3	2505.8	263.4

(3)减少的粮食播种面积中60%改种经济作物和其它农作物，40%是由耕地面积减少导致的，结构调整是主要因素。1998年以后，我国农业结构处于大调整时期，"减粮扩经"成为这一时期农业结构调整的主旋律。与全国一样，我国西部地区种植结构调整加快。1999～2003年5年间，西部地区农作物总播种面积减少1080万亩，而同期粮食播种面积减少了6366万亩，经济作物和药材、蔬菜、瓜果、牧草饲料等其它农作物面积增加了5285万亩，其中，蔬菜、瓜类作物面积就增加了2000万亩左右。粮食作物占农作物总播种面积的比重由1998年的72.4%下降到2003年的65.8%，下降了6.6个百分点，年平均下降1.3个百分点，是退耕还林前年平均下降速度的3倍多。经济作物和其它农作物占农作物总播种面积的比重由27.6%上升到34.2%，增加了6.6个百分点。考虑到蔬菜瓜类等其它作物的复种指数一般高于粮食作物，且退耕地上一般还可以套种药材、瓜果等，那么，减少的粮食播种面积中约有60%是由于结构调整，改种了经济作物和其它农作物，40%约2550万亩则是由于耕地减少而引起的。

(4)退耕还林减少的粮食播种面积影响粮食产量约130多亿斤。耕地减少有几种方式，主要是退耕还林和建设用地。据国土资源部统计，西部地区退耕还林占用的耕地面积占耕地面积减少量的96%，按此比例，退耕还林减少的粮食播种面积在2500万亩左右。按西部地区平均的习惯亩产计算，损失的粮食产量大约130多亿斤。

2. 第二种方法：标准面积乘以标准亩产

本方法将利用林业部门和国土资源部西部各省已退耕地的标准面积，根据已退耕地的类型和不同类型的标准单产水平进行加权测算。

(1)西部各省已退耕地面积来源于国家林业局统计资料。

(2)通过内蒙古、四川、陕西三省区19村的典型调查,不同地区退耕地的类型不尽相同。如内蒙古人均耕地面积多,但沙化地也多,退耕还林(草)的面积较大。因此在生态环境重要地区沙化地退耕的比重较大,调查显示内蒙古平地(主要指沙化地)退耕面积达到了40%左右;其余是坡地退耕,占60%,25度以上的占35%以上。四川退耕地中25°以上坡耕地约80%左右,25°以下耕地约20%左右。四川退耕地主要分布在丘陵和高原山区,土质较差、土壤肥力低,其粮食亩产水平不高。但由于气候通常较湿润,一般可以种植夏秋两季农作物,其品种主要是小麦、油菜、玉米、红苕、洋芋或小杂粮。广西、重庆与四川的情况比较相近,新疆正常年份,粮食单产水平不比四川低。陕西退耕区主要分布在高原山区,退的基本上是25度以上的坡耕地,属于帮忙田,单产水平非常低。云贵高原、西北其它地区的情况与陕西的情况相似。

(3)根据三个具有代表性的省份共19个村的典型调查,考虑到四川退耕地的复种问题,不同类型退耕地的常年标准亩产水平如表4所示。

表4 3省19村退耕还林类型及粮食平均亩产情况

指标名称	单位	三省汇总	陕西	四川	内蒙古
调查户数	户	5237	1284	1019	2934
总人口	人	20257	5045	3551	11661
退耕还林面积	亩	41228.4	11073.9	2445.5	28857
户均退耕	亩/户	7.9	8.6	2.4	9.8
其中:#平地比重	%		1.0	—	43.7
梯田比重	%		—	13.7	—
坡地比重	%		99.0	86.3	56.3
#25度以上坡地	%		98.9	86.3	35.8
退耕地粮食常年平均亩产	公斤/亩				
其中:#平地	公斤/亩		133	300	113
梯田	公斤/亩		—	320	80
坡地	公斤/亩		61.4	190	59

根据以上资料进行测算,1999～2003年,西部地区退耕还林共减少耕地资源6500万亩,如果这些退耕地全部种植粮食(退耕前也主要是种植一些玉米、薯类和杂粮),那么,根据退耕地的类型和常年产量计算,退耕地减少的粮食产量不到150亿斤。具体测算结果见表5。

表5 1999～2003年西部地区退耕地粮食产量测算

地区	1999～2003累计退耕面积(万亩)	3省19村调查的退耕地类型及亩产水平(公斤/亩)				分类加权推算的总产(亿斤)	按补贴标准计算亩产(公斤/亩)	按补贴标准计算的粮食总产量(亿斤)
		坡地比重	坡地亩产	平地比重	平地亩产			
西部12省区市	6539.9					148.6		159.2
内蒙古	982.6	0.56	60	0.44	113	16.3	100.0	19.7
广　西	270.3	0.86	190	0.14	300	11.1	150.0	8.1
重　庆	436.9	0.86	190	0.14	300	17.9	150.0	13.1
四　川	1175.3	0.86	190	0.14	300	48.2	150.0	35.3
贵　州	543.4	0.99	61	0.01	133	6.7	150.0	16.3
云　南	412.8	0.99	61	0.01	133	5.1	150.0	12.4
陕　西	1134.3	0.99	61	0.01	133	14.0	100.0	22.7
甘　肃	700.0	0.99	61	0.01	133	8.6	100.0	14.0
青　海	184.0	0.99	61	0.01	133	2.3	100.0	3.7
宁　夏	326.6	0.99	61	0.01	133	4.0	100.0	6.5
新　疆	373.7	0.99	190	0.01	300	14.3	100.0	7.5

(4)国家给各地的粮食补贴标准，为的是弥补退耕地的粮食产量。对这一结果，我们还可以通过各地粮食补贴标准来进行验证。

按照退耕还林条例补助粮食的标准，长江流域及南方地区每亩每年补助300斤，黄河流域及北方地区补助200斤。对此标准，部分地区反映高于目前退耕地常年产量，如内蒙古、陕西、云贵高原等地，但也有的地方反映低于目前退耕地的常年产量，如四川、重庆、广西等地的丘陵山区。但平均来看，补助标准基本上反映了南北方退耕区平均的粮食产量。按照各省(区、市)1999～2003年累计退耕面积与补贴标准计算，西部地区已退的6500万亩退耕地的粮食补贴量在159亿斤(如表5所示)，比测算结果要高，但相差不大。

3. 根据以上的测算，我们可以得出如下的结论：

(1)对西部地区退耕地损失粮食产量的测算结果，基本反映了西部地区退耕地粮食生产的实际情况。西部地区退下来的6500万亩退耕地使这一地区粮食产量下降130～150亿斤，下降幅度在5%左右，使全国粮食产量下降1.5%左右。

(2)国家给整个西部退耕地区的粮食补贴不仅完全可以弥补退耕地粮食损失，而且退耕区农民还可以得到一些实惠。

(3)在一些南方地区，人均耕地面积少，耕地利用率高，退耕地常年亩产水平要高于国家粮食补贴标准，虽然基本口粮有保障，但粮食收入有所减少。据四川农调队2002年对10个县200个退耕农户的调查，2000年粮食产量26.74万公斤，比退耕前一年减少1.9万公斤，国家当年补助1.6万公斤；2001年，粮食产量23.5万公斤，比上年减少3.24万公斤，国家补助2.86万公斤。

(三)未退耕地粮食生产能力有明显变化

从耕地面积减少的角度看，退耕还林由于减少了耕地面积，自然对粮食生产有负面影响。但实施退耕还林，不仅水土流失、土地荒漠化得到控制，而且在林草恢复达到一定规模后便能为粮食生产营造一个良好的外部环境，增强了未退耕地抗灾能力，有利于未退耕地产量的提高。从投入的角度看，退耕还林的实施，可以将退耕区生产要素，集中投入到未退耕地上，对于适宜耕种的土地而言，投入的增加必然会促进粮食产量的增加。

1. 退耕还林后，西部地区粮食单产水平提高，部分弥补了耕地减少对粮食生产的影响。据国家农产量抽样调查，2002年对西部地区未退耕地粮食单产水平达到大丰收的1998年水平。2003年粮食单产水平进一步提高到263.4公斤，创历史最高水平，比1998年提高了9公斤，年均1.8公斤。2002年，粮食单产恢复提高12公斤，增产粮食100亿斤；2003年单产比上年继续提高10公斤，增产粮食90亿斤。虽然粮食单产水平的提高是多种因素共同作用的结果，与气象条件、生产投入等均有关系，其中有多少是由是退耕还林工程直接产生的效果，目前还难以测算。但可以肯定的是，退耕还林后，生态环境有了改善，通过加强农田水利建设，未退耕地的粮食单产水平有了提高。据内蒙古农调队调查，退耕还林后，农田水利基本建设投入加强，全区水浇地面积增加。与退耕前相比，水浇地面积占耕地面积的比重提高了7.8个百分点。

2. 据2200个退耕农户的抽样调查，2003年退耕农户未退耕地粮食亩产提高。2003年退耕农户未退耕地粮食平均亩产量为192公斤，比上年提高了25公斤。

260个重点退耕地区退耕农户的典型调查进一步表明，未退耕地粮食单产水平提高。退耕户粮食亩产水平由1998年的148.1公斤提高到2003年的158.1公斤，增加了10公斤。260个农户所在的23个调查村，退耕后粮食生产单产水平同样有所提高。2003年，19个村未退耕地的粮食亩产水平为159.0公斤，比1998年的115.7公斤高出43公斤，提高了37.2%。其中，陕西的7个村未退耕地单产水平增加最多，2003年粮食亩产为241.3公斤，比1998年增长了50.81%，其次为内蒙古，2003年粮食亩产为134.7公斤，比1998年增加了47.70%。贵州、四川2003年的粮食单产水平虽比1998年增加不多，但增幅也分别达到11.59%和16.20%。

案例1：据对汉中、安康、延安三市四县(区)七个行政村50农户的典型调查，退耕还林使退耕区未退耕地粮食单产水平大幅度提高。

退耕还林的重点是25度以上的坡耕地，这些退耕地一般属于高坡、陡坡，质量差，耕作困难，产量低而不稳的“三跑田”。坡地退耕后，各地政府重点组织村民建设基本农田，打坝淤地，修梯田，耕地质量提高，粮食单产增加。2003年七村粮食平均亩产241.29公斤，比1998年的160.00公斤增长50.8%，谷物亩产增长54.69%，陕北主要的粮食玉米亩产317.7公斤，增长38.5%，薯类亩产

219.16公斤，增长14.6%。宝塔区王庄村是退耕还林示范村，2003年粮食亩产216公斤，比1998年的亩产146.89公斤增长47.02%；旬阳县张良庙村2003年粮食亩产219.2公斤，比1998年增长22.8%，其中谷物增长25.5%，豆类增长7.1%，薯类增长14.3%。

案例2：内蒙古实施退耕还林工程以来，旱坡地面积减少，旱地中坡耕地特别是25o以上的坡耕地面积减少较多，旱作高产稳产田面积增加。通过农田水利建设，水浇地面积增加，水浇地面积占耕地面积的比重提高了7.8个百分点。

赤峰市和乌兰察布市是内蒙古坡耕地最多、生态环境最恶劣、退耕任务最重的两个地区，截止2003年底，赤峰市和乌兰察布市累计完成国家退耕还林草工程建设任务395万亩，占全区退耕还林草总任务的41.4%。但通过整治后的耕地，水浇地面积、旱作稳产高产田面积、单位面积产量逐年增加，退耕后耕地的质量和生产能力和比退耕前有较大提高。退耕前(1998年、1999年、2000年三年平均)两地的粮食产量为74.4亿斤，在粮食播种面积减少668万亩，减幅为28%的情况下，2003年两地的粮食产量仍然达到了75.7亿斤，反而比退耕前增加了1.4亿斤。

三、退耕还林对粮食供求的影响

(一)西部地区粮食供求总体基本平衡

1. 产需缺口拉大。与全国一样，90年代以来，我国西部地区粮食生产快速发展，到1998年，西部地区粮食总产和单产均达到历史最高水平。当年，整个西部地区粮食产需基本平衡，略有节余。1999年以来，“减粮扩经”成为各地农业结构调整的主旋律，退耕还林和建设占用耕地面积扩大，加上自然灾害的影响，西部地区粮食产量由2700亿斤的水平下降到2500亿斤左右，2003年当年产需缺口扩大到200亿斤左右。

2. 粮食补贴政策不仅弥补了生产的损失，而且还增加了部分供给，西部地区粮食供求总体基本平衡。据测算，退耕还林影响粮食生产量不到150亿斤，而根据国家粮食补贴标准测算的粮食补贴量近160亿斤。退耕补助不仅弥补了西部地区退耕还林损失的粮食，而且还部分增加了供给。分地区情况看，除广西、四川、重庆等省(区、市)以外，西部大部分地区退耕地块常年粮食单产水平要低于相应的粮食补贴标准。国家补贴粮食实际上是增加了这类地区的粮食供给。虽然生产下降，导致产需缺口拉大。但国家退耕粮食补助基本弥补了产需缺口，供求格局基本未变。加上库存的适当释放，西部地区目前仍属供求基本平衡区域。

(二)退耕还林后粮食供求呈现新的特点

1. 部分贫困地区粮食供求缺口拉大。西部区内的内蒙古、四川为我国粮食主产区，供求平衡，略有节余。重庆、陕西、宁夏、新疆等地供求基本平衡，尽管退耕还林后，年度产需有缺口，但国家退耕补贴基本能维持省内粮食平衡。而广西、云南、贵州、西藏、甘肃、青海等地，多为老少边穷地区，粮食生产能力较低。退耕还林政策实施以前，供求存在缺口，需要省外调入。退耕还林后，退耕补贴只能弥补退耕农户的粮食产量，原本存在的供求缺口随着人口的增长、结构调整和建设占用耕地的增加，有进一步扩大的趋势。

2. 商品粮消费增加，库存明显下降。据贵州调查反映，近两年来，由于粮食减产，退耕还林力度加大，省内粮食销售量增加(主要是退耕还林补助粮食数量增加)，国有粮食部门购、销、调、存状况发生了较大变化，其主要特点是：省内购入量趋于稳定，省外调入量大幅度增加，商品粮销量明显增多，库存量明显下降。据贵州省粮食局统计，截至2003年年底，贵州省粮食购量(包括省内、外)为56.7万吨，比1999年增加6.1万吨，增长11.9%，其中从省外调进10.0万吨，比1999年增加4.7万吨，增长88.7%。粮食销售量达100.9万吨，增加24.3万吨，增长32.3%。粮食消量增加的主要原因，首先是退耕还林补助粮从无到有，从少到多，增加到2003年的53.0万吨。第二是发放救济粮4.1万吨，增长72.5%。年末库存粮食为72.2万吨，比1999年减少80.2万吨，下降52.6%。其中储备粮(不含中央专储)为32.1万吨，与1999年基本持平；商品粮40.1万吨，减少79.6万吨，下降66.5%。其它西部贫困地区情况基本相似，因此，粮食供求的宏观调控任重道远。

3. 饲料粮、工业用粮增幅较大，粮食消费增长的速率加快。伴随退耕还林的实施，农户生产结构正逐步调整，畜牧业、非农产业尤其是农产品加工业发展速度加快，饲料粮、工业用粮呈现刚性增势。据退耕农户住户调查资料，2003年农户人均饲料用粮162公斤，比上年增加28公斤，增长21.2%。陕西调查测算，2003年，陕西省粮食社会消费量为

1200万吨，其中：生活用粮725.5万吨，基本趋于稳定，饲料用粮329.8万吨、工业用粮102万吨，分别比1995年增加了74.5万吨和75.2万吨，增长28.8%和1.54倍。饲料、工业用粮的较大幅度增长，将使粮食消费增长的速率加快。

综上所述：退耕还林导致的耕地面积减少，使西部地区粮食产量下降130～150亿斤，相当于西部地区粮食产量下降5%左右、全国粮食产量下降1.5%左右，总体来讲，影响不大。由于退耕还林粮食补贴政策优惠，除西南部分地区以外，西北大部分地区补贴标准高于退耕地粮食产量，不仅整体上弥补了退耕还林对粮食生产的影响，而且还增加了西部地区粮食供给。随着退耕还林一系列配套政策的实施，近年来西部地区粮食单产水平提高较快，单产提高所增产的粮食接近100亿斤。虽然粮食单产水平的提高是气候、投入、科技等多种因素共同作用的结果，退耕还林所产生的效应究竟有多大目前还难以量化，但可以肯定的是，退耕还林对粮食生产的积极影响已开始显现，不仅在一定程度上弥补了退耕还林减少的粮食产量，而且将逐步增加西部地区的粮食供给能力。退耕还林后西部地区总体供求格局基本未变，但呈现新的特点，值得关注。

四、退耕农户粮食生产和消费行为的变化

退耕农户是退耕还林的主体。退耕还林虽然对粮食消费的总量没有影响，但退耕农户的粮食生产及消费行为的变化，不仅对西部地区的粮食供求形势产生影响，而且也影响到退耕农户的生产、就业、收入和消费的各个方面。我们将利用2003年西部地区2200个退耕农户的住户调查资料，对退耕还林后，退耕农户粮食生产和消费状况进行实证分析。

（一）退耕农户经营耕地情况

1. 退耕农户绝大多数居住在山区。2003年西部大开发12省（区、市）的退耕还林农户中，70.4%的农户居住在山区，24%的农户居住在丘陵地带，5.6%的农户居住在平原地区。这说明，退耕还林的主战场在山区，退下来的耕地主要是陡坡地、沙化地。

2. 退耕农户仍有足够的口粮田。2003年末退耕农户人均经营的耕地面积2.5亩，比2002年初减少0.2亩，下降6.4%；人均山地面积0.4亩，比上年减少0.3亩，减少41%；非退耕农户人均耕地面积2.1亩，比2002年初下降0.5%。退耕农户耕地面积下降较多，但仍有足够的口粮田，且高于非退耕农户。

（二）退耕农户的粮食生产情况

1. 退耕农户粮食播种面积下降，粮食产量减少。2003年退耕农户人均生产粮食440公斤，比上年减少24公斤，下降5.1%。非退耕农户人均生产粮食574公斤，比上年减少5公斤，下降0.9%。退耕农户粮食生产下降主要是因为播种面积减少。2003年末，退耕农户人均粮食播种面积2.3亩，比上年减少了0.5亩，下降了17.4%。如表5所示。

2. 退耕农户未退耕地粮食亩产提高，但仍低于非退耕农户。2003年退耕农户未退耕地粮食平均亩产量为192公斤，比上年提高了25公斤，提高了14.9%，但仍比非退耕农户的粮食亩产低59公斤。

表6　2003年西部12省（区、市）农村居民人均粮食收支情况

单位：公斤、%

指标 \ 构成	西部12省农村平均	比上年增减（%）	退耕还林农户	比上年增减（%）	非退耕还林农户	比上年增减（%）
一、粮食收入合计	635.2	－1.4	581.5	7.2	641.0	－2.2
其中：家庭经营生产	560.5	－1.3	439.7	－5.1	574.1	－0.9
购入粮食	55.9	－19.2	43.7	－10.1	57.0	－20.2
其他粮食收入	10.1	186.3	91.6	265.4	0.9	－22.3
二、粮食支出合计	567.3	2.1	540.0	10.8	571.8	1.1
其中：主食用粮	215.9	－4.1	211.0	－5.0	216.5	－4.2
出售粮食	166.2	5.9	127.1	28.7	171.5	4.3
种子	18.1	2.8	29.3	23.1	16.9	－0.5
饲料	160.1	9.0	161.6	21.2	160.6	7.6
三、期末粮食结存	541.8	8.7	537.8	14.3	540.5	8.6

3. 退耕农户粮食补贴增加较多。2003 年退耕农户户均得到粮食补助 399 公斤，人均 90 公斤，高于 2002 年 60 公斤，说明 2003 年退耕还林规模扩大较多，年内兑现的粮食数量多。其中，小麦人均 41 公斤，稻谷人均 25 公斤，玉米 22 公斤，其它粮食 2 公斤。

(三)退耕农户粮食消费与去向

1. 口粮消费减少。近年来，农村居民口粮消费一直呈下降趋势，退耕地区农民也是如此。2003 年退耕农户人均口粮消费 211 公斤，比上年下降 5.0%；非退耕农户人均口粮 216 公斤，下降 4.2%。

2. 出售变现有较大幅度增加，且高于非退耕户。2003 年，虽然退耕农户当年粮食生产量减少，但退耕还林政策补助粮食大量增加，加之市场粮价看好，退耕农户人均出售粮食 127 公斤，比上年增加 28 公斤，增长 29.7%。非退耕户人均出售粮食 172 公斤，比上年增加 7 公斤，增长 4.3%。

3. 饲料用粮增加，增幅高于非退耕农户。退耕还林后，耕地面积减少，粮食生产下降，退耕户增加了畜牧业生产的投入。2003 年饲料用粮人均 162 公斤，比上年增加 28 公斤，增长 21.2%；非退耕户饲料用粮人均 161 公斤，增加 11 公斤，增长 7.6%。退耕户饲料用粮增幅大大高于非退耕户。

据 260 户农户的典型调查进一步说明这一变化。从粮食消费结构看，除饲料用粮消费有大幅增加外，口粮、种籽用粮等消费均减少。2003 年人均饲料用粮比 1998 年增加了 37.67%；而 2003 年的人均口粮、种子用粮和其他粮食消费则分别比 1998 年减少 7.81%、30.69%和 41.28%。

从各地区退耕户粮食消费结构看，四川所增加的饲料粮消费最多，其次为陕西、内蒙古。2003 年四川、陕西、内蒙古退耕户消费饲料粮总量分别为 1998 年饲料粮消费总量的 2.02 倍、1.49 倍和 1.19 倍，

4. 年末库存增加。2003 年退耕农户年末存粮人均 538 公斤，比上年末增加 67 公斤，增长 14.3%。非退耕还林农户年末存粮人均 541 公斤，比上年增加 43 公斤，增长 8.6%。退耕农户存粮计划用于口粮的占 45%，计划用于畜牧、种子用量占 28%，其它用途占 27%。

退耕后退耕农户的粮食供求问题，是退耕成败的关键。退耕农户粮食收支变动情况表明，退耕后人均耕地减少，人均产粮也同时减少。但由于国家补贴政策能够及时兑现，退耕农户粮食消费平衡有余，用于出售和发展畜牧业生产的数量不降反增。用于发展生产和出售的粮食增幅快于非退耕农户，存粮水平也与非退耕农户大体相当。陕西七村的调查结果显示，2003 年人均产粮 202.69 公斤，由于退耕，国家给退耕户的粮食补贴人均 258.47 公斤，两项合计，退耕户人均占有粮食 461.16 公斤。加上购买的粮食，在退耕期内，退耕户的粮食不会存在问题。宝塔区川口乡，人均享受 4.3 亩退耕地的补贴粮，不但满足自己需要，还有部分出售。

五、退耕农户家庭收支变化

(一)退耕农户收入增幅快于非退耕户

2003 年退耕还林农户人均纯收入 1718 元，比上年增加 166 元，增长 10.7%。非退耕农户人均纯收入 1961 元，比上年增加 108 元，增长 5.8%。退耕农户收入水平仍大大低于非退耕农户，但增幅已快于非退耕户。

(二)退耕农户转移性收入所占比重大大高于非退耕户

2003 年，退耕农户人均得到的转移性收入 202 元，比上年增加 96 元，转移性收入占纯收入的比重为 11.8%，绝对量和份额都大大高于非退耕农户。转移性收入中，来源于退耕还林(还草)得到的补贴收入(含各种实物补贴折现)人均 135 元，占纯收入的 7.8%。其中，以现金支付的补贴收入人均 52 元。

(三)退耕农户第一产业收入比重下降，工资性收入比重提高

2003 年，退耕农户家庭经营第一产业纯收入 857 元，比上年略有下降，占纯收入的比重由上年的 55.6%下降到 49.9%。其中农业收入 585 元，下降 23 元，下降 3.7%，占纯收入的比重为 34.1%。而非退耕农户家庭经营第一产业收入占纯收入的比重为 57.8%，其中，来自农业收入比重占 42%。非退耕农户第一产业及农业的比重均比退耕农户高 7.9 个百分点。

退耕还林后，退耕农户就业结构也有变化，外出务工的人数增加，工资性收入增加。据调查，退耕农户中，年内有 19.4%的劳动力外出务工，比非退耕农户高 1.2 个百分点。2003 年退耕农户人均工资性收入 500 元，比上年增加 44 元，增长 9.7%。工资性收入虽然仍低于非退耕农户，但占

表 7　2003 年西部 12 省(区、市)农村居民人均收入及构成

单位:元、%

构成 指标	西部 12 省农村平均	构成(%)	退耕还林农户	构成(%)	非退耕还林农户	构成(%)
全年纯收入	1936.0	100.0	1717.6	100.0	1960.9	100.0
1.工资性收入	540.9	27.9	500.1	29.1	547.3	27.9
2.家庭经营收入	1276.6	65.9	984.1	57.3	1309.2	66.8
其中:农业收入	796.7	41.2	585.9	34.1	823.3	42.0
牧业收入	269.4	13.9	237.6	13.8	271.2	13.8
3.财产性收入	41.9	2.2	31.3	1.8	42.0	2.1
4 转移性收入	76.6	4.0	202.1	11.8	62.5	3.2
其中:退耕还林(草)			134.6	7.8		

纯收入的比重提高到 29.1%,高于非退耕农户。如表 7 所示。

(四)退耕农户的生活消费低于非退耕农户

2003 年退耕农户生活消费支出人均为 1382 元,比上年增加 70 元,增长 5.3%。非退耕农户生活消费支出人均 1543 元,比上年增加 86 元,增长 5.9%。

退耕还林农户食品支出人均 706 元,比上年增加 25 元,增长 3.6%。食品支出占生活消费支出的比重为 51.1%,比上年下降 0.9 个百分点。居住支出人均 178 元,比上年下降 3.9%。农户用于家庭设备用品及服务的支出人均 57 元,增长 2.9%。交通和通讯支出人均 100 元,增长 45.3%。文教娱乐用品及服务支出人均 174 元,增长 18.8%。农户用于医疗保健的支出人均 73 元,比上年下降 3.1%。

(五)退耕农户生产性固定资产投入明显增加

退耕还林后,退耕农户将发展后续产业,开辟增收渠道,生产性固定资产投资增加较多。2003 年退耕农户人均生产投入 663 元,比上年增加 44 元,增长 7.1%,增速快于非退耕农户 2.3 个百分点。退耕农户增加的生产投入主要用于购置生产性固定资产。购置生产性固定资产支出人均 122 元,增加 35 元,增长 40%,增加额占当年全部生产投入增加额的 79.5%。其中,购买农林牧渔机械 42 元,增加 28 元,增长了 2 倍;购买役畜产品畜 40 元,增加 17 元,增长 71.4%。农户用于牧业的生产费用支出 263 元,增长 7.5%;用于林业的生产费用支出 11 元,增长 48.2%。增加额和增幅均快于非退耕农户。

六、基本结论与政策建议

(一)十个结论

1. 西部地区是我国退耕还林工程的主战场。1999 年以来累计退耕还林 6500 万亩,户均退耕 5 亩左右,重点退耕地区退耕力度更大。退耕还林涉及西部农村 17%、约 1240 万农户,5200 万农村人口。

2. 退耕还林的多是坡耕地。据调查,退耕地 70%以上是坡耕地。退耕地以还林为主,生态林比重在 80%左右,基本符合退耕还林条例。

3. 退耕还林工程是民心工程,农民得到了实惠,生态环境得到改善。工程实施以来,累计现金兑付 31 亿元,其中 2003 年兑付 18.6 亿元。累计兑付粮食补助 265 亿斤,其中,2003 年兑付 132.5 亿斤。退耕还林现金补贴增加了西部地区农民的转移性收入,退耕区农民收入增速快于区域内非退耕农户。

4. 退耕还林减少的耕地面积,使西部地区粮食产量下降 130～150 亿斤,总体上讲,影响不很大。按丈量面积计算的西部地区退耕还林面积占其耕地总资源的比重为 8.8%。但退耕还林退的多是 25 度以上的陡坡耕地,单位面积产量较低。理论测算和实证分析表明,退耕还林减少的耕地面积导致粮食产量下降 130～150 亿斤,使西部地区粮食产量下降 5%左右,使全国粮食总产量减少不到 1.5%。绝大多数地区退耕农户都留足了口粮田,目前西部平均的人均耕地面积尚有 2.5 亩,退耕后吃饭是有保障的。

5. 未退耕地粮食单产水平提高，部分弥补了退耕减少的粮食产量。退耕还林改善了生态环境，有效地保护了未退耕地，加之农田基本建设受到重视，低产田土得到改造，2003年西部地区粮食单产水平不仅恢复到1998年水平，而且提高了9公斤，由此增产粮食近100亿斤。

6. 退耕还林后，西部地区粮食供求平衡的格局未变，但呈现出新的特点：一是粮食年度产需缺口拉大，但退耕补助基本可以弥补缺口，区内粮食总体供求基本平衡。二是粮食供求区域不平衡，贫困地区供求缺口拉大。三是商品粮消费增加，宏观调控的任务加大。四是生活用粮趋于稳定，饲料、工业用粮增幅较大，粮食消费增长的速率呈加快趋势。

7. 退耕农户不仅口粮消费没有问题，粮食收支还有节余。2003年退耕农户现期粮食产量下降，但未退耕地粮食亩产提高，粮食补贴增加，粮食供给能力增强。退耕农户口粮消费量仍维持下降趋势，退耕后畜牧业加快发展，饲料粮消费增加。由于绝大多数地区粮食亩均补贴标准高于退耕地单产水平，加之市场粮价比较有利，2003年退耕农户粮食出售量不降反增，年末库存还有增加。

8. 退耕农户收入增速快于非退耕农户，就业结构和收入来源发生变化。退耕农户转移性收入增加、比重提高；工资性收入增速加快。

9. 退耕还林后，后续产业发展的投入增加，退耕农户生产性固定资产投资明显增加，国家在信贷方面应给予支持。

10. 退耕地区政府、农户农田水利基本建设投入增加，生产条件得到改善，粮食生产能力提高。

（二）六个问题

从1999年以来，五年的实践退耕地区群众积累了丰富的经验，退耕还林工程取得了显著的成绩，值得充分肯定。根据基层的反映和实地调研，我们也发现，由于退耕还林政策性强、涉及面广，退耕还林的具体实施过程中，也出现一些偏差、存在一些问题，需要认真解决。

1. 部分地区对其后续产业的发展重视不够。如有些地区只着眼于争取眼前的退耕还林的指标和补助政策，而忽视退耕还林8年后农民的生计何以为继的问题。表现为缺乏退耕还林的总体规划，退耕还林工作没有与基本农田建设、农村能源建设、生态移民、封山禁牧、发展后续产业相结合等方面。对补助到期后的农民吃饭、烧柴及增收等问题缺乏考虑。目前，退耕还林地区农户收入增速加快，主要是因为来自于退耕还林的转移性收入增加较多。国家补助到期后，这一增收因素不复存在，工程就存在“退林还田”的风险。上世纪80年代宁夏西吉县退耕还林还草失败的教训应当吸取。

2. 退耕农户收入水平较低，发展后续产业投资大，农户自有资金不足。2003年退耕还林农户人均纯收入1718元，比非退耕农户人均纯收入低243元；生活消费支出水平及增幅均低于非退耕农户。发展后续产业投资大，自有资金不足，收入水平低，贷款困难，需要国家信贷扶持。

3. 在一些贫困山区，农户未留口粮田，隐患较大。据贵州农调队调查，大方县东关乡田坪村，全村12个村民组，633户、2719人，近几年退耕还林2583.7万亩，基本上没留口粮田。据对该村兴光组8个退耕户、37人的调查，至2003年，已退耕还林76.28亩，只留菜地0.8亩，甚至有的退耕户连菜地也未留，全靠退耕还林补助的钱粮和打工来维持生活，一旦退耕补助粮不能按时兑现，一些退耕户连吃饭都成了大问题。羊场镇穿岩村是大方县退耕还林的试点村。自2000年以来，全村退耕还林2800亩（不包括宜林荒山造林）涉及12个村民组。其中有5个村民组449户825人，共退耕还林2024亩，都未留口粮田。

4. 退耕还林缺乏总体规划，重点不突出。退耕还林从试点到现在，已经六年了，但退耕还林总体规模和总体规划尚未确定下来，在进度安排上缺乏统筹，计划下达晚，年度之间起伏大，地方工作安排上比较被动。25度以上陡坡耕地应是退耕还林工程的主要对象，它主要分布在我国西部，这部分耕地单产水平低，实证分析表明，西部地区退下来的耕地对粮食生产影响不大。而目前的退耕还林工程却涉及全国25个省（市、区）和新疆兵团的1800多个县；退耕地实际操作时没有具体标准，耕地统计口径不一，再加上退耕还林政策很优惠，使得各地退耕还林工作存在目标、范围不够清晰，“争指标、争退耕”，“该退的没有退，不该退的却退了”等现象，有些地方甚至将基本农田也退了出来。

5. 在一些地方，生态优先的原则没有充分体现。有的地方把退耕还林工程等同于扶贫工程、结构调整工程，搞利益均摊，任务安排分散，治理水土流失的效果不明显。

6. 个别地区合同签订不规范，政策兑现不及时。一是有些地方的合同明显地违反国家的政策规定，克扣农民应得的补助。二是有的地方计划没有下达就盲目与农民签订合同或承诺将其纳入退耕还林计划，由于计划指标不够等原因，农民实际退了耕而享受不了政策补助，造成一些社会矛盾。如甘肃省一些地区超计划退耕问题就是一个例子。三是在政策兑现方面，有的地方弄虚作假，冒领补助粮款；有的地方截留、抵扣农业税，甚至提取设计费和服务费；补助粮食以次充好，低价回购补助粮食。

（三）八项建议

1. 坚持退耕还林政策不动摇。退耕还林是利在当代，功在千秋的战略决策，应当坚持下来。虽然退耕还林工程确实减少了耕地面积，削弱了当前的粮食生产能力，但通过改善生态环境，加强农田基本建设，未退耕地粮食生产能力正在逐步提高。从长远看，将提升粮食生产能力。从调查数据的分析和测算结果看，退耕还林对西部地区粮食安全影响不大。近几年粮食产量的下降，根本原因是种粮效益低，结构调整的结果，退耕还林不是粮食减产的主要原因。西部的老少边穷地区，随着人口的增长和耕地面积的减少，粮食供求缺口在进一步拉大，为此要加强宏观调控，加强农田基本建设和各项政策的落实。

2. 巩固成果，调整进度、突出重点。目前，退耕还林工程正好处于国家农业结构大调整时期，为了使粮食市场不出现大的起伏，退耕还林的进度要适当调整，没有必要在这几年就退完。要巩固已有的退耕还林成果，适当放慢15～25度坡耕地的退耕速度，将重点放在25度以上应退的陡坡耕地、严重水土流失地区（如黄河的多沙粗砂区）的15～25度的坡耕地及严重的沙化地。突出江河源头及其两侧、湖库周围的坡耕地和风沙危害严重等生态地位重要区域的耕地，按地区来讲，西部应该是重点，将上述未退耕的重点退耕地及相应的配套保障措施作为主要任务，先行完成。

3. 加大粮食市场宏观调控，处理好贫困地区退耕还林与粮食安全的关系，确保退耕农民拥有基本口粮田。西部地区退耕还林后，一方面粮食消费尤其是商品粮消费呈快速增长的趋势；另一方面，最近国务院已下发文件，可以改“补粮”为“补钱”，这将增加省级粮食平衡的压力。因此，各地要加大对粮食市场的宏观调控。对于贫困地区粮食供求缺口拉大，特别是一些贫困山区农户退耕还林未留口粮田、交通运输不便等实际问题，有关部门要加大粮食市场的监测，密切关注退耕农户的生产和生活情况，安排好缺粮地区、缺粮农户的救济粮款。同时，要科学规划、加强管理。根据贵州调查，退耕户人均至少要有0.8亩的口粮田。对于人均耕地面积不足0.5亩、人均粮食产量不足325公斤的农户，不应继续安排退耕计划。

4. 进一步完善退耕还林政策。退耕还林的总体要求是：“退得下、还得上、稳得住、不反弹”。针对西部地区退耕农户收入水平较低，农田基本建设欠账较多，生态退耕短期内难以见效的实际情况，建议：

（1）适当延长生态林补贴年限。据我们对陕西退耕区的实地调查，生态林在8年政策期内，退耕农户几乎没有经济收益。一旦政策停止，在贫困山区，毁林开荒难以避免。因此，国家应适度延长退耕还林的政策补贴年限。经济林补助年限由5年调整为8年，生态林由8年调整为12年，或者5年、8年以后采取补助标准逐年递减的办法，延长过渡期，使重点退耕还林的贫困山区享受8—12年的补助优惠政策，休养生息，达到短期内粮食供需平衡。

（2）提高生态林生活费（管护费）补助标准。现在执行的每年每亩20元的生活费（管护费）补助标准，仅仅相当于农民外出打工不到两天的劳动报酬。由于生态林木收入遥遥无期，使国家的生态战略的实施受到影响。因此，对生态林和经济林的生活费（管护费）补助标准要区别对待，适当提高生态林木管护费标准，以调动农民的管护积极性。

（3）从长计议，研究退耕还林的可持续发展问题。在林地产权改革、补偿机制等方面要有新的突破。

5. 着眼长远，重视后续产业发展。深入开展调研，以市场经济手段，引导农民发展后续产业。大力发展山区特色经济，以林草结合的地区应重点建立以畜产品加工的龙头企业，拉长畜牧业产业链，走生产、加工、销售一体化道路。封山禁牧后发展设施养殖，是保护退耕还林成果的一项主要举措，也是对传统牧业生产方式的一次革命。养殖户观念转变和技术提高需要一个艰难的过程，因此必须稳步推进，不可搞成追求政绩的形象工程。同时，必须加强管理，杜绝拼凑养殖规模骗领国家项目资金的不法行为。以林果结合的地区，应大力发展水果加工、保鲜、储运的龙头企业；以林茶、林药、林油结合的地区，重点考虑茶、药、油的精加工，发展特色产业，提高增加值；以林竹结合的地区，应大力开发竹产业，把竹产业做大做强。

6. 落实配套保障措施。要把落实配套保障措施放到与退耕还林同等重要的地位来考虑，与退耕还林工程统一规划，统一部署，统一下达任务，统一检查。

一是退耕还林要与农田基本建设同步并行，建设高标准基本农田。原则上要保证农民人均拥有半亩以上旱涝保收的基本口粮田或一亩以上的旱地。要进一步开展调研，因地制宜地提出退耕地区农田基本建设的重点项目，解决好投资机制问题。要加强基本农田和农业基础设施建设，并加大西北地区的集水设施、石漠化地区的地头水柜和黄土高原的淤地坝建设，重点抓好“坡改梯”、“旱改水”、围河造地、打坝淤地，改造低产田，保证退耕农户有足够的口粮田。要尽快研究制定农田基本建设的投资机制问题，推行“谁投资，谁受益”的长效机制。提高粮食综合生产能力，解决农民吃饭问题。

二是将国家发展沼气、小水电代燃料、太阳能、薪炭林的政策与退耕还林工程结合起来，解决工程区农村能源问题。

三是加大生态移民的力度，搞好退耕还林与扶贫开发、农业综合开发、水土保持工程的结合。解除农民退耕后吃饭、烧柴、增收的后顾之忧。

7. 改变项目资金管理，集中财力搞综合开发。改变项目规划，项目投放多头管理和“撒胡椒面”的作法，实行以县为单位，将来自国家和省的各种项目经费捆绑，由政府统一掌管集中使用，改造低产田土，大搞农田水利建设，实行山水林田路综合治理，做到25度以上陡坡退耕一片，绿化一片；对25度以下的耕地进行综合治理，提高单产，实现治理一片，见效一片，力争把因退耕减少的粮食夺回来，实现减地不减粮。

8. 针对退耕农户收入水平低，发展后续产业投资大的实际情况，国家应加大信贷支持力度，提供优惠贷款和贴息贷款，特别是应将小额信贷重点推广到退耕农户。目前，在退耕农户的收入中，转移性收入比重较大。但补贴期满以后，如果后续产业跟不上，就业就比较困难，增收形势就比较严峻。因此，要深入开展对退耕地区、退耕农户的调研，了解他们的信贷需求，积极引导后续产业的可持续发展。要广辟就业门路，加快劳动力转移步伐，努力建立退耕农户收入增长的长效机制。

附件：关于耕地统计的几点说明

1. 常规统计耕地面积大大小于农业普查后发布的土地资源调查数据。根据国土资源部、国家统计局和全国农业普查办公室联合发布的“关于土地利用现状调查主要数据成果的公报”，1996年10月底全国耕地总资源为19.51亿亩，这个数据比经常性的统计年报数（即各级政府认可的上报数据）大5.26亿亩，但实际耕地并没有增加。

产生这一差距的原因主要有三个方面：

一是耕地统计的标准不统一。常规统计一般按当地“习惯亩”进行统计，而土地资源调查则按照标准亩即“丈量面积”进行统计。一般情况下，习惯亩比标准亩大。即是说习惯亩统计为1亩的一块耕地，标准亩则不只1亩。在陕西城固山区就有这样的顺口溜：“一亩不算亩，两亩算半亩，三亩七分五，四亩算一亩”；

二是口径范围不一致。其一：常规统计按实际使用面积统计，没有包括南方宽小于1米、北方宽小于2米的沟渠、田埂和道路；其二，对陡坡地、石缝地等实际处理问题。土地资源调查显示：全国有25度以上的陡坡地、石缝地0.91亿亩，但常规统计大部分没有包括；

三是普查以前有不少地方为追求字面上的单位面积产量或出于农业税方面的考虑，瞒报了部分“帮忙田”。

2. 林业部门负责统计退耕还林面积，因牵扯到兑现政策，往往是按标准亩进行统计，是“丈量面积”，统计口径范围与土地资源调查一致，不仅包括25度以上的陡坡地退耕且作为重点统计。这样在一些地区，尤其是山区，虽然林业部门统计的退耕地面积不少，但习惯上统计的耕地面积并未见少。因此，在这些地区不同程度地存在着退耕还林后，常规统计的耕地面积并未相应减少的情况。据陕西农调队对退耕区内50个退耕农户的典型调查，2003年实际退耕享受补贴的退耕面积为620亩，补贴粮食5.74万公斤，而承包地退耕的面积仅为408亩，两者相差212亩，即30%左右的退耕地没有算在常规的耕地面积内。

3. 粮食总产量不受耕地面积数据变化的影响。粮食总产量的抽样调查统计，正是由于考虑到过去在耕地面积统计中存在上报面积（原报面积、习惯面积）、标准面积等的区别，因此，在实割实测抽样调查取得标准亩产后，均要求将标准亩产经过丈量系数（抽中调查测产地块丈量面积与其核实面积之比）和核实系数（在原报面积的基础上，查清调查村组漏报、错报、瞒报、虚报等情况后，得到核实面积与原报面积之比）的调整，得到原报面积的亩产后，再乘以上报面积求得总产。因此，虽然常规统计的耕地面积比土地资源调查的数据小得多，但普查前后的总产量并不受耕地面积变化的影响。

农业普查后，大部分地区习惯上的常规统计耕地面积都逐步在与普查数据衔接，丈量系数也变得越来越小了。由于耕地面积受制于各方面利益的影响，在少数地区尤其是多山的地区，普查数据还难以落实到乡、村和承包户。即使这种情况存在，也不影响我们对粮食总产量的推算。

4. 要相对准确地估计粮食总产量，必须用习惯面积乘以习惯亩产，或者用标准面积乘以标准亩产。

退耕还林对四川粮食供求的影响

四川省农调队

退耕还林还草工程是党中央、国务院针对我国水土流失日趋加剧做出的一项重大战略决策，是改变不合理的土地利用和耕作方式，减少水土流失、根治水患、改善人民生活环境，实施可持续发展的根本性措施。为调动和保护农民退耕还林的积极性，国家明确了向退耕农户无偿提供粮食、实行现金补助和提供种苗补助的扶持政策，明确了"谁退耕、谁造林、谁经营、谁受益"的激励政策。国家在总结3年试点工作经验的基础上，于2002年全面启动了退耕还林工程。

四川的退耕还林工作于1999年在全国率先试点，到2003年已有5年。5年来，四川省累计完成退耕还林面积1163万亩(非全面统计习惯面积)，占四川省耕地面积的19.1%。四川的退耕还林已给四川乃至长江中下游地区带来了初步的生态效益和经济效益。但是，进入2003年以后，四川同全国一样，退耕还林面临粮食安全的挑战，退耕还林的规模、进度以及对粮食供求的影响引起各方的关注。我们立足四川，对这些问题进行了比较深入的研究，以供有关方面参考。

一、四川退耕还林的基本情况

四川是1999年国家率先实施退耕还林工程的试点省之一。自1999年以来，四川省抓住西部大开发的历史机遇，以"退耕还林、封山绿化、以粮代赈、个体承包"的十六字方针为指导，紧紧围绕党中央、国务院提出的"退得下、还得上、稳得住、不反弹"的总体要求，认真组织实施退耕还林工程。在实施过程中，省委、省政府加强领导，各有关部门通力合作，紧紧抓住责任落实、质量达标、钱粮到户、管理到位四个环节，做到政策引导与广大农民意愿相结合，退耕还林与扶贫攻坚和产业结构调整相结合，生态建设与发展地方经济、增加农民收入相结合，初步探索出了一条适合四川省情的改善生态、经济发展和农民增收的"三赢"之路，有力地推动了退耕还林工程的顺利实施。

(一)退耕还林规模

统计资料显示，四川省退耕还林工程从1999年至2003年，四川省已累计安排退耕还林面积1163万亩，其中25°以上坡耕地约700万亩，25°以下耕地约460万亩。还林、还草面积中，生态林1046万亩，占89.93%；经济林103万亩，占8.86%；还草及混合林4万亩，占0.34%。工程涉及四川省21个市(州)174个县(市、区)，直接受益农户230多万户、直接受益人口850多万人。2003年四川省完成退耕还林362.91万亩，完成率103.7%，荒山造林完成350万亩，农民共获得退耕还林补助粮174510万公斤，补助经费23268万元，种苗造林补助费35000万元。造林质量经国家林业局专业队伍核查，连续四年均达到国家规定标准。

另据四川省农调队最近对15个县的调查(包括1999年首批试点县和2002年才开展退耕还林的县)，15个县累计退耕还林126万亩，涉及农户63万户，平均每户退耕还林2亩，高的县户均多达

4亩，少的县户均1亩。各县、市、区和广大农户对退耕还林工程建设积极性高，退耕还林工程进展顺利，工程质量较高，国家对农户的补助政策兑现情况良好。

（二）退耕还林效益

1. 退耕农户得到了较多的实惠。根据四川耕地常年产出水平与退耕还林扶持奖励政策对比测算，退耕农户从中得到了较多的实惠。四川退耕还林的坡耕地常年粮食亩产量200公斤左右，退耕后国家每亩补助粮食150公斤，账面损失粮食50公斤，按每公斤1.2元计算，折价60元，再按15%的收益率计算，每亩损失9元。国家每亩补助的150公斤粮食按每公斤1.2元计算，折价180元，每亩退耕地每年补助现金20元，并减免农业税。几项合计，农民每亩退耕地直接得到的实惠在200元以上。若以此匡算，2003年四川农民从退耕还林中直接得到的实惠在23亿元以上，受益农户人均约270元。

2. 退耕县财政收入和农民收入增加。据四川省农调队2002年对10个退耕县的调查，2000年底前，10个县累计退耕还林24.17万亩，当年财政收入合计4753.28万元，农民人均纯收入1902.8元，贫困农户14467户，贫困人口55336人。2001年，退耕还林18.2万亩，县财政收入5090.97万元，比上年增加337.69万元，增7.1%；农民人均纯收入1974.3元，增加71.5元，增3.76%；贫困农户12988户，减少1479户，减10.2%；贫困人口49485人，减少5851人，减10.6%。退耕还林后，地方经济发展并没有受耕地减少的影响，反而在国家扶持、激励政策作用下，得到发展。地方财政收入、农民人均纯收入增加，贫困农户、贫困人口减少。所调查的200户农户，2000年粮食产量26.74万公斤，比退耕前一年减少1.9万公斤，加上得到的国家补助粮食1.61万公斤，当年家庭实际拥有的粮食为28.35万公斤，仅比上年减少0.29万公斤，减1.17%，人均粮食拥有量391.1公斤，可满足基本口粮需要。2001年，这200户农户粮食产量23.5万公斤，比上年减3.24万公斤，但加上当年得到的国家补助粮2.86万公斤，农民家庭实际拥有的粮食总量为26.36万公斤，减少1.99万公斤，减7.02%，人均粮食拥有量353.6公斤，仍可满足基本口粮需要；农民人均纯收入1883.11元，比上年增加64.39元，增3.54%；外出劳动力49个，增加11个，增28.2%。由此可以看出，退耕后农民也没有受耕地减少的影响，基本口粮有保障，收入增加，外出务工劳动力增多，收入来源扩大。

3. 退耕还林的经济效益初现。到2003年，四川部分退耕还林试点县退耕后发展起来的经济林或种植的饲草已开始显示出初步的经济效益。如南江县以退耕还林为契机培植起来的核桃，被国家林业局命名为"中国核桃之乡"和"全国经济林建设先进县"；林下种植的优质牧草发展南江黄羊，成为全国黄山羊重点基地县；林缘种植的金银花已发展为四川理想的中药材基地。北川县以退耕还林为突破口，促进旅游景区植被的恢复和建设，带动周边农民退耕增收。由于自然、生态环境的改善，该县境内的猿王洞接待游客人次、旅游收入迅速增加，周边农民到景区务工、经商人数增多，农民的收入、生活水平也发生了质的变化。另据合江县对退耕还林工程中的经济林、草正式投产后的测算，每亩产值可达1000元以上，其收益为种植农作物的2倍以上。

4. 退耕还林的生态效益明显。四川实施退耕还林工程以来，已取得了明显的生态效益。通过五年退耕还林及对原有森林的维护。2003年，四川省森林面积达1.76亿亩，森林覆盖率由退耕前的23.4%提高到26.62%，提高3.22个百分点。四川林业生态体系框架已初步构筑。另据四川农业大学在天全县实地对径流含沙量的观测结果表明，退耕还林2～3年后的径流含沙量，比同一地区农耕地减少22～24%。合江县农调队调查，该县退耕还林后，全县森林面积达到153.2万亩，森林覆盖率由43.6%提高到48.3%，为天然物种的繁衍生息提供了良好的生存环境，有效地保护了天然物种的多样性。同时，减轻治理强度以上水土流失面积121平方公里，减轻治理小区周围350平方公里的水土流失，流入江河的泥沙量减少60～70%，极大地改善了水土流失严重的现状。

（三）需要改进和完善的方面

四川退耕还林工程已步入正轨，无论工程进度、工程质量，还是政策补助的兑现落实情况，总体良好。但通过调查也发现存在一些值得注意的问题，尚需改进和完善。

1. 退耕约束机制不健全。退耕还林是一项涉及面广，参与人数多的系统工程，国家对工程十分重视，制定了一系列政策，特别是对地方政府相关部门的约束机制较为完善，但对退耕农户的约束机制还不够完善，尤其是退耕后出现抚育管护不力、复耕复垦、林粮间作等问题缺乏可行的约束机制。

2. 后续产业发展不够落实。一些地方在退耕还林工程实施中对其后续产业的发展重视不够，着眼于争眼前的退耕还林指标和补助政策，而忽视退耕还林5年或8年后农民的生计问题。表现为缺乏退耕还林的总体规划，退耕还林工作没有与基本农田建设、农村能源建设、生态移民、封山禁牧、发展后续产业相结合等方面。对补助到期后的农民吃饭、增收等问题缺乏全面的考虑，国家补助到期后，存在"毁林还田"的风险。

3. 管理维护跟不上。国家对退耕还林没有工程管理经费，工程总体规划、作业设计、年度检查验收、建档立卡、宣传发动、技术培训等费用地方难以支付。随着林地面积的增加和林草植被的恢复，退耕还林工程区的林木管护、防虫防火等方面的工作量会逐年增加，但现有的经费、设备及人员力量已愈来愈不适应。

4. 剩余劳动力难就业。退耕还林还草后，一些地区的耕地面积大量减少，剩余劳动力增多。而这部分剩余劳动力，本身文化程度低、思想观念落后，又无其他方面的技术，加之这些县、乡、村技术培训条件差，经济发展水平低，从事非农产业的人很少，造成劳动力资源的严重浪费和农村社会问题的滋生。

二、退耕还林对四川粮食供给的影响

四川是全国11个粮食主产省之一，常年粮食产量居全国第3位。改革开放以来，四川粮食生产得到迅速恢复和发展，进入21世纪90年代后，粮食连年丰收，从根本上扭转了粮食的短缺局面，实现了供需基本平衡，丰年有余。据抽样调查推算，到1999年四川粮食产量创历史最高水平，达到3551.4万吨，但在以后年份产量持续下降或徘徊。与上年相比，2000年减产179万吨，减少5%；2001年产量跌破3000万吨，为2926.5万吨，减产445.9万吨，减幅高达13.5%，减产量和减产幅度之大在历史上都是少有；2002年粮食产量恢复性增长7.3%，但仍未达到2000年的水平；2003年粮食产量3054万吨，减产79万吨，减2.4%。2003年比1999年减产497.3万吨，减少14%；年均减少128.6万吨，年均减少3.7%。

1999年以来，四川粮食产量连续减少，既与前一段时期粮食连年丰收、库存增加、粮价下跌、非农建设占地增多和农业结构调整有关，也与退耕还林的实施和规模不断扩大有关。下面，仅就退耕还林对粮食产量(供给)的影响进行分析。

1. 退耕还林耕地粮食综合亩产量测定

根据国家退耕还林政策规定，退耕还林耕地应该是25°以上的坡耕地。四川25°以上的坡耕地主要分布在丘陵和高原山区，土质较差、土壤肥力低，主要种植小麦、玉米、红苕、洋芋及其它小杂粮，其粮食亩产水平不高。但是根据我们的调查了解和有关部门的情况反映，一些地方在退耕还林中为了扩大规模，已将一部分25°以下的耕地退了耕，其中还包括了一些基本农田，这虽然无法得到一个确切的数量，但从我们掌握到的情况分析判断，这部分耕地面积占退耕还林面积的4%左右。基于这些情况和因素，根据退耕还林以前这些耕地种植不同粮食品种的常年产量，以及我们开展的一些抽样调查、典型调查数据分析测定，四川退耕还林耕地的粮食综合亩产量在180～225公斤之间，如果取其中位数，则为202.5公斤，约为四川旱地平均综合亩产量的80%。

2. 退耕还林耕地复种指数测定

四川退耕还林的耕地一般可以种植夏秋两季农作物，其品种主要是小麦、油菜、玉米、红苕、洋芋或小杂粮。考虑到四川干旱和撂荒的因素，并根据退耕还林以前这些耕地的复种情况，以及我们开展的一些抽样调查、典型调查数据分析测定，四川退耕还林耕地的复种指数约为1.75，为四川旱地平均复种指数的70%。

3. 退耕还林对四川粮食生产量(供给)的直接影响测定

1999～2003年四川退耕还林对粮食生产量的直接影响

	1999年	2000年	2001年	2002年	2003年
因退耕还林累计减少的耕地(万亩)	180	300	483	813	1163
推算减少的粮食播种面积(万亩)	315	525	845	1423	2035
推算的当年粮食亩产(公斤)	202.5	211.6	186.3	210.1	194.3
推算减少的粮食生产量(万吨)	63.79	111.09	157.48	298.93	395.46
四川省粮食生产总量(万吨)(抽样数)	3551	3372	2927	3132	3054
减少的产量占当年四川省总产量的比例(%)	1.80	3.29	5.38	9.54	12.95

基于以上四川退耕还林耕地粮食综合亩产量测定数和退耕还林耕地复种指数测定数，并设定这些退耕还林耕地全部种植粮食(根据四川退耕还林耕地的土质、气候条件，这些退耕还林的耕地可以种植粮食作物，在实施退耕还林以前，这些耕地基本上都是种植的粮食作物)，1999 年以来，四川实施退耕还林对四川粮食生产量(供给)的直接影响如上表。

由上表可以看出，退耕还林对四川粮食供给(生产)的影响是较大的，且呈逐年上升趋势。绝对数量从 1999 年的 63.79 万吨增加至 2003 年的 395.46 万吨，占当年四川省粮食生产总量的比例由 1999 年的 1.8%上升至 2003 年的 12.95%；平均每年增加近 100 万吨，平均每年上升近 3 个百分点。

4. 退耕还林对粮食生产的有利作用估计

我们不能只看到由于退耕还林，耕地减少、粮食播种面积缩减，进而影响粮食生产量下降这一不利于粮食生产的一面，同时还应当认识到退耕还林有利于粮食生产的一面。一是实施退耕还林的农户为了满足家庭生活、生产用粮的需要，势必会在退耕后剩余的耕地上适当增加粮食作物播种面积，相应地弥补因退耕还林而减少的粮食作物面积，以增加粮食生产量。二是生产要素的转移和集中。由于退耕农户经营耕地减少，他们会把原来投入到退耕还林耕地上的一部分农用物资、资金、劳动力转移到现有的耕地上，虽然其数量不可能是等量的，但事实上是不同程度存在的，也肯定有利于提高粮食亩产水平，增加粮食生产量。三是农业生态条件的改善。退耕还林后，自然生态环境、水资源状况以及农业生产条件会得到改善，这也有利于提高粮食亩产水平，增加粮食生产总量，虽然这些因素尚没有也很难有具体的数据，但其有利影响却是现实存在的。根据我们掌握的情况和数据，粗略估计已达到四川省粮食生产总量的 0.15%左右，且会呈上升趋势。

三、退耕还林对四川粮食需求的影响

(一)国家直接补助给退耕农户的粮食逐年增加

根据国家《退耕还林条例》第四章第三十五条，国家按照核定的退耕还林实际面积，向土地承包经营权人提供补助粮食、种苗造林补助费和生活补助费。按照国务院有关规定，四川实施退耕还林执行的粮食补助标准为每亩每年补助粮食 150 公斤，补助年限经济林为 5 年、生态林为 8 年。

四川自 1999 年开始实施退耕还林工程后，严格按照国家退耕还林政策无偿为退耕农户提供粮食补助。1999 年四川省退耕还林补助粮食 27 万吨，到 2003 年，四川省退耕还林补助粮食已高达 174.45 万吨。详细情况见下表：

1999～2003 年四川退耕还林粮食补助情况

	1999 年	2000 年	2001 年	2002 年	2003 年
退耕还林累计面积(万亩)	180	300	483	813	1163
当年提供的补助粮食(万吨)	27	45	72	122	174
全省粮食生产总量(万吨)(抽样数)	3551	3372	2927	3132	3054
补助粮占粮食总产量的比例(%)	0.76	1.33	2.48	3.89	5.71

由上表可以看出，随着退耕还林工程的扩大，四川每年需无偿提供的补助粮食逐年增加，到 2003 年已达到 174.45 万吨，占当年粮食总产量的比例提高到了 5.71%。

(二)四川粮食年度供求关系出现逆转

随着人口的增加，畜牧业用粮和工业加工用粮的增多，以及退耕还林补助粮食的增大，整个社会对粮食的需求逐年扩大。据测算，四川粮食需求量从 1990 年的 3100 万吨左右，增加到 2003 年的 3400 万吨左右。但四川粮食供给量(生产量)却在 1999 年达到最高后出现持续下降，特别是 2001 年的粮食大幅减产，使年度粮食供求关系逆转，社会需求量大于生产量，出现挖库存和靠外购来满足需要的情况。具体情况见下表。

近五年四川粮食年度供需情况

单位：万吨

	1999 年	2000 年	2001 年	2002 年	2003 年
当年生产量	3551	3372	2927	3132	3054
当年提供的补助粮食	27	45	72	122	174
当年需求量	3343	3363	3375	3390	3404
供求差	235	54	−376	−136	−176

当然，四川粮食年度供求关系出现逆转，社会需求量大于生产量不能完全归咎于退耕还林后出现的耕地面积减少这一个原因，但应当是一个主要原因之一。如果将退耕还林对四川粮食生产量(供给量)的直接影响考虑进去分析，1999 年至 2003 年，四川粮食年度供求差将会是：298.79 万吨、165.09 万吨、－218.07 万吨、153.88 万吨和 219.91 万吨，除 2001 年外，其余年份都会是供大于求。

3. 国家退耕还林粮食补助政策的调整将对四川粮食供求产生重大影响

四川虽然是全国的粮食主产省之一，但四川的人口多，人均耕地少，饲料用粮和加工用粮数量大，粮食直接调(销)往外省的数量很少(饲料用粮还要靠省外调入)，是一个粮食自求平衡的省份，这也是国务院对四川粮食生产的一个定位。应当说，通过努力，四川是能够实现粮食供求平衡的。

实施退耕还林，不仅是四川的一件大事，更是全国的一件大事。基于四川特殊的地理位置，四川率先成为全国退耕还林的试点省份，并在粮食和资金上给予了补助。最近，国务院已下发文件，将每年补助的粮食改为现金补助，如需继续补助粮食的由各省、市、区自己决定。四川有关部门已开始这方面的调研，并将由省政府做出相应的决定。但是，不管是继续补助粮食，还是改为补助现金，四川退耕农户今后所需的粮食，就必须纳入到四川省级粮食自求平衡的总盘子内考虑(如果是补助现金，退耕农户所需的粮食也会主要到四川省内的粮市场上去购买，总的粮食需求不会改变)。过去，这一部分粮食补助是由国家粮库供应的，这样必然加大四川粮食的需求数量，对四川粮食供求产生重大影响。

2003 年，四川退耕还林面积也累计达到 1163 万亩，粮食补助达 174.45 万吨，占当年四川省粮食总产量的 5.71%。如果执行国务院改粮食补助为现金补助的话，仅就退耕还林粮食需要这一项，2004 年以后四川粮食生产量就必须每年增加 6.5%左右，这种压力是可想而知的，稍有闪失，就会造成严重后果，就实现不了四川省粮食的自求平衡，就需要调入(购入)大量粮食。

四、四川退耕还林的需要和可能

目前，四川尚有低产耕地近千万亩，宜林荒山荒地近 4300 多万亩，荒草地 1500 多万亩，四川省可退耕还林(草)、宜林荒山荒地造林及荒草地种草合计近 7000 万亩，这是四川退耕还林的巨大潜力。据四川省林业厅 2001～2010 年规划，四川省 10 年内计划退耕还林 2000 万亩，配套荒山造林 1000 万亩。其中“十五”期间退耕还林 1400 万亩，荒山造林 750 万亩；2005～2010 年，退耕还林 600 万亩，荒山造林 250 万亩。

林业部门的这一规划无疑是从四川及全国的生态状况、可持续发展等方面的需要来考虑制定的，是一个比较宏伟的规划，具有极大的意义，其实这无疑会极大的改善四川乃至全国的生态环境，促进城乡经济的快速、协调、可持续发展。

从实施退耕还林的环境和条件分析，保障这一宏伟规划的实现，必须具备两个前提条件：一是退耕后能保证四川充足的粮食供给，二是能为退耕农民提供相应的就业岗位。

从目前所处的环境和条件来考察、分析，我们认为，如果四川的粮食必须自求平衡，那么粮食单产在近期必须有大的突破，否则四川这种退耕还林的需要就难以全部成为现实，近期四川退耕还林的总体规模应当控制在 2000 万亩左右，四川近期退耕还林的现实可能规模在 1000 万亩以内——其主要依据是四川粮食供给的制约。当然，如果这两项设定条件发生改变，四川这种退耕还林的需要无疑是能够实现的，同时还存在增大的可能。

五、巩固和扩大退耕还林成果

退耕还林的总体要求是:"退得下、还得上、稳得住、不反弹"。其实际是要坚决实施退耕还林工程,巩固和扩大退耕还林成果。基于已取得的退耕还林成果和目前与今后一个时期,退耕还林面临粮食安全和农民就业的双重挑战或压力,应当做好以下方面的工作。

(一)坚持最严格的耕地保护和科学有效的耕地利用

1. 坚持最严格的耕地保护制度。土地是万物之母,是不可再生的资源,是退耕还林和粮食生产的基础。近年来,四川耕地减少较多,且呈逐年加剧之势。据统计,四川省耕地面积由(全面统计习惯面积)1999 年的 6742.2 万亩减少到 2003 年的 5855.5 万亩,4 年共减少耕地 886.7 万亩,每年 221.7 万亩,平均减幅达 3.5%。与上年相比,2000 年减少 0.9%,2001 年减少 2.4%,2002 年减少 5.2%,2003 年减少 3.9%。四川省人均耕地仅有 0.85 亩,四川耕地已经到了不能再有较大减少的地步了。必须严格执行土地管理法和基本农田保护条例,正确理解和规范操作土地资源向土地资本的转化,严格控制各类建设用地和非农用地;要在全社会深入持久地开展爱护耕地的宣传教育活动,切实加强全民保护耕地意识;要在四川省范围内继续深入、有效开展土地清理整顿工作,对圈而不用、占而未用的耕地,取消占用,限期复耕;要科学确定今后的退耕还林规模和进度,切实做好已退耕还林面积的管护,通过一系列最严格的耕地保护措施,减缓耕地资源的下降幅度,努力实现耕地应用的动态平衡。

2. 尽快、全部复耕撂荒的耕地。近年来,由于种田比较效益偏低和大批农村劳动力外出务工经商,耕地撂荒的现象比较普遍,根据调查估算,一般占耕地面积的 3%左右,个别乡村在 5%以上甚至更高,使十分有限的土地资源未能得到利用,实属可惜。应当采取经济的、法律的和必要的行政性措施,促进其尽快复耕、全部复耕。

3. 提高土地的精耕细作程度。长期以来,四川人均耕地少,对土地精耕细作的程度较高,但基于上述同样的原因,近年来四川土地精耕细作的程度下降,粗放经营、广种薄收的现象十分普遍。根据调查估算,粗放经营、广种薄收的面积一般占到了农作物播种面积的 1/5 左右,个别乡村在 1/3 左右甚至更高,在一定程度上导致了耕地产出水平不高,农产品质量不高的现象。应当采取有效措施,鼓励农民提高精耕细作程度,更好的利用十分有限的土地,生产出更多高质量的粮食和其他农产品。

4. 尽快健全土地流转机制。要在确保土地的国家、集体所有,农户自主经营的前提下,放活土地的使用权、经营权,要制定和完善土地流转的法律、法规,加快土地流转步伐。要解放思想、更新观念,勇于探索、勇于实践、勇于打破禁区,凡是有利于土地保护和有效利用的形式和做法,都应当允许去试,并为其创造有利的环境和条件,让种田能手和有经营能力的业主真正有田可种,有地可经营,以提高耕地的使用效率和产出率。

(二)调整或修正退耕还林中的某些偏差

实施退耕还林 5 年来,国务院和四川省委和政府出台和制定的方略无疑是正确的,也收到了初步的成效。但是在一些地方,一些乡村却存在重扩大轻养护、重眼前轻长远的现象,给退耕还林工程埋下了一些隐患,今后应当在坚持总体方略的基础上,调整修正存在或出现的某些偏差,把工作的着力点放在现有退耕还林面积的巩固、养护以及开发和见效上,淡化其规模的扩大和速度的增加。

1. 科学把握退耕还林面积中生态林与经济林的比例。退耕还林是国家实施西部大开发、改善生态环境的根本点和切入点,是促进地方经济发展和农民增收的有效途径,是实现生态增效和农民增收"双赢"目标的有效手段。对于国家规定的经济林和生态林的 2∶8 比例,并要求必须严格执行的要求,应当科学的理解和把握。我们认为比例应该是国家从全局出发所规定的总体上的比例,退耕还林应逐步达到的目标。而退耕还林初期,农民还有一个适应过程,加之生态林产生效益慢,而经济林产生效益相对较快,在一些地方适当增大具有较大生态效益的经济林比重,是应当允许去研究和探索的。这样一方面有助于农民尽快从退耕还林中实现新的经济效益,另一方面又可减轻国家 5 年后的财政供给压力。同时,由于各地的农业结构和土质结构不尽相同,应当在总体上基本保持 2∶8 比例的基础上,允许"个别"、特殊以及差异化的存在,而不应"一刀切"。

2. 严格确定退耕还林面积。退耕还林是一项复杂的系统工程,在规划布局中,必须坚持因地制宜、分类指导、实事求是、注重实效的原则。要把退耕还林的重点放在地域较广、生态环境恶劣的区域，实行集中成片、规模化退耕，提高退耕还林的效益。要纠正一些地方把退耕还林当成福利项目，照顾关系，将一些平缓耕地甚至基本农田也用于退耕还林的现象。结合四川的实际情况，今后退耕面积应规划在江河两岸、湖库周围、高山坡地及一些水源条件较差、耕作困难的低产地。如川西高原、盆周高山区的江河两岸、高山坡地；盆周山区、深丘的“望天田”；盆中丘陵地区的25°以上坡耕地，耕作水源条件差的低产地。

3. 注重退耕还林后续产业发展。退耕还林后，农民人均耕地面积减少，这就要求农民在较少的土地上能获得尽量多的效益，需要对自己的生产经营结构作相应的调整，注重后续产业发展。一是加快非退耕耕地种植结构的调整。各级地方政府应结合本地实际，对农民调整农业结构加以积极正确的引导，发展特色农产品生产基地，实现农业结构优化升级，大力发展无公害绿色食品生产基地、反季节蔬菜基地。加强农业科技推广，提高农业科技含量，积极引进新技术、新品种，实现农业高产、优质、高效。二是加强退耕还林面积的开发和综合配套。要在“生态优先”原则下，采取林下种草、林草结合等措施，促进农民种草养畜，发展壮大畜牧业；要依托制浆造纸龙头企业，退耕还林种竹，建设原料林基地，既满足企业原材料需求，又增加地方、农民收入；要发展地方特色产品，积极发展与种草植树有关的药材基地、核桃基地、野生菌类养殖基地；要在各旅游资源地加强退耕还林工作，并以生态林为主，建设起绿色通道，既改善自然生态环境，又扩大旅游资源，推动旅游业的发展。三是做好农村剩余劳动力转移工作。退耕还林工程的实施，必然造成耕地的减少，农村剩余劳动力增加。而这部分剩余劳动力大多文化水平低，思想观念落后，缺乏实用技术，需要加大对他们的培训、引导和帮助，寻找到相对稳定的就业岗位，保障其相对稳定的收入来源，这样才不至于出现为了生计去“毁林还田”。

4. 建立健全长效的投资、补偿和监管机制。国家为治理西部严重的水土流失，已投入了大量的人力、物力和财力，并取得一定的经济、社会效果。今后国家还应出台长期的优惠政策，建立健全长效的投资、补偿和监管机制。密切关注退耕农户的生产、生活状况，进一步完善退耕还林补偿制度，对一些特殊地区、特殊农户，应当考虑适当提高补助标准、延长补助时间、制定减免税政策、延长林地承包经营期等等。要加强对退耕还林政策落实的监管力度，把保护生态环境与发展地方经济、改善农业生产条件、提高农民收入、稳定粮食生产结合起来，积极发展生态、立体农业；要动员各级政府和全社会力量，鼓励民营资本、民间资金以及外资参与退耕还林，争取更多的国际机构、组织的援助和帮助，扩大退耕还林的投资来源。

(三)进一步加强粮食生产

“民以食为天”，粮食是一种特殊而十分重要的产品，它既是人们最基本的生活资料，又是巩固和扩大退耕还林的一个重要前提条件。在当前和今后一个时期，仅就退耕还林抓退耕还林是不行的，必须同时进一步加强粮食生产，保障必需的粮食供给，这样才能真正巩固和扩大退耕还林的成果。

1. 牢固树立新形势下的粮食安全观。要牢固树立起粮食安全的意识，从战略高度上认识粮食生产的重要性。各级党委政府要保持清醒头脑，正确认识粮食生产形势，正确处理加强粮食生产和调整农业结构的关系，改变目前一些地方重抓收入轻粮食生产的状况，把粮食生产的各项政策措施落到实处。要保持和中央的高度一致，要从全局利益、整个国家的利益出发，从上到下、从内到外真正达成粮食安全的共识，真正实现政策措施的同步、到位。

2. 加大科技兴粮力度。保障粮食供给仅靠保持或扩大粮食种植面积是不够的，还必须充分发挥科技的“乘数效应”。由于方方面面的原因，长时期以来，四川科技对粮食生产的贡献处在落后水平，不仅低于全国平均水平，更是远远落后于发达国家。这既是一种差距，更是一种潜力，应当下大力气，加大科技兴粮的力度。首先，要增加科技投入，加快项目开发。政府对农业的投入行为应以法律的形式加以规范，国家对农业科研与技术推广的经费投入应尽快达到农业总产值的1～2%(这是农业发达国家水平，我国目前仅为0.2%)。国家财政增加农业科研拨款主要应用于具有战略意义的重大高科技项目；地方财政则重点解决实用性科研项目。要切实保证科技人员待遇，稳定农业科技队伍。其次，要加快农业技术推广，提高科技成果转化率。目前，我国农业科技成果转化率仅11%左右，而农业发达国家达到了70～80%。要改变这一状况，必须建立和完善农业科技成果市场体系，使科研成果商品化，切实改变过去“政府主导型”的农技推广模式，转向“市场导向型”的农技推广模式。在推广过程中要作好示范，建立风险保障机制，保证服务质量。第三，提高农民科技文化素质。农民作为农业生产和科教兴粮的主体，没有高素质的农民，科技兴粮是难以落到实处的。目前四川农民文化素质普遍偏低，尤其是留在农村、留在农业上的劳动力绝大部分是小学、初中文化，相当一部分还是文盲和半文盲，对科技接受和消化能力弱，影响先进农业科技成果的推广和转化。应当加大对农民的技术培训，加强对农民的技术帮助和指导，尽快提高农民的科技水平，为实现科技兴粮奠定坚实的基础。

3. 改善粮食生产的水利条件。在当前和今后一个时期内，四川农业和粮食生产仍然很难从根本上摆脱靠天吃饭的局面，其最大威胁是干旱。在加强农田基本建设，改善粮食生产条件的过程中，应当把抗御干旱，改善水利条件放在首位。四川虽有闻名世界的都江堰等多处大型水利工程以及不少水库、塘堰，但由于一段时期以来投入的人力、物力、财力不足，不少水利工程年久失修，工程老化，效益降低，加之洪涝灾害损毁严重，水利设施严重不足，抗御干旱的能力不增反降。2003 年，四川省水库 6 千多座，完好率不足 80%，库容量 86.5 亿立方米；农作物有效灌溉面积仅占耕地总面积的 41.1%；旱涝保收农田仅占耕地面积的 28.0%。四川省每年有近千万亩“望天田”不能适时栽插，农作物干旱灾害面积在 2000 万亩以上，粮食因灾损失较大。国家要增加对四川的水利投入，各级地方财政也要优先考虑水利建设，以加强大江大河的治理和大中型水利工程的兴建、维修和改造。要大力发展以农户投入为主的微水工程，要鼓励和推广节水农业，提高抗御干旱的能力。

4. 真正落实扶持粮食生产的各项政策。2004 年以来，国家先后出台了一系列鼓励和扶持粮食生产的政策措施，其出台的密度之高、政策的含金量之高，是前所未有。当前的关键是两个方面，一是要把国家的这些扶持政策真正、及时落到实处，不打折扣，让粮农看到实惠、得到实惠。二是要上下互动、多方互动，支持粮食生产不仅是国家的事、政府的事，也是粮农的事、有关各方的事。各级地方政府，特别是基层人民政府，要有支持粮食生产的配套措施、配套政策，有关方面如粮食加工企业、粮食经营者要让利于粮农，要诚信经营，守法经营，不坑农害农，不与农争利。粮食的生产者（粮农）也要加大自身的粮食投入，生产更多优质的粮食供应市场，满足需要。通过上下互动、多方互动，真正实现粮食生产上的共赢和多赢。

5. 切实减轻粮农的税外负担。农村税费改革特别是取消了农业特产税和 2004 年粮食主产区降低农业税率 3 个百分点以后，粮农的农业税负担大幅度减轻，其绝对数额也很低，这无疑值得肯定和赞扬。但是粮农的税外负担却减轻不多，绝对数额也较大，除 2003 年 10 月以来在粮价上涨的同时，农业生产资料价格也出现了同步大幅上涨外，还由于某些政策、措施的不配套以及受部门、行业利益的驱使，一些地方还存在加重的可能和现实。目前比较突出的是水费、电费和涉农服务费用收费偏高和只收费不服务（或服务质量不高）问题，如果不加以控制，有可能成为新的粮农负担，将国家给粮农的实惠吞噬，使粮农刚刚有所恢复的种粮积极性受到挫伤。

退耕还林对陕西粮食生产和需求的影响

陕西省农调队

陕西是国家退耕还林的重点省份。1999 年以来，作为西部大开发重要内容的退耕还林工程，直接增加了工程区的农民收入，生态环境得到改善。为城镇化、工业化带动二、三产业的发展创造了物质条件和软环境，为技能不多、文化层次不高的低收入农村人口增加了就业门路，为农村经济结构战略性调整提供了广阔空间。但是，退耕还林与粮食生产存在一定的矛盾，尤其是 2003 年下半年以来的粮食价格上涨，使粮食安全问题重新成为社会关注的热点。本课题通过大量的实证调研，量化退耕还林与陕西粮食生产的关系，旨在探索进一步搞好退耕还林，保护粮食生产的对策。

一、退耕还林进展顺利，粮食总产逐年递减

(一)陕西退耕还林和粮食生产现状

1. 退耕还林成绩斐然

陕西从 1999 年开始实施退耕还林工程。到 2003 年末，已累计完成退耕还林(草)155.6 万公顷(2334 万亩)，其中退耕地造林 85.1 万公顷(1276.5 万亩)，荒山造林 70.5 万公顷(1057.5 万亩)，退耕还林面积(草)占到全国的 11.8%，位居全国退耕还林(草)面积之首。

退耕还林作为林业重点工程，不但使退耕区恢复和增加了植被，广大退耕农户在经济上也得到了补偿，截止 2003 年底，陕西省累计向 10 个市的 104 个县(市、区)的 125 万个农户发放退耕粮食 16.5 亿公斤，现金补助 3.24 亿元，种苗补助 7.48 亿元。

2. 生态环境明显改善

退耕还林源于国家的农业结构战略性调整。战略性调整指国家从发展和可持续发展出发，立足国情，调整农业产业布局，促进农业产业升级。进入新的世纪，我国农业的战略性调整的总体思路是沿海地区发展出口农业、高效农业；中部发展粮食农业，通过优化粮食种植结构，提高种粮效益；而位于西部的陕西，重点是发展生态农业，实施退耕还林，再造秀美山川。

陕西省地处内陆腹地、黄河中游、长江上中游地区，北与毛乌素沙漠相邻，属国家生态建设的重点区域。陕西省植被稀少、森林覆盖率较低，水土流失和土地沙化、荒漠化严重，有 2/3 土地出现不同程度的水土流失，年均输泥沙量 9.2 亿吨，占全国水土流失总面积的 1/5，成为陕西省经济可持续协调发展的瓶颈。因水土流失，土壤侵蚀强度高，每年损失的氮、磷、钾养分达 500 多吨。尤其是陕北、渭北地区生态环境状况极其恶劣，终年降雨较少，每年春秋季节出现的扬沙天气给人们的生产生活带来诸多不便。1998 年以来陕西省开展形式多样的植树造林和荒山绿化活动，6 年间共造林 325.8 万公顷。由于几年的连续造林，陕西省森林面积由 1997 年的 497.35 万公顷增加到 636.81 万公顷，森林覆盖率由 1997 年的 24.1%提高到 2002 年的 30.9%。

通过实施退耕还林工程，生态状况明显改善，水土流失初步得到有效治理，农民收入增加，农村

面貌发生了较大改观。昔日的不毛之地变成了绿洲，坡耕地和沙化耕地还加重了林（草），昔日光秃秃的山峁逐渐变绿，植被开始恢复，裸露的土壤得到了固定，严重的水土流失开始得到遏制；自然灾害频度明显降低，生态效益初步显现。据有关部门测算，退耕还林后，陡坡耕地地表径流量和土壤侵蚀量等指数下降幅度达到20～40%，土壤中钾、钙的含量明显增加，生态环境开始向良性方向转变。目前陕西省林木蓄积量已达到3.34亿立方米，较1997年增长4%。

来自长江流域的城固、旬阳，和来自黄河流域的宝塔、志丹等四区县六乡（镇）七村的实证调查，均反映退耕还林后，生态得到了明显的改善，河水变清；暴雨后，泥水持续时间明显缩短。2003年虽然多雨，但没有爆发大的山洪。

3. 粮食总产逐年递减

2003年，陕西全年粮食播种面积4735万亩，亩产206.7公斤，总产968.4万吨，较退耕还林前的1998年分别减少1310.2万亩、8.9公斤、334.7万吨，年均递减4.8%、0.8%和5.8%。单从总体趋势看，退耕还林的实施过程，伴随着粮食面积和总产减少是一种客观存在，这往往给人们造成退耕还林严重影响粮食生产、甚至影响粮食安全的错觉或者误区。

从粮食产量看，1998～2003年6年平均年产量1071万吨（214.2亿斤），2000年以来的4年粮食平均产量1010万吨（202亿斤）。其中2001年粮食产量976.6万吨。2003年渭河流域遭受特大洪灾，粮食产量968.7万吨，低于1000万吨。从粮食单产看，1998～2003年6年平均粮食亩产195.6公斤，2000年以来的4年粮食平均亩产194.8公斤，单产水平保持得很好，粮食总产的变动主要受种植面积的变动影响。但影响粮食面积变动的主要因素是结构调整，影响结构调整的主要原因是粮经效益的比较。这个问题我们还要做深入细致地分析。

（二）两大退耕区的典型调查

陕西退耕还林主要分布在陕南秦巴山区和陕北黄土高原两大区域。秦巴山区，山大沟深，人口密度较大，人均耕地面积较少。但气候湿润，雨量较为充沛，植被容易恢复。陕北黄土高原，沟壑纵横，地广人稀，人均耕地面积大。但十年九旱，气候干燥，生存环境恶劣，林木不易成活，植被恢复难度较大。

1. 秦巴山区

（1）安康市旬阳县。旬阳县退耕还林的主要特点是，退耕主要退在常用耕地上，对粮食生产影响较大。

旬阳县位于秦巴山区、汉江流域，是国家退耕还林示范县，截至2003年已累计退耕35.67万亩，全县人均耕地已从1998年的1.8亩下降到2003年的1.36亩，下降24.4%，粮食总产已从历史最高年份的18.52万吨减少到2003年的9.27万吨。

旬阳县小河镇是一个退耕还林的典型乡镇。2003年总户数4338户，16463人，耕地面积19456亩。1999年退耕还林面积4053.1亩，其中，生态林占3241.2亩，经济林811.9亩，生态林与经济林比8：2。2000年退耕面积2075.4亩，其中，生态林为1591.3亩，经济林为484.1亩，生态林与经济林的面积比为7.7：2.3。1999年度向农户兑付退耕粮食145.89万公斤，2000年度兑付74.29万公斤。

公馆乡张良庙村退耕还林幅度也比较大。全村退耕地总面积1551.3亩，计划内1351.3亩，按政策应补贴的粮食数量567270公斤。但应兑现的3年管护费共10万元，没有发放到农民手里。

旬阳县两河关村、张良庙村两村，1998年粮食产量61万公斤，2003年粮食产量13.9万公斤，减少77.2%。一些高山村组绝大多数土地已退完，农户吃粮全靠退耕补助粮。从本次在两河关及张良庙分别调查的10户人均来看，两河关粮食总产由1998年的300.45公斤减少为2003年的162.5公斤，减少45.9%；2003年退耕补贴粮食149.58公斤。农户年末存粮由1998年的394.1公斤减少到2003年的216公斤，减少45.2%；张良庙村粮食总产由1998年的528.8公斤减少到2003年的117.8公斤，减少77.7%，2003年退耕补贴粮食315.5公斤；农户年末存粮由1998年的199.8公斤减少到2003年的188.2公斤，减少5.8%。从目前情况来看，粮食总产加上退耕补贴粮食基本上与退耕前粮食数量持平，能满足目前农民需要。但问题是，一旦政府停止补贴粮食，退耕户吃饭都会成为问题。

但应该看到，影响粮食生产的另一个重大原因是结构调整。1998年，旬阳县粮经面积比为77：23，2000年为79：21，2001年为75：25，2002年为63：37，2003年为36：64，主要是黄姜、烤烟面积的增加。

(2)汉中市城固县。城固县退耕还林的主要特点是,退耕还林对常用耕地面积影响微乎其微,退耕还林主要在非常用耕地中的撂荒地中实施。退耕还林对粮食生产影响很小。

城固县位于陕西省南部的汉中盆地,南依巴山,北靠秦岭,属汉江流域、长江上游地区,县辖24个乡镇,其中林区乡镇16个,总人口56.56万人。全县国土总面积330万亩,林业用地面积230.64万亩,森林覆盖率62.1%。农耕地面积69.8万亩,其中坡耕地面积32.4万亩。

自1999年城固县实施退耕还林工程以来,共完成工程任务14.1万亩。其中:退耕还林7.4万亩,荒山造林6.73万亩,共营造生态林12.9万亩,经济林1.2万亩。工程涉及20个乡镇,4个国有林场,205个村,13500余户。

截至目前,城固县已经完成1999年度退耕还林的第三轮和2002年度的第一轮的政策兑现,累计兑付管护费144万元,补助粮940万公斤,共计折合人民币1460万元。涉及工程农户户均兑现1081元,年户均兑现270元。

2003年,城固县全年粮食播种面积42万亩,亩产311.1公斤,总产13.11万吨。粮食面积较退耕还林前的1998年,减少24.3万亩,减少36.7%,年均递减8.4%。亩产增加9公斤、增加2.8%,年均递增0.5%。总产减少8.09万吨,减少38.4%,年均递减9%。粮食总产下降的主要原因是结构调整,全县粮经比例由1998年的7∶3,调整到2003年的5∶5。

2. 陕北黄土高原

陕北黄土高原退耕还林的主要特点是,退耕力度很大,人均退耕还林政策兑现的粮食数量较多,虽然粮食总产有所减少,但对区域粮食安全更为有利。

宝塔区是全国退耕还林(草)最早的地区之一,也是全国退耕还林的试点地区之一。全区20个乡镇从1999年初到2003年底,累计退耕还林(草)71.33万亩,其中坡耕地退耕48.04万亩,占到全区总耕地面积的52.59%。从栽植林草比重看,全区累计种草3万亩,占总退耕面积的4.2%;栽植经济林5万亩,占总退耕面积的7.0%;生态林63.33万亩,占总退耕面积的88.78%;林草总体成活率达到70%。到2003年底,全区政策兑现面积46.33万亩。

在耕地面积大量减少的情况下,全区20.98万农业人口,现有基本农田49.8万亩。2003年,宝塔区粮食播种面积43.3万亩,人均2.06亩;粮食亩产188公斤,总产8.15万吨,人均产粮388.47公斤。粮食播种面积由1999年的53.19万亩减少到2003年的43.3万亩,总产由1999年的102992吨减少到2003年的81476吨。

和宝塔区相邻的志丹县,在联合国项目资助下,最早开展小流域治理。从1999~2003年国家累计下达和补充确认退耕还林79.13万亩,其中退耕地还林还草51.51万亩,荒山荒地造林种草27.62万亩。粮食补贴兑现50.13万亩,占63.35%。涉及全县12个乡镇(区),192个村委会,24314个农户。2003年,全县粮食播种面积30.3万亩,比1998年减少3.1万亩,减少9.3%;粮食总产49939吨,比1998年减少9546吨,减少16%。可见,大面积退耕对常用耕地影响不大。

二、退耕还林对粮食生产影响不大

(一)实施退耕还林,陕西粮食生产和需求的基本特点变化不大

陕西粮食生产和消费基本衔接,总体处于安全状态,但安全问题仍应引起关注。陕西人口占全国的2.8%,粮食产量占全国2.2%。随着社会经济发展、人口增长和城乡居民生活水平的提高,粮食消费总量呈现逐年增加态势。据调查测算,1998~2003年,陕西粮食消费总量增加了80万吨,增长7.14%,每年大体增加16万吨,年均增长1.44%。人均消费粮食320公斤,增加8公斤,增长2.56%,年均增加1.6公斤,增长0.51%。消费总量与人均消费量没有同步增长,主要是陕西从1998年以来人口增加78万人所致,这也是我们今后在确保陕西粮食安全中所必须充分加以考虑的因素之一。

实行家庭联产承包责任制以来,粮食增产为陕西国民经济的持续发展奠定了坚实的基础。改革开放初期,责任制极大的调动了农民的生产积极性,粮食总产由1980年的757.1万吨增加到1984年的995.4万吨,四年年平均增加59.6万吨,农民温饱问题初步得到解决。从1985年到1994年间,陕西粮食总产基本稳定在1000万吨左右,1993年粮食总产跃上1200万吨的台阶。1995年到2000年,陕西粮食总产基本稳定在1100万吨左右。1998年粮食总产达1303.1万吨,创历史最高记

录。陕西人均粮食生产水平得以提高，1995 年到 2003 年陕西粮食人均生产水平基本稳定在 310 公斤左右，比 1980 年的 267 公斤增加了 43 公斤，增长 16%。陕西农民人均纯收入由 1985 年的 295.26 元增加到 2003 年的 1675.66 元。

伴随着社会经济的全面发展，粮食消费总量呈逐年提高的态势。随着粮食总产和人口的增加、人民生活水平的提高，陕西粮食的社会消费量迅速增加。据调查推算，1995 年，陕西粮食社会消费量为 1069.9 万吨，比 1980 年的 815.9 万吨增加了 254 万吨，增长 31.1%，年平均增加 16.9 万吨，增长 9.3%。从消费总量上看，陕西粮食社会消费量增加较多，但人均社会消费水平并不高，增加幅度不是很快，1995 年陕西人均社会消费量为 304.6 公斤，比 1980 年的 288.2 公斤增加了 16.4 公斤，增长 5.7%。2002 年，陕西粮食社会消费量达到 1200 万吨，人均社会消费量基本稳定在 300～325 公斤左右。

陕西粮食产需的基本特点是"总体平衡，三个短缺"：品种性短缺，年际性短缺，区域性短缺。主要表现在八个方面：

1. 陕西仍为粮食基本自给省份

实施退耕还林以来，陕西大多数年份粮食产量与消费量存在微小缺口，在 1998～2003 年 6 年中，年平均粮食总产 1070.8 万吨，年平均消费 1166.1 万吨，只有 1998 年产大于消，其余 5 年产粮食难以充分自给。平均粮食产量与消费量之差 95.3 万吨（19.6 亿斤），平均产消差距为 8.2%，粮食产消平衡要依靠外部调进来实现。按照国家粮食管理部门对产销区的划分，陕西省产消缺口低于 10%，仍为粮食基本自给省份。

2. 陕西粮食基本处于温饱后的生产和消费相对平衡阶段

陕西粮食的产消水平基本与经济发展水平相适应。退耕还林和结构调整使得粮食总产递减，但粮食总体上仍然是安全的。

陕西粮食产消平衡表

年份	粮食总产量（万吨）	粮食消费量（万吨）	粮食产消差（万吨）	粮食人均生产量（公斤）	粮食人均消费量（公斤）	粮食人均产消差（公斤）
1995	913.4	1069.9	−156.5	260.0	304.6	−44.6
1996	1217.2	1085.7	131.5	343.6	306.4	37.2
1997	1044.4	1108.1	−63.7	292.5	310.4	−17.9
1998	1303.1	1121.2	181.9	362.4	311.8	50.6
1999	1081.6	1141.2	−59.6	298.9	315.4	−16.5
2000	1089.1	1167.7	−78.6	298.9	320.4	−21.5
2001	976.6	1178.2	−201.6	266.9	322.0	−55.1
2002	1005.6	1188.5	−182.9	273.7	323.5	−49.8
2003	968.7	1200.0	−231.1	262.5	325.0	−62.5
98—03 平均	1070.8	1166.1	−95.3	293.9	319.7	−25.8

改革开放以来，陕西经济得到了长足的发展，城乡居民收入连年增加，生活质量进一步改善，农民的温饱问题基本得以解决。近年来，由于粮食价格低迷，苹果滞销，农民负担居高不下等因素影响，农民收入增长趋缓，城镇居民收入增长有限，加之受生活习惯的影响，城乡居民对粮食的消费基本处于原粮消费相对充足状态，对肉蛋奶禽的消费水平还不高。1995～2003 年，年平均粮食总产 1070.8 万吨，年平均消费 1166.1 万吨，略有缺口；分年看，9 年中，陕西粮食产大于消的年份有两年，其余 7 年都自产粮食难以全部自给。近几年来，陕西粮食因退耕还林、结构调整使播种面积锐减，全年粮食产消缺口进一步扩大。2003 年后半年的粮食价格上涨，使粮食安全问题引起了社会各界的关注。但陕西粮食从总体上看仍然是安全的。

3. 粮食生产的波动性较大，余缺随丰欠变化，但对总体平衡影响不大

解放以来，陕西先后建成一系列大、中型水利工程，改造了一大批中低产农田，这些农田水利设施曾在大灾之年发挥了巨大作用。但从总体上看，陕西粮食生产至今还没有扭转“大灾大减产，小灾小减产，风调雨顺大增产”的靠天吃饭的被动局面。特别是在 1992 年后，陕西气候条件年际间差异扩大，大灾和风调雨顺气候交替出现，致使粮食生产大增大减。丰年供过于求，平年基本平衡，灾年缺口较大。1995～2003 年 9 年中，陕西粮食产大于消的年份有两年，1996 年粮食丰收，总产为 1217.2 万吨，产大于消 131.6 万吨，1998 年粮食总产创历史最高记录，总产为 1303.1 万吨，产大于消 181.9 万吨，其余 6 年受退耕还林、结构调整、自然灾害等因素的影响，粮食虽有一定缺口，但由于丰歉年份余缺相抵，农户存粮及市场调节，陕西粮食的供给比较充足，个别地方还出现过“卖粮难”的问题。而退耕还林对这一波动影响很小。

4. 从粮食消费结构看，生活用粮、籽种用粮趋于稳定，饲料、工业用粮增幅较大

2003 年，陕西粮食社会消费量为 1200 万吨，其中：生活用粮 725.5 万吨、籽种用粮 42.5 万吨，基本趋于稳定；饲料用粮 329.8 万吨、工业用粮 102 万吨，分别比 1995 年增加了 74.5 万吨和 75.2 万吨，增长 28.8%和 1.54 倍。在实施退耕还林的同时，随着畜牧业和轻工业的发展，饲料、工业用粮仍然呈现刚性增势。

5. 陕西粮食产量存在结构不平衡

从粮食产需品种结构看，玉米自给有余，小麦和大米短缺严重，小杂粮基本平衡。正常年景小麦缺口 74 万吨，水稻缺口 67 万吨，玉米富裕 55 万吨。实施退耕还林，主要影响秋杂粮的产量，对结构性短缺的特点影响不大。

6. 地区之间不平衡

宝鸡、咸阳、渭南、汉中、安康、延安粮食相对富余，其他各市粮食短缺。近两年由于农业结构调整和退耕还林等因素，安康已进入粮食短缺行列，汉中、延安临近粮食短缺。

7. 粮食安全应确保农户口粮消费需求的产消衔接

粮食安全的核心是粮食生产能力，即解决好“买得到”和“买得起”的问题，但同时必须确保农户口粮消费需求的产消衔接。在陕西 2003 年粮食消费总需求 1200 万吨中，口粮消费 712.5 万吨，占 59.4%，饲料消费 335 万吨，占 27.9%，工业消费 109 万吨，占 9.1%，种子消费 42.4 万吨，占 3.5%，粮食产消衔接的重点是口粮消费需求平衡。而在口粮消费需求中，农村居民口粮消费需求达到 587.1 万吨，占到 82.4%。可见，陕西粮食产消衔接的核心是保持口粮消费需求、尤其是农户口粮消费需求的产消衔接。而“买得起”的问题的核心是双缺户的吃粮问题。

根据陕西省农调队抽样调查推算，近 3 年全省农村居民在年际间的存粮量为人均 398 公斤，动态平衡量达到 1100 万吨。因此，农村居民的生活、生产对粮食的需求在宏观上可以有效保证。其中包括了退耕还林工程区通过粮食补贴，农业结构调整重点区通过市场供给实现的消费需求。从粮食购销情况看，1998 年至 2003 年的粮改 6 年中，陕西国有粮食部门累计收购粮食 440.8 亿斤，占粮食总产量的 34.3%，占粮食总需求量的 31.5%，年均收购粮食 73.5 亿斤，收购量以 10.6%的速度递增，做到了敞开收购，掌握粮源。1998～2003 年，陕西国有粮食部门累计销售商品粮食 429.2 亿斤，占粮食总需求量的 30.7%，剔除农民口粮及种子需求（基本为自产自用），国有粮食部门的销售量占粮食需求总量的 69.5%。年均销售粮食 71.5 亿斤，销售量以 18.7%的速度递增，保证了市场粮食供应的基本稳定，发挥了国有粮食部门主渠道作用。

8. 退耕还林和粮食补贴政策的兑现，不会造成国有粮库市场供应的缺口

近几年来，陕西兑现退耕还林粮食补贴动用库存量较多，加上 2003 下半年以来的粮食涨价，粮食部门为平抑粮价增加销售，库存总量有所下降。截止 2003 年 11 月份，粮食系统保有库存 54.4 亿斤商品粮食，虽然比常年库存减少 6 亿斤，低 10%以上，但由于库存商品粮主要保证城镇居民生活，就目前这一库存量而言，按城镇人口和月均生活消费量 12 公斤计算，可稳定供应 1 年以上，能够安全过渡到下年产粮季节，保证陕西粮食总体安全，不会发生大的供给缺口。

（二）退耕还林对粮食生产有一定影响，但不是主要因素

1. 总体测算

基本思路：2003 年与 1998 年相比，陕西粮食的面积、亩产均有所减少，从而导致总产减少。要分析面积、亩产对总产的影响，我们选用传统的指数分析法。即设报告期（2003 年）总产为 s_1，面积为 q_1，亩产为 p_1，基期（1998 年）的总产为 s_0，面积为 q_0，亩产为 p_0。有：

$$p_1q_1/p_0q_0=(p_1q_1/p_0q_1)(p_0q_1/p_0q_0)$$

$$p_1q_1-p_0q_0=(p_1q_1-p_0q_1)+(p_0q_1-p_0q_0)$$

(1)粮食产量减少的两大原因的量化。

1998 年，面积 $q_0=6045.2$ 万亩，亩产 $p_0=215.56$ 公斤，总产 $p_0q_0=1303.1$ 万吨；

2003 年，面积 $p_1=4735.0$ 万亩，亩产 $q_1=207.2$ 公斤，总产 $p_1q_1=968.4$ 万吨；

基期亩产乘以报告期的面积 $p_0q_1=1020.68$ 万吨

2003 年较 1998 年粮食总产减少：$p_0q_0-p_1q_1=1303.1-968.4=334.7$ 万吨

因亩产减少使粮食总产减少：$p_0q_1-p_1q_1=1020.7-968.4=52.3$ 万吨

因面积减少使粮食总产减少：$p_0q_0-p_0q_1=1303.1-1020.7=282.4$ 万吨

亩产原因所占比重：52.3/334.7=15.62%

面积原因所占比重：282.4/334.7=84.38%

显而易见，粮食播种面积减少是粮食总产减少的主要原因。

(2)退耕还林对粮食生产的影响。

粮食面积减少的主要原因有两个方面：一是耕地面积减少；二是结构调整，粮食在农作物播种面积中所占的比重下降。

①耕地面积的复杂性。要搞清退耕还林究竟少产多少粮食，关键是要搞清退耕还林减少了多少耕地面积，尤其是减少了多少常用耕地面积。搞清面积问题非常复杂，主要难在以下几个方面：

一是耕地面积往往只统计常用耕地，而退耕还林中的耕地，还包含了大量的非常用耕地，如撂荒地、坡耕地等等。

二是各地耕地面积统计习惯不一，有“牛耕亩”、“种子亩”、“挥手亩”等等。城固山区就有这样的顺口溜：“一亩不算亩，两亩算半亩，三亩七分五，四亩算一亩”。

三是耕地减少中的“耕地面积”，是习惯面积，而退耕还林中的面积，因牵扯到兑现政策，往往是“丈量面积”或者是“规划面积”，口径差异很大。

四是耕地面积减少因素错综复杂，退耕还林只是一个方面。退耕地多是高坡、陡坡，粮食亩产远远低于全省粮食的平均水平。

五是退耕还林，是一个过程，逐年实施，很难确定确切的面积。要相对准确地估计粮食总产量，必须用习惯面积乘以习惯亩产，或者用标准面积乘以标准亩产。

②耕地面积减少的原因。我们分析退耕还林对粮食产量的影响，只能用估算方法。估算的基本假设是临时性耕地的产量与退耕后的增产因素相抵。常用耕地中退耕地的常产视为退耕还林对粮食生产的影响。其实质是用习惯面积，乘以习惯亩产。

首先，从退耕面积入手。按照国家统计口径，1998 年至 2003 年，陕西省常用耕地累计减少 506.7 千公顷(760 万亩)，通过全面统计资料测算，耕地减少共有五大因素，影响程度分别为：

其一，退耕还林占 68.7%。

其二，发展果、茶、桑占 13.6%。

其三，退耕还牧占 9.4%。

其四，各类基建用地占 4.1%。这些减少的常用耕地基本上是刚性的，没有特殊原因，复耕可能性不大。也就是说，由于耕地的刚性减少，将可能导致农作物播种面积的刚性下降。

其五，其他原因，如因灾毁坏等，占 4.2%。如佛坪县 2001 年洪灾毁坏水田 4000 余亩，到目前恢复一半左右。

统计资料显示，从 1998 年开始，陕西耕地面积年减少速度逐年递增，1998 年减少 0.7%，2001 年减幅高达 4.8%，国家实行了严厉的耕地和基本农田保护政策之后，陕西省耕地面积的下降速度才开始回落，2003 年降到 2.1%。

由此可见，陕西耕地面积的减少在很大程度上属政策性减少，耕地面积下降有其特殊性。

③退耕地粮食生产测算。我们把退耕地中常用耕地少产的粮食，视为退耕还林对粮食生产的影响。非常用耕地退耕少产的粮食与所有非退耕地增加粮食，很难准确把握，在测算时不予考虑。

根据全面统计资料，常用耕地的退耕还林(草)面积为 522.12 万亩。

经过大量的调研和估算，退耕地中常用耕地的常年习惯亩产为 85 公斤左右，因此，退耕还林(草)面积(常用耕地)少产粮食$=522.12\times85=44380$万公斤=44.38 万吨。

在粮食总产减少的总因素中，退耕还林原因占：44.38/334.7=13.26%。

(3)种植业结构调整对粮食生产的影响。

结构调整的原因是粮经效益对比。近年来，各级政府和广大农民以市场为导向，以增加农民收入为中心，大力调整农业生产结构，扩大经济作物的种植面积，使粮食播种面积趋于减少。1998 年到 2003 年，陕西农作物播种面积由 7046 万亩下降到 6135 万亩。其中粮食播种面积由 6045 万亩下降到4736万亩，经济作物播种面积由1000万亩上升到1399万亩，粮经面积比由85.8∶14.2调整到77.1∶22.9，5年调整了8个百分点。其一，蔬菜播种面积由1998年的290万亩增加到2003年的409万亩，平均每年增加近24万亩；其二，棉花播种面积由1998年的53万亩增加到2003年的98万亩；其三，陕西省委省政府决定建立陕南现代中药材基地，使陕西中药材生产步入快速发展时期，仅2003年的种植面积就比2002年增加了2倍，2003年末陕西中药材实际留存面积208.25千公顷(312.37万亩)。

量化结构调整原因对粮食总产的影响，必须基于一种基本假设，忽略耕地面积减少对陕西种植业结构的影响。2003年陕西省农作物总面积为6135.95万亩，较1998的7045.76万亩减少909.81万亩。粮食作物所占的比重由1998年的86.34%，下降到2003年的77.20%。推算用基期亩产和报告期面积，即耕地面积递减，种植结构不变而多产的粮食。结构调整往往占用优质耕地，据典型调查，结构调整的地块粮食亩产高于平均水平的15%左右。因此，亩产估算为225公斤左右。

据此推算：

结构调整原因使粮食总产减少为：(86.34%－77.20%)×6135.95×225＝126.13万吨。

可见，在粮食总产减少中，结构调整原因占：126.13/334.7＝37.68%。

2. 基本结论

退耕还林对粮食生产总体影响不大。与退耕还林前的1998年相比，影响粮食生产的因素可量化为：

(1)种植业结构调整是影响粮食总产的首要原因，占37.68%。

(2)退耕还林是影响粮食生产的次要原因，占13.26%，远远低于结构调整的影响。

(3)气候和投入影响亩产因素占15.62%。

(4)其他原因也影响粮食生产。开发占地，国家基建占地，因灾废弃等等，这些原因对粮食总产的影响程度为33.44%。

三、退耕区农村经济变化的主要特点

据对汉中、安康、延安三市四县(区)七个行政村50农户的典型调查，退耕还林给退耕区农村带来了深刻变化。

(一)农民收入增加

退耕区农民收入增加。调查的七村农民2003年人均家庭总收入1639.28元，比1998年的人均家庭总收入1244.89元增长31.09%。传统的种植业收入减少51.77%，牧业收入人均326.56元，增长27.43%，工资性收入人均886.8元，增长62.05%，外出从业和从本地单位得到的收入增长74%。据国家住户调查资料，2003年旬阳县农民人均纯收入1542元，比1998年增长19.8%。退耕还林补贴也成为农民收入的重要组成部分。

退耕地的粮食补贴收入，高于退耕地粮食生产收入；退耕还林改变了农民的观念，退耕农民不再广种薄收，而在发展经济作物和非农产业或外出打工，增加经济收入，七村调查的结果显示，农民外出从业得到的收入人均334.47元，增长74.53%，从本地企业或者单位得到的收入人均541.92元，增长74.76%。

(二)粮食单产提高

退耕还林的重点是25度以上的坡耕地，这些退耕地一般属于高坡、陡坡，质量差，耕作困难，产量低而不稳的“三跑田”。坡地退耕后，各地政府重点组织村民建设基本农田，打坝淤地，修梯田，耕地质量提高，粮食单产增加。2003年七村粮食平均亩产241.29公斤，比1998年的160.00公斤增长50.8%，谷物亩产增长54.69%，陕北主要的粮食玉米亩产317.7公斤，增长38.5%，薯类亩产219.16公斤，增长14.6%。宝塔区王庄村是各级退耕还林的样板，2003年粮食亩产216公斤，比1998年的亩产146.89公斤增长47.02%；旬阳县张良庙村2003年粮食亩产219.2公斤，比1998年增长22.8%，其中谷物增长25.5%，豆类增长7.1%，薯类增长14.3%。

(三)种植结构发生变化

退耕还林使人们多种多收的观念正在悄然发生变化，坡耕地退耕后，耕地面积大幅度减少。根据七个村的调查，至2003年，人均退耕面积2.83亩，人均耕地仅余1.84亩，减少60.66%。退耕补贴粮食人均258.47公斤。粮食作物播种面积减少56.8%，经济作物面积增长51.3%。油料、药材、蔬菜、瓜果，尤其是大棚作物发展迅速。

(四)退耕户粮食充足

退耕后退耕户的粮食问题，是退耕成败的关键，也是各级领导和有识之士关注的问题。退耕后人均耕地减少，人均产粮也同时减少。七村的调查结果是，人均产粮202.69公斤；由于退耕，国家给退耕户的粮食补贴人均258.47公斤，两项合计，退耕户人均占有粮食461.16公斤。加上购买的粮食，在退耕期内，退耕户的粮食不会存在大的问题。宝塔区川口乡，人均享受4.3亩退耕地的补贴粮，不但满足自己需要，还有部分出售。

（五）退耕还林的生态效益明显，但在相当长时期内没有经济收益

1. 生态效益明显

退耕还林使生态植被得到大面积恢复，同时，牧草、林地、园地等生态用地面积增加。从调查的七村情况看，2003年与1998年相比，园地面积增加18.24%，林地面积增加20.51%，牧草面积增加83.33%。

2. 经济林木8年内几乎没有收益

退耕还林仅仅实施5年，在干旱的陕北地区，树木成活困难，经济收益主要表现为：生态林的经济效益在计划期内无法实现。地处秦巴山区的旬阳县，退耕已5年，除桑叶已见成效外，其余均为幼苗期。

陕北是黄土高原干旱地区，林木生长成活难，以槐树为主的生态林只有生态效益，没有经济效益。

林木生长条件较好的城固县北部山区，退耕还林较早的地方，生态效益已经初步显现，山清了，植被得到恢复，空气好了，水土流失减少。但经济林木在短期内仍然没有收益。城固县退耕还林主要栽植的林木有：松树、柏树、白杨树、椿树、杉树、核桃、板栗、杜仲、枣皮、厚朴等树种，其中，松树、柏树、白杨树、椿树、杉树是生态林木，核桃、板栗、杜仲、枣皮、厚朴等在10～15年内加强管护，才可能在10～15年后取得微薄的经济收益。8年政策期内没有任何经济收益。

这其中有两个主要原因：一是专家设计和山区实地推广，无论在技术上，还是在投入上都有一定差距；二是每年20元的林木管护费明显偏低，难以调动农民的林木管护积极性；三是干旱、兽害等因素使林木难以成活和正常生长。

四、陕西粮食生产能力和潜力

（一）粮食生产能力

回顾陕西近20年来的粮食生产情况，自1980年开始，陕西省粮食总产量总体呈现为上升趋势，1989年跃上1049.2万吨，1998年又上升到1303.1万吨，达到陕西省历史最高水平。分夏秋看，夏粮总产最高的是1997年的584.9万吨；秋粮总产最高的是1996年的783.3万吨。夏秋粮食最高产量之和1367.9万吨，可视为目前陕西粮食总产的最高水平，或者说生产能力峰值水平。

1. 粮食亩产

陕西粮食亩产呈明显增加趋势。1981～1985年全年平均亩产149.4公斤，1986～1990年全年平均亩产164.2公斤，1991～1995年全年平均亩产170.6公斤，1996～2000年全年平均亩产193.1公斤，2001～2003年全年平均亩产195.6公斤。

2. 粮食播种面积

1980年陕西全年粮食面积为6466万亩，后随耕地面积递减和结构调整，总体呈递减趋势。1990年全年粮食播种面积为6180.5万亩，1995年为5718.8万亩，2001年为5276.4万亩，2003年仅为4736.0万亩。

3. 粮食总产

陕西粮食总产递增有阶段性的特点。1989年以前，呈递增趋势。1989年突破1000万吨大关，1993年取得第一个历史性的大丰收，达到1215.6万吨。随后，受结构调整影响，在亩产随气候波动的同时，总产呈递减趋势。2003年，粮食总产968.4万吨，相当于1983年的总产水平。

（二）理论测算的粮食生产潜力

1. 生物学理论测算

据测算，陕西省10年平均亩产光能利用率为1.74%，最高亩产的光能利用率为2.05%，最低亩产的光能利用率为1.47%。并在陕西粮食播种面积稳定在5500万亩的前提下，按照亩产的光能利用率2%、2.5%和3%估计陕西粮食产量如下：

平均光能利用率（%）	平均亩产（公斤/亩）	粮食生产潜力（万吨）
2.0	208.6	1147.6
2.5	260.8	1434.3
3.0	313.0	1721.4

结合这一研究成果，我们认为陕西光能资源丰富，利用潜力较大，只要因地制宜，认真搞好耕作改制和运用先进技术，努力做好水、肥、土、种的最优配置，亩产量还是具有10～20%的增产潜力的。

2. 粮食增产目标

结合现有耕地面积、农业结构调整、退耕还林等情况，我们认为把粮食播种面积稳定在5000万亩、粮食亩产目标210公斤较为切实可行，即使其他条件不变，也可使粮食产量保持在1050万吨左右，足以保障陕西的粮食安全问题。

3. 粮食增产途径

陕西省粮食增产主要在于非退耕区的粮食增产，而非退耕区的粮食增产应该从提高复种指数、提高劳作水平、增加投入等方面着手。

其一，提高非退耕地的复种指数。通过提高粮食复种指数10个百分点，使粮食播种面积达到5500万亩，可使粮食产量达到1150万吨左右。提高复种指数的前提是增加农田基建投入，改善水利条件。

其二，普及良种、改善耕作技术。目前，陕西农户在小麦生产用种上，多数是自产自用，以粮代种，良种直供率不高，通过普及良种、改善耕作技术再提高单产10～20个百分点，可使陕西省粮食产量进一步达到1250～1350万吨之间。

通过调查，在不增加投入的情况下，只要劳作水平提高一个档次，陕西省最少有10%的粮食增产潜力。

其三，增加投入。这里的投入主要指两个方面，一是农业基础设施投入，如农田基建、水利设施投入，二是化肥等农资的投入。

五、搞好退耕还林与保护粮食生产的对策建议

退耕还林与粮食生产是一对矛盾体，是长远利益与现实利益两大目标要共同实现的大胆尝试。从1999年开始至今的实践，广大的退耕区人民群众已取得了丰富的经验，同时也提出了亟待解决的一些问题。

(一)“退耕还林”政策应适当调整

1. 退耕还林应允许适度的林作套种

林作套种，与国家退耕还林政策相悖。事实上，植物之间往往有互生、共生、相互依存的关系。实践证明，林作套种，势必要进行施肥、中耕等必要的管护，林木更易于成活和生长。适度的林作套种，既能提高林木成活率，又能增加农民收入。不搞林作套种，由于管护费标准太低，管护跟不上，成活率受到严峻挑战。如此以来，往往补栽补种，反反复复，虽然执行了文件，加大了投入，但效果很不理想。国家应对退耕还林政策适当调整，允许退耕区农民因地制宜，适度进行林作套种。

2. 应延长补贴年限

据我们对陕西退耕区的实地调查，8年政策期内，退耕农户几乎没有经济收益。一旦政策停止，毁林开荒难以避免。因此，国家应适度延长退耕还林的政策补贴年限。

3. 提高管护费标准

现实执行的每年每亩20元的林木管护费，仅仅相当于农民外出打工不到两天的劳动报酬，加之林木经济收入遥遥无期，农民的林木管护积极性难以充分调动，使国家生态战略的实施受到严重影响。因此，必须适当提高林木管护费标准，以调动农民的管护积极性。

4. 树种选择和种植方式应该因地制宜

退耕还林的目标是保护和恢复生态，植树的主要目标是林木成活率。选择什么树种、采用什么样的栽植方式应该充分考虑当地农民的经验和技术水平。万万不可搞脱离实际的“一刀切”，既要反对自由主义，也要反对教条主义和本本主义。

5. 设施养殖需要强化管理

封山禁牧后发展设施养殖，是保护退耕还林成果的一项主要举措，也是对传统牧业生产方式的一次革命。但应该充分地认识到，养殖户观念转变和技术提高需要一个艰难的过程，因此必须稳步推进，不可搞成追求政绩的形象工程。同时，必须加强管理，杜绝拼凑养殖规模骗领国家项目资金的不法行为。

此外，虽然退耕还林政策已连续兑现了4年(各地略有差异，多数兑现至2002年底)，退耕区农民“有粮、有钱、有时间”，生活水平明显提高，然而，兑现政策时的“旱涝不均”问题老百姓更敏感，易引发上访、告状等。万万不能把退耕还林资金当成“唐僧肉”。尤其是农业税逐步降低时，把克扣退耕还林补贴当成制约农民的机制。

(二)必须保护粮食生产，解决好粮食安全问题

入世后的粮食安全是全球问题，中国人口占世界22%，中国粮食不安全，世界粮食将难以安全。中国的每一个省份，很难有一个确切的粮食安全线，但各省如果都一味追求结构调整带来的收入，国家的粮食安全势必会出现问题。为此，我们认为，各个省份都必须有自己的粮食总产目标。陕西的全年粮食总产，应稳定在1000万吨左右为宜。

1. 保护基本农田面积，改善种植业生产基本条

件

耕地是种植业的基本要素。耕地面积的减少，尤其是基本农田面积的减少，将会对种植业尤其是粮食生产产生刚性负效应。因此，保护粮食生产，必须从保护耕地入手。

一是退耕区退耕还林必须与基本农田建设同步进行。

退耕还林对耕地面积有一定的影响。25°以上的坡地属“三跑田”，虽然单产很低，但大面积退耕使耕地急骤减少，“人地矛盾”又变得十分突出却是不争的事实。因此，在退耕还林的同时，应进行农田基本建设。重点抓好“坡改梯”、“旱改水”、围河造地、打坝淤地，同时，要狠抓坝系建设及“三边田”即村边田，路边田和水边田的建设。宝塔区冯庄乡西河沟村从上世纪70年代治理了全村三道沟，打坝24座，人均坝地达3亩，不仅实现了水土保持，而且实现了小康。在新的历史条件下，应尽快研究制定农田基本建设的新投资机制问题，推行“谁投资，谁受益”的长效机制。同时，退耕还林的政策兑现应与基本农田建设联动，即将退耕还林与基本农田建设通盘考虑，力争实现两个指标的同步增长。

二是非退耕区应加强土地执法，严格控制土地征用。

保护耕地是一项基本国策。国家基本建设和非农产业的发展占用耕地是历史发展的必然，但在这个过程中必须贯彻协调发展和可持续发展的理念，确保一、二、三产业健康协调发展。必须严格加强土地执法力度，严格控制基本农田面积的减少速度。必须牢固树立粮食安全是兴国之本的观念。

三是大力改善非退耕区的农业生产条件。

当前陕西农业生产条件“欠账严重”。虽然国家农村电网改造基本解决了农村用电问题，但农田基本建设、农村生产道路、农村水利、农业生产资料、信息服务、农技推广、农村金融等方面，远远不能满足农村经济发展的需要，不但影响粮食生产，而且严重制约整个农村经济的发展。因此，必须加大财政和信贷对农业的支持力度，改革支持方式，以改善生产条件，提高粮食和整个农业综合生产能力。对于县域经济欠发达、财力紧缺拿不出配套资金的地区，应加大转移支付的力度。

2. 保护种粮农民的利益，稳定粮食面积

结构调整与粮食安全是一对矛盾。结构调整是影响陕西粮食安全的主要原因，影响粮经面积比例的主要因素是粮经效益比。因此，稳定粮食面积的关键是提高种粮效益。

主要抓三个方面，一是增加种粮补贴，让农民更多收益；二是控制农资价格，降低种粮成本；三是普及和推广先进耕作技术，扩大良种面积，提高粮食单产。从2003年10月份的粮食价格波动之后，中央出台了一系列保护种粮农民利益的方针、政策和措施，但农资市场及相关生产环节的价格上涨，又大大降低了中央政策给予种粮农民的利益。这是当前保护粮食生产又一重大课题。只有解决了这一难题，才能解决粮食生产的投入问题，才能实现提高单产的目标。

主要参考书目：

1.《中国粮食问题研究》，中国统计出版社。
2.《风声雨声脚步声》，三秦出版社。
3.《退耕还林粮食供应有关文件汇编》等。

数据来源：

本报告数据除注明出处外，均来自陕西省统计局《统计报告》、历年《陕西统计年鉴》、陕西省农调队《农家史料》等。

贵州退耕还林与粮食安全对策研究

贵州省农调队

一、贵州生态和农村经济的基本状况

贵州地处长江、珠江“两江”上游，是世界喀斯特发育最典型的地区之一，是我国西南少数民族聚集区，是全国唯一没有平原支撑的农业省份。贵州省土地总面积为17.6万平方千米，山地占71.34%，丘陵占20.97%，山间平地与河谷坝地占7.69%。境内山高坡陡，河谷深邃，耕地破碎，土层瘠薄，生态系统极为脆弱。在贵州耕地面积中，15度以下的耕地面积占51.40%；15～25度的坡耕地占29.77%；25度以上的坡耕地占18.83%（见图1）。

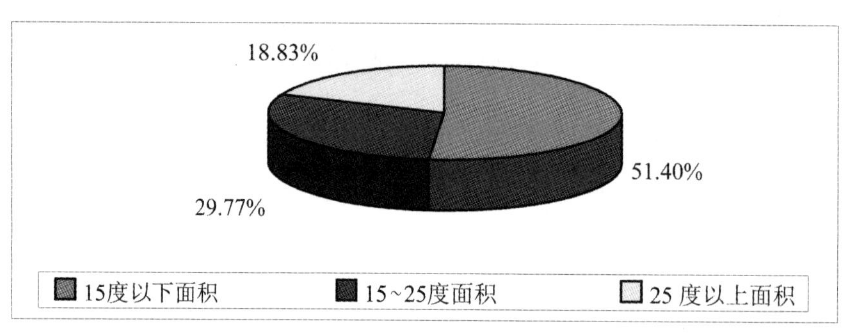

图1　2000年贵州省坡耕地示意图

在总耕地面积中有19.52%的耕地由于裸岩石砾分布较广，已不具备耕作条件，不宜耕种。上世纪50～70年代，由于人口过快增长，人地矛盾突出，迫于生存压力，陡坡毁林开荒，植被遭受破坏等因素叠加，导致水土严重流失。80～90年代虽有计划地开展治理，也收到一定效果，但由于预防不力，边治理边破坏现象严重，水土流失面积仍呈上升态势，贵州省水土流失面积达7.32万平方千米，占土地总面积的41.54%。年土壤侵蚀量达2.52亿吨。水土流失面积60%以上的县（市）主要分布在黔西、黔西北和黔东北部长江流域，每年仅排入长江的泥沙就达6000多万吨。严重的水土流失是喀斯特地区生态环境恶化的基本表现形式。

大量水土流失造成土地石漠化，石漠化面积达3.25万平方千米，占贵州省土地总面积的18.5%，其中重度石漠化0.53万平方千米，中度石漠化1.19万平方千米，轻度石漠化1.53万平方千米。石漠化不仅使土地丧失生产能力，区域生态失衡，进一步加剧了生态环境的恶化，导致自然灾害频繁。年年有伏旱，甚至有的地区十年九旱。粮食产量低而不稳，绝大多数年份人均粮食生产量在300公斤警戒线以下。而贵州人口则由1949年的

1416.4 万人增加到 2003 年的 3853.47 万人，增长 1.7 倍，年均以 2.3％的速度递增。由于人口严重超载，农民被迫陡坡毁林开荒，土地垦殖率为 27.1％。多数陡坡开荒的耕地耕种 3～5 年就失去耕种价值，甚至变为岩石裸露的不毛之地。形成了越穷越垦，越垦越穷的恶性循环。其基本表现形式为：

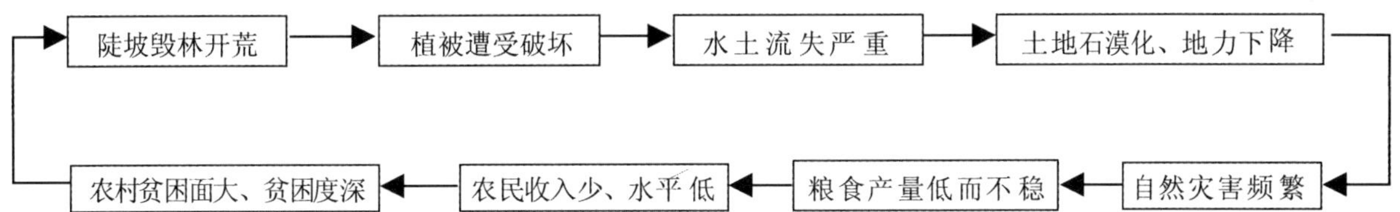

多年来，贵州部分农民一直处在贫困之中。正如中国科学院国情分析小组胡鞍钢博士在《贵州现象呼唤政策调整》的调研报告得出的结论："贵州是中国最贫困、最落后的地区"。"八七"扶贫攻坚时贵州省国定贫困县 48 个，占贵州省县级单位总数的 55.85％，1993 年贵州省贫困人口 1000 万人，占农村人口总数的 33.29％。在国家大力扶持下，经贵州省各族人民共同努力，经过"八七"扶贫攻坚战役，48 个贫困县从总体上越过了温饱线，但由于赖以生存的生态环境没有根本性的改变，部分农民生活仍处于较为贫困的境地。1999 年，贵州省农民人均纯收入为 1363.07 元，比全国平均水平少 847.27 元，低 38.33％，在全国 31 个省市区中居 29 位，倒数第三。2003 年，贵州省人均纯收入在 655 元以下的贫困人口 289.8 万人，占贵州省农业总人口的 8.74％。2002 年国家确定新时期扶贫开发重点县为 50 个，比"八七"国定贫困县又增加 2 个，这表明贵州生态环境不改变，穷根难除。森林是山区生态系统的主体，治水之道在于治山，治山之本在于兴林。

二、贵州退耕还林对粮食生产的基本判断

（一）贵州退耕还林的实施情况

退耕还林生态环境建设，是贵州实施西部大开发战略和富民兴黔的根本点和切入点。退耕还林，恢复和重建贵州生态环境，不仅关系贵州人民生存与发展的根本大计，而且对重塑"两江"绿色屏障，促进"两江"中下游地区可持续发展，保障三峡电站库区安全都具有重大意义。四年以来，国家给贵州退耕还林总投入 24.35 亿元，其中粮食补助金 17.35 亿元，现金补助 1.66 亿元，种苗和造林补助费 5.19 亿元，种苗基础设施建设 0.15 亿元，前期工作经费 110 万元。此外贵州省财政安排前期工作经费 2070 万元。惠及贵州省 86 个县（市、区、特区）2552 个乡镇，1.68 万个村，200 多万户。累计完成退耕还林 1037 万亩，其中退耕地造林 520 万亩，宜林荒山造林 517 万亩，均按计划完成任务。在退耕地造林中，生态林 482.07 万亩，占 92.71％；经果林 37.24 万亩，占 7.16％，退耕还草 0.69 万亩，占 0.13％。充分体现了生态效益优先的原则。经国家林业局中南调查规划设计院抽查，工程质量达到国家标准要求。

贵州在退耕还林中，坚持生态优先兼顾吃饭，增加收入及发展地方经济的原则。因地制宜，注重实效，正确处理好了五个关系：

1. 退耕还林与粮食增产的关系。贵州省把退耕还林与大搞基本农田水利建设、提高耕地质量、增加粮食产量结合起来。把 25 度以上的坡耕地退耕还林与 25 度以下低产田土改造、石漠化治理结合起来，基本上实现了山上退耕保山下，山下增收促退耕。四年来，贵州省共完成坡改梯田 258.54 万亩，平均每年 64.6 万亩，恢复水毁田土 47.15 万亩，每年 11.79 万亩。水利建设投资 24.35 亿元，平均每年投入 6.09 亿元，新增改善和恢复灌溉面积 306.25 万亩，平均每年 76.56 万亩，新修"三小"蓄水工程 37.23 万个，平均每年 9.3 万个。治理水土流失面积 2205.67 平方千米，平均每年 551.42 平方千米。综合治理已初见成效，2003 年在全国粮食普遍减产的情况下，贵州粮食比上年增长 6.78％。如遵义市 4 年累计退耕还林 224.5 万亩，全部成林后可提高森林覆盖率 6 个百分点，使 135.98 万亩坡耕地和 160.45 万亩荒山水土流失得到治理。2003 年遵义市粮食总产量 304.2 万吨，比上年增长 8.6％。

2. 退耕还林与农民增收的关系。通过退耕还林调整农村产业结构，优化区域经济布局，大力发展加工业、旅游业和餐饮服务业，增加农民收入。2003 年，贵州省农民人均纯收入为 1565 元，比上年增长 5.0％，由于退耕还林、耕地面积减少，促进

了农村剩余劳动力向非农产业转移，农民人均工资性收入达459元，增长18.6%。如赤水市大同镇在退耕还竹中，围绕竹子做文章，取得显著效果。一是开发竹资源，全镇现有剥竹机1500台，年产竹编压模席200余万张，年产值540余万元。全镇40%以上的农民从事竹产品加工，涌现一批竹编、竹雕艺术能人，全镇竹工艺产品产值60多万元。二是依托竹海风光，做大旅游产业，组织200多人的农民滑杆队，在四洞沟景区为游客服务，年收入百余万元。三是大力发展餐饮服务业。全镇兴办"农家乐"32家，年收入500多万元。全镇农民人均纯收入由1999年的1274元，增加到2003年的2148.89元，年均递增13.96%。

3. 退耕还林的眼前利益与长远利益的关系。按国家政策规定，经果林补助年限为5年，生态林8年。从贵州的情况看，经果林5年后有一定的经济收入，但生态林由于生长周期长（竹林除外）不会有多少收入。为此，贵州退耕还林上采取了长短结合，以短养长的办法，收到了较好的经济效益与社会效益，农民满意。2003年贵州省在已完成的260万亩退耕地造林中，林竹结合面积为22.37万亩，林草结合的21.58万亩，林药结合的23.39万亩，林果结合的26.31万亩，林茶结合的5.87万亩，林菜结合的3.45万亩，占当年退耕还林面积的39.6%。此外，营造速生杨木林45.49万亩。具体到地区、到项目县又各有所侧重。遵义市以退耕还竹为主，启动实施百万亩造竹工程；铜仁地区采取公司＋农户＋基地形式，营造速生杨木林23.5万亩；毕节地区林下种草、以草养畜，退养并举，全区林草结合面积12.28万亩。已建立生态畜牧业示范点84个，户均收入1万元以上的养殖大户5000余户。具体到县又各自突出重点，以一项为主兼顾多项。如遵义市以赤水、习水、桐梓等县为主的退耕还竹，实行林竹结合，大力营造楠竹、杂竹和方竹等40.3万亩。紧密结合已动工兴建的20万吨竹浆林纸一体化项目和年产1.2万吨竹笋保鲜工程，启动百万亩造竹工程，努力打造竹产业，全年竹产值达20多亿元；以湄潭、余庆、凤冈等县为主的退耕还茶，林茶结合，全市已退耕还茶4.2万亩。栽培苦丁茶具有投入少、见效快的特点。栽种第二年即可收回成本，5年后每亩收入在5000元以上；以桐梓、凤冈和湄潭为主的退耕还桑，林桑结合，全市已退耕还桑2.4万亩。栽桑当年即可养蚕，每亩收入300～500元；以绥阳、凤冈、桐梓为主的退耕还药，林药结合，全市已退耕还药23.1万亩，主要种厚朴、杜仲、黄栀子、金银花等共3万余亩。如种金银花，栽种第二年每亩可收入200～300元，盛产期每亩可收入上千元；以遵义、正安和道真为主的退耕还果，林果结合，主要是核桃、板栗、银杏、野木瓜等，全市已退耕还果9.6万亩；以习水、务川、道真为主的退耕还草，林草结合，走发展草地畜牧业的道路，全市林草结合的面积达25.5万亩。习水县良村镇种草养畜大户有100多户，年鹅出栏近万只，户均增收1000多元。温水、仙桃等镇涌现一批饲养牛、羊大户。养牛大户穆仁发，2003年末牛存栏27头，年内出栏12头，获纯收入6000多元。只有解决好农民的收入和现实利益，退耕还林才能退得下，还得上，稳得住，能致富。

4. 退耕还林与农民切身利益的关系。把退耕还林与扶贫开发结合起来，及时兑现政策，调动农民积极性，帮助农民抗灾夺丰收。由于遭受严重的自然灾害，2001年、2002年贵州连续两年粮食减产，2002年贵州省粮食总产量为1034.2万吨，比2000年减产4.91%，一些地方农民群众生产、生活发生困难。各级政府和粮食等有关部门，及时兑现退耕还林钱粮补助，帮助受灾群众抗灾夺丰收。截至2003年底止，贵州省兑现补助粮食12.45亿公斤，占应补助粮食总量的80.88%；兑现补助现金9447万元，占应补助总金额的60%。（粮钱兑现数均为2003年年底前的数据。而冬季退耕还林的粮钱补贴，待来年检查验收后方能兑现，故已兑现的粮钱占应兑现的粮钱比例较低。）重点调研的如遵义市已兑现粮食2.33亿公斤，占应兑现总量的97.75%，兑现补助金3133.4万元，占应兑现总额的98.53%。使遵义市227个乡（镇）、40多万户农户获得退耕还林政策的优惠。有效地帮助受灾农民度过了灾荒，遵义市有30万贫困户实现了脱贫。

5. 退耕还林的局部与全局关系，将局部利益与全局的利益结合起来，局部利益服从全局利益。地处"两江"流域上游前沿的毕节地区，自退耕还林以来，投入大量的人力、物力和财力，进行生态建设，最终受益的还是"两江"流域中下游地区人民。尽管该地区属于"老、少、边、穷"的地区，总体上仍处于贫困、落后的状态，2003年，全地区有贫困人口64.14万人，占农业人口的10.02%。但各级党委、政府和广大农民群众都能识大体、顾大局，不惜牺牲赖以生存的耕地，坚定不移地进行退耕还林、还"两江"中下游地区一片蓝天、绿水，为"长三角"可持续发展做出了巨大的贡献。

退耕地还林要充分依靠和调动广大农民积极性。贵州省人民政府从实际出发，规划到2010年退耕地还林1297万亩，宜林荒山造林1300万亩。届时新增森林面积2210万亩，贵州省森林覆盖率将由目前的30.83%提高到39.1%（合格率、保存率均按85%计算），上升8.27个百分点，基本上可实现绿化贵州、重塑“两江”绿色屏障的目标。贵州省退耕还林生态林面积将达到2080万亩，保存率按80%计算，工程建成后生态林将为1664万亩，根据典型调查资料计算出马尾松、华山松和阔叶林7年以上的林木分年生长量为7.5立方千米，每年可增加蓄积量832×10^4立方米。森林是生态建设的主体，退耕还林将大大改善贵州生态环境。根据典型调查预测，1公顷森林上部约有60—70吨水，枝叶面积达6000平方米，吸纳降雨量的60—65%，其中下植被和土地贮藏35—40%，总蓄水量相当一个容积100万立方米的水库，每公顷森林一天可吸收二氧化碳1吨，产生氧气750公斤。森林能防沙、固土、保肥，使跑水、跑土、跑肥的“三跑地”变为保水、保土、保肥的“三保地”，使贵州农业生产基本上实现良性循环，确保粮食旱涝保收。

（二）贵州粮食生产的现状

农业是国民经济的基础，粮食是基础的基础。贵州省同全国一样千方百计抓好粮食生产。1999年与1949年相比，贵州粮食总产量增长2.8倍，年均递增2.7%。2000年贵州省粮食总产量达到1161.3万吨，比上年增长3.21%，创历史最高水平。由于种种原因，近两年来粮食连年减产。2003年贵州粮食总产量1104.3万吨，呈恢复性增长，但尚未达到历史最高水平。纵观贵州粮食生产发展史，大体上经历4个发展阶段：一是快速发展阶段（1949～1957年）。解放后实行土地改革，摧毁了封建剥削制度，解放了农村生产力，农业获得了较大的发展，粮食产量逐年攀升。1957年贵州省粮食总产量达535.6万吨，比1949年增加296.6万吨，增长80.6%，年均递增7.67%，这个时期粮食自给有余，储备充足，每年还调往省外一部份。二是起伏徘徊阶段（1958～1976年）。由于“大跃进”、“一平二调”的共产风以及后来的史无前例的“文化大革命”，农村生产力遭受严重的破坏，贵州粮食生产出现了大起大落徘徊不前的局面。特别是1958～1960年，粮食产量猛跌到解放初期的水平，减产219.1万吨，下跌40.91%，年均递减16.1%。随后几年虽呈恢复性增长，但粮食产量基本上仍在500万吨左右徘徊，贵州由粮食调出省变为粮食调入省，粮食安全出现了危险的信号。三是跨跃式发展阶段（1978～2000年）。党的十一届三中全会后，建立了以家庭承包经营为基础、确立了农民自主经营、自负盈亏的市场主体地位，极大地调动了农民种粮积极性，实现农业跨越式发展。2000年贵州省粮食总产量达1161.3万吨，创历史最高水平，比1978年增长74.34%，年均递增2.56%，人均粮食占有量由249.6公斤增加到313公斤，农村基本上实现粮食自给。四是新的发展阶段（2001年至今）。近两年来，由于多种原因粮食连续两年减产，2001年、2002年贵州省粮食总产量分别比2000年减产5.25%和10.94%。2003年粮食总产量为1104.3万吨，虽比上年增产70.1万吨，增长6.78%，但尚未达到历史最高水平。其中夏粮减产5.65%，秋粮增产9.99%。

粮食减产的主要原因：一是耕地面积减少。国土资源厅提供的数据表明，2003年贵州省耕地面积减少203.23万亩，其中退耕还林占地186.29万亩，占减少耕地面积的91.66%，而且多是25度以上的陡坡耕地，尽管单产水平不高，但对粮食总产量也有一定的影响。二是产业结构调整。2003年贵州省农作物播种总面积比1999年增加32.6万亩，由于农业产业结构调整，粮食作物播种面积减少171.86万亩，下降3.65%，而经济作物和其他作物播种面积增加204.46万亩，上升9.23%。粮食播种面积所占比重由69.99%下降为65.2%，下降4.79个百分点。三是粮食价格因素。贵州粮食收购主要品种是稻谷、玉米和少许的小麦，收购价也呈逐年下降的趋势。如稻谷每50公斤收购价格由1998年的72元下降到2002年的52元，年均下降7.7%；保护价收购价格则由60.5元下降为52元，年均下降3.8%。由于粮价逐年下跌，挫伤了农民种粮积极性，农民不愿意多种粮食。致使粮食减产。从1998～2002年，贵州省共生产粮食为5521.04万吨，平均每年粮食产量为1104.21万吨。收购量由1998年的87.3万吨下降到2002年的18.1万吨，平均每年下降32.5%。，其中定购粮由59万吨下降为10.7万吨，年均下降34.7%；保护收购粮由28.3万吨下降为7.4万吨，年均下降28.5%。四是自然灾害的影响。由于贵州生态环境没有得到根本性的改变，近几年自然灾害不断，是粮食总产量下降不可忽视的原因。

贵州是全国唯一没有平原支撑的农业省份，制约粮食生产的因素很多，有历史的、生态环境的、政策的等多方面的因素。但起决定作用的则是恶劣的生态环境的因素的影响。由于喀斯特地貌的特殊的环境条件，地下水埋藏深，地形切割强烈，使地表水易渗漏，地下水易污染。岩溶水资源时空分配不均匀，致使水资源总量丰沛的贵州连人畜饮水都很困难，旱灾频繁，是制约粮食生产的主要因素。伴随着耕地资源减少，人口的快速增长，贵州粮食安全问题日益凸现。

三、退耕还林对粮食安全的影响

(一)退耕还林对粮食生产有一定影响，但不是主要因素

贵州土地面积仅占全国土地面积的1.8%。如果仅从耕地数量的减少的角度看，退耕还林会对粮食总产量有所影响，但由于所退耕地均是常年产量很低的陡坡地，靠这类耕地也是无法从根本上解决农民群众吃饭问题的，且需付出生态破坏的高昂代价。因此我们认为，就目前情况看，适度和有计划的进行退耕还林不但不会对粮食生产产生大的影响，而且从长远看，对粮食生产将会有积极的促进作用。

贵州的粮食生产不足(主要反映在重灾年份)，早在实施退耕还林工程之前就已经存在。从贵州农作物播种面积和粮食生产情况量看，退耕还林对粮食生产影响不大。统计调查资料显示，2003年贵州农作物播种面积为6951.29万亩，比退耕前的1999年增加32.6万亩，增长0.5%，但同一期粮食作物播种面积却减少171.86万亩，下降3.65%，其中夏粮播种面积减少3.94%。2003年贵州省粮食总产量为1104.3万吨，比1999年减产20.70万吨，下降1.86%，其中夏粮减产16.2万吨，下降7.48%，占全年粮食减产总量的78.26%。这说明粮食作物播种面积下降，粮食总产量减少，主要的不是因退耕还林使耕地面积减少，而是由于农业产业结构调整和复种指数下降所致。

退耕还林对粮食安全影响不大的主要理由：一是退耕还林退下的多是25度以上的陡坡耕地。据统计，在520万亩退耕还林地面积中，25度以上的坡耕地397.94万亩，占76.53%；15～25度的坡耕地103.79万亩，占19.96%；15度以下的为18.27万亩，仅占3.51%，由于这些“三跑地”产量较低，对粮食总产量的影响不大，而且在政策补助年限内，农民得到的补助粮比退耕前的粮食收成要高；二是贵州耕地面积是常用面积(习惯亩)，而退耕还林面积是丈量亩，两者相差悬殊，特别是那些25度以上的陡坡耕地，前者为后者的几倍到十几倍不等，按丈量亩计算的退耕还林面积占耕地总面积的比重很小。三是退耕农户在退耕还林时绝大多数都留足了口粮田，退耕后吃饭是有保障的；四是退耕还林改善了生态环境，有效地保护现有的耕地，加之大搞基本农田水利建设，改造低产田土，提高了粮食生产能力。

为弄清楚退耕还林是否对粮食安全构成威胁，影响有多大等问题，课题组成员深入到贵州省退耕还林有代表性的遵义、毕节两个地市，赤水、大方两个县(市)，穿岩、鸭岭等4个村进行了实地调研。绝大多数干部、群众都认为退耕还林对粮食安全没有大的影响。遵义是贵州粮食主产区，粮食产量占贵州省粮食总产量的1/3。人均粮食占有量在500公斤以上。退耕还林地多是粮食产量很低的25度以上的坡地，按土地详查全市耕地面积为1279.97万亩，为常用面积(习惯亩)的2.18倍，而退耕还林又是按丈量亩计算的，当前所退耕地除常年产量很低以外，以丈量亩计算耕地面积中所占比重很小，对粮食安全不会构成威胁，而退耕还林后所产生的效益则已显现。其中退耕还林力度较大的赤水市由于已开工建设的黔北20万吨竹浆林纸工程设计规模，需要杂竹50万亩，才能满足年产100万吨竹原料的需要。赤水现有杂竹35万亩，尚差15万亩，按土地详查全市耕地面积为60万亩，其中25度以上的坡耕地还有18万亩，为再退耕还竹15万亩提供了保障。退耕还林还竹不仅对粮食生产没有大的影响，而且还为保障粮食安全提供了条件。目前，该市森林面积达190多万亩，其中生态林有69.38万亩，森林覆盖率68.25%。由于生态环境得到了较大的改善，多年来没有发生大的自然灾害，粮食连续16年稳产、高产。

退耕还林不会影响粮食安全，还基于以下理由：一是退耕还林户都留足了口粮田，有的连菜地都留出来了；二是赤水市以退耕还竹为主，17万亩退耕地栽的都是竹子，竹林属于生态林，补助粮钱期限为8年；三是竹子生长周期短，见效快，栽种第4年每亩可收入300～400元，到第6年达到盛产期，每亩年收入在千元以上。2003年赤水市粮食总产量14.2万吨，比1999年增产1.54万吨，年均

递增 2.91%;农民人均纯收入为 2105.33 元,增加 387.42 元,年均递增 5.22%。

从粮食调入的毕节地区调查情况看,该地区粮食从来就没有达到过自给,粮食最高年产量是 2000 年的 232 万吨,最近两年连续减产,到 2003 年下降为 205 万吨,退耕还林是使总产量有所下降因素之一,但不是主要因素,主要原因是自然灾害频繁发生,造成粮食产量不稳定。退耕还林地多是 25 度以上的坡耕地,基本上是不产粮食或产粮很少。如退耕还林退得比较早的大方县退耕还林 40 万亩,森林覆盖率已提高到 29.9%,该县治理水土流失面积达 1306 平方公里,生态环境明显改善。但近年来出现"打工热",全县外出打工的有 10 万多人,有的寨子强劳动力都出去打工,土地丢荒现象逐年加重,因此,如能把撂荒土地种好,就能弥补退耕还林减少的粮食。同时加强农田的综合治理,把 25 度以下坡耕地变成梯田梯土,就会使粮食产量增加。

在赤水市望隆镇鸭岭村调查了解到,全村 8 个村民组,557 户、2383 人,3 年来全村退耕还林 3000 多亩,由于留足了口粮田 2120 亩(习惯亩),其中水田 1584 亩,2003 年全村人均粮食产量 325 公斤,纯收入 2150 元。退耕还林使农民从土地上解放出来,全村外出打工的 450 人。在对该村 5 户农民的调查中,5 户农户共有人口 26 人,劳动力 19 人,耕地面积 40.7 亩,已退耕还林 19 亩,现有口粮田 21.7 亩,人均 0.84 亩。常年在外打工的有 10 人。从调查情况看,5 户农民是家家有余粮、户户有钱用。较富裕的一户农民家庭人口 11 人,6 个劳动力,外出打工的 4 人,现有耕地 6.7 亩(习惯亩),已退耕还林的 9.2 亩(丈量亩),2003 年粮食产量 3000 多公斤,退耕地补助粮食 1400 多公斤,4 人打工寄回现金 2.0 万元,卖肥猪收入 1700 元,自办砂石场收入 3000 元。家里人说家里的钱用不完,家里现存的粮食可吃 5 年。较差的一户人家,3 口人都是劳动力,现有耕地 2 亩,退耕还林 3 亩,为他人代耕 3 亩田,2003 年粮食收入 2300 公斤,退耕补助粮 450 公斤,外出打工寄回 500 元,卖竹子收入 1600 元。村干部说他家算是该村的困难户,但吃用都不愁。

(二)退耕还林中存在值得重视的问题

1. 退耕还林多是较贫困的山区。如毕节地区,全地区 8 个县(市)中就有威宁等 6 个贫困县,现有贫困人口 55.9 万人,占全地区贫困人口总数的 83.06%。4 年来全地区退耕还林 177 万亩,其中退耕地造林 90.5 万亩,在退耕地造林中,生态林 86.75 万亩,占退耕地造林的 95.86%,经果林 3.66 万亩,仅占 4.14%。生态林具有生长期长、见效慢的特点,按退耕还林政策规定,生态林粮钱补助期限为 8 年,可以肯定的说生态林 8 年是不会产生经济效益的,届时将对退耕户的生活特别是粮食消费带来较大的影响。

2. 部分退耕还林农户不留口粮田,隐患很大。据调查,大方县东关乡田坪村,全村 12 个村民组,633 户、2719 人,近几年退耕还林 2583.7 亩,基本上没留口粮田。据对该村兴光组应章平等 8 户、37 人的调查,已退耕还林 76.28 亩,只留菜地 0.8 亩,全靠退耕还林补助的钱粮和打工来维持生活,一旦退耕补助粮不能按时兑现,许多退耕户连吃饭都成问题。羊场镇穿岩村是大方县退耕还林的试点村。自 2000 年以来,全村退耕还林 2800 亩(不包括宜林荒山造林),涉及 12 个村民组。其中就有路边、坡头、黄河、跃进、小沟 5 个村民组 449 户、825 人,退耕还林 2024 亩,都未留口粮田。因为耕地全退了,农民只好外出务工。全村有 720 个劳动力外出务工,依靠退耕还林补贴和打工过日子,目前有些农户由于退耕还林补助粮未按期兑现,出现闹粮荒的现象。

3. 超计划完成退耕还林,导致粮钱补助难于兑现。据统计,截至 2003 年 12 月底止,当年贵州省完成退耕地造林面积为 347.7 万亩,为计划的 133.73%,超 87.7 万亩。贵州是一个贫困省份,超计划部份的粮钱补助,省内无力兑现,只好纳入 2004 年解决。但由于国家削减了退耕还林计划,由上年的 5000 万亩下降为 1000 万亩,只给贵州安排 50 万亩。2004 年的退耕还林任务,实际上早在 2003 年就已经超额完成了。2003 年遵义市完成退耕地造林 93.48 万亩,为计划的 133.54%,超计划 23.48 万亩。2001～2003 年赤水市退耕还林就超计划 8 万亩,资金补助缺口 560 万元,粮食补助缺口 1.2 万吨,超计划退耕还林,无法兑现粮钱,直接影响了群众生活。

4. 超前安排退耕还林计划,造成一季粮食生产损失。由于国家退耕还林计划每年下达较迟,如 2002 年计划是 2001 年 9 月份下的,2003 年是 2002 年 11 月份下的,2004 年的计划是 2004 年 3 月 19 日下的。本来国家林业局预安排计划指标为 5000 万亩,贵州也是按上年 260 万亩总体计划安排的。退耕还林是一项系统工程,涉及到方方面面,要提前培育种苗、搞规划设计。丈量土地等各项前期准备工作。贵州各地为确保退耕还林工程顺利实施,一般地都根据上年计划预先安排培育树苗、规划设计、停止耕种,丈量土地等。遵义县根据上年退耕还林计划,在2003年秋种前就预先安排2004年5万户、10万亩退耕地还林计划,并丈量土地,停止了耕种。但由于国家大幅削减退耕还林计划,2004年遵义市对该县1亩计划也未安排,结果导致10万亩耕地误了一季粮油生产,群众怨声载道。

5. 缓坡耕地退耕还林,影响粮食生产。遵义市林业局提供的统计资料显示,四年来,全市退耕地造林111.5万亩,其中25度以上坡耕地面积77.43万亩,占69.44%,占该市现有25度以上坡耕地总面积的38.33%;15~25度的28.02万亩,占28.02%;15度以下的2.83万亩,占2.54%。也就是说30%以上的退耕地为25度以下的坡耕地。究其原因,一是不按规划退耕还林,二是借集中连片治理之名搞“形象工程”。“在平地好土上造林,把不该退的耕地退了,而在一些偏僻的地方,该退的坡耕地却退不下来”。在退耕还林中搞形象工程的现象在各地都不同程度的存在。占用较好的耕地造林,是影响粮食安全的重要因素。

四、贵州粮食供需情况分析

(一)贵州粮食生产能力分析

1. 粮食生产的总量与结构。贵州2003年生产粮食1104万吨,人均粮食占有量285公斤。贵州自1998以来,粮食总产量(除2002年因大灾减产外)均在1100万吨以上。2000年粮食产量为历史最好水平,达到1161.3万吨,人均粮食占有量310公斤,但与当年全国人均粮食占有量365公斤也有一定差距。

粮食生产的品种结构。从贵州主要粮食品种的生产情况看,用于口粮的稻谷和饲料的玉米占较大比重,小麦和大豆所占的比重较小。2003年粮食总产量中,稻谷459.3万吨,占41.6%;玉米319.9万吨,占29%;小麦74.6万吨,占6.8%;大豆17.7万吨,占1.6%。

粮食生产的地区分布。粮食供需平衡的区域差较大,进入20世纪90年代后期,贵州省粮食的区域不平衡问题日渐突出,余粮区主要分布在遵义、铜仁等地区,而缺粮区主要分布在六盘水、毕节等地区。

2. 影响粮食生产的因素分析

影响粮食生产的因素包括影响粮食播种面积和单位面积产量两个方面的因素。由于同一因素可能对粮食播种面积和单位面积产量两个方面发生不同程度的影响,我们把影响贵州粮食生产的因素归结为六个方面。

——自然条件及农业生态环境。自然条件是粮食生产的基本环境,是决定粮食播种面积和单位面积产量基本因素,同时在一定程度上决定了粮食生产的品种结构和质量结构。贵州属高原大陆气候,全年平均温度在15℃上下,年均降水量在1.100~1.400毫米间,降水充沛的气候适宜多种农作物的生长;但降水分布不均,缺水地区十年九旱,其中伏旱最甚,发生率高达80~90%,严重影响粮食生产。同时,灾害性气候也比较严重,暴雨、洪涝和低温阴雨频繁发生,不利于粮食生产。地形以山地和丘陵为主,粮食生产的地形条件很差。全省山地面积大,耕地少,宜林宜牧荒山荒坡多,山地占总面积的71.3%,丘陵占21%,盆(洼)地和河谷坝子仅占7.7%。

贵州属于人多耕地少的省份,耕地质量不高。主要表现在,灌溉面积小,旱地多,坡度大,土层薄,肥力低,水土流失严重。在农业生产过程中,过度偏重化肥施用而忽视了有机肥的使用,化学农药的使用大量增加,导致了土壤养分的失调和物理性状的恶化,从而引发土地质量下降。目前贵州省中低产田土的比重大,这是贵州省长期以来农作物产量低而不稳的主要原因之一,多年来贵州粮食单产一直与全国平均水平有较大差距,2003年贵州粮食综合平均单产为244公斤/亩,只及全国平均水平的84%,但这也正是贵州粮食发展的根本所在。近10年来,不论国家还是地方政府都在加大对粮食生产的投入,不断提高其科技含量,单位面积产量不断提高,与全国平均水平差距在不断缩小。1990~2003年全国粮食平均单产以每年0.76%的速度递增,同期贵州粮食单产年递增率近2%,说明贵州的粮食生产力科技进步贡献十分显著,且潜力很大,大力加强对中低产田土改造和科技投入,能极大地提高贵州粮食能力。如贵州粮食单产能按目前的增长速度发展,到2012年才能达到目前全国平均单产水平,但即使如此,在播种面积稳定的情况下,贵州粮食也能连上几个台阶。

——播种地面积及土地利用率。耕地是粮食生产最基本的生产资料,耕地面积的大小决定粮食生产规模。由于自然的、历史的原因,贵州实际耕地面积很难搞准。1996年底全省土地详查耕地面积为7355万亩,为年末常用面积的2.67倍。因用航测地图测算的,包括一米宽以内的道路、沟渠、堡坎占地在内,后经省人民政府核定为4234.23万亩,但也比常用面积多1475.23万亩,高53.47%。省国土资源厅提供的2003年土地详查面积为6851.8万亩,是年未常用面积(习惯亩)的2.57倍。由于耕地面积准确度难以把握,抽样调查所取得的粮食总产量要略低于实际产量。总体上看,贵州随着经济的发展,非农业用地的需求迅速扩大,耕地面积逐年减少,人增地减的矛盾在加剧,也造成了粮食生产的巨大压力。据贵州国土资源厅数据,2003年耕地面积减少203万亩。其中:建设占用耕地6.2万亩,生态退耕186.3万亩,农业结构调整7.7万亩。随着西部大开发进程的不断推进,还将占用大量的耕地。

耕地结构对粮食生产具有重大影响。耕地结构影响粮食生产的品种结构。贵州的耕地面积中,水田占43.2%,主要分布在河谷坝区和丘陵地区;旱地占56.8%,主要分布在高山区。河谷坝区和丘陵地区稻谷产量较大,中低山区玉米、薯类产量较大。耕地质量结构影响粮食生产的单位面积产量和产品质量。在耕地面积中,中低产田和坡耕地占70%以上,严重制约了粮食生产的发展。改造中低产田,优化耕地质量结构,是贵州粮食生产的潜力所在。据历史经验,改造中低产田的效果显著,平均改造一亩中低产田可增产粮食125公斤左右。

耕地是一种可重复利用的资源,在耕地面积一定的情况下,通过提高土地利用率是增加粮食产量的有效途径。贵州近年来粮食播种面积连续下降,2003年粮食播种面积4532万亩,比2000年减少近200万亩。这其中固然有退耕还林、农业结构调整及非农占地等客观原因,但也有粮食种植比较效益低,不符合膳食习惯,农民不愿种植等主观因素。贵州夏粮播种面积近年来只维持在1600万亩的较低水平上,约占粮食总播面的35%,仅占秋粮播面的55%。2004年贵州省政府提出确保粮食播种面积在4500万亩以上目标,制定了一系列鼓励粮食尤其是夏季粮食生产的政策措施,这对于农民扩大秋冬季粮食种植面积,增加夏粮乃至全年粮食生产总量产生积极的影响。

——农业基础设施与技术装备。增加农业基础投资,改善农业生产条件是粮食生产稳定发展的重要保障。近年来,贵州省地方财政用于农业基本建设的支出大幅度增长,2003年农业基本建设支出24.67亿元,占贵州省地方财政总支出的7.4%,比2000年提高了5个百分点。但是,由于农业基础设施欠账太多,仍然存在农业基础投资不足的问题。

水利设施薄弱,粮食生产抗御自然灾害的能力较差。贵州水资源分布不均,一些地区缺水问题相当突出,旱灾频繁大面积发生,而水利设施十分薄弱,不少水利设施年久失修,许多水库灌渠超负荷运转,在贵州省2千多座水库中,有800多座属病险水库,正常年景下尚可维持供水,一遇较大的自然灾害将损失严重,尤其是旱灾危害更严重,这是造成贵州粮食长期低而不稳的又一个重要因素。

农业机械化水平低,不利于劳动生产率的提高。由于地形的影响,贵州农业机械化水平很低。2003年全省农业机械总动力762万千瓦,平均每亩耕地不足0.3千瓦,较全国平均水平低35%左右。机械化耕地不足4%,机械化播种和收割几近于零。

——农业科技及推广运用。农业科技进步是粮食生产发展的动力。农村改革以来,良种、化肥、农膜及相关栽培技术的推广运用,有力地拉动了粮食单位面积产量的大幅度提高,极大地促进了粮食生产的迅速发展。但是,由于农业科技储备不足,基础研究尚未取得突破性的进展,同时农技推广体系的不健全,影响农业科技的运用成效。农技推广队伍力量薄弱,特别是农村政府机构改革后基层农技人员流失相当严重。农技推广的投入不足,经费短缺,设施简陋陈旧,严重影响推广工作广泛深入地开展。农村科技教育推广体制不完善,科研、教育、推广体系存在脱节现象,影响整体优势的发挥。由于农技推广的广度和深度不够,农业科技未能大面积地转化为现实的生产力,削弱了科技对粮食生产的巨大提升作用。

——农业生产方式与经营者。农业生产方式在经营能力和效率等方面对粮食生产具有重大影响。以农户为基本生产单位,独立生产、分散经营的农业生产方式有利于保护农民的经营权益,调动农民的生产积极性,有利于农村稳定。但是对粮食生产的不利影响也是明显的,由于土地分割为很小的地块承包到户，土地集中和生产要素整合的难度加大，不利于粮食生产形成规模经营。过度分散的生产方式导致经营规模过小，劳动生产率低下，产品成本较高；单位产量消化成本的能力很弱，制约农民对生产经营的投入，不利于粮食单产和商品率的提高，单一农户势单力薄，生产技术和管理能力较差，市场适应能力低下，经营效益难以提高。

农业经营者既是业主，又是劳动力，自身的素质在经营能力、劳动技能两方面对粮食生产产生重大影响。由于历史和经济的原因，农村人口素质较低，思想保守，观念落后。作为一个劳动力，农民接受职业培训少，先进的农业生产技术贫乏，科学种田的水平不高。作为一个业主，市场信息短缺，经营管理水平低下，不能适应市场变化，经营决策带有很大的盲目性。

农民的种粮积极性对粮食生产发挥着重大影响。由于种粮比较效益低，农民种粮积极性降低，投入减少，农业结构调整存在一定的盲目性。但是，由于自给自足的惯性思维，以及自身素质对择业的制约，农民出于维持生活和增加收入的需要，仍然会保持满足自身消费需要的粮食生产规模。

——市场环境。随着改革开放的推进，市场调节的作用范围和深度空前加大，市场需求对粮食生产的制约作用日趋加强。在粮食总量供给大于需求的市场环境下，日趋激烈的市场竞争促进了农业结构调整的步伐加快。一方面加快粮食生产内部结构的调整，优化粮食品种结构和品质结构，使粮食生产更能适应市场需求；另一方面加快种植业结构调整，扩大比较效益较高的经济作物的生产规模，缩减粮食生产规模，不利于粮食产量的稳定增长。

粮食生产及供给还面对“入世”的机遇与挑战。“入世”提供了利用土地资源和廉价劳动力的优势，引进外资，以及先进的技术和管理经验，改造传统农业，提高粮食产品质量和土地产出率的机遇；以及根据比较效益的原则调整农业结构，强化优势产业和产品，增加产品出口，通过国际市场购进质优价廉的粮食弥补粮食缺口的便利。但“入世”后由于中国进口农产品关税下调，进口农产品的国内销售价格下降，质次价高的国产农产品会失去一定市场份额，这对约占贵州粮食总产30%的玉米生产有一定负面影响。

综合贵州粮食生产有利和不利两方面的因素，贵州粮食生产的定位应是：在逐步改善生态环境的前提下，充分调动农民种粮积极性，稳定粮食播面，加大科技投入，使贵州粮食生产基本满足需要，通过适量粮食调入，达到贵州粮食供需平衡。

（二）贵州粮食消费现状分析

1. 农村粮食消费情况。据农村住户调查推算，2003年贵州省农民生活消费用粮为639.42万吨，占粮食生产量（抽样调查数，下同）的57.9%，比退耕前的1999年减少61.05万吨，下降8.72%；贵州省饲料粮总量为361.97万吨，占生产量的32.8%，比1999年增加55.87万吨，增长18.25%；种籽用粮和其他用粮为46.56万吨，占粮食生产量的4.2%。农村粮食总需求合计为1047.95万吨，占粮食总产量的94.9%，与1999年基本持平。此外，农民人均出售粮食64.02公斤，出售粮食总量为194.93万吨，占粮食总产量的17.6%。其中国家收购47.5万吨，占农民出售粮食总量的24.37%。显然，大多数粮食是在市场上流通的。

2. 城镇居民生活消费和工商业用粮情况。据贵州省城调队城镇居民住户调查，2003年城镇居民人均生活粮食消费为71.7公斤，年末城镇居民总人口为608.6万人（包括50万外来人口），贵州省城镇居民生活用粮总量43.64万吨，与1999年基本持平，比2000年下降12.79%。城镇居民粮食消费下降主要原因是随着收入的增加，消费结构的升级，肉禽蛋奶等副食品消费量的增加，粮食消费呈下降的趋势。五年平均每年城镇居民生活消费量为45.16万吨，占同期年平均总产量的4.09%。

随着经济的发展，行业用粮有较大幅度增长，特别是酿造业和饲料加工业用粮增长较快，据调查测算，1999－2003年平均每年90万吨左右。行业用粮主要是以市场调剂为主，多数是用粮单位从省内外直接购进的，粮食部门供应的数量所占比重甚小。

据以上分析，2003年贵州粮食消费量应在1180～1200万吨之间。

五、未来贵州省粮食需求与供给趋势预测

（一）粮食需求影响因素分析

根据贵州省的经济发展水平和消费现状特点，综合考虑人口、城市化、收入水平等因素的变化趋势，未来贵州省的粮食需求总量将会进一步增长，

其中直接口粮消费将呈逐步下降趋势，因动物食品消费增加而引起粮食间接消费需求将有较大幅度的增加。

1. 人口增长对粮食消费的影响。人口增长始终是粮食消费量增长的最直接因素。1990～2003年13年间，贵州省人口增长了18.4%，2003年底贵州省总人口达到3853.47万人，回归分析表明，现阶段贵州省人口增长与粮食消费总量之间存在高度正相关关系，人口增长明显带动粮食消费的增长，随着经济的进一步发展，未来一个时期，贵州的人口自然增长率将呈逐年下降趋势，但人口总量仍将继续上升，从而导致粮食消费量的持续增长。

2. 城市化对粮食消费量的影响。城市化是居住在城镇地区的人口占总人口比例增长的过程，是农业人口向非农业人口转化并在城市集中的进程。城市化不但影响食品的消费水平，也影响着食品的消费结构。2003年贵州城镇居民人均全年消费口粮71.7公斤，比农村居民人均全年口粮消费量少132.14公斤。与此同时，城镇居民人均全年动物性食品消费猪、牛、羊肉及其制品28.87公斤，禽类及其制品8.61公斤，蛋类及制品5.14公斤，水产品3.48公斤，奶及奶制品12.19公斤，分别比农村居民高出2.9公斤、5公斤、5.65公斤、3.14公斤、6.15公斤，城镇居民的粮食间接消费量大大高于农村居民。根据贵州省城镇化发展目标，近期城镇化水平将每年提高1－1.5个百分点，2006年至2015年将加快城镇化发展速度，争取与全国平均水平的差距缩小。城市化水平的提高将带来粮食直接消费的减少和间接消费的增加。

3. 收入增加对粮食消费的影响。按恩格尔定律，随着收入水平的提高，食品支出占消费总支出份额将呈减少趋势。在这一进程中，城乡居民的食品消费结构会发生显著的变化，并直接导致居民口粮消费的减少。在直接口粮消费不断减少的同时，肉禽蛋奶等动物性食品的消费持续上升，从而使粮食间接消费量的大幅上升，收入的增长对粮食需求的影响，突出表现为从直接影响口粮增长向推动饲料用粮增长方向转化。1990～2003年，随着人均收入水平的增长，城镇居民人均全年口粮消费量由133.36公斤下降到71.7公斤，下降幅度为46.2%，同期肉禽蛋奶和水产品等动物性食品消费量由27.5公斤上升到50.5公斤，上升83.6%。90年代后期城镇居民对动物性食品消费增长速度开始放慢，对一些肉食类的消费绝对量还出现了小幅回调的现象，这意味着贵州省城镇居民食品消费结构快速转换阶段已告结束，开始进入相对稳定的消费时期，而农村居民的食品消费结构将随着收入的增加而有较大的改变。1990～2003年农村居民的口粮消费逐步下降。从人均口粮231公斤下降到人均204公斤，下降11.7%，但对动物性食品消费需求的增长非常迅速，由人均12公斤增加到27.7公斤，增长1.3倍。农村居民对动物性食品需求的增长大大高于城市居民，今后一段时期仍将是农村居民食品结构快速转换阶段，农村居民对动物性食品的消费在其收入未达到城镇居民现有水平之前将有很大的增长空间。

(二)未来粮食需求趋势预测

1. 口粮消费量需求预测

根据过去十多年贵州城乡居民口粮消费变动情况资料测算，到2005年和2015年，农村居民人均口粮消费量约为202公斤和180公斤。按照贵州省人口规划，2005年总人口将达到3980万人，其中农业人口3260万人；2015年达到4380万人，其中农业人口3300万人，据此推算农村居民口粮消费量将达到659万吨和594万吨。同期城镇居民人均口粮消费量约为70公斤(由于城镇居民人均口粮消费量的下降空间已不大，故以2002～2003年两年的平均数为基本稳定的城镇居民人均口粮消费标准)，届时城镇人口将达到720万人和1080万人，城镇人口口粮消费量将达到50.4万吨和75.6万吨。因此贵州省社会口粮消费量预计2005年将达到709.4万吨；2015年达到669.6万吨左右。

2. 饲料用粮需求预测

随着收入水平的提高，贵州省农村居民和城镇居民对动物性食品的消费将有所提高，动物性食品消费的增加将拉动饲料等粮食的间接需求迅速扩张。根据预测2005年贵州人均消费肉类30公斤，蛋类2.5公斤，奶类2公斤；2015年人均消费肉类40公斤，蛋类5公斤，奶类4公斤。采用中国农业科学院提出的饲料粮转化率，同时结合贵州近年农产品成本调查资料测算，每公斤肉类、蛋类、奶制品类饲料粮转化率分别为3.2公斤、1.7公斤和0.3公斤。2005年和2015年人均牧业用饲料粮需求量预计分别为100.85公斤和137.7公斤，推算出贵州省饲料粮需求量2005年为401万吨，2015年为553万吨。

3. 其他用粮需求预测

其他用粮包括工业用粮、种子用粮和粮食生产、销售、运输等各个环节中的损耗,工业用粮上,未来酒类消费将趋于稳定,而其他食品加工等工业用粮将会不断上升。种子用粮上,主要取决于粮食播种面积和单位面积用种量。由于粮食种植面积基本稳定,亩用种量年度间变化也不大,因此,种子年度变化不大。目前种子用量一般占粮食需求总量的2%左右。综合考察贵州省各年份粮食作物的播种面积和作物结构,今后随着各种粮食作物节种耕作栽培技术的发展与推广,旱育稀植、精量用种等用种技术的大面积推广和应用,未来一个时期内种籽用粮将是减少的趋势。根据近年来其它用粮需求的变动情况分析,目前贵州省其他用粮在100万吨左右,贵州省每年约增加其它用粮10万吨左右。据此推算,预计2005年其他用粮消费量在125万吨左右;2015年其他用粮消费量为225万吨。

根据上述预测,2005年和2015年贵州省社会粮食消费量约为1235.4万吨和1447.6万吨。各年粮食需求情况见表1:

表1　贵州省未来粮食需求预测表

单位:万吨

年 份	需求总量	口粮	饲料用粮	其他用粮
2004	1210	715	380	115
2005	1235	709	401	125
2006	1265	700	440	135
2007	1290	696	451	145
2008	1315	688	472	155
2009	1335	685	485	165
2010	1350	680	495	175
2015	1448	670	553	225

(三)未来贵州粮食供给预测

贵州省粮食安全目标及安全线界定。粮食安全目标包括四个方面的内容:(1)实现粮食生产与需求增长相适应。(2)实现粮食供给的持续稳定。(3)实现粮食库存调剂的有效性。(4)保证低收入居民获得必要的粮食。实现粮食安全目标要遵循安全第一、兼顾效益的原则。

1. 粮食生产安全线(=粮食生产安全系数×粮食需求量)

贵州作为全国生态建设的战略地位,应采取生态优先兼顾吃饭的原则,粮食应考虑以基本满足需要,通过区域粮食协调适量调入,达到粮食供需平衡。但也应考虑到不能过分依赖粮食的调入。从贵州省2000～2003年的粮食调入情况看,每年平均调入粮食91万吨,约占当年粮食生产量的8%。因此我们认为贵州粮食生产量应保持在需求量的93%以上为宜,即粮食生产安全系数为0.93。

表2　贵州省未来粮食供需安全线

单位:万吨

年 份	2004	2005	2006	2007	2008	2009	2010
粮食需求	1210	1235	1265	1290	1315	1335	1350
粮食生产量	1125	1148	1176	1199	1223	1241	1255
调入量	85	87	89	91	92	94	95

注:各年粮食生产量按需求量93%预测。

决定粮食生产量的两个直接因素,一是播种面积,二是单位面积产量。从贵州省目前的粮食单产看,由于贵州省中低产田土比重大,粮食的单产水平还处于一个较低的水平。随着科技投入的增加,良种良法的进一步推广,贵州省粮食单产提高是有较大潜力的,如未来几年以1.5%的平均发展速度提高贵州省粮食单产，预计到2010年可达到每亩271公斤(与1993年的全国水平相当)。由此我们可以确定，按粮食产量的目标，今后7年贵州省粮食面积安全线如下：

表3　贵州省未来粮食面积安全线

年 份	2004	2005	2006	2007	2008	2009	2010
生产量目标(万吨)	1125	1148	1176	1199	1223	1241	1255
单产目标(公斤)	248	251	255	259	263	267	271
粮食面积安全线(万亩)	4536	4574	4612	4629	4650	4648	4630

按表3中计算结果，目前贵州省退耕还林及农业结构调整过程中，一定要稳定在4600万亩左右的粮食播种面积，否则不利于省内的粮食安全。如果要加大退耕还林力度，必须努力提高单产水平，使单产年增长速度超过1.5%。

2.贵州省粮食库存安全线(＝年末存粮库存安全系数)

粮食储备对于稳定粮食供给，平抑市场物价非常重要。一般来讲，在粮食生产相对稳定的情况下，粮食储备越多，粮食安全程度越高。但是，增加粮食储备就要占用必要的资金和设备，粮食储备越多，相应付出的代价也就越大，确定合理的粮食储备是非常必要的。

联合国粮农组织提出的世界粮食安全的最低储备为新的粮食年度(新粮大规模收获)开始前，粮食储备要达到全年粮食消费量的18%，即可以保证两个月以上的粮食消费。

(1)省级周转粮储备。周转储备安全线的确定，取决于粮食年度结束到新粮收获期的时间和粮食需求量。前者时间越长，需要的安全储备越多，同样，粮食需求量越多，需要的安全储备也越多。我国粮食年度结束在3月底，而夏粮要在6月份收获，秋粮10月初，这就是说粮食年度结束比新粮收获期要迟3～7个月。周转储备一般需要保证6个月(4月到9月)的粮食消费，加上18%的安全储备，即8个月(8÷12＝0.67)的消费量作为最低安全系数较为合适。

周转储备主要是应当考虑城镇居民及城市流动人口口粮的供应。根据测算，2004年贵州省城市居民以及流动人口等的口粮消费约为65万吨，以0.67的最低安全系数测算，城镇居民口粮的周转储备应在44万吨左右。

(2)粮食专项储备。粮食生产受气候影响较大，年度间生产是有波动的。为此，我们在确定必要的粮食周转储备的同时，还要有一定量的粮食专项储备。专项储备的多少，首先要考虑粮食波动量，即粮食实际产量与粮食趋势产量的差值，差值越大，越需要增加专储量。其次要考虑组织调进粮食所需要的时间；另外，还要考虑调进费用与粮食储存费用的比较利益。近年来贵州省粮食专储粮一直保持在32万吨左右。

为此贵州省周转储备加专项储备(用于保证城镇居民口粮供应和年度调剂)的粮食库存在3月末粮食年度结束时以80万吨左右为宜。

(3)农户存粮安全线。贵州省农民基本是自产自用，要进行必要的品种调剂，一般不通过粮食部门。

农户年末存粮统计以日历年度为准，因此，农民存粮应以保证生活、生产用粮并接上秋季粮食收获来确定存粮的安全量。根据贵州省农村住户调查资料推算，农村居民人均一个季度的粮食消费标准，约为口粮60公斤，生产用粮40公斤，因此贵州省农村居民人均年末存粮应在300～350公斤比较安全。1999～2003年农民人均存粮分别为344、296、327、314、408公斤，显然，近年来贵州省农村居民年末存粮是逐年提高的，但由于各地存粮很不平衡，一些地区农民存有两年以上的口粮。而一些地区则存粮较少。因此，我们认为适当提高农民平均存粮的标准，人均400公斤左右较为安全，这对于保障农民的生产、生活以及粮食市场的稳定十分重要。

六、对退耕还林与确保粮食安全的对策、建议

作为全国退耕还林重点省份的贵州，四年来退耕还林取得显著成绩，但同时对影响粮食安全的一些因素也不容忽视。在未来的10年内，在严格控制人口快速增长、保证粮食播种面积的前提下，应继续坚持退耕还林，让山青起来，水绿起来，人民富起来。真正做到“退得下、还得上、稳得住、能致富、

不反弹”。通过退耕还林,给贵州各族人民一片蓝天、绿水,林茂粮丰。特提出以下建议:

(一)在坚持退耕还林生态效益优先原则的同时,应充分考虑粮食安全问题及退耕农民的经济利益

1. 统筹兼顾、合理布局,实施可持续发展战略,坚持以生态林为主,兼顾经果林的原则。目前生态林与经果林按 8∶2 的比例安排,从整体上长远来看是正确的,但 20%的经济林面积直接落实到项目不够科学。国家林业局应根据退耕还林地区的水、土、光、热等自然条件,对自然条件适宜,市场前景看好的地区,经济林的比例应适当提高。贵州省经济林控制比例应由省林业厅统筹规划到地区,再由地区因地制宜、统筹安排到项目县,避免重复种植,以便形成规模效应,便于今后加工、保鲜、储运、开拓市场。充分发挥山区资源优势,大力发展绿色产业和绿色食品特别是发展核桃、板栗、柿子、油茶、油桐、油橄榄等木本粮油食品。目前国家林业局已将部份原属经济林木划归生态林管理范畴,这是一项既注重生态效益又兼顾经济效益的双赢政策,受到退耕农民的欢迎,希望进一步研究,扩大经济林树种。

2. 科学规划,加强管理,坚持因地制宜,实行多种林木合理配置。在规划退耕还林布局时,一定要有大思路,做大文章;坚持实事求是、因地制宜。首先要坚持在 25 度以上陡坡耕地退耕还林,不能借集中连片、规模治理之名,行福利工程、形象工程之实。不准占用 25 度以下的平地好土植树造林。各级政府和有关部门要加强对规划的管理,实行有效监督,不得擅自变更规划。第二,退耕还林必须保证留足口粮田,退耕户人均至少要留 0.8 亩。人均耕地占有面积不足 0.5 亩、人均粮食产量不足 325 公斤的农户,不应安排退耕还林计划,即使擅自搞退耕还林,也不享受国家粮、钱和种苗补助。

3. 充分利用生态林木生长期长的特点,应继续坚持创建林竹结合、林草结合、林药结合、林果结合、林茶结合、林菜结合的立体林业结构。发展生产性食物链工程,充分利用林木的枝、叶、杂草和昆虫等发展节粮型草食畜牧业及保健食品,实行长短结合,以短养长,千方百计地增加退耕农民的收入。

(二)调整林业政策,把退耕还林与扶贫开发紧密结合,使退耕还林的贫困山区农民得以休养生息,加快自我发展、自我积累、治理生态环境,走发展经济良性循环的道路

退耕还林政策应保持相对稳定。退耕还林是实施西部大开发的战略重点,是一项“民心工程”。素有“人无三分银”的贵州成为退耕还林的主战场。从 2001 年起在贵州省全面展开退耕还林政策,让农民看到了未来。正当广大群众大张旗鼓地开展退耕还林之际,粮食安全问题引发了急刹车。退耕还林政策的突变,不仅在经济上造成一定的损失,而且在政治上带来了不良的影响,农民群众对党的政策产生了怀疑,严重挫伤了群众积极性。退耕还林应该坚持下去,政策稳,人心才安,退耕还林政策应保持相对稳定。

(三)坚持退耕还林与农业综合开发相结合,增加农田基本建设的投资力度,实行山水林田综合治理

目前,由于退耕还林资金来源渠道不同,投向和标准也不一样,涉农部门均掌握一定的项目经费,在实施中存在矛盾。今后应该改变项目规划,将来自国家和省地州市的各种项目经费捆绑一起,由政府统一掌管集中使用,大搞农田水利建设,实行山水林田路综合治理,做到 25 度以上陡坡退耕一片,绿化一片;对 25 度以下的耕地进行综合治理:大搞坡改梯、土变田,配套兴修“三小工程”,提高抗旱能力,完善农田灌排系统,推广滴灌节水技术,逐步实现旱涝保收,力争把因退耕减少的粮食夺回来,实现粮食稳定增产。

(四)“两江”上下游联手共建生态环境

“上泛则下滥,上治则下安”。在贵州省总面积中,长江流域占 65.3%,珠江流域占 34.7%。至今贵州仍然很贫困,尚有贫困人口 289.8 万人。为了重塑“两江”绿色屏障,退耕还林恢复和重建两江流域的生态环境,贵州各族人民是做出了牺牲和贡献的,而最终受益的则主要是“两江”中下游地区。根据《森林法》第一章第三条第六款关于“国家设立生态效益补偿金,用于提供生态效益的防护和特种用途的森林资源、林木营造、抚育、保护和管理”及《森林法实施条例》关于“防护林和特种用途林的经营者,有获得森林生态效益补偿的权利”的规定,建议国家及早制定森林“生态效益补偿办法”,在“两江”中下游经济发达地区适当征收林业发展基金或生态建设基金。征收办法可按国内生产总值(GDP)或地方财政收入的一定比例征收,通过财政转移支付方式,对包括贵州在内的重点退耕还林地区给予一定的补偿,用于退耕地区农户因耕地减少购买粮食的补贴和森林管护费用,确保上游退耕还林地区的林业发展与粮食安全。

(五)面对入世后的两种资源、两个市场的新形势,贵州应确定立足于省内,稳定粮食生产;适量调入,保障供给的粮食安全观

粮食是国家的重要战略物资,事关国家经济安全、社会稳定的大局。作为粮食不能自给的贵州省应始终如一地把粮食生产放在战略和全局的高度,切实保护和稳定粮食综合生产能力,提高粮食总产量,努力实现基本自给。

1. 切实保护耕地资源。耕地是实现粮食生产的基础,保护耕地就是保护粮食生产力。坚决贯彻《基本农田保护条例》,把基本农田的保护作为一种不能逾越的“红线”。建立严格地责任追究制度,坚决纠正和切实治理乱占滥用耕地的现象;改革土地征占制度,实行基本农田保护和耕地占补平衡制度;在贵州省开展经常性的基本农田保护执法检查,严防在城镇化进程中出现的新一轮圈地运动。

2. 稳步推进农村土地经营流转制度,保护粮食综合生产能力。应进一步规范土地转包、转让、出租以及入股等流转形式,明确承包关系,使土地向种田能手、种粮大户集中,实行适度规模经营和集约化管理,改变一家一户小生产、抗灾能力弱的状态,不断地提高粮食综合生产能力。提高粮食综合生产能力的关键在于抓好粮食主产区的粮食生产,稳住粮食主产区的生产能力,就稳住了贵州省粮食供给的大局。

3. 提高复种指数,稳定粮食播种面积。贵州粮食播种面积应稳定在4600万亩,粮食播种面积占农作物总播种面积的70%左右。贵州粮食增产的潜力在夏粮。要增加粮食产量贵州应充分利用冬季气候温和、雨量充沛、自然灾害较少的优势,大力发展夏粮生产,除留出必要的冬水田外,能种夏粮的田土都应种上夏粮,把复种指数由目前的165.9%提高到200%,使夏粮总产量由200万吨提高到300~400万吨是可能实现的。

4. 进一步提高粮食生产的科技水平。贵州农业生产科技含量一直较低,落后于全国的平均水平。甚至有少数边沿地区的农业至今还停留在刀耕火种、广种薄收的阶段上,要增加粮食总产量,应进一步提高粮食生产的科技水平。在科技发展的着力点上,应当从过去的重数量的一般性科技服务转向以高产、高效、生态、安全为目标,突出解决粮食生产重大科技问题。当前要以实施“种子工程”为突破口,加大对农业科技的投入力度,尽快建立健全良种选育、扩繁和供种体系。财政要支持超级稻品系、转基因生物技术等基础性研究,保护好物种资源,加强农业科技人才的培养,增强科技储备能力。

5. 认真贯彻对种粮农民的直补政策。调动农民种粮积极性,要让种粮农民有利可图,是提高粮食综合生产能力的核心。当前,贵州应对种粮农民直补办法作必要的修改和完善,即分品种、按面积作为计算补助金额的依据,而不是以农民交农业税时所交粮食数量作为补贴的依据,并认真贯彻执行,及时兑现,才能充分调动广大农民种粮的积极性,确保粮食稳产高产。

(六)贵州粮食安全问题需要得到长期重视和关注

随着人口的不断增加、耕地面积的减少,研究和解决粮食安全问题应提到重要议事日程上来,建议在严格控制人口过快增长的同时,建立粮食安全预警监测体系,进行跟踪监测、及时预警。

粮食安全预警监测系统指标应包括:

1. 贵州每年退耕还林地面积≤100万亩;

2. 粮食对外依存度(调入量)不超过贵州省粮食总产量的10%;

3. 年末贵州省内粮食储备率不低于粮食消费总量的18%;

4. 到2010年贵州省粮食作物播种面积占农作物总播种面积不低于65%;

5. 粮食总产量变异系数,$|\alpha| \leqslant 2.0\%$,人均粮食占用量不低于350公斤。

6. 人口自然增长率应控制在9.0‰以内,在未来10年内人口总规模应控制在4000万以内。

对粮食安全跟踪监测建议由统计部门执行,及时给党政领导提供预警信息,以便发现问题及早采取得力措施,做到基本自给,适量调入,确保贵州省粮食安全。

退耕还林还草对内蒙古粮食供需影响研究

内蒙古农调队课题组*

退耕还林还草作为西部大开发战略的一项重大举措，近年来在内蒙古得到了强有力的实施，其改善生态环境也得到了一定显现。但是随着退耕还林还草工作的不断深入，粮食播种面积递减、粮食生产能力下降等涉及粮食安全的问题引起了全社会的普遍关注。内蒙古自治区横跨我国的“三北”，是西部地区生态环境保护和建设的重点地区之一，退耕工作任务艰巨、工程浩大。实施西部大开发战略以来，内蒙古的退耕还林还草工作成效显著。同时也出现了粮食播种面积连年减少、粮食总产量徘徊不定等问题，在一定程度上已经影响到国家的粮食安全问题。在此背景下，我们拟通过评价内蒙古退耕还林还草工程的实施成效，剖析退耕还林还草与粮食生产能力和农民收入的关系以及影响程度，进而提出退耕还林还草的后续政策建议，为国家宏观调控提供决策依据。

一、内蒙古退耕还林还草成效显著

内蒙古作为全国生态建设的重点地区，既有全国生态建设任务中的退耕还林还草工程，又有京津风沙源治理项目和国家天然林保护及“三北”防护林工程，退耕还林还草任务多，工作重。经过几年的努力，内蒙古退耕还林还草工作取得了明显成效。

（一）退耕还林还草工程的实施进度

在退耕还林还草工程期内，内蒙古总的项目任务是到 2007 年要完成退耕还林工程建设 6300 万亩，其中退耕地还林 3000 万亩，宜林荒山荒坡造林 3300 万亩。截止 2003 年底，内蒙古共完成退耕还林还草工程建设项目任务 2324 万亩，退耕地还林 954 万亩，分别完成总任务的 36.9% 和 31.8%。国家规定的退耕还林还草工程期为 8 年，在过去的 4 年中内蒙古在生态建设中付出了艰辛，但是与国家部署的退耕还林还草工程任务还有较大差距，在今后 4 年中生态建设任务还很艰巨。

（二）退耕还林还草配套政策的落实情况

根据国务院下发的《关于进一步完善退耕还林政策措施的若干意见》规定，农民每退 1 亩耕地，国家补贴现金 20 元和退耕补助粮食 100 公斤。粮食和现金补助的年限分别为：还生态林补助 8 年，经济林补助 5 年，退耕地还草补助 2 年。另外退耕还林和宜林荒山荒地造林，每亩发放一年种苗和造林补助费 50 元。从内蒙古退耕还林还草配套政策的落实情况看，实施退耕还林还草的地区基本都能将政策落实到位，按照政策规定如实发放补助金和补助粮食。目前内蒙古自治区共发放补助粮 95400 万公斤，累计兑现补助现金约 1.354 亿元，兑现种苗和造林补助费 6.5 亿元。而且所供应补助粮全部符合国家粮食质量标准。

从典型调查材料看，所调查的地区退耕还林还草配套政策也基本得到了落实，退耕补助粮、生活

* 课题组成员：雷.额尔德尼、郑世成、石国荣、冯志忠、陈宝华、徐蒙生。

补助现金、种苗和造林补助费都能如数发放到户。调查资料反映，两市累计完成国家计划退耕地总面积为395万亩，按政策规定应兑现补助粮食77.78万吨，补助现金为53355万元，实际兑现的粮食为68.17万吨，补助金总额为49366万元。未兑现部分主要是林业部门验收不合格退耕补助钱粮未给兑现。

(三)退耕还林还草效果的总体评价

1. 退耕还林还草经济效益明显

(1)退耕补助政策合理，农民增收效果较明显。由于退耕地产量低、收益差，通过实施退耕还林还草工程，国家的政策补贴直接增加了农牧民收入。

(2)林草收入潜力较大，为农牧民提供新的增收渠道。内蒙古在退耕还林中普遍推广了林草间作模式，在保证生态效益的前提下，为林草业产业发展和农牧民增收创造了条件。

2. 退耕还林还草社会效益显著

(1)推动了农村牧区产业结构优化调整。退耕还林工程实施以来，有效地调整了不合理的土地利用结构。通过大力建设基本农田，发展舍饲圈养，开发绿色食品，培育绿色产业，发展特色经济，使以种植业为主的农业生产向林果种植业、畜牧业以及二、三产业过渡，促进了农村产业结构的调整。

(2)促进了农牧业生产经营方式的转变。内蒙古农村牧区的主要特点是耕地较多，人均耕地面积居全国第2位，耕地面积虽然较多但质量偏差，农牧民的传统生产经营方式历来是“广种薄收”粗放经营。退耕后，由于耕地面积的减少，农牧民改变了多年形成的粗放经营的传统生产模式，逐步形成了精耕细作、精饲细养的生产经营理念，从而实现了高产、高效。

(3)加快了农村剩余劳动力的流转。5～8年退耕补助期，为农牧民离开土地提供了缓冲期，解除了离土、离乡的后顾之忧，大大促进了农村剩余劳动力的转移。

(4)建立了合理有效的生态补偿机制。退耕还林引入个体承包政策，为国家建设生态、获取生态效益与农牧民参与生态建设、获得经济补偿两者之间建立了一种有效的补偿机制，不仅符合现实需要，而且符合国际通行的对农户直接补贴的做法。

3. 退耕还林还草生态效益突出

(1)生态建设步伐明显加快。退耕还林还草工程把千百万农牧民动员到生态建设中来，壮大了生态建设力量，加快了生态建设步伐。仅2002年一年中内蒙古自治区就实现人工造林1千多万亩，创历史最高纪录，如果没有退耕还林政策支持与鼓励，如此浩大的工程是很难完成的。

(2)生态建设成效十分显著。由于退耕还林工程引入许多现实而可行的激励机制，使生态建设成果与农牧民的切身利益有机结合起来，使生态建设工程的成效十分显著，改变了过去年年造林不见林的被动局面。据有关部门核查，内蒙古11个试点县退耕还林成活、保存率平均为86%和78%，比上世纪80年代提高了50%。使局部地区的水土流失和风蚀沙化状况得到缓解，生态环境有所改善。

(3)全民的生态意识增强。退耕还林还草工程的实施，让更多的农牧民认识到了生态建设与保护的重要性，明白了过去“越穷越开荒、越开荒越穷”的原因，懂得了把不适合种植的耕地退还为林草是利国利民之举。退耕还林还草逐步得到了农牧民群众普遍认同，广大农牧民也从中得到了真正的实惠，并且能够积极主动地投入到生态建设中来。

(四)退耕还林工程是一项政策性强，涉及面广，群众参与度高的民心工程

退耕还林工程是一项利国利民的民心系统工程。搞好这项工作，是内蒙古参与西部大开发和搞好生态建设的需要，同时也是关系到农牧业产业结构调整和生产方式的重大转变，关系到农牧民增产增收，关系到农村牧区社会稳定的大事。退耕还林还草工程实施几年来，内蒙古生态建设与农村牧区经济社会发展都呈现出健康、快速的发展势头。同时我们也看到，近几年随着退耕还林还草工作的不断深入，内蒙古耕地面积逐年减少。另外受粮食市场需求变化影响，种植粮食作物的比较效益持续下降，农民种粮积极性受挫，由于诸因素综合影响内蒙古粮食播种面积连年递减，粮食总产量徘徊不前，粮食安全问题再次引起社会各界的高度重视。

二、退耕还林草对内蒙古粮食生产能力的影响

(一)内蒙古退耕还林还草前后耕地增减及结构变动情况

国家实施退耕还林草工程建设前(以1998年为基期，下同)，内蒙古年末实有耕地面积为10835.8万亩，其中旱地面积为10665.2万亩，占耕地面积的98.4%；水浇地面积为2574.96万亩，占耕地面积的23.8%。退耕还林草后(以2003为

止，下同），内蒙古年末实有耕地资源总量减少为9873万亩，比退耕前减少了962.8万亩；其中旱地面积减少了933.4万亩；水浇地面积增加了544.84万亩。

从总量上看，实施退耕还林工程后，内蒙古耕地面积资源总量减少963万亩，减幅为8.88%，与国家要求的退耕还林还草的任务（954万亩）基本一致；从耕地构成看，退耕后旱坡地面积减少，旱地面积占耕地面积的比重下降，旱地面积中坡耕地特别是25°以上的坡耕地面积减少，旱作高产稳产田面积增加。通过农田水利建设，水浇地面积增加，水浇地面积占耕地面积的比重提高了7.8%。

退耕前后相比，内蒙古的耕地面积虽然减少了，但由于减少的都是生产量极低的旱作劣质坡耕地，再加上通过耕地的整治，旱作稳产高产田和水浇地面积的增加，耕地质量相应提高，耕地的结构进一步优化，退耕后耕地的生产能力进一步增强。

表1 内蒙古1998～2003年耕地面积变动情况

单位：万亩

指标	1998年	1999年	2000年	2001年	2002年	2003年	03比98年增加	03比98年增长%
耕地面积	10835.8	11286.6	10975.3	10636.4	10637.0	9873.0	−962.8	−8.9
水浇地	2575.0	2879.2	2919.5	2932.2	3031.1	3119.8	544.8	21.2
浇地占耕地的%	23.8	25.5	26.6	27.57	28.5	31.6	—	7.8

目前，内蒙古的耕地面积维持在9800万亩至1亿亩的水平，从2004年到2007年国家和自治区又规划了2000万亩的退耕还林草工程，加上国家任务以外的退耕面积，整个退耕还林草工程结束后（2007年），内蒙古耕地资源总量将保持在7000万亩的水平，人均耕地在5亩以上，仍居全国前列。届时，内蒙古水田、水浇地面积将达到3500万亩，占到耕地面积的一半。所以，我们推断，经过退耕还林工程和耕地整治，劣质耕地减少后，内蒙古的耕地质量和生产水平将有一个大的提高，生态环境逐步得到改善。

赤峰市和乌兰察布市是内蒙古坡耕地最多、生态环境最恶劣、退耕任务最重的两个地区，早在国家实施退耕还林草工程以前，这两个地区就率先进行了以退耕还林草为主的生态建设工程，特别是乌兰察布市，在1994年就开始了退耕还林草建设，截止2003年底，赤峰市和乌兰察布市累计完成国家退耕还林草工程建设任务395万亩，占内蒙古退耕还林草总任务的41.4%。经退耕还林草建设和生态治理，这两个地区的耕地面积减少了953.4万亩，减幅为20%，比国家退耕还林草任务（954万亩）多减少558.6万亩。但通过整治后的耕地，水浇地面积、旱作稳产高产田面积、单位面积产量逐年增加，退耕后耕地的质量和生产能力和比退耕前有较大提高。如退耕前（1998年、1999年、2000年3年平均）两地的粮食产量为37.19亿公斤，在粮食播种面积减少668.02万亩（减幅为28%，大于耕地减少8个百分点）的情况下，2003年两地的粮食产量仍然达到了37.87亿公斤，反而比退耕前增加了0.68亿公斤。这一事实说明：只要不断提高耕地的质量，退下来的低质量耕地对农作物的产量不会有大的影响。

（二）退耕还林还草前后粮食种植面积增减变动情况

退耕还林草前（以1998年为例），内蒙古粮食种植面积为7546.02万亩，占农作物总播面积的比重为83.47%，此后呈现逐年下降趋势，到2003年粮食作物播种面积减少到6077.21万亩，比1998年减少1468万亩，减幅为19.5%，年均递减速度为4.2%。粮食作物播种面积占农作物播种面积的比重由1998年的83.47%下降到2003年的70.47%，下降了13个百分点。从统计数字上看，粮食播种面积减少量比耕地面积减少量多506万亩，多出部分主要是结构调整所为。因此，内蒙古粮食面积的减少是退耕还林草和结构调整共同作用的结果。内蒙古退耕前后粮食作物种植面积变动情况见下表。

表 2　1998～2003 年内蒙古粮食作物种植构成及面积变动情况

单位:万亩

	1998 年	1999 年	2000 年	2001 年	2002 年	2003 年	2003 年比 1998 年减少	
							绝对数	%
农作物总播面积	9040.5	9115.5	8871.5	8560.9	8830.5	8623.7	416.8	4.6
粮食播种面积	7546.0	7426.5	6653.8	6574.8	6515.2	6077.2	—1468.8	—19.5
占农作物播种面积的比重%	83.5	81.5	75.0	76.8	73.8	70.5	—	—

到 2007 年国家退耕还林一期工程结束后，通过退耕还林工程和结构调整，内蒙古的粮食播种面积将稳定在 5000 万亩的水平，粮食播种面积占耕地面积的比重维持在 70%左右。因此，2004～2007 年减少 1000 万亩条件差的粮食种植面积，巩固高产高效水浇地和旱作节水农田，5000 万亩粮食种植面积基本可以保持现有 6000 万亩粮食种植面积的生产能力。

(三)粮食播种面积减少对粮食生产能力的影响

退耕还林还草后，内蒙古粮食生产中出现了两个下降趋势:一是粮食播种面积减少了 1468.8 万亩，下降了 19.46%;二是粮食总产量减少了 21.47 亿公斤，下降了 13.6%。

退耕前的 1998 年、1999 年，内蒙古粮食生产能力连续两年在 140 亿公斤以上。能够维持 140 亿公斤粮食的条件，一方面是这两年基本上是风调雨顺，自然条件较好，另一方面是粮食播种面积大。2001 年、2002 年由于气候干旱，再加上粮食面积的减少，内蒙古的粮食产量曾一度降低到不足 125 亿公斤，140 亿公斤的综合生产能力受到冲击。

国家实施退耕还林草工程后，内蒙古一方面坚决支持国家政策，有计划的将劣质耕地退下来，同时对宜耕旱地进行综合治理，耕地生产能力提高，再加上结构调整使高产高效粮食作物播种面积增加，在粮食总面积减少的情况下，粮食生产量不会大幅下降。

国家退耕还林草工程结束后(2007 年，下同)，内蒙古的粮食播种面积将维持在 5000 万亩左右的水平，通过调整种植结构，提高高产高效粮食作物种植比例，粮食作物播种面积的减少对粮食生产能力有一定影响，但不会有大的影响。

三、内蒙古退耕前后粮食综合生产能力比较

退耕前的 1998 年，内蒙古粮食生产量为 157.54 亿公斤，粮食平均亩产为 208.8 公斤;退耕后(2003 年)粮食总产量为 136.07 亿公斤，粮食平均亩产为 224 公斤。退耕前后相比:退耕后粮食播种面积减少了 1468.8 万亩，减幅为 19.46%，年均递减速度为 4.2%;总产量减少了 21.47 亿公斤，减幅为 13.6%，年均递减速度为 2.9%;单位面积产量提高了 25 公斤，增长 12%，年均递增速度为 2.3%。

从粮食生产条件看:退耕后，在粮食播种面积年均递减 4.2%的情况下，由于耕地质量的提高、结构调整和农业科技含量的增加，粮食单位面积产量平均每年以 2.3%的速度递增，粮食总产量年均仅递减 2.9%。1998、1999 年是内蒙古历史以来两个最大的丰收年，属于特殊年份，如果剔除这一因素按常年粮食生产能力计算，退耕前后粮食生产量的差距还要比上述数字小。

表 3　内蒙古退耕前后粮食综合生产能力比较

	单位	1998 年	1999 年	2000 年	2001 年	2002 年	2003 年	2003 年比 1998 年增减		
								绝对数	%	年递增%
粮食面积	万亩	7546.0	7426.5	6653.8	6574.8	6515.2	6077.2	—1468.8	—19.5	—4.2
粮食单产	公斤/亩	208.8	192.3	186.7	188.5	215.8	223.9	25.1	12.0	2.3
粮食总产量	亿公斤	157.5	142.9	124.2	123.9	140.6	136.1	—21.5	—13.6	—2.9

内蒙古现有坡耕地3900多万亩，占全部耕地面积的40%，这些耕地的常年平均亩产一般在60～70公斤，即使这部分耕地全部种植粮食作物，粮食总产也仅为25亿公斤左右，占常年粮食产量的15%左右。如果内蒙古的水浇地面积（包括水地）增加500万亩，完全可以补偿这些退耕的劣质地的粮食生产量。

国家退耕还林草工程结束后，按粮食播种面积5000万亩计算，通过调整种植，提高高产高效粮食作物种植比例，采取综合抗旱节水措施，粮食总产量可稳定在140～150亿公斤的水平。因此，在粮食种植结构中只要高产作物播种面积不出现大减少，低产粮食播种面积的适当减少不会对内蒙古粮食综合生产能力产生大的影响。

四、退耕还林对内蒙古粮食需求的影响

退耕前，内蒙古粮食供需的一般情况是，粮食综合生产能力1400万吨，粮食供大于求，除满足自治区本身需要外，每年还可调出粮食约500万吨，为全国粮食供需平衡做出了一定的贡献。

退耕后，随着结构调整和"退耕还林"的开展，内蒙古农牧业经济结构发生了巨大的变化，畜牧业的快速发展促使内蒙古自身的粮食消费大幅增加。2002年内蒙古粮食消费总量达1271.5万吨，比1998年增加157.5万吨，增长幅度为14%；在消费结构中，口粮、种子、工业用粮基本稳定，主要增长是饲料用粮，增幅约达9%，随着畜牧业的强劲发展，这方面的增长将更加显著。自身的粮食需求的增长，大大削弱了内蒙古粮食的调出能力。2003年内蒙古粮食调出量仅为134.6万吨，比1998年减少了326.8万吨，减少幅度为70.8%；调出量占当年总产量的比例也由1998年的30%降为9.5%。从对国家的贡献来讲，内蒙古粮食调出量的减少将使内蒙古在全国粮食主产区的地位不断削弱甚至消除。这样不仅影响自治区农牧业自身经济的发展，也将会影响到国家的粮食安全。

国家退耕还林还草工程结束后，内蒙古的粮食播种面积将保持在5000万亩的水平，粮食平均亩产达到260～280公斤，粮食总产量预计为140～150亿公斤。假设2007年内蒙古总人口为2500万人，每人按150公斤粮食消费计算，消费口粮约40亿公斤；种子10亿公斤；饲料50亿公斤；工业及其他25亿公斤，内蒙古全社会共消费粮食125亿公斤，如果粮食生产量为145亿公斤，退耕后还有20多亿公斤的粮食剩余。

五、退耕政策对农民收入的影响

退耕还林还草政策的实施对农民收入的影响还是显而易见的。由于内蒙古地理、气候条件及农业生产方式的特殊性，总体来看，退耕政策的实施对内蒙古农牧民收入的影响还是积极的、有利的。

（一）退耕还林还草政策引起经营方式的变化对收入的影响

1. 种植业由广种薄收向精种高效转变。退耕还林还草工程在搞好生态建设的同时，调整了农村牧区产业结构、促进地方经济发展和增加农牧民收入创造了契机。种植业由广种薄收向精种高效转变，由单一粮食经营向粮、经、饲多元化经营转变，由数量扩张向质量效益转变，实现了退耕还林还草与农村经济调整相得益彰，齐头并进。从全内蒙古来看，实施退耕政策以来内蒙古粮食单产水平呈现持续提高的态势。2003年内蒙古区粮食平均单产达到每亩224公斤，比风调雨顺的1998年增加15公斤，增长7.2%；从退耕重点地区乌兰察布市和赤峰市的情况来看，2003年乌兰察布市粮食单产比1998年提高50%，赤峰市在受灾的情况下单产水平也接近最好年景的1998年。两个地区合计平均单产提高26公斤，增长13.5%；从调查户的情况来看，2003年被调查的80户粮食平均单产从1998年的亩产113公斤提高到了137公斤，增长20%。以往的广种薄收在很多年份并不能收回成本，而精种高产在很大程度上不仅弥补了退耕造成的粮食减产，也直接增加了农牧民收入。

2. 实现了种植业向畜牧业、林果业的转变。在退耕还林还草工程建设中，内蒙古把退耕与调整种养结构、转变生产经营方式结合起来，转变了农牧业生产方式，同时大力发展名、特、优经济林，积极推广林药、林草间作、两行一带等多种复合种植模式及舍饲圈养、划区轮牧等科学的养畜方式，引导农牧民转变生产经营方式，促进农村产业结构调整，提高了农牧民收入。近年来，内蒙古畜牧业得到了迅猛发展，肉产量、牛奶产量、毛绒产量均高速增长，进而催生了一批全国知名的大型畜产品加工龙头企业，应该说退耕政策的实施在客观上转变了一部分农牧民本不该采取的经营方式。从退耕地区和退耕户的调查结果来看，其经营方式的变化也

是很明显的。1998 年以来，乌兰察布市、赤峰两地区合计种植业劳动力减少 14 万人，下降幅度为 8%，同期畜牧业劳动力增加 2.4 万人，增幅为 20%；同期牧草地面积增加 9000 万亩；从四个退耕调查旗县的情况来看，与 1998 年相比，2003 年四个旗县减少种植业劳动力 5.6 万人，减幅为 19.6%，同期畜牧业劳动力增加 1.1 万人，增幅为 34%，牧草地面积增加 1000 多万亩；从八个重点退耕典型村的情况来看，同期种植业劳动力减少 430 人，减幅为 11.7%。可见从各个层次上看，在退耕还林还草的大背景下，退耕地区，退耕农户的经营方式由传统种植业向养殖业、林果业的转变都是很明显的，这一转变也间接增加了农牧民收入。经测算，退耕还林 3 年后，每亩林草可饲养 1.4 个羊单位，实现产值 150 元。

3. 第一产业向二、三产业的转变。退耕地区在狠抓退耕政策落实的前提下，结合退耕后当地林草业发展的资源优势，大力发展农副产品加工业及相关服务业，拓宽了农牧民的就业渠道。例如，鄂尔多斯市在退耕和封山育林过程中沙柳、柠条、沙棘产量激增，当地各级政府就采取了大力扶持沙柳刨花板、柠条饲料、沙棘油添加产品的加工开发，收到了明显成效。赤峰市山杏资源富集，山杏饮料的开发得到了很大发展。退耕地区通过大力培育龙头企业，通过加工转化拉动生态建设，走出了一条既能改善生态环境，又能促进农牧民脱贫致富和区域经济发展的双赢之路。从典型调查取得的资料看，6 年来，赤峰市、乌兰察布市共增加二产业劳动力 9.5 万人，增长 56%，增加三产业劳动力 30 万人，增长一倍；四个调查旗县同期增加二产业劳动力 3000 人，增长 47%，增加三产业劳动力 3.3 万人，增长 1.14 倍；从八个调查村来看，同期增加二产业劳动力 32 人，增长 11%，增加三产业劳动力 39 万人，增长 7.5%。据测算，一般工业原料林的亩均收入应在 100 元以上，这也超过了退耕田的亩均总收入。

4. 进城务工，身份转变。退耕地区由于生态条件恶劣，剩余劳动力较多，在退耕的条件下劳动力就业压力更大了。近年来各地都非常重视农牧民外出务工的疏导管理，为农牧民外出务工创造了很多便利条件。这些地区的农牧民通过进城务工走出了世代居住的偏僻山村，开阔了眼界，增加了收入，成为了城市的建设者，有一些则改变了世代的农民身份，成为了城市居民。目前内蒙古外出务工劳动力总数已超过 100 万人，尤其以乌兰察布市为多。从典型调查结果看，乌兰察布市、赤峰两地区 2003 年外出务工人数达 60 万人，比 1998 年增加 46 万人，增长 3 倍多；4 个调查县外出务工人数增加 4 万人，增长 1.3 倍；八个村增加外出务工人数 420 人，增长 60%。从 80 个调查户来看，2003 年人均外出务工收入达到 330 元，比 1998 年增加 142 元，增长 75.5%。

(二)退耕还林还草对收入的直接影响

就内蒙古地区而言，退耕还林还草政策的实施对增加农牧民收入的直接影响还是十分明显的。这是因为内蒙古的退耕田多是盲目开垦的坡耕地和贫瘠地，其常年平均产量一般不足 100 公斤，也就是说即使正常播种其总收入不过 100 元，扣除成本其收益率很低，加之十年九旱，很多年份颗粒无收，并不能收回成本。而在退耕条件下国家的补贴使农牧民获得了直接收益。按照国家的补贴政策，亩均补贴 100 公斤粮食，20 元现金，则仅国家补贴的直接收益就达 120 元(粮食以 1 元/公斤计算)，即使扣除种树种草的一些成本，项目区亩均增收也不低于 60 元，户均退耕 6.8 亩，增收约 400 元。从内蒙古住户调查资料显示来看，2003 年内蒙古农牧民人均获得退耕还林还草补贴收入 21.5 元，占当年纯收入增加额的比重为 12%，这是相当可观的。从乌兰察布、赤峰两个地区看，自退耕政策实施以来，两地累计兑现粮食和现金补贴合计约 11.75 亿元，年人均约为 40 元；从 4 个调查县来看，5 年累计兑现粮食和现金补贴合计约 2.5 亿元，年人均约为 45 元；从 8 个调查村来看，5 年累计兑现粮食和现金补贴合计约 386 万元，年人均约为 64 元；从 80 个调查户来看，5 年累计获得补贴额 9.6 万元，年人均达 63 元。从纯收入变动情况来看，2003 年内蒙古农牧民收入为 2268 元，比 1998 年的 1981 元增加 287 元，增长 14.5%；被调查的 80 户退耕农户 2003 年人均纯收入达到 2039 元，比 1998 年的 1310 元增加 729 元，增长 56%，可见退耕还林还草政策的实施对于农牧民增收的作用还是十分积极的。

综合上述，在退耕还林还草政策背景下，退耕地区农牧民的生产经营方式发生了深刻变化，这些变化在很大程度上间接增加了当地农牧民收入的提高；而退耕补贴政策的落实则在很大程度上对退耕农牧民收入的增加产生了直接的积极的影响。

六、退耕还林还草对内蒙古粮食供求影响的综合判断及后续政策建议

(一)退耕还林还草政策对内蒙古粮食供求影响综合判断

1. 总体来看退耕还林还草政策对内蒙古粮食供求没有根本性的不良影响。近年内蒙古粮食总产低于1998年的历史最高水平主要是气候因素和市场作用下种植结构调整的结果。内蒙古是一个十年九旱的地区,而1998年的气候条件是百年不遇的;近年来,我国粮食总体供大于求,粮食价格持续低迷,农民的种粮积极性受到很大挫伤,近年内蒙古部分非退耕项目区农民弃耕进城,使土地撂荒的现象较为普遍。退耕对粮食减产的影响是极为有限的,就总体和长远而言,退耕无论对内蒙古还是全国的粮食供需平衡的影响都比较有限,更多的是积极的影响。

2. 内蒙古的粮食综合生产能力仍然保持相当的优势。从内蒙古经济发展的基础来看,农牧业将长期处于基础和优势地位,从粮食生产本身来看,随着粮食生产市场化取向的进一步明确,一些经济发达地区的粮食生产会进一步萎缩,粮食生产的区域化布局将进一步调整,内蒙古作为粮食主产区的地位会进一步加强。从目前的现状来看,内蒙古已经实现了粮食供需的平衡有余,尽管存在结构矛盾,但粮食生产必须从本地实际出发,发挥本地优势,不能盲目追求绝对平衡。从中长期来看,内蒙古粮食综合生产能力充足,在实现自身粮食供需平衡的前提下有能力提供一定数量的商品粮满足国内和国际市场需求。内蒙古的优势粮食品种依然是玉米、小麦、马铃薯,水稻的开发也具有较好的前景。可以认为,如果市场需求有力,在退耕还林还草政策有序实施的条件下正常年景内蒙古的粮食综合生产能力仍可维持在140至150亿公斤的水平。

(二)退耕还林还草后续政策建议

1. 正确认识退耕还林还草与粮食供需平衡的关系。毋庸置疑,实施退耕还林还草是搞好生态建设的首要选择,是利国利民、惠泽千秋的德政工程,也是实现农村牧区经济可持续发展的现实需要。退耕政策对粮食综合生产能力的负面影响是十分有限的,退耕政策实施过程中存在的问题也是前进中的问题,是可以解决的。应该说退耕还林还草与粮食供需平衡是相互促动的,不能把二者对立起来。退耕还林还草是为了从根本上解决粮食的供需平衡,粮食供需平衡是确保退耕还林还草顺利实施的保证。特别是从长远来看,退耕还林还草政策的实施将大大改善西部乃至全国的总体生态环境,遏制更多农业用地的退化沙化,进而改善农业生产环境,有利于西部和全国粮食综合生产能力的提高。

2. 进一步严格执行国家有关退耕还林还草政策规章。针对个别地区在退耕过程中政策执行不严的实际,今后应进一步加大督促检查力度,既要防止超额退耕,又要防止假退耕;对于国家规定的补贴政策要严格落到实处,严禁损害农牧民利益的事件发生。

3. 国家应出台后续产业扶持政策。退耕还林还草政策的实施效果好坏完全取决于退耕区的群众能否富起来,能否有新的生产、生活门路。这个问题不解决,反弹的隐患很大。目前看,一是加大退耕区基本农田建设力度,切实保证退耕农民拥有基本农田通过提高单产来弥补退耕后的粮食减产,保证粮食安全。二是利用还林还草的机遇,狠抓农村产业结构调整,大力发展舍饲畜牧业。三是大力发展乡镇企业,特别是农副产品加工业,如林木资源加工转化,副产品加工等,一方面使部分农民变为工人,离开土地。另一方面通过加工转化实现林草业的经济效益,有利于生态建设成果的保护,实现农民增收、企业增效、生态增绿。四是强化对农民外出务工的支持力度,加快退耕区农牧民剩余劳动力的转移。目前,后续产业发展的障碍主要是资金缺乏,技术含量低,产品附加值低,效益不高,为了加快后续产业建设,建议国家出台相应的优惠、扶持政策,鼓励国有、私有资本支持退耕还林后续产业的发展,同时在现有企业技术改造、技术开发方面给予投资。

4. 建议国家改变投资计划下达方式。目前退耕还林任务是逐年下达建设任务和资金,运行管理成本很高,而且造成地方没有长远打算,短期行为、形象工程、政绩工程、平均主义等现象屡禁不止。建议国家今后将工程建设规划任务一次性全部下达到省、自治区,资金可分年度确定投资额度,规定在几年内必须完成。这样做,有利于从整体上合理规划,建设中实事求是,降低管理成本,而且各地可以根据不同年景降雨情况适时调整造林面积,降低造林成本,提高造林质量。

5. 国家应尽快出台第一期 8 年结束后的后续政策，巩固成果。实行生态效益补偿制度，凡营造生态林的，要给予一定的经济补偿。退耕还林还草的决策是完全符合内蒙古及西部实际的，对西部生态建设与农村经济社会可持续发展起到了很大的推动作用，应该坚定不移地坚持下去。如果突然停止，后遗症很大。目前为了保证整体防护效益，内蒙古按照退耕还林还草总体规划已采取整村、整乡推进的办法，如果后期的群众享受不到退耕政策，势必会造成不公平，可能引起群众对政府的不满或不信任。为使退耕还林还草政策发挥切实的效果，避免半途而废，建议国家在对个别政策进行调整的前提下，尽快出台 8 年之后的相关政策，以解除后顾之忧。

6. 在着力改善生态环境，实现可持续发展的前提下，确保粮食播种面积的稳定。近几年内蒙古粮食作物已减播 1000 多万亩，随着退耕还林还草工程的进一步实施，粮食播种面积还将继续减少，考虑到单产水平的提高，确保目前粮食生产能力，未来内蒙古粮食播种面积应稳定在 5000 万亩以上。从粮食安全目标来讲，这一水平可以保证内蒙古的粮食供需平衡，并能保证有一定数量的余粮用以合理储备和供给国内、国际市场需求。如果粮食面积继续下滑，将难以保证自身的粮食安全，这对于我们这样一个经济欠发达省份是十分不利的，因此确保播种面积的稳定是必要的。未来粮食生产发展的方向应该是稳量提质，退耕还林还草政策应在这一前提下合理推进。

7. 要因地制宜地利用资源优势，搞好基地建设。按照市场农业、生态农业、效益农业的要求，高标准、高质量抓好基地建设。逐步建立和形成一批具有一定生产能力和规模的具有地区特点和竞争优势的粮食生产基地。根据内蒙古实际，要逐步在东部粮食主产区建成优质玉米、水稻基地；在河套土默川平原建成优质小麦基地。除了建好自治区确立的几大基地外，各地应根据本地实际和市场需要确立主导产品和支柱产品。这些基地的建成和完善将是稳定内蒙古粮食综合生产能力的根本。

8. 切实保护农民种粮的积极性。在温饱问题解决之后，农民从事粮食生产的积极性，主要取决于粮食生产的比较利益。因此国家在制定粮食生产、购销、储备政策时应充分考虑粮食生产的比较效益，关注农民种粮的积极性。要进一步强化现行粮食价格保护机制，使其更好的发挥作用。

总而言之，退耕政策应该得到坚持和完善，这也是实现全国粮食供需平衡的长远之计，实现粮食供需平衡，保证全国的粮食安全应该更多的致力于粮食生产效率的提高。

8

专题

农村专业合作经济组织的发展及作用

江苏省农调队课题组*

一、农村专业合作组织的由来和作用

在中国农业和农村经济从传统的计划经济向市场经济体制的转变过程中，农村专业合作经济组织的产生与发展，有其客观的必然性。党的十一届三中全会后，打破了人民公社体制，农村普遍实行了家庭联产承包责任制，农民获得了生产经营自主权，生产积极性空前高涨，农业生产快速发展，农民生活水平显著提高。在初步解决了温饱之后，增加收入成为农民的迫切愿望。随着农产品购销体制的改革，市场机制逐步引入农业和农村经济，广大农民群众更多地面向市场，根据市场需求安排生产经营，进行资源配置。在这种情况下，广大农民群众一是迫切需要寻求新的实用技术，提高农产品产量；二是迫切需要产前、产中、产后多方面服务，尤其是要为农产品寻求稳定的市场销路，提高规模效益，抵御市场风险；三是迫切需要调整生产经营结构，以合理地利用各种资源，较快地增加收入。面对广大农民的这种新的要求，原先的一些国家技术经济服务组织、社区集体经济组织的服务实力和服务能力，很难再能满足各类专业生产经营农户对多样化服务的需求，因此，为了弥补农村社会化服务体系发展滞后的不足，农村专业合作经济组织这种由农民自己兴办的新型中介组织便应运而生了。

国际上，农业合作经济的产生和发展有一百多年历史。国际合作社联盟1996年提出了建立合作社的六条原则，得到了普遍的认同：其一，入社自由。只要承认章程，履行相应的义务，都可入社，没有政治和宗教等方面的限制；其二，民主管理。每个成员有平等的表决权；其三，资本报酬适度。股金只取利息，不分红利；其四，盈利返还。盈利除部分用于组织的发展和公共事业外，其余部分按交易额比例返还给每个成员；其五，合作社教育。使每个成员了解合作社的原则和活动方式，并组织相应的技能培训和经营知识传播；其六，合作社之间的合作。加强社区和行业间的交流与合作。随着股份制倾向越来越强和市场经济的不断发展，合作社内部的制度安排也越来越灵活。如美国农业部规定，合作社内部按股分红的比例不超过8%，与非成员的业务量不能超过与成员的业务量，等等。传统的合作经济正转向以开放型服务为主，并逐步走向企业化和股份化的合作方式。

农业产业化经营并非我国首创，它是发达国家和地区市场经济条件下农业的基本组织形式。尽管合作经济组织是国外“农业一体化”的共同基础，但由于资源禀赋条件、农业发展水平、经济体制、政治体制乃至文化传统等因素的差异，东西方成功的农村合作经济组织形式也存在着明显的不同。欧美发达国家由于农业经营规模大、技术装备和劳动生产率高、市场经济体制完善、政治上的多元化和文化上追求个性和自我表现等社会经济原因，伴随

* 课题组成员：张义、钟甫宁、刘光平、季辉、王巨祥、蒋书明、沈建芬、吴熙云。

着农业生产结构高度分化而建立起来的专业性合作经济组织，为农户提供生产、加工、贮运，尤其是销售方面的服务，适应了一体化经营健康发展。东亚发达国家和地区由于农业经营规模小、农户多元化生产普遍、国家对市场农业的干预较强、农村社区组织与政府的联系密切以及文化的统一性强等等社会经济原因，以给农民提供包括农业生产在内的社会化服务为宗旨而建立的综合性社区合作经济组织（农协），不仅为农民提供农业生产和经营方面的服务，而且通过兴办金融、保险、消费、文化、卫生和社会救济等方面的合作，既有利于保护农民利益，又促进了农村社区各项事业全面进步。

农村专业合作经济组织是由从事同类产品生产经营的农户（专业户）自愿组织起来，在技术、资金、信息、购销、加工、储运等环节实行自我管理、自我服务、自我发展，以提高竞争能力、增加成员收入为目的的专业性合作组织。它的发展是建立在家庭承包经营基础上，不改变现有的生产关系，不触及农民的财产关系，适应了农村的改革与发展。可以这样认为，农村专业合作经济组织是农村组织制度的一种创新。在中国，农村专业合作经济组织的名称是多样化的，有的叫农民专业协会，有的叫专业合作社，还有的叫农村专业技术协会、合作协会等。

十多年来，随着中国农村专业合作经济组织不断发展，其内部特点也日益凸现出来。主要表现在以下几个方面：一是农村专业合作经济组织不改变农民最敏感的土地承包关系，不改变农户自主经营权利，农民可以根据生产经营活动的需要参加各种各样的专业协会；二是专业性强，它大多以专业化生产为基础，以某一类专业产品为龙头组织起来，如养猪协会、养牛协会、养羊协会、水果协会、蔬菜协会、食用菌协会等等，都有明显的专业特征；三是专业合作经济组织以服务为宗旨，很好地帮助农民解决了一家一户做不了、做不好的事情。它了解农民需要什么，需要多少，能有针对性地开展服务；四是在组织管理上，实行自愿结合，入退自由，民主管理；五是在经营方式上灵活多样，独立自主；六是实行赢余返还，给农户带来实惠，与农户风险共担，利益共享。正因为农村专业合作经济组织有这些特点，所以能够得到广大农民的欢迎。

发展农村专业合作组织的积极作用，可以概括为以下几个方面：

农村专业合作组织通过组织专业科技研究，传播同业信息，组织同业行为，能够推进农业经营市场化的实现。我国农业经营分散，规模较小，缺乏发达的商品货币关系纽带，不仅农业的产业集中度低，没有规模经济和辐射效应，而且容易达到生产可能性边界，出现效率停滞。这是我国小农经济社会长期在现代化边缘徘徊的内在原因。要加快农业产业化，必须首先实现农业经营的市场化，没有市场机制和竞争，就不可能有持续创新和技术进步，产业化运动也就不可能长久。

农村专业合作组织制定同业技术标准，在统一标准下实现农产品生产、加工和销售的一体化经营，能够推动传统小农式家庭经营的变革。我国农业效率受制约的重要原因在于广泛存在的小农式家庭经营。这种经营方式抗风险能力低、融资困难、技术获取成本高，因而实现农业现代化十分困难，迫切需要通过适当的载体把农民组织起来进入市场。

全国性的农产品行业协会从上至下联通，能够解决农业产业化和农业结构调整中可能发生的地区结构雷同问题。这几年农民增收难，一个重要原因在于大宗农产品生产区低水平重复竞争。过去主要靠乡镇一级政府通过行政命令搞农产品结构调整，有些乡镇政府视野窄，信息不全面，把握不了全国农产品市场情况，市场风险很大，正如农民形容的“种啥啥多”，损失后又只能让农民自己承担。而农产品行业协会能指导各地根据全国市场状况培育自己的优势产品，带动加工、储藏、运输、营销等相关产业良性发展。

农村专业合作组织的兴起，有利于农民有组织地参与国际合作和竞争。加入世贸组织后，我们所面临的竞争对手主要是跨国公司和国外系统完备的农产品行业组织。同样，我们也只有组织类似的行业协会，才有能力与之合作和竞争。

二、江苏省农村专业合作经济组织发展现状

江苏省农村专业合作经济组织兴起于上世纪80年代中期，在90年代中期伴随着农业产业化经营得到了较快发展。近几年，江苏省委、省政府高度重视发展农村专业合作组织工作，先后出台了一系列扶持农村专业合作经济组织发展的政策，在财政、信贷、税收等方面都明确给予扶持。2000年还下发了《关于发展农村专业合作经济组织的意见》（苏办发〔2000〕8号），要求省、市、县财政每年要安

排一定数额的资金作为贷款贴息，扶持专业合作经济组织发展；银行等金融机构要积极向专业合作经济组织提供资金支持。2001 年起，江苏省财政每年安排 50 万元，专项用于扶持省级示范专业合作经济组织的发展。2003 年财政部门安排 210 万元，并从财政部争取 130 万元，用于扶持专业合作组织试点。2003 年 9 月省政府《关于全面推进农业产业化经营的意见》以及 2004 年 2 月省委、省政府《关于促进农民增加收入若干政策的意见》，都对发展农村专业合作组织进一步明确了扶持措施，江苏省农村专业合作组织呈现良好发展势头。

(一)各地形成了发展专业合作组织的共识，组织总量超过 5000 家

江苏省各地都对专业合作予以高度关注，无锡、常州等地还专门设立扶持资金。南通市作为全国农民专业合作经济组织试点地区之一，试点工作得到了农业部的肯定。据统计，2003 年底江苏省共有农村专业合作组织 5218 家，其中专业合作社 1859 个，入社社员 124 万人，销售收入 113 亿元；专业协会 3359 个，会员 106 万人，会员销售收入 209 亿元，协会自身销售收入 64 亿元。2003 年江苏省 150 家示范、考核农村专业合作组织及会员运销农产品 526 万吨，加工农产品 123.6 万吨，组织自身实现销售收入 47.8 亿元，实现利润 2.6 亿元，年末资产总额 12.5 亿元。

(二)合作形式多种多样，以产销结合为主的专业合作最为活跃

农村专业合作组织形式多种多样，联结方式各不相同，目前以产销结合为主的农村专业合作经济组织越来越活跃。一是组织形式上，主要表现为专业合作社和专业协会。如东台富安蚕农合作社、高邮甘垛棉花合作社等及如皋草莓协会、启东小辣椒协会等。还有各种形式的农民合伙企业和股份合作性质的合作组织，如太仓双凤肉鸭合作社、淮阴区志亚养禽合作社、灌云金云鹅业合作社、启东永丰蔬菜批发合作社等。其中以产销为主的专业合作社和专业协会最为活跃，占 90%以上。二是组建形式上，以农民领办为主，企业创办也占一定比例。在组建中有农民自身合伙创办的，有农业产业化龙头企业创办的，有农技人员领办的，有农村基层组织及村干部组办的，也有种养大户及农民经纪人牵头创办的。其中以专业大户、营销大户和村干部领头创办的为主，占 67%。如句容春城葡萄合作社就是由葡萄种植大户方继生牵头创办，在合作社的带动下，当地已形成了葡萄专业村。不少农业产业化龙头企业也积极牵头组建专业合作组织，如海门京海肉鸡集团创办的肉鸡合作社、东台富安茧丝绸集团兴办的蚕农合作社等。三是合作形式上，以产销合作为主。产前合作的，主要是以较低价格向社员提供种子(苗)、化肥(饲料)、农药(兽药)等；产中合作的，主要是为社员提供生产技术服务；产后合作的，主要是帮助社员销售产品；有的是一体化合作。其中生产与流通环节的合作占 80%以上，在生产、加工、流通等领域一体化合作的不足 10%。

(三)合作优势初步显现，有效提高了农民组织化程度，促进了农业产业化经营，增加了农民收入

一是促进了优势农产品产业和地方特色农业的发展壮大。列入省级示范(考核)的 150 个专业合作组织中，80%以上的合作组织位于主导产业优势产区内。特色蔬菜产业涌现了 20 家省级示范考核合作组织，如沛县栖山镇王店村蔬菜销售协会带动周边农户发展设施蔬菜生产，现已形成以王店为中心，包括周围村庄在内的设施蔬菜产业带。优质水果产业有 19 个，如海门市培育村草莓合作社，入社农户 120 多户，新发展草莓 700 多亩，目前势头兴旺。优质地方家禽产业有 20 个，如常州立华养鸡专业合作社统一向社员供应苗鸡、饲料、药品，统一出售成鸡，探索出“公司＋合作社＋农户”的产业化经营模式，促进了本地养鸡业的发展。同时，不少富有地方特色的专业性、小品种专业合作经济组织比较活跃，如启东小辣椒协会、惠山区阳山水蜜桃农协会、丹阳食用菌协会(草菇)、铜山大庙观赏鱼养殖协会、盱眙县丘陵山区中药材协会等。

二是推动了生产要素资源的有效整合，促进了农民增收。合作组织把从事同类农产品生产经营的农户联结起来，发展规模生产和专业化经营，不仅集聚、优化了土地、资金、市场等资源要素，而且有利于推广新品种、新技术，推进标准化生产，提高农产品质量安全水平。启东永丰蔬菜批发合作社，社员以资金和土地作股份，凭股权证领取股份红利和股息，合作社的大棚蔬菜亩年收入超 6000 元，露地蔬菜亩年收入超 1500 元，合作社和社员、股东都取得了较高的收益。高邮甘垛镇棉花产销合作社还建立了利润二次分配机制，近几年每年二次分配金额都在 35 万元左右。

三是提高了农民进入市场的组织化程度。合作组织通过规模销售，降低了农产品运销成本，提高了与买方谈判的地位;通过注册农产品商标,增强了农产品市场竞争力;通过建立专业市场和外销窗口,扩大了产品销路。如宜兴坤兴养猪合作社组织社员开展标准化生产,打出了"坤兴"牌生猪品牌并获无锡市名牌产品称号,在上海市场很受欢迎,有效提高了生猪养殖效益。

三、当前合作经济组织发展中存在的主要问题和影响因素

农村专业合作经济组织的发展虽已有一定基础,但与农业产业化发展形势相比,与农民群众的期望相比,与国际合作事业的发展相比,还存在不少问题,集中表现为:一是发展速度不够快、地区间不平衡。苏北、苏中、苏南拥有专业合作组织数量分别占 61%、19%、20%。二是发展的活力不足,功能不强。根据典型调查分析,江苏省各类专业合作经济组织中,组织紧密、制度健全、运作正常、作用明显的只占 1/4 强;组织不紧密、制度不规范、活动不正常、作用一般的占一半左右;近 1/4 的基本上是名存实亡。三是内部管理不够规范。大部分合作经济组织与农民的利益联结方式是买断式或订单式,二次分配机制普遍没有建立,社员基本上没有享受到盈余返还。大多合作组织的理事会、监事会等形同虚设,发起人既是董事长又是经理,一人说了算,社务不够公开,民主管理没有真正落到实处。

上述问题,分析原因主要有以下几个方面:

一是法律地位不明确。合作经济组织对内为社员提供服务,对外参与市场竞争,追求社员利益最大化。这一特征既不同于一般的社会团体,也不同于普通的企业,而是介于两者之间的一种特种企业。在目前情况下,江苏省农村专业合作经济组织,在工商部门登记的,一般被视为集体企业或合伙企业,收费高,每年都要上千元的手续费、年检费和管理费等,对本来就资金短缺的合作经济组织来说,是一项不小的负担;在民政部门登记的,收费虽不高,但手续较为繁琐,而且不能从事经营活动。可见,由于在登记上无法可依,缺乏统一的操作程序,甚至难登记,使得专业合作经济组织难以依法成立、依法运行、依法经营、依法发展,也难以受到法律保护。这是专业合作组织发展不快、功能不强的重要原因。

二是政策扶持不到位。合作经济组织是一种"草根"经济组织,是广大农民在生产经营实践中自发创造的,对发展农业和农村经济、增加农民收入起到了不可低估的作用。合作经济组织同时又是"弱势群体"创办的"弱势组织",成员既是所有者、控制者,又是利用者、使用者,能兼顾公平和效率。在发展过程中,特别是在发展初期,困难很多,政府应该给予必要的扶持。浙江省在全国专业合作发展比较好,近三年浙江省级财政投入 2300 万元。而江苏投入不足 200 万元。调查中,我们发现专业合作社普遍缺乏经济实力,急需财政项目扶持。如通州市三余镇斗争果业合作社 1999 年从本村 85 户起步,目前社员达到 592 户,种植"黄花梨"1634 亩,虽然经营规模不断扩大,但合作社并没有多少积累。为了更好地为农服务,促进产品均衡上市,该社一直想建一个冷库,但苦于财力不足,贷款无门,不能如愿。由此可见,如果公共财政能对合作社的一个或几个薄弱环节或关键环节给予一定扶持,其资金使用绩效会增大,不仅可以提供合作组织为农服务能力,而且可以直接带动农民增收。

三是辅导培训机制不健全。加强辅导培训是世界各国推进合作事业的共同做法。近年来,江苏省南通、高邮等地专业合作发展较好,一个重要原因就是地方政府及职能部门强化培训、悉心辅导、加大扶持的结果。而相当一部分地方专业合作经济组织运行不够规范、活力不足的重要原因之一,就是缺乏专业的、及时的、有效的辅导和培训。在专业合作组织发展中,有的人将其等同于上个世纪 50 年代的合作化运动,存在"谈合色变"现象;相当一部分农户的合作意识淡薄,参与合作积极性不高;有的社员风险意识比较差,只能"利益共享",难以"风险共担";有的合作社管理者缺乏专业的经营管理知识,习惯于采用单纯搞行政或搞企业的方式管理合作社。为此,现阶段特别需要政府职能部门加强对农民、对专业合作组织的辅导和培训。

四、两个专业合作经济组织的个案分析

(一)对江苏省高邮市甘垛镇棉花产销合作社的调查

高邮市甘垛镇棉花产销合作社(以下简称合作社)成立于 1999 年 3 月,由当地农民、私营业主金开明及退职村干部赵云福发起创立,现有社员 2950 户(其中跨乡、跨县社员分别达到 260 户、350 户),股金近 30 万元,植棉面积 22200 亩,占地

20000 平方米，有技术人员 25 人，主要从事棉花产销合作。合作社目前拥有固定资产 500 多万元，2003 年实现销售收入 1.02 亿元，创利税 600 多万元，分别比上年增长 1 倍、2 倍。几年来，合作社向社员免费供种近 15 万斤，二次分配及股金分红近 200 万元，公益性投资 80 多万元，合作社社员每年每亩增收 80 元，建社以来共给农民增加收入 700 多万元。合作社 2000 年在工商局注册登记，具有棉花收购、加工、经营权资质，2001 年度被评为省级示范农民合作组织，2002 年被农业部评为 100 家示范合作社，2003 年被江苏省政府评为农业产业化经营先进单位、被农业部评为优秀农民专业合作组织。

1. 服务领域，增强合作社影响力。合作社始终围绕“四统一”，为社员提供产前、产中、产后系列服务。一是统一发布信息。将棉花行情传递给社员，引导农民种植高品质棉花，及时签订产销合同，落实种植布局。2004 年植棉 10 亩以上社员 450 户。二是统一更新品种。瞄准企业用棉需求，不断引进优良品种推荐给广大棉农，采取免费供种、合作社管理人员带头试种、签订合同落实补偿责任三种方法，带动社员种植新品种。近年来，合作社引进试种品种达 10 多个，适应当地土壤、气候种植的有 5 个。2004 年向社员免费供种 2.9 万斤。三是统一技术服务。开展技术示范、指导、培训，聘请省、市、乡镇农业专家、技术员深入到田头讲解，召开现场会，举办培训班，出黑板报，印发技术资料，传授植棉技术。2004 年在棉花发芽率普遍低的情况下，合作社加大技术辅导力度，采取补救措施，每亩另免费供应“科棉 1 号”3 两或“苏棉 9 号”1 斤，仅补供种就投入了 2.4 万元，保证了棉花发芽率，确保了大田移栽面积；四是统一销售服务。在周围植棉乡镇设立多个收购站点，扩大收购地域，对离收购点较远、交通不便地区，合作社上门收购或补贴农民运费。由于品种优、服务措施到位，社员植棉、售棉省心、放心，亩产皮棉一直比非社员高 10 公斤以上。

2. 好加工企业，增强合作社带动力。合作社利用获得棉花收购、加工、经营权优势，通过三个方面增加合作社效益：一是直接向棉农收购，直接加工、销售，减少中间环节。二是强化内部管理，降低经营成本，制定实施了劳动、财务、生产、消防安全、质量检验等管理体系，并严格执行。2003 年技改投入 100 万元，添置了 1 台轧花机、3 台剥绒机、1 台打包机，新扩厂房、晒场、钢架大棚等 4000 平方米。三是注重品牌效应，狠抓质量管理。注册的“宇鑫”牌皮棉享誉一方，获得纺织企业一致认可，质优价高，年年零库存，资金回笼率 100%。同时积极挂靠扬州、南京、南通、常州及上海等大中型国有棉纺企业，建立长期稳定协作关系，恪守信誉，诚实经营，扩大了合作社发展空间。

3. 完善利益机制，增强合作社凝聚力。合作社坚持按合作原则和章程办事，一是巩固产销协作关系，让社员多得实惠。每年二、三月份，合作社与社员订立种植收购合同，确定种植品种、面积、籽棉交售数量、二次加价标准，发放售棉凭证，承诺籽棉收购价格略高于同期周边地区，实行敞开收购，依质论价，现金结算。年终再依照交售品种、数量，凭售棉发票到合作社进行二次分配结算。每年五、六月份产品销售结束后，根据当年棉花加工销售利润水平，再按章程规定进行股金分红。入社社员凭合同种棉售棉，如服下了“定心丸”，不愁难卖。同时合作社规范利润分配，以丰补欠，以工补农。具体地，合作社每年从加工流通环节税后利润中提取 35% 作为风险金，15%作为公积金、10%作为公益金，剩余利润再进行二次分配和股金分红。2003 年税后利润提取风险调节基金 50 万元，二次分配及股金分红近 50 万元，既增加了农民收入，又增强了合作社抵御市场风险能力。二是组织活动正常。每年举行 1～2 次社员大会，公布合作社运行状况及利润分配情况，定期召开理事会、监事会，各司其职，议事规范，记录齐全，气氛民主，亲和融洽。成员间合作意识较强，连心连利，同心协力，同甘共苦，具有团队精神和责任意识，内部运作规范透明，每年如期进行社务公开、财务公开。三是合作社热心公益事业。合作社在为社员提供产前、产中、产后服务的同时，还特别注重公益事业和社员的感情投资。2003 年抗洪救灾期间，合作社主动组织中层以上干部到部分缺劳动力家庭中帮助抗洪救灾，对部分受灾严重的棉田采取特殊性措施抢救，挽回直接经济损失几十万元。2002、2003 年先后投资 30 多万元用于村道建设，2004 年又投资 55 万元修建了荷花村水泥路。

几年来，该合作社虽取得了长足的发展，但也存在不足，主要问题有：一是不能享受信贷优惠。合作社收购资金用量大，时间集中，贷款利率又高，每年的利息负担就达 300 多万元。二是缴税任务重。合作社不断要上缴所得税，还要承担与其它工业企业同等标准的地方教育附加各项基金，严重制约了合作社发展后劲。

（二）对江苏省宜兴市坤兴养猪合作社的调查

宜兴市坤兴养猪合作社创办于2001年初，三年多来，经过各级政府和有关部门领导的大力支持和培育，经过全体社员的共同努力，合作社不断发展壮大，目前已有养猪大户160家参加，分布在宜兴市的22个乡镇，年生猪存栏3.2万头，养殖规模最大的社员年出栏达到1万头。2003年合作社销售生猪6.1万头，销售收入5600万元，利润913万元。坤兴养猪合作社已成为宜兴市及周边地区规模最大的养猪专业合作经济组织，成为广大养猪户联合闯市场的一艘巨舰，成为养猪户增效增收的一个载体。

宜兴市坤兴养猪合作社社长杜小坤1976年高中毕业后，先后从事过工业和手工业生产，经过20多年的艰辛劳动，积累了一定资本。2000年初，在有关农业专家的指点下，投资创办了一个养猪场，名称为“宜兴市坤兴生态农业有限公司”。进入养猪这一行业后，杜小坤与周围一些小规模的养猪户接触，经常能听到他们因自身规模小带来的产品销售难、赚不到钱、甚至亏本等苦衷，不少农户逐渐放弃了养猪业。2001年杜小坤到浙江萧山参观一家大型养猪场时，发现他们规模更大，生猪直供上海，而且价格比较理想。杜小坤立即感悟到，市场就像一片汪洋大海，一条小船经不起海浪的冲击，只有巨舰才能抗御风浪，才能航行得更远更好。养猪要想提高效益，也必须打造闯荡市场的“航空母舰”。此外，随着人们生活水平的不断提高，对生猪质量的要求也将越来越高，而要进行无公害生猪养殖，需要有统一的技术标准和规范，有统一的管理和经营，而这些靠一家一户很难做到。为此，杜小坤以自己创办的“宜兴市坤兴生态农业有限公司”为依托，以“谋发展、强实力、增收入”为宗旨，把一部分养猪户组织起来，在当地政府的支持下，成立了“宜兴市坤兴养猪合作社”。

合作社具体做法有以下几个方面：

1. 调查摸底，广泛吸纳合作社社员。由于宜兴市当初还没有养猪行业的专业协会，养猪合作社的成立，对宜兴一大批养猪大户具有较大的吸引力。在合作社成立之初，合作社社员主要是宜城镇范围内养猪专业户，范围小，条件差，具有特色的养猪大户少，而吸纳全市范围内的养猪专业大户，不仅可以扩大养猪合作社成员，将科学养猪向更大范围推开，而且能使合作社更具活力。2002年初开始吸纳全市养猪户参加。经过一年的工作，养猪合作社成员达到160户，合作社全年出栏的生猪占宜兴养猪大户年出栏量的50%，并且合作社社员遍布宜兴各个乡镇，集中了各镇规模较大、较具影响的养猪示范户。

2. 制定合作社章程，确定合作社的工作目标。养猪合作社是一个规模较大的群众性专业合作经济组织，按照成立合作社的宗旨和目标，必须对合作社社员有一定的工作规范，合作社的活动必须约束在政策和法律的范围内。2001年底，通过广泛征求社员意见，制定了合作社章程，在社员大会民主选举的基础上成立了合作社领导班子，并邀请市农林局等政府部门的领导组成合作社监委会，指导和规范合作社工作。

养猪合作社通过各养猪户密切的技术和经济合作，达到在最大范围推广科学养猪。合作社的工作目标是让全体社员达到六个统一，即统一品种组合、统一饲料配方、统一免疫程序、统一生产技术操作、统一销售、统一品牌的产业化生产模式，充分依靠合作社的组织优势，确保养猪安全生产，达到生产结构合理，饲料质量保证，生产成本降低，市场竞争有力。

3. 开展产前、产中、产后一条龙服务。(1)产前服务。社员入社后，合作社帮助社员选购苗猪，改良品种。在生产过程中，社员常常会出现资金周转困难或想扩大养殖规模而无本钱的现象，要借贷款又没有抵押。为此合作社采用互助合作，开展联户担保，向农村信用社申请流动资金贷款，解决社员养猪资金不足的困难。2002年至2003年通过合作社担保，市农村信用合作联社向合作社累计发放贷款116万元，不仅为农民扩大养殖规模提供了有效的资金保障，更体现了农民创办合作经济组织的互助合作优势。

(2)产中服务。为适应畜牧生产技术日新月异的新形势，合作社与扬州大学农学院、江苏省猪病研究中心和宜兴市畜牧兽医站进行技术合作，聘请了多名博士、教授及高级职称专家和技术人员，作为合作社技术顾问。合作社创办以来，开展了多次技术培训，分别由江苏省猪病研究中心教授、澳大利亚专家和宜兴畜牧兽医站技术人员讲课，内容包括猪传染病的诊治、现代养猪新技术、无公害猪生产要求，以及市场营销知识、互助合作知识等。

(3)产后服务。合作社围绕六个统一开展生产，既增加了生猪养殖数量，又保证了生猪的产品质量。2002 年度，合作社和上海屠宰场挂钩签约，帮助合作社社员销售生猪 4.2 万头，年平均销售价格为每百斤 332 元，比非合作社成员的生猪销售价格，每百斤提高 30 元。

4. 提留风险基金，确保生猪养殖持续发展。养猪合作社是个“三民”组织，即民办、民管、民受益。它把千家万户百姓的利益紧紧地联系在一起，所以它有着很大的凝聚力。正因为合作社是个“三民”组织，因而所有参加合作社的管理人员，包括社长、副社长、营销人员、经纪人一律不享受工资待遇，唯一能给他们的待遇就是通过合作经济组织的优势，给自身带来增效增收。比如社长杜小坤，合作社创办以来，从来没有拿过合作社的一分钱的工资，可是通过创办合作社，杜小坤自己公司饲养的生猪也依托合作社进入上海市场。2002 年销售 3000 头，2003 年销售 6000 头，两年合计销售 9000 头，按每头增收 60 元计算，累计增收 54 万元。又比如合作社社员杜盘勤，2001 年没有加入合作社时，全年销售生猪 800 头，收入 48 万元，而 2002 年加入合作社后，合作社帮他销售生猪 800 头，收入 52.8 万元，相比增收了 4.8 万元，所以创办合作社是促使农业增效，农民增收的有效途径。

为规避市场风险，确保养猪户的利益，合作社代销社员饲养的生猪，每头计提风险基金 20 元。2003 年共计提风险基金 130 万元。一旦遇到市场风险时返还计提的风险基金补贴给社员，确保社员的生猪养殖业可持续发展。

5. 创新机制，共闯市场。合作社的运作机制是公司＋合作社＋基地＋农户，即以“宜兴市坤兴生态农业有限公司”为龙头，以 8 个千头养猪场为基地，联合 152 户农户互助合作，共闯市场。三年来，合作社通过六个统一的实施，改变了原来品种杂乱、技术水平和管理水平参差不齐的现象，从而形成有影响力的生猪产品，为打造优势品牌创造了条件。2003 年，坤兴养猪合作社获得了省“无公害畜产品”的认定证书和农业部质量安全中心“无公害农产品”的认证证书，注册的“坤兴”牌商标获得了无锡市名牌产品。

五、加快农村专业合作经济组织发展的政策建议

当前加快农村专业合作组织发展的条件已经基本具备，可以说是：上面有精神，农民有要求，工作有基础。首先，发展农村专业合作已经引起从中央到地方各级党委、政府的高度重视。2004 年中央 1 号文件中指出，要“鼓励发展各类农产品专业合作组织”，并明确了具体扶持措施。其次，随着农业市场化、专业化、规模化进程的加快，农民要求获得信息、销售、技术等多方面服务，尤其是获得专业服务的愿望越来越强烈，产销合作深受农民欢迎。第三，发展农村专业合作经济组织已积累了一定的实践经验，涌现了一批典型，起到了良好的示范带动作用。因此，一定要抓住有利时机，加快农村专业合作经济组织的发展。

（一）营造宽松环境，加大政府扶持力度

发展农村专业合作经济组织，必须充分考虑到国情、省情和地方实情。当前，专业合作组织应主要承载两大功能，一是把农民有效组织起来进入市场，二是成为政府扶持“三农”的新载体，从而达到促进农民增收的目的。在目前阶段，一个合作经济组织，只要坚持入、退社自由，坚持民办、民管、民受益，坚持为社员服务，坚持在法律规定的范围内进行活动，不管是由谁创办或领办，不管叫什么名称，不管采取怎样的方式进行合作，都应该允许存在，鼓励发展。判断专业合作经济组织的基本标准在于农民受益、合作组织发展并有生命力。同时，政府应加大对农村专业合作经济组织的政策支持力度，引导合作经济组织不断修正发展方向。将专业合作组织纳入执行政府农村经济政策目标的组织体系中。在扶持农业产业化项目、开展农业科技推广、建设农产品质量安全体系等方面优先选择农村专业合作经济组织作为重要的实施载体，为农村专业合作经济组织的发展壮大创造条件。改善农村专业合作经济组织融资环境，利用财政扶持资金为农村专业合作经济组织创造有效的贷款担保机制。鼓励农村信用合作社对制度健全、经营业绩好的农村专业合作经济组织试行流动资金贷款的信誉担保制度。

（二）加快立法进程，简化登记程序

我国是亚洲除朝鲜外唯一没有合作社立法的国家，大多数农村专业合作经济组织在没有法律保护的环境下运作，导致农村专业合作经济组织的合法权益难以有效保护，不仅影响合作组织业务的扩张，也给国家指导、监督农村专业合作经济组织的发展带来了困难。据悉，浙江省 2004 年将出台《浙江省合作社组织条例》，在相关法律没有出台之前，

江苏省的专业合作经济组织登记注册，我们认为应把握三点，一是引导合作经济组织尽快登记，具备法人资格；二是维持现在的登记方式和渠道，即由农经部门负责专业合作组织的具体业务指导并进行备案，由工商部门负责专业合作社登记注册，由民政部门负责专业协会登记注册；三是简化登记程序，降低相关费用。对经营性农村专业合作经济组织(一般是合作社形式)，作为特殊的经营主体法人，经农经部门辅导、认定后，在工商部门登记，可以以合伙企业登记，也可以其他企业类型登记，但名称统一为"××合作社"。登记收费标准和年检费用按普通企业标准减半收取。对非经营性专业合作经济组织(一般是专业协会形式)，经农经部门辅导、认定后，直接在民政部门登记为社团法人，简化"批准筹备"这一程序。对乡镇、村区域内的协会可免于公告。

(三)抓好典型示范，提升整体素质

广大农民虽然有渴望组织起来的要求，但是缺乏必要的知识储备和行动能力，需要政府的引导和帮助。抓好典型，以点带面，是近年来江苏省发展农村专业合作经济组织行之有效的手段。应在产业基础好、农户经营的专业化、市场化程度较高的地方开展试点工作，总结经验，加以推广。江苏省现有省级试点专业合作组织 6 家，地级市试点专业合作组织 1 家(南通)，省级示范和考核单位 150 家。要对试点示范考核单位加强动态监测，根据监测结果进行评估，实行优保劣汰。对试点示范单位取得的成功经验，通过各种方式大力进行宣传和推广。同时加强农村专业合作经济组织的自身建设，指导农村专业合作经济组织建立健全内部组织机构和规章制度，明晰产权制度，健全财务管理制度，实行财务公开制度。大力推进"四有"合作社创建活动，即有组织章程、有合作内容、有经营要素、有合作效益。

(四)开展辅导培训试点，创新工作机制

开展辅导、培训和咨询试点工作，就是要求农经主管部门切实履行职能，拓展服务领域，汇集社会各方面力量，为专业合作组织的成立、登记、运行等提供辅导和咨询服务，同时寻找工作的抓手，创新专业合作快速健康发展的工作机制。县(市)农经部门负责对专业合作经济组织进行辅导咨询、培训和服务。建立辅导员制度，派出辅导员向有基础、产业关联度高的农民或业主群体宣传合作社的原则、合作的意义和条件，培训合作社基本知识。省里成立合作经济组织咨询专家库，针对辅导员在辅导过程中遇到的突出理论和实践难题，组织相关专家组，对个案进行诊断，在产业发展方向、市场开拓以及规范发展等方面进行咨询和指导。

(五)调动政府和农民两个方面的积极性

目前，在农村创办专业合作组织，除民政部门被动受理注册登记外，还没有一个明确的主管部门，缺乏必要的引导和保护。鉴于这种情况，有关部门应加快组织和引导农村专业合作组织的兴起，指导农村专业合作组织的发展，提高其管理水平。同时，要注意少直接参与，不搞行政干预。要相信中国农民最富创造精神和奋斗精神，一旦条件具备，他们的创造性就会像黄河之水滚滚而来，成为时代进步和社会发展的强大动力。

(六)制定发展政策

农村专业合作组织作为市场经济条件下出现的一种新型合作经济组织形式，在初始阶段面临的矛盾和困难会很多，需要政府的呵护与扶持。要放宽注册条件，优惠税费。在国外，对农产品行业协会实行税费优惠是一种通行做法。比如在美国，农业合作组织纳税只有工商企业的 1/3 左右；东南亚一些国家的合作社法规定：合作社可免征所得税及营业税。同时，还要搞好资金扶持，各级财政要安排一定的资金，专项用于扶持农产品专业协会组织的发展。要加大保护力度，加强对职能部门的监督和管理，严禁乱检查、乱收费、乱罚款、乱摊派；协调各方面力量，帮助解决区域封锁、条块分割、行业限制、权益保护等方面的问题，为农村专业合作组织的健康发展创造良好的环境。

(七)优化配置农村资源

农村专业合作组织的发展壮大，需要成规模的农产品基地、带动能力强的农产品加工企业、有实力的农村专业大户、有影响的农产品专业市场等。这就需要优化农村资源配置，在农业结构的战略性调整中形成一批规模大、有特色、品质优、区域性强的农产品基地，积极培育专业大户，发展龙头企业，对现有规模较大的农产品加工企业鼓励强联合，支持农产品深度系列开发，增强带动能力，从而为农村专业合作组织的发展创造基础条件。

正视城乡差距　加快统筹步伐

——城乡差距的表现、原因及思路

孟素洁

城乡之间存在一定的差距是正常的，也正是差距的存在才促进了城乡之间要素的流动，促进了城乡共同发展。在这个意义上说，差距也是一种发展的动力。但城乡差距过大，就会成为发展的障碍。全国1993～2003年城乡居民收入比例由1.51∶1扩大到2.14∶1，2000年城乡居民收入差距最大为2.21∶1。

一个国家或地区在工业化、城市化进程加快时期，城乡之间、地区之间出现一定的发展差距是很正常的，但如果这种差距过大，就不可避免地带来政治、社会等很多方面的矛盾。改革开放以来，北京市城乡经济基本处于一种非均衡的发展态势，这种非均衡的发展为打造首都国际化大都市，加快城市化、现代化进程打下了基础。但目前北京市城市化率达到79%，城市化已进入高级阶段※，经济已具有相当基础后，城乡非均衡发展还继续惯性推进，城乡之间的差距还有进一步扩大的趋势，这不能不引起关注。

一、城乡差距扩大的主要表现

(一)城乡收入差距的演变

1. 改革开放初期农民收入增长快于城市居民，1984年是城乡差距最小年份。改革开放初期，北京市城乡居民生活都处于较低水平。1978年，城乡居民收入相差140元，城乡收入比例为1.62∶1。中央和北京市委、市政府出台了一系列促进农民增收的政策，多次提高农产品收购价格，乡镇企业得到前所未有的发展，农村经济实力显著增强。到1985年，农民人均纯收入达到775元，比1978年增长2.4倍，年均增加额为79元，农民人均纯收入比北京城市居民多1元，年均增长19.3%，农民人均纯收入比城市居民可支配收入增速快5.4个百分点。这是改革开放以来农民收入增长最快的阶段，也是唯一快于城市增长的阶段，城乡收入比例由1.62∶1缩小到1.17∶1，1984年城乡居民收入比例为1.05∶1，是自1978年以来城乡差距最小的年份。

2. 1986～1992年是农民收入增长的缓慢阶段。1986～1992年，城乡居民收入都进入了缓慢增长阶段。这一阶段，北京经济发展的结构性矛盾开始显现。乡镇企业出现滑坡，农业出现生产资料价格上涨、农产品卖难现象，使农业比较效益下降。1985～1992年，农民人均纯收入年均增加113元，仅为城市居民人均可支配收入增加额的54%，年均增速为10.6%，农民人均纯收入比北京城市居民收入低4个百分点。城乡居民收入比例由1.17∶1扩大到1.51∶1。

3. 1993～2003年是城乡差距不断扩大的阶段，2000年城乡差距达到历史最大值。1993～2003年，是北京大搞城市建设，经济进入快速发展的阶段，城乡居民收入差距在这一阶段不断扩大。十一年间，农民年人均收入增加448元，城镇居民增加1047元，增收额是农民的2.3倍；农民收入年

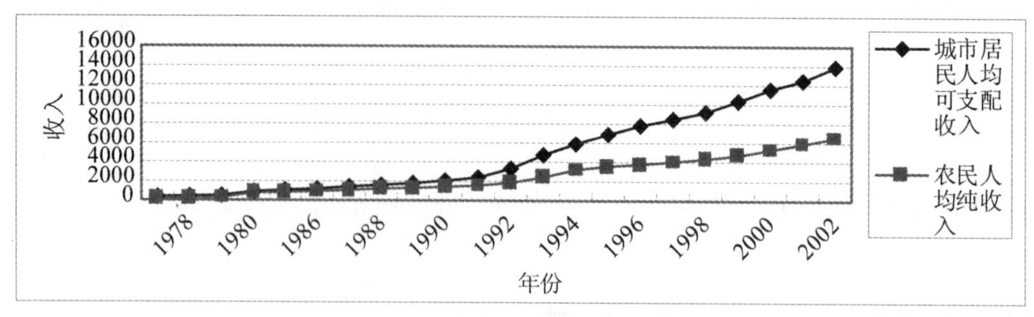

城乡居民收入折线图

均增长 13.8%，比城市居民低 3.7 个百分点；城乡居民收入差距由 1992 年的 795 元扩大到 2003 年的 7387 元。城乡居民收入比例由 1.51∶1 扩大到 2.14∶1，2000 年这一比例曾达到历史最高为 2.21∶1（国际劳工组织公布 1996 年资料显示，大多数国家城乡居民收入比例在 1.5∶1 以内）。

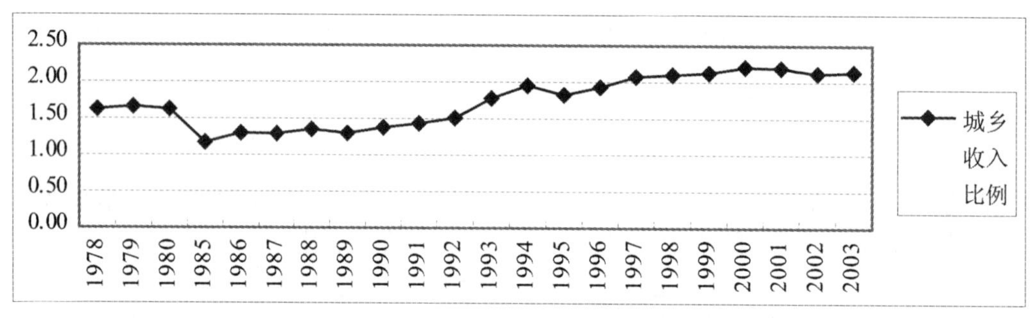

城乡收比例

（二）城乡收入水平相差的程度

1. 2003 年农民收入水平仅相当于城市居民最低收入组的水平，比城市居民落后 8 年。 2003 年，北京市农民人均纯收入 6496 元（2003 年农民人均可支配收入 6223 元），相当于城市居民最低收入组 6174 元的收入水平。2003 年农民人均纯收入低于 1996 年的城市居民人均可支配收入 6885 元，比城市居民落后 8 年。

2. 1994 年后，城乡收入差距呈加速扩大趋势。 2003 年农民人均收入与城镇居民收入相差 7387 元。1978 年时城乡收入相差仅 140 元，到 1988 年差距超过 300 元，用了 5 年时间。1993 年超过 1000 元，又用 5 年时间。1994 年，城乡收入差距超过 2000 元，1996 年超过 3000 元，1997 年超过 4000 元，2000 年超过 5000 元，2001 年就超过 6000 元，2003 年超过 7000 元。

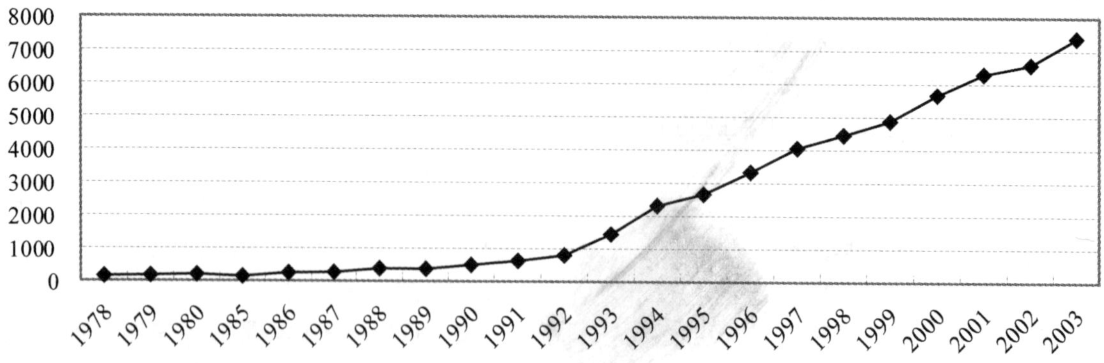

城乡居民收入差额

（三）城乡居民生活质量差距突出

1. 消费差距大于收入差距。 城乡收入差距的最终反映是生活质量的差距，生活质量主要体现在消费。城乡居民生活消费差距大于收入差距。

2003年，北京市城市居民人均生活消费支出11124元，农村居民为4655元，城乡居民消费比例为2.39∶1，大于收入差距25个百分点；城市居民消费倾向为80.1%，农民为71.6%，相差8.5个百分点；城市居民食品支出3523元，是农村居民的2.4倍。其中肉、蛋、奶、水产品支出城市居民为1064元，农民仅为390元，城市居民是农村居民的2.7倍；衣着支出城市居民为906元，农村居民为331元，城市居民是农村居民的为2.7倍；家庭设备、用品及服务支出城市居民为704元，农村居民为272元，城市居民是农村居民的2.6倍；交通通讯支出城市居民为1688元，农村居民为469元，城市居民是农村居民的3.6倍。

从北京城乡居民家庭百户拥有耐用消费品情况看，空调机城巿居民为119台，农村居民为39台；微波炉城市居民79台，农村居民为20台；淋浴器城市居民为85台，农村居民36台；移动电话133部，农村居民为77部；家用电脑城市居民为68台，农村居民为22台。

从反映生活水平的重要指标恩格尔系数看，2003年北京城乡居民都为31.7%，但是城乡居民消费水平存在质的差异，农村居民恩格尔系是低水平下的相对合理。

2. 城乡居民家庭财产差距悬殊。到2003年末，北京城市居民人均储蓄存款余额约为41200元，农村居民约为10180元，城市居民是农村居民的4倍。据北京市城市居民抽样调查资料显示，2003年，北京城市居民人均用于储蓄、储蓄性保险、购买有价证券的支出达3748元，相当于当年农民收入的58%。

3. 城乡居民社会福利待遇差距明显。城乡居民在各种社会福利方面也存在较大差距。很多社会福利实际上是居民的一种隐性收入。目前城市居民享受的住房公积金以及各种社会保险如医疗保险、养老保险、失业保险、各种福利如最低工资和低保等，绝大多数农民都不能享受。由于养老保险、公费医疗、住房公积金等是按照工龄、工资基数等不同条件按比例计提，因此很难计算。据1000户城市居民住户调查资料显示，2003年，北京城市居民人均社会保障支出为859元，以社会福利方式获得的隐性收入估计在1000元以上，如果考虑城镇居民享受的各种社会福利，城乡居民收入差距会更大。

(四)城乡经济发展水平的差距

1. 农村经济增长慢于城市，占北京市经济总量的份额下降。从经济发展进程看，农村经济增长长期落后于北京。1990～1995年，北京市年均经济增长速度为22.7%，农村为21.2%；1996～2000年，北京市城市为12.2%，农村仅为5.5%；2001～2003年，城市、市与农村经济增长速度基本同步，农村略快于城市，城市为14%，农村为14.5%。

北京市人均地区生产总值1990年为4878元，农村为2990元，城市是农村的1.63倍；1995年北京市为13085元，农村为8253元，城市是农村的1.5倍；2000年北京市为22460元，农村为11075元，城市是农村的2倍；2003年北京市为32061元，农村为16750元，城市是农村的1.9倍。

农村经济占全北京市经济总量份额呈下降趋势。1990年北京地区生产总值500.8亿元，农村为117.2亿元，占北京市的比重为23.4%；1995年北京市地区生产总值1395亿元，农村为306.6亿元，占北京市的22%；2003年北京市地区生产总值3663亿元，农村为604亿元，占北京市的16.5%。

2. 城乡政府财力及投资实力相差悬殊。从财政收入情况看，农村经济实力更显脆弱。2003年乡村人口占北京市常住人口的1/4，但是农村地方财政收入仅占北京市的7.5%，财政支出仅占6.7%。2003年，北京市地方财政收入达666亿元，农村仅为50亿元。财政支出北京市为809亿元，农村仅为54亿元，其中用于行政事业单位的人员工资5.5亿元，占10%。

从支撑经济增长的重要因素——固定资产投资情况看，1995年，北京市完成全社会固定资产投资841.5亿元，农村为40.2亿元，仅占北京市投资的4.8%；2000年北京市为1297.4亿元，农村为55.6亿元，占北京市的4.3%；十六大召开后，北京市委、市政府对农村经济发展给予了高度重视，农村投资有了较大幅度增长，但占北京市投资比重仍不足10%。

(五)城乡人口分布差异

北京市行政区域面积1.68万平方公里，按2003年常住人口计算，人口密度为867人/平方公里，但人口分布过于集中在城区，城乡人口密度差距很大。据第五次人口普查数据显示，北京城八区8.15%的土地面积上居住了61.4%的常住人口，人口密度高达6529人/平方公里，其中四个城区以0.5%的土地面积容纳了14%的人口，人口密度高达2.3万人/平方公里；十个远郊区县拥有北京市91.85%的土地面积，却只居住了38.6%的人口，人口密度仅为364人/平方公里。城四区的人口密度是远郊区县的63倍。受二元结构管理体制的影响，北京市城乡发展不协调，卫星城建设起步晚，道路交通及配套设施的建设尚不完善，管理还缺乏科学性，没有充分发挥疏解城市压力、吸纳城市人口的腹地功能。城市中心区人口的过于集中，给居住、能源、环境、交通等基础设施建设以及教育、卫生等各项事业的发展带来了巨大压力。

（六）城乡社会事业发展的差距

城乡差距还表现在社会领域。在医疗方面，区域之间在医疗资源的获得上存在较大差异，2003年，北京市平均每千人拥有医院床位，城市为5.9张，农村为4张；平均每千人拥有医生，城市为4.2人，农村为2.5人；2002年，对北京市1000户城市居民和2670户农村居民家庭抽样调查资料显示，城市居民人均年教育支出971元，是农村居民教育支出的1.9倍；在文化设施方面，北京城市平均每万人拥有公共图书馆、阅览室藏书1.9万册，农村只有0.4万册。

（七）城乡公用事业的差距

城乡最为明显的差别还体现在基础设施等公用事业建设上。虽然北京城市基础设施在全国处于先进水平，但农村基础设施仍较落后，农村居民饮用水大部分为自备水源，实现集中供水的地区仅限于部分小城镇的镇区。据有关部门数据显示，到2003年末，北京未通自来水的村还有75个，未通程控电话的村有4个，800多个村没通有线电视，400多个村的道路没有硬化，400多个村未建医疗点，900多个村未建文化体育场所。山区基础设施更为落后，有2万多人人畜饮水困难。农村一些地区垃圾、污水无人管理，生活环境差等。

二、城乡差距扩大的主要原因

（一）管理体制的不同是城乡差距扩大的重要因素

二元结构的管理体制是造成城乡差距的主要原因。长期以来，政府管理部门从职能上实行的是城乡分割的管理体制，规划、基础设施建设、经济发展以及教育、卫生等许多管理部门，只管城市，不管农村，而农口部门过去以抓农业生产为主。在社会福利制度、税收、就业、户籍等方面的制度安排上，都加速了城乡差别的进一步扩大。目前城市福利制度已基本完善，但农村福利制度的建立则刚刚起步，有些项目尚未列入政府议事日程。即使已有的社会福利项目如医疗、低保等，与城市相比也存在很大差别。实行城乡分割的二元管理体制，对农民限制过多，服务过少，既不利于城市带动农村，也不利于农村内部搞活。在首都总体建设规划中，考虑市区规划多，考虑农村少，缺乏长远科学的规划，特别是在农村学校建设、污水处理、垃圾处理、公共绿地、基础设施和公共设施建设方面投入不足，使得城乡差别日益明显，企业、人口和各种物质文化成果向城市聚集，城市人均资源总量快速增加，而农村人均资源很难增长。一方面是公共资源分配向城市倾斜，投入农村的比例过低，造成资源配置不合理。乡村建设资金短缺，农村建设长期以来大多依靠集体经济和农民投入，城市建设以较低补偿或者无偿征占土地等形式，向农民索取过多，投入过少，使农民利益大量损失，削弱了农村自我发展的能力，难以跟得上城市繁荣的脚步。而农村城市化的滞后，使农村富余劳动力不能有效地转移出去，一些乡村无序开发，盲目扩张，甚至侵占耕地，侵犯农民利益。1995～2003年北京市耕地面积减少209.4万亩，乡村人口只减少10.9万人，平均减少一亩耕地只减少0.05人，明显低于上海的0.74人和天津的0.43人。而另一方面，人口向城镇的聚集被严格控制，城乡之间人均资源、经济和文化成果的占有差距就不可避免地扩大。

（二）产业的差异加速了城乡差距的扩大

城乡差距与城乡产业特性有关。现在的农村虽然已经包含了多种产业，但农业在其经济结构中的重要地位，是与城市区别的一大特征。农产品收入需求弹性小的特点，注定了在经济发展达到一定程度后，农业的增长必然要慢于二、三产业。农业和非农产业劳动生产率的过大差距是造成城乡二元结构的经济基础。尤其偏低的农业劳动生产率使农民在收入分配中处于劣势地位，导致城乡经济社会发展的分割。以平均每一从业人员创造的增加值来衡量，1990～1995年，北京市非农产业劳动生产率与农业劳动生产率之比一直保持在2∶1以内（这一比例接近发达国家平均水平）。单从数据来看貌似合理，但当时农业、非农产业发展的相对协调是建立在国企改革之前冗员严重、生产率低下的背景之下，是一种低水平的协调发展。20世纪90年代中期以来，随着国企改革力度的加大以及工业化进程的加速，非农产业的劳动生产率大幅提高，农业劳动生产率的提高相对缓慢，比较劳动生产率出现下降趋势，导致两者差距拉大。2003 年，北京非农产业劳动生产率为 57188 元/人，农业劳动生产率为 15243 元/人，两者之比为 3.75 ∶ 1。这一比例虽然低于全国的 5.5 ∶ 1 和上海的 7.7 ∶ 1，但明显高于日本、美国、加拿大等发达国家和香港、新加坡等新兴工业化国家和地区。

20 世纪 80 年代由于农村改革率先启动，农村在经济机制上具有更大的灵活性，农村的第二产业曾经有过较快的增长。但随着城市改革的深化，城市工业规模、档次迅速上升，乡镇企业一度被定位为城市大工业的加工和配套企业，农村乡镇企业异军突起的优势不复存在。1978～1994 年，乡镇企业总收入年均增长速度为 34%，1995～1998 年仅为 8.7%，下降了 25.3 个百分点，农村第二产业的发展速度明显下降。

（三）非均衡发展战略的惯性推动了城乡差距继续扩大

非均衡发展战略不仅使城市的产业快速发展，而且使城市的各项基础设施不断完善。"九五"以来，尽管北京市委、市政府在农村电网改造、道路交通、通讯等方面加大了投入，但所有燃气、电力、交通、通讯以及信息等基础设施建设无不紧紧围绕城市中心而展开。城乡之间基础设施建设的差距不断扩大。企业为了追求效益，新项目普遍选择在基础设施条件较好的城市及其辐射地区如卫星城和极具优势的中心镇。城乡物质基础的差距将继续拉大经济发展的差距。

三、缩小城乡差距，推进城乡一体化进程的思路

城乡之间存在一定的差距是正常的，也正是差距的存在才促进了城乡之间要素的流动，促进了城乡的共同发展。在这个意义上说，差距也是一种发展的动力，但城乡差距过大，就会成为发展的障碍。坚持科学发展观，统筹城乡发展，打破城乡二元结构，是我党从全面建设小康社会和完善社会主义市场经济体制的全局出发做出的重大决策。统筹城乡发展的实质是有效解决农业、农村和农民问题，促进二元经济结构的转变，更快地推动国民经济的发展和社会的进步。

统筹发展的关键，是城乡统一规划，全面推进，协调发展，在发展方式和工作指导上有一个根本性的转变。这种转变，需要在政策、投入等方面予以体现和保证。

（一）调整空间布局，科学功能定位

要充分利用这次北京市整体规划修编工作的有利时机，把调整空间布局作为解决城乡二元结构矛盾的根本举措，加强城乡发展空间的统一规划，优化城乡之间的空间关系与产业联系。要科学地定位城乡功能，强化城区的政治、文化和国际交往中心功能，弱化其居住功能和制造业功能，改革现行的道路交通管理办法，降低或取消北京地区的高速公路收费，有效地疏散城市人口，缓解城市中心区的压力，推动城市功能向郊区的分化和转移，以卫星城为依托构筑多中心城市，促进城乡协作和经济交融，实现以城市化为内涵的城乡一体化和区域协调发展。

（二）统筹城乡生产力布局，建立合理的城乡产业分工

在研究和配置生产力时，把城市和农村放在国民经济大盘子里统一考虑，打通城乡生产要素合理流动的市场渠道，促进农村的劳动力、土地和城市人才、资本、技术等生产要素的双向流动和有效组合。统筹城乡产业结构，合理空间布局，形成城乡紧密的产业互动链条，以城市二、三产业带动农村二、三产业，并通过农村二、三产业的发展，推动城市产业层次的提升。

（三）统筹城乡居民就业，建立统一的劳动力就业市场

缩小城乡差距，关键是打破二元结构，提高农民收入，把富余劳动力尽快从农村内部转移出来。农村劳动力要从就地、就近转移，转向就近、就地转移与跨区域、城乡间的大范围转移相结合，转移渠道要从单纯的农村二、三产业拓宽到整个城乡二、三产业，转移方式从单纯自发的分散式转移转向有组织的、集群式转移。

（四）统筹城乡投入，调整国民收入分配格局和财政支出结构

统筹城乡更多的是要关注和加快农村的发展，对农村发展给予更多的财力支持。因此要以科学的发展观指导国民收入分配格局，科学调整和安排财政支出，吸引社会资金投入和支持农村基础设施、经济和社会各项事业的发展。

（五）统筹城乡社会事业

加快建立和健全农村社会保障制度，特别是对问题突出、矛盾尖锐、涉及人员多的失地农民问题，实施有重点的突破，尽快建立和解决占地补偿、安

置遗留问题，进一步推动农村合作医疗和养老保险制度的建立与完善。着力研究农村教育、卫生等社会事业的体制改革，充分利用城市的资金、人才优势，建立城乡互补的教育、卫生体系，推动农村社会事业的发展，最大限度地缩小城乡之间社会事业发展方面的差距。①

① 城市化率为2004年北京统计年鉴资料。美国的城市历史学家诺瑟姆(R. M. Northem)于1979年提出了著名的S形曲线，把城市化的过程分为初级、中级、高级三个阶段：初级阶段，城市化率在30%以下；中级阶段，城市化率在30～70%之间；高级阶段，城市化率在70～90%之间。